KB033423

편저

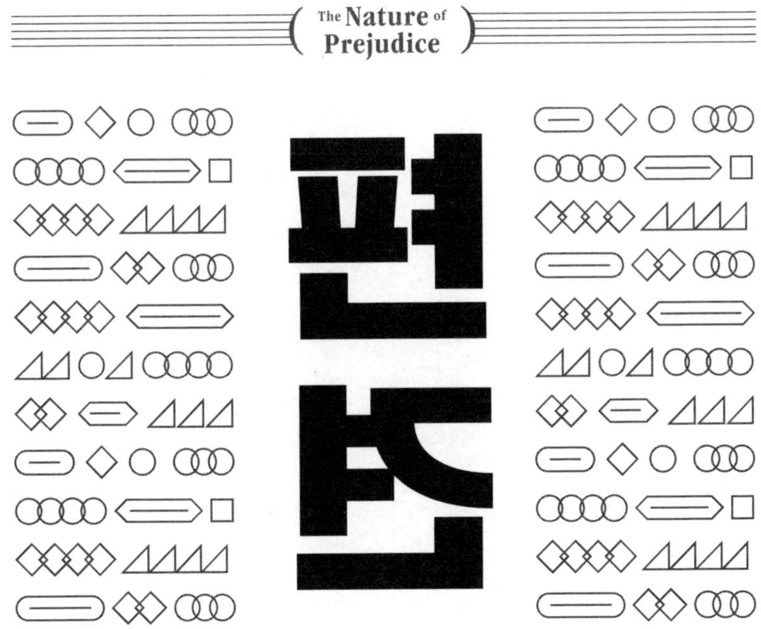

고든 올포트 | 석기용 옮김

사회심리학으로 본 편견의 뿌리

교양인
GYOYANGIN

차
례

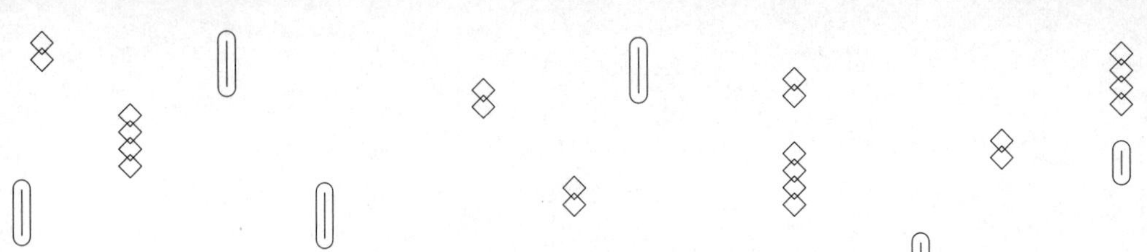

일러두기

본문에 위첨자로 **1**, **2**, **3**…으로 표시된 일련번호는 본문 뒤에 실린 〈주석〉의 번호를 표시한 것이다. 〈주석〉은 모두 저자의 주석이다.

본문 하단의 각주는 본문에 ○ 로 표시했으며, 한국어판 번역자와 편집자의 주석이다.

나는 아주 운이 좋게도 고든 올포트를 미국의 탁월한 사회심리학자뿐만 아니라 따뜻하고 인정 많은 친구로도 알고 지냈다. 그런 내가 《편견》의 유산을 올포트가 사회심리학의 이론과 연구와 통찰에 기여한 다른 공헌과 떼어놓고 논의하기란 쉽지 않다. 게다가 올포트를 사회철학자이자 공감 능력이 뛰어나고 따뜻한 인간으로 이해하지 않는다면, 틀림없이 사회심리학자 올포트도 이해할 수 없을 것이다.

올포트는 1954년에 출간된 《편견》 초판에서 한 인간으로서 자기 자신을 많이 드러냈다. 그러나 인간이 지닌 편견의 파토스와 딜레마라는, 감정이 가득 실린 문제를 사회과학자의 관점에서 대담하게 논의한 고든 올포트라는 사람의 성품은 1937년에 발표한 책에서도 넌지시 볼 수 있다. 올포트는 자신의 고전적 저서 《성격: 심리학적 해석(Personality: A Psychological Interpretation)》 초판에서 성숙한 인격에 관해 논의하며 자신의 모습을 많이 내보였다. 그는 진정으로 성숙한 인격이 지닌 속성으로서 자기 확장, 자기 객관화, 통찰력, 유머, 통일된 삶의 철학을 기술하며 무심결에 자신을 꽤나 정확하게 묘사했는데, 이는 그를 아는 사람들이라면 누구나 간파할 수 있었다. 올포트의 대단히 균형 잡힌 겸손함이나 자아 통제력을 고려할 때, 이런 이야기를 그 앞에서 직접 거론하기란 생각도 할 수 없는 일까지는 아니더라도 어렵긴 했을 것이다. 아무튼 올포트는 인간적 가치가 지배하는 통일된 삶의 철학이 어떻게 개인의 삶과 연구의 모든 측면에 배어들고 의미를 부여하는지 보여주는 빼어난 모범 사례이다.

일반적으로 인정되는 것처럼 《편견》은 고전이다. 이 책의 차례는 편견이라는 복잡한 인간 문제를 논의하고 이해하기 위한 사회과학적 접근의 기준짐을 실정한다. 비록 25년의 세월이 지나는 동안 사회, 법, 정치 활동에 의해 인종 편견의 역동과 통제의 특수한 양상과 범위에 대한 강조가 변화했지만, 문제 전반을 이해하는 기본 틀은 본질적으로 올포트가 제시한 그대로이다.

사회 문제를 공부하는 젊은 학생 독자층이 일반적으로 알지 못하거나 충분히 들어보지 못한 사실이 있다. 바로 올포트가 군나르 뮈르달°처럼 사회과학이 가치 지향적 학문이 되어야 한다고 강력하게 주장한 주요한 사회과학자의 탁월한 본보기라는 사실이다. 이는 《편견》과 그 밖의 여러 저술에서 알 수 있다. 올포트와 뮈르달은 사회과학이 사회 문제를 이해하고 해결하는 데 공헌하는 동시에 가치 지향적이고 사회적으로 민감한 학문이 될 수 있다는 사실을 입증했다. 더 중요한 것은, 사려 깊고 도덕적이며 합리적인 사회과학자라면 당대에 정의(正義) 같은 영속적인 인간적 가치를 수호해야 한다는 주장, 무지와 미신과 불의에 맞서 싸우는 계속되는 투쟁에서 훈련된 인간 지성이 중요한 무기라는 주장을 몸소 체현했다는 사실이다.

군나르 뮈르달(Gunnar Myrdal, 1898~1987) 스웨덴의 경제학자이자 정치가. 스톡홀름학파(북유럽학파)를 대표하는 인물로서, 유엔 유럽경제위원회의 사무총장을 지냈으며 1974년에는 하이에크(Friedrich August von Hayek)와 공동으로 노벨경제학상을 받았다.

이런 사실은 거듭 강조할 필요가 있는 중요한 교훈이다. 특히 지난 25년간 사회과학의 전개 과정을 보면 잘 알려진 몇몇 사회과학자들이 방어적인 태도로 가치 배제, 도덕 상대주의, 단순 계량화를 사회과학에서 불가침의 조건으로 내세우며 몸을 움츠리는 일이 다시 유행했기에 더욱 그렇다. 오늘날 일부 사회과학자의 신보수주의 경향은, 1954년 '브라운 대 교육위원회 판결'°이 불붙인 인종 문제의 진보에 맞선 반동의 궤적을 따르는데, 이는 단지 우연이 아닐 수도 있다. 일부 사회과학자들이 사회 정의를 위한 투쟁에 개입하기를 회피하거나, 사회과학의 힘을 빌려 현 상태를 유지하고 싶어 하는 사람들에게 봉사하는 이런 편리한 도피가 개인에게는 방어적이고 '현실적인' 태도일 수도 있다. 하지만 그것은 올포트와 뮈르달의 전통에서 볼 때 사회과학이 아니다. 사회과학의 전통, 방법, 전문 용어를 투명 망토처럼 삼아 두른 자기 본위적 태도, 한마디로 소심하거나 편향적인 태도이다.

1937년에 이미 올포트는 당시 통계를 숭배하는 경향이 사회과학의 기본 문제와 잠재적 진리를 모호하게 하거나 왜곡할 가능성이 있다고 보고 우려했다. 그는 이렇게 말했다.

> 어떤 경우라도 통계의 단순한 나열이 저절로 의미를 드러내지는 못한다. …… 만약 논증이 건전하다면, 통계는 그 사실을 기호로 표시하는 것뿐이다. 논증이 건전하지 않다면, 통계가 아무리 정교하더라도

브라운 대 교육위원회 판결(Brown v. Board of Education decision) 1954년 미국 연방대법원이 미국 공립학교의 인종 분리 정책이 위헌이라 결정한 역시적인 판결. 미국 캔자스주 토피카에 살던 올리버 브라운은 여덟 살 딸이 인종 분리 정책으로 인해 가까운 백인 학교에 입학하지 못하자 토피카 교육위원회를 상대로 소송을 제기했다. 연방대법원은 공립학교의 분리 정책이 법의 평등한 보호를 보장하는 수정헌법 제14조를 위반한 것이라고 명시함으로써, 분리 정책의 불평등을 법리적으로 제시했다.

결코 그 논증을 건전하게 만들 수 없으며 오히려 혼란만 더 키울 수 있다.

올포트의 저술에는 사회과학의 존재 이유이기도 한, 사회적으로 책임감 있게 사회과학을 이용하는 문제에 그가 관심이 있었음을 보여주는 여러 사례가 실려 있다. 1958년 앵커 출판사판 《편견》 서문에서, 올포트는 1955년 5월에 연방대법원이 1954년 공립학교 인종 분리 정책을 철폐한 역사적인 '브라운 대 교육위원회' 판결을 "신중한 속도로" 이행하라고 명령한 사례를 비판적으로 분석하며 예언자 같은 태도를 취했다. 그는 증거를 인용해 설명했다. 인종 분리 정책의 철폐는 "단호하게 집행된 행정 명령을 통해 가장 쉽게 달성된다." 그리고 "대부분의 시민들에게 거의 저항이나 동요 없이 곧장 기정사실로 수용된다. 그들이 그렇게 하는 이유 중 일부는 인종 통합 정책이 일반적으로 그들 자신의 양심에 부합하기 때문이다(비록 그들의 편견을 거스르지만)."

그러면서 그는 이렇게 결론을 내렸다.

> 따라서 연방대법원이 1954년의 판결을 신속히 따를 것을 강제했더라면 심리적으로 더 큰 효과를 발휘할 수 있었을 것이다. "신중한 속도"로는 빠르고 피할 길 없는 시행 일자를 정할 수 없다. …… 확고하고 일관된 행동 방침은 합의되지 않고 지도력은 흔들리고 대항 운동은 커진다.

자연 현상을 이해하고 통제하려는 객관적인 과학적 접근 방법의 중요한 지표 중 하나가 정확한 예측 능력이라면, 고든 올포트는 위의 예측을 통해 사회적 관심이 사회과학의 견고함, 타당성과 양립할 수 있고 또 강화할 수 있다는 사실을 다시 한번 입증한 셈이다.

이 점은 올포트가 인간이 지닌 적개심의 뿌리와 발현을 논의하면서, 우리가 "적개심의 파괴성을 통제하는 데 우리의 지성을 효과적으로 활용해야" 한다고 주장할 때 직접적으로 드러난다.

올포트에게 영향을 받고, 그의 지적인 품격과 조용하면서도 확신에 찬 믿음, 인간의 합리성과 인지 능력과 도덕적 잠재력이 결국은 자기 파괴적인 무지와 미신을 막는 해독제가 되리라는 그 믿음을 존경하는 사람들은, 인간이 결국은 편견을 통제할 수 있는 효과적인 방법을 개발하리라는 그의 신념에 안도하게 된다. 올포트는 과학이 인간의 생존 투쟁에 긍정적 해답을 줄 수 있다는 예언적 낙관주의를 뒤틀어 암시한다.

> 원자의 비밀을 알아내는 데 오랜 시간의 노고와 막대한 자금이 필요했다. 불합리한 인간 본성의 비밀을 알아내는 데는 훨씬 더 큰 투자가 필요할 것이다.

고든 올포트의 전통을 따라, 그리고 그와의 추억을 기리는 헌사로서 말하면, 그런 절박한 투자가 반드시 성사되도록 하는 것이야말로 이 문제에 관심 있는 사회과학자들의 의무일 것이다.

1979년 1월 뉴욕

케네스 클라크(Kenneth B. Clark)

| 1979년판 머리말 |

고든 올포트는 겸손한 사람이었다. 그는 나서지 않는 태도로 다소 쑥스러워하면서도 《편견》을 자랑스러워했다. 당연히 그럴 만했다. 심리학 분야에서 그가 차지하는 명예로운 위치는 《편견》을 쓰기 이전부터 이미 확립되어 있었다. 1937년에 출간된 《성격: 심리학적 해석》은 올포트를 세계 최고의 성격 이론가로 확고히 자리 잡도록 해주었다. 하지만 집단 편견을 다룬 이 책이야말로, 그의 가장 중요한 관심사와 가치관을 가장 직접적으로 표현하고, 다소 추상적이던 그의 작업을 개혁과 사회 변화를 위한 구체적인 생각으로 옮긴 저작이다.

올포트는 1967년에 70세의 나이로 타계했다. 그가 살아 있다면 틀림없이 《편견》 출간 25주년 기념 재출간 소식을 무척 기뻐했을 것이다. 또한 한 세대가 지난 지금 이 책의 지적인 내용에 대한 높은 평가에도 기뻐했을 것이다.

이 책의 차례는 사실상 편견이라는 중요한 개념에 관한 학술적 연구를 체계적으로 정리해놓은 것이나 다름없다. 《편견》은 연구 범위를 정하고, 연구의 기본 범주와 문제를 설정한 뒤, 오늘날까지 유효한 폭넓고 절충적인 틀 안에서 연구를 수행한다. 이 책은 편견 이론 분야의 결정판으로서 꾸준히 인용되며, 사회과학 내에서는 논쟁의 여지 없이 편견에 관한 **최고의** 책으로 받아들여지고 있다.

최근의 평가를 보면 이 책의 영속적 가치가 잘 드러난다. 케네스 클라크의 견해는 앞에 수록된 글에 잘 나타나 있다. 최근에 이 책을 다시 검토한 두 심리학자 말론 브루스터 스미스(Mahlon Brewster Smith)와 엘리엇 애런슨(Elliot Aronson)도 이 책에 긍정적인 평가를 내렸다. 스미스는 올포트도 지낸 적이 있는 미국심리학회(American Psychology Association) 회장을 현재 맡고 있는데, 1978년 겨울에 발간된 학술지 〈계간 뉴욕대학 교육(New York University Education Quarterly)〉에 이렇게 썼다.

> 필요한 모든 내용이 담긴 올포트의 이 책은 여전히 읽을 가치가 있으며 요약이 불가능하다. 1954년 초판 당시 지혜롭고 사려 깊게 보인 내용들은 대부분 오늘날에도 여전히 그렇다. …… 올포트의 어디서나 배어나는 공정함, 민주적 가치관, 증거에 관한 관심은 인도적이고 현실 문제를 중시하는 사회과학의 전형으로 계속 자리 잡고 있다. …… 우리의 민주주의적 열망에 더 많은 인간적 대의를 부여하려고 할 때, 우리는 여전히 올포트의 지혜로운 안내를 받을 수 있다.

애런슨은 1978년 7월에 발간된 학술지 〈인간 본성(Human Nature)〉에서 같은 의견을 밝혔다.

> 고든 올포트의 책은 대법원 판결(브라운 대 교육위원회, 1954)에 전제되어 있는 사고의 전조이자 반영이었다. 《편견》은 신중한 학술 연구

와 인간적인 가치관이 탁월하게 혼합된 저작이다. 올포트는 인상적인 자료를 열거한 후 분명하게 그리고 열정적으로 체계화했다. 그의 책은 한 세대 전체의 사회심리학자들에게 영향을 끼쳤는데 마땅히 그럴 만했다. …… 이 책의 선구적인 측면은 올포트의 관점이다. 그는 기존 이론과 자료를 철저하게 선별해 편견의 다양한 원인과 가능한 치유법을 뛰어나고 정확하게 제시한다. …… 이 글은 기품 있는 정신의 지혜와 학문과 판단력에 바치는 헌사이다. 올포트는 어느 한 입장을 옹호하느라 다른 모든 것을 배제하거나 모든 입장에 동등한 지위를 부여하는 쌍둥이 위험을 모두 피한다.

올포트는 이 책 전반에 걸쳐 효과적으로 활용한 구체적 사례가 시간이 흐름에 따라 철 지난 이야기가 될 것이고, 따라서 《편견》의 개정판이 필요해지리라는 것을 잘 알았다. 결국 책과 저자는 시대의 산물이다. 이 책에서 편견 문제는 대체로 미국에서 전통적으로 차별을 받아 온 흑인, 유대인, 가톨릭교도들을 향한 개신교도 백인의 태도로 제시된다. 그러나 지난 25년간 매우 빠르고 광범위하게 벌어진 사건들이 편견을 바라보는 관점을 넓혀주었다. 그리하여 올포트의 제자인 나와 보스턴 매사추세츠대학의 버나드 크레이머(Bernard M. Kramer) 교수는 이 책의 새로운 판본에 이런 복잡한 발전 과정을 반영하고자 애쓰고 있다. 끝이 보이지 않는 작업이지만 앞으로 수년 내 개정판을 출간할 수 있기를 희망한다. 우리는 고전을 다시 쓰는 일이 쉽지 않다는 것을 깨달았다. 그러나 우리에게는 문제지만 독자에게는 행운이다. 이 책의 개정을 어렵게 하는 그 특별한 성질이야말로, 이 책을 원래 쓰인 그대로 읽는 일이 매우 값진 경험이라는 것을 알려주는 이유이기 때문이다. 《편견》은 편견 연구에서 영구불변의 패러다임이자 편견에 관해 알려진 것을 폭넓고 정확하게 정리한 책이다.

《편견》은 편견 문제의 이정표가 되는 책이며 꼼꼼히 공부할 만한 가치가 충분한 책이다.

1979년 1월 하버드대학

토머스 페티그루(Thomas F. Pettigrew)

| 1954년판 머리말 |

문명화된 인간은 에너지, 물질, 무생물 일반을 명백히 지배하기에 이르렀고, 육체의 고통과 이른 죽음을 통제하는 법을 빠르게 배워 나가고 있다. 그러나 이와 대조적으로 인간관계를 다루는 문제에 관한 한 우리는 아직도 석기시대에 살고 있는 것처럼 보인다. 사회적 지식의 부족은 물리적 지식에서 이룬 우리의 발전을 매 단계마다 무효화하는 것 같다. 응용 자연과학을 통해 인류가 축적한 부의 흑자는 군비 증강과 전쟁 비용으로 거의 상쇄된다. 의료 과학에서 거둔 이득은 전쟁으로 인한 빈곤과 주로 증오와 공포 때문에 세워지는 무역 장벽으로 인한 빈곤으로 대부분 사라진다.

전 세계가 동서의 이념 경쟁에서 비롯된 공황 속에 빠져 있고, 세계 곳곳이 저마다 특별한 적대감을 품고 있다. 이슬람교도들은 비이슬람교도들을 믿지 못한다. 중부 유럽에서 절멸을 면한 유대인은 새로운 나라 이스라엘로 향했지만 그곳은 반유대주의로 둘러싸여 있다. 난민은 황량한 땅을 방랑한다. 전 세계의 수많은 유색인은 백인이 자신들의 오만을 정당화하기 위해 만든 공상적 인종 차별주의 이론으로 모욕을 겪고 있다.○ 아마도 편견의 체스보드가 가장 복잡한 곳은 미국일 것이다. 이 끝없는 적대감 중 일부는 실제 이해관계의 충돌에 근거를 둔 것처럼 보이지만, 대부분은 상상이 빚어낸 공포의 산물이 아닐까 의심된다. 하지만 상상 속의 공포가 실제로 고통을 일으킬 수 있다.

집단 간 경쟁이나 증오는 새삼스러운 일이 아니다. 새삼스러운 것은 기술로 인해 집단들이 불편할 정도로 너무 가까워졌다는 사실이다. 러시아는 더는 먼 대초원 지대에 있는 나라가 아니다. **여기에** 있는 나라이다. 미국은 더는 구세계에서 멀리 떨어져 있지 않다. 포인트 포 계획○, 영화, 코카콜라, 그리고 정치적 영향력을 지닌 채 **저기에** 있다. 예전에는 국가들이 물이나 산이라는 장벽에 막혀 안전하게 분리되어 있었지만 이제는 공중으로 서로 노출되어 있다. 라디오, 제트기, 텔레비전, 공수 부대, 국제 융자, 전후 이민, 원자 폭탄, 영화, **관광** 등 현대의 모든 산물 때문에 인간 집단들은 서로 무릎을 맞대고 지내게 되었다. 그러나 우리는 이 새로운 정신적·도덕적 근접성에 어떻게 적응해야 하는지 아직 배우지 못했다.

현재 상황에 희망의 요소가 없는 것은 아니다. 가장 희망적인 요소는 인간 본성이 전반적으로 잔인한 모습보다는 친절하고 우호적인 모습을 더 좋아하는 것 같다는 단순한 사실이다. 어디서나 보통 사람들은 원칙적으로 그리고 우선적으로 전쟁과 파괴의 길을 거부한다. 사람들은 이웃과 평화와 우정 속에 살고 싶어 한다. 미워하거나

○ '유색인(colored people)'이라는 말은 일반적으로는 백인 이외의 모든 인종 전반을 가리킬 수 있으나 미국에서는 주로 미국에 정착한 흑인을 뜻하는 말로 사용된다. 이 책에서는 때에 따라 '흑인'으로 번역하기도 했다.

포인트 포 계획(Point Four Program) 1949년 미국 트루먼 대통령이 취임 연설에서 발표한 개발도상국 기술 지원과 경제 원조 계획. 네 번째 정책 방안으로 발표되어 '포인트 포'라는 이름이 붙었다.

미움받는 대신에 사랑하고 사랑받는 쪽을 더 좋아한다. 잔인성은 호감을 사는 인간 특질이 아니다. 뉘른베르크 재판에서 나치 지도자들은 강제수용소에서 벌어진 비인간적 사건에 대해 전혀 모르는 척했다. 그들 역시 인간으로 여겨지기를 바랐기 때문에 자기들이 맡은 역할을 인정하는 데 겁을 낸 것이다. 전쟁은 계속 터지지만 우리의 욕구는 평화를 지향한다. 세상에는 적의가 만연하지만 인류는 친애를 찬성하는 쪽에 무게를 더 둔다. 인류에게 이 도덕적 딜레마에 대한 감각이 존재하는 한, 어떤 방식으로든 문제는 해결되고 미움 없는 가치관이 승리를 거두리라는 희망이 있다.

특히 고무적인 것은 최근에 많은 사람들이 과학적 지식이 갈등을 해결하는 데 도움을 줄 수 있으리라 확신하게 되었다는 사실이다. 신학은 항상 인간의 파괴적 본성과 이상의 충돌을 구원 과정에 저항하는 원죄의 문제로 봤다. 이 진단이 타당하고 의미가 있더라도, 최근에는 인간이 구원을 위해 지적 능력을 활용할 수 있고 또 해야 한다는 신념이 더해졌다. 사람들은 이렇게 말한다. "문화와 산업에서 빚어지는 갈등, 피부색과 인종이 다른 사람들 간에 벌어지는 갈등을 객관적으로 연구해보자. 편견의 뿌리를 찾아내고 인간의 친애적 가치를 보완할 수 있는 구체적 수단을 구하자." 제2차 세계대전 이후 여러 나라의 대학들이 **사회과학, 인간발달, 사회심리학, 인간관계론, 사회관계** 등 다양한 학명을 붙여 이 접근 방법을 새롭게 부각했다. 아직 명칭이 확실하게 정해진 것은 아니지만, 이 학문은 막 걸음마를 떼어 점점 발전하고 있다. 그리고 대학뿐 아니라 국제기구를 비롯해 공립학교, 교회, 혁신 산업, 정부 기관에서도 대단히 환영받고 있다.

지난 10년, 20년 사이에 이 분야에서는 앞서 모든 세기에 이루어진 연구를 다 합친 것보다 더 확실하고 뛰어난 연구가 이루어졌다. 분명 인간 행위의 윤리적 지침은 수천 년 전 인류의 위대한 신념 체계 안에서 정해졌고, 모든 체계는 지구 거주자들 사이에 인류애가 있어야 하는 필요와 이유를 확립했다. 그러나 그 신념들은 양치기의 시대, 작은 왕국의 시대에 목가적이거나 유목적인 삶을 살던 시절에 형성된 것이다. 과학 기술의 시대, 원자력의 시대에 그 신념을 이행하려면 증오와 관용을 일으키는 요인들에 관한 이해의 개선이 필요하다. 그동안 우리는 과학은 물질적 발전에만 관심을 두어야 하며, 인간 본성과 사회관계는 별도의 길잡이 없이 그저 도덕심에 맡겨야 한다고 잘못 생각해 왔다. 우리는 이제 기술의 진보는 오히려 해결하는 문제보다 더 많은 문제를 야기한다는 사실을 알고 있다.

방향성 없는 기술이 낳은 참화를 사회과학이 하룻밤 사이에 만회하거나 즉각 개선하지는 못한다. 원자의 비밀을 알아내는 데 오랜 시간의 노고와 막대한 자금이 필요했다. 불합리한 인간 본성의 비밀을 알아내는 데는 훨씬 더 큰 투자가 필요할 것이다. 누군가는 편견보다 원자를 분쇄하는 일이 더 쉽다고 말한 적이 있다. 인간관계라는 주제는 대단히 광범위하다. 연구는 필연적으로 다양한 출발점에서 전개되고, 인간관계가 맺어지는 수많은 영역, 예를 들어 가정생활, 정신건강, 노사 관계, 국제 협상, 시민 교육 등과 관련된다.

이 책은 감히 인간관계학 전체를 다루지 않는다. 다만 인간 편견의 본질이라는 문제 하나를 명확하게 설명하고자 한다. 이 주제는 근본적이다. 왜냐하면 적개심의 뿌리에 대한 지식 없이는 적개심의 파괴성을 통제하는 데 우리의 지식이 효과적으로 쓰이기를 희망할 수 없기 때문이다.

편견에 관해 말할 때 보통 '인종 편견'을 생각하기 쉽다. 이 현상은 관념들의 불운한 연상이다. 역사 전반을 보면 인간의 편견은 인종과 거의 관련이 없기 때문이다. 인종 개념이 형성된 것은 최근의 일인데, 기껏해야 한 세기 정도밖에 안 되었다. 대개 편견과 박해는 다른 근거, 흔히 종교 때문이었다. 아주 최근까지도 유대인은 인종보다 주로 종교 때문에 박해를 받았다. 애당초 흑인°은 경제적 자원이었기 때문에 노예가 되었지만 그 근거는 종교적 형태였다. 이를테면 흑인은 본성상 이교도이자 노아의 아들 함°의 자손으로 추정되며, 노아에게 영원히 '종들의 종'으로 살라는 저주를 받았다는 것이다. 오늘날 너무나 널리 퍼져 있는 인종 개념은 실제로는 시대착오적 생각이다. 설령 예전에는 적용 가능했을지 몰라도 이제는 그렇지 않다. 교차 교배를 통해 인간 종족은 끊임없이 희석되었기 때문이다.

그렇다면 인종 개념이 널리 퍼지게 된 이유는 무엇일까? 한 가지는 종교가 사람들을 개종시키려는 열정을 크게 상실했고, 그와 함께 집단 구성원 지위(membership)를 지정하는 종교의 유용성이 사라졌기 때문이다. 게다가 '인종'의 단순성은 즉각적이고 가시적인 표지를

○ 흑인으로 번역된 'Negro'는 '검다'라는 뜻의 라틴어 형용사 'niger(니게르)'에서 유래했다. 18세기부터 1960년대 후반까지 'Negro'는 아프리카계 흑인을 가리키는 예의 바른 단어로 간주되었다. 미국에서도 1960년대 후반까지는 'Negro'가 'Black(흑인)'이나 'Colored(유색인)'보다 미국 내 흑인을 통칭하는 더 공손한 표현으로 받아들여졌고, 흑인 인권 운동가 마틴 루서 킹 목사도 1963년 '나에게는 꿈이 있습니다' 연설에서 자기가 속한 인종을 'Negro'라고 표현했다. 하지만 맬컴 엑스를 비롯한 일부 흑인 인권 운동가들은 흑인을 저열하게 대우해 온 오랜 억압의 역사를 연상시킨다는 이유로 이 단어의 사용을 거부했고, 'Black' 혹은 'Afro-American(아프리카계 미국인)' 같은 단어를 선호하기도 했다. 1960년대 후반 이후로는 'Black', 'Black African(아프리카계 흑인)', 'Afro-American', 'African American(아프리카계 미국인)' 등 다양한 용어가 널리 쓰이며, 상대적으로 'Negro'는 대중적인 사용 빈도가 많이 떨어졌다. 하지만 역사적 맥락에서는 비교적 온건한 용어로 공식적인 명칭 등에 여전히 사용되었고, 올포트도 당시 상황에 맞게 이 책에서 흑인을 통칭하는 말로 주로 'Negro'라는 용어를 사용했다. 한국어판에서는 'Negro', 'Black'을 일반적으로 '흑인'으로 번역했으며 비하의 의미가 담겨 있을 때만 '깜둥이'라고 표현했다.

함(Ham) 성경 〈창세기〉에 등장하는 노아의 차남. 〈창세기〉 9장에서는 노아의 세 아들 셈, 함, 야벳이 등장한다. 일부 인종주의 신학자들은 셈이 백인, 함이 흑인, 야벳이 황인의 자손이라고 해석하지만 이는 성서 해석적으로도 전혀 근거가 없다. 한편 함이 노아가 포도주에 취해 벌거벗은 모습을 보고 지나친 탓에 함의 아들 가나안은 형제들의 '종들의 종'이 되도록 저주를 받았다.

제공했기에, 그 표지를 이용해 혐오의 희생양을 지정할 수 있다는 생각이 생겨났다. 그리고 인종적 열등성이라는 허구가 편견을 정당화하는 반박할 수 없는 근거로 여겨졌다. 그 관념은 생물학적인 최종 결정으로 각인되었고, 그래서 사람들은 굳이 집단 간 관계에 포함된 복잡한 경제적 · 문화적 · 정치적 · 심리적 조건을 검토하는 수고를 덜게 되었다.

대개의 목적에서는 '민족(ethnic)'이라는 용어가 '인종(race)'이라는 용어보다 더 낫다. '민족'이란 성격상 물리적, 국가적, 문화적, 언어적, 종교적, 이념적으로 서로 다를 수 있는 집단 특성을 가리킨다. '인종'과 달리 '민족'은 생물학적 단일성을 내포하지 않는데, 실제로 생물학적 단일성이라는 조건이 편견의 대상이 되는 집단의 특징이 되는 경우는 거의 없다. '민족'은 직업적 · 계급적 · 신분적 · 정치적 차원의 집단 분류뿐 아니라, 편견의 또 다른 피해 집단인 양성(兩性)도 쉽게 포괄하지 못하는 것이 사실이다.

불행히도 인간 집단에 관한 우리의 어휘는 빈약하다. 사회과학이 개선된 분류법을 제공하기 전까지는 흡족할 만큼 정확하게 표현할 수 없다. 하지만 '인종'이라는 용어가 적용되지 않는 상황에서 그 말을 언급하는 오류를 피하는 일은 가능하다. 애슐리-몬터규(Montague F. Ashley-Montagu)가 주장한 것처럼, '인종'은 사회과학에서 해롭고 방해가 되는 용어다. 우리는 어렵더라도 '인종'이란 용어를 쓸 때는 적절하게 제한된 방식으로 사용할 것이다. 어떤 형태이든 문화적으로 결합된 집단을 가리킬 때는 '민족'이라는 표현을 사용할 텐데, 때로는 이미 폭넓게 쓰이는 이 용어의 의미를 과도하게 확대하는 잘못을 저지를지도 모른다.

편견과 차별이 어떤 단 하나의 뿌리에서 비롯되며, 그 뿌리가 경제적 착취, 사회 구조, 관행, 공포, 억압, 성 갈등, 그 밖의 다른 만만한 토양으로 침투한다고 여기는 것은 심각한 오류이다. 앞으로 살펴보겠지만 편견과 차별은 이 모든 조건과 다른 많은 조건에서 양분을 얻어 자라날 수 있다.

이 책이 설명하려는 주요 교훈은 다양한 인과(causation)가 존재한다는 사실이지만, 독자들은 혹시 저자가 심리적 편향성을 무심코 드러내는 것은 아닌지 합리적으로 질문할 수 있다. 저자는 복잡한 경제·문화·역사·상황 요인을 공정하게 다루고 있는가? 저자는 직업적 관성으로 인해 학습, 인지 과정, 성격 형성의 역할을 강조하는 경향이 있지는 않은가?

사실 나는 오직 개인의 성격과 관련될 때만 역사적·문화적·경제적 요인이 효과적으로 작용한다고 믿는다. 관습이 어떤 식으로든 개개인 생활 속으로 스며들지 않는다면 그것은 효과적으로 작용하지 않는다. 왜냐하면 적대감을 느끼고 차별을 실행할 수 있는 것은 오로지 **개인**이기 때문이다. 하지만 '인과'는 폭넓은 의미를 지닌 용어다. 우리는 개인의 태도 속에 있는 직접적 인과뿐 아니라 장기적인 사회문화적 원인론도 받아들일 수 있다(그리고 그래야만 한다). 이 책에서 심리학적 요인을 중심에 두고 집중 강조했지만, (특히 13장에서) 여러 측면의 인과에 대한 균형 잡힌 견해를 제시하고자 노력했다. 이런 노력을 했는데도 그 결과가 여전히 한쪽으로 치우쳐 보인다면 그 잘못을 지적해주기 바란다.

이 책은 주로 미국의 연구와 사례를 들고 있지만, 나는 이 책의 편견 역동 분석이 보편 타당성을 지닌다고 믿는다. 물론 나라마다 편견이 드러나는 방식은 매우 다양할 것이다. 희생자로 선택되는 대상도 같지 않다. 경멸당하는 집단과의 물리적 접촉을 대하는 태도도 저마다 다르다. 비난과 고정관념도 가지각색이다. 하지만 이 책에서 제시하는 다른 나라의 증거들은 근본 원인과 상관관계가 본질적으로 동일하다는 점을 보여준다. 인도에서 집단 사이의 긴장 관계를 조사한 가드너 머피(Gardner Murphy)가 도달한 결론도 이와 같았다. 이 관련성에 관한 내용은 그의 책 《인간의 마음속에서(In the Minds of Men)》(1953)에 실려 있다. 마찬가지로 미국의 여러 기관이 수행한 다른 연구도 이 견해를 지지한다. 주술적 관행이나 씨족에 대한 충성이나 전쟁을 다루는 인류학 문헌을 보더라도, 편견의 대상과 표현은 많이 다르지만 근본적인 역동은 모든 나라에서 대동소이하다는 점을 알 수 있다. 이 선도적 가정이 믿을 만해 보이지만 그래도 아직은 최종 결론으로 삼아서는 안 된다. 미래의 비교 문화 연구는 인과 요인에 대한 평가와 정형화가 지역마다 많이 다르다는 것, 그리고 아마도 여러 중요한 이유가 이 책이 제시하는 설명에 보태져야 한다는 것을 틀림없이 보여줄 것이다.

이 책을 쓰면서 나는 두 부류의 독자를 염두에 두었는데, 내가 알기로 그 두 부류는 모두 이 책의 주제에 지대한 관심이 있다. 첫 번째 부류는 모든 나라의 대학생들이다. 그들은 인간 행동의 사회적 · 심리적 기반에 점점 더 많은 관심을 기울이고 있으며 집단 간 관계 개선에 필요한 과학적 길잡이를 찾고 있다. 두 번째 부류는 더 나이가 많은 시민과 일반 독자인데, 이들의 수는 계속 늘어나고 있다. 이들이 품은 문제의식은 첫 번째 부류와 같지만 전반적 관심은 이론보다는 직접적인 실천의 측면에 있다고 할 수 있을 것이다. 나는 이 두 부류를 염두에 두고서 아주 기초적인 방식으로 설명을 했다. 불가피하게 일부 쟁점을 단순화했지만 어느 측면에서 보더라도 과학적 오도까지는 아니며, 그러기를 희망하는 바이다.

편견 분야의 탐구와 이론은 대단히 격동적이라서 어떤 의미에서는 이 책의 설명도 곧 시대에 뒤처지게 될 것이다. 새로운 실험이 낡은 것을 몰아낼 것이고 다양한 이론의 공식들이 개선될 것이다. 하지만 이 책이 지닌 한 가지 특징만은 영속적 가치가 되리라 믿는데, 바로 이 책의 구성 원칙이다. 나는 이 책에서 미래의 발전된 내용도 잘 담아낼 수 있는 틀을 제공하고자 노력했다.

나는 편견 분야 자체를 전반적으로 명료하게 설명하는 것을 주된 목표로 삼았지만, 그 외에도 집단 간 긴장을 완화하기 위해 새로 얻은 지식을 어떻게 적용할 수 있는지 특히 8부에서 보여주고자 했다. 몇 년 전 미국인종관계위원회(American Council on Race Relations)에서 수행한 통계 조사에 의하면 집단 관계 개선에 특별히 전념하고 있는 조직이 미국 내 1,350개나 되었다. 이 조직들이 얼마나 성공적으로 작동하는지는 그 자체로 과학적 평가가 필요한 문제이므로, 30장에서 비교적 자세하게 고찰했다. 우리가 주장한 바를 실제 현장과 비교해 확인해보지도 않고 배타적으로 어떤 학술적 관점을 취하는 것은 오류이다. 마찬가지로 현장에 있는 사람들이 과학적이지 않은 교정 방안에 시간과 돈을 투자하는 것은 낭비이다. 인간관계학이 성공적으로 발전하려면 기초 연구와 실제 현장 활동을 연결해야 한다.

이 책은 유익한 두 곳에서 애정 어린 자극을 받아 점차 구체화되었다. 하나는 하버드대학 사회관계학과의 연속 세미나이고, 다른 하나는 이 책을 준비하는 데 필요한 재정을 지원하고 격려를 해준 몇몇 조직들이다. 보스턴의 모지스킴벌재단(Moses Kimball Fund), 미국유대인총회(American Jewish Congress) 내 공동체상호관계위원회와 의회 소속의 우호적인 회원들, 기독교·유대교 전국협의회(the National Conference of Christians and Jews), 하버드대학 사회관계연구소(the Laboratory of Social Relations at Harvard), 동료 교수 소로킨(Pitrim Alexandrovich Sorokin)이 책임자로 있는 연구 센터가 도움을 주었다. 이들의 지원 덕분에 이 연구 분야에서 점점 늘어나고 있는 문헌을 꼼꼼하게 검토할 수 있었을 뿐 아니라, 본문에 실은 여러 조사 연구를 수행할 수 있었다. 그들의 관대함과 격려에 깊은 감사의 뜻을 전한다.

이 논고의 내용과 형식을 최종 결정한 사람들은, 집단 갈등과 편견에 관한 연속 세미나에 참가한 호기심 많고 열정 넘치는 학생들이었다고 말할 수 있다. 나는 세미나에서 학생들을 가르치면서 여러 차례 동료들, 탤컷 파슨스(Talcott Parsons), 오스카 핸들린(Oscar Handlin), 대니얼 레빈슨(Daniel J. Levinson)과 협력했다. 그들이 끼친 영향은 대단히 크다. 또한 연구 조교인 버나드 크레이머, 재클린 서튼(Jacqueline Y. Sutton), 허버트 카론(Herbert S. Caron), 레온 카민(Leon J. Kamin), 네이선 알트슐러(Nathan Altshuler)에게서 많은 도움을 얻었다. 그들은 유익한 자료를 제공하고 중요한 제안을 해주었다. 미국에서 편견 분야의 권위자인 스튜어트 쿡(Stuart W. Cook)은 원고를 읽고 소중한 비평을 해주었고, 조지 코엘료(George V. Coelho)와 휴 필프(Hugh W. S. Philp)는 다른 나라의 시각을 소개해주었다. 이 모든 관대한 조력자들에게 감사를 표하며, 특히 이 일을 이끌며 각 단계마다 효과적인 도움을 준 엘리너 스프라그(Eleanor D. Sprague)에게 감사한다.

1953년 9월

고든 올포트

이 책이 처음 출간되고 그리 오래지 않아 미국 연방대법원은 1954년 5월 미국 내 공립학교의 인종 분리 정책이 위헌이라고 판결했다. 이 판결에 따른 1955년 5월의 명령은 인종 분리 정책의 철폐를 "최대한 신중한 속도로" 실시해야 한다는 것이었다.

이 역사적 조치는 세계의 찬사를 받았지만, 미국 디프사우스°의 많은 이들을 불쾌하게 했다. 현 시점에서 적어도 일곱 개 주가 슬픔에 잠긴 듯 보이며, 연방대법원의 명령에 강력한 저항을 선포했다. 1957년 리틀록의 위기°는 연방과 주 간의 교착 상태를 극적으로 보여주었다.

디프사우스(Deep South) 미국 남부의 여러 주 가운데 지리적으로 남쪽에 있으며 문화적으로 가장 남부다운 보수적 특징이 강한 지역을 가리키는 말이다. 주로 앨라배마, 조지아, 루이지애나, 미시시피, 노스캐롤라이나, 사우스캐롤라이나를 의미한다.

리틀록의 위기(Little Rock Crisis) 1957년 미국 아칸소주 리틀록에서 인종 분리 정책의 철폐를 둘러싸고 벌어진 사건. 1954년 연방대법원의 '브라운 대 교육위원회 판결' 이후, 1957년 아칸소주 리틀록의 흑인 학생 아홉 명(리틀록 나인)은 당시 백인만 다녔던 센트럴 고등학교에 등록했다. 그러자 당시 주지사였던 인종 분리주의자 오벌 포버스(Orval Faubus)는 연방대법원의 명령을 거부하고 주 방위군을 투입해 흑인 학생들의 등교를 막았다. 이에 아이젠하워 대통령은 연방군까지 투입하며 흑인 학생들의 신변을 보호했고 주지사의 저항을 무력화했다.

이 법치의 위기가 야기한 국내외적 파문은 우리를 깊은 우려에 빠뜨렸다.

이 책의 관점에서 나는 현재의 상황에 대해 과감히 두 가지를 논평하고자 한다. 16장, 29장, 31장은 이 나라에서(직장에서, 군대에서, 학교에서) 인종 통합은 단호하게 집행된 행정 명령을 통해 가장 쉽게 달성된다는 것을 분명히 제시한다. 경험에 따르면 인종 통합은 대부분의 시민들에게 거의 저항이나 동요 없이 곧장 기정사실로 수용된다. 그들이 그렇게 하는 이유 중 일부는 인종 통합 정책이 일반적으로 그들 자신의 양심에 부합하기 때문이다(비록 그들의 편견을 거스르지만). 반대 세력이 대항 운동을 일으켜 반격을 개시할 시간이 없다는 점도 신속한 변화가 이루어질 수 있는 이유이다.

따라서 연방대법원이 1954년의 판결을 신속히 따를 것을 강제했더라면 심리적으로 더 큰 효과를 발휘할 수 있었을 것이다. "신중한 속도"로는 빠르고 피할 길 없는 시행 일자를 정할 수 없다. 이후에 일어난 여러 사건이 보여준 것처럼, 변화가 지체되면서 시민위원회°가 만들어지고, 선동가들의 십자군이 결성되고, 최악은 법률 집행 체계에서 전략적 역할을 맡는 당국자들(학교위원회, 시장, 지방 법원, 의회, 주지사, 워싱턴 관료들) 사이에 격렬한 의견 불일치가 발생할 수 있는 시간을 벌어주었다는 것이다. 확고하고 일관된 행동 방침은 합의되지 않고 지도력은 흔들리고 대항 운동은 커진다. 처음 결정이 내려진 이후 1~2년 내에 남부 전체에서 교내 인종 통합을 달성할 수 있었을지 여부는 터무니없이 복잡한 행정 절차 탓에 단정할 수 없다. 그러나 적어도 우유부단하게 지체한 데서 비롯된 유감스러운 결과를 설명할

시민위원회(Citizens' Council) 인종 분리 정책의 철폐를 반대하는 미국 백인 우월주의자들의 극우 조직. 1954년 '브라운 대 교육위원회 판결' 직후 결성되어, 인종 차별을 철폐하려는 정부와 시민 사회의 노력을 반대하고 방해했다.

수는 있다.

이왕 점진적인 정책이 채택된 상황에서 말하자면, 아주 어릴 때부터 인종 통합 교육을 시작하는 것이 바람직하다고 지적할 수 있다. 이 책의 5부에서는 유년기에 편견이 발달하는 과정을 추적한다. 초등학교 저학년 때부터 인종 분리 없이 함께 자라면 어린아이들은 인종 편견에서 완전히 자유롭고 서로 쉽게 어울린다. 그러다 고등학교에 들어갈 무렵이 되면 끼리끼리 파벌을 형성하고 외부인의 침입에 분개한다. 그들은 어른들의 편견에 젖어든다. 최악은 편견의 가장 완고한 콤플렉스인 인종 간 결합(miscegenation)의 공포가 일어나는 것이다. 따라서 점진주의를 받아들인다면, 고등학교보다 초등학교에서 인종 통합 과정을 시작하는 편이 더 현명할 것 같다.

그러므로 현재 우리의 유쾌하지 않은 상태는 어느 정도 심리적 전략의 실패로 볼 수 있다. 그러나 부분적으로는 단지 다시 발동한 편견의 피할 수 없는 반사 작용 때문이기도 하다. 남부에서 분리주의적 삶의 방식은 물론 약해지고 있지만, 이 과정에 법적인 가속을 더한다면 아직 남아 있는 편견은 어쩔 수 없이 자기 보존을 위한 마지막 싸움에 나설 수밖에 없다. 혹시나 독자들이 학교의 분리 정책이 법원의 명령 없이도 결국 자연스럽게 사라지리라 결론 내릴지 몰라 하는 말이지만, 지난 30년간 인종 분리 정책의 철폐로 나아간 추세는 교통시설, 투표, 고등 교육, 그 밖의 다른 시민 권리와 관련된 수많은 헌법적 판단 덕분임을 밝힌다. 법적인 촉구는 반드시 필요하다.

현재의 난국에도 불구하고 희망찬 결과를 예견할 수 있는 두 가지 요인이 있다. 첫째, 많은 경계 주°와 지역사회에서 학교가 별다른

경계 주(border states) 1861년 4월 미국 남북전쟁 이전에 미합중국에서 탈퇴하지 않은 노예주. 델라웨어, 켄터키, 메릴랜드, 미주리, 아칸소, 노스캐롤라이나, 테네시, 버지니아가 여기에 속한다.

소동 없이 질서 있게 인종 통합을 이루었다. 둘째, 저항이 심한 지역조차 폭력적 방법을 택하거나 공개적으로 '백인 우월주의'를 주장하는 일을 꺼리는 것처럼 보인다. 주목할 만한 점은 '주의 권리'를 호소하면서도 "깜둥이들이 분수를 지키게 하라."고 주장하지는 않는다는 것이다. 사회 관행이 바뀌고 있다. 린치°는 이제 거의 전해지지 않는다. 최근 연구는 디프사우스에 사는 많은 사람들이 마음속으로는 편견이 심하지 않다는 것을 보여준다. 그보다 그들은 기존의 사회 관행에 동조하는 경향을 보인다. 사회 관행이 변하는 만큼 기꺼이 그들은 새로운 패턴을 충실히 따를 것이다.

최근에 나는 남아프리카연방°에서 직접 인종 문제를 연구할 기회가 있었다. 이 나라의 정부 정책은 강도 높은 인종 분리 정책(아파르트헤이트)을 확실하게 옹호한다. 그런 점에서 미국과 남아프리카의 공식 도덕 체계는 정반대이다. 이 사실에 주목한 아프리카와 아시아 사람들은 대조적인 두 정책의 결과를 예의 주시하고 있다. 도덕적·법적 차이에도 불구하고, 내가 보기에는 이 책의 전반적 요지가 두 나라의 상황에 똑같이 잘 적용되는 것 같다. 어쨌든 나는 남아프리카에서의 경험을 기반으로 하여 이 책에서 동조와 편견의 사회문화적 요인을 다루는 부분(4부)에 좀 더 무게를 둘 생각이다.

고든 올포트

린치(lynch) 법에 의하지 않는 잔인한 형벌이나 사적 폭력.
남아프리카연방 1961년 이후 '남아프리카공화국'이 되었다.

1부

편견이란 무엇인가?

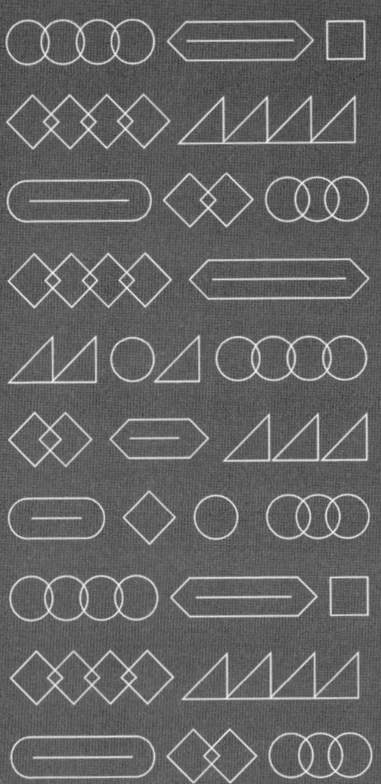

1장

무엇이 문제인가?

고백하자면, 나는 내 활동 분야에 얽매여 벗어나지 못하면서도,
정말이지 사람들에 관해 국가 단위로도 개인 단위로도 차이를 느낀다.
…… 더 쉬운 말로 표현하자면, 나는 좋아하는 것들과 싫어하는 것들로
가득 찬 편견 덩어리이다. 동정심과 무관심과 반감에
철저하게 속박된 존재인 것이다.
- 찰스 램(Charles Lamb)

로디지아°에서 한 백인 트럭 운전수가 쉬고 있는 한 무리의 원주민을 지나치면서 중얼거렸다. "게으른 짐승들 같으니." 몇 시간 후, 그 백인은 원주민들이 흥겹게 노래를 부르며 90킬로그램짜리 곡물 포대들을 트럭에 쌓아 올리는 모습을 봤다. 그는 다시 투덜거렸다. "야만인들, 저것들이 하는 일이 저렇지 뭐."

한때 서인도 제도(카리브 제도)에서는 원주민이 거리에서 미국인과 마주치면 일부러 자신의 코를 움켜쥐곤 했다. 제2차 세계대전 중 영국에서는 우스갯말이 나돌았다. "양키°의 유일한 문제는 돈을 너무 많이 받고(over-paid), 성욕이 너무 강하고(over-sexed), 이 땅에 와

로디지아(Rhodesia) 잠비아와 짐바브웨 일대를 아우르는 아프리카 남부 지역.
양키(Yankee) 미국에서 뉴잉글랜드 사람을 가리키는 말 또는 유럽에서 미국인들을 속되게 낮춰 부르는 말.

있다(over here)는 것이다."

폴란드 사람들은 우크라이나 사람들을 곧잘 '파충류'라고 부르며 경멸했다. 폴란드인이 보기에 우크라이나인은 은혜도 모르고 복수심에 불타고 교활한 데다 배반도 잘하기 때문이었다. 한편 독일인은 동쪽 이웃을 '폴란드 소'라고 불렀다. 폴란드인은 '프로이센 돼지'라는 말로 응수했다. 독일인이 투박하고 무례하다고 조롱한 것이다.

남아프리카연방에서 영국인은 아프리카너°와 사이가 안 좋다. 그런데 둘 다 유대인과 사이가 나쁘다. 셋 다 인도인을 적대한다. 그리고 넷 다 흑인 원주민에게 악의를 품고 있다.

보스턴에 있는 로마가톨릭교회의 한 고위 성직자가 도시 외곽의 인적 드문 길을 차로 이동하고 있었다. 몸집이 작은 흑인 꼬마가 길을 터벅터벅 걷고 있는 것을 보고서, 성직자는 운전기사를 시켜 차를 세운 후 아이를 태웠다. 리무진 뒷좌석에 아이와 함께 앉은 성직자는 대화하려고 아이에게 물었다. "꼬마야, 너 가톨릭 신자니?" 소년이 깜짝 놀라 눈을 동그랗게 뜨고 대답했다. "아니요, 선생님. 흑인인 것도 나쁜데 가톨릭 신자면 더 나쁘게요."

한 중국인 학생이 중국인이 미국인을 실제로 어떻게 생각하는지 질문받았다. 대답을 강요받은 끝에 그 학생은 마지못해 말했다. "글쎄요, 우리는 미국인이 외국 악마(洋鬼子) 중에서는 그나마 가장 낫다고 생각합니다." 중국에서 공산 혁명이 일어나기 전 일화이다. 오늘날 중국 아이들은 미국인이 외국 악마 중에서도 최악이라고 배운다.

헝가리에는 이런 속담이 있다. "반유대주의자는 유대인을 딱 필요한 만큼 이상으로 증오하는 사람이다."

아프리카너(Afrikaner) 남아프리카에 사는 네덜란드계 백인.

세계 어느 지역도 집단 경멸의 태도에서 자유롭지 않다. 각자의 문화에 얽매여 있는 한 우리는 찰스 램처럼 모두가 편견 덩어리에 불과하다.

두 사례

수전과 톰이라는 두 어린 자녀를 둔 30대 중반의 인류학자가 있었다. 이 인류학자는 일 때문에 일 년간 아메리카 원주민 부족과 함께 생활해야 했다. 그는 친절한 한 원주민 가정에서 기거했지만, 자기 가족만큼은 그곳 원주민 보호 구역에서 멀리 떨어진 백인 지역사회에서 지내야 한다고 고집했다. 톰과 수전은 간절히 부족 마을에 가고 싶어 했으나 인류학자는 좀처럼 허락하지 않았다. 정말 어쩌다가 아이들이 방문하기라도 하면, 그는 자기 아이들이 상냥한 원주민 아이들과 함께 어울려 노는 것을 단호하게 가로막았다.

몇몇 원주민들을 비롯해 일부 사람들은 그 인류학자가 직업적 행동 규범에 충실하지 않다고 불평했다. 즉, 그가 인종 편견을 드러내고 있다는 것이었다.

진실은 달랐다. 인류학자는 부족 마을에 결핵이 유행하고 있으며, 자신이 묵고 있는 가정도 이미 아이 네 명이 그 질병으로 죽었다는 사실을 알았다. 자기 아이들이 원주민과 많이 접촉한다면 감염될 확률이 매우 높았다. 그는 아이들을 그런 위험에 노출시켜서는 안 된다고 판단했다. 이 경우 인류학자의 민족 회피는 합리적이고 사실에 근거를 둔 것이었다. 적대감은 없었다. 인류학자는 일반적으로 원주민에게 부정적 태도를 취하지 않았다. 실제로 그는 원주민을 아주 좋아했다.

이 사례는 우리가 인종 혹은 민족 편견이라는 말로 의미하는 것에 들어맞지 않으므로 이제 다른 사례로 넘어가보자.

초여름에 대략 백 군데의 리조트가 토론토의 두 신문에 휴가철 광고를 냈다. 캐나다의 사회과학자 왁스(Sydney L. Wax)는 흥미로운 실험을 수행했다.[1] 왁스는 이 호텔과 리조트마다 두 통의 편지를 써서 함께 보냈다. 편지 내용은 정확히 같은 날짜에 예약을 요청하는 것이었다. 그는 한 통의 편지에는 '그린버그(Greenberg, 유대계 성)'라고 서명하고 다른 한 통에는 '록우드(Lockwood, 비유대계 성)'라고 서명했다. 결과는 다음과 같다.

	그린버그 씨	록우드 씨
답장을 보낸 리조트	52퍼센트	95퍼센트
방을 제공한 리조트	36퍼센트	93퍼센트

보이는 것처럼 거의 모든 해당 리조트가 록우드 씨를 편지 상대이자 숙박 손님으로 환영했다. 하지만 대략 절반의 리조트만이 그린버그 씨에게 답장을 보내 예의를 표했고, 3분의 1이 약간 넘는 정도만 그를 기꺼이 숙박 손님으로 받아들였다.

어느 호텔도 '록우드 씨'와 '그린버그 씨'가 누군지 알지 못했다. '그린버그 씨'는 조용하고 점잖은 신사일 수 있고 '록우드 씨'는 난폭한 술주정뱅이일 수 있지만, 호텔에서는 전혀 알 수 없었다. 분명히 호텔 지배인들은 개인의 장단점이 아니라 그저 '그린버그 씨'가 어떤 집단에 속할 것이라 추측하여 결정했다. '그린버그 씨'는 '순전히' 이름 때문에 무례와 배제를 겪었다. 호텔 지배인들 눈에 그 이름은 그를 손님으로 받을 만한지 예단하는 잣대였다.

첫 번째 사례와 달리 이 사건에는 민족 편견의 두 가지 기본 요소가 들어 있다. (1) 명확한 적개심과 거부가 존재한다. 대다수의 호텔은 '그린버그 씨'와 전혀 관계 맺고 싶어 하지 않았다. (2) 거부의 근거는 범주화에 있다. '그린버그 씨'는 개인으로 평가되지 않았다. 그는 특정 집단에 속한 것으로 추정되었고 그 이유 때문에 부적격 판단을 받았다.

이때 면밀하게 추론하는 사람이라면 아마 이렇게 질문할 것이다. '범주적 거부'의 측면에서 볼 때 인류학자 사례와 호텔 사례에 어떤 근본적 차이가 존재할까? 인류학자는 자기 아이들이 원주민에게 전염될 확률이 높다고 생각해서 접촉하지 않는 편이 더 안전하겠다고 추론한 것이 아닌가? 그리고 호텔 지배인들은 그린버그 씨가 속한 민족을 고려할 때 실제로 바람직하지 않은 손님을 받게 될 확률이 높다고 생각해서 거부하는 편이 좋겠다고 추론한 것이 아닌가? 인류학자는 결핵이라는 전염병이 만연해 있다는 사실을 알았다. 호텔 지배인들도 '유대인의 악덕'이 만연해 있으며 그런 위험을 피해야 한다는 사실을 알았던 것이 아닐까?

이런 의문은 정당하다. 만일 호텔 지배인들이 사실에 근거해 그린버그 씨를 거부했다면(더 정확히 말해 특정 유대인에게 바람직하지 않은 특질이 있을 확률이 높다는 사실에 근거했다면), 그들의 조치는 아마도 인류학자의 조치만큼 합리적이라고 옹호될 수 있을 것이다. 하지만 확실히 그 경우는 아니다.

어떤 지배인은 유대인 투숙객 때문에 못마땅한 적이 단 한 번도 없었을 수 있으며, 이 가정은 매우 그럴듯하다. 왜냐하면 호텔이 유대인 손님들의 투숙을 허용하지 않은 경우가 많았기 때문이다. 설령 그런 경험을 했더라도 호텔 지배인들이 비유대인 손님보다 유대인 손님이 얼마나 더 많이 불쾌하게 굴었는지 기록하여 보관하지는 않는다. 당연히 지배인들은 유대인과 비유대인의 바람직한 특질과 바람직하지 않은 특질의 상대적 빈도에 관한 과학적 연구를 참고한 적도 없다. 만약 그들이 그런 증거를 찾으려 했다면, 6장에서 보겠지만, 그들의 거부 방침을 뒷받침할 근거가 전혀 없다는 사실을 발견했을 것이다.

물론 지배인 본인은 개인적으로 편견이 없을 수도 있다. 만일 그렇다면 그는 비유대인 투숙객들의 반유대주의를 반영하고 있는 셈이다. 어느 쪽이든 우리가 말하고자 하는 바는 유효하다.

편견의 정의

'편견'을 뜻하는 'prejudice'는 라틴어 명사 'praejudicium'에서 파생되었다. 라틴어 계통 단어들이 대부분 그렇듯, 이 단어도 고대 그리스 로마 시대 이래로 의미가 변해 왔다. 변화는 세 단계로 일어났다.[2]

(1) 'praejudicium'은 고대인들에게 '선례(precedent)', 즉 이전의 결정과 경험에 근거해서 내리는 판단을 의미했다.

(2) 이후 이 용어에는 영어에서 사실에 대한 합당한 검토나 숙고가 이루어지기 이전에 형성된 판단이라는 의미가 생겼다. 즉 미숙하거나 성급한 판단이라는 의미이다.

(3) 마지막으로 또한 이 용어는 근거 없는 사전 판단에 수반하는 오늘날의 좋고 싫음의 정서적 특색을 얻었다.

편견에 관한 가장 간략한 정의가 있다. "충분한 근거 없이 다른 사람을 나쁘게 생각하는 것."[3] 이 군더더기 없는 구절은 모든 '편견'의 정의가 예외 없이 포함하는 두 가지 기본 요소를 드러낸다. 바로 '근거 없는 판단'과 '감정적 어조'이다. 그러나 이 정의는 너무 간략해서 아주 분명하지는 않다.

우선 이 정의는 오로지 부정적 편견만을 가리킨다. 사람은 다른 사람에게 우호적 편견을 품기도 한다. 다른 사람을 충분한 근거 없이 그냥 좋게 생각할 수도 있다. 《새로운 영어사전》에서는 편견을 부정적 의미뿐 아니라 긍정적 의미로도 설명한다.

> 우호적이건 비우호적이건 다른 사람 혹은 사물에 대해서 실제 경험하기 전에, 혹은 실제 경험에 근거를 두지 않은 채로 품게 되는 감정.

편향이 **싫어하는 감정**일 수도 있고 **좋아하는 감정**일 수도 있다는 점을 고려하는 것이 중요하지만, 사실 **민족** 편견은 대개 부정적이다. 어떤 학생 집단에 여러 민족 집단에 대한 태도를 각자 기술해보라고 요청했다. 부정적 평가로 이끌 만한 어떤 암시도 주지 않았다. 그런데도 학생들은 우호적 태도보다 적대적 태도를 여덟 배나 더 많이 기술했다. 따라서 이 책에서는 민족 집단에 대한 **우호적** 편견보다 **적대적** 편견에 주로 관심을 둘 것이다.

'다른 사람을 나쁘게 생각하는 것'은 생략적인 표현이다. 이 표현은 욕을 하거나, 차별을 하거나, 폭력적으로 공격하는 등 증오를 드러내는 다양한 형태의 행위뿐 아니라 경멸이나 반감, 두려움과 혐오의 감정까지 포함하는 것으로 이해해야 한다.

마찬가지로 '충분한 근거 없이'라는 표현도 확장할 필요가 있다. 판단은 사실에 기반을 둔 것이 아니라면 정당하지 않다. 한 재치 있는 사람은 편견을 "자신이 그 위에 있지도 않은 어떤 것을 내려다보는 것"이라 정의했다.

어떤 판단을 정당화하는 데 얼마나 많은 사실이 필요한지 말하기는 쉽지 않다. 편견에 빠진 사람은 십중팔구 자기 견해에 충분한 근거가 있다고 주장할 것이다. 자기가 난민이나 가톨릭 신자나 아시아인에게 당한 쓰라린 경험을 이야기할 것이다. 그러나 대부분의 경우 그가 알고 있는 사실들은 불충분하고 왜곡된 것임이 분명하다. 그는 자신의 얼마 안 되는 기억들을 선택적으로 분류하는 방법을 활용하고, 그것들을 풍문과 뒤섞은 다음 과잉 일반화한다. 아무도 **모든** 난민, 모든 가톨릭 신자, 모든 아시아인을 다 알 수는 없다. 그러므로 이런 집단을 **전체로서** 부정적으로 판단하는 경우는 엄밀히 말해 충분한 근거 없이 나쁘게 생각하는 사례에 해당한다.

때로는 부정적 판단의 근거가 되는 경험을 실제로 한 적이 전혀 없는데도 부정적 편견을 품기도 한다. 몇 년 전 대부분의 미국인은 터키 사람들을 몹시 안 좋게 생각했다. 그러나 터키인을 직접 봤거나 본 사람을 한 명이라도 알고 있는 이는 거의 없었다. 미국인은 단지 과거 아르메니아 대학살°과 전설적인 십자군 운동에 관한 이야기에 근거해 판단했다. 사람들은 그런 증거에 입각해 대담하게도 한 나라의 구성원 전부를 비난했다.

흔히 편견은 거부 집단(rejected group)의 개별 구성원을 대할 때 그 모습을 드러낸다. 그러나 흑인 이웃을 피하거나 '그린버그 씨'의 객실 예약 신청에 답할 때, 우리는 자신의 행위를 집단 전체에 대한 우리의 범주적 일반화에 부합하도록 짜맞춘다. 우리는 개인차에는 거의, 아니 전혀 주의를 기울이지 않는다. 이웃 흑인 X가 흑인 Y와 달리 우리가 싫어할 만한 합당한 이유가 충분하지 않으며, 그린버그 씨는 블룸 씨와 달리 우리가 싫어할 만한 합당한 이유가 없고 오히려 품격 있는 신사일 수 있다는 중요한 사실을 간과한다.

이런 사고방식은 너무나 흔해서 어쩌면 편견을 다음과 같이 정의

아르메니아 대학살(Armenian Massacres) 19세기 말부터 20세기 초까지 오스만 제국과 뒤를 이은 터키 정권이 기독교계 아르메니아인 백만 명 이상을 집단 학살한 사건.

할 수도 있을 것이다.

> 어떤 사람이 어떤 집단에 속하고 그래서 그가 그 집단에 귀속되는 못마땅한 성질이 있을 것이라 추정된다는 이유만으로 그 사람에게 드러내는 회피적이거나 적대적 태도.

이 정의가 강조하는 것은 일상생활에서 민족 편견은 흔히 개개인을 대하는 문제이지만, 또한 집단 전체에 관한 부당한 관념을 포함한다는 사실이다.

'충분한 근거'의 문제로 되돌아가자. 우리는 인간의 판단이 절대적 확실성에 근거를 둔 경우가 거의 없다는 사실을 인정해야 한다. 우리는 태양이 내일 떠오를 것이고 죽음과 세금이 우리를 집어삼키리라는 사실을 합리적으로 확신할 수 있으나 절대적으로는 아니다. 어떤 판단을 뒷받침하는 충분한 근거는 언제나 확률의 문제이다. 일반적으로 사람을 판단할 때보다 자연에서 벌어지는 일을 판단할 때 더 단단하고 더 높은 확률적 근거를 지닌다. 국가나 민족 집단에 대한 우리의 범주적 판단이 높은 확률에 근거하는 경우는 아주 드물다.

제2차 세계대전 동안 나치 지도자들에게 다수의 미국인이 보였던 적대적 태도를 예로 들어보자. 그것은 편견인가? 아니다. 나치당이 공식 강령으로 얼마나 사악한 정책과 관행을 받아들였는지는 숱한 증거가 있기 때문이다. 알고 보면, 아마 나치당에도 그 혐오스러운 계획을 진심으로 거부한 선량한 개인이 있었을 것이다. 그러나 나치 집단이 세계 평화와 인간적 가치를 실제로 위협할 확률이 아주 높았기 때문에 현실적이고 정당한 갈등이 생겨났다. 위험이 닥칠 확률이 높을 경우 적대감은 편견의 영역에서 '현실적 사회 갈등'의 영역으로 자리를 옮긴다.

우리가 조직폭력배에게 보이는 적대감은 편견이 아니다. 그들의 반사회적 행위가 결정적 근거가 되기 때문이다. 그러나 이 선을 긋는 일은 금세 어려워진다. 전과자는 어떤가? 전과자가 자립과 자기 존중을 얻을 수 있는 안정된 직업을 갖는 것은 매우 어렵다고 알려져 있다. 그 사람의 전력을 알게 된 고용주가 의심을 품는 것은 자연스럽다. 그러나 흔히들 사실이 뒷받침하는 정도보다 더 많은 의심을 품는다. 만약 고용주 앞에 서 있는 그 전과자를 더 깊게 들여다봤다면, 진정으로 교화되었다는 증거를 찾을 수 있을지도 모른다. 혹은 애초에 그가 부당하게 사법 처리를 당했을지도 모를 일이다. 단지 범죄 기록이 있다는 이유만으로 어떤 사람에게 기회의 문을 차단하는 것이 **어느 정도** 이로울 수도 있다. 많은 죄수들은 결코 교화되지 않기 때문이다. 그러나 확실한 근거 없이 속단하는 요인도 분명 존재한다. 여기서 우리는 진정한 경계선의 사례를 만난다.

'충분한' 근거와 '불충분한' 근거를 분명하게 구분할 수는 없다. 따라서 우리가 지금 편견의 사례를 다루고 있는지, 편견이 아닌 사례를 다루고 있는지 늘 확신할 수는 없다. 그렇지만 종종 우리가 개연성이 희박하거나 아예 개연성이 없는 근거를 내세워 판단한다는 사실을 아무도 부인하지는 못할 것이다.

과잉 범주화(overcategorization)는 아마도 인간 정신이 가장 흔하게 지닌 버릇일 것이다. 인간은 몇 방울 안 되는 사실로 한 통이 가득 찬 것처럼 부풀려 성급하게 일반화한다. 한 어린 소년은 노르웨이 사람이 전부 거인이라고 생각했다. 북유럽 신화에 등장하는 최초의 존재 이미르(Ymir)가 키가 어마어마하게 크다는 데 깊은 인상을 받았기 때문이다. 그 소년은 살아 있는 노르웨이인을 만나지나 않을까 오랫동안 두려워했다. 어떤 남자는 어쩌다 세 명의 영국인을 개인적으로 알게 되었는데, 이들 셋의 공통적 태도가 전체 영국 인종의 특성이라고 선언하기에 이르렀다.

이런 경향성에는 자연스러운 면이 있다. 인생은 너무 짧고 현실에 적응하기 위해 필요한 것들은 너무 많은데, 일상적 교류가 무지 때문에 지장받게 내버려둘 수는 없다. 우리는 대상이 좋은지 나쁜지 그것이 속한 부류에 따라 결정해야 한다. 세상의 모든 대상을 제각기 그 자체로 판단할 수는 없다. 조악하고 대충 만들었더라도 임시변통인 기준표에 만족해야 한다.

도가 지나친 모든 일반화가 전부 편견은 아니다. 일부는 단지 우리의 잘못된 정보가 빚어낸 **오해**일 뿐이다. 한 어린아이는 미니애폴리스(Minneapolis)에 사는 모든 사람들이 '독점주의자(Monopolists)'라고 생각했다. 그 아이는 아버지에게 독점주의자들이 사악하다고 배운 적이 있었다. 여러 해가 지난 후 철자가 유사해서 혼동했음을 깨닫자 미니애폴리스 주민들에 대한 아이의 혐오는 사라졌다.

일상적 예단에 따른 오류와 편견을 구분하는 데 도움이 되는 검사가 있다. 만약 어떤 사람이 새로운 증거에 비추어 자신의 오류 판단을 교정할 수 있다면, 그는 편견에 빠진 것이 아니다. **새로운 지식을 접했는데도 수정되지 않는 예단일 경우에만 편견이다.** 단순한 오해와 달리 편견은 불리한 모든 증거에 적극적으로 저항한다. 사람은 자신의 편견이 모순에 빠질 때 더욱더 정서적인 경향을 보인다. 이처럼 일상에서 나타나는 예단과 편견의 차이는, 예단의 경우 정서적 저항 없이 토론과 교정의 대상이 될 수 있다는 점이다.

이런 다양한 고려 사항을 염두에 둬야 비로소 부정적 민족 편견에 대한 최종 정의를 시도할 수 있다. 이 정의는 이 책 전체에서 쓰일 것이다. 이 정의의 각 구절은 지금까지 논의한 요점을 압축해놓은 것이다.

민족 편견은 그릇되고 경직된 일반화에 근거한 반감이다. 그것은 느꺼질 수도 있고 혹은 표현될 수도 있다. 그것은 집단 전체를 겨냥할 수도 있고 혹은 그 집단의 구성원이라는 바로 그 이유로 어떤 개인을 겨냥할 수도 있다.

이 정의에 따르면 편견의 순수 효과°는 그 대상이 자신의 나쁜 행동에 의해 합당하지 않은 불이익을 받게 되는 것이다.

편견은 가치 개념인가?

일부 학자들은 편견의 정의에 다른 요소를 추가한다. 그들은 어떤 문화가 수용하는 중요한 규범이나 가치를 위반할 때만, 그 위반하는 태도를 두고 편견에 빠졌다고 주장한다.[4] 그들에게 편견이란 단지 한 사회에서 윤리적으로 승인되지 않는 예단의 일종일 뿐이다.

한 실험은 '편견'이라는 말이 일상에서 쓰일 때 어떤 특성을 띠는지 보여준다. 여러 명의 판사에게 중학교 3학년 청소년들이 작성한 글을 보여주고 '편견'이 나타나는 정도에 따라 분류해 달라고 요청했다. 실험 결과 남자아이가 여자아이들 집단을 뭐라고 나쁘게 말하든 편견으로 판단하지 않았다. 왜냐하면 어린 학생들이 자신과 반대되는 성을 비난하는 것은 정상 행동으로 여겼기 때문이다. 선생님을 나쁘게 말한 표현도 편견의 사례로 분류되지 않았다. 이런 반항심 역시 이 연령대 아이들에게는 자연스럽고 사회적으로 그리 대수롭지 않은 일로 보였다. 그러나 아이들이 노동조합, 사회 계급, 인종 혹은 민족을 향해서 적의를 표현했을 때는 편견으로 판단하는 경우가 많았다.[5]

순수 효과(net effect) 영향을 끼치는 다른 요소를 제거하고 실제로 영향을 끼치는 순효과를 의미하는 말.

간단히 말해서 불공정한 태도에 대한 사회적 중요도가 판사들이 편견을 판단하는 관점에 영향을 끼쳤다. 여자아이들을 '거부하는' 열다섯 살 남자아이는 자기가 속하지 않은 민족을 '거부하는' 아이만큼 편견에 빠졌다고 여겨지지 않는다.

만일 '편견'을 이런 의미로 사용한다면, 우리는 인도의 (지금은 무너져 가고 있는) 아주 오래된 신분제(카스트 제도)가 편견과 관계없다고 말해야 할 것이다. 그것은 단지 사회 구조 안의 편리한 계층화일 뿐이었으며, 노동 분업을 명확히 하고 사회적 특권을 정의해주었기 때문에 거의 모든 시민이 받아들일 수 있었다. 심지어 여러 세기 동안 불가촉천민에게도 받아들여질 수 있었다. 왜냐하면 종교적 환생의 교의가 그런 식의 계층화를 전적으로 정당해 보이도록 만들었기 때문이다. 불가촉천민은 전생에 상위 카스트나 초월적 존재로 상승할 만한 일을 하지 못한 탓에 나락으로 떨어진 것이다. 지금 그들은 나름대로 공정하게 나눠진 후식을 먹고 있는 셈이며, 다른 사람들과 마찬가지로 순종적이고 영적으로 인도된 삶을 통해 미래에 환생하여 출세할 수 있는 기회가 있다. 이런 카스트 제도에 대한 설명이 정말로 한때 힌두교 사회의 특징이었다 하더라도, 과연 여기에 편견의 문제가 없다고 할 수 있을까?

이번에는 게토° 제도를 예로 들어보자. 역사적으로 오랜 시간 동안 유대인은 특정 거주 지역에 분리 수용되었고, 때로는 그 거주 지역이 철망으로 둘러쳐지기도 했다. 그들은 오로지 그 안에서만 자유롭게 이동할 수 있었다. 이 방법은 불쾌한 충돌을 방지하는 장점이 있었고, 자신의 처지를 받아들인 유대인은 어느 정도 명확하고 편안하게

게토(ghetto) 중세 이후 유럽에서 유대인을 강제로 격리하기 위해 설정한 유대인 거주 지역.

삶을 계획할 수도 있었다. 그 당시 유대인의 운명이 오늘날보다 훨씬 더 안전하고 예측 가능했을지도 모른다. 유대인이나 비유대인이 게토 제도 때문에 특별히 분개하지 않았던 역사상의 시기가 있었다. 그러면 그때 편견은 없었을까?

고대 그리스인은 (혹은 초창기 미국 농장주들은) 당시의 세습 노예 계급에 대해 부정적 편견이 있었을까? 확실히 그들은 노예 계급을 경멸했고 틀림없이 노예들의 태생적 열등함과 '짐승 같은' 정신세계에 관한 잘못된 이론이 있었다. 그러나 이 모든 생각은 너무도 자연스럽고 훌륭하고 적절한 것이어서 거기에는 아무런 도덕적 딜레마도 없었다.

오늘날에도 미국의 몇몇 주에서는 백인과 흑인 간에 '잠정 협정(modi vivendi)'이 작동하고 있다. 관계에 관한 관례가 확립되고, 대부분의 사람들은 별 생각 없이 사회 구조의 현실을 따른다. 그들은 단지 사회적 관행을 따를 뿐이므로 자기들에게 편견이 있다는 것을 인정하지 않는다. 흑인은 자신의 처지를 알고 백인도 나름의 처지를 알 뿐이다. 그렇다면 일부 학자들이 말하는 것처럼, 편견이란 오로지 일반적으로 인정되는 문화 자체가 규정하는 수준보다 **더** 심하게 업신여기거나 **더** 심하게 거부하는 행동이 나타날 때만 존재한다고 말해야 할까? 편견은 단지 일상적 관행에서 일탈한 사례일 뿐일까?[6]

나바호(Navaho) 원주민들은 지구상의 많은 사회가 그렇듯 마법을 믿는다. 누구든 마녀라는 혐의를 받게 되면, 원주민들은 마녀의 사악한 힘에 관해 널리 퍼진 잘못된 생각 때문에 그 사람을 진심으로 피하거나 호되게 처벌한다. 앞의 사례들과 마찬가지로, 이 경우도 편견에 대한 우리 정의의 모든 요소를 충족한다. 하지만 이 문제에 관해 도덕적 쟁점을 제기하는 나바호 사회의 구성원은 거의 없다. 마녀 거부가 사회적으로 승인받고 수용된 관습인데 그래도 우리는 그것을 편견이라 부를 수 있을까?

이런 논증 전개에 대해 어떻게 답해야 할까? 이 논증에 깊은 인상을 받은 일부 비평가들은 편견의 문제 전체가 단지 '진보적 지식인'이 만들어낸 가치 판단에 지나지 않는다고 말하기에 이르렀다. 그 비평가들에 따르면, 진보주의자들(liberals)은 자기들이 인정하지 않는 어떤 사회적 관행이 있을 때, 그것을 자의적으로 편견이라 부른다. 그들은 자신들이 느끼는 도덕적 분노의 감정만을 따를 것이 아니라 문화의 성격도 참고해야 한다. 만약 문화 자체가 그 문화권에 속하는 구성원 다수의 관행보다 더 높은 행동 규범을 고수하면서 충돌을 빚는 상황이라면, 그 문화 안에 존재하는 편견을 이야기할 수 있을 것이다. 편견이란 어떤 문화 내부의 일부 관행에 대해서 그 문화가 내리는 **도덕적 평가**로서, 단지 승인되지 않는 태도를 가리키는 말일 뿐이다.

이 비평가들은 별개인 두 문제를 뒤섞고 있는 것처럼 보인다. 순전히 심리학적 의미에서 편견, 곧 부정적이고 과잉 일반화된 판단은 어느 사회에나 존재한다. 윤리적으로 더 민감한 사회와 마찬가지로 카스트제 사회나 노예제 사회나 마법을 믿는 나라에도 확실히 존재한다. 이 문제와 편견이 도덕적 분노의 감정을 동반하느냐 안 하느냐는 전적으로 별개의 쟁점이다.

흔히 기독교와 민주주의 전통이 있는 나라가 그런 윤리 전통이 없는 나라들에 비해 민족 편견을 안 좋게 본다. 그리고 아마도 '진보적 지식인'은 대다수 사람들보다 민족 편견 문제에 정서적으로 자극받을 가능성이 더 높을 것이다.

그렇더라도 편견에 관한 객관적 사실과 그런 사실에 대한 문화적 판단 혹은 윤리적 판단을 뒤섞는 일은 정당화되지 않는다. 어떤 단어가 유쾌하지 않은 향기를 풍긴다고 해서 오로지 가치 판단을 의미한다고 믿어서는 안 된다. '전염병'이라는 단어를 생각해보자. 이 단어는 꺼림칙한 무언가를 암시한다. 의심할 바 없이 전염병의 위대한 정복자인 파스퇴르도 전염병을 싫어했을 것이다. 그러나 그의 가치 판단은 그가 대단히 성공적으로 대처한 객관적 사실들에 눈곱만큼도 영향을 끼치지 않았다. '매독'은 미국 문화에서는 욕설이 담긴 말이다. 그러나 이 정서적 측면은 스피로헤타(매독의 병원체)가 신체 내에서 활동하는 방식과는 아무런 관련이 없다.

미국 사회처럼 일부 문화는 공식적으로 편견을 비난하지만 다른 문화는 그렇지 않다. 그러나 편견에 관한 근본적인 심리 분석은 인도인이나 나바호 원주민이나 고대 그리스인이나 미국의 전형적인 중산층이나 전혀 다르지 않다. 거짓된 과잉 일반화 탓에 사람들을 향한 부정적 태도가 유지된다면 우리는 편견 증후군을 마주한 것이다. 사람들이 편견 증후군을 개탄한다는 사실은 본질적인 문제가 아니다. 편견은 모든 나라에서 모든 세대에 걸쳐 존재해 왔다. 편견은 사실상 심리 문제에 해당한다. 도덕적 분노가 어느 정도 유발되느냐 하는 문제와는 무관하다.

기능적 유의성

편견에 관한 몇몇 정의는 한 가지 요소를 추가로 포함한다. 다음이 그 사례다.

> 편견이란 대인 관계에서 집단 전체 혹은 그 집단에 속한 개별 구성원을 향해 나타나는 적개심의 한 유형이다. 편견은 편견을 지닌 사람을 위해 특유의 비합리적 기능을 한다.[7]

마지막 문장은 어떤 사람이 개인적이고 자기 만족적인 목적으로 타인에게 부정적 태도를 취하는 게 아니라면, 그 부정적 태도는 편견이 아니라는 뜻이다.

이후 논의에서 분명하게 밝히겠지만, 많은 편견이 실제로 자기 만족적인 고려에 의해 형성되고 유지된다. 대부분의 경우 편견은 그 편견을 지닌 사람에게 어떤 '기능적 유의성(functional significance)'이 있는 것처럼 보인다. 하지만 항상 그런 것은 아니다. 많은 편견은 유력한 사회적 관습에 맹목적으로 동조함으로써 발생하는 문제이다. 17장에서 살펴보겠지만 일부 편견은 개인이 삶을 효율적으로 사는 것과는 별로 중요한 관계가 없다. 따라서 편견의 '비합리적 기능'을 기본 정의에 포함해야 한다고 주장하는 것은 현명하지 않아 보인다.

태도와 믿음

앞서 편견에 관한 적절한 정의는 두 가지 기본 요소를 포함한다고 설명했다. 좋거나 싫은 **태도**가 있어야 하고 과잉 일반화된 (그래서 잘못된) **믿음**과 관련되어야 한다는 것이다. 편견이 담긴 진술은 때로는 태도 요소를 표현하고 때로는 믿음 요소를 표현한다. 다음 진술에서 첫 번째 문장은 태도를 표현하고 두 번째 문장은 믿음을 표현한다.

나는 흑인을 참을 수 없다.
흑인은 냄새가 난다.

나는 유대인과 같은 아파트에 살지 않을 것이다.
몇몇 예외가 있겠지만 일반적으로 유대인은 매우 비슷하다.

나는 일본계 미국인이 우리 마을에 오는 것을 원치 않는다.

일본계 미국인은 비열하고 교활하다.

편견을 태도와 믿음으로 구분하는 일이 중요할까? 목적에 따라서 꼭 그렇지는 않다. 보통 태도와 믿음 중 하나를 발견하면 다른 하나도 발견하게 된다. 적대적 태도는 한 집단 전체에 관한 어떤 일반화된 믿음 없이는 오랫동안 유지될 수 없다. 근래의 연구를 보면, 편견 검사에서 어떤 집단에 강한 적대적 태도를 보이는 사람은 그 집단에 못마땅한 성질이 매우 많다고 강하게 믿는다는 것을 알 수 있다.[8]

그러나 일부 목적을 위해서는 태도와 믿음을 구분하는 것이 유용하다. 예를 들어, 30장에서는 편견을 줄이기 위해 고안된 특정 방안들이 믿음을 바꾸는 데는 성공하지만 태도를 바꾸는 데는 성공하지 못하는 사례를 볼 것이다. 믿음은 어느 정도까지는 합리적 비난을 받아 바뀔 수도 있다. 하지만 일반적으로 믿음은 그보다 훨씬 더 바꾸기가 어려운 부정적 태도에 어떻게든 맞추려고 도망다니는 경향이 있다. 다음 대화에서 이 점을 확인할 수 있다.

X: 유대인은 오로지 자기들 집단만을 감싸기 때문에 문제가 많아.

Y: 하지만 공동 모금 캠페인 기록을 보면 인구 비율을 따져봤을 때 유대인이 비유대인보다 지역사회의 일반 자선 사업에 더 후하게 기부했다더군.

X: 그건 유대인이 사람들의 호감을 사서 기독교가 하는 일에 끼어들려고 늘 노력하고 있다는 걸 보여주지. 그들은 오로지 돈 말고는 생각하는 게 없어. 유대인 은행가들이 그렇게 많은 것도 다 그런 이유야.

Y: 하지만 최근 연구에서는 금융계의 유대인 비율이 보잘것없다는 게 드러났어. 비유대인에 비하면 아주 적다고 하던데.

X: 바로 그게 문제인 거야. 유대인은 훌륭한 사업에는 뛰어들지 않아. 영화 사업에 끼어들거나 나이트클럽을 운영하거나 할 뿐이지.

이런 식으로 믿음 체계는 흔히 요리조리 빠져나가면서 더 영속적인 태도를 정당화한다. 이것은 일종의 '합리화' 과정, 즉 믿음을 태도에 적응시키는 과정이다.

편견의 두 측면을 계속 염두에 두는 편이 좋을 것이다. 앞으로 이어질 논의에서 이 구분을 활용할 기회가 있기 때문이다. 그러나 태도와 믿음을 구체적으로 언급하지 않고 편견이라는 용어를 사용할 때는 둘 다를 의미한다고 생각하면 된다.

행동으로 옮겨지는 편견

싫어하는 집단에 품는 생각이나 감정이 그 집단에 취하는 행동과 늘 직접 관련 있는 것은 아니다. 예를 들어 유대인을 똑같이 싫어하는 고용주 두 명이 있다고 해보자. 한 고용주는 유대인을 싫어하는 감정을 감춘 채, 유대인을 다른 노동자들과 똑같은 기준으로 고용한다. 어쩌면 그는 유대인 공동체가 자기 공장이나 가게에 호감을 느끼게 하고 싶어서 이런 행동을 했을 수 있다. 한편 다른 고용주는 유대인 혐오를 고용 정책에 그대로 반영해 유대인 고용을 거부한다. 두 사람 다 편견이 있지만 그중 한 사람만 '차별'을 행한다. 일반적으로 차별은 편견보다 직접적이고 심각한 사회적 결과를 낳는다.

모든 부정적 태도는 어떻게든 그리고 어디서든 행동으로 드러나는 경향이 있다. 반감을 마음속에만 간직하는 사람은 거의 없다. 부정적 태도가 심할수록 강렬한 적대 행위로 귀결될 가능성이 더 크다.

부정적 행동을 강도에 따라 가장 약한 것부터 가장 센 것까지 차례대로 분류해보면 다음과 같다.

1. **적대적인 말**(antilocution) _ 대개 편견을 지닌 사람들은 편견을 말로 표현한다. 그들은 자신의 반감을 마음이 맞는 친구나 때로는 외부인에게 자유롭게 표현할 수 있다. 그러나 대부분의 사람들은 이 정도의 온건한 수준 이상으로 반감을 표출하는 행동은 하지 않는다.

2. **회피**(avoidance) _ 편견이 더 심해지면 사람들은 많은 불편을 감수하더라도 혐오 집단의 구성원들을 피한다. 이 단계의 사람들은 싫어하는 집단에 직접 해를 가하지는 않는다. 그들은 조절과 위축의 부담을 온전히 스스로 진다.

3. **차별**(discrimination) _ 이 단계에 이른 사람들은 현실에 영향을 끼치는 유해한 차별을 가한다. 혐오 집단의 모든 구성원을 특정 유형의 일자리나 거주지, 정치적 권리, 교육이나 오락의 기회, 교회, 병원, 혹은 다른 어떤 사회적 특권에서 배제하는 일에 앞장선다. 분리 정책은 법적 강제나 일상적 관행을 통해 제도화된 차별 형태이다.[9]

4. **물리적 공격**(physical attack) _ 반감이 고조되면 편견은 폭력이나 폭력에 준하는 행위로 이어질 수 있다. 이웃에게 환영받지 못한 흑인 가족이 동네에서 강제로 쫓겨나거나 이웃에게 극심한 위협을 받아 공포에 떨 수도 있다. 유대인 묘지의 묘비가 훼손될 수도 있다. 도시 북쪽의 이탈리아 갱들이 남쪽 아일랜드 갱들을 기다리며 잠복해 있을 수도 있다.

5. **절멸**(extermination) _ 편견을 폭력적으로 표출하는 최상의 단계에는 린치, 포그롬°, 대량 학살, 그리고 히틀러식 인종 학살(genocide)이 해당된다.

포그롬(pogrom) 유대인 등 특정 민족이나 특정 집단에 대한 약탈과 학살이 자행되는 폭동.

이 5점 척도가 수학적 계산을 거쳐 구성되지는 않았지만, 편견의 태도와 믿음에서 비롯되는 다양한 행동에 주의를 환기하는 역할을 할 것이다. 대부분의 사람들은 적대적인 말에서 회피로 넘어가거나 회피에서 적극적인 차별이나 그 이상으로 나아가지 않지만, 그래도 한 단계에서 이루어지는 활동이 더 심한 단계로의 이행을 더 쉽게 해주는 것은 사실이다. 독일 사람들이 유대인 이웃과 유대인 옛 친구를 회피하게 된 이유는 바로 히틀러의 적대적인 말 때문이었다. 이런 예비 활동이 뉘른베르크 유대인 차별 법을 제정하기 수월하게 했고, 결국 유대교 회당을 방화하고 길거리에서 유대인을 공격하는 일을 자연스럽게 만들었다. 이 섬뜩한 과정의 최종 단계가 바로 아우슈비츠의 소각장이었다.

사회적 결과의 측면에서 대부분의 '공손한 편견'은 해를 끼치지 않는다. 그저 한가한 잡담에 그칠 뿐이다. 그러나 불행하게도 20세기 들어 그런 편견이 치명적으로 발전하는 빈도가 점점 잦아지고 있다. 이것이 초래하는 인류의 분열은 위협적이다. 그리고 지구상 모든 사람들은 점점 더 서로 의지하게 되므로 편견 때문에 커지는 마찰을 견디기가 더 힘들어질 수 있다.

2장

편견에 쉽게 빠지는 이유

왜 사람들은 쉽게 민족 편견에 빠질까? 그 이유는 앞서 논의한 편견을 구성하는 두 가지 기본 요소, **잘못된 일반화와 적개심**이 인간 정신의 자연스럽고 평범한 능력이기 때문이다. 적개심과 그와 관련된 문제는 이후에 논의하기로 하고, 먼저 잘못된 범주적 예단(prejudgement)을 자연스럽게 야기하고 그 결과 민족적 집단 반목에 이르게 하는, 인간 생활과 사고의 기본 조건을 생각해보자.

편견에 관한 모든 이야기를 이 책의 이 한 장에서 (혹은 다른 장에서도) 논의할 수는 없다. 각 장은 독립적으로 편견의 어느 한 측면만을 다룬다. 편견이라는 주제를 다루는 **분석적** 논의는 모두 이런 불가피한 결함을 지닌다. 전체로서 편견은 다면적 문제이므로, 어느 한 측면이 검토되는 동안에도 다른 많은 측면이 함께 존재한다는 사실을 염두에 두어야 한다. 이 장은 예단에 관한 다소 '인지적인' 관점을 다룬다. 자아와 관련된 여러 요인이나 다수의 정서적 · 문화적 · 개인적 요인들이 동시에 작용하지만 지금 논의에서는 불가피하게 그런 요인들을 미결 상태로 둘 것이다.

인간 집단의 분리

우리는 지구상 곳곳에서 집단이 서로 갈라서 있는 상태를 목격한다. 사람들은 자기 종족과 짝을 맺고, 동종의 무리 속에서 먹고 놀고 거주한다. 사람들은 자기 종족과 함께 이야기를 나누고 함께 예배하고 싶어 한다. 이 습관적 결합의 이유는 대부분 편리하기 때문이다. 교제를 위해 외집단(outgroup)에 의지할 필요가 없다. 주위에 선택할 수 있는 사람이 많은데, 왜 새로운 언어, 새로운 음식, 새로운 문화에 적응하고 교육 수준이 다른 사람과 어울리는 수고를 자초해야 하는가? 배경이 비슷한 사람을 상대하는 편이 힘이 덜 든다. 대학 동창회가 즐겁고 기쁜 이유는 모든 구성원이 나이가 같고, 공유하는 문화적 기억이 같고(심지어 그들 모두가 사랑하는 오래된 노래까지), 본질적으로 교육 배경이 같기 때문이다.

이처럼 사람들이 자기 종족과 결합하면, 대부분의 일상을 많이 노력하지 않아도 꾸려 나갈 수 있다. 이방인은 부담스럽다. 더 높거나 낮은 사회경제 계급에 속한 사람도 마찬가지다. 우리는 청소부와 브리지 게임을 하지 않는다. 왜일까? 물론 청소부가 포커 게임을 더 좋아하기 때문일 수도 있지만, 거의 틀림없이 우리가 친구와 즐기는 농담이나 수다 유형을 그가 이해하지 못할 것이기 때문이다. 서로 다른 삶의 방식이 뒤섞이려면 다소 어색함이 뒤따를 것이다. 우리가 계급 편견이 있다는 의미가 아니라, 누구나 자신이 속한 계급 안에서 편안함을 느낀다는 뜻이다. 그리고 보통은 계급, 인종, 종교가 같은 사람들이 많아서 그들과만 함께 놀고 지내고 먹고 또 결혼도 할 수 있다.

일을 하다 보면 외집단 구성원을 훨씬 더 많이 상대할 수 있다. 계층화된 산업계나 사업체에서 경영자는 노동자를, 관리자는 청소부를, 판매원은 사무원을 상대해야 한다. 서로 다른 민족 사람들이 기계 앞에서는 나란히 서서 일하겠지만, 휴식 시간에는 거의 분명 더 편안한 자기 집단과 함께 보낼 것이다. 일터에서 접촉한다고 해서 심리적인 분리를 극복할 수는 없다. 때로는 그 접촉이 너무 계층을 드러내는 방식이라서 분리된 느낌이 오히려 강화되기도 한다. 멕시코인 노동자는 미국인 고용주가 자신보다 훨씬 더 안락한 삶을 누리는 것을 보면 시기할 수 있다. 백인 노동자는 흑인 조수가 기회만 되면 승진해 자신의 일자리를 차지하려고 열의를 품고 있다며 두려워할 수도 있다. 미숙련 단순 노동자로 산업계로 유입된 외국인 집단이 직업과 사회 계급의 사다리에서 위로 올라서기 시작하면 결국 다수 집단(majority group)은 공포를 느끼고 시기하기 시작한다.

항상 지배적 다수 집단이 소수 집단(minority group)을 강제로 소외시키는 것은 아니다. 소수 집단은 보통 자기네 정체성을 지키는 쪽을 더 좋아하고, 그래서 굳이 외국어로 말하거나 자신들의 관습을 바꾸느라 애쓰지 않는다. 대학 동창회에서 오랜만에 만난 졸업생들처럼, 그들은 전통과 배경을 공유하는 사람들에게는 '경계를 늦출 수 있다'.

한 훌륭한 연구에 의하면 미국 내 소수 집단 출신 고등학생들은 미국 백인 고등학생들에 비해 훨씬 더 강한 자민족 중심주의(ethnocentrism)을 드러낸다. 예를 들어 백인 학생들보다 흑인, 중국인, 일본인 청소년들은 자기가 속한 집단에서 친구나 과제 모임이나 '연애 상대'를 찾으려는 경우가 훨씬 더 많았다. 이 청소년들이 '대표'를 뽑을 때는 자기네 집단이 아니라 비유대계 백인 다수 집단을 선호하는 것이 사실이다. 하지만 그들이 유력 집단에서 학급 대표가 나와야 한다는

데 동의하기는 해도, 친밀한 관계는 자기가 속한 부류에 한정함으로써 더 큰 위안을 얻고자 한다.[1]

따라서 주로 인간 집단들이 서로 떨어져 지내려는 경향이 있다는 사실을 논의의 출발점으로 삼자. 이 경향성은 군거 본능이나 '동류의식', 또는 편견 때문이 아니다. 이 사실은 자기 문화 안에서 누리는 편안함, 최소 노력, 비슷한 성향 공유, 자부심 등의 원리들을 통해 적절히 설명된다.

하지만 일단 이 분리주의가 나타나면 온갖 심리적 정교화의 토대가 마련된다. 분리된 사람들이 의사소통할 수 있는 통로는 거의 없다. 그들은 집단 차이를 쉽게 부풀리고 그 근거를 쉽게 오해한다. 그리고 아마도 가장 중요한 것은, 그런 분리가 수많은 상상 속의 충돌뿐 아니라 실제 이해관계의 충돌로도 이어질 수 있다는 사실이다.

한 가지 사례를 들어보자. 텍사스의 멕시코인 노동자 후안은 미국인 고용주와 뚜렷이 구별된다. 후안은 따로 살고, 다른 언어로 말하며, 완전히 다른 전통을 따르고, 다른 교회에 나간다. 후안의 아이들 역시 십중팔구 고용주의 아이들과 같은 학교에 다니지 않을 것이고, 같이 놀지도 않을 것이다. 고용주가 아는 것이라고는 후안이 일하러 와서, 돈을 벌고, 떠나리라는 것뿐이다. 고용주가 보기에 후안은 작업장에서 규율을 지키지 않고, 게으르고 좀처럼 속을 내비치지 않는 사람이다. 고용주는 이런 행동이 후안이 속한 집단 전체의 특징이라고 아주 쉽게 추정해버린다. 그는 멕시코 사람들이 나태하고 부주의하며 신뢰할 수 없다는 고정관념을 발전시킨다. 만약 고용주가 후안의 규율 위반 행동이 경제적 폐해를 일으킨다고 생각한다면, 그에게 적개심의 근거가 마련된다. 특히 높은 세금이나 경제적 곤경이 그런 멕시코인들 때문이라고 믿는다면 더욱 그렇다.

후안의 고용주는 이제 '모든 멕시코인은 게으르다.'고 생각한다. 모르는 멕시코인을 만나도 이 확신을 마음속에 품을 것이다. 이 예단은 잘못됐다. 왜냐하면 (1) 모든 멕시코인이 다 똑같지 않고, (2) 후안은 진짜 게으른 것이 아니라 다만 여러 개인적 가치를 중시해 그런 식으로 처신할 수밖에 없었을 뿐이다. 후안은 자식들과 함께 있는 것을 좋아했고 안식일을 지켰다. 집을 손보느라 해야 할 일도 있었다. 고용주는 이 모든 사실을 알지 못했다. 논리적으로는 당연히 "나는 후안의 행동에 어떤 이유가 있는지 모른다. 후안을 개인적으로 잘 모르고 그의 문화에 대해서도 잘 모르기 때문이다."라고 말해야 하지만, 고용주는 지나치게 단순한 방식으로 복잡한 문제를 처리해버렸다. 그냥 후안과 후안이 속한 민족 집단에 '게으름'의 특성을 귀속한 것이다.

하지만 고용주의 고정관념은 '일말의 진실'에서 자라났다. 후안이 멕시코인이고 그가 규율을 어겨 가며 일한 것은 사실이었다. 고용주는 다른 멕시코인 노동자들에게서도 유사한 경험을 했을지도 모른다.

근거가 충분한 일반화와 잘못된 일반화를 구분하는 일은 매우 어려우며, 특히 그 일반화를 마음속에 품고 있는 당사자로서는 더욱 그렇다. 이 문제를 더 면밀히 따져보자.

범주화 과정

인간 정신은 범주('범주'라는 말은 여기서 '일반화'와 같은 의미이다)의 도움을 받아 사고해야 한다. 범주가 형성되면 정상적인 예단의 토대가 된다. 우리는 이 과정을 도저히 피할 수가 없다. 질서 잡힌 삶은 범주화 과정에 의존한다.

범주화 과정은 다섯 가지 중요한 특징이 있다.

(1) **범주화 과정은 커다란 부류와 무리를 형성해 우리가 일상에 적응하도록 이끈다.** 우리는 일상에 적응하기 위해 깨어 있는 시간의 대부분을 이미 존재하는 범주들을 떠올리는 데 쓴다. 하늘이 어두워지고 기압계 수치가 떨어지면 비가 올 것이라 예단한다. 그리고 이런 부류의 일들에 적응하고자 우산을 챙긴다. 거리에서 성난 개가 달려들면 '미친 개'로 범주화하고 피한다. 병에 걸려 의사를 찾아가면 의사가 우리를 어떠한 방식으로 대하리라 예상한다. 이와 같은 수많은 경우에서 우리는 단일한 사건을 '유형화'하고, 친숙한 범주 속에 넣은 후 그에 따라 행동한다. 물론 가끔 실수를 저지른다. 사건이 범주에 맞지 않는 것이다. 비가 안 오기도 하고, 미친 개가 아니기도 하고, 의사가 비전문가처럼 굴기도 한다. 그래도 우리는 합리적으로 행동한 것이다. 고도의 개연성에 따른 행동이었으며, 비록 잘못된 범주를 사용했지만 우리는 할 수 있는 최선을 다했다.

이 모든 것이 의미하는 바는, 인간의 일상 경험은 그 자체로 무리(개념, 범주)를 짓는 경향이 있으며 비록 올바른 범주를 잘못된 시점에 떠올리거나 잘못된 범주를 올바른 시점에 떠올릴 수는 있지만, 범주화 과정은 인간의 전체 정신생활을 지배한다는 것이다. 우리는 매일 무수한 사건을 마주한다. 그 많은 사건을 일일이 다룰 수는 없다. 어쨌든 우리가 그 사건들에 관해 생각하는 한 우리는 그것들을 유형화한다.

'열린 마음(open-mindedness)'은 미덕으로 여겨진다. 그러나 엄밀하게 말하면 '열린 마음'은 가능하지 않다. 새로운 경험은 '반드시' 기존 범주로 편집되어야 한다. 매 사건마다 그 자체를 있는 그대로 새롭게 다룰 수는 없다. 만약 가능하다면 과거의 경험이 대체 무슨 쓸모가 있을까? 철학자 버트런드 러셀은 이 문제를 한마디로 정리했다. "영원히 열린 마음이란 영원히 텅 빈 마음일 것이다."

(2) **범주화는 최대한 많은 것을 무리에 동화시킨다.** 인간의 사고는

특이한 관성이 있다. 우리는 문제를 쉽게 풀고 싶어 한다. 그러려면 문제를 적절한 범주로 빠르게 묶고 그 범주를 사용해 해결책을 미리 판단하면 된다. 오로지 두 개의 범주만 사용했다는 해군 위생병 이야기가 있다. 해군 위생병은 진료 시간에 접하는 모든 질환을 두 범주로 묶었다. 눈으로 볼 수 있는 질환이면 환부에 아이오딘을 발라주고, 눈에 보이지 않는 질환이면 환자에게 약간의 소금을 줬다. 이 해군 위생병에게 인생은 단순했다. 그는 단지 두 범주만으로 직업 생활 전반을 꾸려 갔다.

요컨대 인간 정신은 굳이 고쳐야 할 필요성이 생기지 않는 한 주위에서 일어나는 사건을 '최대한 크게' 범주화하는 경향이 있다. 만일 앞선 이야기에서 해군 위생병이 과도한 대충 진료로 질책받았더라면, 아마 그는 자신의 방식을 개선하고 세분화된 범주를 활용하는 법을 배웠을 것이다. 그러나 조악한 과잉 일반화로도 '넘어갈' 수 있는 한, 우리는 그냥 그렇게 하는 경향이 있다. (왜일까? 아마도 수고를 덜 수 있기 때문이다. 이해관계가 가장 첨예하게 부딪히는 영역이 아니라면 수고를 들이는 것은 귀찮다.)

일상의 문제에서 이런 경향성은 분명하게 드러난다. 백인 고용주 입장에서는 '멕시코인은 게으르다.'고 일반화해 자신의 일상적 행동을 이끌어가는 편이 낫다. 노동자들을 개별화하고 그들이 하는 행동의 진짜 이유를 알아내는 것은 수고스러운 일이다. 내가 1천3백만 명의 흑인을 '멍청하고, 더럽고, 열등하다'는 단순한 공식을 통해 일률적으로 취급할 수 있다면, 나는 내 인생을 엄청나게 단순화하는 것이다. 나는 간편하게 그들을 모조리 기피하면 된다. 이보다 더 쉬운 일이 있을까?

(3) **범주는 관련된 대상을 빠르게 확인할 수 있게 한다.** 모든 사건은 어떤 표지가 있어서 예단된 범주를 작동시키는 단서가 된다. 우리는

가슴이 붉은 새를 보면 '붉은가슴울새'라고 생각한다. 미친 듯이 흔들리는 자동차를 보면 '술 취한 운전자'를 떠올리고 그에 맞춰 행동한다. 피부가 흑갈색인 사람을 보면 우리 마음속에 있는 흑인에 관한 지배적 관념을 무엇이든 활성화할 것이다. 만일 지배적 범주가 부정적 태도와 믿음으로 구성되었다면, 우리는 그를 자동적으로 피하거나 (1장에서 언급한 것 중에) 활용하기에 가장 좋은 거부의 관행을 택할 것이다.

이처럼 범주는 우리가 무엇을 보고, 어떻게 판단하고, 무엇을 하는지와 밀접하게 그리고 직접적으로 관련되어 있다. 사실상 범주를 사용하는 전반적인 목적은 지각하고 행동하는 일을 쉽게 하기 위함이다. 다른 말로 하면 범주는 우리가 삶에 빠르고 순조롭고 일관되게 적응할 수 있게 해준다. 비록 사건을 범주에 묶을 때 때때로 실수를 저지르고 그래서 곤경에 빠지기도 하지만 그렇더라도 이 원리는 유효하다.

(4) **범주는 그 안에 포함되는 모든 대상에 동일한 관념적 · 정서적 특색을 불어넣는다.** 일부 범주는 거의 순전히 지적인 것이다. 이런 범주들은 '개념(concept)'이라고 불린다. **나무**는 수백 종의 나무와 수천 그루의 개별 나무들에 관한 경험으로 구성된 개념이지만, 본질적으로 하나의 관념적 의미를 지닌다. 그런데 많은 개념은 (심지어 **나무**도) '의미'뿐 아니라 특유의 '느낌'을 지닌다. 우리는 **나무**가 무엇인지 알 뿐만 아니라 나무를 **좋아한다**. 우리는 **중국인, 멕시코인, 런던 시민**이 무슨 의미인지 알 뿐만 아니라, 그 개념에 동반되는 좋고 싫은 감정을 느낄 수 있다.

(5) **범주는 어느 정도는 합리적일 수 있다.** 앞에서 일반적으로 범주는 '일말의 진실'에서 자라난다고 말했다. '일말의 진실'에서 자라난 합리적 범주는 관련 경험을 계속 쌓아 가며 스스로를 확대하고 견고

하게 만든다. 과학 법칙은 합리적 범주의 사례이다. 과학 법칙은 경험에 의해 뒷받침된다. 과학 법칙이 적용되는 모든 사건은 특정한 방식으로 드러난다. 설령 과학 법칙이 100퍼센트 완벽하지 않더라도 높은 개연성으로 사건을 예측하는 한 우리는 과학 법칙을 합리적이라고 생각한다.

민족 범주 중 일부는 꽤 합리적이다. 흑인이 검은 피부일 확률은 높다(물론 늘 맞는 말은 아니다). 프랑스인이 독일인보다 프랑스어를 더 잘할 확률도 높다(물론 여기에도 예외가 있다). 그러나 흑인이 미신을 믿는다거나 프랑스인이 도덕적으로 느슨하다는 생각은 사실일까? 그럴 확률은 훨씬 낮다. 아마도 이 집단을 다른 민족 집단과 비교해보면 전혀 개연성이 없다는 사실을 알 것이다. 그렇지만 인간 정신은 범주를 형성할 때 그런 구분을 하지 않는 것 같다. 즉, 인간은 비합리적 범주도 합리적 범주 못지않게 쉽게 형성한다.

어떤 집단 구성원들에 관해 합리적 예단을 하려면 그 집단의 특징을 많이 알 필요가 있다. 스코틀랜드 사람들이 노르웨이 사람들보다 더 인색하다거나, 아시아인이 백인보다 더 교활하다는 이야기를 뒷받침할 타당한 증거가 존재할 가능성은 낮다. 그렇지만 그런 믿음은 합리적 믿음 못지않게 쉽게 자라난다.

과테말라의 어느 공동체는 유대인을 몹시 증오한다. 그런데 이 공동체의 구성원 가운데 유대인을 만난 이는 아무도 없다. '유대인은 증오해야 할 대상'이라는 범주는 어떻게 자라났을까? 우선 이 공동체는 독실한 가톨릭 사회였다. 가톨릭 선교사들이 주민들에게 유대인이 예수를 살해했다고 가르쳤다. 또한 공교롭게도 신을 죽인 악마에 관한 오래된 토속 신화가 이 지역 문화에 있었다. 정서적으로 강력한 두 관념이 합쳐져서 유대인에 관한 적대적 예단이 만들어진 것이다.

지금까지 비합리적 범주가 합리적 범주만큼이나 쉽게 형성된다는 것을 살펴봤다. 어쩌면 비합리적 범주가 '더' 쉽게 형성될지도 모른다. 정서적으로 강렬한 감정은 마치 스펀지처럼 작용하는 특성이 있기 때문이다. 아주 강한 정서가 집어삼킨 관념은 객관적 증거보다 정서를 따라갈 가능성이 더 크다.

비합리적 범주는 적합한 증거 없이 형성된다. 편견에 빠진 사람은 무엇이 적합한 증거인지 단순히 '모를' 수 있으며, 이 경우 1장에서 정의한 대로 오해가 생긴다. 많은 개념이 소문이나 전해 들은 설명에 의존한다. 그러므로 잘못된 정보로 인한 범주 형성은 대개 불가피하다. 예를 들어 학교에서 아이는 티베트인에 관해 어떤 일반적 관념을 형성해야 한다. 아이는 선생님이나 교과서가 말해주는 내용만을 참고할 수 있을 뿐이다. 그 결과 아이가 티베트인에게 품는 이미지는 잘못된 것일 수 있지만, 아이는 할 수 있는 최선을 다한 것이다.

증거를 보고도 **무시하는** 유형의 비합리적 예단은 훨씬 더 심각하고 이해할 수 없는 것이다. 한 옥스퍼드 대학생은 말했다. "나는 모든 미국인을 경멸하지만, 내가 좋아하지 않는 미국인을 만난 적은 한 번도 없다." 그는 자신이 직접 경험한 것조차 무시하고 미국인에 관한 범주를 형성했다. 편견의 가장 이상한 특징은 편견 대상에 관해 더 잘 알게 된 후에도 기존의 예단에 매달린다는 것이다. 신학자들은 무지로 인한 예단은 죄를 물을 수 없지만, 고의로 증거를 무시한 예단은 죄라고 말한다.

범주가 증거와 충돌할 때

범주가 증거와 충돌할 때 어떤 일이 벌어지는지 이해하는 것이 중요하다. 대부분의 사례를 보면 범주는 변화에 완강하게 저항한다. 우리가 지금처럼 일반화를 하는 이유는 그 일반화가 꽤 잘 통하기 때문이다. 그런데 왜 새로운 증거에 다 들어맞도록 기존의 일반화를 수정해야 하는가? 한 자동차에 익숙하고 만족하는데 왜 굳이 다른 자동차의 장점을 받아들여야 하는가? 그렇게 하는 것은 우리가 만족스럽게 따르던 습관을 방해할 뿐이다.

우리는 새로운 증거 가운데 기존 믿음을 뒷받침하는 것들만 선택적으로 받아들여 해당 범주에 대한 증거로 삼는다. 인색한 스코틀랜드인은 우리를 기쁘게 한다. 우리의 예단을 입증하기 때문이다. "내가 그렇다고 했잖아!"라고 말하는 것은 즐겁다. 그러나 예단과 모순되는 증거를 발견한다면 우리는 아마도 저항할 것이다.

대단히 모순되는 증거를 마주하고서도 예단을 유지할 수 있게 하는 흔한 정신적 장치가 있다. 바로 예외 인정이라는 장치이다. "착한 흑인도 있기는 해. 하지만 ……." 혹은 "내 가장 친한 친구 몇몇은 유대인이야. 하지만 ……." 이것은 상대방을 무장해제하는 장치이다. 몇 가지 우호 사례를 배제함으로써 부정적 꼬리표가 나머지 모든 사례에 계속해서 적용되도록 한다. 간단히 말해서 반대 증거는 수용되지 않고 일반화의 수정은 허용되지 않는다. 혹은 마지못해 받아들여지더라도 결국 배제된다.

이것을 '다시 울타리 치기(re-fencing)' 장치라고 부르자. 어떤 정신적 들판에 한 사실이 부합하지 않으면 예외로 인정받지만, 그 정신적 들판은 서둘러 다시 울타리가 쳐져서 위험하게 열린 채로 방치되지 않는다.

'다시 울타리 치기'의 흥미로운 사례는 흑인과 관련된 많은 대화에서 드러난다. 반(反)흑인 편향이 강한 사람은 흑인에게 우호적인 증거를 접하면 잘 알려진 결혼 질문을 불쑥 꺼낸다. "당신 여동생이 흑인이랑 결혼하면 좋겠소?" 다시 울타리 치기 수법은 교묘하다. 대화 상대가 "아니요."라고 답하거나 대답을 못하고 우물쭈물하는 순간, 그 편향된 사람은 이를테면 "거봐, 흑인한테는 그냥 뭔가 다르고 도저히 어쩔 수 없는 게 있다니까."라고 하거나 "처음부터 내가 옳았어. 흑인은 타고나길 못마땅한 데가 있다니까."라고 받아친다.

다음 두 경우에 해당하는 사람은 기존의 일반화를 유지하기 위해 자신의 정신적 들판에 다시 울타리를 치려고 애쓰지 않을 것이다. 하나는 다소 보기 드물지만 **열린 마음의 습관**을 지닌 경우이다. 어떤 사람들은 범주를 만드는 경향이 상대적으로 거의 없는 것처럼 보인다. 이들은 모든 분류, 범주, 포괄적 진술에 의구심을 품는다. 모든 광범위한 일반화에 대해 증거를 알아야 한다고 습관적으로 주장한다. 이들은 인간 본성이 복잡하고 다양하다는 사실을 알고 있으므로 특히 민족을 일반화하는 것을 꺼린다. 설령 뭔가를 주장하더라도 아주 잠정적인 방식으로 할 뿐이며, 반대 경험도 다 받아들여 기존에 자신이 품고 있던 민족 개념을 수정한다.

개념의 수정이 이루어지는 또 다른 경우는 순전히 **자기 이익**과 관련된다. 사람은 쓰라린 실패를 통해 자신의 범주가 잘못되었고 개선이 필요함을 배울 수 있다. 예를 들어 어떤 사람은 식용 버섯을 올바르게 분류할 줄 몰랐던 탓에 독버섯을 먹고 독이 올랐을 수 있다. 그는 똑같은 실수를 다시 저지르지 않을 것이다. 즉, 그의 범주는 교정될 것이다. 또 어떤 사람은 이탈리아인이 유치하고 무식하고 뻔뻔하다고 생각해 오다 교양 있는 집안의 이탈리아 여성을 만나 사랑에 빠질 수도 있다. 이때 그는 이전의 일반화를 수정하는 편이 자기에게 이익이 된다는 사실을 알고, 이후로는 이탈리아 사람들 중에도 아주 다양한 부류가 있다는 조금 더 교정된 가정을 품고 행동할 것이다.

그러나 보통은 예단의 근거를 계속 유지해야 할 충분한 이유가 있다. 그대로 유지하는 편이 수고가 덜 든다. 게다가 우리는 친구와 동료가 우리의 예단에 동조하고 그것을 지지한다는 것을 안다. 어떤 지역 주민이 유대인을 해당 지역 골프 클럽에 받아들이는 문제를 놓고 이웃과 의견을 달리한다면 그는 예의 바르게 보이지 않을 것이다. 자신의 범주가 이웃의 범주와 유사하다는 사실은 마음을 편안하게 해준다. 우리가 느끼는 자신의 위상은 바로 이웃의 호의에 달려 있기 때문이다. 나의 모든 신념, 특히 내 삶의 기반을 형성하는 신념이 내게 그리고 내 이웃에게 만족스러운 한, 그것을 끊임없이 재고하는 일은 대단히 무의미할 것이다.

범주로서 개인적 가치관

앞서 범주가 정신생활의 기본 요소이고 범주의 작용이 불가피하게 예단을 낳아 그것이 점차 편견으로 바뀐다는 점을 설명했다.

한 인간이 지닌 가장 중요한 범주는 개인적 가치관이다. 그는 가치관에 따라 살고 가치관을 위해 산다. 자신의 가치관을 다시 생각하거나 평가하는 일은 거의 없으며 오히려 자신의 가치관을 의식하고 긍정하고 옹호한다. 가치 범주는 매우 중요해서 그와 관련된 증거와 이유는 대개 그 범주와 부합할 수밖에 없다. 어느 시골 농부는 한 방문객이 그 지역이 먼지가 날려 싫다고 불평하는 소리를 들었다. 자기가 사랑하는 장소가 공격받자 그 농부는 이렇게 말하며 얼버무렸다. "제가 흙먼지 좋아하는 거 아시죠? 그게 그럭저럭 공기를 정화해주거든요." 농부의 추론은 형편없었으나 자신의 가치를 옹호하는 데는 기여했다.

우리는 자신의 생활 방식을 편파적으로 옹호하기 때문에 편파적으로 생각하지 않을 수 없다. 이른바 심리학자들이 말하는 '방향적 사고(directed thinking)', 즉 외부 증거에 의해 전적으로 통제되고 객관적 문제 해결에 초점을 둔 사고는 우리의 전체 추론 중 소량일 뿐이다. 감정, 감상, 가치가 개입하면 우리는 언제나 '자유로운', '소망하는', '공상적인' 사고에 빠지는 경향이 있다.[2] 편파적 사고는 아주 자연스러운 일이다. 이 세상에서 인간은 자신이 추구하는 가치에 부합하는 방식으로 살아가야 하기 때문이다. 인간은 자신의 가치관이 만들어내는 예단 덕분에 그렇게 살 수 있다.

개인적 가치관과 편견

그렇다면 자신의 생활 방식을 긍정하는 행위가 때때로 편견의 문턱에 이르게 한다는 것은 분명하다. 철학자 스피노자는 '사랑-편견(love-prejudice)'이라는 개념을 정의했다. 그에 따르면 사랑-편견은 "누군가를 정도 이상으로 사랑하는 감정"에 있다. 사랑하는 자는 자기가 사랑하는 대상의 미덕을 과잉 일반화한다. 그의 모든 행위는 완벽해 보인다. 어떤 교회, 단체, 민족을 편파적으로 지지하는 사람도 아마 그 대상에 관해 '정도 이상으로 사랑하는' 감정을 느낄 것이다.

사랑-편견이 그 반대 개념인 증오-편견보다 인간의 삶에서 훨씬 더 근본적이라고 믿을 만한 훌륭한 이유가 있다(스피노자는 증오-편견이 "누군가를 정도 이상으로 증오하는 감정"에 있다고 말한다.) 틀림없이 누구나 먼저 자기가 사랑하는 것을 과대평가한 후에야 그 반대를 과소평가한다. 우리는 우선 소중히 여기는 것을 보호하기 위해 울타리를 친다.

긍정 애착은 인간 삶의 본질적 요소이다. 아이는 양육자와 의존관계를 맺지 않으면 살아갈 수 없다. 아이는 먼저 어떤 사람이나 무엇을 사랑하고 자신과 동일시한 후에야 무엇을 증오해야 하는지 배

운다. 먼저 친족과 친구 집단이 생긴 후에야 자기에게 위협이 되는 '외집단'을 규정한다.[3]

왜 사랑-편견, 즉 애착이나 애정의 범주를 과잉 일반화하는 경향성에 관해서는 거의 들어본 적이 없을까? 한 가지 이유는 그런 종류의 편견은 아무런 사회 문제도 일으키지 않기 때문이다. 만일 내가 내 자식에게 아주 심한 편파성을 보이더라도, 누구도 불만을 표하지 않을 것이다. 내 아이만 사랑하면서 동시에 이웃집 아이들에게 적대감을 표출하지 않는다면(실제로는 종종 그렇지만) 아무도 개의치 않는다. 사람이 자신의 범주적 가치를 옹호할 때 다른 사람의 이해관계나 안전에 피해를 끼칠 수 있고, 그 경우에만 우리는 그 사람의 증오-편견에 주목한다. 하지만 증오-편견이 상반되는 사랑-편견의 저변에서 싹튼다는 사실은 깨닫지 못한다.

미국에 대한 부정적 편견과 관련된 한 가지 사례를 살펴보자. 유럽의 많은 교양인들 사이에서는 오랫동안 반미 편견이 있었다. 1854년 한 유럽인이 미국을 "유럽의 무뢰한들과 부랑자들이 총 집결한 거대한 아수라장"이라며 경멸적으로 묘사했다.[4] 이 저속한 욕설에 자극받은 제임스 러셀 로웰(James Russel Lowell)은 1869년에 논고《외국인들의 어떤 오만한 태도에 관하여(On a Certain Condescension in Foreigners)》에서 미국을 비난하는 유럽인들에게 불만을 나타냈다. 그러나 미국에 관한 똑같은 형태의 비난이 아직도 횡행한다.

그 뿌리는 무엇인가? 우선 비난 이전에 자기애가 있다는 점은 확실하다. 그것은 미국을 비난하는 유럽인들이 품은 애국심이자 자기 조상과 문화에 대한 자부심이며, 그들이 따르는 긍정적 가치의 표현이다. 미국에 온 유럽인들은 자신의 지위에 막연한 위협을 감지한다. 그들은 미국을 헐뜯음으로써 안전함을 느낄 수 있다. 그들은 처음부터 미국을 증오한 것이 아니라 먼저 자신과 자신의 생활 방식을 사랑한 것이다. 이것은 다른 나라를 여행하는 미국인에게도 똑같이 적용되는 공식이다.

관용의 사도를 자처한 매사추세츠주의 한 학생은 이렇게 썼다. "흑인 문제는 멍청한 남부 백인이 자신들의 그 상앗빛 머리통에 뭔가를 처넣지 않는 한 결코 해결되지 않을 것이다." 이 학생이 긍정하는 가치는 이상적이었다. 그러나 매우 역설적이게도 그의 호전적 '관용'은 그가 자신의 가치에 위협이 된다고 여긴 일부 집단을 향한 편견에 찬 비난을 야기했다.

다소 유사한 사례가 있다. 한 여성이 말했다. "물론, 나는 아무런 편견이 없어요. 어릴 때 사랑하는 늙은 흑인 유모가 나를 돌봐주었죠. 나는 남부에서 자랐고 이곳에서 일평생을 살아와서 이 문제를 잘 알아요. 흑인은 그냥 지금 있는 자리에 놔두면 아주 행복할 거예요. 북부의 말썽쟁이들은 정말 흑인을 이해하질 못해요." 이 짧은 말 속에서 그는 (심리학적으로 말해) 자신의 특권, 지위, 아늑한 생활 방식을 옹호하고 있다. 이 여성은 흑인이나 북부 사람들을 싫어했다기보다 자신의 현 상태(status quo)를 사랑했던 것이다.

할 수만 있다면 한 범주에 속한 모든 것은 선하고 다른 범주에 속한 모든 것은 악하다고 믿는 것이 편리하다. 어떤 공장에서 일하는 한 평판 좋은 노동자에게 회사 경영진이 사무직 일자리를 제안했다. 한 노조 간부가 그에게 이렇게 말했다. "사무직을 받아들이지 마요. 그랬다간 당신도 그 인간들처럼 개자식이 될 테니까." 간부의 마음속에는 오로지 두 부류만 존재했다. 노동자와 '개자식'.

이 사례들은 부정적 편견이 그 사람의 가치 체계를 반영한다는 것을 입증한다. 우리는 자신의 존재 양식을 소중하게 여기며, 그 존재 양식을 위협하는 것처럼 보이는 것을 경시한다(혹은 적극적으로 공격한다). 지크문트 프로이트는 다음과 같이 표현했다. "사람들이 어쩔 수 없이 관계를 맺게 된 외부인에게 노골적인 반감과 혐오감을 느끼는 데서 우리는 자기애, 곧 나르시시즘이 드러나 있는 것을 볼 수 있다."

사랑-편견이 증오-편견을 낳는 과정은 특히 전쟁 중일 때 분명하다. 적이 우리의 긍정적 가치를 거의 혹은 모두 위협할 때, 우리는 거세게 저항하며 우리의 대의가 지닌 장점을 과장한다. 우리는 우리가 전적으로 옳다고 느낀다. 이것이 바로 과잉 일반화의 사례이다. (만약 우리가 그렇게 믿지 않는다면 우리는 방어를 위해 모든 역량을 끌어모을 수 없을 것이다.) 만약 우리가 전적으로 옳다면 적은 전적으로 그른 것이어야 한다. 전적으로 그르기 때문에 우리는 적을 절멸하는 데 주저하지 말아야 한다. 그런데 심지어 이 전쟁 사례에서도 인간의 본질적 요소인 사랑-편견이 앞서고 증오-편견이 파생적 현상이라는 점은 분명하다.

우리 편의 가치를 진짜로 위협하기에 반드시 저항해야 한다는 의미에서 '정의로운 전쟁'이 있을 수도 있겠지만, 어쨌든 전쟁에는 늘 어느 정도는 편견이 실려 있다. 심각한 위협이 존재한다는 사실이 바로 적국을 전적으로 사악한 존재이자 그곳에 사는 모든 국민을 위협적 대상으로 여기게 한다. 균형과 구별은 불가능하다.[5]

요약

이 장에서는 인간에게 편견의 성향이 있다는 점을 설명했다. 편견의 성향은 일반화, 개념, 범주를 형성하려는 인간의 정상적이고 자연스러운 경향 속에서 발견할 수 있다. 그리고 이런 일반화, 개념, 범주의 내용은 경험 세계에 대한 과잉 단순화를 드러낸다. 인간의 합리적 범주는 직접적인 경험과 밀접한 관계가 있지만 인간은 비합리적 범주도 합리적 범주만큼 쉽게 형성할 수 있다. 비합리적 범주는 순전히 소문에 의한 증거와 정서적 투사 그리고 망상으로 구성될 수 있으며, 따라서 거기에는 일말의 진실조차 없을 수 있다.

특히 인간이 근거 없는 예단을 만드는 범주화의 한 유형으로는 개인적 가치관이 있다. 모든 인간 존재의 기반인 개인적 가치관은 사랑-편견으로 쉽게 이어진다. 증오-편견은 부차적으로 발전하며, 때때로 긍정적 가치의 반작용으로 생기기도 한다.

증오-편견이 발생하는 근본 원인인 사랑-편견의 본성을 더 잘 이해하기 위해서, 이제 내집단(in-group)에 대한 충성이 어떻게 형성되는지 주의 깊게 살펴볼 것이다.

3장

내집단 형성

'친숙함은 경멸을 낳는다(familiarity breeds contempt).'라는 속담에는 반쪽짜리 진실조차 담겨 있지 않다. 틀에 박힌 일상과 매일 보는 사람들이 지겨울 때도 있지만 그래도 우리의 삶을 지탱해주는 가치들은 친숙함에서 힘을 얻는다. 더군다나 친숙한 것은 어떤 가치가 **되기** 쉽다. 우리는 자라면서 먹은 음식과 몸에 밴 습관, 함께한 사람들을 좋아하게 된다.

이 문제에서 심리학적으로 중요한 점은 친숙함이야말로 인간 존재의 필수 불가결한 기초를 이룬다는 것이다. 존재한다는 것은 좋은 것이기 때문에 존재에 수반하는 토대 또한 좋고 바람직해 보인다. 아이에게는 부모, 이웃, 지역, 국가가 주어진다. 종교와 인종과 사회적 전통도 마찬가지이다. 아이는 이 모든 관계를 당연하게 받아들인다. 아이는 그 관계들의 일부이고 그 관계들은 아이의 일부이기 때문에 그 관계들은 **좋은 것**이다.

다섯 살 정도가 되면 아이는 자기가 다양한 집단의 구성원이라는 사실을 이해할 수 있다. 예를 들어 자기 민족과 자신을 동일시할 수 있다. 아홉 살이나 열 살 정도가 되면 자신이 어떤 집단에 속한다는 것, 곧 자신의 '구성원 지위(membership)'가 무엇을 의미하는지 이해할 수 있다. 예를 들어 유대인과 비유대인이 어떻게 다르고, 퀘이커교도는 감리교도와 어떻게 다른지 알 수 있다. 그러나 아이는 이런 것을 이해하기 전에 내집단을 향한 강렬한 충성심을 발달시킨다.

일부 심리학자들은 아이가 자신의 구성원 지위 덕분에 '보상'을 받으면 아이에게 충성심이 생긴다고 말한다. 다시 말해 가족은 아이를 먹이고 돌봐주며 이웃과 동포는 선물과 관심을 통해 아이를 기쁘게 하고, 그로 인해 아이는 그들을 사랑하는 법을 배우는데, 이런 보상이 토대가 되어 아이의 충성심이 생긴다는 것이다. 이들의 설명이 충분한지 살펴볼 필요가 있다. 흑인 아이는 흑인이라고 해서 보상받는 일이 거의 없거나 전혀 없다. 대개는 정반대이다. 그렇지만 흑인 아이는 보통 자신의 인종 집단에 충성심을 품고 자란다. 토박이 후지어(인디애나주 출신자를 뜻하는 말)는 인디애나를 생각하면 가슴이 뛴다. 거기서 행복한 유년기를 보냈기 때문이 아니라 단지 그곳 '출신'이기 때문이다. 인디애나는 여전히 부분적으로는 그 사람의 존재 배경인 것이다.

물론 보상이 아이가 내집단 충성심을 키우는 데 도움이 될 수도 있다. 가족 모임에서 큰 즐거움을 느낀 아이는 그 경험 덕분에 친척에게 더 강한 애착을 보일 수 있다. 그러나 일반적으로 아이는 어쨌든 친척에게 애착을 느끼는데, 친척이 그의 삶의 불가피한 일부이기 때문이다.

그렇다면 행복('보상')은 인간이 충성심을 보이는 유일한 이유가 아니다. 레크리에이션 모임에 참여할 때가 아니라면 다른 구성원들이 주는 즐거움 때문에 구성원 지위를 유지하는 경우는 거의 없다.

일단 충성심이 형성되면 사람들은 큰 불행을 겪거나 장기간 지속적으로 아주 쓰라린 경험을 해야만 그 충성심을 저버린다. 때로는 아무리 많은 처벌을 받더라도 충성심을 버리지 않는 경우도 있다.

인간의 학습을 설명하는 데 **배경** 원리는 중요하다. 왜 사람들이 다른 사람과 함께 있고 싶어 하는지 설명하기 위해 굳이 '군거 본능' 개념을 상정할 필요는 없다. 사람들은 그저 자기 존재가 펼쳐진 옷감 위에 다른 사람들이 박음질되어 있다는 사실을 안다. 그들은 자기 존재를 좋은 것으로 긍정하기 때문에 사회적 삶도 좋은 것으로 긍정할 것이다. 왜 사람들이 가족, 일가 친척, 민족 집단에 집착하는지 설명하기 위해서 '동류 의식' 개념을 가져올 필요도 없다. 이런 집단 없이 자신은 그 자체로 존재할 수 없다.

자신이 아닌 다른 누군가가 되길 원하는 사람은 거의 없다. 장애가 있거나 스스로 불행하다고 느끼더라도 더 운 좋은 다른 사람과 자신의 자리를 바꾸지는 않을 것이다. 사람은 자신의 불행에 툴툴거리며 자신의 운이 나아지기를 바란다. 그러나 그가 더 나아지기를 원하는 것은 바로 **자신의** 운이고 **자신의** 성격이다. 자기에 대한 이런 애착은 인간 삶의 기초이다. 타인이 **부럽다고** 말할 수는 있다. 하지만 타인이 **되고** 싶지는 않다. 단지 타인의 속성이나 소유물 중 일부가 나에게도 있기를 바랄 뿐이다. 그리고 이런 사랑스러운 자기와 함께하는 것이 바로 그의 기본적인 구성원 지위이다. 사람은 자신의 가문, 전통, 국적, 모국어 따위를 바꿀 수 없기 때문에 수용하는 편이 더 낫다. 사람의 억양은 혀에 깃들 뿐 아니라 가슴속에도 머문다.

이상한 일이기는 하지만 개인이 자신의 모든 내집단과 직접적으로 알고 지낼 필요는 없다. 사람들은 보통 자신의 직계 가족 구성원들을 안다. (하지만 고아는 한 번도 본 적 없는 부모에게 애착을 느낄 수도 있다.) 사적 모임이나 학교나 이웃 같은 일부 집단은 개인적 접촉을 통해서 안다. 그러나 다른 집단은 대개 상징이나 소문에 의존한다. 누구도 자기 인종 전체를 직접 알 수 없으며, 마찬가지로 자신의 일가 전체나 같은 종교를 믿는 모든 사람들을 알 수는 없다. 어린아이는 증조할아버지가 이룩한 위업에 관해 들으면 마음을 빼길지도 모른다. 선장이나 개척자나 귀족으로서 증조할아버지가 수행한 역할은 아이가 자신과 동일시할 수 있는 하나의 전통을 세워준다. 아이가 전해 들은 이야기는 일상적 경험과 조금도 다를 바 없이 그의 삶을 지탱하는 진짜 배경이 된다. 인간은 상징을 통해서 가족의 전통과 애국심과 인종적 자부심을 배운다. 이처럼 내집단은 말로만 정의됐어도 굳게 결합할 수 있다.

내집단이란 무엇인가?

정적인 사회에서는 개인이 정확히 무엇에 대해 충성심을 형성할지, 이를테면 어느 지역, 어느 씨족, 어느 사회 계급에 충성할지 예측하기가 꽤 쉬울 것이다. 이런 사회에서는 친족관계, 지위, 심지어 거주지까지 엄격하게 규정될 수 있다.

고대 중국에서는 한때 주거 배치가 실제로 사회적 거리와 일치했다.° 거주 지역은 거주자의 집단 구성원으로서 지위를 전부 나타냈다. 지역의 중심부는 정부 관료만 거주할 수 있으며 왕성(王城)의 식량을 확보하는 땅(甸服)이었다. 이곳을 둘러싼 두 번째 구역에는 제후가 살았다(侯服). 제후가 사는 구역 너머에는 평안한 땅(綏服)이라고 알려

° 인용된 부분은 《서경(書經)》 〈우공(禹貢)〉의 일부이다. 〈우공〉은 하(夏)나라를 세운 우왕의 이야기를 전하는데, 특히 이 부분은 왕성을 중심으로 오백 리마다 다섯 구역을 설정하는 내용이다.

진, 문치(文治)와 무단(武斷)의 경계가 나뉘는 구역이 있었다. 더 멀리 나가면 오랑캐와 유배된 죄인이 나눠서 차지한 금지된 땅(要服)이 있었다. 마지막으로 가장 황폐한 땅(荒服)에는 야만인과 추방당한 중죄인이 살았다.[1]

오늘날 서구 사회처럼 좀 더 유동적이고 기술이 발달한 사회에는 이런 엄격성이 존재하지 않는다.

우리가 중요한 예측을 하는 데 도움이 되는 한 가지 법칙이 있는데, 이것은 모든 인간 사회에 보편적으로 적용된다. 바로 **지구상의 모든 사회에서 아이는 그의 부모가 속한 집단의 구성원으로 간주된다**는 법칙이다. 아이는 부모와 동일한 인종, 혈통, 가족 전통, 종교, 신분, 직업적 지위에 속한다. 서구 사회에서는 아이가 자라면 이런 구성원 지위 중 일부에서 벗어날 수 있는 것은 확실하지만, 전부 다 벗어날 수는 없다. 보통의 경우 아이는 부모가 지닌 충성심과 편견을 습득할 것이다. 그리고 만일 부모가 그의 구성원 지위 때문에 편견의 대상이 된다면, 아이 또한 자동적으로 피해자가 될 것이다.

이 규칙은 미국 사회에서 통용되고 있지만 '가족주의'가 강한 사회에서 훨씬 더 두드러진다. 일반적으로 미국 아이들은 자신의 가족 구성원 지위를 강하게 의식하고 부모의 고향, 인종, 종교에 관한 충성심을 습득하기는 하지만, 상당히 자유롭게 애착 관계를 형성할 수 있다. 개개인의 양상은 다소 차이가 있을 것이다. 미국 아이들은 자유롭게 부모의 구성원 지위 중 일부는 수용하고 일부는 거부한다.

내집단을 정확하게 정의하기는 어렵다. 아마도 최선의 정의는 모든 구성원이 '우리'라는 용어를 본질적으로 동일한 의미로 사용하는 집단이라고 말하는 것이다. 한 가족의 구성원들은 '우리'라는 말로 자기 가족을 가리키며 학급 구성원, 결사체, 노동조합, 사적 모임, 도시, 주, 국가의 구성원들도 각각 자기 집단을 '우리'라고 부른다. 다소 모호하긴 하지만 국제기구의 구성원들 역시 마찬가지이다. '우리로 불리는 조직' 중 일부는 일시적이고(예를 들어 저녁 모임) 일부는 영속적이다(예를 들어 가족 혹은 씨족).

보통의 사회성을 지닌 중년 남성 샘은 자신이 속한 내집단을 다음과 같이 열거했다.

부계 친척
모계 친척
지향가족(내가 자란 가족)
생식가족(내 아내와 아이들)
소년 시절 친구(지금은 희미한 기억으로 남음)
초·중등학교(기억으로만)
고등학교(기억으로만)
대학(가끔 방문)
대학 동기(동창회를 통해서 강화)
현재 다니는 교회(스무 살 때 지금 교회로 옮겼음)
직장 동료(강하게 조직되고 단단하게 결합됨)
회사(특히 일하는 부서)
'모임'(함께 노는 네 쌍의 부부)
제1차 세계대전 보병 중대 생존 전우들(점점 희미해짐)
태어난 주(소속감 거의 없음)
지금 사는 동네(활발한 시민 정신)
뉴잉글랜드(지역에 대한 충성심)
미국(평균 수준의 애국심)

유엔(원칙적으로는 확고히 신뢰하지만 '우리'라는 느낌이 약해서 심리적으로는 소속감이 약함)

스코틀랜드-아일랜드 혈통(같은 혈통의 사람들에게 막연한 친족 감정을 지님)

공화당(예비 선거에는 등록되어 있지만 그 이상의 소속감은 거의 없음)

아마도 샘의 목록은 완벽하지 않을 것이다. 그러나 이 목록을 통해 샘이 살아가는 데 배경이 되는 구성원 지위는 웬만하면 재구성할 수 있다.

샘은 목록에 소년 시절 친구를 언급했다. 한때는 이 내집단이 절대적으로 중요했다. 샘은 열 살 무렵 다른 동네로 이사했는데, 그곳에는 친한 또래 친구가 없어서 굉장히 친구를 사귀고 싶었다. 그곳 소년들은 샘을 궁금해하면서도 의심스러워했다. 샘을 받아들일까? 샘의 스타일이 자기들 무리와 잘 맞을까? 흔히 그렇듯이 주먹다짐을 벌이는 시련의 시기가 있었다. 소년들은 작은 일에도 금방 으르렁거렸다. 이런 일은 소년들의 무리에서 관례처럼 벌어지는데, 낯선 아이의 태도와 기세를 받아들일 만한지 신속하게 판정하는 검증 역할을 한다. 새로 온 아이는 소년들의 무리가 정한 범위를 넘지 않으면서 함께 어울릴 정도의 충분한 대담성, 강인함, 자제력을 보이는가? 샘은 이 시련을 운 좋게 이겨냈고 곧바로 그가 선망하던 내집단에 받아들여졌다. 아마도 샘이 인종이나 종교나 신분상의 추가적 결격 사유가 없었다는 점이 다행이었을 것이다. 그렇지 않았다면 검증 기간은 더 길어졌을 것이고 더 가혹한 시험이 기다리고 있었을 것이다. 어쩌면 그 무리가 샘을 영원히 배척했을 수도 있다.

이처럼 일부 내집단의 구성원 지위는 쟁취해서 얻어야 한다. 그러나 많은 경우 출생과 가족 전통에 따라 자동적으로 부여된다. 현대 사회과학 용어로 말하면 전자는 **성취** 지위(achieved status)이고 후자는 **귀속** 지위(ascribed status)이다.

성 집단화

샘은 남성이라는 구성원 지위를 (귀속 지위로) 언급하지 않았다. 아마도 한때 샘은 자신이 남성이라는 점을 중요하게 의식했을 수 있고 지금도 그럴지 모른다.

성 내집단은 흥미로운 사례 연구 대상이다. 보통 두 살배기 아이는 친구를 구별해서 사귀지 않는다. 아이가 보기에는 여자아이든 남자아이든 완전히 똑같다. 초등학교 1학년이 되어서도 성 집단에 관한 자각은 상대적으로 미약하게 드러난다. 1학년 아이들에게 누구와 같이 놀지 질문하면 적어도 네 번 중 한 번은 평균적으로 반대 성의 친구를 고른다. 4학년쯤 되면 성의 교차 선택은 거의 사라진다. 아이들 중 오로지 2퍼센트만 반대 성의 친구와 놀고 싶어 한다. 중학교 2학년 정도가 되면 소년과 소녀 사이에 우정이 다시 등장하기 시작하지만, 그때도 단 8퍼센트만이 성의 경계를 넘어 선택을 확대한다.[2]

(여성 혐오자들을 비롯해) 일부 사람들에게 성 집단화(sex-grouping)는 일생 동안 중요한 문제이다. 이들은 여성을 남성과 전적으로 다른 종으로, 대개는 열등한 종으로 간주한다. 일차 성징과 이차 성징을 크게 과장하고 부풀려서 차별을 정당화하는 거짓된 구별을 만들어낸다. 이때 남성은 (자기와 같은 성인) 인류의 절반과는 내집단으로서 연대감을 느낄 수 있지만 나머지 절반과는 해소할 수 없는 갈등을 겪을 수 있다.

체스터필드 경°은 아들에게 편지를 보내 편견에 빠지지 말고 이성적으로 살라고 꾸짖곤 했다. 그런데도 그는 여성에 관해서는 다음과 같이 말했다.

"그러니까 여자는 덩치만 더 큰 어린애일 뿐이란다. 여자들은 재미난 수다를 늘어놓고 때로는 재치가 넘치기도 하지. 하지만 믿을 만한 추론 능력과 탁월한 감각을 지녀서, 단 스물네 시간만이라도 논리적으로 생각하거나 행동하는 여자를 나는 일평생 본 적이 없다. ……"

"양식 있는 남자라면 그저 여자들과 장난치며 같이 놀아주고, 그네들을 웃겨주고 칭찬이나 해주고 말 뿐이란다. 명랑하고 조숙한 아이를 대하듯이 말이야. 하지만 그런 남자는 결코 여자와 심각한 문제를 놓고 상의한다거나 여자를 신뢰하진 않아. 물론 대개는 정말 그러는 것처럼 여자들이 믿도록 행동하긴 하지. 그러면 여자는 그것을 세상에서 가장 자랑스러운 일로 여긴단다. ……"[3]

"여자는 남자보다는 서로를 훨씬 더 좋아해. 사실 여자는 딱 두 가지 정념만 있을 뿐이야. 바로 허영과 사랑이지. 이것들이 여자의 보편적 특징이란다."[4]

쇼펜하우어의 견해도 체스터필드와 매우 유사했다. 그는 여자란 평생 덩치만 큰 아이일 뿐이라고 표현했다. 쇼펜하우어에 따르면 여자란 성격상 정의감 부재라는 근본적 결함이 있는 존재인데, 주된 이유는 그들이 추론하고 숙고하는 능력이 부족하기 때문이다.[5]

이런 반여성주의(antifeminism)는 편견을 구성하는 두 가지 기본적 요소를 반영한다. 바로 부당한 비난과 지독한 과잉 일반화이다. 이 유명한 지식인들은 여성의 개인차를 인정하지 않았고, 자기들이 추

필립 체스터필드(Philip Chesterfield, 1694~1773) 영국의 작가이자 정치가. 인생의 교훈을 담아 30년간 아들에게 보낸 편지가 유명하며 이것들이 묶여 책으로 출판되기도 했다.

정한 속성이 실제로 남성보다 여성에게 더 흔하게 나타나는지 질문하지 않았다.

반여성주의는 남성이 남성이라는 지위에 안정과 만족을 느낀다는 것을 의미한다. 체스터필드나 쇼펜하우어가 이해한 남성과 여성의 간극은 수용된 내집단과 거부된 외집단 사이의 간극이었다. 그러나 많은 사람에게 이 '성의 전쟁'은 철저히 허상처럼 보인다. 사람들은 이 전쟁 속에서 편견의 근거를 찾지 않는다.

변화하는 내집단

각 개인은 자기에게 중요한 내집단에 대해 나름의 이해를 정립하지만, 시대 흐름에 영향을 받지 않는 것은 아니다. 지난 세기 동안 각 개인이 속한 국가와 인종은 중요한 의미를 띠게 되었다. 그러나 가족과 종교의 중요성은 (아직도 대단히 크지만) 쇠퇴했다. 스코틀랜드 씨족의 맹렬한 충성심과 경쟁심은 이제 지나간 과거다. 하지만 '지배 인종'이라는 착상은 위협적인 수준으로 자라났다. 한편 오늘날 서구의 여성들이 과거 남성이 도맡던 역할을 하고 있다는 사실은 체스터필드와 쇼펜하우어의 반여성주의를 구시대적인 것으로 보이게 한다.

이민 문제를 대하는 미국인의 달라진 태도를 보면 국가 내집단에 관한 이해의 변화를 알 수 있다. 미국 본토 출신들은 오늘날 이민 문제를 이상주의적 관점에서 거의 생각하지 않는다. 그들은 억압받는 사람에게 거처를 제공하는 일, 즉 자기 내집단에 이민자를 받아들이는 일을 의무로 여기거나 영광으로 생각하지 않는다. 불과 80년 전 자유의 여신상에 새겨진 글이 옛날 이야기처럼 들린다.

지치고 가난한 자,

자유의 숨결을 갈망하는 수많은 자,
비옥한 바닷가에 버려진 가엾은 자의 무리를 내게 보내라.
고향을 잃고 세파에 시달리는 자를 내게 보내라.
내가 횃불을 들어 황금의 문을 밝혀주리라.

이 횃불은 1918년부터 1924년에 걸쳐 통과된 반이민법 때문에 거의 꺼졌다. 반이민법을 꺼리는 정서가 있었으나 그리 강하지는 않았다. 그 결과 제2차 세계대전 이후 고향을 잃고 세파에 시달리며 입국을 갈망하던 이들이 어느 때보다 많았지만, 미국의 강고해진 빗장을 풀 수는 없었다. 경제와 인도주의의 두 관점에서 제한을 완화해야 한다는 강력한 주장이 제기되었지만 사람들은 점점 더 두려움을 느꼈다. 많은 보수주의자는 급진적 사상이 유입될까 봐 두려워했다. 많은 개신교도들은 자신들의 불안정한 과반수가 무너질 수도 있다고 느꼈다. 일부 가톨릭 신자들은 공산주의자들이 몰려올까 봐 겁을 냈다. 반유대주의자는 유대인을 더는 원치 않았다. 일부 노조원들은 새로 유입된 자들을 흡수할 만큼 일자리가 충분히 만들어지지 않아서 자신들의 안정된 생활에 피해가 올까 봐 두려워했다.

자료 확인이 가능한 지난 124년 동안 대략 4천만 명의 이민자가 미국으로 왔고, 어떤 해에는 이민자가 무려 백만 명에 이르렀다. 전체 이민자의 85퍼센트가 유럽에서 건너왔다. 한 세대 전만 해도 이민을 반대하는 목소리는 거의 없었다. 그러나 오늘날 난민들의 이민 신청은 거의 허가받지 못하고, '난민'을 위해 싸우는 투사의 목소리도 거의 들리지 않는다. 시절은 변했고 지금처럼 상황이 더 안 좋게 변할 때마다 내집단의 경계는 더욱 강해진다. 이방인은 의심받고 거부당한다.

내집단의 강도와 정의가 시간이 지남에 따라 변하는 것은 특정 문화에서만 일어나는 일이 아니다. 한 개인 역시 어느 시점에는 한 집단에 충성을 맹세했다가 다른 시점에는 태도를 바꿀 수 있다. 허버트 조지 웰스(Herbert George Wells)는 《현대 유토피아(A Modern Utopia)》(1905)에서 이런 융통성을 재미나게 설명한다. 고상한 척하지만 편협한 집단 충성심을 보이는 어떤 속물이 있다. 그러나 그런 속물이라도 어느 정도 유연성은 있어야만 하는 모양이다. 왜냐하면 그는 어느 때는 이 내집단과 자신을 동일시하고 다른 때는 저 내집단과 동일시하는 것이 편하다는 것을 알기 때문이다.

이 대목은 한 가지 중요한 사실을 보여준다. 내집단의 구성원이 되는 것은 영구적으로 고정되지 않는다는 점이다. 개인은 어떤 목적을 이루기 위해 내집단의 한 범주를 긍정하고 다른 목적을 위해서는 좀 더 큰 범주를 긍정할 수 있다. 그리고 이런 변화는 개인의 자기 고양의 욕구에 의존한다.

여기서 웰스가 묘사한 어떤 식물학자의 충성심을 살펴보자.

> 그는 식물 생리학자에게는 거부감을 느끼지만 식물 분류학자에게는 강한 호감을 보인다. 이 관계에서 식물 생리학자는 추잡하고 사악한 악당이 된다. 그러나 그가 이들을 물리학자를 비롯한 모든 정밀과학 연구자들과 비교한다면, 후자에게는 거부감을 보이는 한편 모든 식물학자와 실로 모든 생물학자에게 강한 호감을 보인다. 이 비교에서 정밀과학자는 모두 어리석고 기계적이며 정신 상태가 썩은 악당이다. 그러나 이들을 심리학자, 사회학자, 철학자, 문학가와 비교하면 후자에게는 거부감을 보이지만 이른바 과학이라 부르는 학문을 업으로 삼는 모든 사람에게는 강한 호감을 느낀다. 이 관계에서 심리학자, 사회학자, 철학자, 문학가는 거칠고 어리석고 부도덕한 악당이다. 그러나 이들을 노동자와 비교하면 후자에게는 거부감을 보이지만 교육받은 모

든 사람에게는 강한 호감을 보인다. 이 관계에서 노동자는 야비하고 거짓말 잘 하고 빈둥거리고 술주정뱅이에 도둑질 잘 하는 더러운 악당이다. 그러나 이런 노동자도 다른 모든 이들과 함께 영국인에 포함되는 순간, …… 그는 이들이 모든 유럽인에 비해 우월하다고 주장한다.[6]

이처럼 소속감은 지극히 개인적인 문제이다. 두 사람이 실제로 동일한 내집단에 속하더라도 그 집단의 구성 요소를 대단히 다른 방식으로 바라볼 수 있다. 예를 들어 두 미국인이 미국이라는 내집단을 어떻게 정의하는지 살펴보자.

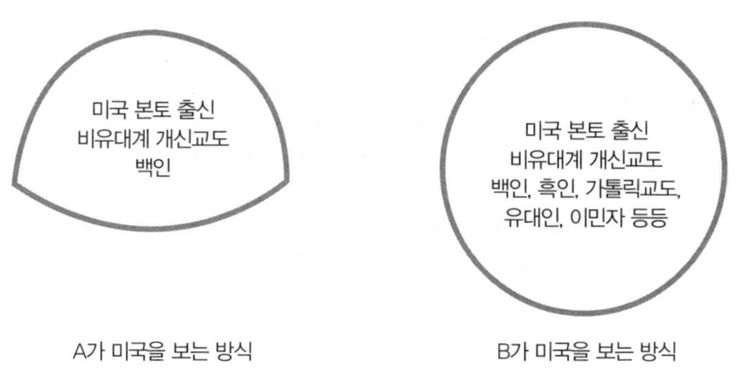

그림 1 두 미국인이 보는 국가 내집단

A의 협소한 인식은 임의적 범주화의 산물이다. A는 자신의 범주화를 고수하는 것이 편하다고(기능적으로 유의성이 있다고) 생각한다. B의 확장된 인식은 A와는 전적으로 다른 국가 내집단 개념을 만들어 낸다. 그러므로 이 두 사람이 동일한 내집단에 속한다고 말하는 것은 오해를 일으킬 수 있다. 심리학적으로 말하면 두 사람은 동일한 내집단에 속하지 않는다.

사람들은 자신의 내집단에서 자기가 필요로 하는 바로 그 안정성의 유형을 보려는 경향이 있다. 이와 관련하여 한 가지 유익한 사례가 있는데, 최근 사우스캐롤라이나주에서 열린 민주당 전당대회에서 채택된 결의안이다. 그 자리에 모인 의원들에게 당은 중요한 내집단이다. 그러나 그들은 (당 강령에 서술된) 당의 정의가 마음에 들지 않았다. 모든 구성원이 안정감을 느낄 수 있도록 이 내집단에 다시 울타리를 칠 필요가 있었다. 그리하여 '민주당원'의 범주가 다시 정의되었다. "지방 자치 정부에 대한 신념이 있고 강력한 중앙집권적·가부장적 정부를 거부하는 사람들을 포함하되 외국의 영향, 공산주의, 나치즘, 파시즘, 국가주의, 전체주의, 공정고용실행위원회°가 고취한 사상이나 리더십을 지닌 사람들을 배제한다."

이처럼 내집단은 때때로 개인들의 필요에 따라 다시 만들어진다. 그리고 그 필요성이 강할 경우 (지금 사례처럼) 내집단의 재정의는 주로 증오의 대상인 외집단을 통해 이루어질 수 있다.

내집단과 준거 집단

이 장의 서두에서 내집단이란 '우리'라는 말을 동일한 의미로 사용하는 사람들의 무리라고 폭넓게 정의했다. 그러나 앞의 논의를 보면 사람들이 자신의 내집단을 온갖 방식으로 바라볼 수 있다는 것을 알 수 있다. 1세대 이탈리아계 미국인은 자신의 이탈리아 배경과 문화를 2세대 이탈리아계 미국인 자녀보다 중시할지도 모른다. 아이들은 학교보다 동네 또래 무리를 더 중요한 내집단으로 생각할 수도 있다.

공정고용실행위원회(Fair Employment Practice Committee) 1941년 미국에서 설립된 차별 시정 기구. 인종, 피부색, 종교, 국적 등으로 인한 차별을 금지하기 위해 차별 관련 고발을 접수하고 조사할 수 있었다. 당시 민주당의 지지 기반은 남부였으며, 따라서 민주당의 보수적인 다수 의원들은 이 기구의 활동에 반발했다.

어떤 경우에는 개인이 자신의 내집단에서 벗어날 길이 없는데도 자신이 그 집단에 속한다는 사실을 적극적으로 거부할 수 있다.

이런 상황을 분명하게 설명하고자 현대 사회과학은 준거 집단(reference group) 개념을 도입했다. 무자퍼 셰리프(Muzafer Sherif)와 캐럴린 우드 셰리프(Carolyn Wood Sherif)는 준거 집단을 "개인이 자신을 그 일부로서 관련짓는 집단 혹은 개인이 심리적으로 자신과 관련짓기를 갈망하는 집단"으로 정의한다.[7] 준거 집단은 자신이 애정을 품고 받아들이는 내집단 혹은 자신이 포함되기를 소망하는 집단인 것이다.

오늘날 일반적으로 내집단이 곧 준거 집단이지만 항상 그런 것은 아니다. 어떤 흑인은 자기 공동체 내의 다수 집단인 백인과 자신을 관련짓고 싶을 수 있다. 그는 다수 집단의 특권에 참여하고 그들의 일원이 되길 원할 것이다. 그리고 여기에 집착한 나머지 자기 내집단을 거부할 수 있다. 그 흑인은 쿠르트 레빈(Kurt Lewin)이 '자기 혐오(self-hate)'라고 부른 상태(즉, 자신의 내집단을 증오하는 상태)로 나아간다. 그러나 그 공동체의 관습은 그가 흑인 집단과 함께 살고, 흑인 집단과 함께 일하고, 흑인 집단으로 분류되기를 강요한다. 이 경우 그의 내집단은 준거 집단과 동일하지 않다.

뉴잉글랜드의 작은 마을에서 목회를 하는 아르메니아계 성직자가 있다. 그는 외국 이름을 가졌다. 마을 사람들은 그를 아르메니아 사람으로 분류할 것이다. 그 성직자는 자신의 배경을 적극적으로 부인하지는 않지만 어쨌든 자신의 혈통에 관해 거의 생각하지 않는다. 그의 준거 집단(그의 주된 이해관계 대상)은 교회, 가족, 그리고 그가 사는 지역사회다. 그에게는 불행한 일이지만 마을 사람들은 그를 계속해서 아르메니아 사람으로 여긴다. 마을 사람들은 민족 내집단을 개인보다 훨씬 더 중요하게 여긴다.

그 흑인과 아르메니아계 성직자는 공동체 안에서 **주변부** 역할을 맡는다. 그들은 자신을 준거 집단과 관련짓기 어렵다. 왜냐하면 항상 공동체가 그들이 심리적으로 그리 중요치 않게 여기는 내집단에 그들을 묶으려 하기 때문이다.

모든 소수 집단은 주변성(marginality)의 지위와 그로 인해 생겨나는 불안정, 갈등, 짜증이 마음에서 떠나지 않기 때문에 꽤나 고통을 겪는다. 소수 집단은 많은 관례, 많은 가치, 많은 관행이 규정되어 있는 더 큰 사회에 속한다. 그래서 소수 집단의 구성원은 어느 정도는 어쩔 수 없이 언어, 예절, 도덕, 법의 측면에서 지배적 다수 집단을 준거 집단으로 삼을 수밖에 없다. 그가 자신의 소수 내집단에 전적으로 충성을 다할 때도, 언제나 동시에 자신을 다수 집단의 표준에 맞춰 조절하고 그 기대에 부응해야 할 필요에 직면한다. 이런 상황은 특히 흑인의 경우에 분명하다. 흑인 문화는 백인 미국인 문화와 거의 전적으로 동일하다. 흑인은 자신을 그 문화와 관련지어야 한다. 하지만 그가 관련짓고 싶어 할 때마다 퇴짜를 맞는 고통을 감수해야 할지도 모른다. 그래서 흑인은 생물학적으로 정의된 내집단과 문화적으로 정의된 준거 집단 사이에서 거의 불가피한 갈등을 겪는다. 이 연장선상에서 보면 왜 모든 소수 집단이 사회에서 어느 정도 주변부의 위치를 차지하면서 그로 인한 유쾌하지 못한 불안과 원한을 품는지 이해하게 된다.

내집단과 준거 집단 개념은 소속성의 두 차원을 구분하는 데 도움을 준다. 전자는 순전히 개인이 어느 집단에 속하는지 그 사실만을 나타낸다. 반면 후자는 그가 자신이 어느 집단에 속함을 자랑스러워하는지 혹은 싫어해서 다른 집단에 속하려고 애쓰는지 여부를 말해준다. 많은 경우에 앞서 서술한 것처럼 내집단과 준거 집단이 사실상 일치하지만 항상 그런 것은 아니다. 일부 개인들은 어쩔 수 없이 혹은 자발적으로 내집단이 아닌 집단과 자신을 계속해서 비교한다.

사회적 거리

내집단과 준거 집단의 구분은 '사회적 거리(social distance)' 연구에서 분명하게 드러난다. 에모리 스티븐 보가더스(Emory Stephen Bogardus)는 사회적 거리 척도를 고안했다. 이 유명한 기법은 응답자에게 다양한 민족과 국가 집단의 구성원을 다음 중 어느 단계까지 수용할 것인지 표시하라고 요청한다.

1. 결혼으로 맺어지는 친밀한 친족 관계까지
2. 친목 모임의 친한 친구까지
3. 동네 이웃까지
4. 직장 동료까지
5. 내 나라 국민까지
6. 내 나라를 찾은 방문객으로서만
7. 내 나라에서 추방되길 원함

이 연구의 가장 놀라운 발견은 유사한 선호 양상이 전국적으로 나타나며 수입, 종교, 학력, 직업에 따른 편차가 거의 없고 심지어 민족 집단에 따른 차이도 없다는 것이다. 대부분 미국인은 누구라 할 것 없이 영국인과 캐나다인을 시민으로, 이웃으로, 사회적으로 평등한 존재로, 혈연으로 받아들일 수 있다고 답한다. 그들은 이 민족군(群)에 대해서는 최소한의 사회적 거리만 둔다. 한편 반대쪽 극단에는 인도인, 터키인, 흑인이 있다. 사회적 거리 척도에 따른 이런 수용성 순위는 사소한 변동을 보이기도 하지만 사실상 고정적이다.[8]

비호감 집단의 구성원들은 자기 집단을 높은 순위로 올리려는 경향이 있다. 하지만 다른 모든 측면에서는 지배적 집단의 수용성 순위를 따른다. 예를 들어 유대계 아이들에 관한 어느 연구를 보면, 유대계 아이들 대부분이 유대인을 수용성에서 높은 순위에 둔다는 점만 빼고는 사회적 거리에 관한 표준적 유형을 따른다는 사실을 알 수 있다.[9] 유사한 다른 조사에서는 흑인이 유대인에게 두는 거리와 비유대계 백인이 유대인에게 두는 거리가 평균적으로 같으며, 유대인 역시 흑인을 낮은 순위에 둔다는 것이 밝혀졌다.

따라서 소수 민족 집단의 구성원들이 자신의 태도를 지배적 다수 집단과 비슷하게 취하는 경향이 있다고 결론 내릴 수 있다. 다시 말해서 지배적 다수 집단이 소수 집단의 구성원들에게는 **준거 집단**인 것이다. 하지만 이런 동조가 자신의 내집단을 거부하는 정도로까지 확대되는 일은 매우 드물다. 흑인이나 유대인이나 멕시코인은 대개 자기 내집단이 잘 수용되어야 한다고 주장할 것이고, 다만 다른 측면에서는 자신의 큰 준거 집단이 판단하는 대로 판단할 것이다. 이처럼 내집단과 준거 집단은 모두 태도 형성에 중요한 영향을 끼친다.

집단-규범 이론

여기서는 편견에 관한 주요 이론인 '집단-규범 이론(the group-norm theory)'을 설명하고 평가하겠다. 집단-규범 이론에 따르면 모든 집단은 (내집단이든 준거 집단이든) 적응의 필요에 따라 특정 규약, 믿음, 표준, '적'이 포함되는 생활 방식을 발전시킨다. 또한 이 이론은 총체적이면서 교묘한 압력이 모든 개별 구성원을 통제한다고 주장한다. 내집단이 선호하는 것을 구성원 개개인도 반드시 선호해야 하고 내집단의 적은 구성원 개개인의 적이 되어야 한다. 이 이론을 전개한 무자퍼 셰리프와 캐럴린 우드 셰리프는 다음과 같이 서술했다.

> 보통의 경우 개인이 편견의 태도를 형성하는 요인은 단편적이지 않다. 편견의 태도를 형성하는 것은 오히려 한 집단의 구성원이 되는 것과 기능적으로 관련된다. 왜냐하면 집단과 집단의 가치(혹은 규범)는 경험과 행동을 규제하는 주요한 토대로 받아들여지기 때문이다.[10]

집단-규범 이론을 지지하는 강력한 논증은, 개인에게 영향을 끼쳐서 그의 태도를 바꾸려는 노력은 상대적으로 효과가 없다는 것이다. 한 아이가 학교에서 문화 간 이해 교육을 받는다고 가정해보자. 아이는 가족이나 동네 친구나 이웃의 규범을 더 잘 받아들이기 때문에 수업에서 배운 내용을 무시할 가능성이 충분하다. 아이의 태도가 바뀌려면, 아이에게 더 중요한 집단들의 문화적 균형이 바뀌어야 할 필요가 있다. 가족이나 동네 친구나 이웃이 관용을 공인한 후에야 개인으로서 아이는 관용을 실천할 수 있을 것이다.

이런 생각의 흐름이 다음과 같은 언명으로 이어졌다. "개인의 태도를 바꾸는 것보다 집단의 태도를 바꾸는 것이 더 쉽다." 최근 연구는 이 관점을 뒷받침해준다. 전체 지역사회, 전체 공영 주택 공급 사업, 전체 제조 산업, 전체 학교 체계의 변화를 목표로 삼은 연구들이 있었다. 결과적으로 지도자와 일반 구성원 전부를 끌어들이고 정책에 관여해 새로운 규범 만들기에 성공하면, 개인은 이 새로운 규범에 동조하는 태도를 보였다.[11]

연구 결과들은 분명 신뢰할 만하지만 이 이론에는 불필요하게 '집단주의적' 측면이 있다. 편견이 전적으로 대중적 현상은 아니다. 생각해보라. 당신은 실제로 자신의 가족이나 사회 계급, 같은 직업군, 같은 종교인의 사회적 태도를 꼭 따르는가? 그렇다고 말할 수도 있지만 아마도 다음과 같이 대답할 가능성이 훨씬 더 클 것이다. 다양한 준거 집단이 보이는 주된 편견들이 너무나 상충하므로 한 사람이 그 모두를 '함께' 지니는 것이 불가능하며 실제 그렇지도 않다고 말이다. 아니면 자신의 편견은 독특해서 그 어떤 집단에도 동조하지 않는다고 말할지도 모른다.

태도에 개인적 측면이 있음을 인지한 집단-규범 이론의 옹호자들은 '허용할 수 있는 행동 범위'를 도입함으로써 어떤 집단 규범의 체계든지 오로지 대략의 동조만 요구한다는 것을 인정한다. 사람들은 어느 정도는 자기 집단에서 벗어난 태도를 취할 수 있지만 너무 많이 벗어나지는 않는다는 것이다.

하지만 '허용할 수 있는 행동 범위'를 인정하는 것은 개인주의적 관점을 받아들이는 것이다. 각 개인이 고유하게 조직된 존재임을 주장하기 위해 집단 규범과 집단 압력의 존재를 부인할 필요는 없다. 어떤 사람들은 우리가 집단의 원칙이라고 믿는 것에 열렬히 동조한다. 다른 사람들은 소극적으로 동조한다. 또 어떤 사람들은 전혀 동조하지 않는다. 우리가 드러내는 동조는 개별적 학습, 개별적 욕구, 개별적 생활 방식이 만들어낸 산물이다.

태도 형성의 문제를 다룰 때 집단적 접근과 개인적 접근 사이에서 적절한 균형을 맞추는 일은 언제나 어렵다. 이 책은 편견이 궁극적으로 성격 형성과 성격 발달의 문제라고 주장한다. 어떤 편견 사례도 다른 편견 사례와 정확히 똑같은 경우는 없다. 어떤 개인도 그렇게 행동하게 이끄는 개인적 욕구나 습관이 없다면, 자신이 속한 집단의 태도를 자기 태도에 그대로 반영하지는 않는다. 그러나 한편으로 이 책은 편견의 가장 큰 근원이 개인의 욕구와 습관이지만, 이 개인의 욕구와 습관은 내집단의 지위가 개인의 성격 발달에 끼친 영향을 반영한다고 주장한다. 이로써 개인이 집단에 주로 영향받는다는 점을 부인하지 않으면서도 개인주의적 이론을 주장하는 것이 가능할 것이다.

외집단 없이 내집단이 존재할 수 있을까?

모든 선, 울타리, 경계는 안과 밖을 구별한다. 따라서 논리적으로 엄밀히 따지면 내집단은 언제나 그에 상응하는 외집단의 존재를 내포한다. 그러나 이런 논리적 진술은 그 자체로는 아무 의미가 없다. 중요한 것은 누군가 내집단에 품는 충성심이 자동적으로 외집단에 관한 불신이나 적개심, 그 밖의 부정적 모습을 내포하는지 여부이다.

프랑스 생물학자 펠릭스 르 당텍(Félix le Dantec)은 가족부터 국가에 이르는 모든 사회 단위가 '공동의 적'을 두는 덕분에 존재할 수 있다고 주장했다. 가족은 각 구성원에게 해를 끼치는 많은 위협적인 힘에 맞서 싸운다. 미국재향군인회 같은 배타적 조직이나 심지어 국가 자체도 구성원의 공동의 적을 물리치기 위해 존재한다. 내집단을 단단히 결속하려면 공동의 적을 만들라고 한 유명한 마키아벨리적 수법이 르 당텍의 견해를 뒷받침한다. 히틀러는 유대인을 없애려는 목적보다 독일에 대한 나치의 지배력을 공고히 하려는 의도에서 유대인이 위험하다는 관념을 만들어냈다. 세기 전환기에 캘리포니아 노동자당은 반아시아 정서를 자극해 당원들의 결속을 강화하려 했다. 공동의 적이 없던 당원들이 조직에 대한 소속감이 약했기 때문이다. 애교심은 전통적인 '적수'와 운동 시합을 할 때 가장 강해진다. 이런 사례들은 너무 많아서 누구든 이 이론을 수용하고 싶은 유혹에 빠질 것이다. 수전 서덜랜드 아이작스(Susan Sutherland Isaacs)는 유아원생들 사이에 외부인이 등장할 때 발생하는 효과를 연구해 이렇게 보고

했다. "외부인의 존재는 그 집단 내에서 처음으로 구성원들 사이의 호의와 협동심이 생겨나게 하는 기본 조건이다."[12]

윌리엄 제임스(William James)는 사회적 결속이 공동의 적을 필요로 하는 것처럼 보인다는 사실에 매우 깊은 인상을 받았고, 그 결과 이 주제에 관한 유명한 저술을 남길 수 있었다. 그의 《전쟁의 도덕적 등가물(The Moral Equivalent of War)》(1910)을 보면 모험성, 공격성, 경쟁 심리가 인간이 맺는 관계의 주된 요소이자, 특히 군대에 갈 나이의 젊은이들에게 이런 경향이 강하다는 것이 드러난다. 제임스는 사람들이 평화롭게 살려면 인류에 대한 충성심을 키우는 데 방해되지 않을 만한 적을 찾아야 한다고 권고했다. 즉 자연과 싸우고 질병과 싸우고 가난과 싸우라는 것이다.

위협적인 공동의 적이 등장할 때 어떤 조직화된 내집단이든 그 구성원들이 느끼는 소속감이 굳건해지리라는 것은 부인할 수 없는 사실이다. 가족은 (이미 심하게 붕괴한 상태가 아니라면) 역경에 처할 때 결속력이 커질 것이고, 국가는 전쟁을 치를 때만큼 통합이 잘 되는 시기가 없다. 그러나 심리학적으로 더 중요한 것은 적개심 자체보다는 우선 안전을 바라는 욕구이다.

자기 가족은 내집단이다. 그리고 내집단의 정의상 밖에서 마주하는 다른 모든 가족은 외집단이다. 그러나 그들이 충돌하는 경우는 거의 드물다. 수백 개의 민족 집단이 미국을 구성한다. 종종 심각한 갈등이 발생하지만 대다수는 그럭저럭 평화롭게 살아간다. 우리는 우리가 소속된 부류가 다른 모든 부류와 확연히 다른 특유의 성질을 갖고 있음을 알지만, 그렇다고 해서 반드시 다른 부류를 경시하지는 않는다.

다음과 같이 정리할 수 있을 것 같다. 비록 우리가 자신의 내집단을 외집단과 대립할 때만 인식할 수 있더라도 심리적으로는 여전히 내집단이 앞선다. 우리는 내집단 속에서 살며 때로는 내집단을 위해서 산다. 외집단을 향한 적개심은 우리의 소속감을 강화하는 데 도움을 주지만 반드시 필요한 것은 아니다.

우리는 내집단과 관련해 당파심과 자민족 중심주의를 발전시키는 경향이 있는데, 그것이 우리 자신의 생존과 자존감에 기본적으로 중요하기 때문이다. 어느 마을의 일곱 살 난 아이들이 이런 질문을 받았다. "너희들하고 (이웃 마을인) 스미스필드 아이들 중에서 누가 더 착하니?" 거의 모든 아이가 이렇게 대답했다. "저희요." 이유를 묻자 아이들은 보통 이렇게 대답했다. "스미스필드에 사는 아이들을 잘 몰라요." 이 일화는 사람들이 기본적으로 내집단과 외집단을 어떻게 생각하는지 대략적으로 이해할 수 있게 해준다. 사람들은 친숙한 것을 선호한다. 낯선 것들을 어떻게든 열등하고 덜 '좋은' 것으로 간주하지만, 반드시 적개심을 품는 것은 아니다.

이처럼 사람이 자신이 속한 내집단을 어느 정도 편애하는 일은 불가피하지만, 외집단을 향한 태도는 여러 가지일 수 있다. 한 극단에서는 내집단을 보호하고 내집단에 대한 충성심을 강화하기 위해서 외집단을 물리쳐야 할 공동의 적으로 간주할지도 모른다. 다른 극단에서는 외집단을 높이 평가하고 너그럽게 받아들이고 나아가 그들의 다양성을 좋아할 수도 있다. 교황 비오 12세(1939~1958년 재임)는 〈사람들의 통합(Unity of the People)〉 회칙에서 이 문제를 논하며, 현존하는 다양한 문화 집단의 가치를 인정했다. 교황은 다양성을 그대로 남겨 두되 적개심을 드러내지 말라고 촉구했다. 또한 인류의 통합이란 획일성의 통합이 아니라 태도의 통합, 즉 관용과 사랑이라는 태도의 통합이라고 말했다.

인류가 하나의 내집단을 구성할 수 있을까?

가족은 가장 작고 가장 단단한 내집단을 구성한다. 아마도 이런 이유 때문에 우리는 흔히 구성원의 범위가 커지면 커질수록 내집단이 점점 더 약해진다고 생각한다. '그림 2'는 개인적 접촉의 거리가 멀어지면 멀어질수록 구성원 지위가 지닌 힘이 약화된다는 일반적인 감정을 표현한다. 문제를 간단히 하기 위해 그림에는 몇 가지 표본적인 구성원 지위만 포함했다.

'그림 2'는 세계에 대한 충성심이 가장 성취하기 어렵다는 것을 암시한다. 이 암시는 부분적으로는 옳다. 특히 인류라는 넓은 범위를 하나의 내집단으로 만드는 것은 어려워 보인다. 세계 정부를 향한 열렬한 신념을 품은 사람도 난관에 부딪칠 것이다. 어떤 외교관이 자기와는 다른 언어, 예법, 이념을 가진 다른 나라 대표자들과 회의하는 상황을 상상해보자. 설령 이 외교관이 세계 정부를 열렬히 신봉하더라도, 여전히 그는 자기가 만나는 사람들에게서 느끼는 이질감을 피할 수 없을 것이다. 무엇이 적절한지, 무엇이 옳은지 판단할 때 그가 본보기로 삼는 것은 자신의 문화이다. 다른 언어와 관습은 불가피하게 이상해 보일 것이고, 열등하다고까지는 생각하지 않더라도 적어도 조금은 비합리적이고 불필요하게 느낄 것이다.

이 외교관이 아주 관용적이라서 자기 나라의 수많은 결함을 인정할 수 있을 뿐 아니라 여러 문화의 훌륭한 면면을 합쳐 진심으로 이상 사회를 건설하고 싶어 한다고 가정하자. 그러나 이런 극단적 이상주의자도 오로지 사소한 양보만 할 가능성이 크다. 결국 그는 최대한의 노력을 기울여 자기 나라의 언어, 종교, 이념, 법률, 예절의 형식을 지키기 위해 분투할 것이다. 그가 속한 국가의 생활 방식이 곧 '그의' 생활 방식이므로 외교관은 총체적 자기 존재의 배경을 쉽게 폐기

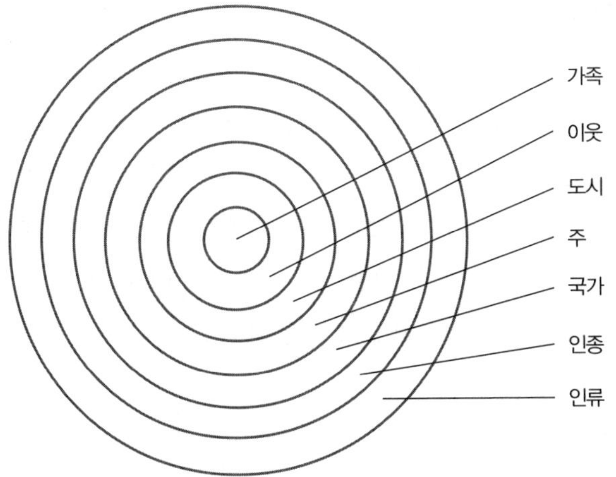

그림 2 구성원 지위의 범위가 더 넓을수록 내집단의 효력이 줄어드는 것으로 추정된다.

할 수 없을 것이다.

인간은 친숙한 것을 거의 반사적으로 선호한다. 여행을 많이 해본 사람이나 세계 시민적 성향을 타고난 사람은 상대적으로 다른 나라에 더 호의적일 것이다. 이들은 문화적 차이가 반드시 열등함을 의미하지는 않는다는 것을 이해할 수 있다. 그러나 상상력이 풍부하지도 않고 여행을 많이 하지도 않은 사람들은 인위적 버팀목이 필요하다. 그런 아들에게는 비록 오늘날에는 거의 사라졌지만, 인간 내집단이 실재하는 것처럼 보이게 해줄 **상징**이 필요하다. 국가는 국기, 공원, 학교, 국회의사당, 화폐, 신문, 공휴일, 군대, 역사적 문헌을 보유하고 있다. 이 통합의 상징 가운데 몇 가지가 국제 규모로 발전하고 있으나, 그나마도 서서히 이뤄지고 있으며 대중의 관심도 미미한 편이다. 통합의 상징은 '세계 충성심'이라는 발상을 펼칠 수 있는 정신적 거점을 제공하는 데 반드시 필요하다.

충성심 동심원의 맨 바깥이 충성심이 가장 약한 대상이 되어야 할 본질적 이유는 없다. 실제로 인종 자체는 사람들이 강력한 충성심을 보인 대상이었다. 특히 '아리안주의'를 광적으로 신봉하는 사람들과 여기에 억압당한 인종의 일부 구성원들 사이에서 그런 경향을 볼 수 있다. 오늘날 인종과 세계 정부에 대한 생각 사이에서 빚어지는 충돌이(인종과 세계 정부는 가장 바깥에 있는 원이다) 인간의 역사에서 아마도 가장 결정적일 수 있는 쟁점을 만드는 것처럼 보인다. 중요한 질문은 이것이다. 인종 전쟁이 터지기 전에 우리가 인류에 대한 충성심을 형성할 수 있을까?

이론적으로는 가능하다. 왜냐하면 우리를 구해줄 심리적 원리가 있으므로 제때 이 원리를 터득하는 법을 배울 수 있다면 평화가 가능하기 때문이다. 이 원리는 **동심원적 충성심이 서로 충돌할 필요가 없다**고 주장한다. 큰 원에 헌신한다고 해서 반드시 더 작은 원에 대한 애착이 파괴되는 것은 아니다.[13] **충성심의 충돌은 거의 언제나 동일 범위의 충성심들 사이에서 일어난다.** 자식 딸린 두 가족을 거느린 중혼자는 개인적으로도 힘들겠지만 사회와도 큰 갈등을 빚을 것이다. 두 나라를 섬기는(한 나라는 명목상으로 섬기고 다른 한 나라는 실질적으로 섬기는) 반역자는 정신적으로 혼란에 빠질 수밖에 없으며 사회적으로는 악당 취급을 받을 것이다. 둘 이상의 모교, 둘 이상의 종교, 둘 이상의 동포애를 받아들일 수 있는 사람은 거의 없다. 반면에 세계연방주의자가 가정에 헌신하는 사람이자 모교를 사랑하는 졸업생이고 진심 어린 애국자가 될 수는 있다. 일부 광적인 민족주의자들이 세계 충성심과 애국심의 양립 가능성을 두고 문제를 제기하지만, 그들의 문제 제기가 이런 심리적 원리를 바꿔놓지는 못한다. 웬들 윌키°와 프

웬들 윌키(Wendell Willkie, 1892~1944) 미국의 기업인이자 정치인. 1940년 미국 대통령 선거에서 공화당 후보로 선출되었으나 민주당의 프랭클린 루스벨트에게 졌다. 미국이 고립주의를 탈피하고 세계에서 적극적인 역할을 해야 한다고 주장했다.

랭클린 루스벨트가 세계 정부 속의 유엔을 구상했다고 해서 그들이 애국자가 아니었다고 할 수는 없다.

충성심이 커 가는 데는 시간이 걸리며, 물론 크지 못하고 완전히 실패하는 경우도 흔하다. 피아제(Jean Piaget)와 베일(Anne-Marie Weil)은 스위스 아동들을 대상으로 흥미로운 연구를 진행했다. 그들은 하나의 충성심이 다른 충성심 안에 포함될 수 있다는 생각이 아이들의 저항에 부딪친다는 것을 발견했다. 일곱 살 아이에 관한 다음 기록은 그 나이 또래의 전형을 보여준다.

> 스위스에 대해 들어본 적이 있니? **네.** 그게 뭐지? **나라요.** 그럼 제네바는? **도시요.** 제네바는 어디에 있지? **스위스요.** (그러나 아이는 두 개의 원을 나란히 그린다.) 넌 스위스 사람이니? **아니요, 전 제네바 사람이에요.**

조금 더 자라서 여덟 살에서 열 살쯤 되면 아이들은 제네바가 공간적으로 스위스 안에 있다는 것을 알아차리고 그 관계를 한 원이 다른 원을 에워싸는 것으로 그린다. 그러나 아직도 동심원적 충성심의 관념을 잘 이해하지 못한다.

> 넌 어느 나라 사람이지? **전 스위스 사람이에요.** 어떻게 그렇지? **왜냐하면 전 스위스에 살고 있으니까요.** 넌 제네바 사람이기도 한 거지? **아니요, 그럴 수는 없어요.** 왜 안 되지? **전 지금 스위스 사람이라서 제네바 사람까지 될 수 있는 건 아니에요.**

열 살 내지 열한 살의 아이는 이 문제를 깔끔히 해결할 수 있다.

> 넌 어느 나라 사람이지? **전 스위스 사람이에요.** 어떻게 그렇지? **제**

부모님이 스위스 분들이니까요. 넌 제네바 사람이기도 하지? **당연히 그렇죠. 왜냐하면 제네바는 스위스 안에 있으니까요.**

마찬가지로 열 살 내지 열한 살의 아이는 국가에 대해 정서적 평가를 내릴 수 있다.

나는 스위스를 좋아한다. 왜냐하면 스위스는 자유로운 나라니까.
나는 스위스를 좋아한다. 왜냐하면 스위스는 적십자의 나라니까.
스위스에서 우리의 중립성은 우리를 자선의 나라로 만든다.

아이들은 분명 이 정서적 평가를 교사와 부모에게서 배우고 일종의 기성품으로 받아들인다. 일반적으로 이 시기에 교육은 충성심의 범위를 확대하는 과정을 멈춘다. 모국의 경계선 너머에는 동료 인간의 영토가 아니라 오직 '외국인'의 영토만 있을 뿐이다. 아홉 살 미셸은 상담자에게 이렇게 대답했다.

외국 사람들에 관해 얘기 들어본 적 있니? **네, 프랑스 사람, 미국 사람, 러시아 사람, 영국 사람이요.** 좋아. 그 사람들 간에 차이가 있니? **오, 그럼요. 그들은 같은 언어를 쓰지 않아요.** 그것 말고는? 생각나는 대로 다 말해보렴. **프랑스 사람들은 별로 진지하지 않아요. 어느 것도 걱정하지 않죠. 그리고 프랑스는 지저분해요.** 그럼 미국인은 어떻게 생각하니? **그 사람들은 아주 돈이 많고 똑똑해요. 원자 폭탄도 발명했어요.** 그럼 러시아 사람들은? **그 사람들은 나빠요. 언제나 전쟁을 일으키고 싶어 해요.** 그래, 좋아. 그런데 방금 네가 나한테 말한 것들은 전부 어떻게 알게 된 거니? **모르겠어요……. 들었어요……. 사람들이 그렇게 말하던데요.**

대부분의 아이들은 자신의 소속감을 가족, 도시, 국가의 영역 너머로 확대하지 않는다. 그 이유는 아이가 함께 살아가는 사람들, 모범으로 삼는 사람들이 그렇게 하지 않기 때문인 것 같다. 피아제와 베일은 말한다. "이 모든 것이 암시하는 바는, 아이는 자신과 가장 가까운 집단이 수용하는 가치를 발견해 가면서, 이 집단이 다른 모든 국가에 관해 내리는 평가도 받아들일 수밖에 없다고 생각한다는 것이다."[14]

많은 아이들이 충성해야 할 가장 큰 집단으로 국가를 학습하지만, 그 학습 과정이 거기서 멈추어야만 할 필연성은 없다. 피아제와 베일은 열두 살과 열세 살 나이의 아이들 일부에게서 고도의 '상호성' 감각, 즉 모든 사람이 동등한 가치와 장점을 지닌다는 사실을 기꺼이 인정하는 태도를 발견했다. 물론 그 아이들도 개인적으로는 자신의 생활 방식을 더 선호했지만 말이다. 상호성 감각이 견고히 확립될 때 인류의 더 큰 단위들을 통합하는 개념을 습득할 길이 마련된다. 상호성 감각이 있다면 아이들은 자기가 품었던 애착을 잃지 않으면서 큰 단위의 집단 모두에 충성할 수 있다. 하지만 상호성의 태도를 배우기 전까지는, 충성심의 범위 안에 다른 나라를 수용하지 않을 가능성이 크다.

요약하면, 내집단 구성원 지위는 개개인의 생존에 지극히 중요하다. 이 지위가 관습의 얼개를 구성한다. 우리는 다른 관습을 따르는 국외자를 마주하면 이렇게 말하곤 한다. "저 사람이 내 관습을 무너뜨리고 있어." 관습이 무너진다는 것은 불쾌한 일이다. 우리는 친숙한 것을 선호한다. 우리는 다른 사람들이 우리 관습을 위협하거나 혹은 문제 삼는 것처럼 보이면 어느 정도 경계심을 품지 않을 수 없다. 하지만 적개심이 내집단의 결속력을 강화하는 데 도움을 주더라도, 내집단 혹은 준거 집단에 대한 편파적 태도가 반드시 다른 집단에 적대적일 것을 요구하지는 않는다. 갈등을 일으키지 않고도 충성심의 더 큰 원들이 좁은 원을 보완할 수 있다. 이 행복의 조건이 흔하게 성취되는 것은 아니지만 심리학의 관점에서 볼 때 희망의 가능성은 있다.

4장

외집단 거부

3장에서 내집단에 대한 충성심이 반드시 외집단을 향한 적개심을 내포하지 않는다는 점을 살펴봤다. 심지어 내집단에 대한 충성심은 그에 상응하는 외집단의 존재에 대한 인식조차 내포하지 않을 수 있다.

한 미출간된 연구에서 성인 여러 명을 면담했다. 연구자들은 피험자들에게 생각나는 모든 소속 집단을 말해 달라고 요청했고, 각 피험자마다 자신의 내집단 목록을 길게 열거했다. 언급의 빈도나 강도에서 가장 으뜸인 것은 가족이었다. 그다음은 지역, 직장, 사회적 집단(사적 모임, 친구), 종교, 민족, 이념 집단이 차례로 열거되었다.

목록이 완성되었을 때, 연구자들은 피험자들에게 '자신이 동일시하는 집단 중 어느 하나에 직접적으로 대비되거나 위협적으로 보이는 모든 집단'을 이야기해 달라고 청했다. 직접 요청했는데도 불과 21퍼센트의 피험자만이 외집단을 언급했다. 79퍼센트는 아무 이름도 대지 않았다. 외집단을 밝힌 사람들은 주로 민족, 종교, 이념 집단을 말했다.

언급된 외집단은 다양한 형태를 띠었다. 남부 출신인 한 여성은 뉴잉글랜드 사람들, 대학에 안 다닌 사람들, 유색인, 외국인, 중서부 지역 사람들, 그리고 가톨릭 신자가 마음에 들지 않는다고 말했다. 일반 사서 업무를 보는 피험자는 전문 사서가 자신의 외집단이라고 밝혔다. 영양학 실험실에 고용된 한 직원은 위층에서 일하는 혈액학자들을 낯설고 달갑지 않게 여겼다.

이처럼 사람들의 충성심은 대립 집단에 적대적 태도를 동반할 수도 있지만 필연적이지는 않다. 2장에서 사랑-편견이 (특히 좌절되었을 때) 상반되는 증오-편견으로 나아가는 길을 연다고 주장했다. 그러나 이 추론이 일리가 있더라도 명백한 사실은 긍정적 당파심이 반드시 부정적 편견을 낳지는 않는다는 것이다.

하지만 많은 이들이 자신의 충성심을 울타리 너머의 바깥을 통해 규정한다. 그들은 외집단을 너무 많이 생각하고 우려하고 부담스러워한다. 그들에게는 외집단을 거부하는 일이 꼭 필요하고 자민족 중심의 지향성이 중요하다.

외집단을 거부하는 뚜렷한 태도를 보이는 사람은 그 태도를 다양한 강도로 표현할 수 있다. 1장에서는 편견 강도의 척도를 설명하며 거부 행동의 다섯 가지 유형을 제시했다.

1. 적대적인 말
2. 회피
3. 차별
4. 물리적 공격
5. 절멸

이 장에서는 외집단 거부의 단계적 이행을 더 자세하게 검토할 것이다. 우선은 다섯 단계를 세 단계로 단순화하자.

1. 언어적 거부 (적대적인 말)
2. 차별 (분리 포함)
3. 물리적 공격 (강도가 다양함)

이전 목록에 있는 회피나 기피 행동을 생략했는데, 편견의 표현 중 희생자에게 가장 피해를 덜 끼치기 때문이다. 또한 산발적인 물리적 위협과 공격을 조직적 폭력, 절멸과 합쳤다. 1장에서 지적한 것처럼 대부분 사람들은 자신의 적개심을 친구와 말로 표현하는 정도로 만족하며 그 이상 나아가지 않는다. 하지만 일부 사람들은 적극적 차별의 단계에 이른다. 소수만이 파괴, 폭동, 린치에 동참한다.[1]

언어적 거부

반감을 드러내는 말은 쉽게 튀어나온다.

교양 있는 중년 여성 두 명이 꽃이 너무 비싸다며 이야기를 나누고 있었다. 그중 한 사람이 어느 유대인 결혼식에서 꽃이 사치스럽게 치장된 일을 언급하면서 이렇게 덧붙였다. "유대인들이 어떻게 그걸 감당할 수 있는지 모르겠어요. 소득세 환급받을 때 뭔가 속이는 게 틀림없어요." 다른 사람이 대답했다. "맞아요. 틀림없이 그럴 거예요."

이 잠깐의 쓸데없는 험담에는 심리학적으로 중요한 세 가지 사실이 나타난다. (1) 처음에 말을 꺼낸 화자는 대화 주제상 불가피한 상황도 아닌데 유대인 이야기를 무심결에 꺼냈다. 그는 아주 강한 편견을 지녀서 그 편견이 대화 속에 끼어들 정도였다. 그의 유대인 외집단에 대한 혐오는 터져 나오려 하고 있었다. 아마도 그는 자기 마음을 털어놓음으로써 어느 정도 기분 좋은 카타르시스를 얻었을 것이다. (2) 대화 내용 자체는 두 사람이 좋은 관계를 유지하는 데 완전히 부차적인 것이었다. 그들은 친분 관계를 지속하고자 노력하고 있었고, 그러려면 모든 주제에 관해 서로 의견이 일치하는 것이 바람직했다. 2인 내집단을 굳건히 하는 데 어느 외집단을 언급하고 비방한 것이 도움이 됐다. 방금 본 것처럼 외집단에 대한 적개심이 내집단을 결속하는 데 반드시 필요하지는 않지만 강화하는 데는 기여할 수 있다. (3) 두 화자 모두 그들의 계급 태도를 반영했다. 두 사람은 외집단을 험담함으로써 어떤 계급적 결속력을 보여주었다. 마치 서로가 상대방에게 훌륭한 중상층 비유대인이 되어야 하고 중상층의 시각과 방식을 고수해야 한다고 훈계하는 것 같았다. 말할 필요도 없이 이런 심리적 기능 중 어느 것도 그들의 정신이 의식하고 있던 것이 아니다. 더군다나 둘 다 강하게 반유대주의를 주장하지도 않았다. 두 사람 모두 유대인 친구가 많았다. 아마도 그들은 적극적 차별을 지지하지 않을 것이며 폭력에 대해서는 분명히 반대할 것이다. 그들은 정도가 가장 낮은 편견(적대적인 말)을 드러냈을 뿐이다. 그러나 정도가 가장 낮더라도 이 편견 가득한 대화는 편견 문제의 복잡성을 일부 드러낸다.

농담이나 조롱조의 적대적인 말을 쓰는 경우에 그 바탕에는 흔히 온건한 종류의 적의가 있다. 적대적인 말 중 일부는 아주 순해서 친근한 유머로 통하곤 한다. 내가 스코틀랜드 사람들이 인색하다고 농담할 때 그들에게 반드시 적개심을 표현하는 것은 아니다(그들도 이런 농담을 재미있어한다). 그러나 친근하게 들리는 농담이더라도 때로는 진짜 적개심을 감추고 있을 수 있다. 이런 농담은 외집단을 깎아내리고 내집단을 드높이면서 상대방이 경계심을 품지 않게 하는 방법이다. 우리는 흑인 하인이 우둔하다거나 유대인이 약삭빠르다거나 아일랜드 사람이 호전적이라는 이야기를 듣고 웃는다. 실제로 이런 이야기는 처음에는 그냥 재미 삼아 한 것일지도 모른다. 그러나 이런 이야기가 (흑인이나 유대인이나 아일랜드인의 전형적인 본성을 암시한다는 식으로) 유형화된다는 사실은 농담이 재미 외에 다른 역할도 한다는 것을 보여준다. 즉, 농담은 외집단의 규범이 우리 규범보다 열등하다는 것을 입증하는 역할까지 수행한다.

적대적인 말 중에 나쁜 이름 붙이기(name-calling)는 좀 더 강한 적개심이 반영된 것이다. '카이크', '깜둥이', '와프'° 같은 멸칭은 일반적으로 깊고 오래된 적개심에서 나왔다. 두 가지 분명한 예외가 있다. 흔히 어린아이들은 이런 예의 없는 멸칭을 천진난만하게 사용한다. 아이들은 이런 이름이 '힘'이 있다는 사실을 어렴풋이 인식하지만 어디에 적용되는지 분명히 알지 못한다. 또한 '상층 계급'보다 '하층 계급'이 이런 이름을 훨씬 덜 악의적으로 사용할 것이다. '상층 계급'은 원하기만 하면 이런 말을 피할 수 있을 만큼 어휘 구사에 유연성이 있지만 '하층 계급'은 그렇지 않기 때문이다.

앞서 지적한 것처럼 대화 주제와 별 상관없이 무심결에 나온 적대적인 말일수록 그 이면에 있는 적개심은 더 강하다.

미국 메인주의 어느 마을을 찾은 방문객이 이발사와 그 지역 양계산업에 관해 잡담을 나누고 있었다. 방문객은 그 지역의 양계 농장에 관해 알고 싶어서 농부들이 알을 얻기 위해 평균적으로 암탉을 얼마

° '카이크(kike)'는 유대인을 경멸적으로 부르는 말이고 '깜둥이(nigger)'는 흑인을 가리키는 멸칭이다. '와프(wop)'는 이탈리아 이민자를 낮춰 부르는 말이다.

동안 사육하는지 아무 악의 없이 물었다. 거친 손놀림으로 가위질을 하면서 이발사가 대답했다. "유대인이 가져갈 때까지요."

이발사가 분출한 감정은 갑작스럽고 뜬금없고 강렬하다. 유일하게 합리적 연결 고리가 있다면 몇몇 유대인 상인들이 시장에 내놓을 닭을 사려고 근방에 온다는 사실뿐이었다. 그러나 농부들은 내키지 않으면 유대인 상인에게 닭을 팔지 않을 수 있었다. 이발사의 대답은 방문객의 질문과는 거의 아무 관련이 없다.

매우 뚜렷한 적개심을 보여주는 유사한 사례가 있다.

미국 매사추세츠주의 한 독실한 가톨릭교도가 전단을 나눠주고 있었다. 이 전단에는 유권자들에게 산아 제한 법률을 용인하게 될 심의 미결 의안이 통과되지 못하도록 설득하는 내용이 담겨 있었다. 지나가던 한 사람이 전단을 받더니 이런 말을 내뱉으면서 도로 내던졌다. "난 산아 제한에 반대하지 않을 겁니다. 괜히 반대했다간 저 카이크 의사 녀석들한테 일감만 더 많이 주는 꼴이 될 테니까요."

이처럼 갑자기 관련 없는 맥락에 편견이 개입하는 것은 적대적 태도가 얼마나 강하고 뚜렷한지 알려주는 기준이 된다. 이런 경우 외집단을 적대시하는 콤플렉스가 그 개인의 정신생활을 강하게 압박하는 것처럼 보인다. 그는 자신의 적개심을 표현할 만한 적절한 상황이 오기를 기다리지 않는다. 적대적 태도가 너무나 역동적으로 충만해진 나머지 거리가 먼 연상의 영향만 받아도 폭발된다.

적대적인 말이 심한 수준에 이르면 공개적이고 적극적인 차별이나 어쩌면 폭력과도 바로 연결될 가능성을 무시할 수 없다. 한 상원의원이 학교 점심 급식에 보조금을 지급하는 연방 법안에 반대하며 의원석에서 발언했다. 그는 의견을 밝히던 중에 이렇게 소리쳤다. "아무렴 빗장을 부수고 백인과 흑인이 함께 학교에 다니게 할 바에야, 우리는 굶어 죽는 게 낫습니다."[2] 이 정도로 강한 적대적인 말은 차별적 행위로 뒷받침될 가능성이 매우 높다.

차별

흔히 우리는 마음에 들지 않는 사람을 멀리한다. 싫은 사람을 피해서 움직이는 사람이 바로 '우리' 자신인 한 이런 행위는 차별(discrimination)이 아니다. **차별은 우리가 개인 혹은 집단을 그들이 원하는 대로 평등하게 대우하기를 거부할 때만 발생한다.**[3] 우리가 어떤 외집단의 구성원을 우리 이웃이나 학교나 직장이나 나라에서 제외하려는 조치를 취할 때 차별이 발생한다. 제한 계약°, 보이콧, 이웃의 압력, 일부 주에서 시행하는 법적인 분리 정책, 신사협정°은 모두 차별 행위다.

좀 더 상세히 차별을 정의해보자. 범죄자, 심한 정신병 환자, 불량배가 '평등한 대우'를 원할 수 있고, 우리는 그들의 요구를 거리낌 없이 거부할 수 있다. '개인적' 성질에 근거한 차등 대우는 차별로 분류되어서는 안 될 것이다. 여기서는 오로지 민족 범주에 근거한 차등 대우에만 관심을 둔다. 유엔의 공식 보고서는 차별 문제를 이렇게 규

제한 계약(restrictive covenant) 토지 사용이나 주거지 선택 등에서 특정 인종, 주로 흑인, 유대인, 아시아인에게 제약을 두는 계약 행위. 영미 재산법에서 부동산에 대한 권리의 사용과 향유에 관한 제한을 설정하기 위해 당사자들 사이에서 문서로 작성한 계약을 뜻한다.

신사협정(Gentleman's agreement) 사적인 비밀 협정을 가리키는 말로 여기서는 미국 영화 〈신사협정〉(1947)에서 쓰인 상징적 의미를 내포하는 것으로 보인다. 이 작품은 비유대인 기자가 반유대주의의 실태를 보여주기 위해 유대인으로 위장하면서 겪는 차별의 체험을 담고 있다. 특히 '신사협정'으로 이루어지는 교양인들의 반유대적 태도를 그리며 역설적 의미를 드러냈다.

정한다. "차별이란 개인의 능력이나 장단점 혹은 개별 인간의 구체적 행동과는 상관없이 자연적 혹은 사회적 범주를 토대로 만들어진 구별에 의거한 일체의 행위를 포함한다."[4] 차별은 개인의 고유한 특성을 고려하지 않는 유해한 구별이다.

유엔은 전 세계 다양한 지역에서 '공적으로' 행해지는 차별의 형태를 목록으로 제시했다.

법 앞의 불평등(특정 집단이 지닌 권리의 전반적 부정)

개인의 안전을 보장받지 못하는 불평등(특정 집단에 속했다는 이유로 당하는 간섭, 체포, 비방)

이주와 거주의 자유를 제한하는 불평등(게토, 여행 금지, 출입 제한 지역, 통행 금지령)

사상, 양심, 종교의 자유를 보호받지 못하는 불평등

의사소통의 자유를 누리지 못하는 불평등

평화로운 결사의 권리를 보장받지 못하는 불평등

혼외 자식이 받는 불평등

결혼할 권리와 가족을 구성할 권리를 누리지 못하는 불평등

직업 선택의 자유를 누리지 못하는 불평등

소유권 규정과 행사에서 겪는 불평등

저작권을 보호받지 못하는 불평등

교육받을 기회 혹은 능력이나 재능을 개발할 기회를 얻지 못하는 불평등

문화적 혜택을 누릴 기회를 얻지 못하는 불평등

공공 서비스를 받는 데서 겪는 불평등(건강 관리, 휴양 시설, 주택 보급)

국적 선택권을 보장받지 못하는 불평등

참정권 행사의 불평등

공공 기관 이용의 불평등

강제 노동, 노예, 특별 세금, 식별 표지 강제 부착, 사치 금지령, 집단에 대한 공공연한 비방

이런 공공연한 공적 모욕 외에도 개인들이 사적으로 할 수 있는 차별 행위는 많다. 취업이나 승진이나 신용 거래에서 차별당할 수 있다. 거주를 허락받지 못하거나 주택 시설의 동등한 이용을 거부당하기도 한다. 호텔, 카페, 음식점, 극장 혹은 여타 유흥 장소에서 쫓겨나는 경우도 마찬가지다. 때때로 매체가 집단에 관련된 뉴스를 차별적으로 취급하는 일도 발생한다. 평등한 교육 기회를 제공받지 못하는 일 역시 흔하다. 교회나 사적 모임이나 각종 사회 조직 등에서 외집단 구성원과 어울리는 것도 거부당하곤 한다. 이 목록은 엄청나게 길어질 수 있다.[5]

분리(segregation)는 외집단 구성원의 불이익을 강조하기 위해 일종의 공간적 경계를 만드는 차별의 형태이다.

한 젊은 흑인 여성이 워싱턴 어느 연방 기관에서 모집하는 일자리에 지원했다. 그는 채용 절차의 모든 단계에서 자신을 차별하려는 시도에 부딪쳤다. 한 관료는 그에게 그 자리가 이미 충원됐다고 말했고 다른 관료는 그가 백인만 있는 사무실에서 일하면 행복하지 않을 것이라고 말했다. 그러나 흑인 여성은 끈질기게 버텨 마침내 원하던 자리를 '얻었다'. 그가 출근하자 주임이 사무실 구석에 자리를 정해주었고 책상 주위로 칸막이를 설치했다. 흑인 여성은 자기에게 가해진 다양한 **차별** 시도를 이겨냈지만 거꾸로 **분리**를 향해 돌진한 것이었다.[6]

특히 주거 차별이 만연해 있다. 미국 도시에서 분리 구역에 사는 흑인을 발견하는 경우는 흔하다. 흑인이 원해서도 아니고 흑인이 사는 곳 집세가 더 싸기 때문도 아니다. 관례적으로 '백인 지구'에 사는 사람들은 흑인과 똑같거나 더 나은 주택 시설을 이용하면서도 집세를 더 적게 낸다. 흑인이 아무데서나 자유롭게 살지 못하도록 하는 사회적 압력이 존재하고, 이것이 제한 계약에 반영된다. 이런 차별을 흑인만 당하는 것은 아니다. 권리 증서에는 종종 다음과 같은 구절이 포함되기도 한다.

> …… 그리고 부지는 백인을 제외한 그 누구에게도 매각되거나 임대되거나 점유되어서는 안 된다.
>
> …… 또한 양수인은 흑인에게 매도하거나 하인이 아닌 흑인이 사용하거나 점유하도록 용인하면 안 된다.
>
> …… 흑인, 인도인, 시리아인, 그리스인의 취업은 금지되며 이들이 회사를 소유하는 것도 금지된다.
>
> …… 흑인의 피가 조금이라도 섞인 사람은 이 구역의 일부도 소유하거나 점유할 수 없으며, 아르메니아인, 유대인, 히브리인, 터키인, 페르시아인, 시리아인, 아랍인을 포함하여 …… 셈족의 피가 4분의 1 이상 섞인 사람도 마찬가지이다.[7]

1948년 미국 연방대법원은 토지법원이 이런 제한 계약의 효력을 인정해서는 안 된다는 역사적 판결을 내렸다. 그러나 이른바 '신사협정'으로 차별을 고수하는 행위는 막을 방법이 없다. 이런 일은 흔하다. 여론 조사 방법을 활용한 다양한 연구를 보면 미국 백인 인구 중 대략 4분의 3은 흑인이 가까운 이웃에 사는 것을 반대한다. 사회적 동의에 의한 차별이 널리 퍼져 있는 것이다.

교육 차별은 다른 여러 형태의 차별과 마찬가지로 보통 은밀하게 일어난다. 물론 미국 남부 일부 주의 학교와 대학들은 대부분(그 수는 줄어들고 있다) 공식적으로 100퍼센트 분리 정책을 실행하기 때문에 차별이 은밀하지도 않지만, 북부 주에서는 차별이 조금 더 교묘하고 다양하게 벌어진다. 아주 많은 학교에서, 특히 세제 혜택을 받는 곳에서는 인종, 피부색, 종교, 태어난 나라와 상관없이 학생을 받아들인다. 그러나 어떤 곳은 전체 입학 정원에서 특정 집단들을 일정 비율로 제한하고, 또 다른 곳에서는 완전히 배제한다. 이 문제에 관한 통계 자료는 입수하기 어렵지만 실제 사례가 될 수 있는 한 연구가 있다. 이 연구는 코네티컷의 상황을 잘 보여준다.

> 코네티컷주에서 최근 졸업한 고등학생 1,300명을 대상으로 대입 지원 경험에 관해 설문 조사했다.
>
> 우리의 연구는 설문 조사 중 고등학교 졸업반 성적이 상위 30퍼센트 이내인 우수 학생들의 경우만 고려할 것이다.
>
> (특정 종교 재단과 무관한) 사립 대학은 (이탈리아계를 제외하고) 개신교나 가톨릭교를 믿는 지원자의 70퍼센트 이상을 합격시켰다. 유대계 지원자는 오직 41퍼센트만 입학을 허락했고 이탈리아계 지원자는 불과 30퍼센트만 받아들였다. (흑인과 이탈리아계 이외의 이민자 집단은 집계되지 않았다. 그들의 사례가 충분하지 않았기 때문이다.)
>
> 거부당하는 지원자들은 어떻게 할까? (1) 그들은 '많은' 학교에 지원함으로써 입학 확률을 높인다. 그래서 대개는 어디엔가 입학한다. 이탈리아계 학생들은 이 사실을 모르는 것 같지만 유대계 학생들은 안다. 유대계 학생들은 평균 2.8개 학교에 응시하는 반면 가톨릭교나 개신교를 믿는 학생들은 평균 약 1.8개 학교에 지원한다. 이탈리아계 학생들은 평균 1.5군데를 지원하고, 그래서 많은 학생이 입학 허가를 얻

는 데 실패한다. (2) 그들은 (적어도 코네티컷에서는) 차별이 거의 없다고 알려진, 세제 혜택을 받는 학교에 갈 수도 있다. 시립대학과 주립대학에서 유대계 학생들과 이민자 가정의 학생들을 아주 많이 볼 수 있는 이유 중 하나는 그들이 사립학교에 지원했을 때 입학 허가를 받는 비율이 공정하지 않기 때문이다.[8]

직업 차별도 교묘하다. 직업 차별의 관행을 연구하는 한 가지 방법은 일간 신문의 '구인' 광고에서 외집단을 배제하는 사례를 세어보는 것이다. '비유대인만 지원 가능', '개신교도 우대', '기독교도를 위한 자리', '유색인 사절' 등등. 이런 방식의 한 연구는 65년간의 조사를 통해 전체 인구에서 소수 집단의 비중이 증가하면 차별 광고도 증가하는 추세를 보인다는 사실을 밝혀냈다. 다른 연구들은 이런 지표가 시대를 민감하게 반영한다는 것을 보여준다. 불황일 때는 외부인에 대한 전반적인 공포와 더불어 이 지표가 상승하고, 전반적인 긴장 상태가 완화될 때는 이 지표가 하락한다.[9] 하지만 미래의 사회과학 분석가들이 이 기발한 지표를 활용할 가능성은 없다. 몇몇 신문들은 자발적으로 차별 광고를 금하고 있으며 점점 더 많은 주에서 차별 광고를 금지하는 법안이 통과되고 있다.

여기서 미국에서 벌어지는 직업 차별 이야기를 개괄하지는 않을 것이다. 이미 뮈르달, 데이비(Maurice R. Davie), 생어(Gerhart Saenger), 그 밖에 다른 사람들이 잘 설명했다.[10] 차별의 비경제적 측면은 수없이 폭로되었다. 예를 들면 남부의 철도는 단 한 명의 흑인을 운송하기 위해서 특별 객차 한 량을 추가로 연결했다. 그래야 백인 승객이 의식하건 의식하지 않건 흑인 옆에서 몇 시간을 보내야 하는 일을 피할 수 있기 때문이었다. 아무리 뛰어난 인재라도 피부색이 검다면 회사는 그를 고용하지 않을 것이다. 유대인이거나 가톨릭 신자거나 외국 태생이어도 결과는 같을 것이다. 그가 그 일에서 백인 경쟁자보다 두 배 더 효율적이고 생산적일 수 있지만 그래도 고용하지 않는다. 하나만 있어도 충분히 수요를 감당할 수 있는 학교, 대합실, 병원 같은 시설을 이중으로 유지하는 것은 비경제적이다. 특정 집단 전체를 경제적으로 침체시킴으로써 그들이 물건을 살 수도 없고 그래서 생산을 촉진할 수도 없게 하는 일도 비경제적이다. 차별이 가장 심한 주가 생활 수준도 가장 낮고, 가장 관용적인 주가 생활 수준도 가장 높은 것은 결코 우연이 아닐 것이다.[11]

차별은 온갖 종류의 기묘한 모습을 띤다. 여행자는 기꺼이 유대인 옆자리에 앉을 수 있고, 만일 북부 사람이라면 흑인 옆에도 앉을 수 있다. 하지만 흑인이나 유대인이 자신의 이웃이 되는 문제는 선을 그을지도 모른다. 어떤 고용주는 유대인을 사무 직원으로 들일 수는 있지만 흑인을 들이지는 않을 것이다. 그 고용주는 자기 집 부엌에서 흑인이 일하는 것은 괜찮을지도 모르나 유대인은 안 된다. 하지만 흑인은 거실에 앉게 할 수 없는 반면 유대인은 앉게 할 수 있다. 학교는 모든 집단을 받아들일 수 있으나 학교 무도회 행사 때는 일부 집단의 참석을 막으려 할 수도 있다.

적십자는 과학적 지식을 활용하여 인도주의적 봉사를 지향하는 조직이다. 하지만 제2차 세계대전 동안 많은 곳에서 흑인 헌혈자의 피와 백인 헌혈자의 피를 분리했다. 과학은 흑인과 백인의 피를 구별할 수 없었지만 사회적 신화는 그럴 수 있었다. 옳건 그르건 일부 적십자 지부는 전쟁 중에는 신화를 존중하고 과학과 능률은 편견에 따라 잠시 묵살하는 편이 더 낫다고 여겼다.[12]

차별은 여러 형태로 흔하게 나타나지만 가장 흔한 방식은 적대적인 말이다. 때로는 짖어대는 것(적대적인 말)이 무는 것(실제 차별)보다 얼마나 더 매서운지 두 가지 사례를 통해 살펴보자. 하나는 일상적 사례이다. 많은 고용주가 흑인이나 다른 소수 집단 구성원을 자기 공장이나 가게나 사무실로 들이는 일을 두려워한다. 왜냐하면 기존의 피고용인이 격렬히 저항하기 때문이다. 그러나 고용주가 법적 필요성(공정고용실행 법규) 때문에 뽑고 나면 반대는 자취를 감춘다. 피고용인들은 고용주가 차별을 멈춘다면 비참한 결과가 뒤따를 것이라고 거듭 경고한다. 이를테면 파업이나 폭동 같은 일이 일어날 것이라고 말한다. 그러나 그 경고가 실행에 옮겨지는 경우는 극히 드물다. 실제적 차별 요구보다는 언어적 저항이 훨씬 더 큰 것이다.

미국의 심리학자 리처드 라피에르(Richard T. La Piere)의 연구를 보면 차별의 수위는 낮지만 언어적 거부의 수위는 높은 사례를 확인할 수 있다. 라피에르는 영리하게 계획을 세워 중국인 부부와 함께 미국 각지를 여행했다. 그들은 함께 호텔 66곳과 식당 184곳에 들렀는데, 접대를 거부당한 경우는 딱 한 번뿐이었다. 나중에 이 업소 주인들에게 '당신의 업소가 중국인 손님을 받는지' 여부를 묻는 설문지를 우편으로 보냈다. 93퍼센트의 식당과 92퍼센트의 호텔이 중국인 손님을 받지 '않는다'고 응답했다. 라피에르는 방문한 적 없는 대조군 업소들에도 같은 설문지를 보냈고 비슷한 결과를 얻었다. 말과 행동 중 어느 쪽이 그들의 '진짜' 태도를 표현하는지 질문하는 것은 물론 어리석은 일이다. 라피에르 연구의 뛰어난 점은 두 태도 모두 상이한 두 상황에 들어맞는 '진짜' 태도임을 보여준 데 있다. '언어적' 상황은 실제 상황보다 더 적개심을 자극했다. 그러나 차별을 가하겠노라 위협하는 사람이 실제로 차별을 실행하지 않을 수도 있다.[13]

라피에르의 발견은 쿠트너(Bernard Kutner), 윌킨스(Carol Wilkins), 애로(Penny R. Yarrow)가 수행한 연구에서도 확인된다.[14] 이 연구자들은 뉴욕 근교의 잘사는 지역에 있는 식당과 술집 11곳을 방문할 계획을 세웠다. 백인 여성 둘이 먼저 들어가서 세 명 분의 자리를 잡고, 잠시 후에 흑인 여성이 들어와 일행과 합류할 것이라고 말했다. 접대를 거부당한 적은 한 번도 없었고 접대가 만족스럽지 않았던 적도 없었다. 며칠 뒤 이 식당 주인들에게 저녁 식사 예약을 요청하는 편지를 보내며 이런 문구를 썼다. "참석 인원 중 일부가 흑인이라는 이유로 귀하의 식당에서 입장을 거부하지나 않을까 걱정됩니다." 식당 주인 중 누구도 답장하지 않았다. 확인 전화를 하자 여덟 명은 편지를 못 받았다고 발뺌했고 모두가 예약을 해주지 않으려고 우물쭈물했다.

이런 상황은 아주 흔해 보인다. 쿠트너, 윌킨스, 애로는 이렇게 결론 내린다. "차별 대우는 직접 대면하는 상황을 마주했을 때 축소된다." 분명히 식당 주인들은 (그리고 다른 많은 사람은) 차별 대상자를 직접 마주하면 차별을 행동으로 옮기지 않을 것이다. 그러나 소란을 일으키거나 면전에 대고 모욕을 주는 일 없이도 차별을 행할 수만 있다면 그러려고 할 것이다. 두 실험이 북부와 서부 주에서 수행되었다는 점에 주목해야 한다. 북부와 서부 주에서는 법적으로 차별이 용인되지 않는다. 그렇다면 과감하게 다음과 같이 일반화할 수 있다. 한쪽에는 법과 양심이 있고 다른 한쪽에는 관습과 편견이 있어서 둘 사이에 명백한 갈등이 존재하는 경우, 차별은 주로 간접적 방식으로 암암리에 일어나며 당혹스러운 상황을 초래하기 쉬운 대면 상황에서는 잘 일어나지 않는다.

물리적 공격이 발생하는 조건

폭력은 항상 더 온건한 정신 상태에서 자라난다. 짖어대는 것(적대적인 말)은 대부분 무는 것으로 이어지지 않지만, 물기 전에는 꼭 짖는다. 히틀러 정권이 차별적인 뉘른베르크 법°을 통과시키기 전에 이미 언어적 차원의 정치적 반유대주의가 70년 동안 계속되고 있었다. 뉘른베르크 법이 통과되고 곧이어 절멸 계획이 시작되었다.[15] **적대적인 말 → 차별 → 물리적 폭력**. 이런 전개는 드물지 않다. 비스마르크 시대에 언어적 공격은 비교적 온건했다. 히틀러 통치하에서는 더 모질었다. 이 시절 유대인은 성도착부터 세계 음모에 이르기까지 상상할 수 있는 모든 죄를 떠들썩하게 그리고 공식적으로 뒤집어썼다.

그러나 독일에서 언어 공격을 지지한 자들도 정작 그런 선전 활동의 최종 결과에는 경악을 금치 못한 것 같다. 뉘른베르크 전범 재판에서 (나치 운동의 철학자이자 선전 담당자) 알프레드 로젠베르크(Alfred Rosenberg)와 율리우스 슈트라이허(Julius Streicher)는 아우슈비츠의 유대인 250만 명을 절멸한 책임을 부인했다. 자신들의 설교가 그런 식의 실제 행동으로 귀결될 줄은 '전혀 생각지도 못했다'는 이유였다. 하지만 아우슈비츠 대량 살상의 책임자 루돌프 회스(Rudolf Höss) 중령은 끊임없는 언어적 세뇌가 자신과 동료 집행자들에게 모든 일이 다 유대인의 책임이므로 마땅히 유대인을 절멸시켜야 한다는 확신을 심어주었다고 분명하게 말했다.[16] 그러므로 어떤 상황에서는 언어적 공격이 폭력으로, 소문이 폭동으로, 험담이 인종 학살로 나아가는 순차적 발전이 이루어진다는 것을 알 수 있다.

폭력이 발생하는 경우에는 틀림없이 다음 단계들이 미리 멍석을 깔아준다.

(1) 범주적 예단이 오랜 기간 존재한다. 희생자 집단은 오랫동안

뉘른베르크 법(Nürnberger Gesetze) 1935년 독일 나치 정권이 제정한 반대유주의 법. 〈독일인의 혈통과 명예를 보호하기 위한 법〉, 〈제국시민법〉을 통칭하여 말한다. 독일 내 유대인의 시민권과 공무담임권을 박탈하고 유대인과 독일인의 결혼을 금지했다.

유형화된다. 사람들은 외집단의 구성원을 개별 인간으로 생각할 수 있는 능력을 잃기 시작한다.

(2) 희생자가 된 소수 집단에 대한 불만이 오랜 기간 말로써 표출된다. 이들을 의심하고 비난하는 습관이 단단하게 뿌리내린다.

(3) 차별이 점점 커진다. (예를 들어 나치의 뉘른베르크 법)

(4) 어떤 외적 부담이 내집단 구성원에게 가해진다. 오랫동안 경제적 궁핍을 겪거나 낮은 지위에서 비롯된 박탈감을 느끼거나 전시 규제 조치 같은 정치적 상황 때문에 불안에 휩싸이거나 일자리를 잃을까 봐 공포를 느낀다.

(5) 사람들은 자신을 억제하는 일에 점점 지쳐 가고 급기야 폭발 상태에 이른다. 더는 실업과 물가 상승과 굴욕과 당혹감을 견딜 수 있다거나 또는 견뎌야 한다고 느끼지 않는다. 비합리적 태도가 강력한 호소력을 얻게 된다. 사람들은 과학, 민주주의, 자유를 불신한다. "아는 것이 많아질수록 근심도 많아진다."라는 말에 동의한다. 지식인을 타도하라! 소수자를 타도하라!

(6) 조직화된 운동이 불만에 가득 찬 개인들을 끌어 모은다. 그들은 나치당이나 KKK단이나 검은셔츠단에 가입한다.° 공식 조직이 없는 경우 비공식 조직인 이른바 폭도가 그들의 목적에 부합할 수 있다.

(7) 개인은 그런 공식적 혹은 비공식적 사회 조직에서 용기와 지지를 얻는다. 그는 자신의 불안과 격분이 사회적 지지를 받는 것을 본다. 따라서 그의 폭력적 충동은 집단의 규범에 의해 정당화되거나 스스로 그렇다고 생각한다.

(8) 기폭제가 되는 사건이 발생한다. 예전 같으면 별것 아닌 도발로 넘겼을 테지만 이제는 사람들을 폭발시키는 원인이 된다. 이 사

° KKK단(Ku Klux Klan)은 미국의 백인 우월주의 극우 단체이며, 검은셔츠단(Black Shirts)은 이탈리아의 파시즘 극우 단체이다.

건은 전적으로 상상의 산물일 수도 있고 혹은 소문을 통해서 과장될 수도 있다. (디트로이트 인종 폭동°에 가담했던 많은 사람에게 기폭제가 된 사건은 걷잡을 수 없이 유포된 소문이었던 것 같다. 어떤 흑인이 백인 여성의 아기를 가로채서 디트로이트강에 집어 던졌다는 내용이었다.)

(9) 폭력이 실제 발생할 때, 이 파괴적인 활동을 지탱하는 데는 '사회적 촉진(social facilitation)' 작용이 중요하다. 사람들은 다른 사람들이 자기와 똑같이 자극을 받아서 광분한 것을 보면 더 흥분하고 과격해진다. 대체로 개인적 충동은 고조되고 억제력은 감소하는 경향을 보인다.

이 조건들이 갖춰지면 언어적 공격이 공공연한 폭력으로 가는 길을 막는 통상적인 제동 장치가 제거된다. 대립하는 두 집단이 가까이 접촉할 수 있는 지역일수록 그렇게 될 가능성이 높다. 예를 들면 해수욕장, 공원, 주거 지역이 맞닿은 경계가 이에 해당한다. 그런 만남의 장소에서 기폭제가 되는 사건이 일어날 확률이 가장 높다.

무더운 날씨도 폭력을 부추긴다. 더운 날씨가 신체적 불편과 민감성을 증가시키기 때문이기도 하고, 그로 인해 사람들이 시원한 곳을 찾아 집밖으로 나오게 되어 접촉과 충돌이 유발될 수 있기 때문이기도 하다. 여기에 일요일 오후의 나른함을 보태면 그야말로 제대로 무대가 차려지는 셈이다. 재앙 같은 폭동은 무더운 일요일 오후에 가장 빈번하게 시작되는 것 같다. 린치는 더운 여름의 몇 달간 절정을 이룬다.[17]

디트로이트 인종 폭동(Detroit race riot) 1943년 6월 20일 일요일 미국 디트로이트에서 발생한 인종 폭동. 1900년대 중반까지 디트로이트가 발전함에 따라 많은 흑백의 노동자들이 도시로 대거 유입되었고 이 과정에서 인종 갈등이 계속 쌓이다 결국 폭력 사태가 벌어졌다. 폭동이 발생한 다음날인 21일 월요일에 소요 사태가 극에 달해 수백 명의 사상자가 발생했다. 이로 인해 그날을 '피의 월요일(Bloody Monday)'이라고 부르기도 한다. 사망자는 총 34명이었는데 이중 25명이 흑인이었다.

앞서 설명한 조건에서 언어적 적대가 폭력으로 이어질 수 있다는 사실은 언론의 자유 문제를 불러일으킨다. 미국처럼 언론의 자유를 대단히 존중하는 나라에서 말이나 글로 어떤 외집단을 중상모략하는 행위를 사법 당국이 통제하려는 것은 현명하지도 않을뿐더러 실행 가능하지도 않다는 데 대부분 동의할 것이다. 통제는 사람들이 비판할 수 있는 권리를 제한하겠다는 의미이다. 미국의 원칙은 실제로 폭력을 유발하여 공공의 안전에 '명백하게 현존하는' 위험으로 볼 수 있을 때까지 언론의 자유를 완벽하게 허용하는 것이다. 그러나 합법의 경계를 설정하는 일은 어렵다. 조건만 무르익는다면 비교적 온건한 언어적 공격이라 할지라도 거침없이 폭력으로 발전할지도 모른다. '평상시'에는 더 적대적인 말도 관용적으로 받아들일 수 있다. 적대적인 말의 공격적 칼날이 반박 논증에 부딪혀 무뎌지고, 행동에 나서지 못하게 하는 내적 억제력도 작용하기 때문이다. 일반적으로 사람들은 외집단을 중상모략하는 발언에 크게 관심을 기울이지 않는다. 또한 일반적으로 그런 발언을 하는 사람은, 앞서 설명했듯이 적극적 차별로 나아가지 않으며 폭력에 이르지 않는 것이 보통이다. 그러나 팽팽한 긴장 상황에서는 전진의 원리가 작동한다. 이 때문에 뉴저지와 매사추세츠 같은 몇몇 주에서는 '인종 명예훼손'을 금지하는 법을 제정했다. 하지만 현재 그 법을 적용하기가 어렵다는 것이 드러났고 법의 합헌성도 명확히 확립되지 않은 상태이다.[18]

주먹싸움, 패싸움, 파괴 행위, 폭동, 린치, 학살에 참여하는 사람들은 주로 젊은 층이다.[19] 젊은이들이 나이 든 사람보다 삶의 좌절을 더 많이 겪지는 않았을 것이다. 그러나 아마도 젊은이들은 사회화된 습관이 덜 들어서 충동을 적절히 제어하지 못하는 것 같다. 그들은 상대적으로 유아적 분노 단계로 퇴행하기가 더 쉽고, 사회적 억제력을 발휘하며 살아온 시간이 짧은 탓에 충동을 방출해 얻는 맹렬한 기뺌을 느끼기도 더 쉽다. 또 젊음은 폭력을 저지르는 데 필요한 민첩함과 에너지를 지니고 있으며 위험을 감수하는 경향이 있다.

미국에서 가장 심각한 민족 갈등에는 두 가지 형태가 있다. 바로 폭동과 린치이다. 둘의 주된 차이는 폭동은 공격당한 피해자가 반격할 수 있지만 린치는 반격할 수 없다는 것이다.

폭동과 린치

대부분 폭동은 기존의 사회 상황이 급변하는 곳에서 발생한다. 흑인이 어떤 동네에 '침입'한다거나, 어떤 민족 집단의 구성원이 노동 분쟁이 벌어지는 산업 지역에 파업 파괴자로 들어오는 경우가 있다. 혹은 불안정한 지역에 이민자 인구가 급격히 증가하기도 한다. 그러나 이런 조건 중 어느 것도 단독으로는 폭동을 유발하지 않는다. 그 전에 공격 대상이 될 특정 집단을 적대시하는 토대가 마련되어야 하고, 그 집단의 '위험성'에 관한 잘 만들어진 의견이 갖춰져야 한다. 그리고 이미 언급한 것처럼 항상 폭동이 일어나기 전에는 강도 높은 언어적 적대가 오랜 기간 있어야 한다.

대개 폭동에는 젊은 층뿐 아니라 낮은 사회경제 계급도 가담한다. 어느 정도는 사회경제 계급이 낮은 가정에서 자란 아이들이 (자기 통제의) 규율 수준도 낮기 때문일 수 있다. 또 어느 정도는 낮은 사회경제 계급에 속한 사람들이 교육 수준도 낮아서 비참한 삶에 처하게 된 진짜 원인을 올바르게 인식하지 못하기 때문일 수 있다. 확실히 인구 밀집, 불안정, 궁핍한 삶이 직접적 자극제로 작용한다. 일반적으로 주변부에 속하는 사람들이 폭동을 일으킨다.

모든 형태의 민족 갈등이 다 그렇듯 폭동은 현실 이해관계의 충돌에서 비롯될 수 있다. 많은 빈곤한 흑인과 그들 못지않게 빈곤한 백인이 한정된 일자리를 놓고 다툼을 벌일 때, 그런 대립이 현실적이라는 것을 이해하기는 어렵지 않다. 불안정과 공포는 개개인을 화나게 하고 과민하게 만든다. 그러나 현실 상황에서조차 오로지 **다른** 인종만을 위협으로 여기는 근본적 비합리성에 주목해야 한다. 백인 한 사람은 흑인 한 사람과 마찬가지로 다른 백인의 일자리 하나를 뺏는다. 따라서 같은 지역에 사는 민족 집단들이 이해관계의 충돌을 빚을 때 전적으로 현실적인 것이 아닐 수 있다. 다툼의 구도를 개인적 대립이 아니라 민족적 대립으로 인식하려면, 먼저 내집단과 외집단이 대립한다는 의식이 있어야 한다.

따라서 폭동이란 앞서 설명한 일련의 상황에 의해 강화되고 행동으로 표출되는, 이미 존재하는 편견에서 발생한다.[20] 폭동이 터지고 난 후 벌어지는 아수라장에는 논리가 없다. 1943년 할렘° 폭동의 기폭제가 된 사건은 백인 경관이 흑인을 명백히 '불공정'하게 체포한 일이었다. 하지만 이 인종적 저항은 인종과 무관한 형태를 띠었다. 흑인들은 화가 나고 신경이 곤두서고 반항심이 가득하여 거칠게 행동했다. 그들은 같은 흑인이 소유한 상점들을 약탈하고 방화하고 파손해서 백인 소유 재산뿐만 아니라 흑인 소유 재산에도 피해를 끼쳤다. 모든 형태의 물리적 적대 행위 중에서 폭동은 가장 통제되지 않고, 가장 일관성이 없기 때문에 가장 논리적이지 않다. 폭동은 마치 화난 아이가 맹목적으로 떼쓰는 것과 유사하다.

폭동은 주로 미국의 북부와 서부 지역에서 일어나는 반면 남부의 주에서는 린치가 더 많이 발생한다. 여기에는 매우 중요한 의미가 있는데, 특히 남부의 흑인은 대체로 백인에 맞서 싸우려 하지 않는다는 것이다. 문제가 불거지면 흑인이 할 수 있는 일은 그저 폭풍이 지나

할렘(Harlem) 미국 뉴욕 맨해튼 북동부의 흑인 거주 지역.

가기를 기다리며 피난처를 구하는 것뿐이다. 이런 양상은 분명 '백인 우월주의'에 대한 가혹한 강요에서 비롯된 것이다. 흑인은 자신에게 주어진 열등한 역할을 그냥 수용하며, 어떤 경멸을 받든 절대 앙갚음하지 않아야 한다. 남부의 흑인은 도발적 상황에 직면해도 되받아치는 일을 삼간다. 스스로 열등한 신분상의 역할을 수용한 탓일 수도 있고 혹은 공포 속에 살기 때문일 수도 있다. 그래서 너무나 억압적인 상황에서도 남부에서는 폭동이 일어날 가능성이 적다.

이와는 반대되는 사례로 1943년 10월 런던에서 일어난 사건을 살펴보자. 당시 여러 신문이 이 사건을 보도했다.

> 콘월°의 한 마을에서 흑인 미군 병사 한 무리가 술집에 들렀다. 백인 헌병이 그들의 행동을 제멋대로 저지했다. 그러자 흑인 병사들이 부대로 돌아와 총을 집어 들고 다시 시내로 몰려가서, 백인 헌병에게 왜 자신들이 백인 병사들과 같은 권리를 누릴 수 없느냐고 따졌다. 말다툼이 벌어지고 총성이 울린 후에 백인 헌병이 흑인 병사들을 제압했으나, 두 사람이 부상을 입었다.

이 다소 특별한 폭동의 사례는 **반란**이라고 부르는 편이 더 나을 것이다. 이 사례에서는 다음과 같은 상황에 주목해야 한다. (1) 흑인은 자기에게 가해진 차별을 예민하게 느꼈다. 주된 이유는 그들이 평등주의 규범이 보편화된 나라라고 알고 있는 영국에 있었기 때문이다. (2) 대부분의 인종 폭동과 달리 소수 집단이 먼저 폭력을 행사했다. (3) 기폭제가 된 사건은 반란의 핵심이었던 차별과 부당한 대우라는 거창한 배경에 비해 상대적으로 사소했다. (4) 흑인은 군대에 소속됨

콘월(Cornwall) 영국 잉글랜드 남서부에 있는 주(county).

으로써 불편부당하고 차별 없는 대우를 받을 권리에 대한 의식을 높일 수 있었다. (5) 백인 병사들은 심지어 외국 땅에서도 흑인을 사회적으로 동등한 권리를 지닌 존재로 대우해서는 안 된다는 오랜 편견에 따라 행동했다. (6) 군인 정신에 물든 흑인은 대담하고 겁 없는 존재가 되었고, 무력이 분쟁을 해소하는 적절한 수단이라고 믿었다. 이 사례를 통해 우리가 다시 한번 깨달을 수 있는 사실은, 어떤 폭동이든 양측 분쟁 당사자들의 배후 사정을 알아야만 그 폭동이 발생한 이유를 이해할 수 있다는 것이다.

앞서 언급했듯이 린치는 차별과 분리가 확고히 자리 잡은 곳, 심한 위협 속에 차별과 분리가 관습적으로 강제되는 곳에서 주로 발생한다. 여기에 기본 조건이 하나 더 있다. 바로 지역사회 내에서 법 집행의 수준이 낮다는 것이다. 린치가 예방되지 않을뿐더러 린치를 행사한 자들이 누군지 밝혀져도 체포되는 경우가 드물고 처벌받는 일이 거의 없다는 사실은, 경찰과 법원이 그것을 암묵적으로 승인하고 있음을 보여준다. 따라서 린치의 전체 과정은 '사회 규범'의 성격을 띠며 린치를 가하는 자들의 정신세계만으로는 완전히 설명될 수 없다.

린치는 두 유형으로 구분된다. 하나는 이른바 부르봉(극단적 보수주의자), 즉 **자경단**의 린치이다. 범죄를 저질렀거나 혹은 저질렀다고 추정되는 흑인은 영향력 있는 주요 시민들로 구성된, 작지만 잘 조직된 무리에게 붙잡혀 조용히 린치를 당할 수 있다. 이런 유형의 린치는 흑인과 백인 사이에 놓인 기존 장벽을 재확인하는 것으로 해석된다. 흑인은 순종적이어야 하고 예절 발라야 하며 자기보다 우월한 백인을 두려운 마음으로 존중하며 살아야 한다는 점을 상기시켜준다. 이런 '점잖은 린치'는 주로 오래전에 형성된 흑인 거주 지역에서 발생한다. 이 지역에서는 신분과 계급의 구분이 확고하게 자리 잡은 것이 특징이다.

이와 대조되는 또 다른 유형은 **폭도의 린치**이다. 두 번째 유형의 린치는 사회 구조가 불안정한 지역, 예를 들어 같은 일자리를 놓고 백인과 흑인이 경쟁할 수 있는 지역에서 더 자주 발생한다. 흑인과 백인 두 집단 모두 소작농으로서 생계가 불안할 수 있다. 이때 이들은 공동의 문제를 해결하기 위해 함께 힘을 합치는 대신 자신들이 처한 상황을 치열한 경쟁의 하나로 인식한다. 여하튼 백인은 자신의 낮은 지위와 불안정 탓에 흑인을 비난한다. 백인과 흑인 사이의 적대적 시각을 (그리고 저급한 법 집행 수준도) 감안할 때, 어떻게 가벼운 구실로도 린치가 발생하는지 이해하기는 어렵지 않다. 대개 백인 여성을 상대로 한 성범죄 혹은 성범죄 혐의가 린치의 주요 구실이 된다. 그러나 지난 60년간 남부 지역에서 발생한 모든 린치를 연구한 결과에 따르면 불과 4분의 1만이 성범죄와 연루되었다.[21] 폭도의 린치는 일반적으로 광포하고 잔혹한 것이 특징이다. 린치에 가담하려는 자들이 많이 모여 저마다 비난 대상에게 '한 방 먹이고' 싶어 할 때, 피해자에 대한 고문과 시신 훼손처럼 도를 넘은 역겨운 결과가 빚어진다.

이 섬뜩한 관행은 앞서 말했듯이 문화 관습에 많은 부분 의존한다. 어떤 지역에서는 주변부에 살며 교육받지 못한 사람들 사이에 인간 사냥의 전통이 있다(너구리 사냥의 전통과 다르지 않다). '깜둥이 해치우기'는 허용되는 스포츠이고 거의 의무에 가깝다. 법을 집행하는 당국자는 앞서 말한 것처럼 이런 관행에 대해서 종종 관대하거나 묵인하는 태도를 보인다. 린치가 벌어지는 중에 흥분이 고조되면 흑인의 집과 사업장을 약탈하고 파괴하는 일이 일어나는 것을 당연시한다. 흑인의 집에서 나온 가구가 희생자의 시신을 불태우기 위한 장작으로 쓰이는 일은 드물지 않다. 내친김에 **모든** 깜둥이에게 교훈을 가르치겠다는 의도 면에서는 괜찮은 생각처럼 보이는 것 같다.

린치의 빈도는 눈에 띄게 줄어들고 있다. 1890년대에는 연평균 154

회의 린치가 있었지만 1920년대는 31회였고 1940년대는 불과 2, 3회 정도였다.[22] 폭력이 감소한 일부 원인은 여론이 법 집행관에게 새롭게 압력을 가했기 때문일 수 있다. 지난 30년 동안 의회에서는 린치를 금지하는 연방 법안을 통과시키고자 지속적으로 노력해 왔다. 이에 대해 남부 지역 출신 의원들은 북부 사람들이 남부 일에 부당하게 개입하려는 시도라며 법제화에 저항했다. 그들은 해당 주의 당국자들이 자체적으로 문제를 다룰 수 있다고 주장했는데, 사실상 그들의 주장이 적중하고 있는 것처럼 보인다. 한편 폭력의 감소는 역사적 변화의 사례로도 간주되어야 한다. 초창기 미국 식민지에는 법원이 거의 없었다. 사회 안정은 주로 범법자에 대한 자경단원의 추적과 즉결 심판에 의해 확보되었다. 린치(Charles Lynch) 판사는(이 사람의 이름은 불행하게도 영원성을 얻게 되었는데 이 이름으로부터 '린치'가 유래되었기 때문이다) 버지니아 출신의 퀘이커교도였다. 혁명 중에 토리당원들(미국 독립전쟁 때 왕당파)이 말을 훔치다가 붙잡히자, 치안판사 린치는 자기 집에 법정을 세우고 신속하게 도둑들에게 40대의 채찍질을 선고했다. 린치 판사는 종교적 양심상 인간의 목숨을 빼앗는 것을 금했다고 한다. 사실 미국의 역사를 살펴보면 백인이 흑인보다 린치를 더 많이 당했다. 하지만 최근 들어 불쾌감을 주는 린치는 흑인을 대상으로 발생했다.

소문의 본질적 역할

어떤 폭동이나 린치도 소문(rumor)의 도움 없이는 결코 발생하지 않는다는 것을 신뢰할 만한 법칙으로 삼을 수 있다. 소문은 폭력이 일어나는 다음 네 단계의 과정 중 하나 혹은 전부에 개입하는 것으로 보인다.[23]

(1) 폭력적 소요가 일어나기 전에 증오 대상인 외집단이 악행을 저질렀다는 이야기가 떠돌면서 그 외집단을 향한 적의가 점진적으로 형성된다. 특히 사람들은 그 소수 집단이 직접 음모를 꾸미고 계략을 짜고 총과 탄약을 모으는 중이라는 이야기를 듣는다. 또한 정점에 달한 긴장을 반영하듯 습관적으로 주고받던 민족 관련 소문이 폭발적으로 퍼진다. 공동체 내에 돌아다니는 민족 관련 소문을 수집하고 분석하는 일은 긴장 상태를 측정하는 최고의 지표가 될 것이다.

(2) 예비적 소문들이 적의를 형성하는 임무를 수행한 다음에는, 새로운 소문들이 나타나 폭동이나 린치에 가담할 자들을 불러내는 데 기여할 수 있다. 새로운 소문들은 마치 군대를 소집하는 나팔소리처럼 작용한다. "오늘밤 강가에서 무슨 일이 벌어질 거래." "사람들이 오늘밤 그 깜둥이를 붙잡아서 죽을 때까지 때려줄 거라던데." 이런 상황을 경계하는 경찰이라면 그런 '패거리를 소집하는 소문'을 폭력 예방에 활용할 수 있을 것이다. 1943년 여름 워싱턴 D. C.에서는 엄청나게 많은 흑인이 특정 날짜에 예정된 가두 행진 기회를 틈타 조직화된 폭동을 계획하고 있다는 소문이 돌았다. 그런 소문이 적대적인 백인으로 구성된 반대쪽 무장 세력을 불러낼 것은 거의 확실했다. 하지만 사건이 벌어지기 전에 경찰이 확고한 공식적 자세를 취하고 흑인 행렬에 적절한 보호를 제공함으로써 우려되는 충돌을 미리 막을 수 있었다.

(3) 종종 소문은 불꽃이 되어 화약고에 불을 붙이기도 한다. 일부 선동적인 이야기는 거리를 타고 돌아다니면서 입에 오르내릴 때마다 더욱 강렬하게 왜곡된다. 할렘 폭동은 백인 경찰관이 흑인을 등 뒤에서 저격했다는 식의 과장된 이야기에 의해 번져 나갔다. (그 사건의 실상은 훨씬 더 온건했다.) 디트로이트 주위를 떠돈 수많은 황당한 소문은 몹시 격분한 상태였던 사람들을 폭발시킨 도화선이 되었다. 하지

만 그 운명의 일요일이 되기 몇 달 전부터 디트로이트는 인종 관련 소문이 가득 찬 상태였다. 차량 몇 대에 올라탄 무장한 흑인들이 시카고를 떠나 디트로이트를 향하고 있다는 식의 이야기가 심지어 라디오를 통해 방송되기까지 했다.[24]

(4) 폭동이 최고조에 달하는 동안 소문은 흥분을 지속시켜준다. 망상 같은 이야기가 특히 사람들을 혼란스럽게 한다. 리(Alfred McClung Lee)와 험프리(Norman Daymond Humphrey)는 디트로이트에서 폭력이 절정에 달했을 때 경찰이 한 여성에게서 받은 신고 전화를 전한다. 여성은 흑인 폭도 패거리가 백인 한 명을 죽이는 것을 두 눈으로 목격했다고 주장했다. 순찰차가 현장에 도착했을 때, 경찰은 사방치기 놀이를 하는 소녀들을 발견했고, 그 여성의 이야기를 입증할 만한 아무런 폭력의 흔적도 발견할 수 없었다. 그러나 그 여성만큼이나 흥분했던 다른 시민들은 아무 의심 없이 그 이야기를 믿고 소문을 퍼뜨렸다.

소문이 집단의 긴장도를 가늠하는 데 유용한 지표를 제공한다는 주장으로 잠시 되돌아가보자. 물론 소문 그 자체는 단지 적대적인 말, 즉 언어적 적개심의 표현일 뿐이다. 우리는 사람들이 가톨릭교도, 흑인, 난민, 정부 관료, 거대 기업, 노동조합, 군대, 유대인, 급진주의자, 여러 외국 정부, 다른 많은 외집단을 겨냥해 내뱉는 적대적인 말을 듣는다. 소문은 예외 없이 적개심을 표현하며 몇 가지 못마땅한 특질을 두드러지게 묘사함으로써 적개심의 이유를 설명한다. 여기에 전형적인 사례가 있다.

(이야기에 따르면) 번창하는 식당 체인에 속한 한 카페테리아에서 어떤 손님이 계산대 앞에 서서 쇠고기 스튜와 커피 한 잔을 주문했다. 점원은 손님의 식판에 쇠고기 스튜를 올려주고 커피를 따르러 갔다. 다

시 자리로 돌아온 점원은 아까 그 스튜 안에 죽은 생쥐가 들어 있는 것을 알아챘다. 바로 그 순간 손님은 그 식욕을 앗아가는 이물질을 봤고 소동을 피웠다. 손님은 음식점을 나갔고, 곧 그 잘 나가는 회사를 상대로 소송을 제기했다. 그러나 사태는 그에게 불리하게 전개되었다. 그 생쥐가 요리된 상태가 아니었으며, 손님이 자기 주머니에서 그 죽은 동물을 꺼내 점원이 등을 돌리고 있는 사이에 스튜 안에 집어넣는 장면을 다른 손님이 목격했다는 증거가 법정에 제출된 것이다. 이 이야기는 이렇게 끝난다. "물론 그 손님은 유대인이었다."

유사한 반유대적 소문이 전쟁 중에 대단히 많이 수집되었다. 대다수는 다음과 같은 형태를 보였다.

웨스트 코스트(West Coast) 징병위원회는 뉴욕, 필라델피아, 워싱턴의 유대계 징병위원회가 징병을 유예해준 유대계 청년들이 제대로 징병될 때까지 추가 징병을 거부하기로 했다.

웨스트오버(Westover) 기지의 모든 장교는 유대인이다. 그곳에서 비유대인이 고위 장교가 되는 것은 거의 불가능하다.

에이피 통신(the Associated Press)과 유피 통신(the United Press) 모두 유대인이 통제하기 때문에, 독일이나 히틀러에 관한 기사는 아무것도 믿을 수 없다. 독일이야말로 유대인을 어떻게 다뤄야 하는지 정말로 알고 있는데도 말이다.

흑인을 경멸하는 이야기는 다소 적은 편이다. 전쟁이 한창 진행 중이던 1942년에 천 개의 소문을 수집하여 분석했는데, 10퍼센트가 반유대적인 것이었고, 3퍼센트가 반흑인적인 것이었으며, 7퍼센트는 반영국적인 것이었고, 사업체와 노동자에 관한 소문은 각각 2퍼센트였다. 군대에 관한 것이 20퍼센트 정도였고 행정에 관한 것도 20퍼센트였다. 전체 소문의 약 3분의 2가 어떤 외집단을 겨냥했다. 나머지는 대부분 전쟁의 향방에 관해 마음속 깊이 도사린 공포를 표현하는 내용이었다.[25]

이렇듯 소문은 집단 적개심을 민감하게 포착해 보여주는 지표처럼 보인다. 소문을 믿지 않는 것이 아마도 사소하겠지만 집단 적개심을 통제하는 한 방법이 될 수 있을 것이다. 전쟁 중에 신문의 '소문 클리닉' 코너가 그런 시도를 함으로써, 소문 퍼뜨리기에 담긴 위험성을 일부 사람들이 알아차리게 하는 데 성공했을지도 모른다. 하지만 소문의 실체를 폭로하는 것만으로 깊게 뿌리내린 편견을 바꿀 수 있을지는 의심스럽다. 기껏해야 온건하거나 사소한 편견을 지닌 사람에게나 불화를 조장하는 소문이 전쟁 중이건 평화로운 시절이건 국가에 최선의 이익이 되지 않는다는 경고가 통할 뿐이다.

편견의 유형과 범위

한 외집단을 거부하는 사람이 다른 외집단도 거부하는 경향이 있다는 사실은 매우 분명하다. 만일 어떤 사람이 반유대주의자라면 아마도 그는 반가톨릭주의자이자 반흑인주의자이며 한마디로 모든 외집단을 거부하는 사람일 수 있다.

일반화된 태도로서 편견

하틀리(Eugene L. Hartley)는 대학생을 상대로 한 연구에서 편견이 일반화되기 쉬운 태도라는 점을 훌륭하게 증명했다.[1] 그는 집단에 대한 대학생들의 태도를 알아보기 위해 3장에서 설명한 보가더스의 사회적 거리 척도에 따라 그들에게 서른두 개 국가 혹은 인종을 각각 판단해 달라고 요청했다. 그는 서른두 개의 잘 알려진 국가 혹은 인종에 더해 세 개의 가짜 민족 집단 대니어리아인(Daniereans), 피레니아인(Pireneans), 왈로니아인(Wallonians)을 목록에 포함했다. 학생들은 속았고 '어디에도 없는' 이 민족 집단이 진짜라고 생각했다. 하틀리의 연구 결과 잘 알려진 민족 집단에 편견이 있는 학생은 허구 집단에도 편견이 있는 것으로 드러났다. 서른두 개의 진짜 집단에 대한 사회적 거리 점수와 세 개의 가짜 집단에 대한 사회적 거리 점수의 상관관계는 +0.80 정도로 매우 높은 수치를 보였다.[2]

다수의 진짜 집단에 관용적이지 않은 한 학생은 가짜 집단에 대한 설문지에 이렇게 적었다. "나는 이들에 관해서 아무것도 모른다. 그래서 내 나라에서 내보낼 것이다." 반면 전반적으로 편견이 없는 다른 학생은 이렇게 적었다. "나는 이들에 관해서 아무것도 모른다. 그래서 아무런 편견도 없다."

두 학생의 언급은 많은 것을 암시한다. 첫 번째 학생은 모든 낯선 집단을 불분명하고 위협적인 존재로 여겼기에 직접 경험하거나 증거를 잡기도 전에 미리 거부했다. 두 번째 학생은 성격상 경계심이 없는 편이라 집단과 관련된 사실이 알려질 때까지 판단을 중지할 것이다. 예를 들어 '대니어리아인'의 불확실성을 최대한 선의로 해석하고 그들의 죄가 밝혀질 때까지 무죄로 간주할 것이다(그리고 환영할 것이다). 명백히 학생의 정신에는 편재적 질성°이 있어서 전반적으로 편견을 드러내거나 전반적으로 관용을 드러낸다.

또한 하틀리의 연구 결과를 살펴보면 여러 특유의 부정적 태도 사이에 다음과 같은 상관관계가 있음을 알 수 있다.

흑인 – 유대인	0.68
흑인 – 가톨릭교도	0.53
가톨릭교도 – 유대인	0.52

편재적 질성(pervasive quality) 하나의 대상에 전반적으로 두루 배어 있어서 다른 대상과 변별할 수 있게 하는 질적 특성.

가짜 민족 집단 - 유대인	0.63
가짜 민족 집단 - 공산주의자	0.68
가짜 민족 집단 - 노동조합원	0.58

왜 노동조합을 믿지 않는 사람이 가짜 민족 집단, 이를테면 '피레니아인'을 믿지 않는 것인지 실로 심리학적 수수께끼이다.

동일한 경향이 선동가들의 장광설에서 발견된다. 어느 선동가는 여러 가지를 뒤섞어 독설을 퍼부어댔다. "도대체 언제쯤 소박하고, 평범하고, 진지하고, 양떼 같은 미국인들이 자신들의 일상을 외국인, 공산주의자, 미치광이, 피난민, 배교자, 사회주의자, 파괴 분자, 반역자가 조종하고 있다는 사실을, 세상이 그런 자들을 위해 돌아가고 있다는 사실을 깨달을까요?"[3]

1952년 독일 선거에서도 유사한 사례가 있었다. 파시즘 성향인 사회주의제국당°은 유권자에게 투표 거부를 촉구하는 소책자에 이렇게 선언했다.

> 민주주의의 독재자 유대인, 볼셰비키, 바티칸이 여러분을 지배하고 있습니다. 그것을 깨닫지 못하셨습니까? 굳세게 버티세요. 독일인으로 남아 있으세요. 투표하지 말고 기다리세요. 우리가 돌아갈 것입니다.

이 광적인 사회주의제국당은 모든 외집단을 구분 없이 하나의 위협적인 존재로 여긴다.

흑인도 싫어하고 연방정부도 싫어하는 사람은 종종 자신의 적개

사회주의제국당(Sozialistische Reichspartei Deutschlands) 1949년에 설립된 독일의 극우 정당. 네오나치즘을 주장했으나 1952년 독일 연방헌법재판소에서 위헌 판결을 내리면서 강제 해산되었다.

심을 '깜둥이를 사랑하는 관료'라는 말로 압축해 표현한다. '유대인 국제 은행가'라는 친숙한 표현에는 두 가지 부정적 태도가 합쳐져 있다. 사실 유대인 중에 국제 은행가는 거의 없고 국제 은행가 중에도 유대인은 거의 없지만, 이 단순한 사실은 무시된다. 가톨릭교도가 다수인 라틴 아메리카에서는 세계를 위협하는 '유대-개신교도 동맹'에 관한 이야기를 들을 수 있다. 그러나 반가톨릭주의와 반유대주의 둘 다 흔히 접할 수 있는 나라에서는 '바티칸과 유대인'을 싸잡아 비난한다. 서로 다른 계통의 희생양들이 한데 묶이는 일이 무척 흔하다는 사실은 단일 집단에 기하는 특유의 비난보다 편견의 **전체성**(totality)이 더 중요하다는 것을 보여준다.

편견이 성격의 일반적 특질°이라는 것은 많은 연구에서 밝혀졌다.[4] 여기서는 하나만 살펴보려고 한다. 캘리포니아대학의 연구자들은 대학생과 대학생이 아닌 다양한 성인 집단 둘 다를 조사 대상으로 삼아 광범위한 조사를 벌였다.[5]

연구자들은 조사 대상자에게 광범위한 내용이 담긴 설문지를 주고 설문지에 진술된 명제에 대한 동의 혹은 반대의 정도를 표시하라고 요청했다. 응답자들은 6점 척도를 사용했다. +1은 가벼운 지지 혹은 동의, +2는 온건한 지지, +3은 강력한 지지를 나타냈다. 반대하는 정도 역시 같은 방식으로 표현되었다. -1은 가벼운 반대, -2는 온건한 반대, -3은 강력한 반대였다.

설문지에는 다음과 같은 질문이 들어 있었다.

특질(trait) 올포트의 성격 이론에서 핵심 개념. 다양한 종류의 자극에 같거나 비슷한 방식으로 반응할 경향성 혹은 사전경향성(predisposition)을 가리킨다.

자민족 중심주의 척도

《권위주의적 성격(The Authoritarian Personality)》(1950) 142쪽 내용을 약간 수정.

A. 유대인

1. 유대인 사업가들의 문제는 자기들끼리 똘똘 뭉쳐서 다른 사람이 공정한 경쟁의 기회를 얻지 못하게 한다는 것이다.

2. 나는 유대인과 결혼하는 것을 상상하기조차 어렵다.

3. 몇몇 예외가 있을 수 있겠지만 일반적으로 유대인은 매우 비슷하다.

4. 유대인을 좋은 이웃으로 받아들이고 나면 그들이 점점 전형적인 유대 분위기를 풍긴다는 문제가 있다.

5. 유대인에 관한 편견을 없애려면 첫째로 유대인이 자신들의 해롭고 짜증나는 결점을 없애려고 진지하게 노력해야 한다.

6. 유대인에게는 무언가 다르고 이상한 점이 있다. 그들이 무엇을 생각하고 계획 중인지 어떤 동기로 움직이는지 말하기는 어렵다.

B. 흑인

1. 흑인도 나름의 권리가 있지만 그들을 그들의 구역과 학교 안에 머물게 하고 백인과 자주 접촉하지 않게 하는 것이 최선이다.

2. 흑인을 백인의 감독이나 지도자가 되게 하는 것은 어쨌거나 잘못일 것이다.

3. 때로는 흑인 음악가가 백인 음악가만큼이나 훌륭할 수도 있지만 흑인과 백인의 혼성 밴드를 만드는 것은 잘못이다.

4. 흑인의 정신 상태와 능력에는 숙련된 기술이나 책임이 필요한

자리보다 육체노동과 비숙련 일자리가 더 잘 맞는 것 같다.

5. 흑인을 백인과 동등하게 대우하자고 주장하는 사람들은 대개 갈등을 조장하려고 애쓰는 급진적 선동가이다.

6. 만일 흑인이 자기 분수를 지키지 않으면 대부분 오만하고 무례해질 것이다.

C. 다른 소수 집단

1. 주트 수트°를 입는 사람들을 보면 그런 유형의 사람들은 너무 많은 돈과 자유를 지닐 때 그것을 이용해 문제를 일으킨다는 것을 알 수 있다.

2. 국기에 대한 경례를 거부하는 종교 교파는 강제로라도 그런 애국 행동에 순응하게 만들거나 아니면 교파 자체를 완전히 없애버려야 한다.

3. 필리핀 사람들은 분수에 맞는 자리에 있으면 괜찮지만 사치스럽게 옷을 차려입고 백인 소녀들과 함께 어울려 다닐 때는 도가 지나친 행동을 한다.

4. 자기 가족이 다른 가족보다 더 낫다고 생각하는 것은 지극히 당연하고 올바르다.

D. 애국주의

1. 지난 50년간 진정한 미국 정신에 닥친 최대 위험은 외국의 사상과 선동가에게서 비롯되었다.

주트 수트(Zootsuit) 1940년대에 유행했던 남성 복장. 상의는 어깨가 넓고 길이가 길며 하의는 위가 넓고 아래가 좁은 사치스러운 옷이다. 특히 멕시코 젊은이들이 즐겨 입었는데, 이 복장을 표적으로 삼아 인종 공격이 여러 차례 일어났다.

2. 새로운 세계 기구가 구성되었으므로 미국은 주권 국가로서 독립과 완벽한 국력 그 어느 것도 잃지 않도록 확실히 해야 한다.

3. 미국이 완전무결하지는 않을 수 있으나 미국의 방식은 인간이 도달할 수 있는 완전무결한 사회에 최대한 근접할 수 있게 해준다.

4. 국가 안보를 보장하는 최선의 길은 미국이 세계 최대의 육군과 해군을 보유하고 원자폭탄의 비밀을 간직하는 것이다.

	흑인	소수 집단	애국주의	전체 E
유대인	0.74	0.76	0.69	0.80
흑인		0.74	0.76	0.90
다른 소수 집단			0.83	0.91
애국주의				0.92

표 1 _ **E 척도의 하위 척도들 간의 상관관계 및 전체 E 척도와 하위 척도들의 상관관계**

(《권위주의적 성격》, 113쪽, 122쪽에서 가져온 자료)

이 '캘리포니아 자민족 중심주의 척도(E 척도)'의 형식에는 네 가지 하위 척도가 포함되어 있다. 우리 논의의 목적에 비춰볼 때 중요한 것은 항목들의 상이한 묶음 사이에 높은 상관관계가 나타난다는 점이다. '표 1'은 그 결과를 근사치로 보여준다.[6]

'표 1'에서 가장 중요한 점은 이번에도 외집단 거부의 일반성이 나타난다는 것이다. 주트 수트를 입는 자들이 '문제를 일으킨다'(C-1)고 말한 사람은 신기하게도 유대인이 '다르고 이상하다'(A-6)거나 흑인이 '백인의 감독이나 지도자'가 되어서는 안 된다(B-2)는 데 동의한다.

더욱 신기한 (그리고 가장 의미심장한) 점은 '애국주의'와 외집단 거부 사이의 높은 상관관계이다. 예를 들어 흑인이 육체노동 일자리에 적합하다(B-4)고 믿는 사람은 미국이 세계 최대의 육군과 해군을 보유하고 원자폭탄의 비밀을 간직해야 한다(D-4)고 주장하는 경향이 있다.

언뜻 보기에 이런 높은 상관관계, 특히 '애국주의'와 외집단 거부 사이의 높은 상관관계에서 논리적 연관성을 찾기는 어렵다. 그러나 이런 정신적 연결을 설명해줄 심리적인 일관성이 틀림없이 있을 것이다. 위의 항목들로 검사한 '애국주의'는 확실히 미국의 신조°에 관한 충성을 뜻하지 않는다. 오히려 '고립주의'의 냄새를 풍긴다(아마도 '고립주의'가 '애국주의'보다 더 정확한 명칭일 것이다). 외집단을 거부하는 사람은 자신의 국가 내집단을 매우 좁게 이해할 가능성이 크다('그림 1'을 참고하라). '안전한 섬'을 찾는 사고방식이 작동한다. 그의 전반적인 시각은 위협에 맞서 방어벽을 건설해야 한다는 것이다. '안전한 섬 사람'은 사방의 위협을 감지한다. 외국인, 유대인, 흑인, 필리핀 사람, 주트 수트를 입은 자, '특정한 종교 교파'가 모두 위협으로 느껴진다. 그리고 가족관계에서는 '자기 가족이 다른 가족보다 더 낫다고 생각하는 것은 지극히 당연하고 올바르다'(C-4)고 주장한다.

더 나아가 캘리포니아대학의 연구는 이제 예상할 수 있듯이, '안전한 섬 사람'이 자기 교회, 동창 모임, 가족을 비롯한 자신의 내집단에 강한 충성심을 보이는 경향이 있음을 발견한다. 자민족 중심의 안전한 울타리 바깥에 사는 모든 사람들이 의혹의 눈초리를 받는 셈이다. 동일한 구속력이 자민족 중심주의와 사회적 · 정치적 '보수주의'의 상관관계에서도 나타나는데, 둘의 상관계수는 대략 +0.50

미국의 신조(American Creed) 미국인의 정체성을 정의하는 믿음으로, 다양한 문화와 인종의 미국인들이 국민적 동질성을 이루게 하는 개념이다. 토머스 제퍼슨에 의해 처음으로 공식화되었으며, 군나르 뮈르달에 의해 대중화되었다. 자유, 평등, 민주주의, 개인주의 등을 포함한다.

이다. 연구자들은 이때의 '보수주의'를 '가짜 보수'로 규정한다. 외집단을 거부하는 사람들에게서 미국 전통의 중요한 핵심을 보존하려는 성향을 찾을 수 없기 때문이다. 오히려 그들은 선택적 전통주의자이다.

> 가짜 보수주의자들은 경쟁을 하나의 가치로 강조하면서도 대기업에 경제력이 집중되는 현상을 옹호한다. 대기업 집중이야말로 경쟁에 참여하는 개인 사업가가 당면한 최대의 위협이라는 사실을 무시한다. 그들은 경제적 이동성과 '허레이쇼 앨저'°의 신화를 강조하면서도 수많은 형태의 차별을 옹호함으로써 미국 인구의 다수를 차지하는 부류에 이 이동성의 심각한 제약을 가한다. 또한 그들은 정부의 경제적 역할을 확대하는 쪽이 옳다고 여기는 것처럼 보이지만, 인도주의적 이유 때문이 아니라 노동자와 다른 집단이 지닌 힘에 제약을 가하는 수단으로 정부의 통제를 지지한다.[7]

다른 연구에서는 상호적 경향성이 발견된다. 이를테면 현재 상태에 만족하지 않는 진보주의자는 더 관용적이다.[8] 제2차 세계대전 중에 완성된 한 연구는 "노동조합에 우호적 태도를 보일수록 흑인, 종교, 소련에 대한 태도가 더 관대하다."고 보고했다.[9]

이제까지 검토한 근거 자료는 편견이 기본적으로 '성격의 특질'이라는 강력한 논증을 입증한다. 편견은 한 생명 안에 뿌리내리면 마치 개체처럼 자라난다. 편견의 구체적 대상은 그다지 중요하지 않다. 편견은 인간의 내적인 삶 전반에 영향을 끼친다. 편견이 불러일으키는

허레이쇼 앨저(Horatio Alger, 1832~1899) 미국의 아동 문학가. 주로 가난한 소년이 근면, 절약, 정직의 미덕으로 성공한다는 내용을 담은 120여 편의 청소년 취향의 성공담 소설을 발표하여 미국인의 꿈과 성공을 상징하는 소설가로 여겨진다.

적개심과 공포는 체계적이다. 이 책의 여러 장에서(특히 25장과 27장에서) 이 관점을 상세히 설명하겠지만, 그렇다고 내적으로 깊숙이 자리 잡은 성격 구조만을 유일하게 고려해야 할 요인이라고 생각한다면 잘못일 것이다.

불완전한 상관관계의 의미

예를 들어 방금 검토한 자료에서 반박 증거를 찾아 살펴보자. '표 1'에서 반유대주의와 반흑인 감정의 일치도는 +0.74이다. 상관계수가 높기는 하지만 여전히 편견의 두 형태가 독립적으로 작용할 여지가 남아 있다. 적어도 일부 사람들은 반유대주의자이면서 반흑인주의자가 아닐 수 있고 그 반대도 가능하다.[10]

따라서 편견의 일반적인 정신 역동적 특질이 많은 것을 설명해주기는 하지만 전부를 설명한다고 가정해서는 안 된다. 특별한 지역에서 특별한 이유로 특별한 형태의 자민족 중심주의가 생겨날 수 있기 때문이다.

> 프로스로(Edwin Terry Prothro)가 루이지애나주에 거주하는 약 4백 명의 성인을 조사한 결과 흑인과 유대인을 대하는 태도에서 상관관계는 +0.49였다.[11] 한편 앞서 살펴본 것처럼 캘리포니아대학 연구에서 이 상관관계는 +0.74에 달했고, 남부 이외의 지역에서 수행한 여러 연구에서도 똑같이 높은 상관계수가 나왔다.

루이지애나주의 표본을 보면 뚜렷한 반흑인 감정의 일부만 자민족 중심주의의 전반적 특질(소수 집단에 대한 일반화된 혐오)에서 비롯됐다고 말할 수 있다. 이 표본에서 유대인에게는 우호적 태도를 보이고 흑인에게는 그러지 않은 부류가 무려 3분의 1이나 되었다. 이런 사례들을 종합할 때 편견은 일반화된 성격 구조와 역동만 가지고서 완전히 설명할 수 없다고 결론 내릴 수밖에 없다. 상황, 역사, 문화적 요인 역시 중요하다.

이 중요한 사실이 민족 적개심의 전모를 이해하기 어렵게 한다. 만일 모든 편견이 완벽한 상관관계를 보인다면(즉, +1.00이었다면), 민족 적개심을 이해하기 위해 특수한 요인을 더 살펴볼 필요가 없다. 인간의 성격에는 하나의 동질적인 편견 틀만 존재할 것이다. 사람들은 모든 외집단에 대해 일정한 정도로 늘 관대하거나 늘 편견을 품을 것이다. 따라서 편견을 설명하는 데 오로지 성격의 구조와 기능만 이해하면 충분하다.

그러나 실제로는 성격 외의 또 다른 요소도 파악해야 한다. 편견이 본래 아주 심한 사람이더라도 퀘이커교도보다는 유대인에게 적의를 드러낼 공산이 아주 크다. 퀘이커교도와 유대인 모두 소수 집단이고 똑같이 규모에 비해 정계와 경제계에 큰 영향력을 행사한다고 여겨지는데도 말이다. 편협한 사람은 모든 외집단을 똑같이 증오하지 '않는다'. 예를 들어 북쪽의 캐나다 이웃보다 남쪽의 멕시코 이웃을 향해 훨씬 더 많은 편견을 드러낸다. 전적으로 성격 역동에만 주의를 기울여서는 이런 선택적 편견을 설명할 수 없다.

사람의 정신 구조가 문제의 핵심이더라도 완전한 이해를 위해서는 사회 분석 또한 요구된다. 이에 대해서는 6장부터 9장까지 다룰 것이다.

편견은 얼마나 퍼져 있나?

편견이 얼마나 만연한지에 관해 명확한 답을 할 수는 없다. 하지만 도움이 될 만한 다양한 지표를 살펴볼 수는 있다.

핵심은 편견과 편견이 아닌 것의 경계를 아는 것이다. 2장에서 설명한 내용에 따르면 인간은 모두 어쩔 수 없이 편견적이라고 주장하는 것이 가능하다. 우리는 모두 자신의 삶의 방식을 옹호하기 위해 편견에 빠지는 경향이 있다. 심오한 의미에서 '우리 자신'이 바로 우리가 주장하는 가치이기 때문에 자부심과 애정을 품고 우리의 가치를 지켜 나가면서 이와 반대되는 모든 집단을 거부할 수밖에 없다.

그러나 '모든 사람이 편견을 품는다'라고 결론 내리는 것은 도움이 되지 않는다. 만약 특정 범주를 거부하는 것이 삶에서 중요한 사람만 세기로 한다면, 엄밀한 의미에서 이 결론은 참도 아닐 것이다. 그런 사람만 세는 일이 가능할까?

한 가지 방법은 여론 조사 결과를 샅샅이 찾아보는 것이다. 사실 대부분의 사람들에게 편견은 답하기 무척 곤란한 주제인데도, 용감한 여론 조사원들은 편견에 관한 이해를 돕는 자료를 매우 성공적으로 수집했다.[12]

여론 조사에는 다양한 유형의 질문이 있다. 다음 사례를 살펴보자.

> 유대인이 미국에서 지나치게 많은 권력과 영향력을 지니고 있다고 생각하십니까?

이 질문이 미국 인구를 대표하는 모집단에 반복적으로 던져졌고 꽤나 일정하게 50퍼센트의 긍정적 답변이 나왔다. 그렇다면 미국인의 절반은 반유대주의자라고 말해야 할까?

이 질문은 명백한 유도 질문으로서 질문받지 않았다면 떠올리지 않았을 생각을 응답자의 마음속에 품게 한다. 덜 암시적인 질문을 던질 수도 있을 것이다. 이를테면 다음과 같다.

미국에 위협적인 종교나 국가나 인종 집단이 무엇이라고 생각하십니까?

이때 '위협'이라는 단어는 강하고 기분 나쁜 어감을 담고 있다. 그러나 응답자에게 유대인 집단을 직접적으로 상기시키지는 않는다. 이 조건에서는 오로지 응답자의 10퍼센트만 자발적으로 유대인을 언급했다. 그렇다면 반유대주의자는 미국 인구의 10분의 1 정도일까?

세 번째 방법을 보자. 이번에는 피면담자에게 개신교, 가톨릭, 유대인, 흑인 집단이 적힌 카드를 나누어준다. 그다음에 이렇게 물어본다.

이들 중 어느 집단이 미국 전역에서 미국에 도움이 되는 수준 이상으로 더 많은 경제력을 키워 가고 있다고 생각하십니까?

대략 35퍼센트가 유대인을 골랐다. (그리고 약 12퍼센트는 가톨릭이라고 답했다.)

이 카드 방법을 사용해서 다음의 질문을 던졌다.

이들 중 어느 집단이 미국 전역에서 미국에 도움이 되는 수준 이상으로 더 많은 정치력을 키워 가고 있다고 생각하십니까?

이번에는 약 20퍼센트가 유대인을 지목했다.

종합하면 미국에서 반유대주의자의 비율은 10퍼센트에서 50퍼센트 사이에 있다고 추정할 수 있다. 만일 더 강하거나 더 온건한 질문을 했다면, 최대치와 최소치의 간극이 훨씬 더 벌어졌을 것이다.

조사 결과를 보면 첫 번째 질문처럼 유대인에 관한 부정적 진술이 사람들에게 **제시될** 때 많은 응답자가 그 진술에 동의한다는 것을 알 수 있다. 반면 유대인을 단지 여러 집단 중 하나로 언급하면 거부 반응이 이전보다 덜 빈번하게 나온다. 그리고 응답자 본인이 **자발적으로** 답하도록 내버려 두면, 유대인을 직접 지목하는 사람이 거의 없다. 하지만 마지막 경우에도 거부 반응을 보이는 사람들은 유대인에 대한 적개심이 그들의 정서적 삶에서 뚜렷한 요소라고 확실히 말할 수 있다. 그들의 반감은 역동성을 띤다. 즉 외부로 표출되는 경향이 강하다. 악의에 찬 자발적 반유대주의자가 미국 인구의 10퍼센트라는 추정 수치는 다른 연구에서도 뒷받침된다. 예를 들어 전쟁 시기에 진행된 한 연구에 따르면 역시 10퍼센트의 인구가 히틀러의 유대인 정책에 찬성했다. 제2차 세계대전이 끝난 뒤 독일에 주둔한 미군 병사들 중 22퍼센트는 독일인이 '유대인을 싫어한 데는' 그럴 만한 이유가 있다고 생각했다. 이와 더불어 판단 못하겠다고 대답한 병사들의 비율은 10퍼센트였다.[13]

반흑인 감정은 어떤 유형의 질문을 제시했느냐와 마찬가지로 어느 지역에서 설문을 진행했느냐에 따라 추정 비율이 다양하게 나타난다. 대부분의 여론 조사에서 몇몇 분리 정책 유형을 옹호하는 정서가 강하게 나타난다. 제2차 세계대전 동안 미 육군 백인 병사들 중 약 80퍼센트는 백인 병사와 흑인 병사가 이용하는 군 부대 매점을 따로 둬야 한다고 생각했다. 장병 사교 클럽과 부대 편성에서 흑인과 백인의 분리를 원하는 비율도 유사하게 높았다.[14]

민간인을 상대로 한 조사에서도 유사한 양상과 수치가 나타난다.[15]

1942년: 마을과 도시에 흑인이 거주하는 구역이 별도로 있어야 한다고 생각합니까? **예**.(84퍼센트)

1944년: 만일 흑인 가족이 옆집으로 이사 온다면 당신에게 상관이

있습니까? **예**.(69퍼센트)

직업 차별을 옹호하는 정서는 그리 심하지는 않다.

1942년: 당신의 고용주가 흑인을 고용해야 한다고 생각합니까? **아니요**.(31퍼센트)

1946년: 어떤 직업이든 흑인도 백인만큼 좋은 기회를 얻어야 한다고 생각합니까, 아니면 백인이 우선권을 가져야 한다고 생각합니까? **백인이 우선권을 가져야 합니다**.(46퍼센트)

교육 기회에 관해서는 태도가 확실히 우호적이다.

1944년: 이 마을에서 흑인이 백인과 동등하게 좋은 교육을 받을 수 있는 기회를 가져야 한다고 생각합니까? **예**.(89퍼센트)

'표 2'에서처럼 질문의 내용을 태도에서 믿음으로, 질문 대상을 성

"흑인은 열등한 인종입니까?"

	예	아니오
남학생	31	69
여학생	27	73

"흑인이 다른 집단만큼 사회에 공헌할 수 있다고 생각합니까?"

	예	아니오
남학생	65	35
여학생	72	28

표 2 _ **미국 전역의 고등학생 3,300명을 대상으로 한 조사의 응답 비율(%)**

인에서 고등학생으로 바꾸면, 대략 3분의 1이 우호적이지 않은 믿음을 지니고 있음을 알 수 있다.[16]

여론 조사 자료가 유익하지만 정확히 무슨 질문을 던지느냐에 따라 결과가 달라진다는 것은 분명하다.

시카고에 거주하는 퇴역 군인 150명을 대상으로 한 집중 연구를 보면, 편견의 정도에 관한 이해를 돕는 추정치를 얻을 수 있다. 연구자 베텔하임(Bruno Bettelheim)과 야노비츠(Morris Janowitz)는 퇴역 군인들과 장기간 면담을 나누었다. 연구자들은 퇴역 군인들의 민족에 대한 태도를 직접 조사하기 전에 그들에게 자발적으로 자기 의견을 표현할 기회를 여러 번 주었다. 이 과정 덕분에 연구자들은 피면담자들이 보인 반감의 강도를 면밀히 추정할 수 있었다. 유대인과 흑인에 대한 태도가 연구 대상이었다. '표 3'이 연구 결과이다.[17]

여기서는 유대인보다 흑인에 대한 적개심이 훨씬 더 크다는 것이 명백하다. 이 연구는 외집단에 대한 적개심을 네 등급으로 나누었다. 소수 집단에 대한 반감을 표현하는 말을 자발적으로 내뱉는 사람들은 반감이 **강렬한** 것으로 평가되었다. 그들은 묻지 않아도 먼저 '유대인 문제'나 '흑인 문제'를 끄집어냈으며, 가혹한 적대 조치('그들을

표현된 태도 유형	150명의 응답 비율(%)	
	유대인에 대해서	흑인에 대해서
강렬한 반감(자발적)	4	16
거리낌 없는 반감(질문받았을 때)	27	49
고정관념적	28	27
관용적	41	8
합계	100	100

표 3 _ **두 소수 집단에 관한 태도 유형**

나라 밖으로 내쫓아라', '히틀러의 해결책을 사용하라')를 지지했다. 베텔하임과 야노비츠가 사용한 기준에 의하면 이 장의 앞부분에서 인용한 다른 연구들이 제시한 것만큼 악의에 찬 반유대주의자가 많지 않다는 사실에 주목해야 한다.

거리낌 없는 편견은 응답자가 소수 집단에 관해 직접 질문받은 뒤에 진짜 적개심을 보이고 제한 조치를 옹호한 경우를 가리킨다. **고정관념**은 질문받거나 적절한 기회가 주어졌을 때 소수 집단과 관련된 일상화된 믿음(예단)을 표현한 경우이다. 고정관념을 지닌 사람은 비록 적개심을 직접적으로 표현하지는 않지만 유대인이 당파적이라거나 돈에 환장한 사람이라고 말했고 흑인은 추잡하다거나 미신적이라고 말했다. 하지만 그들은 어떤 제한 정책도 언급하지 않았다. **관용적인** 사람은 면담 중에 고정관념에 사로잡힌 생각이나 적대적 견해를 전혀 표현하지 않은 이들이었다.

지금까지 살펴본 근거 자료는 오로지 흑인과 유대인을 대하는 태도였다. 이 장의 서두에서 이 집단들에 편견이 있는 사람은 다른 집단에도 편견이 있을 가능성이 매우 크며 그 반대도 성립한다는 점을 입증했다. 하지만 일부 사람들이 보이는 편견은 이제까지의 질문으로는 전혀 파악되지 않을 수 있다. 이들을 '편견을 지닌 사람들에 대한 인구 조사'에 포함하려면 가톨릭 신자, 폴란드인, 영국인, 정당, 노동자, 자본가 등에 관한 설문 조사가 필요할 것이다. 이런 조사가 추가로 이뤄진다면 미국 사회에서 편견을 지닌 사람의 수는 더 높게 추정될 것이다.

한 미출간 연구에서 수백 명의 대학생이 '소수 집단에 대한 나의 경험과 태도'라는 주제로 글을 썼다. 대학생들이 제출한 글을 분석한 결과 '80퍼센트'가 명백한 집단 편견을 보였다.

이와 다소 유사한 한 조사에서는 4백 명이 넘는 대학생들에게 '마음에 안 드는' 집단을 적어 내라고 요청했다. 소수 집단을 전혀 언급하지 않은 학생은 22퍼센트에 불과했다. 마음에 안 드는 집단 목록에는 월가, 노동자, 농부, 자본가, 흑인, 유대인, 아일랜드인, 멕시코인, 일본인 2세, 이탈리아인, 가톨릭교도, 개신교도, 크리스천 사이언스 신봉자, 공산주의자, 뉴딜주의자, 육군 장교, 보수주의자, 급진주의자, 스웨덴인, 인도인, 그리니치 빌리지 거주자, 남부인, 북부인, 대학 교수, 텍사스 주민이 포함되었다. '마음에 안 든다'는 생각은 편견과 동일하지 않지만 제일 가까운 친척이라 할 수 있다. 결과적으로 이 조사에서는 피험자의 약 78퍼센트가 거부 태도를 드러냈다.[18]

이 최신 연구들은 미국 인구의 5분의 4가 그들의 일상 행동에 영향을 끼칠 정도로 소수 집단에 적대감을 품고 있음을 보여준다. 이 추정치는 이 장의 서두에서 제시한 흑인 분리 정책을 옹호하는 비율과 비슷하다.

편견의 대상이 다양하다는 점은 중요한 사회적 의미가 있다. 적의가 널리 퍼져 있다는 사실을 고려할 때, 특정 소수 집단 하나를 두고 '집단적 행패가 일어날' 개연성은 아마도 적을 것이다. 사실 이 장에서는 편견의 일반성, 즉 한 집단에 적대적인 사람이 다른 집단에도 적대적일 가능성이 크다는 점을 논증했다. 그렇지만 여러 교차하는 이해관계가 복잡해서 한 소수 집단에 대한 **조직화된** 박해가 벌어질 가능성은 적어 보인다. 예를 들면 반가톨릭적인 흑인이 반가톨릭적인 KKK단과 손잡는 일은 없을 것이다. KKK단은 반흑인주의도 주장하기 때문이다. 앵글로색슨족이 모여 사는 도시 근교에서는 이탈리아계 사람을 이웃으로 받아들일 것이다. 그러지 않으면 혹시 유대인이 그 자리를 차지할 수도 있기 때문이다. 대체로 이렇게 집단 간의 불편한 휴전이 유지된다.

만일 대중의 80퍼센트가(이보다 더 낮은 비율이더라도) 정신적인 측면에서 집단 편견이 작동하고 있다면, 우리가 비교적 평탄한 사회적 삶을 살고 있는 것은 그야말로 경이로운 일일 것이다. 의심할 바 없이 평등에 관한 미국인의 일반적 신조와 다양한 인종과 문화가 뒤섞인 도가니(melting pot)의 전통은 타인을 거부하는 태도를 억제하는 데 기여한다(20장 참조). 또한 적개심의 교차적 경향이 어느 정도 서로를 상쇄하고 민주주의의 신조를 궁극적으로 따르려는 태도도 적개심을 통제하는 데 기여한다.

편견의 인구학적 변화

이제까지 대략의 평균을 이야기했다. 아직 미국의 지역, 교육, 종교, 연령, 사회 계급에 따른 편견의 정도는 분석하지 않았다.

이 주제를 다루는 연구는 아주 많지만 서로 충돌하는 경향을 보인다. 한 연구는 여성이 남성보다 편견이 더 많다고 장담한다. 다른 연구는 비록 표본이 다르지만 마찬가지로 설득력 있는 증거를 들어 남성이 여성보다 편견이 더 많다고 주장한다. 어느 연구는 가톨릭 신자가 개신교 신자보다 편견이 더 많다는 것을 발견하고, 또 다른 연구는 그 반대의 결과를 찾아낸다. 현재로서는 이런 부류의 주장들이 단독 연구로서는 성립할 수 있을지 모르나, 일반화될 수 있는 확고한 토대를 형성하지는 못한다고 결론 내리는 것이 가장 안전한 것 같다.

아마도 일반화할 수 있는 주장은 세 가지 정도로 보인다. 이들은 광범위한 증거에 의해 뒷받침되는 것처럼 보이기 때문이다. 첫째는 평균적으로 미국 북부와 서부 주에 비해 남부 주에서 흑인에 대한 태도가 덜 우호적이라는 것이다. 또한 확실하지는 않지만 반유대주의가 남부나 서부보다 북부와 중서부 지역에서 더 심하다는 증거가 있다.

'교육'과 관련해서는 일반적으로 대학 교육을 받은 사람이 받지 못한 사람보다 약간 더 관용적 태도를 보인다. (적어도 질문에 조금 더 관용적인 방식으로 답한다.) 하지만 늘 그런 것은 아니다.

마지막으로 사회경제적 지위가 낮은 백인이 더 상층에 속한 백인보다 평균적으로 더 심하게 반흑인 경향을 보인다. 반유대주의는 이와 반대이다. 반유대주의는 사회경제적 수준이 낮은 계층보다 상층에서 상대적으로 더 많이 표명되는 것처럼 보인다.

종교, 성, 연령, 지역, 경제적 지위 따위가 편견과 맺는 관계를 추정하는 일은 이 정도가 가장 안전하게 보인다. 우리는 이후 논의에서 구체적 조건 아래 각각의 변수가 더 높거나 더 낮은 정도의 편향과 결부될 수 있다는 것을 볼 것이다. 하지만 지금으로서 최선은 미국에서 특정 인구 집단과 편견 간에 불변의 관계가 있다고 볼 만한 확증은 없다고 결론 내리는 것이다.

2부

집단 차이

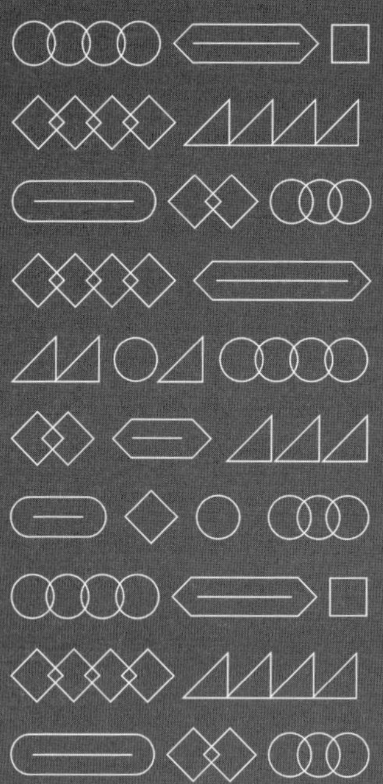

6장

차이와 적개심

선생님 …… 당신이 보여준 것처럼, 조물주가 우리 흑인 형제들에게
다른 피부색의 사람들과 똑같은 재능을 주셨고,
그런 재능이 부족해 보이는 까닭은 단지 아프리카와 아메리카에서
그들이 처한 힘든 삶의 조건 때문이라는 증거를
나보다 더 보고 싶어 하는 사람은 없을 것입니다.
– 토머스 제퍼슨이 벤저민 베네커°에게 보낸 편지, 1791년 8월

편견이 있는 사람은 거의 언제나 경멸하는 집단을 특징짓는 몇몇 못마땅한 성질을 들어 자신의 부정적 태도를 설명한다. 그 집단이 전체적으로 안 좋은 냄새를 풍긴다거나 지능이 낮다거나 교활하다거나 공격적이라거나 성품이 나태하다고 주장한다. 반대로 관용적인 사람(예를 들어 토머스 제퍼슨 같은 사람)은 집단 차이가 전혀 없거나 무시해도 될 정도라는 증거를 보고 **싶어 한다**. 편견이 심한 사람이건 편견이 전혀 없는 사람이건 유효한 과학적 사실을 알게 될 때까지 판단

벤저민 베네커(Benjamin Banneker, 1731~1806) 미국의 수학자, 천문학자이자 연감 작가. 자유로운 흑인으로 태어나 거의 독학으로 공부해 수학과 천문학을 비롯한 여러 지식을 쌓았다. 1792년부터 1797년까지 매년 연감을 출간함으로써 유명해졌으며, 그의 연감은 이후 미국 수도인 워싱턴 D. C.를 계획하는 데 쓰인 것으로 알려졌다. 1791년 베네커는 자신의 연감 원고를 편지와 함께 당시 미국 국무장관이었던 토머스 제퍼슨에게 보냈는데, 그 편지글에는 노예 제도 폐지와 인종 차별 철폐에 대한 그의 탄원이 담겨 있다.

을 유보하고 자신의 욕망을 억누를 수 있다면 좋을 것이다.

국가적 혹은 인종적 차이에 관해 연구하는 학자들조차 엄격한 객관성을 유지하기가 어렵다. 연구자들은 긍정적이든 부정적이든 나름의 편견이 있으므로 자신의 편견에 맞서 싸워야 한다. 그들은 자신의 편견이, 이를테면 증거를 해석할 때 얼마나 영향을 끼치는지 알지 못한다. 그나마 오늘날 사회과학자들은 예전에 비해 그런 위험성을 훨씬 더 많이 의식하고 있으므로 희망적이라 할 수 있다.

그리 오래되지 않은 과거에는 심지어 대단히 명망 높은 사회학자조차 경솔한 일반화와 인정받을 수 없는 편견이 가득 찬 주장을 내놓을 수 있었고, 그런데도 별 비판을 받지 않았다. 예를 들어 1898년에 출간된 한 책은 보스턴의 흑인 주민을 다음과 같이 묘사했다.

> 일부는 신사적 본능을 지니고 있다. …… 하지만 대다수는 흑인 인종의 일반적 특성을 드러낸다. 목소리는 시끄럽고 천박하며 영적인 성질보다는 동물적인 성질을 훨씬 더 많이 드러낸다. 그렇더라도 흑인은 선한 본성을 지닌 친절한 사람들이며, 때때로 그들 나름의 조악한 방식으로 깊은 신앙심을 보여주기도 한다.[1]

저자는 비록 예외를 인정하기는 하지만 오늘날의 사회학자라면 감히 택하지 않을 방식으로 '흑인 인종의 일반적인 특징'을 거만하게 언급하고 있다.

유사한 사례는 또 있다. 세기 전환기에 활동한 뛰어난 정치학자 제임스 브라이스(James Bryce)는 옥스퍼드에서 '진보한 인종과 퇴보한 인종의 관계'를 주제로 삼아 강연했다. 그는 이 강연에서 '적자'이자 우성 인종이 열성 인종에 가하는 공격을 정당화하며 다윈의 진화론을 언급했고, 백인의 표준에 순응하기를 강경하게 거부한 아메리카 원주민을 꾸짖었다. 대량 학살은 불가피한 (그리고 그가 암시한 바에 따르면 정당화될 수 있는) 결과였다. 브라이스는 흑인이 선천적으로 복종적이라는 것을 기꺼이 이해했다. 흑인은 "복종하기 때문에 생존한다." 흑인은 열등한 인종이며 제 분수를 안다. 당연히 흑인도 좋은 일자리와 교육 기회를 얻어야 하지만 오로지 그들의 "떨어지는 지능"에 걸맞아야 한다. 그러므로 흑인에게 알맞은 일자리는 천한 것일 뿐이다. 또한 브라이스는 대부분의 흑인이 투표권을 지니기에 부적합하다고 주장했다. 왜냐하면 그들은 무지할 뿐만 아니라 "느닷없고 불합리한 충동"을 지니고 있어서 매표 행위의 손쉬운 먹잇감이 되기 때문이다. 그는 인종 간 결혼을 끔찍하게 여겼다. 인종 간 결혼이 불러일으키는 선천적인 혐오에 더해, 혼혈아가 육체적으로는 아니더라도 적어도 성격 면에서 나약하다는 입증되지 않은 주장을 강력한 근거로 내세웠다.

브라이스는 매우 진지하게 '우월한' 인종과 '열등한' 인종의 더 나은 조화를 바란다. 그러나 그의 상황 판단은 인종의 조화에 조금도 기여하지 않는다. 브라이스 자신은 몰랐겠지만 그의 판단은 편견에 기댄 것이며 입증된 사실과 전혀 무관하다.[2]

과학이 편견 때문에 얼마나 변질될 수 있는지 알기 위해 굳이 반세기 뒤로 돌아갈 필요는 없다. 히틀러주의라는 미명으로 독일의 심리학자와 사회학자 들이 '발견'과 '법칙'을 내놓은 것이 최근의 일이다. 그들은 더할 나위 없이 진지한 태도로 이렇게 단언했다. "인간에 관한 탐구의 모든 노선은 인종에 근거한다." 그들은 이를테면 인간에 대한 탐구를 수행하던 중에, 1940년 독일에서 학교에 다니던 열네 살의 아이들이 1926년의 아이들보다 더 나은 체형을 보유하고 있다는 사실을 발견하고는 전적으로 '총통이 부여한 원칙을 적용한' 덕분이라고 보았다. 총통과는 아무런 상관 없이, 현대적 기준에 맞게 양육과 위생이 이루어지는 모든 문명 국가에서 아이들의 신체 조건이 비슷하게 개선됐다는 사실은 전혀 언급하지 않았다. 이들과 비슷한 '과학자들'은 범죄를 인종적 유전 형질 탓으로 돌리면서 이렇게 주장했다. "범죄 성향 거주민들이 빈민가가 형성되는 원인이며, 그 반대는 아니다."[3] 인종 차별이 없는 나라의 사회과학자들은 대체로 반대 견해가 옳다고 확신했다.

이와 대조적으로 일부 사회과학자들은 어떤 주목할 만한 측면이나 근본적인 측면에서 인종이나 국가나 집단 사이에 차이가 존재할 가능성 자체를 지나치게 성급히 거부한다. 이들 중 몇몇은 자비로운 동기에서 거부하지만 그 증거는 대개 단편적일 뿐이다.

차이가 있다면 거부가 정당화될까?

차이가 있더라도 **반드시** 거부가 정당화되는 것은 **아니다**. 한 가족 안에서도 종종 외모, 재능, 기질에서 뚜렷한 차이가 존재한다. 테드는 똑똑하고 잘생겼지만 남동생 짐은 멍청하고 생긴 것도 그저 그렇다. 여동생 메이는 외향적이지만 게으르다. 또 다른 여동생 데보라는 '특이하다'. 그러나 묘하게 어울린 이 형제자매들은 각자의 차이를 받아들이고 서로를 사랑할 것이다. 차이만으로는 적개심으로 나아가지 않는다.

하지만 편견이 있는 사람은 거의 언제나 차이라고 추정되는 무언가가 자기 태도의 원인이라고 **주장한다**. 그는 (자기 생각에) 멍청하거나 교활하거나 공격적이거나 심지어 냄새나는 외집단 사람들을 사랑하기는커녕 관용할 가능성조차 고려하지 않는 것 같다. 비슷하게 못난 사람이 가족이나 친구라면 애정을 느낄 수도 있을 법한데 말이다.

동시에 실제 이해의 충돌 같은 이유도 **있다**. 실제로 한 집단이 다른 집단을 공격하거나 경쟁에서 이기려고 음모를 꾸밀 수도 있고 자유를 제한하거나 그 밖에 해가 될 계략을 짤 수도 있다. 더 나아가 어느 집단이 공격적이거나 위험한 특징이 많은 편이라서 성인군자가 아니고서야 그 집단을 기피하고 비판하는 일을 적절하다고 여기지 않을 도리가 없을 수도 있다. 더 정확히 말하면 해당 집단이 공격적이거나 위험한 특징이 너무 뚜렷해서 그 집단의 구성원도 그런 성향을 지녔을 **개연성이 높다**고 생각할 수도 있다.

받아 마땅한 평판 이론

보통 편견이 있는 사람은 자신의 부정적 태도의 근거가 무엇인지 질문받았을 때 아마도 이렇게 대답할 것이다. "그 사람들을 한번 **보세요**. 그들의 못마땅한 특성이 우리와 다르다는 게 보이지 않나요? 나는 편견이 있는 게 아니에요. 그자들이 인기가 없는 것은 **받아 마땅한 평판**(well-deserved reputation)에 따른 것입니다."[4]

'받아 마땅한 평판' 이론이 옳다고 생각할지도 모르지만, 이 이론의 난점은 다음 두 질문에 제대로 답하지 못한다는 데 있다. (1) 그 평판이 반박의 여지가 없는 사실에 (아니면 적어도 개연성이 높은 사실에) 근거한 것인가? (2) 만일 그렇다면 그 특질이 이를테면 무관심이나 동정심이나 자애로운 관심 같은 감정이 아니라 꼭 혐오감이나 적대감을 불러일으켜야만 하는가? 두 질문에 만족스럽고 합리적인 답변을 할 수 없는 한, '받아 마땅한 평판' 이론은 사실상 편견을 가리는 가면에 불과하다고 확신할 수 있을 것이다.

반유대주의를 예로 들어보자. 반유대주의자는 항상 유대인이 어떤 고유한 특질이 있고, 그 특질 탓에 적개심의 대상이 되어 마땅하다고 주장한다. 이 주장을 검증하려면 (1) 그 고유한 특질이 유대인과 비유대인을 비교했을 때 의미 있는 정도로 차이가 난다는 사실이 확인돼야 하며, (2) 그렇게 발견된 차이가 유대인을 거부하는 합리적 근거를 제공한다는 것을 밝혀야 한다.

만약 합리적 증거가 마련된다면 반유대주의는 현실 사회 갈등을 나타내기 때문에 편견의 정의에 부합하지 않는다고 결론 내려야 할 것이다. 1장에서 우리는 독일 나치당, 각국의 조직폭력배나 범죄자, 그 밖에 명백히 반사회적인 부류에게 느끼는 적대감은 편견이 아니라 현실적 가치 충돌의 사례로 간주해야 한다고 말했다. 또한 앞서 적대감의 일부는 받아 마땅한 평판에 근거하지만 다른 일부는 편견에 근거한다는 점도 지적했다. 이 경우 전과자들이 적절한 사례이다. 마찬가지로 전쟁 중에 발생하는 수많은 상황 역시 그렇다. 전쟁은 현실의 가치 충돌 때문에 촉발될지도 모르나, 일련의 부수적인 소문, 잔혹한 이야기, 분서(焚書), 적국 전체에 대한 폭력적인 증오, 적국 출신 미국인을 향한 보복 행위는 어떻게 편견이 합리성의 핵심에 달라붙을 수 있는지 잘 보여준다.

오늘날 세계가 처한 상황이 훌륭한 사례를 제공한다. 공산주의와 서구 민주주의가 주장하는 수많은 가치가 실제로 대립한다는 데는 의심의 여지가 없다. 사실 이 갈등을 어떻게 해소할 수 있느냐가 우리 시대의 가장 심각한 문젯거리이다. 하지만 그 현실의 핵심에는 편견이 덕지덕지 들러붙어 있다. 철의 장막 뒤에서는 미국은 침략국이며 미국 교수들은 월가에서 만든 강의록을 읽는 허수아비일 뿐이라고 가르치고 또한 그렇게 널리 믿는다. 흔히 미국 사람들은 진보주의자와 지식인, 특히 국제 이해나 인종 평등을 위해 일하는 사람들이 공산주의자이며 따라서 반역자라고 믿는다. 이런 비합리적 사고는 갈등 해소의 전체 과정을 얼룩지게 함으로써 해결책이 간절한 핵심 문제를 균형 잡힌 시각으로 바라보기 어렵게 만든다.

집단 차이를 연구하는 방법

사람들은 거의 언제나 집단 간 차이를 근거로 삼아 자신의 적개심을 설명하고 정당화하기 때문에, 무엇이 **진짜** 차이이고 무엇이 단지 **상상의 산물**인지 아는 것은 대단히 중요하다. 학술 용어로 말하자면, 자극계(stimulus field)의 속성(집단 특질)을 알지 못하는 한, 비합리적 왜곡의 본질과 정도를 추정하는 일은 불가능하다.[5]

이 문제를 다루기 전에 처음부터 솔직하게 말하는 편이 좋겠다. 차이 사회심리학(differential social psychology)은 퇴보했다. 오늘날 이것은 우리가 묻는 질문에 답변을 잘 내놓지 못한다. 물론 집단 차이를 다루는 연구가 수없이 많다는 것은 분명한 사실이다. 하지만 연구 결과에는 여전히 난점이 많다.[6] 그중 한 가지는 서로 비교될 수 있는 집단이 엄청나게 많아서 지금까지 이루어진 비교로는 충분하지 않다는 것이다. 또 다른 난점은 현재의 연구 방법이 만족스럽지 않다는 것이다. 여러 연구자들이 동일한 모집단에서 제각기 얻은 결과가 서로 모순되는 경우가 많다. 마지막으로 결과를 해석하는 작업이 특히 어렵다는 문제가 있다. 연구자들이 집단 차이를 발견하더라도, 이것이 타고난(선천적) 요인 탓인지, 아니면 어린 시절의 교육이나 문화적 압력 때문인지, 아니면 이 모든 것에서 비롯된 것인지 알아내기가 좀처럼 쉽지 않다.

연구를 시작하는 한 가지 방법은 어떤 종류의 집단을 비교하는 것이 유용할지 따져보는 것이다. 가능한 후보는 끝이 없어 보인다. 편견의 대상이라고 알려진 집단의 종류를 살펴보면 적어도 열두 개 이상이다.

인종
성
연령
민족 집단
언어 집단
지역
종교
국가
이념

사회 계급
직업
학력
셀 수 없이 많은 형태의 이익 집단
(예를 들어, 광산노동자조합,
미국의학협회AMA,
로터리클럽,
사교 클럽 등등)

각 항목마다 엄청난 양의 비교 연구가 이루어질 수 있을 것이다. 법대 학생은 의대 학생과 어떻게 다른가? 불교 신자는 침례교도와 어떻게 다른가? 프랑스어를 쓰는 남성은 핀란드어를 쓰는 남성과 어떻게 다른가?

그러나 이런 식의 사회학적 목록 만들기로는 충분하지 않다. 한 가지 이유는 가장 흔하게 편견의 대상이 되는 사람들이 이런 분류를 가로질러 분포하는 경향이 있기 때문이다. 예를 들어 유대인은 민족적, 언어적, 종교적 집단으로 간주될 수 있다. 아마도 흑인은 인종적, 신분적, 계급적, 직업적 차이로 특징지을 수 있다. 공산주의자는 이념, 계급, 국가, 언어, 종교, 특수한 이해관계의 경계를 가로지른다.

편견의 대상이 되는 어느 집단이든지 인종이나 민족이나 이념 또는 그 밖의 다른 항목 하나로만 이름표를 붙이는 것은 거의 불가능하다. 그러나 여전히 흔하게 '인종 편견(race prejudice)'이 언급된다. 이 말은 학술적으로 문제가 있는데, 이를테면 유대인은 인종이 아니며 흑백 혼혈아는 흑인이지만 그에 못지않게 백인이기도 하다는 것을 생각해보면 이해할 수 있다. '민족(ethnic)'이라는 말은 더 모호한 단어이다. 이 말은 문화, 언어, 전통의 차이는 꽤 잘 묘사하지만 성, 직업, 이익 집단을 설명하는 데는 매우 부적합하다.

이 딜레마는 우선 미뤄두고, 일단은 집단 차이를 연구하는 데 실제로 어떤 **방법**이 쓰이는지 살펴보자. 확실히 이 연구 방법들은 **비교** 방식을 취한다. 연구 주제의 본질적 특성상 최소한 두 개의 집단이 동일한 방법을 통해 연구되어야 한다. 유용하게 쓰이는 몇 가지 방법은 다음과 같다.

1. **여행자의 보고**(인류학자, 언론인, 선교사의 이야기를 포함한다) _ 역사를 통틀어 가장 흔한 정보의 원천이다. 여행자는 **자신의 문화적 배경을 바탕으로 삼아** 자기가 방문한 곳에서 주목할 만한 인상적인 것들을 인지하고 해석하고 보고한다. 이 관찰자는 고도의 훈련을 받아 주도면밀하고 예리할 수도 있고, 순진하고 잘 속고 '이런저런 공상'을 하는 버릇이 있을 수도 있다. 어쨌든 이들의 보고를 통해 우리는 오늘날 외집단에 관한 지식 대부분을 얻고 있으며, 앞으로도 그럴 것이다. 보고 내용 중 일부는 신중한 비교 작업을 거친 결과이지만[7] 대부분은 보고자가 마음속으로 자기 문화를 암묵적인 준거 틀로 삼고 있다는 의미에서만 비교의 성격을 띤다. 여행자의 인상기가 지닌 단점은 분명하다. 그가 보고하는 집단 차이는 계량화된 것이 아닐뿐더러 방문한 곳의 전체 인구나 전체 집단에서 보이는 전형적인 차이도 아니라는 점이다. 여행자의 관심사, 도덕적 가치관, 성장 배경이 영향을 끼쳐 그의 인상을 형성한다. 그가 중요하게 생각한 특질이 다른 사람에게는 사소하거나 아예 의미 없는 것으로 보일 수도 있다.

2. **인구 동태 통계(그리고 다른 통계)** _ 최근에 국제기구들(예를 들어 국제연맹, 국제노동기구, 유엔과 유엔 산하 특별기구)은 회원국으로부터 많은 자료를 수집하고 있다. 그러나 국민의 상대적 지능이나 인종 집단의 특징을 다룬 수치화된 자료는 없으며 국민성 문제와 관련해서

도 직접적 자료가 없다. 그렇더라도 국제기구가 발간한 자료집 일부는 비록 제한된 방식이지만 편견 연구에 기여할 수 있을 것이다. 예를 들면 어느 나라가 교육 수준이 가장 높은지 단지 **상상하는** 것이 아니라, 스웨덴과 네덜란드와 이탈리아가 달성하는 평균적인 교육 수준이 어떠한지 안다면 유용할 것이다. 유네스코는 각 국가의 다양한 삶의 방식을 사실적으로 설명하는 일을 진행하고 있다. 유엔의 비교 통계 자료는 도움이 된다.[8] 마찬가지로 각 국가의 통계 자료에서도 적절한 도움을 받을 수 있다. 미국 인구조사국과 내국세국은 유용한 분석 자료를 많이 제공한다. 예를 들어 내과 의사 집단의 평균 수입에 관해 예단하는 사람은 공식 보고서를 참조함으로써 자신의 생각을 올바르고 유익하게 고칠 수 있을 것이다.

3. **검사** _ 미국 학생들은 심리 검사에 익숙하다. 이상적으로는 검사를 활용해 편견의 가장 당혹스러운 일부 문제들을 해결할 수 있다. 원시 집단과 문명 집단의 감각적 민감성(sensory acuity)을 비교하고, 모든 집단의 지능을 비교하고, 서로 다른 직업을 가진 사람들의 추상적 사고 능력을 측정하는 데도 검사를 활용할 수 있다. 한마디로 '모든 답변'을 얻는 데 검사를 이용할 수 있다. 때때로 우리는 여러 집단을 대상으로 한 다양한 검사 결과에 의존하지만, 검사가 지닌 한계를 처음부터 유의하는 것이 중요하다.

(1) 검사에 익숙한 사람도 있고(예를 들면 미국 대학생들), 검사라고는 한 번도 받아본 적이 없는 사람도 있다. 검사 상황이 대상자에게 얼마나 친숙한지에 따라 그 성과는 크게 달라질 것이다.

(2) 검사는 보통 경쟁적 마음가짐을 요구한다. 그런데 일부 문화에는 이런 경쟁 심리가 없다. 일부 피검사자는 왜 가족이나 친구와 협력해 검사에 참여하면 안 되는지 이해하지 못할 수 있다. 혹은 왜 검사

시간을 제한하는지 이해하지 못할 수도 있다.

(3) 어떤 집단은 검사에 열심히 참여하도록 동기를 부여하기 쉽지만 다른 집단은 검사에 대한 흥미가 쉽게 떨어진다.

(4) 검사 조건이 동등하지 않은 경우가 흔하다. 나바호 원주민 마을에서 아이들은 아수라장 같은 환경에 둘러싸여 검사를 받았지만, 다른 문화권에서는 아이들에게 조용한 검사 환경을 보장할 수 있다.

(5) 집단마다 읽고 쓰는 능력이 동일하다고 보기 어렵다. 각 집단은 질문을 읽고 이해하는 데 어려움을 느끼는 정도가 다르다.

(6) 검사 항목은 거의 언제나 '문화와 관련된다'. 심지어 같은 미국 내에서도 시골 아이는 도시 아이의 경험이나 교우 관계에 맞춰진 검사 질문에 답하지 못할 수도 있다.

(7) 대부분의 검사가 미국 심리학자들이 고안하고 표준화한 것들이다. 그들이 만든 방법에는 미국 문화의 전반적 양식이 스며들어 있다. 미국인과 동일한 기본 전제를 공유하지 않고 미국 문화에 영향받지 않은 사람들에게는 검사를 둘러싼 모든 것이 낯설고 불공평하고 오해를 불러일으킬 수 있다. 만일 미국 심리학자가 반투족(Bantus)이 만든 지능 검사나 인성 검사나 태도 검사로 평가받아야 한다면 당연히 불만을 제기할 것이다.

다행히 사회과학자들이 이 검사의 한계를 잘 인지하고 있어서, 적어도 최근에는 여러 집단의 검사 결과들을 대단히 조심스럽게 해석한다. 너무 조심스러운 나머지 누구도 검사 결과의 의미를 완전히 확신하지 않을 정도이다. 아마도 지능 검사와 관련된 최고의 발견은 **검사 내용이 문화에 덜 의존할수록 집단 차이가 더 작은 것처럼 보인다**는 것이다. 예를 들어 아이들에게 사람을 그려보라고 요구하는 간단한 검사는 직접적인 언어 지능 검사보다 훨씬 더 공정하게 문화를 비교하는 방법이다. 백인 아이 집단과 아메리카 원주민 아이 집단을 대상으로 인물화 검사°를 실시한 결과 사소한 차이만 나타났으며, 때로는 원주민 집단이 백인 집단보다 더 우수하기도 했다.[9] 물론 이 발견이 인간 집단 사이에 지적 능력의 차이가 없음을 입증하지는 않는다. 이것이 의미하는 바는 집단 차이를 발견하는 데는 **절대적으로** 문화에 영향받지 않는 검사가 필요하리라는 것이다.

4. **의견과 태도 연구** _ 최근 들어 여론 조사가 국가의 경계선을 넘어 확장되고 있다. 꽤 세밀한 조사 기법을 통해 다양한 국가에서 대표 표본을 추출하여 여러 문제, 이를테면 정치 문제, 종교관, 평화 해법에 관해 서로 의견이 어떠한지 비교할 수 있다.[10]

물론 이 방법은 신뢰할 만한 여론 조사 전문 기관이 있는 나라에서만 제한적으로 사용할 수 있다. 또한 검사와 마찬가지로 문화적 배경이 다르면 동일한 관점에서 제시된 질문을 이해하지 못할 것이다. 한 언어에서 다른 언어로 질문을 번역하는 작업은 종종 질문의 어감을 바꾸고 그로 인해 답변의 의미가 달라지기도 한다.

이 방법을 약간 변형한 제임스 길레스피(James M. Gillespie)의 조사를 살펴보자.[11]

> 이 연구자는 10개국 젊은이들로 구성된 큰 표본에서 두 가지 자료를 수집했다. 하나는 '지금부터 2000년까지 나의 삶'이라는 주제로 작성한 미래의 자서전이었고, 다른 하나는 50개 이상의 획일적이고 직접적인 질문에 대한 답변이었다.

인물화 검사(Draw-a-Man Test) 피험자가 그린 인물 그림을 통해 지능이나 성격 등을 파악하는 검사. 플로렌스 구디너프(Florence Goodenough)가 열 살 이하 아동의 지능을 측정하기 위해 도입했다. 이후 성인을 대상으로 하거나 성격, 정서를 측정하는 용도로 확장되었다.

> 자료를 분석한 결과 국가 간의 분명한 차이가 드러났다. 예를 들어 미국 청년들은 다른 나라 젊은이들보다 개인적 삶에 훨씬 더 몰두했지만 정치와 사회 발전에는 관심이 덜했다. (조사된 국가 중에서) 뉴질랜드인이 미국인과 가장 가까웠다. 하지만 미국 젊은이들과 달리 뉴질랜드 젊은이들은 공무원 지망생들 못지않게 국가 행정 업무에 자신의 앞날이 달려 있다고 여겼다. 대체로 미국 청년들은 자신들이 국가에 의존하며 또한 그럭저럭 공헌한다는 점을 염두에 두지 않는 것 같다. 그들은 공무나 국제 관계에 대한 관심이 비교적 낮았다.

미국 청년들의 '사생활 중심주의(privatism)'는 국제적 비교 방법을 사용하지 않는 한 인지하기 쉽지 않은 특징이다. 이런 특징을 어떻게 설명할 수 있을까? 그들은 각자가 자기 힘으로 살아가는 개인주의의 전통 속에서 자랐다. 나라가 거대하고 부와 힘을 갖춘 덕분에 당연히 자기 미래가 안전하다고 여긴다. 또한 물질적 재화를 강조하는 사회 분위기는 공공선을 위해 자신을 희생하기보다 자신의 생활 수준을 극대화하기 위한 경쟁적 삶을 계획하도록 이끈다. 이렇게 해서 일종의 거리 두기 혹은 '사생활 중심주의'가 미국인의 미래 관점을 지배한다.

하지만 우리는 미국 청년들이 국가적 위기가 닥쳤을 때 애국심을 덜 보일 것이라거나 사적 재화를 내놓는 데 소극적일 것이라고 주장할 수는 없다. 위기일 때는 미국의 '국민성'을 특징짓는 **또 다른** 요소인 깊은 이념적 확신이 그들의 자기 중심적 특징을 상쇄할 것이다.

5. **공식 이념의 비교 연구** _ (국가적 · 종교적 · 철학적 · 정치적) 이념 집단에는 늘 그들의 신조를 담은 문헌이 있다. 공산주의의 주요한 정신적 특징은 마르크스, 레닌, 스탈린의 저술에서 끌어낼 수 있으며, 이 글들은 이를테면 미국의 이념을 보여주는 문헌(미국 헌법, 독립선언문,

이제까지 쌓여 온 공문서)과 비교될 수 있다. 이런 비교 연구의 수행 결과, 어느 정도는 다음과 같이 결론을 내릴 수 있을 것이다.

> **공산주의자**는 물질에 기반을 둔 자연주의적 세계관을 공식적으로 믿는다. 대립하는 힘들의 충돌을 통해 진화하는 진보의 연속된 과정을 믿는다(변증법적 유물론). 권위주의적 일당 통치에 반영된 이른바 만장일치의 미덕을 믿는다. 목적이 수단을 정당화한다고 믿는다. 개인의 도덕적 자발성은 바람직하지 않다고 믿는다. 생산과 실천은 그 자체로 이론과 동일하다고 믿는다.

> **미국인**은 유대-기독교의 종교 전통과 영국 법에 담긴 근본 가치를 공식적으로 믿는다. 사회가 공유하는 이상에 따라 방향이 설정되는 단선적 발전을 믿는다. 이성의 효율성을 믿는다. (그러므로 진리가 궁극적으로 성공하리라 믿는다.) 양당(혹은 더 많은 정당) 체제에서 다양한 관점이 상호 작용하고 투표를 통해 자유롭게 표현되는 것이 바람직하다고 믿는다. 이해관계가 부딪치는 경우 정부가 개입해 중재해야 한다고 믿는다. 개인의 윤리적 자발성이 보호받아야 한다고 믿는다.

이념 연구는 비교 종교학 분야에서 많이 수행되는데, 신자들이 숭배하기도 하고 신자들을 옭아매기도 하는 권위 있고 신성시되는 여러 문헌을 연구하는 분야이다.

이 해석학의 방법이 유용하지만 결코 간과해서는 안 되는 사실이 있다. 바로 **공식 교의**가 신봉자들의 실제 관점이나 관행과 항상 일치하지는 않는다는 점이다. 흔히 교의에는 종교가 실제 성취한 것보다는 추구하는 이상이 표현된다. 하지만 교의는 심리적으로 중요한데, 항상 집단 구성원의 정신이 같은 방향을 향하도록 만들고 행동 규범을 제시해 어릴 때부터 사람들의 정신 속에 각인되기 때문이다.

6. **내용 분석** _ 정밀성에 관한 현대적 요구에 발맞춰 사회과학은 새로운 계량적 방법을 발전시켰다. 이 방법은 공식 문서만이 아니라 사회 내 의사소통의 흐름에도 적용된다. 예를 들어 라디오 방송을 녹음해 분석함으로써 정확히 어떤 메시지가 전달되는지 알 수 있다. 영화, 신문, 잡지, 드라마, 광고, 유머, 소설도 마찬가지이다. 반복적으로 나타나는 특정 주제에 주목할 수도 있다. 한 연구자의 작업을 다른 연구자들이 독자적으로 분석함으로써 그 기록의 정확성을 점검해 신뢰성을 확립할 수도 있다. 그러나 이런 방법의 주된 난점은 다음과 같다. 어떤 종류의 단위를 계산할 것인가? 논의된 주제를 따로 분류할 것인가, 아니면 주어진 주제를 다룰 때 사용된 정서적 어휘를 계산할 것인가? 대화를 있는 그대로 받아들일 것인가, 아니면 말 이면에 숨겨진 의도를 찾을 것인가? 전체 대화를 하나의 단위로 간주할 것인가, 아니면 각각의 구나 문장이나 생각을 하나의 단위로 사용할 것인가? 이런 다양한 가능성은 다양한 형태의 내용 분석을 가져올 것이다.[12] 각각의 방법은 나름의 쓸모가 있다. 이를 응용하여 국민성 문제를 분석하는 한 가지 방법을 203~204쪽에서 설명할 것이다.

7. **다른 방법들** _ 집단 차이에 관한 신뢰할 만한 지식을 얻는 데 이 여섯 가지 방법만 있는 것은 아니다. 이 방법들은 실제 쓰이는 사례일 뿐이다. 특별한 문제를 풀려면 특별한 방법이 필요하다. 예를 들면 자연인류학자는 실험실에서 여러 인종의 뼈들을 비교할 수도 있다. 생리학자는 혈액형을 연구할 수도 있다. 정신 병원에서 일하는 정신 병리학자는 인종군이나 국가 집단이나 사회경제 수준에 따라 다르게 발생하는 정신 장애의 유형을 분류할 수도 있다.

차이의 유형과 정도

앞서 말했듯이 집단 차이에 관한 연구는 말 그대로 수천 개가 있다. 때때로 발견된 차이를 다음과 같이 분류하기도 한다.

해부학적 차이
생리학적 차이
능력의 차이
특정 집단 구성원들의 '기본 성격'
문화적 관행과 믿음

위 목록은 특별히 도움이 되지는 않는다. 서로 무관한 정보의 파편만을 양산할 뿐 집단 차이의 문제를 이해하는 데 이론적으로 타당한 분류를 제공하지 않기 때문이다.

우리는 다른 분류 방법을 따를 것이다. 이 분류는 네 개의 하위 부문으로 나뉘는데, 여기에 이제까지 알려진 모든 유형의 집단 차이를 담아낸다는 장점이 있다. 또한 집단 차이의 기본 논리를 파악하는 데 도움을 주기도 한다. 이 분류에 따르면 인간 집단 간의 차이는 모두 다음 네 유형에 속한다.

1. 동조 행동의 J-곡선
2. 드물다-없다 차이
3. 중첩된 '정상' 분포 곡선
4. 범주적 차이

지금부터 각 유형에 대해 설명하겠다.

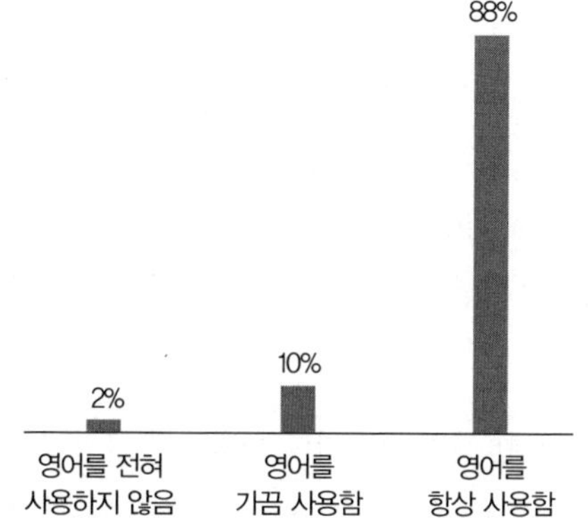

그림 3 영어를 사용하는 미국인의 가상 분포(동조 속성)

1. **동조 행동의 J-곡선** _ 많은 집단은 모든 구성원이 (바로 그 집단의 구성원이기 때문에) 몇몇 특정 형태의 행위에 참여하는 특징이 있다. 미국의 지정 언어는 영어이고 거의 모든 미국인이 이를 수용한다. 단지 극소수만이 영어를 쓰지 않는다(아마 그들의 조상 언어를 사용할 것이다). 이 특유의 집단 속성에 동조하는 사람들의 분포를 '그림 3'처럼 그래프로 나타낼 수 있다. 그림에 기입된 퍼센트는 단지 예를 들기 위한 추정치이다. 막대그래프의 빈도 곡선은 문자 'J(제이)'와 비슷하다.

이 유형에 속하는 것처럼 보이는 집단 차이의 사례를 떠올려보자. 가톨릭교도는 매주 일요일 미사에 참석해야 하고 대부분은 참석한다. 그러나 소수의 가톨릭교도는 미사에 참석하지 않는다. 미국의 자동차 운전자들은 신호등의 빨간 불을 보면 정지해야 한다. 대부분은 정지한다. 그러나 몇몇 운전자들은 단지 속도만 낮추고 극소수는 전혀 멈추지 않는다. 동조를 야기하는 큰 압력(신호등의 빨간 불, 정지 신호, 교차로에서 단속 중인 교통 경찰)이 있다면 동조 비율은 더 높아진다(J-곡선이 더 가팔라진다). 미국 문화에서 피고용인들은 정시에 직장

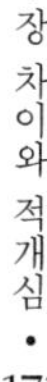

에 도착해야 한다. 시간 엄수는 미국인의 특질이다. 이 사례를 실제 연구를 통해 얻은 자료와 함께 살펴보자.[13]

미국인은 시간을 엄수하는 국민이라고 말한다. 이것은 시간 엄수가 요구되는 상황에서 J-곡선에 부합하는 미국인의 비율이 다른 나라보다 더 높다는 의미이다.

> 미국을 방문한 한 독일인이 미국 생활에서 가장 인상 깊었던 특징이 무엇이냐는 질문을 받았다. 그는 이렇게 대답했다. "주최자가 열두 명의 사람들을 7시 저녁 식사에 초대하면 모두가 6시 55분에서 7시 5분 사이에 도착한다는 겁니다."

미국에서 영화와 공연은 거의 언제나 정시에 시작한다. 기차와 비행기는 대부분 정해진 일정표에 따라 운행되며 치과 진료 약속은 엄격하게 준수된다. 아마 다른 어떤 나라에서도 (심지어 서유럽에서도) 시간 엄수에 이만큼의 가치를 두지는 않을 것이다.

'그림 4'는 시간 엄수의 요구에 단순한 동조뿐 아니라 과잉 동조하는 현상을 보여준다. 많은 사람들이 정해진 시간보다 더 일찍 도착한다. 즉 그들은 과잉 동조한다. 그러나 분포의 양상(정점)은 (정시 도착) 문화가 정한 지점에 맞아 떨어진다.

J-곡선의 특징은 오로지 해당 집단의 구성원만이 그 곡선에 부합한다는 것이다. 간단히 말해 구성원이 아닌 사람들에게는 적용되지 않는다. 어느 공장의 피고용인들은 집단의 방식에 동조하겠지만 그 공장의 일원이 아닌 피고용인의 아내는 당연히 동조하지 않을 것이다. 가톨릭교도는 미사 참석의 J-곡선에 부합할 테지만 가톨릭교도가 아닌 사람들은 부합하지 않는다. 대부분의 미국 신사들은 문을 열고 들어갈 때 여성이 먼저 들어가게 할 것이다. 그러나 다른 문화

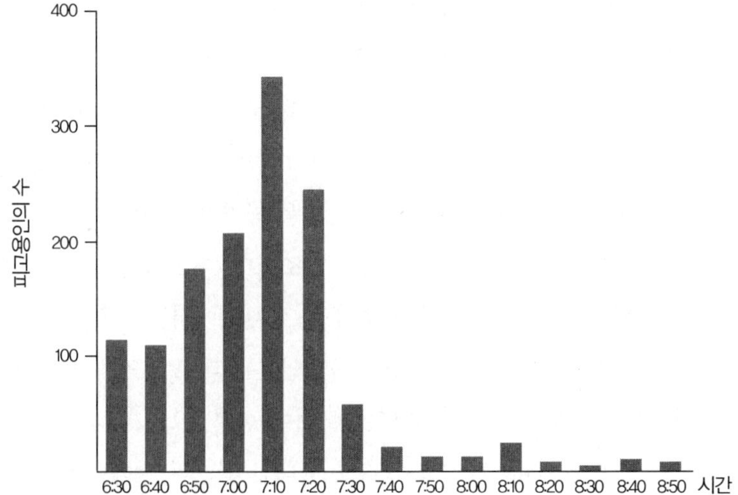

그림 4 출근부에 10분 간격으로 기록된 피고용인의 수. J-곡선의 변형 (플로이드 올포트°, 〈사회심리학저널Journal of Social Psychology〉, 1934, vol. 5, 141~183쪽에서 인용)

의 남성은 그러지 않을 것이다.

그렇다면 J-곡선의 논리를 다음과 같이 진술할 수 있다. 엄격하게 정해진 행위가 내집단 구성원들에게 요구될 때면, 그들은 자신이 그 집단에 속했기 때문에 동조하려 할 것이다.

한 집단과 다른 집단을 구별하는 뚜렷하고 명백한 차이들은 이 유형에 속한다. 네덜란드인은 네덜란드어를 사용한다. 서구 남성은 바지를 입고 서구 여성은 치마를 입는다(예외가 있기는 하다). 보통 유대인은 유대교 축일을 지킨다(유대인이 아니라면 지키지 않는다). 학생들은 대부분 매일 학교에 출석한다. 이런 사례는 끝이 없다. 법칙은 다

플로이드 올포트(Floyd H. Allport, 1890~1979) 미국의 심리학자. 행동주의 관점에서 실험 사회심리학(experimental social psychology)을 체계화했다. '동조 행동', '집단 오류' 연구로 유명하며 고든 올포트의 형이다.

음과 같다. **한 집단의 본질적 속성, 즉 그 집단을 정의하는 특징은 J-곡선의 분포 유형을 따르는 경향이 있다.**

원리상 J-곡선 분포에 부합하는 것처럼 보이지만 앞선 사례들에 비하면 그다지 분명치 않은 경우도 있다. 미국인은 미국의 모든 법에 복종해야 한다. 그러나 많은 미국인이 법을 지키지 않는다. 구성원들이 동조하지 않고 무시한다면 불길한 징조이다. 어느 집단의 구성원들이 구성원으로서 따라야 할 필수적 동조 행위에서 이탈하고 있다면 집단이 약화되고 있다는 뜻이다. 유대인은 유대교 교의에 따라 일주일에 한 번 예배를 드리러 회당에 모여야 한다. 그렇게 하지 않는다면(그래서 많은 유대인이 배교자라면), 유대인 집단의 결속이 약해졌거나 적어도 그 집단의 본성이 변한 것이다. 동조 행동의 J-곡선은 **쇠퇴**할 수 있다. 정해진 행위를 하는 구성원이 적어질수록 그 집단 특유의 성질은 점차 사라진다.

2. **드물다-없다 차이** _ 한 집단에 귀속되는 어떤 특질이 실제로 그 집단 내에서는 매우 드물지만 다른 집단 내에서는 전혀 없는 경우가 있다. 터키인이 일부다처제를 받아들인다고 알려졌지만 사실 터키에서 한 남자가 아내를 둘 이상 두는 일은 옛날부터 매우 드물었다. 그러나 유럽의 **다른 국가들은** 일부다처제를 법적으로도 인정하지 않는다. '다운 메인(메인주의 가장 동쪽 연안 지역)' 억양이라고 부르는 방언이 있다. 메인주의 토박이 중 **소수**만이 실제로 이 방언을 쓰지만 (메인주 출신의 사람들이 이주한 경우를 빼고는) 미국의 다른 어느 지역에서도 이 억양을 들을 수 없다. (전부는 아니지만) 일부 퀘이커교도는 내집단 구성원을 부르는 말로 '당신(you)' 대신에 '그대(thee)'라는 표현을 사용한다. 다른 어느 집단도 그렇게 하지 않기 때문에 이 관습은 '퀘이커교도의 특질'로 불린다. 미국인 중 소수만이 억만장자이다. 그러나 때때로 다른 나라 사람들은 '미국은 억만장자들의 땅'이라고

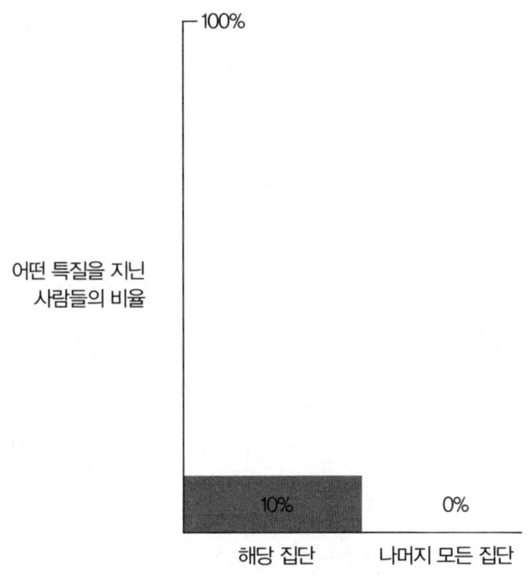

그림 5 드물다-없다 차이가 나타내는 가상 분포

잘못 생각한다. 다른 나라에는 억만장자가 한 명도 없기 때문이다.

드물다-없다 차이를 낳는 특질은, 사실상 해당 외집단 구성원 사이에서 드문데도 보편적이라고 오해할 위험이 분명히 있다. 소수의 네덜란드 아이들만이 나무로 만든 신발을 신는다. 소수의 스코틀랜드 하일랜드 지방 사람들만이 킬트를 입는다. 소수의 아메리카 원주민만이 활과 화살로 사냥을 한다. 보르네오에서는 소수의 사람들만이 사람 사냥꾼이다. 소수의 에스키모들만이 자신의 아내를 빌려주고 소수의 중국인만이 변발을 한다. 소수의 헝가리 농부들만이 화려한 민속 옷을 입는다. 모두 한 집단의 진짜 특징이지만 **드문** 특징이다.

일부는 J-곡선이 쇠퇴한 사례일지도 모른다. 한때는 강력한 제도적·문화적 압력 탓에 하일랜드에 사는 스코틀랜드 사람들은 킬트를 입어야 했고 중국인은 머리를 땋아야 했을 수 있다. 오늘날 그런 특

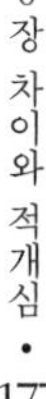

질의 가상적 분포를 '그림 5'처럼 나타낼 수 있을 것이다. 하지만 이 유형의 집단 차이를 모두 J-곡선 분포의 특수한 사례로 간주하는 것은 안전한 판단이 아닐 것이다. (터키인의 일부다처제와 '다운 메인'의 억양 같은 사례처럼) 한때는 그 집단의 보편적 특질이었으나 지금은 쇠퇴해 흔적만 남았다고 볼 수 없는 경우가 있기 때문이다.

3. **중첩된 정상 분포 곡선** _ 일부 집단 차이는 잘 알려진 두 개의 중첩된 '종 모양 분포' 곡선을 통해 가장 잘 표현될 수 있다. 해당 특질이 두 모집단 전반에 나타나는 빈도를 안다면 정상 분포 곡선을 중첩해 표현할 수 있다. 히르슈(N. D. M. Hirsch)는 지능 측정 분야에서 집단 차이를 알아보기 위해, 매사추세츠주 소재의 다양한 외국계 학교에 다니는 아이들과 테네시주의 흑인 학교에 다니는 아이들을 대상으로 동일한 지능 검사를 실시했다.[14] '그림 6'은 선택된 세 집단이 거둔 점수 분포를 나타낸다. 이 그림을 보면 특정 지능 검사에서 유대계 러시아인 아이들이 아일랜드인 아이들보다 평균 점수가 약간 더 높고, 두 집단 모두 테네시주의 흑인 아이들보다 평균 점수가 더

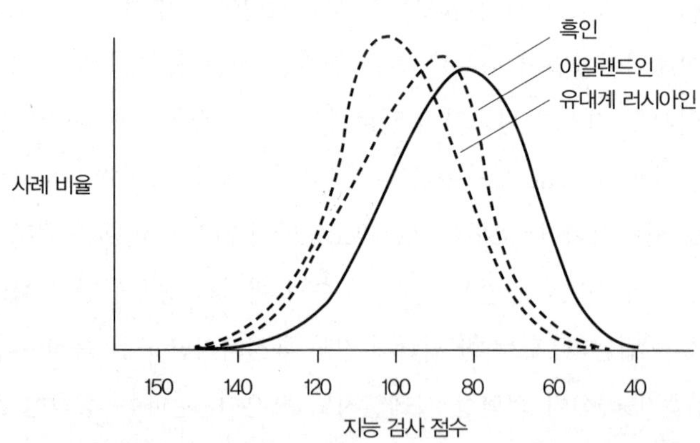

그림 6 아일랜드인 아이들, 유대계 러시아인 아이들, 흑인 아이들을 대상으로 한 지능 검사 점수 분포.(히르슈의 자료에서 발췌함.[14])

높다는 것을 알 수 있다. 실제 평균 점수는 다음과 같다.

유대계 러시아인	99.5
아일랜드인	95.9
흑인	84.6

이 점수 차이가 어디에서 비롯되는지 의문을 품는 것은 자연스러운 일이다. 타고난 능력 때문일까? 학습의 기회가 달라서일까? 시험을 잘 보게 하는 격려와 동기 부여가 원인일까? 이 장의 서두에서 집단 차이를 규명하는 수단으로서 검사가 지닌 위험성을 지적했다. 검사는 국가와 언어의 경계선을 가로지를 때 가장 위험하지만 미국 내 하층 집단을 대상으로 할 때에도 위험하다.

이 차이의 의미는 차치하더라도, 최소한 이 방법이 평균적인 집단 차이를 드러낸다는 점은 말할 수 있다. 어떤 특성이든 저점에서 고점까지 하나의 연속체로 측정될 수 있다면, 둘 이상의 인간 집단에 관한 정상 분포 곡선을 중첩해 그릴 수 있다.

'종 모양 분포'를 '정상'이라고 말하는 이유는 인간의 아주 많은 특성이 이런 대칭적 분포 형태를 보이기 때문이다. 극히 낮거나 높은 분포에 속하는 자들은 소수이다. 대부분의 사람들은 중간 정도에 몰려 있다. 정상 분포는 특히 생물학적 성질(신장, 체중, 근력)과 대부분의 능력 평가(지적 능력, 학습 능력, 음악적 능력 등등)에서 흔하다. 성격 특질도 대체로 정상 분포를 따른다. 한 집단 내에서 극도로 우월하거나(지배적이거나) 극도로 유순한(복종적인) 사람은 소수일 것이다. 그리고 대부분은 중간, 즉 '평균'일 것이다.[15]

중첩된 정상 분포 곡선은 여러 형태를 띨 수 있다. '그림 7'은 세 가지 형태를 보여준다. (a)처럼 많은 부분이 중첩될 수도 있고, (b)처

그림 7 다양한 정도로 중첩된 정상 분포 곡선

럼 약간만 중첩될 수도 있고, (c)처럼 중간 정도일 수도 있다. '그림 7(a)'는 두 인종 집단이나 두 문화 집단의 '지능'을 측정할 때 자주 나타나는 형태이고, (b)는 집단과 상관관계가 분명한 특질이 존재할 때 보이는 형태이다. 예를 들면 피그미족과 영국인의 신장을 측정한 곡선이 여기에 해당할 것이다. '그림 7(c)'는 흑인과 백인의 콧구멍 너비를 측정한 곡선일지도 모른다.

중첩된 곡선들을 하나의 분포도로 그리면 쌍봉 곡선이 나타난다. 만일 어떤 분포도에서 쌍봉 곡선을 보이면 집단 차이가 감추어져 있을 가능성이 크다. 예를 들어 '그림 8'의 지능 검사 점수 분포도처럼 매우 다른 두 모집단이 함께 측정된 것을 알지 못하면 처음에는 두 봉우리 때문에 혼란스러울 수 있다.[16]

'그림 7(a)'에서는 사소한 차이가 나타난다. 한 집단의 약 51퍼센트만이 다른 집단의 평균값보다 더 높다. '그림 6'에서 유대계 러시아인과 아일랜드인의 지능 검사 점수 분포를 비교한다면 차이가 작은 유형의 실례를 발견할 수 있을 것이다.

'그림 7(c)'에서는 차이가 더 크다. 그러나 이 경우에도 중첩하는

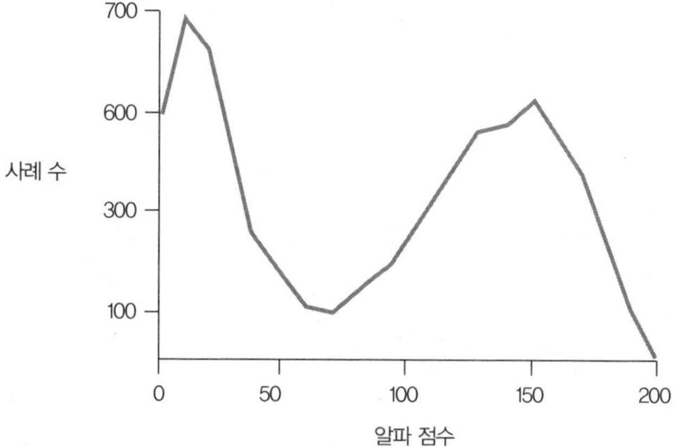

그림 8 극단적 집단들을 결합한 쌍봉 분포. 초등학교 4학년 정도의 교육을 받은 병사 약 2,770명의 알파 성적과 4년제 대학을 나온 장교 약 4천 명의 알파 성적을 결합했다.(아나스타시Anne Anastasi와 폴리John P. Foely, 《차이 심리학Differential Psychology》, 1949, 69쪽에서 인용.)

집단 차이와 관련해 거의 보편적이라 할 수 있는 원리에 주목해야 한다. 즉, **동일 집단 내의 차이가 두 집단 평균값의 차이보다 더 크다(즉, 그 폭이 더 넓다)**는 사실이다. 예를 들어 '그림 6'에서 주목해야 할 것은 흑인 아이의 평균보다 더 낮은 점수를 받은 유대인 아이들이 많으며, 유대인 아이의 평균보다 더 높은 점수를 받은 흑인 아이도 일부 있다는 사실이다. 그렇다면 모든 유대인이 명석하다거나 모든 흑인이 아둔하다고 결론지을 수는 없다. 심지어 유대인 '집단'이 명석하고 흑인 '집단'이 아둔하다고 말하는 것도 잘못이다.

4. **범주적 차이** _ 마지막으로 설명할 유형은 양적 차이인데, 어떤 단일한 속성이 다양한 집단에서 빈도 차이를 보일 때 존재한다. 예를 들어 알코올 중독의 사례를 생각해보자. 유대계 미국인보다 아일랜드계 미국인 사이에서 알코올 중독이 훨씬 더 흔하다고 알려져 있다. 이것은 두 집단 간의 진짜 차이이다. 물론 아일랜드계 미국인 전부가

알코올 중독에 빠졌다는 의미는 아니다. 어떤 속성이 양쪽 집단 모두에서 흔하지 않다는 점은 드물다-없다 차이와 마찬가지이지만, 양쪽 집단 모두에서 어느 정도 실제로 존재한다는 점은 다르다.

제2차 세계대전 동안 병역 면제 원인을 연구한 결과, 정신 신경증의 비율이 상대적으로 유대인 징병 대상자는 높고 흑인은 낮다는 사실이 밝혀졌다. 정신 신경증 때문에 의병 제대한 흑인은 불과 7퍼센트였지만 백인은 22퍼센트였다.[17]

호먼(L. B. Hohman)과 샤프너(B. Schaffner)는 21세부터 28세까지 미혼 남성들 중에서 성경험이 없는 사람들의 비율을 연구해 다음과 같은 결과를 보고했다.[18]

개신교도 중에서	27퍼센트
가톨릭도 중에서	19퍼센트
유대인 중에서	16퍼센트
흑인 중에서	1퍼센트

자살 또한 불연속 변인이다.[19] 불연속 변인은 정상 곡선들의 중첩을 통해서 측정할 수 없다. 1930년 사망자 십만 명당 자살률은 다음과 같다.

일본	21.6퍼센트
미국	15.6퍼센트
아일랜드	2.8퍼센트

같은 해 미국 내 사망자 중 자살률은 다음과 같다.

백인	15퍼센트
중국계	54.6퍼센트
일본계	27.2퍼센트
흑인	4.1퍼센트

자살은 매우 드문 집단 성향이다. 하지만 이것을 드물다-없다 차이로 다룰 수는 없다. 왜냐하면 언급된 모든 집단에 자살자가 있기 때문이다.

마지막으로 국민성의 사례를 보자.[20] 미국과 영국의 보험 판매원들 다수에게 다음 문장을 완성해보라고 요청했다. "내가 사람을 볼 때 가장 높게 평가하는 성질은 …… 이다." 다채로운 답변이 나왔지만 대부분이 국민 간의 차이를 드러내지는 않았다. 예를 들면 유머 감각은 두 나라에서 같은 빈도로 언급됐다. 그러나 환경을 통제하고 개발하는 능력과 관련된 성질('적극적' 성질)은 미국인의 31퍼센트가 언급했고 영국인은 불과 7퍼센트만 언급했다. 반면 충동을 억제하는 능력은 영국인의 30퍼센트가 언급한 데 반해 미국인은 8퍼센트만 언급했다. 여기서 미국인의 **자기 주장**과 영국인의 **과묵함**에 관한 증거가 다소 엿보이는 것 같다. 하지만 역시나 중요한 점은 그 차이가 25퍼센트 이내라는 사실이다. 과도한 범주화에 골몰해서는 안 된다는 경고를 기억해야 한다. 모든 영국인이 과묵함을 높게 평가하는 것도 아니고 모든 미국인이 자기 주장에 가치를 부여하는 것도 아니다.

차이의 해석

집단 차이가 얼마나 커야 **진짜** 차이로 간주할 수 있을까? 여러 표본 조사 결과를 보면 대체로 집단 차이는 다소 작은 편이다. **아마도**

어떤 집단 차이도 한 집단의 구성원 모두를 나머지 비구성원 전체와 예외 없이 구별하게 해준다고는 말할 수 없을 것이다. 설령 우리가 "백인은 하얗고 흑인은 검다."라고 말하더라도 이 일반화는 잘못됐다. 백인으로 분류되는 많은 사람들이 흑인으로 분류되는 일부 사람들보다 피부가 더 검기 때문이다. 더구나 피부에 색소가 전혀 없는 백색증에 걸린 흑인도 있다. 사람들은 이런 말도 한다. "확실히 모든 가톨릭 신자의 신앙은 같다." 그러나 사실은 그렇지 않다. 게다가 가톨릭 신자가 아니지만 가톨릭 신학에 동의하는 사람도 많다. "모든 사람은 적어도 기본적인 성적 기능에 따라 남성과 여성으로 구분된다." 하지만 이 양자택일 진술도 언제나 참인 것은 아니다. 자웅 동체가 존재하기 때문이다. 한 집단의 모든 구성원이 그 집단에 귀속되는 모든 특징을 지니는 일은 결코 없을 것이다. 어떤 특징이 한 집단의 모든 구성원에게는 전형적이지만 다른 집단 사람들에게서 전혀 나타나지 않는 일도 결코 없을 것이다.

집단 차이가 J-곡선으로 나타난다면 확실히 **개연성**이 높은 특성일 것이다. 중첩된 정상 분포 곡선을 그린다면 대체로 차이가 덜 두드러진다. 드물다-없다 차이와 범주적 차이는 주목할 정도는 되지만 차이의 크기가 아주 대단치는 않다. 따라서 엄밀하게 말하자면 '집단 차이'와 관련된 모든 진술은 (적절하게 제한하지 않는 한) 과장이다.

사람들이 집단 차이에 관해 일상적 대화를 나눌 때 오류를 범하는 주된 원인은 그들이 집단 간의 모든 차이가 J-곡선의 분포를 따른다고 생각하는 경향이 있기 때문이다. 이를테면 사람들은 흔히 미국인이 공격적이고 경쟁적이고 물질적이고 부유하며 낭만적 사랑을 과대평가한다고 말한다. 그러나 그들이 추정하는 속성 중 일부는 전적으로 공상적일 수 있으며(즉 다른 어느 나라보다 미국에서 더 자주 나타나는 속성이 아니라는 뜻이다), 또한 일부는 드물다-없다 차이이거나 범주적 차이이다. 그런데도 사람들은 그런 속성들이 J-곡선 상의 고점에 해당한다고 넌지시 내비친다. 마치 미국 정신의 본질이자 미국 집단 전체의 특징인 양 간주된다. 대개 사람들에 관한 고정관념은 전체 집단을 J-곡선의 방식으로 특징짓지만, 그런 식의 귀속은 과장이거나 어쩌면 완전히 잘못된 것일 수 있다.

사실과 사람들이 사실에 부여하는 의미는 전혀 다르다. 문화 다원주의를 지지하는 사람이라면 집단 차이가 입증되더라도 대개는 이 차이를 삶에 묘미를 주는 요소로서 환영할 것이다. 외집단을 불신하는 사람은 차이를 위험한 것으로 여길 것이다. 1890년 프로이센 의회 회의에서 한 의원은 프로이센 남성 중 유대인은 1.29퍼센트인 반면에 대학생 중에서 유대인의 비율이 9.58퍼센트라는 사실을 강조했다.[21] 집단 차이가 있다는 것은 분명한 사실이나 그 차이를 어떻게 해석하느냐에 따라 의미는 완전히 달라진다.

이제까지 논의한 실제 집단 차이들은 (적개심을 정당화할 수 있는) 사악한 특질과 거의 관련 없다는 것을 알 수 있을 것이다. 왜냐하면 뒷받침할 만한 자료가 없기 때문이다. 특히 성격 차이와 도덕적 차이는 다른 유형에 비해 판단하기가 더 어렵다. 하지만 성격 차이나 도덕적 차이에 관한 연구는 계속되어야 한다. 증오받는 집단이 원래 적대할 만하다고 단정하는 주장, 즉 그 집단이 나쁜 평판을 받아 마땅하다는 주장을 평가하려면 얻을 수 있는 모든 사실이 필요하기 때문이다.

과학이 집단 차이에 관한 진실을 계속 추구하는 것은 대단히 중요하다. 사람들은 사실을 알게 될 때 비로소 거짓된 과잉 일반화와 합리적 판단을 구분하고 '받아 마땅한 평판'과 편견을 구분할 수 있을 것이다. 이 장에서는 그런 과학적 작업을 수행하는 데 도움이 될 만한 몇 가지 원리를 살펴봤다.

7장

인종 차이와 민족 차이

인류학자 클라이드 클럭혼(Clyde M. Kluckhohn)은 다음과 같이 말했다.

> 인종 개념이 매우 진정한 것임에도 불구하고 이것만큼 지식인들 사이에서 오해를 자주 일으키고 오해 정도가 심각한 과학 분야는 없을 것이다.

클럭혼이 언급한 오해 가운데 하나는 **인종**(racial) 분류와 **민족**(ethinic) 분류를 혼동하는 것이다. 물론 인종은 유전적 유대 관계를 말하고 민족은 사회문화적 유대 관계를 말한다.

왜 이런 혼동이 심각한 문제일까? '인종'이라는 용어에서 묘하게 최종적인 분위기가 느껴지기 때문이다. 사람들은 유전이란 변경할 수 없는 것이자 집단에 **본질**을 부여하므로 아무도 벗어날 수 없는 것이라 여긴다. 그 결과 다음과 같은 왜곡된 생각들이 생겨난다. 아시아 인종은 뿌리 깊은 유전 형질상 교활하고 믿을 수 없다. 인종으로서 유대인은 태초부터 유전적으로 유대인스러운 특질을 지녔다. 흑인종은 진화 과정을 겪었지만 여전히 원숭이 조상에 가깝다. 이들 인종들의 후손은 설령 유전 형질이 섞이더라도 인종적 성향을 물려받기 때문에, 만약 아주 조금이라도 흑인의 '피'가 흐르는 남성이 백인 여성과 결혼한다면 새까만 피부에 흑인스러운 '정신 상태'를 지닌 아이가 태어날 것이다. 이런 식의 모든 위험한 생각은 인종 분류와 민족 분류를 헷갈리는 데서 나온다.

왜 인종을 강조할까?

특히 지난 백 년간 '인종'이 인간의 차이에 관한 생각을 범주화할 때 핵심 개념이 된 데는 몇 가지 이유가 있다.

1. 다윈주의는 (개, 소, 인간 같은) 종이 별개의 변종이나 품종으로 나뉘어 있다는 것을 보여주었다. 비록 잡종 개나 잡종 소 혹은 혼혈인이 존재하지만 순혈 인종이 최고라는 생각이 대중에게 호소력을 띠며 널리 퍼졌다.

일부 저술가들은 다윈주의에서 일종의 신의 법칙, 즉 인종적 적대감에 관한 우주적이고 궁극적인 승인을 발견했다고 고백한다. 예를 들면 아서 키스 경°은 자기 종에 관한 선호가 "부족 정신으로부터" 나왔으며 "시간이라는 자궁을 통해 우리에게 전해져 내려왔다."고 주장한다. 자연은 인종 혼합을 막으려고 몹시 애를 썼다. "자연은 의

아서 키스(Arthur Keith, 1866~1955) 스코틀랜드 출신 해부학자이자 인류학자. 주로 유럽과 아프리카의 화석 인류를 조사함으로써 인류 진화에 관한 연구를 수행했다. 그러나 과학적 인종 차별주의를 주장하고 진화에서 경쟁 요소를 지나치게 강조했다는 점에서 비판받는다.

도한 대로 그들이 생명이라는 위대한 게임을 하게 하려고 …… 그들(인종)에게 색깔을 입혔다." 키스 경은 계속해서 다음과 같이 말한다.

> 자연은 부족 정신에 사랑과 미움을 나란히 심었다. 목적이 무엇일까? 자연이 부족 정신에 오로지 사랑의 능력만을 주었다고 가정해보자. 어떤 일이 일어났을까? 그야 물론 세계 전역의 인류가 서로를 형제로 대하며 함께 끌어안고 뒤엉켰을 것이다. 아마 인류가 부족으로 분리되는 일도 없었을 것이다. 부족이야말로 자연이 보유한 진화의 요람인데도 말이다. …… 진화는 일어나지 않았을 것이다. 인간의 발전도 없었을 것이다.[1]

키스 경의 주장은 어떻게 다원주의가 인종 차별주의를 옹호하고 편견을 정당화하는 논증으로 구성되는지 보여준다. 대부분의 사회과학자들은 그의 추론에 전혀 찬성하지 않지만 소수는 여전히 호소력 있다고 느낀다.

2. 가족 유전은 매우 인상적이다. 만일 육체적이고 생리적이고 정신적이고 기질적인 특질이 가족 안에서 전달된다면, 왜 인종 안에서는 아니란 말인가? 더구나 인종은 공통의 혈통을 특징으로 하는 집단 아닌가? 이런 사고는 어떤 가족 유사성은 유전이 아니라 학습의 산물이라는 사실을 간과한다. 또한 생물학적 가족 안에서는 유전자의 직접적 연속성이 추정될 수 있지만(물론 유전자는 각 세대마다 결혼을 통해 바뀐다), 인종은 너무나 많은 가족으로 이루어져서 유전적 구성이 훨씬 덜 통합적이라는 사실도 간과한다.

3. 어떤 주요 인종군, 이를테면 흑인종, 몽골 인종, 백인종 등의 구성원들은 외모에서 인종적 차이를 드러낸다. 아이들의 교과서에 희고, 가무스름하고, 노랗고, 붉고, 검은 여러 인종이 실려 있는 것은

우연이 아니다. 피부색은 인간의 기본 요소처럼 **보인다**.

하지만 전문가들은 극소수의 유전자만이 색소 유전에 관여하며, 피부색이나 그 밖에 인종과 관련된 몇 가지 신체적 표시가 한 인종군 내에서는 일반적일 수도 있으나 한 개인의 전체 유전 형질을 나타내는 것은 아니라고 말한다. 한 사람의 유전 형질을 발현하는 데 관여하는 유전자 중 인종과 관련 있는 유전자는 전체의 1퍼센트도 안 된다.[2] 색깔은 인종과 관련 있지만 피부색을 결정하는 유전자가 정신 능력이나 도덕성을 결정하는 유전자와 연관된다는 증거는 없다.

4. 하지만 사람들은 단편적인 가시적 특징에 정신이 쏠려서 모든 것이 그와 관련된다고 생각한다. 한 사람의 성격이 그의 치켜 올라간 눈과 일치한다거나 위협적인 공격성이 어두운 피부색과 연결된다고 여기는 것이다. 이것은 이목을 끄는 어떤 특징을 선명하고 과장되게 부풀리고 그 특징을 눈으로 식별 가능한 범주에 최대한 동화시키려는 인간의 일반적 경향성을 드러낸다(2장).

동일한 경향성이 성 범주화에서도 발견된다. 인간 본성의 아주 작은 부분만 성에 따라 구별된다. 물론 유전자로 인해 남녀의 일차 성징과 이차 성징이 나타나지만 인간의 신체적 · 생리학적 · 심리적 특질 가운데 많은 부분이 성과 무관하다. 그런데도 대부분의 문화에서 여성과 남성의 위치는 과장된 방식으로 구분된다. 여성은 열등한 존재로 간주되며, 집에 갇히고, 남성과 다르게 옷을 입고, 남성이 누리는 많은 권리와 특권을 누리지 못한다. 여성에게 부과된 특별한 역할은 성 유전자의 차이가 정당화할 수 있는 수준을 훨씬 넘어섰다. 인종의 경우도 마찬가지이다. 고유한 유전적 특성이 일부 존재할 수도 있지만 사회에서 이루어지는 차별은 도가 지나치다. 신체적 차이의 가시성은 온갖 종류의 상상된 귀속 성질을 끌어당기는 자석이 된다.

5. 대부분의 사람들은 인종과 민족 집단의 차이, 인종과 사회적 신

분의 차이, 양육과 본성의 차이를 알지 못한다. 외모, 관습, 가치관의 특이성이 인종에서 비롯된다고 간주하면 사고하기 편할 것이다. 실제로 존재하는 차이의 복잡한 사회적 근거를 모두 늘어놓고서 이리저리 계산하기보다 유전 형질을 탓하는 것이 더 간단하다.

미국 흑인의 사례를 보면 오류가 분명하게 드러난다. 그들은 명백히 흑인종의 일원처럼 보인다. 하지만 한 인류학자는 미국 전체 흑인 중 순수한 흑인 혈통은 25퍼센트가 되지 않는다고 추산한다. 그리고 흑인의 신체적 특질로 추정되는 것들의 측면에서 볼 때, 보통의 미국 흑인은 보통의 코카소이드(백인종) 형과 거리가 먼 만큼이나 순수 니그로이드(흑인종) 형과도 거리가 멀다고 주장한다.[3] 요컨대 보통의 미국 흑인은 흑인인 것 못지않게 백인인 것이다. 따라서 사람들이 붙인 명칭 중 적어도 절반은 순전히 사회적으로 고안된 산물일 뿐이다. 많은 경우 우리는 대체로 백색 **인종**인 사람들에게 흑인이라는 명칭을 부여하고 있는 셈이다.

유대인의 경우도 비슷하다. 유대인 집단을 특징짓는 대단히 복잡한 일련의 민족적·종교적·역사적·심리적 영향들을 그저 '인종'이라는 명칭으로 단순화하면 편리하기는 하지만 오류이다. 인류학자들은 유대인이 인종이 아니라는 점에 동의한다.

6. '혈통(blood)'이라는 개념에는 미묘하고도 흥미를 끄는 수수께끼가 있다. 이 십볼렛°의 주위에는 명확성, 친밀성, 상징적 중요성의 의미가 맴돈다. 가족 자부심과 인종 자부심은 모두 '혈통'에 초점을 맞춘다. 이 상징주의에는 어떤 과학적 근거도 없다. 엄밀히 말해 모든 인종에는 모든 유형의 혈통이 발견된다. 그런데도 '혈통'을 찬양하는 사람들은 자기들이 은유적인 말을 한다는 사실을 모르고 과학

십볼렛(shibboleth) 한 집단이 다른 집단과 구별되기 위해 행하는 관습이나 표시 같은 것을 가리키는 말. 성서에서 이 단어의 발음을 놓고 지역을 구별한 데서 유래했다.

적 사실을 이야기한다고 생각한다. 군나르 뮈르달은 미국 내 흑인과 백인의 관계에 관한 글에서 이 신화적 상징이 완고하고 단단한 결과를 낳았다고 정확하게 지적했다.[4]

7. 소란스러운 자들과 선동가들이 선전 활동을 벌일 때 인종 개념을 애용한다. 인종은 무언가 얻을 것이 있거나 정체 없는 공포에 시달리는 사람들이 가장 즐겨 사용하는 유령이기도 하다. 인종주의자들은 자신들의 불안감 때문에 인종이라는 악마를 만들어낸 것 같다. 조제프 고비노°, 조지프 체임벌린°, 메디슨 그랜트°, 로스롭 스토더드°가 대표적이다. 이 저술가들은 사람들에게 불안감을 조성해 그들이 재앙을 피할 수 있는 공상적 해법에 주목하도록 만들었다. 또한 히틀러 같은 자들은 곤경에 처한 사람들의 관심을 다른 곳으로 돌리고 그들에게 만만한 희생양을 제공하는 데 인종주의가 유용하다는 것을 발견했다. 선동 정치가들은 지지자들을 단결시키려고 흔히 어떤 '공동의 적'을 불러낸다(95쪽 참조). '적 인종(enemy race)'은 막연하지만 특히 쓸모 있는 개념이다.

상상하기 좋아하는 사람은 인종 개념을 거의 자신이 원하는 대로 어떤 방식으로든 비틀어서 자신의 편견을 그럴듯하고 '설명' 가능한 것으로 만들 수 있다. 예를 들어 남북전쟁이 발발했을 때 켄터키의 한 편집자는 당파심에 휩싸여 자기 입맛에 맞게 전체 상황을 이렇게

조제프 고비노(Joseph-Arthur Gobineau, 1816~1882) 프랑스의 인류학자이자 소설가. 저서 《인종 불평등론》에서 순수 민족의 우월성을 주장해 히틀러의 나치즘에 영향을 끼쳤다고 알려졌다.

조지프 체임벌린(Joseph Chamberlain, 1836~1914) 영국의 정치가로서 영국의 식민 정책과 보어 전쟁을 적극 지지해 식민주의자로 불렸다.

메디슨 그랜트(Madison Grant, 1865~1937) 미국의 법률가이자 우생학자였으며, 《위대한 인종의 쇠망》에서 미국의 우월한 인종적 혈통을 보존하기 위해 외국인 이민 제한 조치 등을 취해야 한다고 주장했다.

로스롭 스토더드(Lothrop Stoddard, 1883~1950) 미국의 언론인, 역사가, 우생학자. 유색 인종이 백인종에게 가하는 위협을 경고하고 예방하기 위한 여러 주장을 펼쳤다.

정리했다. 남북전쟁은 바야흐로 공존할 수 없는 두 **인종**, 즉 순수하고 합리적인 앵글로족(남부인)과 퇴폐적이고 낭만적인 노르만족(북부인)이 펼치는 목숨을 건 싸움이다.

인종 간의 진짜 차이

물론 인종 개념이 심하게 남용되고 과장되어 있다는 주장이 인종 차이가 일부 존재한다는 사실을 바꾸지는 못한다. 과학적 연구는 인종 차이가 정확히 무엇인지 말하기를 주저한다. 탐구하고 해석하는 것이 어렵기 때문이다. 166~167쪽에서 말했듯이 사회경제적 기회의 평등이 존재하고, 언어의 차이가 극복되고, 분리 정책이 철폐되고, 동등한 교육 수준이 실현되고, 서로에 대한 신뢰가 두터워지고, 검사에 대한 동기 부여가 동일하고, 검사 수행자에 대한 두려움이 극복되고, 그 밖의 다른 조건들이 일정하게 조성되어야만 심리 검사가 유전적 인종 차이에 관해 유의미한 결과를 도출할 수 있다. 그러나 현재로서는 앞선 조건들이 충족되지 않으므로 검사는 거의 쓸모가 없다.

아마도 최고의 방법은 **실험**을 해보는 것이다. 만약 몽골에서 열 명쯤 되는 (순수 몽골 인종 부모가 낳은) 신생아를 데려다가 인큐베이터에 넣고 비행기에 태워 미국으로 수송한 후에, 그 아기들을 각각 마음씨 좋은 미국 가정에 나눠주고 미국의 백인 아이들과 최대한 비슷하게 길러볼 수 있다면, 인종 차이에 관해 가치 있는 무언가를 배울 수 있을지도 모른다. 혹은 노르웨이에서 진짜 '북유럽 인종' 신생아 열 명을 아프리카 순혈 반투족 아기 열 명과 교환하는 실험을 한다면 알 수 있을지도 모른다. 이런 방식으로 실험을 계속해서 주요한 여러 인종군이 상이한 민족 환경을 접하게 하고, 실험을 마친 후에는 심리학적 측정 수단을 이용해 실험 대상자들에게 단단하고도 변경할 수 없는 인종적 특질이 흔적으로 남았는지, 그리고 그들의 정신적 능력이 그가 이주하여 길러진 곳에 사는 동시대 사람들의 일반적 수준보다 평균적으로 볼 때 유의미한 정도로 더 높거나 낮은지를 판단해야 한다. 사실 이 실험도 완벽하지 않다. 신체적으로 '이국적' 외양을 지닌 아이는 결코 입양된 나라의 토박이들과 똑같은 대우를 받지 못할 것이기 때문이다. 그러나 이런 탐구는 불완전하겠지만 현재 이 문제에 관해 우리가 아는 것보다 더 많은 것을 말해줄 것이다.

인종 간에 정확히 어떤 차이가 있는지 알려면, 먼저 인종이 얼마나 되는지, 어떤 인종이 있는지 합의를 해야 한다. 그러나 불행하게도 인류학자들은 이 문제에 관해 의견이 다르다. 인류학에서 인종 분류는 최소 두 개에서 최대 2백여 개에 이른다. 보통은 적어도 세 인종이 언급되는데, 바로 몽골로이드°, 코카소이드°, 니그로이드°이다. 쿤(Carleton S. Coon), 간(Stanley M. Garn), 버드셀(Joseph B. Birdsell)은 이 분류를 '기본 군(basic stocks)'으로 부르며 기후 조건에 따라 집단화되었다고 본다. 몽골로이드의 체형은 극한 지역에서 살기에 적합하고 니그로이드는 열대 지역에 어울리며 코카소이드는 너무 춥지도 너무 덥지도 않은 곳에 어울린다.[5]

연구자들은 여기에 아주 오래되고 꽤 특이한 세 군(群), 오스탈로이드°, 아메리카 원주민, 폴리네시안°을 추가한다. 또한 그들은 지역적

몽골로이드(Mongoloid) 인도, 동아시아, 태평양 제도, 아메리카 대륙에 거주하는 인종으로서 몽골 인종 혹은 황인종이라고도 불린다.

코카소이드(Caucasoid) 주로 유럽을 중심으로 하여 북아메리카와 서아시아에 거주하는 인종으로 백인종, 유럽 인종이라고 불린다.

니그로이드(Negroid) 아프리카 사하라 사막 남쪽과 오스트레일리아 일부 지역에 거주하는 인종으로 흑인종이라고 불린다.

오스탈로이드(Australoid) 오스트레일리아 인종으로 오스트레일리아 원주민과 그 유연 인종을 가리키며 코카소이드에 포함되기도 한다.

폴리네시안(Polynesian) 태평양 폴리네시아의 수많은 섬들에 사는 인종을 가리킨다.

분리로 인해 가시적으로 구분되는 신체적 특징을 지닌 대략 서른 개의 '인종'이 탄생했다고 추측한다. 이렇게 정의된 인종으로는 알프스 인종, 지중해 인종, 힌두 인종, 북아메리카 유색 인종, 남아프리카 유색 인종, 북중국 인종, 티베트-인도네시아 몽골 인종, 라디노 인종(Ladino, 새로 등장한 라틴-아메리카의 체형) 등이 있다. 주목해야 할 점은 인종 개념을 이렇게 넓게 정의하더라도 유대인이 포함되지 않는다는 것이다. 그러나 그들은 알려진 거의 모든 인종 부류 안에 존재한다.

인류학자 랠프 린턴(Ralph Linton)은 세분화된 인종군을 '인종'보다는 '형(type)'이라고 부르는 쪽을 선호한다. 코카소이드 군 내에서도 얼마나 섬세한 구분을 원하는지에 따라 북유럽 형, 알프스 형, 지중해 형, 그 밖에 여러 유형으로 구분될 수 있으며 실제로 이런 구분은 흔하게 이루어진다. 또한 린턴은 세 번째 유전적 분류도 제안했는데, 바로 다른 분류들보다 훨씬 더 순수한 분류인 종족(breed)이다. 종족은 "동종의 인간 집단으로서 대개는 규모가 작고 그 구성원들이 서로 아주 많이 닮았기 때문에 모두가 아주 멀지 않은 과거에 조상이 같았다고 판단할 수 있다."[6] 종족은 군이나 형보다 연구가 덜 된 상태이다. 종족이 요구하는 수준의 순수성은 아마도 고립된 지역에서나 찾을 수 있을 것이다. 예를 들어 어떤 이누이트 부족이라면 하나의 종족을 구성할지도 모른다.

현재 인류학자들이 군이나 형이나 인종 혹은 종족을 구분할 때 근거로 삼는 특징들은 전적으로 신체와 관련 있다. 가령 색소, 머리카락, 정강이뼈의 납작한 정도와 같은 외양적 특징이 해당된다. '인종'을 어떻게 정의하든 상관없이 인류학에서는 대체로 기질적 · 정신적 · 도덕적 특징이 '인종' 안에 내재한다고 주장하지 않는다.

한 인류학자가 미국의 남자 대학생을 대상으로 연구를 수행했다. 그는 학생들을 조심스럽게 평가하고서 다섯 가지 '유형'으로 분류했다. 북유럽 형, 알프스 형, 지중해 형, 켈트 형, 디나르 형°. 그러고 나서 능력과 성격 특성을 알아보는 수많은 검사와 평가 척도를 동원하여 그들을 조사했다. 거의 모든 결과에서 차이가 발견되지 않았다. 한 '유형'은 다른 유형과 능력과 특질 분포가 거의 동일했다. 일부 통계적 차이가 어쩌다 나타나긴 했지만 일관되지 않았으며 납득할 만한 사례도 아니었다.[7]

인류학자들은 백인종이 다른 인종보다 더 '진화'했다는 견해를 뒷받침할 수 있는 결정적 증거를 한 번도 찾아낸 적이 없다. 만일 두개골 용량이 '지능'을 보여주는 지표라면(사실은 그렇지 않다), 많은 집단이 평균적으로 백인을 능가할 것이며 여기에는 일본인, 폴리네시아인, 심지어 네안데르탈인도 포함될 것이다.[8] 얼핏 보기에는 흑인과 유인원의 얼굴 모양이 유사해 보일 수 있으나 실제로는 백인의 가는 입술과 풍성한 체모가 흑인의 것보다 유인원에 훨씬 더 가깝다. 그리고 대부분의 원숭이들은 털 밑 피부가 하얗다. 오랑우탄과 고릴라 같은 대형 유인원의 피부색도 흑인보다 밝고 오히려 백인과 더 비슷하다.[9]

일부 연구자들은 선천적인 '인종' 차이라는 문제를 다루고자 신생아를 대상으로 비교 연구를 시도했다. 신생아를 대상으로 삼은 이유는 환경과 문화의 영향을 배제하기 위해서였다.

벤저민 패서매닉(Benjamin Pasamanick)은 예일 발달 계획표(Yale

디나르 형(Dinaric) 코카소이드 인종군에 속하는 한 유형. 아드리아해 주변 지역에서 많이 볼 수 있기 때문에 아드리아인이라고도 불린다.

Developmental Schedule)에 따라 뉴헤이븐 시에서 각각 50명의 흑인 아이와 백인 아이를 조사했다. 그는 "이 연구에서 뉴헤이븐 시에 사는 보통의 흑인 아이가 행동 발달 측면에서 보통의 백인 아이와 완전히 똑같다."는 사실을 발견했다. 약간이라도 유의미한 차이를 언급하자면(차이가 실제 존재하는지도 의문스럽다), 흑인 아이들이 백인 아이들보다 전반적인 운동 행동에서 더 빠른 발달 속도를 보인다는 것 정도였다.[10]

다른 연구자들이 이보다 연령대가 조금 더 높은 미취학 아이들을 대상으로 흥미로운 결과를 얻었다. 분리 구역에 사는 흑인 아이들이 백인 아이들보다 언어 발달 면에서 지체되어 있다는 것이다. 그러나 인종이 섞여 사는 지역에서는 언어 발달 정도가 거의 동등했다. 같은 연구에서 구디너프 인물화 지능 검사(Goodenough Draw-a-Man Test)를 활용한 결과 흑인과 백인의 지능 지수가 동등하게 나타났다. 미취학 아이들 사이에서 비언어적 지능은 아무런 차이가 없었지만 언어 능력은 사회적 요인에 일찍부터 영향을 받았던 것이다. 분리 구역에 사는 흑인 아이는 교육을 많이 받지 못한 흑인 부모의 자녀일 수도 있고, 언어의 유연성을 충분히 발달시키는 데 꼭 필요한 자유로운 사교 감각이 결여되었을 수도 있다.[11]

굿맨(Mary Goodman)은 유아원°에 함께 다니는 흑인과 백인 아이들을 연구했는데, 보통의 흑인 아이가 보통의 백인 아이 못지않게 일반 활동의 수준이 높다는 사실을 발견했다. 또한 굿맨은 흑인 아이들이 일찍부터 인종을 의식하며 그 정도가 백인 아이들보다 심하다는 것도 알아냈다. 흑인 아이들은 자신들의 불리한 처지를 처음으로 자각하고 막연하게나마 괴로워했다. 아이들은 아직 너무 어려서 그런 문제의 본질을 이해하지는 못했지만 일부 아이들은 불이익에 대한 막연한 느

유아원(nursery school) 5세 이하 유아의 교육을 담당하는 학교.

낌 때문에 이미 다양한 방식으로 방어적이고 과민하게 반응하는 부자연스러운 태도를 취했다.[12]

어쨌든 분명한 사실은 흑인 아이들이 의욕이 부족하지도 않고 둔하지도 않고 게으르지도 않다는 것이다. 만일 나이가 든 흑인이 백인에 비해 의욕이 없다고 해도 그 이유를 인종에서 찾을 수는 없다. 아마도 더 허약한 건강 상태나 좌절 혹은 차별에 대한 무기력한 방어 심리 때문일 가능성이 더 크다.

사람들이 인종 특질과 민족 특질을 혼동한다는 말은 본성에 의해 주어진 것과 학습을 통해 얻은 것을 혼동하고 있다는 뜻이다. 이 혼동은 앞서 말한 대로 심각한 결과를 낳는다. 인간의 특성이 고정되어 있다는 과장된 믿음으로 이어지기 때문이다. 유전에 의해 주어지는 것은 오로지 점진적으로만 바뀔 수 있다. 반면에 학습한 것은 적어도 이론적으로는 한 세대 안에서 완벽하게 바뀔 수 있다.

인종에 관한 인류학 연구에서 다음 두 가지가 가장 눈에 띈다. (1) 지구의 외딴 지역에 사는 사람 말고는 순수한 인종군에 속하는 사람은 거의 없다. 대부분의 사람들이 (인종적으로 말하자면) 혼혈이다. 그러므로 인종 개념은 거의 쓸모가 없다. (2) 인종에 귀속되는 대부분의 인간적 특징은 의심할 바 없이 문화적 다양성에서 비롯된다. 따라서 인종적인 것이 아니라 민족적인 것으로 간주되어야 한다.

흑인은 혼혈이 아닌 경우에도 여러 상이한 민족 집단에 속한다. 폴란드인과 체코인은 동일한 군과 형에 속하지만 언어적 측면을 포함해 확연히 다른 민족 집단이다. 반면 하나의 동일한 민족 집단(스위스) 내에서 상이한 유형들이 발견되기도 한다. 다양한 민족 집단들이 단일한 국가(미국)를 구성할 수도 있다.

민족 특질은 매 순간 학습되며 보통은 유년기에 학습된 것이 단단히 굳어져서 일생 동안 고정된 채로 남는다. (예를 들어 모국어에서 습득한 억양이 나중에 다른 언어를 학습할 때 어려움을 주는 경우가 그렇다.) 민족 특질이 굳어진 사람은 자기 아이들을 자신이 배웠던 방식으로 가르치기 때문에 사실상 자신의 특질을 전달할 수밖에 없다.

오늘날 몇몇 인류학자들은(특히 프로이트의 영향을 받은 사람들은) 민족 집단 간 차이를 설명하기 위해 '기본 성격 구조(basic personality structure)' 이론을 발전시켰다.[13] 이 이론은 어린아이가 사는 데 기본적으로 필요한 것들을 학습하는 방식을 매우 강조한다. 젖먹이 아이를 포대기로 단단하게 싸맨다면 이 사실이 아이의 정신적 습관에 영원히 영향을 끼칠지도 모른다. 만일 일부 아시아인처럼 아이에게 화장실 사용 훈련을 과도하게 강조한다면, 아이는 섬세하고 예민하지만 공감 능력이 떨어지는 성격으로 자랄 수 있다. 만일 일부 발리 사람들처럼 아이가 엄마에게 놀림받고 남동생과 여동생에게 질투심을 느끼게 만들면, 아이는 '좌절 내성(frustration tolerance)'을 고도로 발달시켜서 자신의 분노나 진짜 감정을 내비치지 않는 법을 배울 수 있다. 미국 사회와 영국 사회는 민족적 유사성이 매우 크지만 두 나라 사이에 눈길을 끄는 차이가 하나 있다. 흔히 미국인은 과장하길 좋아하고 허풍을 잘 떠는 반면에 영국인은 과묵하고 말을 삼간다는 것이다. 기본 성격 구조 이론에 따르면 이 차이는 두 나라의 양육 방식 때문이다. 미국에서는 아이에게 거리낌 없이 말하도록 장려하고, 아이가 성취한 것들에 대해 칭찬하고, 아이가 느낀 바를 표현하면 부모가 보상한다. 반면 영국식 훈육은 아이의 행동을 억제하고, 아이는 눈에 보이되 소리는 들리지 않게 행동해야 한다는 규범을 강조하며, 과장보다는 과묵함에 대해 보상한다.

그러므로 거의 획일적인 아이 양육 관행 때문에 '기본 성격'은 한 민족 집단 내에서 공통적인 것으로 여겨진다. 이 개념이 유용하다는 점은 누구도 부인할 수 없다. 이 개념의 유일한 위험성은 해당 집단이 보이는 어떤 유형의 보편성을 과대평가하고 그 특징이 일생 동안 아이에게 영향을 끼친다는 점을 과도하게 강조한다는 데 있다.

많은 민족 특질이 실제로는 놀라울 정도로 유연하다. 낯선 나라를 방문한 사람들은 재빨리 그 나라의 관습을 학습하며, 그 민족의 새로운 요구 사항에 부응할 수 있도록 자기 행동을 여러 측면에서 바꾼다. 몸짓, 손짓의 민족적 특징에 관해 잘 알려진 연구가 하나 있다. 이 연구는 습관적 특질이 언제든 바뀔 수 있다는 예를 보여준다.

> 에프론(David Efron)은 뉴욕 시 일대에 사는 이탈리아인과 유대인을 함께 연구했다. 그는 이 집단의 구성원들이 그들 구역에 가까이 모여 살 때는 대화 중에 나타나는 팔 동작이 일치한다는 사실을 발견했다. 그러나 이 집단의 구성원들이 자기들끼리 살던 지역에서 이주해 다른 미국인과 섞이면 그 몸동작 버릇은 사라졌다. 그들은 팔을 다른 미국인과 구별할 수 없게 사용했다.[14]

관습과 가치의 민족적 특징은 고정적이든 유연하든 대개 너무나 미묘해서 계량화된 방식으로는 연구할 수 없다.

> 미국의 사회사업가들은 민족적 가치관을 자주 경험한다. 예를 들면 그리스인 의뢰인에게서는 **필로티모**(philotimo)라는 개념이 두드러진다. 필로티모는 개인의 성실성에 관한 개념인데, 그리스인이 자기 집단 바깥에 있는 사람들에게 쉽게 도움을 호소하지 못하도록 막는 역할을 하기도 한다. 뉴멕시코의 에스파냐어 사용자 집단은 당장의 재물을 중요하게 생각하지만 내일의 재물에 관해서는 덜 중요하게 생각하는 경향이 있다. 남서부의 멕시코 청소년들은 의무 교육을 마친 이후에도

계속 학교를 다니도록 설득하기 쉽지 않다. 그들에게 '미래를 위한 준비'는 상대적으로 사소한 가치처럼 보인다. 어떤 집단은 아이들이 선행을 했을 때 보상해야 한다는 생각을 거부한다. 특히 중국인과 동유럽 유대인에게 보상하는 행위는 뇌물을 주는 듯한 인상을 준다. 선함 자체가 가치가 있으므로 아이는 선해야 한다. 덕이 그 자체로 보상인 것이다.[15]

문화 상대성

민족 차이는 너무나 많고 파악하기도 어렵기 때문에 일부 사람들은 세계 문화에 아무런 공통점도 없다고 결론 내린다. '문화 상대성'을 옹호하는 주장은 더 멀리까지 나아갈 수 있다. "관습은 무엇이든 옳게 만들 수 있다."는 속담은 행위의 모든 기준이 전적으로 관습의 문제라는 것을 암시한다. 어떤 것의 옳고 그름은 단지 우리가 그렇게 배운 것일 뿐이다. 양심이란 단지 대중의 목소리일 뿐이다. 어떤 문화에서는 자기 할머니를 죽이는 행위가 용인된다. 다른 문화에서는 원한다면 동물을 고문해도 상관없다. 하지만 인류학자들은 집단 차이에 관한 이런 느슨한 해석을 경계한다. 실제로 모든 인간 집단은 '기능적으로 동등한' 활동을 발전시켰다. 세부 사항은 다를 수도 있지만 모든 사회의 구성원들은 목적과 관습에서 다수 일치한다.

머독(George P. Murdock)은 역사학이나 민족지학을 보면 모든 문화에서 찾을 수 있는 인간의 어떤 관습이 존재한다고 말한다. 머독이 열거한 목록은 다음과 같다.

가족 잔치, 개인 이름, 거래, 게임, 거주 규칙, 결혼, 공동체 조직, 교육, 구애, 근친상간 금기, 금기 음식, 기상 조절, 나이 세기, 농담, 도구

제작, 마술, 머리 모양, 명명법, 몸짓, 몸치장, 민속, 민속식물학, 방문(訪問), 법, 불 피우기, 사춘기 관습, 산파술, 산후 조리, 상속법, 선물 주기, 성적 제약, 숫자, 식사 시간, 신앙 요법, 신화, 애도, 약, 언어, 역법(曆法), 예의범절, 영혼 개념, 외과 수술, 요리, 운동 경기, 우주론, 위생, 윤리, 음악, 인구 정책, 임신 관례, 자연 현상에 대한 겸허한 태도, 장례 의식, 장식 미술, 재산권, 점(占), 정치 체제, 젖떼기, 종교 의식, 종말론, 주거, 지위 차별, 청결 훈련, 초자연적 존재 달래기, 춤, 친족 관계, 친족 집단, 해몽, 행운을 기원하는 미신, 협동 노동, 형사적 제재, 환대, 환영 인사.[16]

이 목록은 너무 잡다해서 큰 도움이 되지는 않는다. 하지만 이것은 사회과학자들이 세계 역사의 현 시점에서 민족 집단들의 차이뿐 아니라 공통점도 연구하는 것이 온당하다는 사실을 잘 보여준다. 차이에 대한 강조는 분리를 뜻한다. 유사성에 대한 강조는 다양한 분파의 인간들이 협력하도록 만드는 공통된 뿌리에 주목하게 한다.

국민성

국가 집단은 민족 집단과 외연이 일치하지 않는다. 물론 핀란드, 그리스, 프랑스처럼 그 상응 관계가 꽤 밀접한 경우도 있기는 하다. 하지만 (민족 집단의 한 종류를 생성하는) 특정 언어가 여러 국가에서 통용되는 것은 흔한 일이다. 반대로 (러시아, 스위스같이) 많은 나라가 하나 이상의 언어를 사용하기도 한다.

국가와 민족이 일치하는 일은 흔하지 않지만 그래도 인류를 민족 집단만이 아니라 국가에 따라 분류해 그들 사이에 어떤 차이가 있는지 묻는 것은 여전히 가능하다. '국민성(national character)'이라는 개념은 한 국가의 구성원들이 그들 사이에 민족적 · 인종적 · 종교적 · 개인적 차이가 있는데도 어떤 근본적 믿음과 행위에서는 서로 유사하며, 유사한 정도가 다른 나라 국민과 유사한 수준보다 더 크다는 것을 암시한다.

> 미국의 국민성에 관한 이미지를 예로 들어보자. 리스먼(David Riesman)에 따르면 외부 관찰자들이 공통적으로 생각하는 미국의 국민성은 친절함, 관대함, 경박함, 그리고 가치관에 대한 부족한 확신과 이로 인한 타인의 인정 추구와 인정 요구로 특징지어진다.[17]

이 특정 이미지가 옳건 그르건 상관없이 이런 생각은 꽤 일반적이다. 최근 들어 세계적으로 국가주의가 급부상하면서 한 나라의 국민이 다른 나라의 국민에 대해 품는 이미지가 점차 명확해지고 있다. 그리고 이와 동시에 사회과학자들 사이에서 국민성 문제에 대한 관심도 높아지고 있다.[18]

앞 장에서 기술한 모든 방법을 국민성에 관한 과학적 연구에 적용할 수 있는데, 여기서는 내용 분석 방법(171쪽)을 이용해 국민성을 조사한 사례 하나를 인용하겠다.

> 맥그래너핸(Donald McGranahan)과 웨인(Ivor Wayne)은 국가의 예술 작품 생산의 작은 한 측면, 즉 1920년대 중반 독일과 미국 무대에서 성공적으로 상연된 연극을 분석했다.[19] 독일 희곡의 전형적인 영웅은 (거의 언제나 남자이고 여자인 경우는 드문데) 정상적인 사회의 위나 바깥에 있는 개인이다. 이를테면 대의를 추구하는 몽상가로서 자기 나라 민중보다 더 멀리 내다보는 진보적 군주이거나 사회 낙오자이다. 반면에 미국의 영웅은 (여성 영웅도 흔한 편인데) 사회 속에서 살아가는 평

범한 사람이다.

독일 희곡은 미국 희곡보다 철학적이고 이념적이고 역사적인 주제를 많이 다룬다. 미국 희곡은 사생활에 대한 주제(주로 사랑 문제)를 선호한다.

독일 희곡은 미국 희곡보다 비극적 결말로 끝나는 경우가 세 배나 더 많다. 미국 희곡에서는 결정하는 지위에 있는 등장인물이 마음을 바꾸는 덕분에 선한 쪽이 승리하는 경우가 흔하다. 그 인물은 심경의 변화를 겪고 '제정신을 차린다'. 빰을 찰싹 때리거나 아내가 남편을 떠나거나 아기가 태어나거나 뜻밖의 행운이 일어나는 등 사소한 사건이 극의 운명을 바꾼다. 미국인은 개인의 노력이나 성격의 변화 혹은 행운을 믿는다. 반대로 독일 희곡은 인간이란 융통성 없는 비타협적 존재이자 결코 바뀌지 않는다고 가정한다. 인간이 목적을 달성하기 위해 택할 수 있는 유일한 길은 힘과 무자비함뿐이다.

두 나라의 희곡 모두 사회 반역자를 다룬다. 미국 반역자는 개인주의자로서 개인의 행복권 때문에 일탈하지만, 독일 반역자는 이기적이지 않으며 이상과 대의를 위해 헌신하다가 결국 권위자의 힘에 강하게 반대한다. 개인은 그런 상황에서 승리를 거둘 수 없으나 그는 결코 굴복하지 않을 것이고, 따라서 독일 이야기에 등장하는 영웅은 몰락한다. 한편 미국 반역자는 그의 사고방식 혹은 주위 환경에서 일어난 뜻밖의 반전 덕에 위기를 탈출하는 경우가 흔하고, 그래서 막이 내려올 때쯤에는 행복한 결말을 맞이한다.

이 연구는 비록 소재가 제한적이지만 흥미로운 시사점을 제공한다. 바로 신문, 라디오 방송, 유머, 광고, 그 밖의 매체에 담긴 내용을 더 광범위하게 분석하는 작업이 국민성의 차이를 찾아낼 수 있는 유익한 기법이 되리라는 것이다.

국민성의 실상은 어떤 객관적 기법(내용 분석, 여론 조사, 주의 깊게 시행된 검사 등)을 통해 판단해야 한다. 국가 차이가 나타나는 유형은 6장에서 제시한 분류에 부합할 것이다. J-곡선의 차이가 드러날 것이고(국왕이나 국기나 전통에 대한 충성), 드물다-없다 차이도 있을 것이다(왕실 칭호, 농부의 의복, 일부다처의 관행). 만약 적절한 측정 수단이 존재한다면 중첩하는 특질 분포가 다수 발견될 것이다(경쟁 의식, 음악에 대한 관심, 도덕성). 마지막으로 범주적 차이도 나타날 것이다(자살률, 여론 조사에서 동일 질문에 대한 응답 비율, 청년들의 고등교육기관 진학률 등등).

그런데 객관적 발견과 사람들이 품는 국민성의 이미지는 전혀 별개일 수 있다.

> 제2차 세계대전 동안 미국 병사들이 영국인의 친절, 환대, 용기, '감내하는 능력' 때문에 그들을 **좋아한** 것은 잘 알려져 있다. 한편 그들은 영국인의 내성적 성격, 자만심, 후진적 생활 수준, 부도덕성, 영국의 신분 제도 때문에 영국인을 **싫어했다**.

영국인의 특징을 진단한 이 사례에서 우선 주목해야 하는 것은 미국 병사들은 명백히 자신의 틀에 맞춰 영국인을 평가했다는 점이다. 병사들은 대개 미국의 기준에 근거해 판단했다. 예를 들어 그들은 욕실과 중앙 난방에 익숙했기 때문에 그 부분이 미비한 영국이 생활 수준 면에서 '후진적'이라고 여겼다. 이탈리아나 중국 병사들이었다면 아마도 미국 병사들과 같은 판단을 내리지는 않았을 것이다.

일본인은 미국인이 물질주의적이고 천박하며 천방지축으로 향락을 즐기는 위선자라고 (멋진 말을 하지만 그에 부합하는 삶을 살지는 않는다는 의미에서) 생각하는 경향이 있다. 이런 우호적이지 않은 판단은 일본 사람들이 '성실성', 즉 필요하다면 목숨까지 버리는 한이 있더라도 오로지 하나의 대의에만 절대적으로 헌신하는 정신을 높이 평가한다는 것을 고려해야만 이해할 수 있다. 사람이 내적 갈등을 겪으며 살 수 있다는 생각은(그렇기 때문에 실제보다 더 위선자로 보일 수 있다) 일본식 교육과 사고방식에서는 낯설다. 그리고 미국인의 상대적으로 거칠고 제멋대로인 행동은 격식, 겸손, 복종, '수치'에 관한 극심한 두려움이 지배적인 일본 사회에서는 천박하고 방종한 모습으로 비칠 것이다.

요약하면 최근에 국민성 문제에 관한 관심이 점차 커지고 있는데, 국민성의 구분은 민족 차이에 따른 구분과 중첩되기는 하지만 동일하지는 않다. 국민성의 차이나 민족의 차이나 모두 동일한 연구 기법이 적용되고 연구에서 발견된 결과도 동일한 방식으로 분류할 수 있다. 현재까지는 객관적인 연구가 얼마 되지 않지만 가까운 미래에는 빠른 발전이 이루어질 것 같다. 국민성에 관한 진실과 국민성에 관해 사람들이 품는 이미지를 혼동하지 않는 것이 매우 중요하다. 모든 지각 현상과 기억 현상처럼 이미지는 사실, 기존에 보유한 준거틀, 가치가 혼합된 것이다. 사람들은 이미지에 근거해 행동하므로 이미지를 연구하는 일은 중요하다. 시급한 문제는 잘못된 이미지를 바로잡는 방법을 발견하는 것이다. 실제 국민성의 차이가 발단이 된 충돌이 아주 많기에 국민성에 대한 오해로 인해 충돌을 악화시킬 이유는 없다.

유대인은 누구인가?

편견의 대상이 되는 많은 집단들을 배타적으로 한 인종, 한 민족, 한 국가, 한 종교 혹은 다른 어떤 단일한 사회학적 유형으로 분류할 수는 없다. 이 사실을 아주 훌륭하게 보여주는 사례가 바로 유대인이다. 세계에는 대략 1천1백만 명의 유대인이 있다. 유대인은 거의 모든 지역에 거주하지만 70퍼센트가 러시아, 이스라엘, 미국에 산다. 유대인은 완고하게 옛 풍습을 지닌 채로 집단을 형성하지만, 그들의 본성을 규정하는 일은 어렵다. 이히하이저(Gustav Ichheiser)는 유대인을 이렇게 규정했다.

> 유대인은 대체로 (많은 예외가 있지만) 어떤 신체적 혹은 준신체적 특징(몸짓, 말투, 예의범절, 자세, 얼굴 표정 등등)을 통해 사회적으로 확인할 수 있다. 독특한 '유대 분위기'의 유대인 가정에서 성장했고, 그 결과 규정할 수는 없지만 유대인 특유의 정서적·지적 특징을 대체로 지니고 있다. 다른 사람들에게 '유대인'으로 여겨지며, 바로 그 사실이 (이것이 내포하는 모든 사실과 더불어) 그의 성격 형성에 크게 영향을 끼친다. 아주 이상한 일이지만 유대인이라는 사실이 종교적 분류인지, 국가적 분류인지, 인종적 분류인지, 문화적 분류인지 …… 그 자신도 분명하게 알지 못한다.[20]

이 복잡한 정의는 유대성(Jewishness)의 **사회적** 개념과 깊은 관련이 있다. 주요한 '신체적 혹은 준신체적' 특징이 **일부** 개인들에게 발견되고 또한 대체로 가계 내에 존재한다. 이 조건들 중 하나나 둘을 충족하는 사람은 유대인으로 **불리며**, 이 **명칭**은 유대인 집단을 형성하고 유대인 집단에 정체성을 부여한다. 이히하이저에 따르면 사람들이 유대인으로 불리고 그에 따른 대우를 받을 때 차별 대우의 결과로 추가적인 특질이 발달한다.

더 단순한 정의는 역사적 규정이다. 유대인은 유대교라는 종교를 신봉하는 사람들의 후손이다. 원래 이 집단은 종교 분파였으나 단단하게 결합된 유목민이기에 문화적(민족적) 동질성도 지니게 되었다. 유대인을 하나의 '인종'으로 생각하는 것은 분명 잘못이다. 그들은 코카소이드 군에 속하는 하나의 '유형'조차도 아니다. 유대인의 육체적 동질성은 유대교가 발생한 지역에 아르메노이드 유형°이 흔했기 때문이다. 하지만 아르메노이드 유형에는 유대인이 아닌 사람도 포함되어 있었다. 물론 (유대교에서 개종한) 초기 기독교인은 외관상 유대인 못지않게 완전히 아르메노이드의 외모를 지녔다. 심지어 오늘날에도 (생활 방식이나 복식은 무시하고) 체형만 봐서는 유대계 아르메노이드와 아르메니아인을 구분하기 어려울 것이다.

니그로이드를 비롯한 다른 신체 유형의 사람들도 유대교를 받아들였고 수 세기에 걸쳐 유대인과 비유대인의 결혼은 꽤나 흔한 일이었다. 광범위한 결합의 결과 유대인을 신체 유형만 보고 정확하게 가려내는 일은 어려워졌다. 그런데도 여전히 많은 경우 유대인을 가려낼 수 있다는 사실은(8장을 보라) 아르메노이드의 특징을 지닌 유대인들 사이에 내집단 혼인이 흔하기 때문이다. 우리는 아르메노이드의 특징이 드러난 얼굴을 보면 '유대인'이라 추측할 수 있다. 만일 그 사람이 실제로 아르메니아인이나 시리아인이 아니라면 유대인일 가능성이 높으며, 따라서 이 판단은 때때로 옳은 것으로 밝혀진다.

공통의 종교적 기원, 종교에 결부된 민족 전통, 하나의 신체 유형을 이루게 된 우연적 경향 외에도 유대인을 규정하는 요소가 있다. 그들이 어느 정도 언어학상의 집단이기도 하다는 것이다. 히브리어는 유대인의 언어였고 지금도 그렇다. 그러나 오늘날 히브리어를 아는 유대인은 비교적 많지 않다. 그리고 히브리어만 사용하는 사람은 아무도 없을 것이다. 히브리어에서 파생된 이디시어는 독일어와 뒤섞

아르메노이드 유형(Armenoid Type) 터키, 시리아, 팔레스타인 등 소아시아 일대에 집중적으로 분포한 코카소이드 인종군의 한 유형.

인 언어이며 유대인 가운데서도 아주 소수만이 쓴다.

마지막으로 유대인은 한때 국가 집단이었고 지금 다시 어느 정도는 그렇게 된 상태이다. 국가가 된다는 것은 영토를 필요로 한다. 유대인 역사의 커다란 비극은 국가 지위의 상실이었다. 유대인 디아스포라는 바빌론 함락과 함께 시작되어 결국 '방랑하는 유대인'으로 이어졌다. 이로 인해 유대인은 세계의 거의 모든 나라에 터를 잡았다. 몇몇 반유대주의 이론은 유대인이 수 세기 동안 나라가 없었기 때문에 다른 국가들이 유대인을 자기 나라에 침입한 '이물질'로 느꼈다고 주장한다. 시온주의자 유대인은 진정한 의미의 국가 조직을 다시 세우고자 열망했다. 국가를 재건하려는 욕망을 품은 지 여러 세기가 지나 마침내 최근에야 팔레스타인에서, 즉 그들의 원래 고향에서 그 꿈을 실현했다. 그러나 세계의 모든 유대인이 이스라엘로 이주하고 싶어 하지는 않는다. 대부분의 유대인은 자신들을 한 민족 집단으로 여기지 않으며 현재 거주하는 나라의 국민으로 생각한다.

심리학적으로 말해 이런 역사적 사건들 중 유대인 개개인의 삶을 좌우할 만한 힘 있는 것은 거의 없다. 종교는 약화됐고 상대적으로 소수의 사람들 말고는 유대인의 동질성이 주로 종교적 계율에 있다고 생각할 사람이 누가 있을지 의문이다. 시온주의에 원칙적으로 찬성하는 유대인은 많지만 실제로 유대인 대다수에게 시온주의는 호소력이 없다. 언어적 통일성도 이제는 존재하지 않는다.

유대교라는 종교적 핵심이 약화되자 유대인 스스로 '선민'으로 여기는 성서적 전통도 퇴색했다. 한 반유대주의 이론은 선민적 역사 의식이 유대인 내집단의 감정적 토대이며, 필연적으로 배타적 자부심을 낳아 '버릇없는 아이(spoiled child)' 콤플렉스를 초래했다고 주장한다. 유대인이 스스로를 신이 총애하는 존재로 여긴 탓에 다른 집단의 분노를 샀다는 뜻이다. 이 이론의 주창자가 말한 대로, "자기가 우월하다고 생각해서 처음부터 다른 사람과 교제하기를 거부한 외동아이는 스스로 사람들의 반감을 사서 결국은 호의적인 사회적 접촉에서 배제되는 지경에 이른다."[21] 이 이론은 어느 정도 적절한 측면이 있지만 두 가지 약점이 있다. (1) 많은 민족 집단이 자신들이 '선택받았다'거나 혹은 유일한 종교적 계시를 받았다고 생각하는 경향이 있음을 무시한다. 이 집단들에 대해서도 반드시 편견이 존재하는 것은 아니다. (2) 오늘날 유대인 중에서 신이 사람을 편애한다는 전통적 주장을 특별한 쟁점으로 삼는 사람이 거의 없다는 사실을 무시한다.

유대인 집단의 복잡한 본성에 관한 이 짧고도 부족한 논의와 함께 이제 주된 문제로 되돌아가자. 유대적 특질의 본성은 무엇인가? 이 문제 역시 증거와 의견이 뒤섞여서 당황스러울 만큼 복잡하다.

사람들은 어떤 방식으로든 유대인 집단과 비유대인 집단을 구분하는 많은 성질이 있다고 생각한다. 그렇다면 문제는 사람들이 집단 차이라고 추정하는 것들 중에서 어느 것이 유효한 **증거**에 입각한 것인지 가능한 한 제대로 보여주는 것이다. 문제를 단순화할 수 있고 많은 자료를 활용할 수 있다는 점을 고려해 미국 내 유대인만을 논의 대상으로 한정할 것이다.

1. **유대인은 도시 사람들이다.** 이 주장은 범주적 차이(181~183쪽)의 방법을 통해 쉽게 입증된다. 유대인은 미국 전체 인구의 대략 3.5퍼센트를 차지하지만 인구 2만 5천 명 이상의 도시에서는 약 8.5퍼센트에 달한다. 미국 내 전체 유대인의 40퍼센트가 뉴욕 시에 살고 있으며 나머지도 대부분 대도시에 산다.[22] 유대인이 도시적인 데는 여러 요인이 있다. 예를 들면 (a) 유대인이 다른 집단에 비해 도시로 모이는 성향이 큰 것처럼 보이지만, 중부와 동부 유럽 출신 이민자들은 대부분 공장에서 일하려고 미국에 왔고 그래서 계속 도시에 사는 것이다. (b) 유대인은 이전에 살았던 나라에서 토지 소유를 거의 인정

받지 못했기 때문에 그들의 전통과 기술은 대체로 농업과 관련이 없다. (c) 정통 유대교도 이민자들은 그들의 종교가 안식일에 여행 가는 것을 허용하지 않으므로 회당 근처에서 살아야만 했다.

2. **유대인은 특정 직업에 몰려 있다.** 이 주장도 범주적 차이의 방법을 이용할 수 있을 것이다. 1900년에 도시에 사는 유대인의 60퍼센트가 생산직에 종사했다. (대부분이 공장 노동자들이었고 주로 의류 산업에 종사했다.) 그러나 1934년에는 약 12퍼센트만 생산직에 고용됐다. 한편 상업에 참여한 비율은 (상점 주인을 포함해) 대략 20퍼센트에서 43퍼센트로 훌쩍 뛰었다. 공장 노동자로 일한 많은 가족이 나중에는 자기 사업을 시작한 것이다. (대체로 양복업이나 의류 소매업이었다.)[23]

오늘날 유대인은 상거래와 사무직에는 꽤 높은 비율로 종사하지만 제조업과 교통 및 통신업에는 비율이 낮은 것으로 보인다. 유대인 인구의 약 14퍼센트가 전문직 종사자인 반면에 미국 전체 인구에서 전문직 비중은 약 6퍼센트 정도밖에 안 된다. 뉴욕 시는 인구의 약 28퍼센트가 유대인인데, 내과의사의 거의 56퍼센트가 유대인이다. 마찬가지로 치과의사의 64퍼센트, 변호사의 66퍼센트가 유대인이다. 일반적 견해와는 달리, 유대인이 금융 분야에서 차지하는 비중은 아주 작은 것처럼 보인다. 유대인은 미국 전체 인구의 3.5퍼센트지만 은행가 중에서는 0.16퍼센트에 불과하다. 유대인이 금융을 통제하는 규모도 상대적으로 작은 편이다. 월가와 증권 거래소에서 유대인을 대표할 만한 인물은 없으며 '국제 은행가'도 거의 전무하다.

유대인의 취업 풍조는 변하고 있다. 일부는 워낙 최근 동향이라 정확한 증거를 댈 수 없다. 하지만 정부 기관에서 유대계 인구가 최근 수십 년간 증가했을 개연성은 커 보인다(부분적으로는 사기업의 차별 때문이다). 다양한 오락 산업(극장, 영화, 라디오 등) 분야에서도 유대인의 수가 늘고 있다.

때때로 유대인은 위험 부담이 있는 개인 사업(무역, 연예, 전문직)에 종사하는 비율이 불균형적으로 높다고 말한다. 이 사실 때문에 유대인은 대중의 시야에 잘 들어온다. 눈에 잘 띄지 않는 단조롭고 보수적인 직업(농사나 금융)에 종사하는 비율은 상대적으로 낮다.

어떤 반유대주의 이론은 유대인이 출세 지향적이고 눈에 잘 띄는 직업에 모인다는 표면적 경향에 주목한다. 그리고 이 직업들이 '보수적 가치의 변두리'를 대변한다고 주장한다. 신중한 사람들은 큰 위험을 감수하는 일에 그다지 찬성하지는 않는다. 특히 새로 유행하는 사업에는 더 그렇다. 이 '가치의 변두리' 이론은 역사의 전개 과정 내내 유대인이 유사한 위치에 있었다고 주장한다. 유대인은 한때는 고리대금업을 해야만 했다. (왜냐하면 기독교인이 고리대금을 죄악시했기 때문이다.) 그들은 언제나 종교적 가치의 변두리에 있었다. 이 이론에 따르면 오늘날에도 유대인은 여전히 건전한 보수주의에서 눈에 띄게 이탈해 있고 따라서 불신을 받는다.

3. **유대인은 야심적이고 열심히 일한다.** 이 주장을 입증할 만한 직접적인 방법은 없다. 한 사람이 지닌 전반적인 야심을 측정하는 검사는 없다. 그리고 사람마다 혹은 시간마다 혹은 직업마다 유대인이 비유대인보다 더 열심히 일하는지 증명하기란 쉬운 일이 아닐 것이다. 분명 다수의 유대인 천재들을 떠올리는 일이 어렵지는 않지만, 유대인의 성취가 비유대인의 성취보다 더 뛰어나다는 것을 입증할 수 있는 증거가 없다.

4. **유대인은 지능이 높다.** 지능 검사를 기준으로 삼는다면 일부 유대인은 지능이 **높고** 일부 유대인은 지능이 **높지 않다**고 말할 수 있다. 대체로 유대인 아이들의 **평균** 점수가 비유대인 아이들보다 약간 더 높다(178쪽 이하 참조). 그러나 그 차이가 충분히 크지도 않고 어떤 태생적 능력 차이가 존재한다고 결론 내릴 만큼 일관되지도 않다. 사소

한 차이가 생기는 이유는 유대인의 문화적 전통이 배움과 훌륭한 성과에 부여하는 보상과 가치로 설명할 수 있을 것이다.

5. **유대인은 배움을 몹시 사랑하고 존중한다.** 일반적으로 보면 이 주장은 사실인 것처럼 보인다. 비록 다른 민족 집단의 많은 이민자 가족도 자녀 교육에 열의를 보이지만 말이다. 이 주장과 관련된 가장 적절한 통계는 대학 진학률에서 나온다. 특정 사립학교에서 유대인 학생을 차별한 증거가 있는데도 유대인의 진학률은 증가하는 추세이다.[24] 185쪽에서 인용한 자료를 보면 동일한 추세가 1890년 프로이센에서도 뚜렷하게 나타난다. 유대인 문화를 잘 아는 사람들은 수세기 동안 유대인이 자녀 교육에서 공부와 학업의 가치를 크게 강조했다는 데 동의한다.

6. **유대인은 가족에 헌신한다.** 오늘날에는 유대인이나 비유대인이나 가족 간의 유대 관계가 약해진 것처럼 보이지만, 어쨌든 유대인 가족이 다른 가족들보다 유대 관계가 더 강하다는 사소한 증거가 있다.[25] 과잉 영양 섭취로 병원을 찾는 사례가 비유대인 아이들보다 유대인 아이들 중에 더 흔하다고 한다. 이 사실은 유대인 어머니들이 자식에게 지나치게 신경 쓴다는 것을 보여준다. 추정컨대 이것도 가족 헌신의 한 형태일 것이다.

7. 이것과 밀접하게 관련된 것이 **유대인은 배타적**이라는 주장이다. 이 비난은 여러 의미로 해석할 수 있다. 만약 유대계 자선 단체가 잘 조직되어 있고 미국이나 그 밖의 나라에 사는 궁핍한 유대인이 유대인 집단으로부터 아낌없는 지원을 받는다는 사실을 뜻한다면 뒷받침할 만한 증거가 있다. 그러나 유대인이 비유대인과 섞이지 않으려는 경향이 있다는 의미라면 증거가 없다.[26]

어느 계량사회학 연구에서는 유명 사립 남자 고등학교 학생들에게 방을 같이 쓸 사람을 고르라고 했다. 유대인 학생들은 비유대인 학생들보다 독방을 선호하는 경우가 더 많았다. 그들은 다른 유대인 학생과 방을 같이 쓸 수 있었지만 선택하지 않았다. 이 결과는 유대인의 배타성을 나타내기보다 오히려 유대인 학생들이 비유대인 학생들을 배타적이라고 생각해 그들에게 거부당할까 봐 두려워함을 보여준다.[27]

8. **유대인은 억압받는 자에게 동정심을 품는다.** 편견 태도 척도에서 나타난 유대인과 비유대인의 중첩 분포를 관용에 대한 집단 차이의 증거로 쓸 수 있다. 약 4백 명의 대학생들에게 흑인에 관한 편견 척도를 적용했다. 대학생들의 63퍼센트가 유대인이었는데, 이들 중 22퍼센트만이 반흑인 태도 분포의 **상위** 50퍼센트 안에 속했고 나머지 78퍼센트는 **하위** 50퍼센트 안에 속했다.[28] 이와 유사한 다른 편견 연구에서는 유대인의 평균적 태도가 가톨릭이나 개신교 집단의 평균적 태도보다 관용적이라는 사실을 보여준다.

9. **유대인은 돈을 밝힌다.** 이런 추정은 검사하기 어렵다. 특히 한 나라의 시민 대부분이 경쟁과 돈에 높은 가치를 부여하는 경우는 더 그렇다. 하지만 한 연구에 따르면 유대인 학생들이 개신교나 가톨릭을 믿는 학생들보다 더 뚜렷하게 '경제적 가치관'을 드러내지는 않았다.[29] 물론 한 연구만으로는 이 가설은 물론이고 다른 어떤 가설도 입증하기에 충분하지 않다.

10. **다른 차이**도 있다. 유대인의 특질이라고 추정되는 것들을 더 늘릴 수도 있지만 아마 증거가 점점 더 빈약해질 것이다.[30] 원칙적으로 말해 다른 차이를 검사하기 위해 직접 조사를 하지 않을 이유는 없다. 이를테면 사람들은 흔히 다음과 같이 말한다.

유대인은 매우 감정적이고 충동적이다.

유대인은 과시적이고 유별나게 소비 지향적이다.

유대인은 성미가 까다롭고 차별에 과민하다.

유대인은 교활하게 사업을 운영하며 정직하지 못하다.

그러나 신뢰할 만한 증거가 제시되기 전까지 이런 비난은 입증되지 않았다고 말해야 한다.

지금까지 유대인 집단에 대해 매우 상세히 논의했는데, 소수 집단을 규정하는 것과 (다른 집단이 그 집단에 품을 수 있는 이미지와는 별개로) 그 집단의 객관적 특징을 발견하는 것 모두 복잡한 문제임을 보여주기 위해서였다. 유대인 집단을 선택한 이유는 그들이 오랜 세월 동안 적개심과 편견의 대상이었기 때문이다. 그러나 연구 결과들은 그런 적개심을 정당화하는 데 객관적 근거로 삼기에는 부족함을 드러낸다. 민족 차이가 다소 나타나더라도 그 차이들은 모든 유대인이 문제의 성질을 지니고 있으리라는 예측을 보증할 만큼 충분히 크지 않다.

결론

6장과 7장에서 말했듯이 집단 차이는 좀 더 집중적으로 연구될 수 있고 연구되어야 한다. 지금까지의 조사 결과는 '자극 대상(stimulus object)의 본질'에 관한 몇 가지 사실을 드러낸다. 우선 이들 집단에 대한 지각과 사고에는 몇몇 진짜 차이들이 포함되어 있다는 것이다. 간단히 말해 우리가 집단들에 관해 형성한 범주적 개념 속에는 일말의 진실이 있다.

이와 동시에 J-곡선 차이를 제외하고는, 어떤 집단의 구성원이 그 집단 특유의 성질이라고 추정되는 것을 지녔으리라고 예측하는 일은 결코 개연성이 높지 않다는 사실을 알 수 있다. 또한 J-곡선 차이 혹은 그 밖의 어떤 유형의 차이든 그 차이가 원래 못마땅한 것이라는 연구 결과는 찾지 못했다.

도덕성과 개인의 인성은 측정하기가 가장 어렵다. 하지만 지금까지 이해한 바에 따르면, 사람들이 싫어하는 어느 집단의 성질이 그 집단에 속한 모든 (혹은 대부분의) 구성원이 지닌 고유의 특성이라는 증거가 나와서, 그 집단 전체를 향한 강한 반감을 정당화할 가능성은 낮아 보인다.

달리 말해 집단에 관한 연구는 어떤 집난에 대해 품는 적대감이 대체로 '받아 마땅한 평판'에 근거한 것이 아니라고 말한다. 그렇지 않다면 1장에서 설명한 것처럼 편견 연구는 곧 현실적 가치 충돌에 대한 연구가 될 것이다. 그러나 지금까지 집단 차이에 관해 알아낸 사실들은 대체로 편견을 설명하는 데 실패한다. 이미지와 감정이 증거를 앞질러 간 셈이다.

다음 단계는 지각하는 사람에게 가시성(visibility)과 낯섦(strangeness)이 심리적으로 끼치는 영향을 평가하는 것이 되어야 한다. 이제까지의 논의를 통해 우리는 편견이 복잡한 주관적 상태라는 것을 확인했기 때문이다. 편견에서 주도적 역할은 차이에 대한 **감정**이 담당한다. 심지어 그 차이가 상상의 산물이더라도 상관없다.

이 단계를 살펴본 뒤 우리는 새로운 방식으로 집단 차이의 문제를 다시 살펴볼 것이다. 편견의 피해자들도 행동을 한다. 그들도 생각하고 감정을 느끼고 반응한다. 모든 인간관계는 상호적이다. 모든 침략자에게는 침략당하는 자가 있다. 모든 잘난 척하는 사람에게는 그의 경멸적 시선에 분개하는 자가 있다. 모든 압제자에게는 그 압제에 저항하고자 하는 자가 있다. 따라서 피해의 반응으로 어떤 특질이 발전할 수 있으리라 예상하는 것은 합리적이다.

8장

가시성과 낯섦

지금까지 인종, 국민, 민족 집단의 진짜 차이 문제를 살펴봤다. 이제 이런 차이들이 어떤 방식으로 지각되고 부각되는지 보자. 앞에서 지적한 대로 사람들이 민족 차이에 관해 품는 이미지는 진짜 차이와 완벽하게 부합하지 않는다.

한 가지 이유는 (많지는 않지만) 일부 집단 차이가 눈에 잘 띄는 가시적 특징이 있기 때문이다. 흑인, 아시아인, 여성, 제복 경찰은 예단의 범주에 잘 들어맞는다. 왜냐하면 그들의 가시적 표시가 해당 범주를 활성화하기 때문이다.

다르게 말해 가시적이고 눈에 잘 띄는 어떤 특징이 집단 내에 나타나지 않는다면, 그 집단에 관한 범주를 형성하는 데 어려움을 겪으며 그 집단의 새로운 구성원을 마주할 때 범주를 떠올리기 어렵다. 가시성과 식별 가능성(identifiability)은 범주화에 도움이 된다.

외부인을 처음 만났을 때, 그에게 가시적 표시가 없으면 우리는 그에게 어떤 범주를 적용해야 할지 알지 못한다. 따라서 보통 우리는 그런 외부인을 대하는 데 경계하고 주저한다.

전해지는 한 이야기가 있다. 어느 시골 가게에 농부 한 무리가 모여 있었는데, 낯선 젊은이가 들어왔다. "비가 좀 내리는 것 같네요." 젊은이가 붙임성 있게 조심스레 말을 걸었지만 아무도 대답하지 않았다. 잠시 후에 한 농부가 그에게 질문을 던졌다. "이름이 어떻게 되시나?" "짐 굿윈입니다. 저 길을 따라 2킬로미터 정도 가면 제 할아버지가 사시던 곳이 있어요." "아, 에즈라 굿윈 말이로군. 그러게 말이야, 정말 비가 좀 내리는 것 같구먼." 어떤 의미에서는 낯섦이 그 자체로 가시적인 표시다. 낯섦의 의미는 이렇다. "외부인에게 범주를 적용할 수 있을 때까지 서두르지 마라."

외부인의 수용에 관한 일반 법칙이 하나 있는 것처럼 보인다. 외부인에 대한 대우는 그가 내집단의 가치를 구현하는 데 얼마나 이로운 자로 보이는지 아니면 불리한 자로 보이는지에 달려 있다.[1] 때때로 그의 역할은 잠깐 좋은 친구가 되어 주는 데 지나지 않는다. 테네시 구릉지대에서는 외부인의 행동을 규제하는 관례가 생겼다. 외부인은 개가 짖어서 주인에게 경고 신호를 보내지 않으면 누군가의 집에 도착하기 전에 큰 소리로 자신이 왔음을 알려야 한다. 또한 총을 소지하고 있다면 현관에 내려놔야 한다. 이렇게 했다면 외부인은 따뜻한 환대 속에 기꺼이 받아들여졌다. 구릉지대에 사는 사람들은 지루한 삶에서 잠시 벗어나게 해주는 외부인을 좋아하기 때문이었다.

만일 내집단이 새로운 사람들을 원하고 외부인이 그에 필요한 성질을 갖추고 있다면, 그는 아마도 영구적으로 환영받을 수 있을 것이다. 그러나 대개는 수습과 적응 기간이 주어진다. 긴밀하게 맺어진 일부 공동체에서는 신참을 완전히 받아들이기까지 몇 년이 걸릴 수도 있으며, 아예 한 세대 혹은 그 이상의 시간이 걸릴 수도 있다.

낯선 것에 대한 어린아이의 반응

만일 집단 편견의 본능적 토대가 있다면, 그것은 인간이 낯선 것에 보이는 머뭇거리는 반응에서 찾을 수 있을 것이다. 유아(infant)가 외부인에게 흔히 보이는 깜짝 놀라는 반응에 주목해보자. 6~8개월 정도가 됐을 때 유아들은 대개 외부인이 자기를 안아 들거나 자기에게 접근하면 울음을 터뜨린다. 두세 살 된 아이도 외부인이 너무 갑작스레 친근하게 다가오면 대개는 몸을 움츠리며 운다. 낯선 이를 향한 수줍음은 대개 사춘기까지 지속된다. 어떤 의미에서 이런 반응은 결코 없어지지 않는다. 우리의 안전은 주변 환경의 변화를 알아채는 데 달려 있기 때문에 우리는 외부인의 등장에 민감할 수밖에 없다. 집에 들어갈 때 가족이 집안 소파에 앉아 있다면 심지어 알아채지 못하는 경우도 있다. 그러나 외부인이 나타나면 정신을 바짝 차리고 그 사실을 의식하면서 경계심을 느낀다.

하지만 낯선 것에 대한 이런 '본능적인' 공포나 의심도 그리 많은 것을 설명해주지 않는다. 이런 반응은 정상적인 경우 잠깐 동안만 지속될 뿐이다.

> 한 실험이 11~21개월 사이의 유아들을 대상으로 수행됐다. 실험자는 아기들을 친숙한 보육 시설 환경에서 격리해 각자 낯선 방에 혼자 있게 했다. 아기들은 일면경을 통해 관찰됐다. 아기들 주변에는 쉽게 잡을 수 있는 장난감들이 사방에 널려 있었지만, 모든 아기가 처음에는 울음을 터뜨렸다. 이것은 분명히 환경 변화에 따른 두려움 때문이었다. 아기들은 방에 5분 동안 있다가 다시 육아실로 돌아갔다. 연구

자들은 아기들을 격일로 다시 그 새로운 방에 혼자 들여보냈다. 울음은 급격하게 줄었으며, 몇 번의 반복적인 시도 끝에 낯섦은 없어졌고, 모든 아기가 장난감을 갖고 아무런 저항 없이 만족스럽게 놀았다.[2]

3장에서 우리는 친숙함이 '좋음'의 감각을 낳는다는 것을 살펴봤다. 친숙함이 좋은 것이라면 낯섦은 나쁜 것이어야 한다. 하지만 시간이 지나면 낯선 모든 것은 저절로 친숙해진다. 그러므로 친분이 생길수록 외부인은 다른 모든 조건이 동일하다면 대개 '나쁜' 사람에서 '좋은' 사람으로 바뀔 것이다. 그렇기 때문에 편견을 설명할 때 '외부인에 대한 본능적인 두려움'에 지나치게 의존해서는 안 된다. 아동은 불과 몇 분 만에 새로운 사람에게 익숙해져서 그를 두려워하는 반응이 완화되기도 한다.

가시적 차이와 진짜 차이

가시성의 문제로 돌아가자. 먼저 주목해야 할 점은 우리는 경험을 통해서 사물이 다르게 보이면 대개 다른 것임을 안다는 것이다. 하늘의 먹구름은 흰 구름과는 매우 다른 의미를 지닌다. 스컹크는 고양이가 아니다. 우리의 안락함, 더 나아가 우리의 삶은 다른 대상을 접할 때 다르게 행동할 줄 아는 법을 배우는 데 달려 있다.

모든 인간은 외관상 차이가 있다. 우리는 특정 종류의 행동이 어른이 아니라 아이에게서, 남자가 아니라 여자에게서, 내국인이 아니라 외국인에게서 나오리라 기대한다. 따라서 흑인이 백인과 매우 다를 것이라거나 치켜 올라간 눈과 누런 피부를 가진 사람이 일자 눈과 하얀 피부를 가진 사람과 다르리라는 순진한 **기대**는 비정상적이지도 않고 편견도 아니다.[3]

제2차 세계대전 동안 흑인 부대는 먼저 유럽에 파병된 미군 백인 부대가 자기들을 적대시하는 반흑인 선전을 퍼뜨려놓았다고 종종 불평했다. 그렇게 믿는 이유가 무엇이냐고 흑인 병사들에게 묻자 자기들이 유럽에 상륙했을 때 사람들이 뚫어져라 쳐다보며 낯설게 대하더라고 대답했다. 더 그럴듯한 진실을 말하면, 유럽의 백인은 이전에 흑인을 거의 본 적이 없거나 전혀 본 적이 없었고, 그래서 피부색이 다른 만큼 흑인이 정말 다른 사람인지 알고 싶어서 그들을 주의 깊게 관찰한 것이었다.

사람들 사이의 몇몇 가시적 차이가 개인적이고 독특하지만(사람들 개개인의 얼굴에는 각자 나름의 고유한 모양과 표정이 있다), 대부분의 차이는 유형화될 수 있다. 성의 차이와 연령의 차이가 좋은 예이다. 외집단임을 보여주는 많은 차이 역시 유형화될 수 있다. 예를 들면 다음과 같다.

피부색
얼굴 생김새
몸짓
일반적인 얼굴 표정
말투 혹은 억양
옷
예의범절
종교 관습
식습관
이름
거주 지역

휘장(예를 들어 구성원 지위를 표시하는 옷깃의 단추 혹은 제복)

이런 차이들 중 일부는 신체적이고 타고난 것이지만, 다른 것들은 어떤 집단의 구성원을 나타내는 상징으로서 학습되거나 영향받은 것들이다. 누구나 옷깃에 퇴역 군인 휘장을 달거나 공제회 핀이나 반지를 해야 하는 것은 아니다. 때로는 집단 구성원들이 자신들의 '가시성'을 줄이려고 노력하기도 하지만(일부 흑인은 얼굴에 금발 백인처럼 분을 바르거나 곱슬머리 펴는 기계를 쓰기도 한다), 다른 사람들은 (특징적인 옷차림을 하고 휘장을 착용하는 식으로) 자신들의 소속을 부각하려고 애쓴다. 어쨌든 중요한 점은 다르게 보이는 (혹은 다른 소리를 내는) 집단은 정말로 '다른 집단인 것처럼' 보이는데, 때로는 원래 다른 정도보다 더 많이 다른 것처럼 보인다는 것이다.

이 법칙은 흥미로운 결과를 낳는다. **다른 것 같은** 집단은 결국 달라 보인다고 생각하게 된다는 (혹은 달라 보이게 만들어진다는) 것이다. 나치 독일에서 유대인의 가시적 특징은 정체 확인의 완벽한 길잡이가 아닌 것으로 밝혀졌다. 그래서 유대인은 노란색 완장을 차도록 조치됐다. 기독교도와 이교도를 구분할 수 없어 곤경에 처한 교황 인노켄티우스 3세(1484~1492년 재임)는 모든 불신자가 독특한 방식으로 옷을 입어야 한다는 칙령을 내렸다. 마찬가지로 많은 백인은 흑인이 외모뿐 아니라 독특한 냄새도 난다고 주장함으로써 흑인의 '가시성'을 높이기 위해 노력한다.

요약해보자. 지각 가능한 차이들은 내집단과 외집단을 구분하는 데 기본적으로 중요하다. 범주는 가시적 징표를 필요로 한다. 이 요구는 너무나 강해서 가시성이 실제로 없어도 때로는 정말 있다고 상상될 정도이다. 피부색으로 백인을 알아보는 많은 아시아인은 공통적인 체취로도 식별할 수 있다고 **생각한다**. 여러 해 동안 미국인은 모든 볼셰비키가 구레나룻을 길렀을 것이라고 **상상했다**. 최근에는 (상당히 두려운 외집단인) 공산주의자들이 가시성을 보이지 않아서 주(州)와 국가의 입법 기관들이 골치 아파했고 그 때문에 '그들을 색출하는 데' 큰 액수의 돈을 지출했다. 즉, 공산주의자들을 이름으로 확인할 수 있게 함으로써 그들을 한층 가시적으로 만든 것이다.

사람들은 가시성이 존재할 경우 거의 언제나 그런 가시성이 더 깊은 내면의 특질과 실제보다 더 강하게 연결되어 있다고 생각한다.

가시성의 정도

인류학자 키스 경은 어느 집단의 구성원인지 얼마나 쉽게 식별할 수 있느냐에 따라 인종(군, 형, 종족) 간 가시성의 등급을 분류했다.[4]

전(全)식별 유형 = 모든 구성원 인지 가능
대(大)식별 유형 = 80퍼센트 이상 인지 가능
중(中)식별 유형 = 30~80퍼센트 인지 가능
소(小)식별 유형 = 30퍼센트 미만 인지 가능

이 분류를 사용하면 유대인은 중식별 유형에 속한다고 할 수 있을 것이다. 사진을 이용한 여러 실험에서 외모만으로 유대인임을 구분할 수 있는 비율은 약 55퍼센트 정도였다.[5] 실험 참가자들은 아르메노이드의 가시적 흔적이나 얼굴 표정에 나타나는 민족적 버릇 같은 요소를 근거로 삼아 비유대인과 유대인을 상당히 정확하게 알아봤다. 만일 이들에게 이를테면 유대인의 얼굴과 시리아인의 얼굴을 구분하라고 했다면 틀림없이 성공률이 그리 높지는 않았을 것이다.

편견이 있는 사람이 편견이 없는 사람에 비해 혐오하는 외집단의 구성원을 더 잘 알아볼 수 있다는 사실은 매우 놀랍다. 방금 인용한 연구가 이 점을 입증하는데, 심리학적으로 말해서 설명하기가 어려운 문제는 아니다. 편견이 있는 사람에게는 자신의 '적'을 알아볼 수 있는 단서를 학습하는 것이 **중요하다**. 그는 점차 예리하게 관찰하고 의심이 많아진다. 만나는 모든 유대인이 자기에게 잠재적 위협이 된다고 생각하기 때문에, 유대인임을 가리킬 수 있는 모든 징표에 예민해진다. 한편 편견이 없는 사람에게 집단 정체성의 문제는 거의 관심 밖이다. 이 사람에게 그의 친구가 유대인인지 아닌지 묻는다면 아주 진지하게 이렇게 답할 수도 있다. "글쎄요, 모르겠어요. 그 문제는 생각해본 적이 없는데요." 이 문제를 생각하지 않는 사람이라면 외집단을 구분하는 데 필요한 단서를 관찰하거나 학습할 가능성이 낮다.

아시아인이나 흑인은 대부분 인지 가능하지만 전부는 아니다. 따라서 이 인종군은 전식별 유형이 아니라 대식별 유형일 것이다. 백인으로 '통하는' 흑인은(물론 대체로 백인 혈통이지만 흑인의 피가 일부 섞인 사람을 말한다) 반흑인 편견을 지닌 사람들 사이에서 많은 관심을 받아 왔다. 그들은 이 문제가 중요하다고 생각하는 것 같다. 밝은 피부색의 흑인은 에스파냐계나 이탈리아계, 심지어는 거무스레한 앵글로 색슨족으로 여겨질 수도 있고 흑인 집단과 전혀 동일시되지 않을 수도 있다. 매년 최소 2천 명에서 최대 3만 명 사이의 흑인이 본래 속해 있던 흑인 집단에서 슬그머니 이탈해 백인으로 간주된다.[6] 아마도 최소 추정치(2천 명)가 더 정확할 것이다.

동일 인종군에 속하는 두 외집단을 구분하는 일은 해당 집단을 알고 친숙한 사람이더라도 대개는 어렵다. 한 연구자가 스탠퍼드대학과 시카고대학의 백인 학생들에게 미국에서 대학을 다니는 중국인과 일본인 학생들의 사진을 주고 구분해보라고 요청했다. 결과는 전반적으로 형편없었다. 무작위로 고르는 것보다 더 나을 것이 없는 수준이었다. 그나마 아시아에서 온 학생들에게 좀 더 익숙했던 스탠퍼드 학생들이 시카고 학생들보다 점수가 약간 높았다.[7]

색깔이 지각에 끼치는 영향이 너무나 강력해 사람들이 얼굴에 관해 그 이상의 판단을 하지 못하는 경우가 자주 있다. 미국인은 아시아인이 아시아인인 것은 알아도 중국인인지 일본인인지는 판단하지 못한다. 또한 사람들은 얼굴의 **개별성**도 지각하지 못한다. 미국인은 자신들 눈에 모든 아시아인이 비슷해 보인다는 것을 솔직히 인정하면서도, 아시아인이 '미국인이 모두 비슷해 보인다'고 불평하는 것을 알면 괜히 괘씸해한다. 흑인과 백인의 얼굴 기억을 다룬 한 실험에서, 반흑인 편견이 심한 사람들은 사진 속 백인의 개별 얼굴은 잘 알아보면서도 그만큼 많은 **개별** 흑인의 얼굴은 알아보지 못했다.[8]

개인차에 관한 지각이 피부색이나 민족 유형에 대한 총체적 인상 너머로 나아가지 못한다는 것은 대체로 사실이다. 그러나 이런 경향은 가시성의 범위 내에서 자기와 **가까운** 사람들에게서는 뒤집힐 수도 있다. 백인은 중국인과 일본인을 외관상 구분할 수 없을지도 모르지만, 말할 필요도 없이 중국인과 일본인은 서로를 구분할 수 있을 만한 모든 단서를 학습한다. 프로이트는 '작은 차이에 대한 나르시시즘(Narzismus der Kleinen Differenzen)'에 관해 말했다. 우리는 우리와 닮았지만 어느 정도는 다른 사람과 자신을 주의 깊게 비교한다. 프로이트에 따르면 작은 차이란 자신에 대한 암묵적인 혹은 잠재적인 평가이다. 그래서 우리는 그 차이가 무엇인지 주의 깊게 주목해 (브리지 게임장에서 만난 도시의 두 여성은 상대의 차림새를 유심히 살필 것이다) 대개는 자신에게 유리한 방식으로 상황을 판단한다. 외관상의 '쌍둥이'가 어쨌든 자기만큼 멋지지는 않다고 판단하는 것이다. 종교 분파의 분열은 '작은 차이에 대한 나르시시즘'을 잘 설명해주는 것처럼 보인다. 외부인의 눈에 루터교 신자는 루터교 신자일 뿐이지만 내부자의 눈에는 그가 어떤 종파에 속하는지가 차이를 만든다.

미국 남부 주를 여행하던 인도인 여성이 있었다. 어느 호텔 직원이 그의 검은 피부를 보고 투숙을 거절하자, 그 여성은 머리 장식을 풀어 자기가 곱슬머리가 아니라는 것을 보여주고는 방을 얻어냈다. 직원의 최초 행동에 단초가 된 것은 바로 피부색이었다. 인도인 여성은 '작은 차이'에 더 예민한 감각을 지녔기에 직원이 지각한 내용을 변경하도록 만들어 자기를 재분류하게 했다.

물론 피부색, 머리카락, 얼굴 생김새는 (이 책에서 쓰이는 의미로서) 가시성의 형태 중 일부에 불과하다. 예를 들어 유대인에게는 다른 가시적 속성이 있다. 유대교 회당 출석, 안식일과 음식에 관한 율법 준수, 할례 관습, 가족 이름 따위가 그렇다. 1장에서 언급한 것처럼 유대인스러운 이름만으로도 가시적 단서가 되어 많은 결과를 가져올 수 있다. 이런 단서들은 많건 적건 신뢰할 만한 것이건 아니건 사람들의 주목을 끌어 범주적 판단을 내리도록 하는 경향성을 유발한다.

미국의 청교도 정착민들은 '로마가톨릭'의 가시적 징표들을 특히 못 견뎠다. 그들은 미사를 경계했고 불쾌해했으며 교회 첨탑 위에 있는 십자가도 싫어했다. 최근까지도 일부 엄격한 개신교도들은 크리스마스트리에 초를 놓는 것을 금기하는데, 그것이 '가톨릭식'으로 보이기 때문이다. 이 경우 가시적 징표는 그것이 상징하는 대상 자체와 혼동된 것이다. 다시 말해서 징표는 단서로서 전체 범주를 떠올리게 하므로 사용하면 안 되는 것이다. 실제로 청교도들은 권위주의적인 교회 만능주의를 싫어했지만 단지 그 상징만 봐도 격분했고 회피했다.

태도의 응결

상징과 그 상징이 가리키는 대상을 혼합하는 이 경향성을 **응결**(condensation)이라고 부를 수 있다. 응결은 다양한 형태를 띠고 많은 결과를 낳는다. 피부색을 예로 들어보자. 지난 세기 동안 특히 '황화론'°에 관한 경고음이 울려 퍼졌다. 동시에 '백인의 책무'°가 선의를 가장한 관심의 대상이 되었다. 한 이론은 이렇게 주장한다. 유럽의 기업가와 관료가 중국, 인도, 말레이 반도, 아프리카에서 행한 착취와 빈번한 잔혹 행위가 백인에게 양심의 가책을 남겼다는 것이다. 거무스름한 피부를 가진 사람들의 입장에서 당연히 품을 만한 복수심을 막연히 걱정하던 백인은 점점 더 두려워했고 두려움이 주는 압박이 점점 더 커졌다.

이유가 무엇이건 간에, 백인에게 피부색은 별똥별만큼이나 가시적으로 두드러진 특징이며 상징적으로도 중요하다. 그러나 전반적으로 세계의 유색인은 피부색을 별로 문제시하지 않는다. 그들에게 피부색은 삶의 기본 문제와 거의 관계가 없는 것 같다. 한 흑인 여성이 제한 계약과 관련된 사건에서 원고 측에 섰다. 피고 측 변호사가 그에게 질문을 던졌다. "당신의 인종은 무엇이죠?" "인간 종입니다." 그가 답했다. "그러면 당신의 피부색은 무엇입니까?" "자연색입니다." 그가 대답했다.

황화론(yellow peril) 19세기 말에 등장한 황색 인종 억압론. 청일전쟁 당시 독일 황제 빌헬름 2세가 황색 인종이 백인 문명을 위협할 것이라 경고함으로써 황인종에 대한 백인종의 단결된 억압을 주장했다.

백인의 책무(white man's burden) 영국의 호전적인 팽창주의자이자 제국주의자였던 시인 조지프 러디어드 키플링(Joseph Rudyard Kipling)이 미국의 필리핀 정복에 맞춰 1899년 2월 4일 〈런던타임스〉에 기고한 시의 제목인데, 이후 관용어로 사용되었다. 키플링은 이 시에서 백인이 유색 인종과 야만인들에게 서구의 문명을 전달해야 하는 이른바 백인의 책무를 지녔다고 역설했다. 이 주장은 서구 국가들의 제국주의에 심리적 정당성을 부여했다.

거무스름한 피부가 그 자체로 못마땅한 대상은 아니다. 실제로 많은 백인이 진한 피부색을 좋아한다. 보통 사람들의 피부 표피 기저층에는 멜라닌 색소가 있다. 멜라닌은 그리스어로 **검다**는 뜻이다. 미국 북부 지역에 거주하는 많은 사람들은 휴가철에 선탠로션의 도움을 받아 멜라닌 색소의 양을 늘리기 위해 최선을 다한다. '땅콩 같은 갈색', '원주민 같은 붉은빛', '흑인 같은 검은색'은 성공적인 여름 휴가를 표현하는 찬사이다. 일광욕을 즐기는 사람은 흑인 같은 피부색을 갈망한다.

그렇다면 왜 자연의 호의를 입어 검은 피부를 갖고 태어난 사람들이 존경은커녕 혐오를 받아야만 할까? 그것은 그들의 피부색 때문이 아니라 그들의 낮은 지위 때문이다. 흑인의 피부는 색소 이상의 것을 의미한다. 그것은 사회적 열등성을 뜻한다. 일부 흑인은 이 사실을 깨닫고 피상적 대책을 찾는다. 그들은 화장품에 의존함으로써 흑인이라는 낙인을 지울 수 있으며, 어쩌면 그 낙인이 의미하는 현실적 불이익에서도 벗어날 수 있으리라 생각한다. 타고난 피부색이 아니라 그것이 불러오는 사회적 굴욕을 거부하는 것이다. 그러므로 흑인도 응결의 피해자이다(단서와 그 단서가 의미하는 대상을 혼동하기 때문이다). 이처럼 가시성은 양측 모두에게 매우 중요한 상징으로 작용하며 가시성 자체와는 거의 상관없는 범주를 활성화한다.

감각적 혐오

시각적 단서는 온갖 종류의 연상이 연결되는 거점으로 작용한다. 여기에 다른 감각과 관련된 연상들이 추가로 연결되기도 한다. 사람들은 시지각(視知覺)에서 상이한 피부색을 가진 사람들은 틀림없이 '혈통'도 다르리라는 생각으로 빠르게 넘어간다. 그리고 그들이 지닌 체취와 충동도 다를 것이라고 생각한다. 그렇게 해서 사람들은 자신의 부정적 태도에 대한 감각적이고 본능적이고 '동물학적인' 설명을 발전시킨다.

이 과정이 매우 자연스러운 이유는 감각적 혐오와 불쾌감이 사실 흔한 경험이기 때문이다. 우리 모두는 거의 반사적인 혐오감과 반감을 품고 있다. 이를테면 복숭아의 촉감, 마늘 냄새, 칠판에 분필이 긁히는 소리, 머리에 기름이 끼거나 구취가 심한 사람, 이가 나간 접시, 마시멜로 맛, 어린애 말투로 애완견에게 말을 건네는 여성이 그 대상이 될 수 있다. 한 연구자는 천 명이 넘는 사람들에게 지독하게 싫은 것들을 말해 달라고 요청했다. 그러자 사람들은 저마다 감각적이거나 유사 감각적인 혐오 대상을 평균적으로 스물한 가지나 언급했다. 게다가 반감 대상의 약 5분의 2는 인간의 신체적 특질, 태도, 복장에 관련됐다.[9]

이런 감각적 혐오 중에서 타고난 것은 소수이고 학습된 것이 대부분이다. 어떻게 혐오를 지녔건 간에, 혐오는 혐오를 자극하는 대상을 몸서리치며 피하게 만들거나 그 대상으로부터 우리 자신을 보호한다. 혐오는 그 자체로는 편견이 아니지만 편견을 쉽게 합리화하는 역할을 한다. 여기서 다시 상징과 태도의 **응결**이라는 결과를 확인할 수 있다. 즉, 외집단을 싫어하는 다른 이유가 있으면서 '말로는' 감각적 이유를 드는 것이다.

대부분의 사람들은 땀 냄새를 혐오한다. 가령 한 백인이 흑인은 (혹은 아시아인이나 다른 외국인이) 몸에서 독특한 냄새가 난다는 이야기를 **듣는다**고 가정해보자. 이런 언어 '정보'는 (거의 확실히 직접 검증된 적은 없지만) 감각적 혐오와 편견을 연결한다. 그 백인은 땀을 생각하면 흑인이 떠오르고 흑인을 생각하면 땀이 떠오른다. 이 연상된 관념은 하나의 범주를 형성한다. 그는 머지않아 흑인의 냄새 때문에 흑인 곁에 있을 수 없다는 동물학적 진단을 내놓을 것이다. 그리고 이 진단은 자연스럽고 본능적인 반감이므로 흑인을 강제로 분리하는 것 말고는 흑인 문제를 해결하기 위해 할 수 있는 일이라고는 아무것도 없다고 말할 것이다.

'냄새 논쟁'은 너무나 흔히 듣는 이야기라서 더 검토해볼 만한 가치가 있다.[10] 심리학자들은 우리의 후각에 관해 세 가지 중요한 사실을 말한다.

(1) 냄새는 매우 정서적이라서 거의 중립적일 수 없다. 불결한 냄새는 반감과 혐오를 일으킨다. 향수는 연애 감정을 자아내기 때문에 팔린다. 따라서 특이한 집단에서 나는 특이한 체취는 매력과 거부의 느낌을 일으킬 수 있을 것이다. 때때로 아시아인은 백인 특유의 불결한 냄새가 육식 탐닉에서 비롯한다고 말한다.

편견을 코로 설명하는 이 이론을 수용할 수 있으려면, 먼저 불결한 냄새가 단지 상상의 산물이 아니라 진짜라는 것과 외집단 **특유의** 냄새라는 것, 즉 그 냄새를 (우리가 매력을 느끼는) 내집단 구성원보다 (우리에게 불쾌감을 주는) 외집단에서 더욱 뚜렷하게 맡을 수 있다는 것을 입증해야 할 것이다. 포착하기 어려운 몸의 냄새를 연구하는 일은 어렵지만, 임시적이나마 유익한 연구 하나를 아래에서 설명하겠다.

(2) 냄새가 지닌 연상의 힘은 강하다. 어떤 향기가 어린 시절 방문한 오래된 꽃집의 이미지를 갑자기 불러낼 수도 있다. 사향 냄새는 할머니네 거실을 떠오르게 할지도 모른다. 마찬가지로 우리가 만난 적이 있는 이탈리아 사람과 마늘 냄새를, 이민자와 싸구려 향수를, 북적거리는 공동 주택과 고약한 냄새를 관련지은 적이 있다면, 그 냄새를 새로 맡을 때 이탈리아인, 이민자, 빈민가 공동 주택 거주자들을 떠올릴 수 있을 것이다. 우리는 이탈리아 사람을 만나면 마늘 냄새를 떠올리고 심지어는 그 '냄새를 맡을' 수도 있다. (이런 연상 작용

이 일으키는) 후각적 환각은 일상적으로 일어난다. 이로 인해 후각적 연상 작용을 형성한 사람들은 모든 흑인이나 모든 이민자에게서 냄새가 난다고 확신할 수 있다.

(3) 사람들은 냄새에 빠르게 적응한다. 분명히 코를 찌르는 짙은 냄새가 나는 상황에서도(체육관, 공동 주택, 화학 공장 등) 금방 둔감해져서 몇 분만 지나면 더는 그 냄새를 맡지 못한다. 이 사실은 역겨운 냄새 탓에 특정 집단을 싫어한다는 논거를 크게 약화한다. 유아의 외부인에 대한 두려움처럼 새로운 것에 대한 적응은 너무나 빠르게 일어나기 때문에 그처럼 허술한 토대에 편견의 이론을 세우는 것은 말이 되지 않는다. 하지만 앞서 말한 바와 같이, 빠른 둔감화는 냄새가 지닌 엄청난 힘, 즉 대상의 **관념**과 관련된 연상들을 지속적으로 형성하는 힘에 의해 상쇄된다.

그러면 사실은 무엇인가? 예를 들어 흑인은 특유의 냄새가 나는가, 아니면 나지 않는가? 아직 이 질문에 결정적인 답을 할 수는 없다. 하지만 몰란(George K. Morlan)의 연구에서 몇 가지 사소한 실험적 증거를 확인할 수 있다.

> 몰란은 50명이 넘는 사람들에게 각각 두 명의 백인과 흑인 남학생의 체취를 구분해 판단하도록 요청했다. 실험 전반부에는 네 명의 학생들이 바로 샤워를 마치고 나온 상태였다. 후반부에는 학생들이 15분 동안 격렬한 운동을 한 후에 땀을 흠뻑 흘린 상태였다. 판단하는 사람들 중 압도적 다수가 몸 냄새에서 아무런 차이도 말하지 못하거나 대상을 잘못 짚었다. 정확하게 대상 확인이 이루어진 극소수의 경우에도 그것이 순전히 넘겨짚은 차원을 넘어섰다고 보기는 어려웠다.[11]

이런 실험은 참여자들에게 매우 불쾌한 느낌을 주겠지만, 그 불쾌감은 흑인이건 백인이건 땀에 젖은 몸이 **똑같이** 유발하는 것처럼 보인다.

냄새는 기묘한 심리적 십볼렛이다. 냄새는 내면의 주관적 감정(그리고 편견)을 가장 강하게 불러일으킨다. 하지만 냄새의 역할은 주로 너무나 개인적이고 주관적이어서 그 자체만으로는 이해되거나 분석될 수 없는 정서를 옹호하는, '객관적인' 변명 혹은 합리화 장치인 것 같다.

논의

이제 왜 '가시성'이(피부색의 경우에는 진짜이지만 냄새나 다른 '감각적' 성질들은 상상의 산물인 경우가 흔하다) 중심적 상징이 되는지 이해할 수 있다. 만일 어느 집단의 구성원들이 특유의 감각적 특성을 지녔다고 할 수 있다면, 그 특성들은 그 집단에 관한 온갖 종류의 생각과 감정을 '응결하는 요술 지팡이'로서 역할을 할 것이다. 이 응결하는 요술 지팡이의 존재가 바로 외집단을 하나의 공통된 단위로 생각하게 한다. 2장에서 우리는 한 범주가 가능한 한 모든 대상을 자기에게로 동화시킨다는 점을 살펴봤다.

여기서 다시 한번 성차 문제를 생각해보자. 물론 성의 차이는 가시성이 높다. 그러나 그 차이들이 모든 문화에서 성차에 관한 인간의 사고를 왜곡한다. 여성들은 외관상 다를 뿐 아니라 바로 그렇기 때문에 생물학적 본성상 덜 지적이고 덜 합리적이며 덜 정직하고 덜 창조적인 존재로 여겨진다. 일부 문화에서는 심지어 여성에게는 영혼이 없다고 생각한다. 실제 존재하는 신체적 차이가 총체적(범주적) **종**의 차이로 간주되는 것이다. 이런 방식으로 흑인도 단지 검은 피부만이 아니라 검은 정신을 지닌 열등하고 나태한 사람들로 생각된다. 물론 이런 성질 중 어느 것도 피부색과 유전적으로 연결되지 않는다.

요약해보자. 시각적 차이는 자민족 중심주의의 발달에 큰 도움이 된다. 그러나 **도움**이 되는 것이지 해명하는 것은 아니다. 사람들이 느끼는 반감은 기껏해야 아주 일부만 가시적 차이에서 비롯될 뿐이다. 그런데도 정반대로 현실에서는 가시적인 차이가 편견을 합리화하는 구실을 한다.

특히 큰 재앙이 닥칠 때는 가시성이 매우 중요한 문제가 될 수 있다. 경기 침체는 러시아인과 폴란드인이 게토로 달려가 가시적이고 접근하기 쉬운 상대였던 유대인 '적'을 공격하게 만들었다. 인종을 둘러싼 불만이 가득한 시기에는 모든 흑인이 즉시 박해의 대상이 될 수 있다. 1923년에 간토 지방에서 지진이 발생하자 일본인은 광란의 공포와 히스테리에 빠져 아무런 잘못이 없는 조선인을 공격했다.

충돌 상황에서는 집단 사이에 분명한 구분이 필요하다. 적을 확인할 수 없다면 공격할 수도 없다. 낮은 가시성은 혼란을 야기한다. 앞서 언급했듯이 최근 들어 '공산주의자들'의 상대적인 비가시성으로 인해 미국에서는 사회 혼란이 일었다. 공산주의자라는 증오 집단의 구성원을 확인할 분명한 방법이 존재하지 않은 탓에, 의회와 주 정부 입법자들은 그들을 색출하기 위해 많은 노력과 시간을 투자했다. 교수, 성직자, 공무원, 진보주의자, 예술가도 '공산주의자들'을 가시적으로 만들려는 매카시즘의 소용돌이에 휘말렸다.

주목할 필요가 있는, 가시성의 이해하기 어려운 심리적 귀결이 하나 더 있다. 다음의 예리한 자기 관찰자가 기술한 일화를 보면 그 본질을 이해할 수 있다.

최근에 나는 뉴욕의 거리를 걷던 중 한 나이 든 유색인 여인을 지나쳤다. 그는 얼굴에 심한 마마 자국이 있었고 연신 침을 뱉고 있었다.

나는 유사한 상황의 백인을 본 적이 있고, 그럴 때면 오로지 연민이나 동정심만을 느꼈다. 나 자신도 여러 해 동안 심각한 좌창 감염으로 고생한 적이 있었기 때문이다. 그러나 같은 조건에 놓인 **유색인**의 모습을 보면서 나는 불쾌하고 역겨웠다. …… 유대인이나 흑인이 사회적 규약을 침해한다고 생각해보라. 그는 즉시 유사한 상황에 처한 덜 특징적인 소수 집단의 구성원보다 훨씬 더 심한 제재를 받을 것이다.

이 사례에서 알 수 있는 것은 **관용적인** 사람조차 혐오의 **진짜** 원인을 혐오와는 **상관없는** 가시적 특징과 혼합하는 경향이 있다는 것이다. 자기와 같은 집단에 속한 구성원이 사소한 잘못을 저지른다면 그냥 지나치겠지만, 외집단 구성원이 같은 잘못을 범한다면 관용을 베풀지 않는 것처럼 보인다. 이것이 바로 또 다른 **응결**의 예이다. 실제 자극이 그와 무관한 가시적 단서와 연결되고 그 둘의 힘이 합쳐진다.

만약 정말로 가시성이 실제 위협에 부합한다면 다행스러운 일일 것이다. 사회의 어떤 개인들은 동료 인간에게 기생충이자 거머리이자 위험인물이다. 그러나 그들은 거의 눈에 띄지 않는다. 외모만 봐서는 누가 사회의 적인지 말할 수 없다. 만약 그들 모두가 녹색 피부나 붉은 눈이나 납작코를 갖고 있다면 편리할 것이다. 그렇다면 사람들의 증오는 합리적으로 가시적인 단서에 따를 것이기 때문이다. 지금 상황은 그게 아니다.

9장

방어 기제

자연의 흐름에 따라 우리에게 운명적으로 찾아오거나
우연이나 숙명에 의해 닥쳐온 수난은
다른 어떤 이가 임의의 의지로
우리에게 가한 수난만큼 고통스럽지는 않은 것 같다.
– 아르투르 쇼펜하우어

만일 당신이 게으르고 본성상 모자란 애 같고 도둑질이나 할 것처럼 보이고 열등한 혈통을 타고났다는 이야기를 반복해서 계속 듣는다면, 당신의 성격이 어떠할지 상상해보라. 동료 시민 대다수가 이런 생각을 당신에게 강요하고 당신이 무슨 일을 어떻게 하든지 바꿀 수 없다고 생각해보라. 왜냐하면 당신이 어쩌다 검은 피부로 태어났기 때문이다.

혹은 당신이 빈틈없고 예리하고 사업에 성공할 것으로 예상되나, 동호회나 호텔에서는 환영받지 못하고 오로지 유대인하고만 어울릴 것으로 여겨지며, 혹시라도 정말 유대인하고만 어울리면 가차없이 비난받으리라는 소리를 노상 듣는다고 상상해보라. 그리고 당신이 무슨 일을 어떻게 하더라도 이 생각을 바꿀 수가 없다고 생각해보라. 왜냐하면 당신이 어쩌다 유대인으로 태어났기 때문이다.

누구든 자기에 관한 평판을 옳건 그르건 머릿속에 되풀이해서 주입받는다면 성격에 변화가 생기지 않을 수 없다.

자기가 모든 측면에서 거부당하고 공격받는다는 사실을 알게 된 아이가 긍지와 평정심을 두드러진 특질로 발전시킬 가능성은 낮다. 반대로 아이는 방어 기제를 발달시킨다. 위협적인 거인들의 세계에 사는 난쟁이처럼, 아이는 대등하게 싸울 수 없다. 아이는 어쩔 수 없이 그들의 조롱과 비웃음을 들어야 하며 그들의 학대에 굴복할 수밖에 없다.

난쟁이 같은 아이가 자아 방어를 위해 할 수 있는 일은 아주 많다. 그는 안으로 움츠릴 수도 있다. 거인들과는 거의 말을 섞지 않고 말하더라도 정직하게 하지 않을 것이다. 그는 위안과 자기 존중을 얻기 위해 다른 난쟁이들과 가깝게 모여 함께할 수도 있다. 그는 가능한 한 거인들을 속이면서 달콤한 복수를 맛보려 할 수도 있다. 때로는 자포자기한 심정으로 거인을 필사적으로 몰아내거나 거인에게 돌팔매질을 할 수도 있다. 단, 그렇게 해도 안전하다면 말이다. 혹은 절망에 빠져 거인이 기대하는 역할을 그대로 따르고 있는 자신을 발견할 수도 있고, 점차 그의 주인이 난쟁이에 대해 품은 경멸적인 견해를 공유하는 데에 이를지도 모른다. 계속된 경멸 속에 그의 자연스러운 자기애는 급기야 자신의 정신을 비굴과 자기 혐오로 둔갑시킬 것이다.

자아 방어

흔히 정의를 열망하는 관용적인 사람들은 소수 집단의 구성원들 사이에 어떤 고유의 특질이 존재한다는 것을 부인한다. 그들은 소수 집단 사람들도 다른 모든 사람들과 '그저 같다'고 생각한다. 이런 판단은 넓은 의미에서는 옳다. 앞에서 살펴봤던 것처럼, 집단 차이는 사람들이 보통 추정하는 것보다 훨씬 작기 때문이다. 집단 내 차이가 거의 언제나 집단 간 차이보다 더 크다.

그러나 누구도 타인의 **학대**와 **기대** 앞에서는 초연할 수 없기 때문에, 조롱과 비방과 차별의 대상이 되는 집단의 구성원들에게 자아 방어의 특질이 빈번하게 발견될 수밖에 없다. 그렇지 않을 수가 없다.

하지만 박해에서 비롯된 특질에 관해 염두에 둬야 할 아주 중요한 두 가지 고려 사항이 있다. (1) 모두가 불쾌한 특질이 아니라는 것이다. 일부는 사회적으로 긍정적이고 건설적이다. (2) 정확히 어떤 자아 방어가 발달할지는 대체로 개인의 문제이다. 박해받는 집단의 구성원들은 온갖 형태의 자아 방어를 보일 수 있다. 어떤 사람들은 소수 집단의 지위를 쉽게 받아들여 놀랍게도 그들의 성격을 보면 소수 집단의 지위를 걱정거리로 여기는 어떤 증거도 거의 발견할 수 없다. 바람직한 보상°과 바람직하지 않은 보상이 혼재된 상태를 보이는 사람들도 있을 것이다. 또 어떤 사람들은 자신이 놓인 불리한 조건에 지나치게 저항한 나머지 다수의 고약한 방어 기제를 발달시킬 것이다. 이런 불행한 사람들은 스스로 계속해서 자신을 향한 모욕을 유발하고 그 모욕에 끊임없이 분노한다.

개인이 자신의 집단 구성원 지위에 반응하는 방식은 당사자의 생활 환경에 좌우될 것이다. 어떻게 교육받았는지, 얼마나 심하게 박해받는지, 삶의 철학이 얼마나 초연한지 등등. 아주 근소하지만 일부 자아 방어 유형은 특정 혐오 집단에서 더 흔하다고 할 수 있다. 다음 논의에서는 특수한 상황 때문에 어떤 피해자 집단에서 다른 피해자 집단보다 특정 유형의 자아 방어가 더 빈번하게 나타나는 몇 가지

보상(compensation) 심리학에서 열등감을 극복하려고 자신의 부족한 부분을 보충하는 행동을 가리킨다.

사례들을 살펴볼 것이다.

강박적 근심

미국에서 흑인은 모욕과 창피를 당하지 않을까 염려하지 않고 상점, 식당, 영화관, 호텔, 놀이공원, 학교, 기차, 비행기, 선박 따위를 이용할 수 있는 경우가 거의 드물다. 백인 가정을 방문하는 일은 두말할 것도 없다. 물론 이런 계속되는 불안은, 만일 그가 여행 중이라서 자기 같은 흑인이 안전하다고 느낄 수 있는 현지 통행로들을 잘 알지 못한다면 더 커질 것이다. 하루 종일 그의 정신 속에는 인종적 사고방식이 떠나지 않는다. 그는 이 틀에서 벗어날 수 없다.

인종적 사고방식이 흑인에게 얼마나 지속적으로 나타나는지 아주 잘 보여주는 연구가 있다. 제2차 세계대전 중 미국 육군 연구 분과는 흑인과 백인 모두에게 다음과 같은 질문을 던졌다. "만일 당신이 미국 대통령과 대화할 수 있다면, 전쟁과 전쟁에서 당신이 해야 할 역할에 관해 묻고 싶은 가장 중요한 질문 세 가지는 무엇입니까?" 흑인 병사들 절반가량이 인종 차별에 관해 물을 것이라고 말했지만 백인 병사들 중에 그런 질문은 거의 나오지 않았다. 질문의 형식은 다양했지만 주제는 한 가지였다. "전쟁이 끝난 후에 흑인인 내가 이른바 그 민주주의라는 것을 공유할 수 있나요?" "남부가 흑인을 인간처럼 대우할까요?" "왜 흑인 부대는 백인 부대가 하는 것만큼 전투에 참가해 싸우게 하지 않나요?" "백인 병사와 흑인 병사가 동일한 목표를 위해 싸우며 죽어 가고 있다면서 왜 훈련은 함께 받지 못하나요?"[1]

편견의 대상이 되는 소수 집단의 구성원들은 기본적으로 불안을 느낀다. 다음 진술에서 세 명의 유대인 학생들은 동일한 핵심을 다른 방식으로 표현하고 있다.

> 나는 반유대적 말을 두려움에 떨며 기다린다. 확실히 생리적으로 불편하다. 언제나 느끼는 무력감, 불안, 공포가 바로 그것이다.
>
> 반유대주의는 유대인의 삶에서 상수이다…….
>
> 나는 노골적인 반유대주의 표현을 직접 접해본 적이 거의 없다. 그런데도 마치 무대 밖에서 언제든 무대에 오를 준비가 되어 있는 그 존재를 항상 의식한다. 나는 그것의 등장을 알리는 신호가 무엇일지 알지 못한다. 어떤 막연한 파멸이 임박했음을 알리는 어렴풋한 예감에서 완전히 벗어나지 못한다.

미국의 어느 동부 대학을 다니는 유대인 학생들도 비슷했다. 그들 중 절반 이상이 동일한 형식의 개인 에세이에서 유대인이라는 특수한 민족 집단의 일원으로서 그들 곁을 맴도는 이 '임박한 파멸'의 어렴풋한 느낌을 언급했다.

조심성(alertness)은 자아가 자기 방어를 위해 취하는 첫 단계이다. 자아는 보호되어야 한다. 그런데 때때로 이 예민함은 과도한 의혹의 단계로 발전한다. 아주 사소한 단서에도 감정이 실릴 수 있다. 유대인이 '유(eu)' 발음에 특히 민감하게 반응하는 사례를 보자. 이것은 드물지 않은 예이다.

> 1930년대 후반의 어느 날, 최근에 망명해 뉴잉글랜드에 도착한 부부 한 쌍이 마을 식료품점에 장을 보러 갔다. 남편이 오렌지 몇 개를 주문했다.
>
> "주스 때문에 사시나요?" 점원이 물었다.

"들었어요?" 아내가 남편에게 속삭였다. "유대인들 때문이라잖아요? 봐요, 여기서도 이제 시작이에요."°

소수 집단의 구성원은 다수 집단의 구성원보다 자신의 지위에 몇 배 더 많이 적응해야 한다. 이를테면 멕시코계 미국인이 어느 도시에서 인구의 20분의 1을 차지한다면, 보통 '유럽계 백인 미국인(Anglo)' 한 명이 그들을 마주칠 경우보다 그들이 '유럽계 백인 미국인'을 마주칠 경우가 스무 배 더 많을 것이다. 물론 이 비율은 자기 민족과 어울리려는 경향 때문에 크게 달라진다. 그러나 기본적인 현상은 다르지 않다. 자각, 긴장, 적응 모두 소수 집단 구성원들에게서 훨씬 더 심하고 훨씬 더 빈번하게 발생한다.

이 문제에 집착해 극단적인 지경에 이르면, 지배 집단 구성원과의 모든 접촉을 강한 의혹을 품고 바라보게 된다. 그 결과는 다음과 같은 '적대적 태도'이다. "우리는 너무 자주 상처를 받아 왔기 때문에 우리에게 빈번히 해를 가한 집단의 어떤 구성원도 신뢰하지 않음으로써 미리 우리 자신을 보호하는 법을 배웠다. 우리는 그들 모두를 불신한다." 따라서 경계와 과민 둘 다 소수 집단의 자아 방어에 속할 수 있다.

구성원 지위의 부인

아마도 피해자가 취할 수 있는 가장 단순한 반응은 자신이 멸시당하는 집단의 구성원이라는 사실을 부인하는 것이다. 특유의 피부색, 외모, 억양이 드러나지 않고 실제로 자신의 집단에 충성심이나 애착

° 유대인을 뜻하는 영어 단어 Jews의 발음은 주스(juice)와 거의 비슷하다.

을 느끼지 않는 사람들이 쉽게 택하는 방법이다. 어쩌면 그들은 혈통상 소속 집단의 전통을 단지 절반이나 4분의 1 혹은 8분의 1만 물려받았을 것이다. 어떤 흑인은 얼굴색이 너무 밝아서 백인으로 '통할' 수 있다. 논리적으로 그럴 만한 충분한 이유가 있는데, 그의 조상 중에는 흑인보다 백인이 수적으로 더 많기 때문이다. 자신의 구성원 지위를 부인하는 사람들은 신념상 '동화주의자(assimilationist)'가 되어, 모든 별개의 소수 집단이 가능한 한 빨리 정체성을 상실하는 편이 바람직하다고 여길 수 있다. 그러나 자기 집단에 충성을 거부한 사람들은 많은 갈등을 겪기도 한다. 그들은 마치 종족의 반역자가 된 것처럼 느낄 수도 있다.

> 한 유대인 학생은 양심의 가책을 느끼며 이렇게 고백했다. 유대인이라는 사실을 숨기기 위해 가끔씩 "대화할 때 유대인스러움에 관한 미묘한 농담을 던지며 내가 비유대인으로서 유대인에 대해 명백한 악의까지는 아니어도 어쨌든 적대감을 갖고 있다는 인상을 풍기려고 했다."

다른 유대인 학생은 이렇게 썼다.

> 나는 반유대주의자들과 함께 있을 때, '입을 꾹 다물고' 있다가 가능한 한 빨리 자리를 뜬다. 나는 평소에 내가 유대인이라는 사실을 그들에게 당당히 밝힐 용기가 없다. 내가 유대인이라고 밝히지 않는 것에 가끔 죄책감을 느낀다.

구성원 지위를 부인하는 일은 타종교의 세례를 받거나 지배 집단의 구성원으로 통하는 데 성공한다면 영구적일 수 있다. 정신적인 스트레스 때문에 자기가 예수의 제자라는 사실을 부인한 베드로처럼, 우발적이고 일시적일 수도 있다. 또한 부분적일 수도 있는데, 이민자가 이국적으로 들리는 자기 이름을 영어식으로 바꾸는 것이 더 편리하다는 것을 깨달은 경우가 그렇다. 흑인은 자신의 곱슬머리를 없애려고 노력할 수 있다. 자기가 정말로 백인으로 '통할' 수 있으리라 기대해서가 아니라 자신이 지닌 불리한 특징에서 겉으로나마 벗어나는 것이 어쨌든 상징적 만족을 주기 때문이다.

구성원 지위를 고의로 부인하는 것과 지배적 다수 집단의 관습에 통상적으로 적응하는 것은 언제나 쉽게 구분되지는 않는다. 폴란드 출신 이민자가 영어를 배운다고 해서 반드시 폴란드인의 면모를 부인하는 것은 아니다. 다만 그의 삶에서 폴란드인이라는 지위의 상대적 중요성은 확실히 줄어들고 있을 것이다. 그는 한 집단의 구성원 지위에서 다른 집단의 구성원 지위로 이동 중이다. 설령 자신이 이전에 품고 있던 충성심을 버리려는 의도가 없더라도, 동화를 향해 나아가는 모든 걸음은 결과적으로 '부인'의 한 유형이다.

위축과 수동성

아주 옛날부터 노예, 죄수, 부랑자들은 수동적 묵종(acquiescence)의 겉모습 뒤에 진짜 감정을 감추었다. 그들은 마음속 원한을 아주 잘 감출 수 있었기에 겉으로만 보면 자신의 운명에 완벽하게 만족하는 것처럼 보인다. 만족이라는 가면은 그들의 생존 수단이다.

제2차 세계대전 중 미국 육군 연구 분과는 병사들과 면담하며 여러 주제에 관해 물었다. 백인 병사들에게 던진 질문 하나는 이것이었다. "이 나라에 사는 대부분의 흑인이 현실에 아주 만족한다고 생각하는가, 아니면 대부분이 만족하지 않는다고 생각하는가?" "대부분이 만족하지 않는다."라고 답한 남부 출신 백인 병사는 불과 10분의 1이었고 북부 출신 백인 병사도 겨우 7분의 1이었다.[2]

이 결과는 가면 뒤로 숨는 흑인의 방어적인 은폐에 대한 헌사이자, 지배적 백인 집단의 속 편한 자기 만족에 대한 폭로이기도 하다. 진실은 이렇다. 대부분의 흑인은 현실에 만족하지 않는다. 무려 4분의 3이 "백인은 흑인을 계속 억압하려고 한다."고 확신한다.[3]

때때로 수동적 묵종은 심각한 위협에 시달리는 소수 집단이 택할 수 있는 유일한 생존 방법이다. 반란과 공격은 확실히 가혹한 처벌에 직면할 것이고, 개인들은 지속적인 불안과 분노로 인한 정신 질환에 굴복할지도 모른다. 소수 집단은 적에게 동조함으로써 의심의 눈초리에서 벗어나고 두려워할 이유도 없어진다. 그리고 둘로 쪼개진 삶을 조용히 이끌어 간다. 하나는 자신이 속한 부류에서의 (더 적극적인) 삶이고, 다른 하나는 바깥세상에서의 (더 수동적인) 삶이다. 두 삶이 충돌하지만 대부분의 흑인은 정신적으로 건강하다. 아마도 묵종이 자아 방어에 이로운 양식이기 때문일 것이다. 위축되고 무기력한 삶의 방식을 발달시킨 사람은 실제로 어느 정도 보호라는 보상을 받을 수 있다.

수동성과 위축에도 여러 등급이 있다. 과묵함과 점잖음은 조용하고 침착하다는 인상을 주기도 한다. 많은 사람이 이런 특징을 높게 평가한다. 미국에서는 흑인과 아시아인 집단에서 아주 흔하게 발견되는 특징이다.

한편 위축의 다른 유형은 공상에서 발견된다. 현실의 삶에서 멸시받는 사람은 현 상태에 만족하지 못할지도 모른다. 하지만 그는 자신이 현재 누리는 삶보다 더 나은 상태를 상상할 수 있고, 또 자기와 같은 처지의 사람들과 함께 그런 세상에 대해 이야기를 나눌 수도 있다. 마치 신체장애인처럼 그는 신체적 결함에서 자유로워진 자신의 모습을 그린다. 꿈속에서 그는 강하고 멋지고 부유하다. 화려한 옷을 걸치고 사회적 지위가 높으며 권세를 누린다. 그가 모는 자동차는 힘이 좋다. 몽상은 박탈에 대한 흔한 반응이다.

또한 위축은 비굴과 아첨이라는 덜 유쾌한 형태를 띨 수도 있다. 지배 집단에 속하는 사람들 면전에서 편견의 피해자들은 자아를 깨끗이 지우려고 노력한다. 주인이 농담을 하면 노예는 웃고, 주인이 사납게 굴면 노예는 움찔하고, 주인이 아부를 원하면 노예는 아첨을 떤다.

어릿광대 노릇

만일 주인이 즐거움을 바란다면 노예는 때때로 기꺼이 어릿광대 역할을 맡는다. 유대인, 흑인, 아일랜드인, 스코틀랜드인 희극 배우는 청중의 기쁨을 위해 무대에서 자기 집단을 풍자할 수 있다. 그리고 그 배우는 박수로 기쁨을 얻는다. 리처드 라이트(Richard Wright)는 소설 《흑인 소년(Black Boy)》(1945)에서 자신의 흑인 억양을 과장하고 자기 인종 집단의 특질로 알려진 것들(구걸, 게으름, 허풍스러움)을 가장함으로써 살 길을 터득한 흑인 엘리베이터 안내원을 묘사한다. 엘리베이터 승객들은 그에게 동전을 주고 그를 애완동물처럼 대한다. 이따금 흑인 아이들은 멍청한 거지처럼 처신하는 법을 배운다. 그런 식으로 온정적 시선을 끌면 동전 몇 푼을 받아낼 수 있기 때문이다(온정에서라기보다 그저 깔보아서 준 것일 수도 있지만).

방어적인 어릿광대 노릇은 내집단 내로 확대된다. 흑인 병사들은 때로 자기들끼리 극단적인 '흑인 말투'를 즐겨 사용했다. 문법에 맞지 않을수록 좋았다. 문법을 엉망으로 만드는 것이 그들에게는 즐거움이자 좌절의 상징적 배출구였던 것 같다. 그들은 스스로를 '유령'이라고 불렀다. 이 말에는 유머 이상의 의미가 담겨 있다. 유령은 상처를 입을 수 없다. 유령은 쓰러뜨릴 수 없다. 유령은 말대답을 하지 않지만 그에게 무언가를 강요할 수도 없다. 유령은 사람이 무슨 짓을 하더라도 문이나 벽을 통과해서 튀어나온다. 유령은 멋대로 행동하며 조용하면서도 공격이 불가능하다. 소수 집단의 자학적 유머에는 흔히 비애가 서려 있다. 시인 바이런(George Gordon Byron)의 말을 빌리면 그들은 이렇게 말하고 있는 것 같다. "내가 죽을 운명의 무언가를 앞에 두고 웃는다면 그것은 내가 울 수 없기 때문이다."

내집단 연대의 강화

3장에서 살펴본 것처럼, 공동의 적이 주는 위협은 인간이 결속하는 유일한 동기는 아니지만 강력한 토대가 된다. 전시보다 국민들이 더 응집하는 때는 없다. 경제 불황기에 실직 남성들의 가정을 연구한 결과, 그들 집단 내에서 훨씬 높은 수준의 단결심(esprit de corps)이 자주 나타났다. 그러나 이미 위태로운 상태에 처한 일부 가정은 위기에 몰리면 붕괴하고, 마찬가지로 일부 취약한 소수 집단 역시 박해를 받으면 완전히 붕괴할 수 있다. 이와 관련해 미국 역사에서 이상주의적 · 급진적 공동체나 종교적 공동체가 주변의 비우호적 세력들의 공격을 견뎌내지 못하고 무너진 사례를 떠올릴 수 있다. 또한 어떤 민족 집단, 예를 들어 어떤 원주민 부족은 박해에 저항할 힘이 없을 수 있다. 그래서 그들은 박해를 받으면 와해된다.

그러나 보통 비참한 신세에 놓인 사람들은 같은 이유로 비참한 신세에 처한 다른 사람들과 친밀한 교제를 통해 위안을 얻을 수 있다.

외부의 위협은 공통의 구성원 지위를 지닌 사람들끼리 방어적 결집을 꾀하도록 자극한다. 제2차 세계대전 동안 미국 서부 연안 지역에는 "잽°은 별수 없이 잽이다."라는 생각이 퍼져 있었는데, 이런 생각 때문에 과거 불화가 끊이지 않던 이세이와 니세이°는 강하게 결속했다.

따라서 '배타성'은 박해의 결과일지도 모른다. 물론 박해자들은 그것을 박해를 유발한 **원인**으로 지목하는 경우가 더 흔하다. 캘리포니아 사람들은 일본인 공동체의 응집력이 차별적 법령과 관행 때문이라고 생각하지 않는다. 그들은 일본인 공동체가 외국인 토지법, 인종간 결혼 금지법, 시민권 박탈, 여러 직장에서의 배제, 많은 이웃에게 당하는 배척에 직면해 응집할 수밖에 없다는 점을 이해하지 못했다. 오히려 그들은 배타성을 일본인의 '본성'에 귀속했다. '유대인의 본성'에도 배타성이 속하듯이 말이다. 그러나 소수 집단의 구성원들이 직장, 거주지, 호텔, 휴양지에서 조직적으로 축출될 때, 과연 배타적인 쪽은 누구인지 공정하게 묻지 않을 수 없다.

아마도 본능적인 '종(種) 의식' 같은 것은 없을 것이다. 아이들은 자신의 구성원 지위를 학습한다. 다섯 살짜리 흑인 아이가 자기가 흑인임을 부인하는 일은 드물지 않다. 물론 아이는 다른 사람들이 흑인이라는 멸시받는 집단에 속한다는 것을 안다. 어린 유대인 아이는 '더러운 유대인'이라는 별명을 그 말이 내포한 빈정댐을 의식하지 못한 채 쓸 수 있다. 종종 소수 집단의 부모들은 아이가 자발적으로 택하지 않은 구성원 지위가 어떤 고통을 동반하는지에 관해 아이에게 어릴 때부터 설명해주는 것이 좋은지, 아니면 나중에 받을 충격의 위

잽(Jap) 일본인을 경멸적으로 낮춰 부르는 말.

○ 이세이(Issei)는 일본어로 '一世' 즉 1세대를 가리키는 말이며, 일본에서 태어나 미국으로 이민 온 일본계 미국인을 가리킨다. 니세이(Nisei)는 2세대(二世)를 뜻하며 이세이의 자녀 세대로 미국에서 태어난 일본계 미국인을 말한다.

험을 감수하고(충격은 대략 여덟 살을 전후로 다가온다) 몇 년간이라도 모르는 데서 오는 천진난만함을 만끽할 수 있게 해주는 편이 좋은지 논쟁을 벌이곤 한다.

아이가 충격을 견딜 준비가 되어 있든 아니든, 머지않아 아이는 도망칠 수 없는 자신의 구성원 지위 안에서 어떤 위안을 찾을 수 있을지를 배운다. 부모는 아이에게 집단의 자랑스러운 전통을 가르침으로써 힘을 보탠다. 위로가 되는 전설이 아이가 속한 집단이 받는 '열등'하다는 비난을 상쇄하는 데 도움을 준다. 아이는 되뇐다. "너희가 아니라 우리가 정말로 우월한 사람들이야." 합리화하는 일이 많아진다. 지배 집단을 천박하고, 저속하고, 야만적이거나 혹은 '문제가 있는'(즉 편견에 찬) 사람들이 가득한 집단으로 여기는 데 이를 수 있다. 이때 다시 차별을 겪는 사람들은 자신의 운명에서 어떤 내면의 만족을 끌어낼지도 모른다. 이렇게 사람들의 눈길을 받는다는 것은 결국 **중요성**을 인정받는다는 것이다! 잘난 체와 독선은 가해자 못지않게 피해자의 특징이 될 수 있다. 왜냐하면 정말로 자기가 다른 사람보다 가치 없다고 생각하는 사람은 아무도 없기 때문이다.

따라서 소수 집단은 특별한 연대 의식을 발달시킬 수 있다. 그들은 내집단 내에서 박해자들을 비웃고 조롱할 수 있고, 자기네 영웅과 명절을 찬양하며 편안하게 함께 살아갈 수 있다. 서로 응집하는 한 자기들이 아주 심각한 문제에 시달리고 있다고 생각할 필요가 없다. 2장에서 자민족 중심주의가 지배적 다수 집단보다 소수 집단 내에서 더 강할 수 있다는 점을 이야기했다. 이제 그 이유가 무엇인지 알 수 있을 것이다.

연대 의식을 형성하는 단계에서 내집단을 편애하는 단계로 넘어가는 것은 쉽다. 자기의 안전이 내집단에 달려 있기 때문에 집단 구성원들에게 점점 우호적 **편견**을 품게 된다. 유대인은 같은 민족 사람들을 대체로 우호적으로 대할 것이다. 이때 배타적이라는 비난은 의미가 있게 된다. 흑인의 구호인 "당신이 일할 수 없는 곳에서는 사지도 말라." 역시 동일한 차원의 현상으로 쉽게 이해된다. 흑인에게 '백인' 교회에 나가면 진정한 환대를 받을 수 있을 텐데 왜 거기로 가지 않느냐고 질문하면, 그들은 대개 이렇게 대답한다. "우리야 두말할 것도 없이 그렇게 할 의향이 있지만, 그런 교회가 흑인 목사에게 공정한 채용의 기회를 줄까요?" 내집단을 향한 외집단의 편견에 맞서는 자연스러운 반사 작용은 소속 집단에 **우호적** 편견을 품는 것이다.

음흉함과 교활함

전 세계 역사를 통틀어 외집단에 가하는 가장 흔한 비난은 그들이 정직하지 않고 교활하며 비열하다는 것이다. 이집트의 이슬람교도들은 콥트교도°를, 유럽인은 유대인을, 터키인은 아르메니아인을, 아르메니아인은 터키인을 그렇게 비난한다.

이 비난의 근원은 태초부터 인간의 결속을 특징지어 온 윤리적 이중 잣대에 있다. 누구나 외집단보다 자기 집단을 훨씬 더 잘 대할 것이라 **기대된다**. 원시 사회에서 부정행위에 대한 제재는 일반적으로 자기네 부족 구성원들 사이에서만 이루어졌다. 외부인을 속이는 행위는 온당하고 칭찬받을 만한 일이었다. 문명 사회에서도 이중 잣대는 여전히 발견된다. 관광객들은 바가지 요금을 물고, 수출업자들은 저급한 품질의 상품을 외국으로 보내는 것이 잘하는 일이라고 생각한다.

만약 집단의 생존 문제가 교활함에 달려 있다면 이런 경향은 더 심

콥트교도(the Christian Copt) 이집트 지역을 중심으로 5세기경에 형성된 기독교의 한 분파. 로마 정교회에 소속되어 있다.

해진다. 역사상 여러 번 유대인이 교활하게 박해자들을 현혹하지 않았다면, 아마 그들은 수탈과 학살을 이겨낼 수 없었을 것이다. 차르 치하의 러시아에서, 히틀러의 독일에서, 그리고 나치가 유린한 모든 나라에서 이 사실은 참으로 입증됐다. 아르메니아, 아메리카 원주민, 여타 박해받는 민족 집단이나 종교 집단의 역사를 보면 이와 같은 사례를 수없이 발견할 수 있을 것이다.

또한 '교활함'이라는 특질은 소소한 복수를 쟁취하기 위한 수단으로도 발달할 수 있다. 더 약한 사람들이 더 강한 사람들을 공격하는 것이다. 이를테면 백인 주인의 부엌에서 음식을 '슬쩍한' 흑인 요리사는 먹고 싶어서만이 아니라 상징적 이유로도 도둑질을 했을 것이다. 교활함은 도둑질의 형태로만 나타나지는 않는다. 교활함은 온갖 종류의 겉치레를 동반한다. 생존과 복수를 위해 비위를 맞추고, 입에 발린 말을 하고, 환심을 사고, 어릿광대 노릇을 하고, 인간관계의 윤리 수준을 전반적으로 낮춘다.

편견의 피해자들이 이런 형태의 반응을 나타내는 것은 논리적으로 너무나 당연해서, 실제로 더 자주 접하지 못하는 이유가 궁금할 정도이다.

지배 집단과 동일시: 자기 혐오

더 이해하기 어려운 기제는 피해자가 자기보다 '더 나은 사람들'에게 겉으로만 동의하는 척하는 것이 아니라 **실제로** 동의하고, 그들의 시각에서 자기 집단을 바라보는 경우이다. 이 과정은 동화주의자들이 보이는 부단한 노력의 바탕을 이루는 것일 수 있다. 또한 재산, 관습, 언행이 다수 집단과 구분될 수 없는 수준에 이르자마자 지배 집단에 완전히 몰입하는 사람이 나오는 요인일 수도 있다. 그런데 개인이 지배 집단에 동화되는 길이 차단되어 가망이 없는데도 정신적으로는 지배 집단의 관행, 관점, 편견과 자신을 동일시하는 설명하기 어려운 경우도 있다. 그 사람은 자신의 처지를 받아들인다.

이런 상태를 설명하는 데 일부 실업자들의 사례가 도움이 될 것이다. 1930년대 대공황 때 실업자들이 심한 수치심을 느꼈다는 여러 연구 결과가 있다. 그들은 궁핍한 상황을 자기 탓으로 여기고 스스로를 비난했다. 아무리 상상의 나래를 펼치더라도 대부분이 그들의 잘못이라 여길 수 없는 상황이었다. 하지만 그들은 수치심을 느꼈다. 주된 이유는 서구 문화에서 개인의 책임 원칙은 뿌리가 깊기 때문이다. 또한 개인이 자신의 세계를 만든다고 믿는다. 일이 잘못되면 개인이 비난을 받는다. 그러니 이민자들은 자신의 완벽하지 않은 억양, 행동의 부자연스러움과 사회적 관습에 관한 무지, 낮은 학력에 **수치심을 느끼는 것이다**.

유대인도 자기의 전통 종교를 증오할 수 있다. (이를테면 그것이 존재하지 않았더라면 자기가 박해 대상으로 지목되지 않았을 것이라고 생각할 수 있다.) 혹은 유대인의 어떤 부류(정통주의자, 저열한 사람, 상인)를 비난할 수 있다. 혹은 이디시어를 미워할 수 있다. 그는 자기 집단에서 벗어날 수 없기에 실제로 자기를 증오하거나, 적어도 자신의 유대인스러운 어떤 부분을 증오한다. 설상가상으로 그는 이렇게 생각하는 자신을 미워할 수도 있다. 그는 몹시 분열되어 있다. 그의 쪼개진 정신은 기만적이고 자의식적인 행동, '신경과민', 지속적인 불안을 조장할 수 있다. 이것들은 불쾌한 특질이므로 그는 자신의 유대인다움에 대한 증오가 증폭되고 그래서 갈등은 더 악화된다. 이 악순환은 끝도 없이 계속된다.[4]

한 세기도 더 전에 토크빌(Alexis de Tocqueville)은 흑인 노예들 사이에서 발견되는 자기 혐오를 기술했다. 토크빌의 글은 예리하지만 자기 혐오의 정신 상태를 **모든** 흑인의 특징으로 보는 오류를 저지르고 있다. 실제로 이런 형태의 자아 방어는 노예들 사이에서 그리 흔하지 않았을 것이며 결코 보편적이지 않았다. 오늘날의 흑인에게도 자기 혐오의 자아 방어는 흔하지 않다.

> 흑인은 자기를 퇴짜 놓는 사람들에게 환심을 사기 위해 수없이 무익한 노력을 한다. 그는 억압자들의 취향에 순응하며 그들의 의견을 수용하고 그들을 모방함으로써 그들 공동체의 일부가 되기를 희망한다. 자기 인종이 백인종에 비해서 천성적으로 열등하다는 소리를 계속 들으며, 그 명제에 동의하고 자신의 본성을 부끄러워한다. 그는 자신의 모든 특징에서 노예 근성의 흔적을 발견하고, 할 수만 있다면 지금의 자기로 만든 모든 것을 기꺼이 버릴 것이다.[5]

나치 강제수용소에 관한 연구를 보면, 다른 모든 자아 방어 수단이 실패로 돌아간 이후에야 비로소 수용자들은 자신을 억압자들과 동일시하는 적응의 형태를 나타낸다. 처음에 수용자들은 내심 박해자들을 경멸하면서 교활하고 은밀한 방식으로 자기들의 삶과 건강을 유지하기 위해 노력했고 자신들의 자기 존중(self-respect)이 손상되지 않도록 애썼다. 그러나 2, 3년 동안 극한의 고통을 겪자 다수의 수용자들은 감시자들의 비위를 맞추려는 노력이 정신적 굴복으로 이어졌음을 깨달았다. 그들은 감시자들을 모방했고, 일부는 (상징적 힘을 지닌) 감시자의 복장을 따라 입었으며, 새로 들어온 수용자들을 적대시했고, 반유대주의자가 되었다. 그리고 전반적으로 억압자의 사악한 정신세계를 물려받았다.[6]

사람은 인내심에 한계가 있다. 토크빌이 언급한 흑인 노예와 나치 강제수용소의 장기 수용자는 집단 억압이 자아의 고결함을 완벽히 파괴하고 자아가 지닌 정상적 자부심을 전복해 비굴한 자아상을 창조할 수 있음을 보여준다.

모든 동일시 혹은 모든 자기 혐오가 이렇게 극단적인 것은 아니다. 북부의 흑인 병사들은 농담 반 진담 반으로 남부 흑인의 '열등함'을 조롱했다. 흑인 스스로가 백인들 사이에서 널리 쓰이는 표준적 판단을 자기에게 심심치 않게 적용한다. 흑인은 게으르고, 무지하고, 더럽고, 미신적이라는 말을 너무 자주 들어서 본인들이 그런 비난을 반쯤 믿게 되는데, 이 특질은 서구 문화에서 흔히 경멸의 대상이기 때문에(물론 흑인도 동의한다) 어느 정도의 내집단 증오가 불가피해 보인다. 예를 들어 피부색에 관한 백인의 평가를 무의식적으로 수용함으로써 밝은 피부의 흑인은 피부색이 더 어두운 자기 동생을 깔볼 수 있다.

내집단을 향한 공격성

앞서 자기 집단이 실제든 상상이든 경멸받을 만한 성질이 있다는 데서 느끼는 수치심을 자기 혐오라는 말로 표현했다. 또한 자기 집단 내 다른 구성원들이 이런 성질을 '지니고' 있기에 품는 강한 반감을 묘사하는 데도 이 말을 사용했다. 자기 혐오는 이 두 가지를 모두 의미할 수 있다.

증오가 내집단 구성원들을 향할 때 온갖 종류의 집단 내 불화가 생길 것이다. 일부 유대인은 다른 유대인을 가리켜 '카이크'라고 부르며 모두가 똑같이 겪고 있는 반유대주의의 고통이 전적으로 그들 탓이라 비난한다. 흔히 집단 내 계급 구분은 개인이 집단 전체가 겪는 불이익의 책임을 벗어나려고 노력한 결과이다. 레이스 커튼을 다는 '중산층' 아일랜드인은 판잣집에 사는 '하층' 아일랜드인을 깔본다.° 에스파냐와 포르투갈에 사는 부유한 유대인은 히브리인의 피라미드에서 자기들이 가장 높은 곳에 있다고 오랫동안 생각해 왔다. 반면 풍부한 문화적 토대를 갖춘 독일계 유대인은 자신들을 귀족이라 여기면서 오스트리아, 헝가리, 발칸 반도 일대의 유대인을 낮춰보고 폴란드와 러시아의 유대인은 최하층으로 간주한다. 말할 필요도 없이 모든 유대인, 특히 폴란드와 러시아계 유대인이 이런 위계를 받아들일 리 없다.

흑인의 계급 구분은 유달리 뚜렷하다. 피부색, 직업, 교육 수준으로 계급을 나눈다. 상층 계급이 하층 계급에게 흑인이 처한 불리한 조건에 대한 책임을 전가하기는 어렵지 않다. 군대라는 답답하고 욕구 불만에 시달리는 환경에서 생활할 때, 상대적으로 더 검은 피부의 흑인 부대는 자기들 눈에 주인의 인종을 닮은 더 밝은 피부의 흑인 부대에 곧잘 공격성을 표출했다. 한편 피부색이 더 밝은 흑인은 더 어두운 피부색의 '유령'들을 모질게 대했다. 그들이 '주변머리 없고 무지'하다고 생각했기 때문이다.

흔히 과민해진 내집단 구성원들의 관계는 뒤틀린다. 자아 방어의 양식이 다르다는 이유로 다른 구성원들에게 괴롭힘을 당할 수 있다. 환심을 사려고 알랑거리는 흑인은 '엉클 톰'°이라고 불리며 경멸당한다. 긴 웃옷을 입고 머리가 곱슬인 정통 유대인은 현대적인 유대인에게 거부될 수 있다. 이들의 감정은 때로는 반유대적 비유대인의 감정과 구분되지 않는다. 거의 모든 집단에서 자신의 정체성을 버리고 지배 문화에 동화되기를 바라는 구성원은 동료 구성원들의 적대적 시

° 미국으로 이주한 많은 아일랜드인들은 가난했기 때문에 처음에 '판잣집' 같은 곳에서 살았다. 그러다 경제적 여유가 생긴 일부가 창문이 난 더 큰 집으로 이사하면서 '레이스 커튼'을 달았다. 이에 '판잣집(shanty)'은 하층 계급의 아일랜드인, '레이스 커튼(lace curtain)'은 중간 계급 아일랜드인을 가리키는 말로 쓰였다.

엉클 톰(Uncle Tom) 백인에게 굴종적인 흑인을 가리키는 속어.

선을 받는다. 그들은 '거드름 피우는 자'로, 아첨꾼으로, 심지어 배신자로 여겨진다.

앞서 봤듯이 가혹하고 치명적인 박해가 모든 내집단 구성원을 한데 뭉치게 하는 것은 사실이다. 이때 내집단 내 지엽적 원한은 잊힌다. 그러나 편견이 단지 '보통' 수준이면, 내집단 내 다툼은 또 다른 자아 방어의 양식이 될 것이다.

외집단에 대한 편견

물론 편견의 피해자는 자기가 당한 고통을 다른 사람에게 가할 수 있다. 힘과 지위를 박탈당한 사람은 힘과 지위의 맛을 간절히 느끼고 싶어 한다. 헛간 앞마당에서 서로를 쪼는 닭처럼, 자기보다 더 높은 위치에 있는 사람들에게 쪼임을 당한 자라면 더 약하고 더 낮아 보이는 사람들을 쪼아댈 수 있다. 즉 위협하는 것이다.

> 한 연구는 보가더스 사회적 거리 척도를 이용해 조지아주의 두 군데 대학에서 백인 학생들과 흑인 학생들의 편견을 비교했다. 평균적으로 흑인 학생들은 백인 학생들보다 목록에 제시된 25개 나라와 민족 집단에 모두 덜 우호적인 것으로 밝혀졌다(흑인 집단에 대해서만 예외였다).[7]

다른 연구 결과에서도 흑인이 백인보다 평균적으로 민족 편견이 더 심하다는 사실이 뒷받침된다. 그러나 흑인만 편견에 맞서 편견으로 반응하는 것은 아니다. 다른 소수 집단도 마찬가지이며, 특히 구성원 지위 때문에 피해자가 되었다고 느끼는 사람들이 그렇다.[8]

다음은 이들의 정신 상태를 대변하는 한 유대인 학생이 남긴 글이다.

나는 관용적이지 않은데, 그 이유는 내가 어린 시절 인격 형성기 동안 관용적이지 못한 상황의 피해자였기 때문이다. 내가 발달시킨 증오와 편견은 방어 기제로 사용된 반응이다. 만약 아무개가 나를 미워한다면 당연히 나도 그 영광을 돌려줄 것이다.[9]

피해자의 개인적 좌절과 분노는 다른 집단을 향한 직접적이고 전위된 적개심의 주된 이유이지만 피해자가 편견을 발달시킨 데는 다른 이유도 있다. 편견을 통해 다수 집단과 유대감을 느끼며 미약하나마 위안을 찾을 수 있기 때문이다. 비유대인 백인은 흑인에게 어쨌든 너희는 유대인이 아니라고 말할지도 모르고 또는 그렇게 넌지시 암시할 수도 있다. 한 반유대주의자가 흑인에게 선심 쓰듯 이렇게 한마디 했다. "좋아, 샘. 아무튼 너는 저 빌어먹을 유대인보다는 우리 백인을 더 많이 닮았어." 우쭐해진 샘은 그 말에 동의하고 유대인을 자신보다 더 낮은 종족으로 깔보기에 이른다. 처지가 불안정한 유대인은 비유대인 이웃들과 힘을 모아 자기들이 사는 교외에 흑인 가족이 들어오지 못하도록 싸울 수도 있다. 공동의 편견은 공동의 유대를 낳는다.

마지막으로 재미있는 산술적 경향을 살펴보자. 비유대인에게 원한이 있는 유대인은 흑인에게 두 배로 원한을 품을 수 있다. 흑인은 흑인이면서 동시에 비유대인이기 때문이다. 백인에게 원한이 있는 흑인은 백인인 유대인에게 두 배로 원한을 품을 수 있다. 흑인이 반백인 정서를 표출하는 일은 현명하지 못하지만, 두 배로 심하게 '더러운 유대인'(부분적으로는 '더러운 백인'을 뜻한다)을 욕할 수는 있다.[10] 마찬가지로 유대인이 '더러운 깜둥이'라고 말할 때, 부분적으로는 고임°을 향한 독설 부분을 빼고 말하고 있는 중일 수도 있다.

동정심

방금 설명한 방어 기제는 많은 편견 피해자들에게선 전혀 발견되지 않는다. 오히려 정확히 그 반대가 일어난다. 한 유대인 학생은 이렇게 썼다.

> 나는 심지어 유대인보다 사람들에게 더 큰 반감을 살 수 있는 흑인에게 자주 동정심을 느낀다. 나는 차별을 당한다는 것이 무엇인지 안다. 내가 어떻게 편견을 지닐 수 있단 말인가?

줄리어스 로젠월드°는 주로 흑인을 위해 자선 사업을 벌였다. 현명한 유대인은 억압으로 고통받아 곤궁한 처지에 놓인 모든 사람에게 연민은 자기 집단이 보이는 자연스러운 반응이라고 말한다. 그들이 겪은 시련과 고난은 (만인이 결국 구제되리라는 유대교의 보편 구제설에 더해) 이해심과 동정심을 낳는다.

> 흥미롭게도 지크문트 프로이트는 자신의 객관적 정신과 미지의 분야를 개척하는 자유로움이 바로 자신이 유대인 집단에 속한 덕분이라고 말했다. 그는 이렇게 썼다. "내가 유대인이었기 때문에 지식을 활용할 때 사람들을 훼방하는 많은 편견으로부터 자유롭다는 사실을 깨달

고임(goyim) 고이(goy)의 복수형. 고이는 히브리어에서 유래한 단어로 유대인이 이교도, 즉 비유대인을 비하하는 말이다.

줄리어스 로젠월드(Julius Rosenwald, 1862~1931) 20세기 초에 활동한 시카고의 기업가이자 자선 사업가. 유대인으로서 미국 남부 지역 흑인 어린이들의 교육 환경을 개선하기 위해서 많은 자선 기금을 내놓았으며 과학 교육 진흥을 위해 시카고에 산업 문명관을 세웠다.

았다. 그리고 나는 유대인으로서 다수에 반하는 쪽에 머물고, '밀집한 대다수'와 사이좋게 지내는 일 따위를 포기할 준비가 되어 있었다."[11]

프로이트의 논리를 입증하는 증거가 있다. 지금껏 수행된 대부분의 대규모 연구를 보면, 실제로 유대인은 개신교 신자나 가톨릭 신자보다 평균적으로 다른 소수 집단을 향한 **편견이 덜하다**. 그러나 중요한 점은, 유대인을 비롯해 자기가 차별의 피해자라고 느끼는 사람들은 일반적으로 편견이 (앞에서 여러 번 이야기한 대로) 아주 심하거나 아니면 극히 미미하다는 것이다. 피해자들은 '보통 수준'인 경우가 거의 없다. 간단히 말해서 피해자가 됨으로써 다른 외집단을 향한 공격성 혹은 동정심을 발달시키게 된다는 것이다.[12]

이것은 상당히 중요하다. **피해자화(victimization)는 개인이 일반적 수준의 편견을 지니도록 내버려두는 법이 거의 없다.** 피해자는 두 가지 행로 중 하나를 택하게 될 것이다. 닭들처럼 쪼는 일에 합세해서 다른 사람들을 자기가 당한 방식대로 대우하거나, 아니면 의식적이고 의도적으로 이 유혹을 피할 것이다. 그는 통찰력 있게 이렇게 말할 것이다. "그 사람들은 내가 피해자인 것과 정확히 같은 의미에서 피해자다. 그들에 맞서는 것보다 그들 편에 함께 서는 것이 낫다."

저항: 호전성

지금까지 소수 집단 구성원들이 피해자라는 처지를 '받아들이지' 않을 단순한 가능성을 언급하지 않았다. 그들은 할 수만 있다면 언제나 반격할 수 있다. 심리적으로 보면 가장 단순한 반응은 바로 반격이다. 스피노자는 이렇게 말했다. "다른 사람이 자기를 증오하지만 자기는 증오받을 만한 어떤 원인도 제공한 적이 없다고 믿는 사람은 그에 대한 반응으로 그 사람을 증오할 것이다." 정신분석적으로 말하면 좌절은 공격성을 낳는다.

한 연구는 1943년 여름 할렘에서 폭동이 일어난 뒤 그 지역에 사는 많은 흑인들에게 폭동을 어떻게 생각하는지 물었다. 대략 3분의 1이 폭동에 **찬성했다**. 흑인들은 이렇게 말했다. "나는 그 일을 지지합니다. 다시 폭동이 터지기를 바랍니다. 내 백성을 가게 하라.°" "그것은 흑인이 정부의 관심을 끌어낼 수 있는 유일한 방법입니다." "폭동은 디트로이트에 대한 복수입니다." 반면 아마도 똑같은 차별의 고통을 겪었을 60퍼센트의 흑인들은 그것이 "부끄러운 일이다." "우리를 좌절시킬 뿐이다." "끔찍하고 저열한 행동이다."라고 말했다. 이 연구에서 도대체 왜 인종 편견의 일부 피해자들은 폭력 소요를 용인하고 다른 이들은 비난하는지 판단할 수는 없다. 글을 더 잘 읽을 줄 알고, 교회에 더 정기적으로 출석하고, 더 젊은 (그래서 아마 그리 오랫동안 고통을 겪지는 않았을) 사람들에게서 주로 반대 의사가 나오는 경향이 있기는 했다. 그러나 이 경향성이 그리 확실하지는 않다.[13]

소수 집단의 일부 구성원들이 부단히 저항하며 외치는 소리를 듣기란 어렵지 않다. 그들의 반응 양식은 역공이다. 때로 그들은 너무 강박적으로 호전성을 드러내는 바람에 같은 집단의 구성원들조차 그들에게 고마워하지 않는다. 하지만 진정한 개혁은 흔히 이런 열성 분자들의 노력 뒤에 따라온다.

지배 집단의 구성원들이 편견의 대상을 하나의 덩어리로 취급하

내 백성을 가게 하라(Let My People Go) 성경 〈출애굽기〉 편에 모세가 파라오에게 한 말이다. 이후 노예 해방 문제를 다룬 미국 작가 헨리에타 버크마스터(Henrietta Buckmaster)의 1941년 소설 제목으로 쓰였고, 흑인 운동의 구호로도 사용되었다.

는 것처럼, 편견의 피해자 역시 개개인의 차이를 세밀하게 구분하는 일이 쉽지 않다는 점을 잘 살펴봐야 한다. "잽은 별수 없이 잽이다." "몇몇 예외가 있긴 하지만 모든 깜둥이는 매우 비슷하다." "모든 가톨릭교도는 심정적으로 파시스트다." 호전적인 사람들은 이런 이야기에 대갚음하기 위해 모든 백인, 모든 고임, 모든 개신교도를 싸잡아 저주할 수 있다. 그들은 지배 집단 전체를 상대로 모진 복수심을 보인다.

폭력의 무익함을 깨달은 일부 편견 피해자들은 기존 상황의 개선을 약속하는 정치 조직이나 행동 조직에 가입한다. 이 때문에 좌파 정당은 이민자 집단을 주로 대변해 왔다. 최근 들어 흑인들은 정치 활동을 통한 개혁의 가능성을 감지했고, (링컨의) 공화당에서 (루스벨트의) 민주당으로 지지 대상을 대폭 변경했다. 소수의 흑인들은 공산주의자가 됐다. 소수 집단이 흔히 진보적이거나 급진적 정치 행위를 환영한다는 사실은, 그들이 골칫덩이이자 정치 선동가라고 비난받게 되리라는 것을 뜻한다. 때때로 유대인들은 사회 변화의 최전선으로 밀려들어 가서 진보적 대의의 선도자가 될 수 있다. 그리고 그런 사건이 발생할 때 반유대주의자들의 눈에 그들은 더더욱 '보수적 가치의 변두리'에 있는 '가치 위반자'로 보인다(7장).

더 많이 노력하기

장애물을 만났을 때 더 열심히 노력하는 것은 건강한 반응이다. 사람들은 자신이 놓인 불리한 조건을 견뎌내고 극복한 장애인을 존경한다. 미국 문화에서는 열등성에 대한 이런 직접적 보상을 가장 높이 평가한다. 따라서 소수 집단의 일부 구성원들은 자신이 처한 불리한 상황을 더 큰 노력을 쏟아 뛰어넘어야 할 일종의 장애물이라고 본다. 일부 이민자들은 하루 종일 일하고 나서 미국식 말투와 사고방식을 배우기 위해 야간 학교에 다닌다. 어느 소수 집단이든 이렇게 직접적이고 성공적인 보상의 양식을 택하는 개인들이 많다.

더 많이 노력하는 것은 많은 유대인의 생활 방식처럼 보인다. 그들은 모든 유대인이 불리한 여건에 처해 있다고 느끼기 때문에 자녀들에게 동등하게 경쟁하려면 경쟁자보다 더 열심히 공부하고 일해야 한다고 강조한다. 그들은 성공을 거두려면 유대인은 비유대인보다 더 잘 준비해야 하며, 더 뛰어난 학문적 업적을 쌓아야 하고, 더 많은 경험을 해야 한다고 말한다. 의심할 여지 없이 유대인이 지닌 학문과 연구의 전통이 편견에 대한 이 특별한 반응을 강화한다.

이 양식을 택한 사람들은 종종 마지못한 존경을 받기도 한다. **지나치게** 부지런하고 똑똑하다고 비난받기도 한다. 그러나 어쨌든 그들은 공개적인 경쟁의 길을 택했다. 마치 그들은 이렇게 말하는 것 같다. "나는 경기를 할 것이고 내게 주어진 불리한 조건을 받아들일 것이다. 자, 간다."

상징적 지위에 대한 갈망

편견의 피해자는 사회적 지위를 얻기 위해 직접적이고 성공적인 분투에 매진할 때도 있지만 종종 어긋난 방식으로 노력하기도 한다. 때로 소수 집단 구성원들은 화려한 면모를 보여주길 유난히 좋아한다. 일부 흑인 부대는 열병식, 반짝거리는 구두, 잘 다린 제복, 그 밖에 훌륭한 병사임을 보여주는 상징에 특히 집착하는 것처럼 보였다. 이것들은 모두 지위를 상징하고 지위는 흑인에게는 그리 넉넉하게 돌아가지 않는 자원이었다. 이민자 집단의 행진, 의례, 심지어 장례식에서도 비슷한 자부심과 허영을 볼 수 있다. 벼락 부자는 값비싼 자동차와 보석을 번지르르하게 과시함으로써 이렇게 말하는 것일지도 모른다. "넌 나를 경멸했지만, 이제 나를 봐. 내가 그렇게 경멸할 만한 인간이야?"

마찬가지로 '대체에 의한 보상'은 성적 정복에 대한 강박적 관심으로 이어질 수 있다. 멸시받는 소수 집단의 구성원은 그런 활동을 통해 잠재력, 자부심, 자기 존중을 발견할 수 있다. 이때 그는 자기를 아랫사람 취급하는 저 거만한 자와 동등한, 아니 그보다 더 나은 사람인 것이다. 흑인들이 정력이 좋다는 평판에 불쾌해하지 않는다는 말은 사실인 것 같다. 그들은 그 말을 오히려 찬사로 받아들인다. 왜냐하면 다른 많은 측면에서 자기가 거세됐다고 느끼기 때문이다. 성적 문란함이 실제로 일부 흑인들이나 혹은 다른 소수 집단 구성원들의 특징인지 여부는 쟁점이 아니다. 중요한 것은 심지어 평판조차도 상징적 지위의 만족감을 형성할 수 있다는 것이다.

허세 부리는 말 속에서도 상징적 지위를 향한 갈망을 발견할 수 있다. 지위를 박탈당한 사람은 허풍을 늘어놓음으로써 자신의 사회 계급이 상승하는 것 같은 느낌을 받을지도 모른다. 실제로 자신이 갖추지 못한 교육적 지위에 대한 동경을 숨김없이 드러내는 이들은 우아한 말씨와 멋진 어휘를 (설령 어휘를 잘못 써서 우스꽝스럽게 들리는 경우가 있더라도) 사용하기도 한다.

신경증

차별의 피해자는 너무나도 많은 내적 갈등과 싸워야 한다. 그렇다면 통계적으로 볼 때 이들의 정신 건강은 어떠할까? 신경증 환자 중 유대인의 비율이 상대적으로 더 높다는 몇 가지 증거가 있다. 흑인에게는 고혈압이 흔하다.[14] 그러나 전반적으로 소수 집단의 정신 건강은 사회 전체의 보통 사람들과 크게 다르지 않다.

굳이 일반화를 해야 한다면 편견의 피해자들은 경증의 분열 상태에서도 살아가는 법을 배운다는 정도일 것이다. 내집단 내에서 자유롭게 생활하고 자연스럽게 행동할 수 있는 한, 그들은 밖에서 받는 퇴짜를 용케 견딘다(그리고 무시한다). 그리고 그들의 생활 방식은 이런 가벼운 분열에 점차 익숙해진다.

하지만 편견의 피해자들은 조심하는 편이 좋다. 그들은 지속적으로 자극의 폭격을 당하기 때문에 이번 장에서 기술한 방어적 행동 양식 중 하나 이상을 **취할 수** 있다. 일부 양식은 사회적으로 용인되고 성공으로 이끌지만, 다른 일부는 문제를 일으키는 것으로서 신경증적 방어 기제 유형에 가깝다. 그들이 이런 위험을 인식한다면 더 성공적인 삶으로 나아갈 수 있다.

한편 특권을 지닌 지배 집단의 구성원도 동일한 교훈을 배워야 할 것이다. 자아 방어적 특질은 개인의 자존감이 위협받을 때면 언제든 나타날 가능성이 있으며, 일부 특질은 불쾌한 것들이다. 이런 특질은 차별 대우를 정당화하기보다 차별 대우가 낳은 결과라고 봐야 한다.

> 학교에서 돌아온 열두 살 소년이 평소에 그가 '얼간이'라고 부르는 학급 친구의 흉을 봤다. 그 '얼간이'는 잘난 체하고 거짓말하고 비굴하게 굴기 때문에 미움을 산다는 것이었다. "그 아이는 왜 그렇게 되었을까?"라고 물어보자 소년은 갑자기 생각에 잠기더니 천천히 분명하게 설득력 있어 보이는 진단을 내렸다. "글쎄요, 그 애는 우스꽝스럽게 보이고 운동도 잘 못하고 늘 따돌림당해요. 아무도 그 애를 좋게 보지 않죠. 그래서 내 생각에는 그 애가 못되게 행동함으로써 자기를 띄우려고 애쓴다고 생각해요."

소년은 이렇게 임상 진단을 내린 뒤로 점점 더 그 '얼간이'에게 관심을 갖게 되었다. 먼저 그 아이를 객관적으로 바라보기 시작하더니 점차 친한 사이가 되어 갔다. 이해하는 것은 곧 용서하는 것이며, 최소한 더 편한 마음으로 관용을 베푸는 것이다.

그 '얼간이' 자신이 직접 그런 진단을 내릴 수 있었더라면 좋았을 것이다. 그 아이가 자기 행동의 근본적 이유를 알았더라면, 자신의 결함을 보상하기 위해 아마도 덜 못마땅한 방식을 찾았을지 모른다. 신경증적 방어 기제의 본질과 원천을 충분히 이해한다면, 그것을 통제할 수 있으며 적어도 과시하는 일은 막을 수 있다. 때때로 피해자 집단의 구성원도 동일한 교훈을 배울 필요가 있다.

그러나 보통은 피해자를 신경증적 보상의 측면보다 때로는 인정받고 때로는 거부당하는 주변적 상태의 삶의 측면에서 바라보는 것이 적절하다. 쿠르트 레빈은 피해자의 운명을 지배적 성인들의 세계가 과연 자신을 받아들일지 전혀 확신하지 못하는 청소년들의 상황에 비유한다. 소년들은 질풍노도의 시기를 거치며 긴장과 피로, 때로는 비이성의 폭발을 겪는다. 성숙한 적응을 하려면 **확실한** 세계에 속해야 한다. 많은 소수 집단 구성원들은 완전하게 소속되거나 정상적으로 참여하거나 편안함을 느끼도록 결코 허용받지 못한다. 청소년들처럼 그들은 여기에도 저기에도 속하지 못한다. 그들의 존재는 주변부에 머물러 있다.[15]

자기 충족적 예언

이 장 서두에서 제기한 요점으로 돌아가보자. 우리는 어느 정도는 다른 사람들이 나를 바라보는 시선에 따라 자신을 만들게 된다. 만일 아이가 '타고난 어릿광대'라는 말을 듣고 그로 인해 귀여움을 받고 칭찬을 듣는다면, 그 아이는 사람을 웃기는 재주를 배울 것이고 결국 어릿광대가 될 것이다. 만일 어떤 사람이 한 집단에 들어갔는데 그 집단의 모든 사람이 자기에게 공격적이라고 느낀다면, 아마도 그는 정말로 사람들의 공격성을 유발할 만한 방어적이고 무례한 방식으로 처신할 것이다. 만약 집 주인이 새 가정부가 도둑질하리라고 생각하고 또 그 생각을 드러낸다면, 가정부는 단지 그 모욕을 앙갚음하기 위해서라도 도둑질을 하고 싶은 충동을 느낄 수 있다.

로버트 머튼(Robert K. Merton)은 다른 사람이 어떤 행동을 하리라는 우리의 기대가 바로 그 행동을 야기하는 수많은 미묘한 방식을 가리켜 '자기 충족적 예언(self-fulfilling prophecy)'이라고 불렀다.[16] 이 개념은 사람들이 교류할 때 맺는 상호 행동에 주목한다. 사람들은 흔히 외집단을 그저 어떤 성질을 지닌 자들로 치부하고(7장), 내집단을 그 성질에 관해 잘못된 이미지를 품은 자들로 생각한다(12장). 진실은 이 두 조건이 상호작용을 한다는 것이다. 우리가 타인의 성질을 어떻게 생각하느냐가 그 사람이 어떤 성질을 드러낼지에 영향을 끼칠 수밖에 없다. 물론 사람들이 증오 집단에 부정적 이미지를 품는다고 해서, 실제로 그 집단이 증오받아 마땅한 특질을 발달시켜 우리의 나쁜 예측이 맞다는 걸 확인해주는 결과로 이어지지는 않는다. 하지만 부정적 의견에 대한 어느 정도의 부정적 반사작용이 있을 가능성은 있다. 따라서 이 상호작용이 멈추지 않는 한 집단 간의 사회적 거리를 점점 벌어지게 하고 편견의 토양을 탄탄하게 만드는 데 기여할 악순환이 확립된다.

자기 충족적 예언은 악순환만이 아니라 선순환으로도 이어질 수 있다. 관용, 감사, 칭찬은 선한 행동을 낳는다. 환영을 받으며 집단에 들어온 외부인은 그 집단에 충실하게 공헌할 가능성이 크다. 그럴 때 그 사람은 겹겹의 방어막을 가동하는 대신 자기 성격의 알맹이로부터 응답하기 때문이다. (가족 안에서도 민족 안에서도 국제적으로도) 인간관계에서 기대가 불러오는 힘은 어마어마하다.[17] 우리가 동료 인간이 악행을 저지르리라 예견한다면, 우리가 그 행동을 유발하는 데 기여한 셈이다. 만약 선행을 기대한다면 그 선행도 우리가 끌어내는 것이다.

요약

모든 소수 집단의 구성원이 가시적인 자아 방어를 드러내는 것은

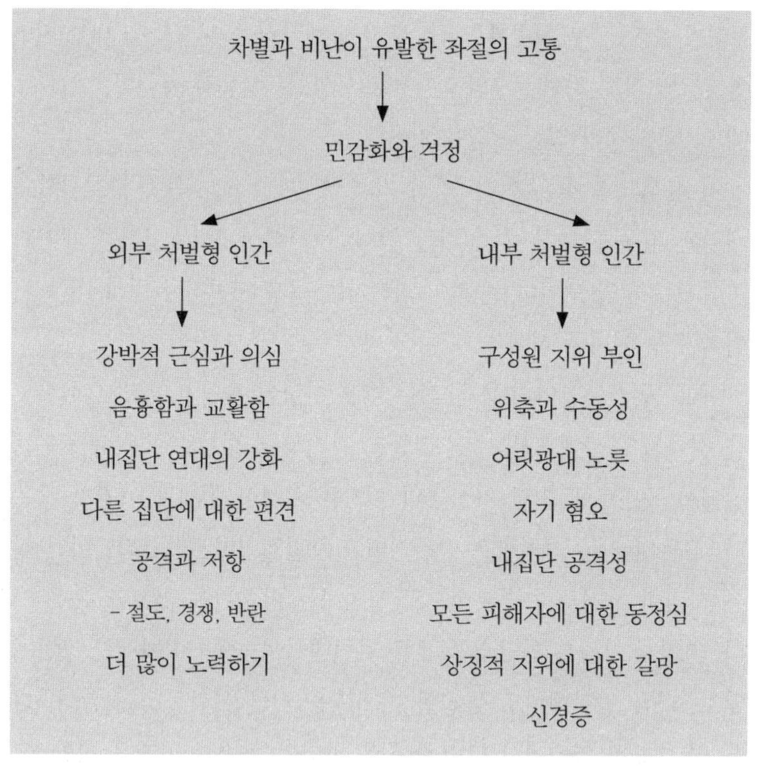

그림 9 차별의 피해자에게 나타날 수 있는 보상 행동 유형

아니다. 가장 심하게 박해받는 집단에 속하더라도 마찬가지이다. 그렇다면 한 가지 흥미로운 의문이 생겨난다. 왜 누군가는 자신을 보호하고 이해관계를 증진하기 위해 저 방법 말고 이 방법을 택하는 것일까? 이 장에서 기술한 수많은 기제들은 두 가지 유형으로 분류할 수 있다.[18] 첫 번째 유형은 본질적으로 공격적이고 외향적이며, 곤경의 원천에 대한 공격을 드러낸다. 두 번째 유형은 조금 더 내향적이다. 첫 번째 유형의 피해자는 불리한 조건의 외부 원인을 **비난한다**. 두 번째 유형의 피해자는 실제로 자기를 비난하는 것까지는 아니더라도 적어도 상황에 적응해야 할 책임이 자기에게 있다고 생각하는 경향이 있다. 전자에 해당하는 사람들을 (로젠츠바이크Saul Rosenzweig의 분류에 따라) **외부 처벌형** 인간, 후자에 해당하는 사람들을 **내부 처벌형** 인간이라고 하자. '그림 9'는 이런 구도를 적용한 것이다. 이를 통해 이 장을 정리해볼 수 있을 것이다.

이 분석의 단점은 여러 '방어 기제'가 우리 정신 속에 무질서하게 배열된 경우를 놓칠 수 있다는 점이다. 사실상 모든 성격이 제각기 하나의 유형인 셈이다. 편견의 피해자는 외부 처벌적 유형과 내부 처벌적 유형을 자주 섞어 가며 여러 가지 특질을 드러낼 수도 있다.

예를 들어 차별의 고통을 겪는 많은 사람이 특징적으로 보이는 모습 하나를 묘사해보자. 우선 그들은 건전하고 즐거운 삶을 추구하는 일에서 주변부에 놓인 자신들의 처지를 치명적 문제로 여기지 않는다. 그들의 기본 가치관은 인간적이고 보편적이며, 어느 집단이건 많은 사람이 자기들과 근본적으로 일치하는 가치관을 갖고 있음을 안다. 따라서 그들은 친구와 동료를 자기네 소수 집단 내에서만 구하지 않고, 다른 집단에서도 동일한 가치관을 지닌 사람들을 찾는다. 다른 덜 중요한 영역에서 그런 활동을 하다가 차별과 편견을 접할 때, 그들은 긍지와 관대한 이해심으로 반응한다. 사실상 이렇게 말한다.

"누구에게나 고난이 있습니다. 누구나 불의를 겪습니다. 다른 사람들과 마찬가지로 내 운명 역시 용기와 인내를 요구합니다." 그다음에는 신중한 경쟁과 목표를 향한 지적인 추구가 전개된다. 사회에서 차별을 줄이고 민주주의를 강화하려는 노력도 그런 추구의 하나다. 억압받는 모든 사람에 대한 너그러운 연민이 발달한다. 간단히 말해서 동정심, 용기, 인내, 긍지가 그런 성격의 특징이 된다. 확실히 어떤 방어 기제는 훨씬 덜 사회적이고 덜 성숙하다. 그러나 잘 알려진 것처럼 완벽하게 발달한 성격은 상대에게 고통을 전가해 대갚음하지 않고도 자신의 고통을 감당할 수 있다. 편견의 많은 피해자들은 그렇게 하는 법을 배웠고, 따라서 우리는 매우 풍요롭고 성숙한 성격의 소유자로서 그들을 존경해야 할 것이다.

3부

차이는 어떻게 지각되는가?

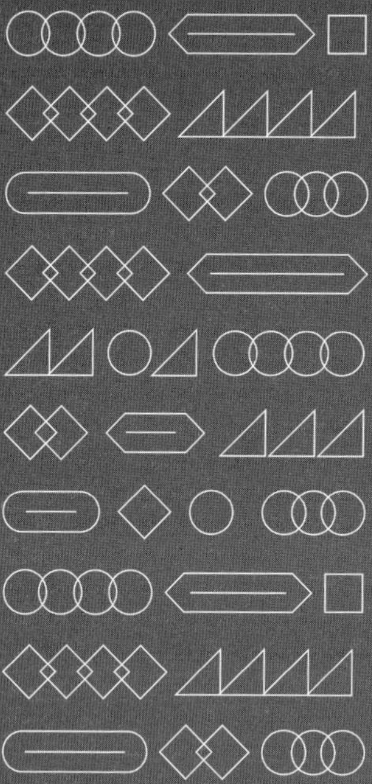

10장

인지 과정

내부의 빛이 외부의 빛과 만나다.
– 플라톤

앞서 말한 것처럼 집단 차이와 그 집단 차이를 어떻게 지각하고 사고하느냐는 완전히 다른 문제이다. 2부에서는 **자극 대상** 자체, 즉 외집단의 특성을 검토했다. 이제 자극 대상을 **만나는** 우리의 정신 과정과 그에 따른 결과를 논의하고자 한다.

우리가 눈으로 보거나 귀로 듣는 어떤 것도 메시지를 직접 전달하지는 않는다. 우리는 언제나 주변 세계에서 받은 인상을 **선택**하고 **해석**한다. 어떤 메시지는 '외부의 빛'에서 주어지지만, 그것에 부여하는 의미와 중요성은 대체로 '내부의 빛'에서 비롯한다.

나는 창문 밖에서 산들바람에 야생 버찌 덤불이 가볍게 흔들리는 것을 본다. 나뭇잎의 뒷면이 보인다. 이 메시지의 많은 부분은 덤불 자체가 반사한 빛의 파장이 나의 감각 기관을 자극해 전달된 것이다. 그런데 나는 속으로 이렇게 생각한다. '오늘밤에 비가 오겠는걸.' 왜냐하면 덤불이나 나무가 나뭇잎의 뒷면이 분명하게 보일 정도로 흔들리는 것은 비가 올 징조라는 이야기를 어디선가 들은 적이 있기 때문이다.

내가 감각한 것, 내가 지각한 것, 내가 생각한 것은 혼합되어 단일한 인지 작용을 이룬다. 내가 흑인을 만났을 때 감각을 통해 전달받는 것은 그의 검은 피부색이지만, 그가 사람이자 어떤 인종의 구성원이라는 사실, 그러므로 그가 그 인종 집단의 다른 속성(내가 알고 있다고 생각하는 것)을 지닐 수 있다는 사실이 전부 과거 경험에 의해 보태진다. 이 복잡한 전체 과정이 지식을 산출하는 하나의 인지 작용으로 발생한다.

우리는 집단의 특징을 직접 지각한다고 가정하는 오류에 빠지지 않아야 한다. 알프레트 아들러(Alfred Adler)는 이렇게 말했다.

> 지각은 결코 사진 이미지와 비교돼서는 안 된다. 왜냐하면 지각하는 사람의 고유하고 개별적인 성질이 지각과 밀접하게 관련되어 결코 떨어지지 않기 때문이다. ……
>
> 지각은 단순한 물리 현상이 아니다. 그것은 심리적 기능인데, 지각으로부터 내적 삶에 관해 가장 원대한 결론을 이끌어낼 수도 있다.[1]

선택, 강조, 해석

지각-인지 과정은 '외부의 빛'에 대해 이루어지는 세 가지 작용으로 구분된다. 바로 감각 자료를 선택하고, 강조하고, 해석하는 것이다.[2] 다음 사례는 지각-인지 과정의 전개를 잘 보여준다.

> 내가 학생 X를 열 번 만났다고 하자. 매번 그는 내가 보기에 수준

낮은 과제를 제출하거나 수준 낮은 논평을 했다. 그래서 나는 그의 능력이 수준 이하이고 공부를 지속해서 도움을 얻을 수 없으므로 이번 학년도 말에 대학을 떠나야 한다고 판단한다.

여기서 나는 보통 선생이 민감해하는 능력 부족의 징후에 초점을 맞춰 증거를 **선택했다**. 또한 나는 X가 지닌 많은 개인적 덕목과 매력은 의도적으로 간과하고 열 번에 걸친 지적 만남을 대단히 중시하며 그 징후를 **강조했다**. 그리고 마침내 내 증거를 '학습 무능'이라는 판단으로 일반화해서 **해석했다**. 이 과정은 충분히 합리적으로 보인다. 가능한 최상의 합리적 판단에 가깝다. 이때 선생은 "증거를 넘어서서 판단하지 않았다."라고 말할 수 있을 것이다. 실제로 그랬다. 혹시 열한 번째나 열두 번째 만남에서 다른 증거가 나타날 수도 있지 않을까? 하지만 전반적으로 선생은 할 수 있는 최선의 선택을 했고, 경험에 근거한 기준에 따라 강조하고, 최대한 현명하게 상황을 해석했다.

다른 사례를 살펴보자.

남아프리카연방의 공무원 시험에서는 지원자에게 이런 문제를 냈다. "남아프리카연방 전체 인구 중 유대인이 차지하는 비율에 밑줄을 쳐라. 1퍼센트, 5퍼센트, 10퍼센트, 15퍼센트, 20퍼센트, 25퍼센트, 30퍼센트." 통계를 내자 가장 빈도가 높은 추정치는 20퍼센트로 나타났다. 그러나 정답은 1퍼센트가 약간 넘는 것이었다.[3]

이 사례에서 대부분의 지원자들은 출제된 문제의 답을 생각하는 동안, 자기가 알거나 본 적이 있는 유대인을 떠올림으로써 자신의 기억을 선택했다. 그다음 분명히 그 과거의 경험을 강조했고(과장했고), 잘못된 판단에 이르는 방식으로 해석했다. '유대인 문제'에 대한 과민성이 오답을 유발한 것임에 틀림없다. 부풀려진 추정치의 바탕에는 유대인의 '위협'에 대한 공포가 깔려 있을 가능성이 매우 높다.

다음 사례는 '외부의 빛'을 만난 '내부의 빛'의 효과를 훨씬 더 명료하게 보여준다.

> 여름 학교 수업에서 한 성난 중년 여성이 강사에게 다가와 이렇게 말했다. "이 강의실에 흑인 핏줄이 있는 것 같아요." 강사가 미지근하게 대답하자 여성은 계속 물고 늘어졌다. "하지만 선생님도 교실에 깜둥이가 있는 걸 원치 않으시겠죠, 안 그래요?" 다음날 여성은 다시 찾아와 강하게 주장했다. "나는 그 애가 깜둥이란 걸 알아요. 내가 종이 한 장을 바닥에 떨어뜨린 다음에 말했어요. '저걸 주워와.' 그러자 그렇게 하더라고요. 자기 분수에 넘치는 것을 얻으려고 애쓰는 음흉한 하인이라는 것을 입증하는 행동이죠."

이 여성은 처음부터 오로지 사소한 감각적 단서만을 지니고 있었다. 이 여성이 지목한 학생은 흑발이었으나 대부분의 사람들 눈에는 확실히 니그로이드가 아니었다. 그러나 이 비난자는 자기가 생각하기에 분명히 존재하는 단서를 **선택했고**, 그 단서를 자기 마음속에서 **강조했고**, 전체 상황을 자신의 편견에 부합하도록 **해석했다**. 가령 소녀가 떨어진 종이를 주운 사실을 이 여성이 대단히 임의적으로 해석하는 데 주목하자.

마지막 사례는 훨씬 더 극단적이다. 1942년 뉴욕 시에서는 등화관제를 실시했다. 신호등의 초록과 빨강 불빛마저 줄이려고 신호등 일부를 가리개로 덮기도 했다. 최소한의 불빛으로 최대한의 가시성을 확보하기 위해 십자(+) 형태의 틈새로만 신호등 불빛이 보이게 만들었다. 이것은 객관적인 상황이었다. 하지만 누군가는 다음과 같은 방식으로 지각했다.

> 다윈의 별 후예에게는 충격이 아닐 수 없을 것이다. 뉴욕의 다섯 개 자치구의 모든 교통 신호등이 차가 서고 갈 때를 대략 15센티미터 크기의 칙칙한 빨강 혹은 초록의 원형 불빛이 아니라 이제는 빨강 혹은 초록의 십자가로 보여준다는 사실을 안다면 말이다. 이 변화는 등화관제라는 생각에서 비롯됐지만, 십자가를 사용한 일은 우리 뉴욕 경찰 기술부의 작품이며, 이렇게 해서 유대인은 여기가 기독교의 나라임을 다시금 깨달을 수 있을 것이다.[4]

이 사례는 선택, 강조, 잘못된 해석의 과정이 그야말로 제멋대로이다.

방향적 사고와 자폐적 사고

사고는 기본적으로 현실을 예상하기 위한 노력이다. 우리는 사고를 통해 결과를 예측하려 하고, 무엇이든 위협적인 것은 피하고 희망과 꿈을 성취할 수 있도록 자신의 행위를 계획하려 한다. 사고에 수동적 요소 따위는 없다. 사고란 기억하기-지각하기-판단하기-계획하기로 이루어진 처음부터 끝까지 능동적인 기능이다.

현실을 예상하기 위해 효율적으로 사고하는 것을 **추론**이라고 말한다. 만일 누군가 사고를 통해 인생의 중요하고도 근본적인 목표를 향해 나아가는데, 그 사고가 자극 대상에 대해 객관적으로 알려진 속성과 최대한 일치한다면, 그 사람은 추론을 하고 있는 것이다. 물론 그는 오류를 저지를 수도 있지만 사고의 전체 방향이 사실을 향해 있다면 그의 사고는 기본적으로 합리적 성격을 지녔다고 인정할 수 있다. 보통 이 정상적인 문제 해결 과정을 **방향적 사고**(directed thinking)라고 부른다.[5]

이와 반대되는 것이 공상적, 자폐적, 혹은 '자유로운' 사고이다. 흔히 우리 마음은 이런저런 생각을 떠올리며 분주하게 돌아가지만 주어진 목표를 향해 어떤 진보도 이루지 못할 때가 있다. 예를 들어 몽상에 빠져 목표를 지어낼 수 있고 공상 속에서 거짓된 성공을 거둘 수도 있다. 하지만 몽상이나 공상은 사람을 나아가게 하지 않는다. 이런 덜 합리적인 정신 활동을 가리켜 **자폐적 사고**(autistic thinking)라고 한다. 자폐적이라는 말은 '자기를 준거 삼는다'는 뜻이다. 흑인을 '지각한' 여성과 신호등 불빛에서 기독교의 십자가를 '지각한' 남성은 둘 다 방향적 사고보다는 자폐적 사고를 했다. 왜냐하면 그들의 사적인 강박관념이 그 상황에 완벽하게 영향을 끼쳤기 때문이다. 그들의 해석은 옳지 않았으며 '성공적이지' 못했다. 전체 사고 과정은 왜곡되었고 자기 위주였다.

한 가지 실험을 살펴보자. 셀스(S. B. Sells)는 사람들이 삼단논법을 이용해 추론하는 능력을 연구하고 싶었다. 삼단논법은 방향적 사고가 다루는 간결한 문제이다. 셀스가 제시한 삼단논법 중에는 흑인에 관한 내용이 있었다. 여기 두 가지 예시가 있다.

> 만약 많은 흑인이 유명한 육상 선수라면 그리고 많은 유명한 육상 선수가 전국적인 영웅이라면, 많은 흑인은 전국적인 영웅이다.

> 만약 많은 흑인이 성범죄자라면 그리고 많은 성범죄자가 매독에 감염된다면, 많은 흑인은 매독에 감염된다.

셀스는 실험 대상이 된 대학생들에게 두 삼단논법의 논리가 옳은지 그른지 판단해보라고 질문했다. 위의 사례들은 모두 **그르다**(전제에 '많은'이라는 말이 포함되었기에 타당한 결론이라고 할 수 없다). 논리학을 배웠건 아니건 편견이 없다면, 두 삼단논법을 모두 타당하다거나 모두 부당하다고 똑같이 판단해야 한다. 왜냐하면 같은 형식으로 진술되었기 때문이다.

실제로 다수의 학생들은 일관되게, 즉 둘 다 타당하다거나 둘 다 부당하다고 판단했지만, 첫 번째는 타당하고 두 번째는 부당하다고 단언한 학생들도 많았다. 이들 중 대다수는 태도 검사 결과 **친흑인적** 태도를 지닌 것으로 드러났다. 반대로 첫 번째는 부당하고 두 번째는 타당하다고 주장한 학생들은 대개 **반흑인적** 태도를 보였다.[6]

셀스의 실험은 추론 과정에서 어떻게 순전히 객관적인 문제가 자폐적 방식으로 다뤄질 수 있는지 보여준다. 이것은 우리의 이기심, 우리의 선입견이 증폭한 결과이다. 또한 이 실험은 친흑인적 편향도 반흑인적 편향만큼이나 추론을 왜곡할 수 있음을 드러낸다.

합리화(rationlization)는 자폐적 사고에 동반되는 중요한 요소이다. 사람들은 자신의 사고가 자폐적이라는 사실을 받아들이려 하지 않는다.

실제로 사람들은 대개 자기가 자폐적이라는 사실을 **알지** 못한다. 특히 자신의 사고가 편견에서 비롯됐다는 비난을 받으면 강하게 저항한다. 일반적으로 사람들은 더 그럴듯한 이유를 내놓는다. 편견을 품은 백인 남성은 자신이 흑인이 사용한 컵으로 음료 마시기를 거부하는 이유가 흑인에 대한 혐오 때문임을 인정하지 않는다. 그는 흑인들이 '병에 걸렸다'고 주장한다. 이 주장은 **그럴듯한** 이유가 된다. 설령 그가 병에 걸렸을지도 모를 백인과 같은 컵을 사용하는 데는 주저하지 않더라도 말이다. 많은 사람들이 1928년 대통령 선거에서 앨 스미스(Al Smith)를 뽑지 않았는데, 그가 가톨릭 신자였기 때문이다. 하지만 사람들이 내놓은 이유는 그가 '천박하다'는 것이었다. 역시 그럴듯한 이유지만 진짜 이유는 아니다.

추론과 합리화를 구분하는 일이 항상 가능하지는 않은데, 특히 추론의 **오류**와 합리화를 구분하는 일은 더 그렇다. 합리화라는 용어는 조심스럽게 사용해야 하며, 실제로 자폐적 사고의 과정에 명백한 거짓 정당화를 부여하는 경우에만 한정해야 한다.

합리화를 간파하기 어려운 한 가지 이유는 합리화가 일반적으로 다음과 같은 법칙을 따르기 때문이다. (1) 합리화는 사회적으로 수용된 규범에 부합하는 경향이 있다. 진짜 이유가 아니더라도 어쨌든 '천박한' 대통령 후보를 거부하는 것은 **아무 문제가 없다**. (2) 합리화는 사람들이 수용하는 논리 규범에 최대로 근접하는 경향이 있다. 진짜 이유가 아니더라도 최소한 **그럴듯한** 이유는 된다. 질병의 공포 때문에 컵을 사용하지 않겠다는 것은 설령 근본적인 이유가 아닐지라도 일리 있는 말로 **들린다**.

인과적 사고

우리는 모두 방향적 사고를 통해서든 자폐적 사고를 통해서든 질서 있고 통제하기 쉽고 단순한 세계상을 그리기 위해 계속 노력한다. 바깥의 현실은 그 자체로 혼돈이다. 현실은 너무나도 많은 잠재적 의미로 가득 차 있다. 우리는 살기 위해 **단순화**해야 한다. 우리는 안정된 지각이 필요하다. 동시에 우리는 끊임없이 **설명**을 갈망한다. 우리는 어떤 것도 어중간한 채로 두고 싶어 하지 않는다. 모든 것은 전체 상황에 맞게 제자리를 찾아야 한다. 아이들조차 묻는다. "왜? 왜? 왜?"

마치 의미를 추구하는 이 기본적 갈망에 응답하듯, 세계의 모든 문화는 던질 수 있는 모든 질문에 답을 제공한다. 어떤 문화도 끝내 "우리는 답을 모른다."고 말하는 일이 없다. 창조 신화가 있고 인간 기원에 관한 전설이 있고 지식 백과사전이 있다. 그리고 그 길 끝에는 언제나 모든 혼란에 어울리는 인도자 같은 종교가 있다.

이 기본 욕구는 집단 간 관계와 중요한 관련이 있다. 한 가지 예를 들면 우리는 **인과**를 **사람**이 책임져야 하는 것으로 여기는 경향이 있다. 궁극적으로 세상을 창조하고 말끔하게 정돈한 이는 바로 신이다. 악과 무질서를 가져온 이는 악마이다. 나라에 불경기를 불러온 사람은 대통령이다. 한국전쟁은 '트루먼 전쟁'으로 불렸다. 히틀러는 **유대인**이 전쟁을 야기했다고 말했다. 이런 의인화 경향은 대단히 뚜렷하다. 1929년 주식시장 붕괴는 '모건 상회(House of Morgan)'가 일으켰다. 인플레이션은 '독점 기업'이 야기했다. 화재, 폭발, 비행접시는 '공산주의자' 탓이다. 높은 물가는 유대인의 음모가 낳은 결과이다.[7] 해악을 일으킨 것이 인간이라면, 그 해악의 당사자를 공격하는 것보다 더 논리적인 일이 있을 수 있을까? 그런 행동은 차별이나 공격이 아니라 단지 자기 방어를 의미하는 것처럼 보인다.

이렇듯 우리는 지속적으로 좌절과 재앙에 대한 설명을 바깥에서 구하려 하고, 특히 인간에게서 원인을 찾으려는 경향이 있다. 이 엉뚱한 성향이 강력하게 통제되지 않는 한 우리는 편견에 빠진다. 실제로 우리가 겪는 좌절과 재난은 종종 인간 외적인 원인에서 비롯된다. 이를테면 바뀐 경제 여건이나 사회적 · 역사적 조류의 변화에 따른 것일 수 있다. 만일 우리가 이 사실을 제대로 깨닫지 못한다면, 자신의 불운을 쉽게 눈에 띄는 인간(희생양) 탓으로 돌리는 습관에 빠져든다.

범주의 본질

앞서 우리는 범주에 관해 자주 언급했는데, 2장에서 범주 개념을 소개하며 몇 가지 중요한 특징을 설명했다. 범주는 옛 경험과 새 경험을 자기에게 최대한 동화시킨다. 그래서 우리는 대상이 어느 범주에 속하는지 재빨리 알아볼 수 있고, 같은 범주에 속하는 것이면 무엇이든 공통의 정서적 특징을 떠올리는 경향이 있다. 마지막으로 범주적 사고란 자연스럽고 불가피한 인간 정신의 경향성이며, 비합리적 범주도 합리적 범주만큼이나 아주 쉽게 형성된다는 점을 지적했다.

하지만 아직 **범주**를 정의하지는 않았다. 이 책에서 범주란 **전체적으로 일상의 적응에 길잡이가 되는 속성을 지닌, 접근 가능한 연합된 관념의 무리**를 의미한다. 물론 범주는 개의 범주와 늑대의 범주처럼 겹친다. 종속적 범주도 있다. 이를테면 스패니얼의 범주는 더 작고 개의 범주는 더 크다. 우리가 쓰는 단어 중에서 명사는 모두 범주(개념이라고 부를 수도 있다)를 가리키지만 명사만 범주인 것은 아니다. 범주는 결합되기도 하고 중첩되기도 하고 포함되기도 하고 조건이 붙기도 한다. '경비견', '현대 음악', '상스러운 사회 행동'을 예로 들 수 있다. 간단히 말해서 범주는 인지 작용의 기초가 되는 모든 조직 단위이다.

왜 우리는 마음속에서 동류의 관념이 모여 범주를 형성하는지 알지 못한다. 아리스토텔레스 시대 이래로 사람들은 이 마음의 중요한 속성을 설명하기 위해 다양한 '연합의 법칙(laws of association)'을 제시했다. 범주는 자연에서 발견되는 외부 현실과 일치할 필요가 없다. 예를 들면 요정 같은 것은 존재하지 않는다. 하지만 우리 마음은 요정에 관한 확고한 범주를 지니고 있다. 이와 비슷하게 인간 집단에 관한 확고한 범주를 지니고 있지만, 그 범주들이 사실과 일치한다는 보장은 없다.

어떤 범주가 합리적이려면 그 범주가 모든 관련 대상의 **본질적** 속성을 중심으로 삼아 형성되어서 범주 안에 그 모든 대상이 올바르게 포함될 수 있어야 한다. 이를테면 모든 집은 (과거나 현재나) 사람이 거주할 수 있는 일정 수준의 상태를 특징으로 한 구조물이다. 개개의 집은 비본질적 속성도 있을 것이다. 큰 집, 작은 집, 나무 집, 벽돌집, 싼 집, 비싼 집, 낡은 집, 새 집, 하얀 집, 회색 집 등등. 이런 속성은 집의 본질적 속성, 즉 '정의 속성(defining attributes)'이 아니다.

이와 유사하게 누군가를 유대인으로 규정지으려면 그는 어떤 정의 속성을 지녀야 한다. 7장에서 살펴본 것처럼 유대인의 정의 속성이 정확히 무엇인지 말하기는 다소 어렵지만, 어쨌든 어떤 이가 세습(혹은 개종)을 통해 유대교의 전통을 따르는 다른 이들과 맺는 관계와 관련이 있을 것이다. 이외에 유대인의 다른 본질적(정의) 속성은 없다.

불행히도 자연은 우리에게 범주가 전적으로 정의 속성으로 구성되었거나, 아니면 적어도 주된 속성은 정의 속성임을 확신할 수 있는 방법을 일러주지 않는다. 그래서 많은 아이가 모든 집이 자기 집처럼 이층집이어야 하고 집 안에는 냉장고와 텔레비전이 꼭 있어야 한다고 잘못 생각한다. 그런 우연적 속성은 집이라는 범주에 필수적이지 않다. 그것들은 신뢰할 만한 범주 형성에 혼란을 일으키기 때문에, 심리학자들은 종종 그 속성들을 '소음 속성(noisy attributes)'이라고 부른다.

유대인 개념으로 되돌아가보자. 앞서 말했듯이 아마도 유대인 범주에 중요한 정의 속성은 하나일 것이다. 그러나 여러 가지 이유로 이 범주에 다른 많은 속성이 귀속되어 '소음'을 일으킨다. 일부 속성은 어느 정도 개연성이 있을 수 있다. 어떤 유대인이 아르메노이드의 외모를 지니고 상거래나 전문직에 종사하며 상대적으로 교육을 잘 받을 확률은 영(0)보다 훨씬 클 것이다. 7장에서 본 것처럼 이 속성들은 (본질적이지는 않지만) 실제 집단 특성을 형성한다. 하지만 다른 속성들은 완전히 잘못된 소음일 수 있다. 예를 들면 유대인은 은행가라거나 음모를 꾸미는 자들이라거나 전쟁광이라고 말하는 것이다.

그러나 유감스럽게도 자연은 우리에게 정의 속성, 개연적 속성, 완전히 잘못된 속성이 무엇인지 말해주지 않는다. 우리 마음은 이 속성이나 저 속성이나 타당하다고 판단할 수 있다. 달리 말하면 대체로 우리는 범주를 구성하는 집단 성질 중 무엇이 J-곡선 분포에 해당하고, 무엇이 드물다-없다 차이를 만들고, 무엇이 순전히 상상의 산물인지 알지 못한다. 이것들은 논리적으로는 당연히 다르지만 심리적으로는 동등하게 보인다.

한편 일부 범주는 명백히 다른 범주보다 더 유연하다(분화적이다). 포스트먼(Leo Postman)의 주장에 따라 유연하지 않은 범주를 **독점 범주**(monopolistic category)'라고 부를 수 있다.[8] 독점 범주는 아주 강력하고 엄격하며 포함된 속성이 변하지 않기 때문에 그에 반하는 모든 증거가 거부된다. 마음은 독점 범주와 관련해서는 꽉 닫혀 있다. 더군다나 독점 범주는 소소하거나 상상으로 지어낸 하찮은 증거에 의해서도 '확증된다'. 사람은 자기가 보고 들은 것이면 무엇이든 자기의 독점 범주를 강화하는 방식으로 선택하고 해석한다. 확신에 찬 반유대주의자는 유대인에게 우호적인 모든 증거를 ('예외'로서) 거부하거나 무시하면서, 자신이 지닌 적대적 관점을 뒷받침하는 증거는 티끌만한 것이라도 모조리 환영한다.

모든 범주가 화강암처럼 단단한 것은 아니다. 일부는 유연하고 변별적이다. 예를 들어 어떤 집단에 관해 더 많이 아는 사람일수록 독점 범주를 형성할 가능성은 **더 낮다**. 대부분의 미국인은 '미국인'에 대한 모든 고정된 가설이 행위의 나침반으로 삼기에는 형편없다는 것을 안다. 가령 그들은 모든 미국인이 돈을 숭배하거나, 활발하거나, 저속하지 않다는 것을 안다. 미국인이라고 해서 모두 친절하고 붙임성 좋은 것도 아니다. 그러나 미국인을 잘 알지 못하는 유럽인들은 흔히 미국인을 이 모든 성질을 지닌 하나의 거대한 획일적 단위로 여긴다.

우리가 어떤 범주를 잠정적으로 유지하면서 변이와 세분화를 허용할 때, 그 범주는 **분화 범주**(differentiated category)라고 할 수 있다. 분화 범주란 고정관념과 정반대이다. 다음 이야기는 분화 범주의 사례를 보여준다.

> 나는 많은 가톨릭 신자를 안다. 어린 시절에는 그들이 모두 미신에 빠져 있고 무식하며 나보다 사회적 위치도 지능도 훨씬 낮다고 생각했다. 나는 성당 옆을 빠르게 지나가곤 했으며, 가톨릭을 믿는 아이들과 놀지 않았고, 가톨릭 신자가 운영하는 가게에서는 물건을 사지 않았다. 이제 나는 그들의 공통적 특질이 아주 적다는 것을 안다. 그들은 특정한 신앙과 관습을 따르는 자들이다. 그러나 여러 사람과 접촉해보니 이 아주 작은 공통점과는 별개로 세상에는 너무 많은 종류의 가톨릭 신자들이 있기 때문에, 단지 가톨릭 신앙을 고수한다는 것 말고는 다른 어떤 속성도 그들에 관한 개념에 포함시킬 수 없음을 알았다. 물론 나는 개신교 신자들보다 가톨릭 신자들 중에 가난한 자들과 도시민들과 외국 태생이 비율상 더 많을 수 있다는 것을 안다. 또한 많은 가톨릭 신자들이 공립학교보다 교구 부속 학교에 다닌다는 것도 안다. 그러나 그 밖에 거의 모든 성질에 관해서는 가톨릭 집단과 내가 아는 다른 어떤 집단 사이에 차이점을 발견할 수 없다. 따라서 나는 오로지 몇 가지 측면에서만 그들을 하나의 집단으로 여긴다.

최소 노력의 원리

일반적으로 독점 범주가 분화 범주보다 형성하기도 쉽고 유지하기도 쉽다. 대부분 사람들은 경험의 **어떤** 영역에서는 비판적이고 편협해지지 않는 방법을 배우지만 다른 영역에서는 최소 노력의 법칙에 복종한다.[9] 의사는 관절염이나 독사에 물린 상처나 아스피린의 효능에 관한 통속적 일반화에 휩쓸리지 않을 것이다. 그러나 그는 정치, 사회 보험, 멕시코인에 대해서는 과잉 일반화를 받아들일지도 모른다. 모든 것에 관해 분화적 개념을 갖기에는 인생이 너무 짧다. 걸어가는 데는 **몇 가지** 길만 알면 충분하다. 나에게 어떤 자동차가 적합한지 알고 나면 다음부터 다른 모든 차들은 논외로 분류되고, 그에 따라 나의 인생은 단순해지고 더 효율적이 된다. 이 원리는 분명히 집단 관계에도 적용된다.

모든 단순화가 반드시 해롭지는 않다. 나는 스웨덴 사람들이 모두 깔끔하고 정직하고 부지런하다고 생각할 수 있다. 그리고 이 우호적 관점에 따라 스웨덴 사람들을 대하는 나의 태도를 조절할 수 있다. (물론 일부 속성은 어느 정도 정확할 수 있다.) 여기서 요점은 범주를 분화하지 않으면 인생살이가 더 쉬워진다는 것이다. 어느 집단의 모든 구성원이 동일한 특질을 타고났다고 생각하는 것은, 그들을 저마다 개개인으로 다루는 수고를 덜어준다.

집단을 범주화할 때 최소 노력의 원리는 결과적으로 **본질에 대한 믿음**을 발달시킨다. 모든 유대인은 '유대인다움'을 타고난다거나 '아시아인의 영혼', '흑인의 피', 히틀러의 '아리안주의', '미국인 특유의 천재성', '논리적인 프랑스인', '열정적인 라틴계' 같은 표현은 본질에 대한 믿음을 표상한다. 어떤 신비로운 초자연적 힘이 (선하든 악하든) 어떤 집단 안에 존재하고 모든 구성원은 그 힘을 나눠 갖는다는 식이다. 영국이 아시아와 아프리카의 땅과 노동력을 편리하게 착취할 수 있던 시절, 조지프 러디어드 키플링은 그 지역 사람들의 본질에 대한 어떤 믿음에 빠져 있었다. 다음의 시구를 보라.

새로 점령한 음침한 사람들,
반은 악마이고 반은 어린아이.

키플링의 사고방식은 그의 삶을 잠깐 동안은 편하게 해주었다. 식민지 사람들의 개인차나 그에 따르는 복잡한 윤리 문제에 눈높이를 맞출 필요성이 없어진 많은 영국인도 마찬가지였다. 최근 대영제국이 해체된 이유는 엄청난 인구를 분화되지 않은 방식으로 다룬 키플링의 오류에 많은 부분 기인한다. 독점 범주는 한동안은 성공적일 수 있다. 하지만 결국에는 재앙을 불러올 것이다.

최소 노력의 원리는 궁극적으로 **흑백** 판단에서 잘 드러난다.

한 소년은 네 살 무렵부터 열 살 무렵까지 하루에도 몇 번씩 아버지에게 매번 라디오 뉴스가 끝나면, "저게 좋은 소식이에요, 나쁜 소식이에요?"라고 묻는 버릇이 있었다. 자기 나름의 판단 기준이 없는 아이는 아버지가 모든 사건을 두 가지 가치 범주 중 하나에 넣어줌으로써 이 혼란스러운 세상을 단순화해주기 바란 것이다.

누구나 이런 소년의 단계를 넘어서 성장하는 것은 아니다. 모든 범주를 '좋음'과 '나쁨'이라는 두 상위 범주에 끼워 넣으려는 생각은 매력적인 구석이 있다. 그렇게 함으로써 우리는 삶의 적응 방식을 엄청나게 단순화한다. 좋고 나쁨 말고 다른 흑백 명제를 적용할 때도 단순화는 나타난다. 모든 여성은 순수하거나 악질이다, 검은 것은 검고 흰 것은 희지 회색 같은 것은 없다는 식의 명제를 예로 들 수 있다.

5장에서 어느 외집단 하나를 싫어하는 사람은 다른 모든 외집단도 싫어하는 경향이 있다고 이야기했다. 여기 흑백 논리의 정점이 있다. 내집단은 선이고 외집단은 악이다. 말 그대로 너무나 간단하다.

편견적 성격의 인지 역동

이제 편견에 관한 심리학 연구에서 아마도 가장 중요한 발견이라 할 수 있는 대목에 이르렀다. 지금부터 그 내용을 개략적으로 서술하겠다. 편견적인 사람들의 인지 과정은 관용적인 사람들의 인지 과정과 **일반적으로** 다르다. 다른 말로 하면 편견은 단지 특정 집단에 관한 특정 태도가 아니라 자신이 살고 있는 세계에 대한 전반적인 사고 습관을 반영하는 것일 가능성이 크다.

여러 연구에 의하면 편견적인 사람은 **일반적으로** 흑백 판단을 한다는 것을 알 수 있다. 민족 집단을 생각할 때처럼 자연, 법, 도덕, 남자와 여자에 관해 생각할 때도 둘로 나누어 판단한다.

또한 편견적인 사람은 분화 범주를 불편해하고 독점 범주를 선호한다. 그래서 그의 사고 습관은 완고하다. 그는 자신의 정신 자세를 쉽게 바꾸지 않으며 오랫동안 유지해 온 추론 방식을 고수한다. 인간 집단에 관한 추론이건 아니건 마찬가지이다. 그는 명확성(definiteness)에 대한 뚜렷한 욕구가 있으며 모호한 계획을 참지 못한다. 범주를 형성할 때는 참된 '정의' 속성을 추구하거나 강조하지 않고 많은 '소음' 속성도 똑같이 중요한 속성으로 받아들인다.

25장에서 '편견적 성격'을 논의하면서 이 연구 성과들을 더 자세히 살펴볼 것이다. 또한 편견 역동, 인지 역동, 정서 역동이 어떻게 하나의 단일하고 통일적인 생활 방식을 구성하는지 알아볼 것이다.

편견이 없는 사람도 특유의 사고방식이 있다. 27장에서는 '관용적 성격'을 검토하면서 관용적인 사람의 인지 과정은 범주를 더 분화하고, 모호성에 대해 훨씬 관용적이며, 무지를 인정할 준비가 더 되어 있고, 독점 범주에 관해 습관적으로 의심한다는 특징이 있음을 살펴볼 것이다.

물론 세상에는 오로지 두 유형만 있는 것은 아니다. (그렇게 말한다면 정당하지 않은 이분법일 것이다.) 편견적 태도와 관용적 태도는 모두 다양한 정도와 미세한 차이가 존재한다. 그러나 지금 말하는 것은 혼합 유형의 성격이 나타나지 않는다는 것이 아니라 누군가에게서 편견이 발견될 때는 그의 일반적인 인지 과정이나 전반적인 생활 방식의 역동과 무관하게 고립적으로 나타날 가능성은 낮다는 의미이다.

결론

2장과 마찬가지로 이 장에서는 인지 과정의 기초 심리학을 설명하며 다음 명제들을 확립했다.

유사하거나 동시에 나타나거나 함께 언급되는 인상은, 특히 명칭이 붙는다면(다음 장을 보라) 범주(일반화, 개념)로 결합하는 경향이 있다.

모든 범주는 세계에 대한 의미를 발생시킨다. 숲 속 오솔길처럼 범주는 삶의 공간에 질서를 부여한다.

범주가 더는 우리의 목적에 도움되지 않는다면 경험에 의해 수정되지만 목적에 도움이 되도록 쓰일 수 있다면 최소 노력의 원리에 따라 처음에 조악하게 형성된 일반화가 유지되는 경향이 있다.

일반적으로 범주는 단일한 구조 안에 가능한 한 많은 것을 동화시킨다.

범주는 변화를 거부하는 경향이 있다. '예외'를 인정하는 장치가 범주를 보존하는 데 기여한다(다시 울타리 치기).

범주는 새로운 대상이나 새로운 사람을 확인하는 데 도움을 주고, 그 대상이나 사람이 우리의 선입견에 의하면 어떤 종류의 행동을 할지 예상하는 데도 영향을 끼친다.

범주는 잘못된 관념과 정서적 어조로 구성될 뿐 아니라 지식(일말의 진실)이 혼합되어 만들어지기 때문에 방향적 사고와 자폐적 사고를 둘 다 반영할 수 있다.

범주와 충돌하는 증거는 범주에 부합하는 것처럼 보이도록 (선택, 강조, 해석을 통해) 왜곡될 수 있다.

합리적 범주는 대상의 본질 혹은 정의 속성을 중심으로 구성된다. 그러나 종종 비본질적 속성과 '소음' 속성이 범주에 포함되는 탓에 범주가 외부 실재에 덜 부합하게 된다.

민족 편견은 인간 집단에 관한 범주인데, 정의 속성을 중심으로 형성되지 않고 다양한 '소음' 속성을 포함함으로써 그 민족 집단 전체를 비방하도록 이끈다.

우리는 인과관계에 관해 생각할 때, 특히 좌절이나 재난의 원인을 생각할 때 의인화해서 사고하는 경향이 있다. 즉, 우리는 인간을 탓하고 대개는 소수 집단을 비난한다.

흑백 범주, 특히 범주에 포함된 대상이 모두 선하거나 모두 악하다고 규정하는 범주는 쉽게 형성되고 민족 집단에 대한 우리의 생각을 쉽게 통제한다.

편견적인 정신의 특징은 경험의 모든 영역 안에서 독점적이고 분화되지 않고 흑백적이고 완고한 범주를 형성한다는 것이다. 일반적으로 이와 반대되는 경향성이 관용적인 사람들의 인지 과정을 특징짓는 것으로 보인다.

11장

언어의 역할

단어가 없다면 범주를 형성할 수 없을 것이다. 개는 아마도 소년들을 피해야 한다는 식의 아주 초보적인 일반화를 형성할 수 있을지도 모른다. 하지만 이 개념은 조건반사 수준에서 자연스럽게 만들어진 것이지 그 자체로 사유의 대상은 아니다. 우리 마음 안에 반성, 회상, 동일시, 행위를 하는 데 필요한 일반화를 유지하려면 단어로 고정할 필요가 있다. 단어가 없다면 세계는, 윌리엄 제임스가 말한 대로 '경험의 모래 더미'가 될 것이다.

구분해주는 명사

인간의 경험 세계에는 '인간 종' 범주에 속하는 모래알 같이 많은 25억 명의 사람들이 존재한다. 아마도 우리의 사고는 그렇게 많은 개별 존재를 감당할 수 없으며, 사실상 일상에서 마주치는 수백 명조차 개별화하지 못한다. 우리는 그들을 분류해 무리 지어야 한다. 그러므로 무리 짓는 데 도움이 되는 이름들을 환영한다.

명사의 가장 중요한 속성은 다른 들통에도 담을 수 있다는 사실을 무시하고서 많은 모래 알갱이를 하나의 들통에 담는다는 것이다. 전문 용어로 말하면 명사는 구체적 사실로부터 어떤 하나의 특징을 **추상하고** 오직 이 한 가지 특징과 관련해 다른 구체적 사실들을 모은다. 이 분류하는 행위는 다른 모든 특징을 간과하게 만드는데, 그 특징들 대다수는 우리가 선택한 항목보다 더 건전한 기반을 제공할 수도 있다. 다음 어빙 리(Irving Lee)의 사례를 보자.

> 나는 양쪽 눈의 시력을 모두 잃은 사람을 안다. 그는 '맹인'으로 불렸다. 또한 그는 숙련된 타자수, 양심적 노동자, 훌륭한 학생, 꼼꼼한 청인, 일자리를 원하는 사람이라고 불릴 수도 있을 것이다. 하지만 그는 백화점 주문 접수 부서에서 일자리를 얻을 수 없었다. 그 부서는 직원들이 앉아서 전화로 들어오는 주문을 타자로 치는 일을 하는 곳이었다. 인사 담당자는 면접을 끝내려고 안달이었다. "하지만 당신은 맹인이잖아요." 그는 이 말을 반복했다. 누구나 그의 암묵적 가정이 무엇인지 알 수 있었다. 한 측면에서 무능력하면 다른 측면에서도 무능력하다는 것이었다. 면접관은 '맹인'이라는 명칭에 완전히 눈이 멀어서 그 이상을 봐야 한다는 것을 도저히 납득하지 못했다.[1]

가령 '맹인' 같은 일부 명칭은 대단히 두드러지고 강력하다. 이런 말들은 대안적인 분류는 물론이고 교차 분류°마저 방해하는 경향을 보인다. 보통 인종 명칭이 이런 유형에 속하는데, 특히 **흑인**이나 **아시아인**처럼 고도의 가시적 특징이 있으면 더욱 그렇다. 인종 명칭

교차 분류(cross-classification) 동시에 둘 이상의 속성에 따른 분류. 가령 하나의 사례를 성별과 연령에 따라 분류할 때 교차 분류라고 말한다.

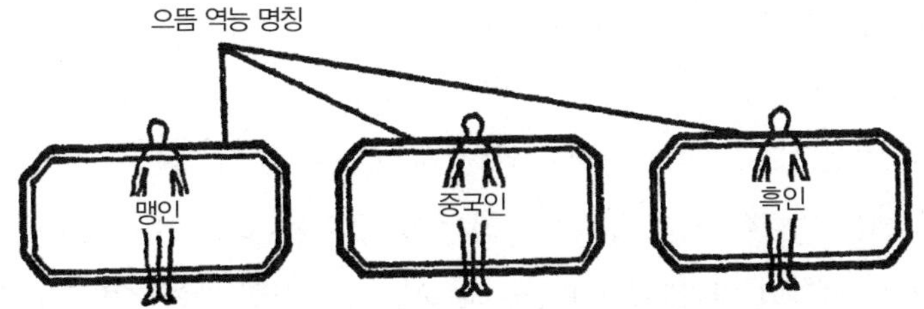

그림 10 언어 상징이 개인에 대한 지각과 사고에 끼치는 영향

은 **지적장애, 불구, 맹인**같이 눈에 잘 띄는 무능 상태를 가리키는 명칭과 닮았다. 이제 이런 상징들을 '으뜸 역능 명칭(labels of primary potency)'이라고 부르자. 으뜸 역능 명칭은 날카로운 경보음처럼 작용해서 이것만 아니었다면 지각할 수 있었을 모든 섬세한 차이가 우리 귀에는 들리지 않게 된다. 눈이 멀었다거나 피부색이 어둡다는 것이 어떤 목적에서는 정의 속성일 수 있더라도 다른 목적에서는 무관하거나 '소음'에 불과하다.

대부분의 사람들은 언어의 이 기본 법칙, 즉 사람에게 붙은 모든 명칭은 그의 본성의 한 측면만 적절히 지칭한다는 것을 알지 못한다. 우리는 어떤 사람을 **인간, 자선가, 중국인, 의사, 운동선수**라고 정확하게 말할 수 있다. 한편 누군가는 이 모든 명칭에 해당할 수 있는데, 아마도 **중국인**이라는 명칭이 으뜸 역능 상징으로서 우리 마음을 끌어당길 것이다. 그러나 이것만이 아니라 분류에 사용되는 어떤 명칭도 한 사람의 본성 전부를 지칭할 수는 없다. (오로지 그의 고유한 이름만 그렇게 할 수 있다.)

이렇듯 우리가 사용하는 명칭, 특히 으뜸 역능 명칭은 구체적 현실로부터 우리의 주의를 분산한다. 살아 숨쉬는 복잡한 개인, 인간 본성의 궁극적 단위인 개인은 시야에 들어오지 않는다. '그림 10'에서처럼 명칭은 개인이 지닌 한 속성의 중요성을 지나칠 정도로 과장하고 다른 중요한 속성들을 가려버린다.

2장과 10장에서 설명했듯이 일단 범주가 으뜸 역능 상징의 도움을 받아 형성되고 나면 마땅히 그래야 하는 것보다 더 많은 속성을 끌어당기는 경향이 있다. **중국인**이라는 명칭이 붙은 범주는 단지 특정 민족 구성원의 지위뿐만 아니라 과묵함, 무감각함, 가난, 변절도 뜻한다. 물론 7장에서 본 것처럼 민족과 연결되는 참된 특질이 있어서, 어떤 민족군의 구성원이 그 속성을 지닐 **개연성**이 어느 정도 있을 수 있다. 하지만 우리의 인지 과정은 신중하지 않다. 앞에서 언급한 것처럼 명칭이 붙은 범주에는 정의 속성, 개연성 있는 속성, 전적으로 공상적이며 존재하지 않는 속성이 무차별적으로 포함되어 있다.

고유명사는 누군가를 개별 인간으로 바라보도록 해야 마땅한데도 으뜸 역능 상징처럼 작동할 수 있다. 특히 어느 민족인지 연상시키는 이름은 더욱 그렇다. 그린버그 씨는 한 개인이지만 유대인스러운 이름 때문에 듣는 사람에게 유대인 전체 범주를 활성화한다. 라즈란(Gregory Razran)이 수행한 기발한 실험은 이 점을 분명하게 보여주는 동시에 민족 상징처럼 작용하는 고유명사가 어떻게 수많은 고정관념을 유발할 수 있는지 설명한다.[2]

> 학생 150명에게 여자 대학생 사진 30장을 화면에 보여주었다. 피험자들은 여학생들의 **외모, 지능, 성격, 야심, 전반적 호감도**에 1점부터 5점까지 점수를 매겼다. 두 달 후 같은 피험자들에게 (기억 요인을 엉클어뜨리기 위해) 기존의 동일한 사진들에다 15장의 사진을 새로 추가해서 다시 평가하도록 요청했다. 이번에는 사진에 이름을 달았는데, 기존 사진에다 유대인의 성(코헨, 캔터 등등), 이탈리아인의 성(발렌티 등등), 아일랜드인의 성(오브라이언 등등)을 붙인 것이 각각 다섯 장씩 되었다. 그리고 나머지 사진에는 독립선언문 서명자들과 사교계 명사 인

명록에서 고른 이름이 달려 있었다(데이비스, 애덤스, 클라크 등등).

유대인 이름이 붙은 사진에는 다음과 같은 점수 변화가 발생했다.

호감도 ………………… 감소
성격 ………………… 감소
외모 ………………… 감소
지능 ………………… 증가
야심 ………………… 증가

이탈리아인 이름이 붙은 사진에는 다음과 변화가 일어났다.

호감도 ………………… 감소
성격 ………………… 감소
외모 ………………… 감소
지능 ………………… 감소

이처럼 그저 고유명사도 개인적 속성에 관한 예단으로 이어진다. 개인은 편견에 찬 민족 범주에 부합할 뿐 그 자체로는 평가받지 못한다.

한편 아일랜드인의 이름 역시 평가 절하된 판단을 야기했지만 감소 폭은 유대인이나 이탈리아인의 경우처럼 크지 않았다. '유대인 여학생'에 대한 호감도는 '이탈리아인'보다 두 배 더 떨어졌고 '아일랜드인'보다는 다섯 배나 더 떨어졌다. 하지만 우리는 '유대인' 사진이 **지능**과 **야심** 면에서 점수의 증가를 불러온 점에 주목할 필요가 있다. 외집단에 대한 고정관념이 전부 비우호적이지는 않다.

인류학자 마거릿 미드(Margaret Mead)는 으뜸 역능 명칭이 명사에서 형용사로 바뀌면 그 힘을 다소 상실한다고 주장했다. 흑인 병사나 가톨릭 신자 교사나 유대인 예술가에 대해 말하는 것은 인종 분류나 종교 분류 못지않게 다른 방식의 집단 분류도 합당하다는 사실에 주목하게 한다. 만일 조지 존슨(George Johnson)이 단지 흑인이 아니라 **병사**라고 함께 언급된다면, 우리는 최소한 그를 알 수 있는 속성을 두 가지 얻은 것이며 둘은 하나보다 더 정확하다. 누군가를 한 개인으로서 참되게 묘사하려면 당연히 더 많은 속성을 명명해야 한다. 민족적 · 종교적 구성원 지위를 **명사**보다는 가급적 **형용사**로 불러야 한다는 것은 유용한 제안이다.

정서적 명칭

많은 범주가 두 종류의 명칭, 덜 정서적인 것과 더 정서적인 것으로 나뉜다. school teacher(교사)와 school marm(여교사)°이라는 단어를 각각 읽었을 때 어떤 느낌이 들고 무슨 생각이 나는지 한번 자문해보라. 확실히 후자는 전자보다 더 엄하고 더 우습고 더 유쾌하지 않은 느낌을 불러일으킨다. 죄 없는 네 개의 철자로 된 이 단어 'marm'은 우리를 조금 떨게 하고 조금 웃게 하고 조금 경멸하게 만든다. 또한 비쩍 마르고 유머 감각이라고는 전혀 없고 성마른 노처녀의 이미지를 떠오르게 한다. 이 단어는 그가 나름의 슬픔과 어려움이 있는 한 명의 개별 인간이라고 말해주지 않는다. 그저 그를 즉각 거부의 범주 속에 집어넣는다.

흑인, 이탈리아인, 유대인, 가톨릭교도, 아일랜드계 미국인, 프랑스계 캐나다인 같은 평범한 민족 명칭도 정서적 어조를 띠는데, 그 이

° school marm은 기본적으로 여교사를 가리키는 명칭이고 비속어는 아니지만 부정적인 뉘앙스가 강한 말로 받아들여진다.

유는 곧 설명하겠다. 이 명칭들은 모두 뜻은 동일하지만 어조는 더 격한 동의어가 있다. 깜둥이, 와프(이탈리아 이민자), 카이크(유대인), 페이피스트, 하프, 캔눅°. 누군가가 특정인을 두고 이 명칭을 사용한다면 그의 **의도**는 그 사람이 어느 집단에 속하는지 묘사하려는 것뿐만 아니라 그 사람을 폄훼하고 거부하려는 것임이 거의 확실하다.

어떤 명칭을 사용할 때 품는 모욕적 의도와는 별개로, 민족 구성원 지위를 가리키는 많은 용어는 본래적인 ('인상학적인') 불이익을 받는다. 예를 들면, 어떤 민족 구성원 지위를 드러내는 고유명사들은 우리에게 부당한 느낌을 준다(당연히 우리는 이 말들을 친숙하고 그래서 '제대로 된' 말들과 비교한다). 중국인의 이름은 짧고 바보 같다. 폴란드인의 이름은 원래부터가 어렵고 이국적이다. 친숙하지 않은 방언은 우스꽝스러운 분위기를 풍긴다. 외국 옷(민족을 나타내는 가시적 상징)은 쓸데없이 괴상한 것 같다.

그러나 모든 '인상학적인' 불이익 중에서도 특정 상징에 함의되어 있는 색깔에 대한 언급이 단연 최대의 불이익이다. 흑인을 뜻하는 단어 'Negro(니그로)'는 검다는 뜻의 라틴어 'niger(니게르)'에서 유래했다. 사실 흑인의 피부는 검지 않지만, 다른 더 흰 피부의 인종군과 비교해서 '흑인(black man)'이라고 알려진 것이다. 불행하게도 영어 단어 **black**(검다)은 나쁜 의미가 더 많이 내포되어 있다. 전망이 암울하다(the outlook is black), 따돌림(blackball), 불량배(blackguard), 음흉하다(blackhearted), 흑사병(black death), 블랙리스트(blacklist), 협박(blackmail), 흑수단°. 허먼 멜빌은 소설 《모비 딕》(1851)에서 검은색의

° 페이피스트(papist)는 가톨릭교도를 경멸적으로 부르는 말이고, 하프(harp)는 미국에 사는 아일랜드인을 비하하는 말이다. 캔눅(cannuck)은 캐나다 출신 사람들을 낮춰 부르는 말이다.

흑수단(Black Hand) 20세기 초 뉴욕에서 암약한 이탈리아계 폭력 조직.

대단히 음울한 의미와 흰색의 대단히 고결한 의미를 장황하게 숙고한다.

검은색이 나타내는 불길한 어감은 영어만의 특징이 아니다. 비교문화 연구에 의하면 검은색의 의미론적 유의성(semantic significance)이 거의 보편적으로 동일하다는 사실이 드러난다. 몇몇 시베리아 부족 사이에서는 특권을 지닌 씨족의 구성원이 스스로를 '흰 뼈'라고 칭하고, 나머지 모든 이들을 '검은 뼈'라고 부른다. 우간다의 흑인들 사이에서도 신정 위계의 정점에 하얀 신이 있다는 증거가 있다. 또한 그들은 사악한 징령과 질병을 피하기 위해 순수성을 의미하는 흰 천을 사용한다.[3]

따라서 **백인종**과 **흑인종**의 개념에는 가치 판단이 내재해 있다. 또한 **노란색**이 내포하는 수많은 불쾌한 뜻과 그것이 아시아인에 대한 백인의 이해와 어떤 관계가 있는지 연구해볼 수도 있을 것이다.

이런 추론을 너무 멀리까지 밀고 나가서는 안 된다. 왜냐하면 의심할 바 없이 다양한 맥락에서는 검정색이건 노란색이건 유쾌한 연상들을 불러일으키기 때문이다. 검은 벨벳은 호감을 준다. 초콜릿과 커피도 그렇다. 많은 사람들이 노란 튤립을 좋아한다. 해와 달은 환히 빛나는 노란색이다. 하지만 '색깔' 단어가 대부분의 사람들이 실감하는 것보다 더 자주 쇼비니즘적 의미로 사용되는 것 역시 사실이다. 확실히 오만함을 나타내는 친숙한 말들이 많다. 깜둥이의 호주머니처럼 검다(dark as a nigger's pocket, 매우 검다), 깜둥이 동네에서 활개 치고 다니는 자들(darktown strutter, 흑인을 비하하는 말), 백인의 희망°, 백인의 책무(the white man's burden), 황화론(yellow peril), 검은 소년(black boy, 사환). 수많은 일상 용어가 그 말을 쓰는 사람이 알건 모

백인의 희망(white hope) 유망주를 가리키는 말. 흑인 헤비급 챔피언인 잭 존슨(Jack Johnson)에 맞서는 백인 도전자를 찾으려 한 데서 기원했다.

르건 편견의 어감을 띤다.[4]

때로는 소수 집단에 대한 가장 적절하고 진지한 명칭조차 부정적 어감을 띠는 것 같다고 앞서 언급했다. **프랑스계 캐나다인, 멕시코인, 유대인** 같은 용어들은 그 자체로는 올바르고 악의가 없더라도 여러 맥락과 상황 속에서는 다소 모욕적으로 들릴 수 있다. 왜냐하면 이 명칭들이 사회적 표준에서 벗어난 사람들을 가리키기 때문이다. 특히 동질성을 중시하는 문화에서는 표준에서 벗어난 모든 사람의 이름은 바로 그 이름 때문에 부정적 가치 판단이 뒤따른다. **정신 이상, 알코올 중독, 성도착** 같은 단어들은 인간의 어떤 상태를 가리키는 중립적 지시어로 보이지만, 실제로는 더 많은 것을 의미한다. 즉, 표준에서 이탈한 상태를 손가락질하는 것이다. 소수 집단은 표준에서 벗어난 사람들이며, 이 때문에 아무런 악의 없는 명칭이라도 처음부터 많은 상황에서 악평의 그늘을 드리운다. 표준에 어긋난다는 점을 부각하여 한층 더 모욕을 가하고 싶을 때, 사람들은 감정적으로 더 격한 어조의 말을 사용한다. 또라이(crackpot), 주정뱅이(soak), 팬지, 그리저, 오키°, 깜둥이, 하프, 카이크.

당연하게도 소수 집단의 구성원은 흔히 자기에게 붙는 이름에 민감하다. 그들은 의도적으로 모욕을 주려는 별칭에 반감을 품을 뿐만 아니라, 때로는 존재하지 않는 사악한 의도를 찾아내기도 한다. 종종 흑인을 뜻하는 'Negro'라는 단어의 두문자를 소문자 'n'으로 쓰곤 하는데, 모욕을 주려는 의도에서도 가끔 그러지만, 몰라서 그러는 경우가 더 많다. (Negro는 'white'처럼 소문자로 쓰는 단어가 아니라, 'Caucasian코카시안'처럼 대문자로 시작하는 단어이다.) 흑백 혼혈아를

° 팬지(pansy)는 남성 동성애자를 비하하는 말이고, 그리저(greaser)는 멕시코 사람을 경멸적으로 부르는 말이다. 오키(Okie)는 오클라호마주에서 이주한 농업 노동자를 비하하는 말이다.

의미하는 '물라토(Mulatto)'나 '악터룬(octoroon)' 같은 단어들은 격한 감정을 유발하는데, 과거에 오만한 어조로 흔히 사용되었기 때문이다. 성 구분도 문제가 많다. 민족 차이를 이중적으로 강조하는 것처럼 보이기 때문이다. 왜 영어에 Jewess(여자 유대인)라는 단어는 있는데 Protestantess(여자 개신교도)는 없을까? 왜 Negress(여자 흑인)는 있는데 whitess(여자 백인)라는 말은 없을까? 이와 유사한 과도한 성적 강조가 Chinaman(중국 남자)이나 Scotchman(스코틀랜드 남자) 같은 용어에 담겨 있다. 왜 American man(미국 남자)이라는 말은 없나? 소수 집단 구성원은 이런 미묘한 차이에 민감한 반면 다수 집단 구성원은 아무 생각 없이 이런 말을 쓰기 때문에 오해가 생겨날 수 있다.

공산주의자 꼬리표

외집단은 명칭이 붙은 뒤에야 우리의 마음속에 분명히 존재하게 된다. 누군가 자신이 구체적으로 묘사할 수 없는 본성을 지닌 어느 외집단에 책임을 전가하고 싶을 때 마주하게 될 몹시 모호한 상황을 생각해보자. 이런 경우 그는 보통 '그들(they)'이라는 대명사를 밑도 끝도 없이 사용한다. "왜 그들은 보행로를 더 넓게 만들지 않았지?" "그들이 이 마을에 공장을 짓고 수많은 외국인을 고용할 거라는 이야기를 들었어." "이 세금은 안 낼 거야. 그들이 달라고 해도 소용없어." 만약 "누가?"라고 물어보면, 화자는 아마 어리둥절하고 당황해할 것이다. 이 밑도 끝도 없는 대명사 '그들'이 일상적으로 쓰인다는 것은, 문제의 그 외집단에 관해 분명한 개념이 없을 때도 **사람들은** 흔히 외집단을 지목하고 싶어 하고 그럴 필요를 느낀다는 것을(대개 적개심을 표출하려는 목적에서 그렇다) 보여준다. 그리고 분노의 대상이 분명하게 규정되지 않은 채로 모호하게 존재하는 한, 그 대상에 대한 명확한 편견은 구체화될 수 없다. 적을 두려면 우리에게는 명칭이 필요하다.

이상하게 들리겠지만 비교적 최근까지도 **공산주의자**에 대한 합의된 상징이 없었다. 물론 공산주의자라는 단어는 존재했지만 특별한 정서적 의미를 내포하지 않았으며 어떤 공공의 적을 지목하는 말도 아니었다. 제1차 세계대전 이후 미국에서 경제적·사회적 위기에 대한 우려감이 커지고 있을 때도 그 위기의 실제 근원이 무엇이냐에 관해서는 견해가 일치하지 않았다.

1920년에 발행된 잡지 〈보스턴헤럴드(the Boston Herald)〉의 내용을 분석한 결과 다음과 같은 명칭들이 모습을 드러냈다. 각각의 명칭은 어떤 위협을 의미하는 맥락에서 사용되었다. 당시는 제2차 세계대전 이후처럼 히스테리가 미국 전역에 퍼져 있었다. 누군가는 전후의 불안감, 물가 상승, 불확실성에 책임을 져야 한다. 악당이 있어야만 한다. 하지만 1920년에 기자들과 논설위원들은 어느 한쪽에 치우치지 않고 다양하게 그 악당을 지목했는데, 다음의 상징들이 그것이다.

거짓 약속을 하는 특사, 공모자, 공산주의자, 공산주의적 노동당 당원, 극단주의자, 급진주의자, 러시아 선동가, 말뿐인 무정부주의자, 말뿐인 사회주의자, 말뿐인 좌파, 무정부주의자, 반역자, 방화범, 볼셰비키, 빨갱이, 사회주의자, 생디칼리스트, 선동가, 세계산업노동자조합(IWW), 소비에트, 외국계 미국인, 외국인, 외국인 체류자, 위험인물, 음모자, 폭탄과 횃불의 사도들, 혁명가

이 감정적인 단어들의 목록을 보면, 적(불만과 짜증의 대상 역할을

할 수 있는 누군가)의 **필요**가 적의 정확한 **정체**보다 훨씬 더 분명하다는 것을 알 수 있다. 어쨌든 당시는 적의 명칭이 명확하게 합의되지 않았다. 아마도 어느 정도는 이 때문에 히스테리가 완화되었던 것이리라. '공산주의'라는 명확한 범주가 존재하지 않았기 때문에 적개심을 쏟아낼 진짜 대상이 없었다.

그러나 제2차 세계대전 이후, 모호하게 바꿔 가며 쓰던 이런 명칭의 수가 점점 줄어들고 사람들은 점점 더 공통된 의견을 갖기에 이르렀다. 외집단의 위협은 거의 언제나 **공산주의자** 혹은 **빨갱이**라고 지목되었다. 1920년에 그 위협은 분명한 명칭이 없었기에 모호했다. 1945년 이후에는 상징과 대상이 더 명확해졌다. 사람들이 '공산주의자'의 의미를 정확히 알았다는 것이 아니라, 이 용어 덕에 최소한 공포심을 조장하는 **무언가**를 일관되게 가리킬 수 있었다는 것이다. 공산주의자라는 용어는 점점 더 위협적인 의미를 띠게 되었고, 옳건 그르건 공산주의자라는 명칭이 붙은 사람이라면 여러 탄압을 받게 되었다.

논리적으로 말하면 공산주의자라는 명칭은 구체적으로 확인할 수 있는 정의 속성에 적용되어야 한다. 이를테면 공산당원들이나 러시아 체제에 충성하는 사람들이나 역사적으로는 카를 마르크스를 추종한 사람들에게 붙여야 한다. 그러나 공산주의자라는 명칭은 훨씬 더 광범위하게 사용되었다.

당시 상황을 말하자면 대략 다음과 같을 것이다. 고통스런 전란의 시기를 보내고 외국의 파괴적인 혁명들을 심각하게 바라보고 있던 상황에서 일자리를 잃을까 봐 두렵고, 무거운 세금에 짜증 나고, 전래의 도덕과 종교적 가치가 위협받는 것을 목격하고, 더 나쁜 재앙이 닥쳐올까 봐 두려워하는 대부분의 사람들이 분노하는 것은 당연하다. 이런 사회 불안을 해명하려면 확인 가능한 단 하나의 적이 필요하다. '러시아'나 다른 저 멀리 떨어져 있는 어느 먼 나라를 지목하는 것으로는 충분하지 않다. '변화하는 사회 환경'을 비난 대상으로 고정하는 것도 만족스럽지 않다. 필요한 것은 가까이에 있는 인간이다(10장 참조). 워싱턴에 있는 누군가, 우리 학교에 있는 누군가, 우리 공장에 있는 누군가, 우리 이웃에 사는 누군가가 필요하다. 만약 즉각적인 위협을 **느낀다면**, 반드시 가까운 곳에 위험이 있어야 한다. 그리하여 사람들은 그 위험이 러시아에 있을 뿐만 아니라 바로 미국에, 우리 문 앞에, 우리 정부에, 우리 교회에, 우리 학교에, 우리 이웃에 숨어든 공산주의라고 결론 내린다.

공산주의를 향한 적개심은 반드시 편견인가? 꼭 그렇지는 않다. 확실히 현실적 사회 갈등과 관련된 문제의 측면도 있다. 미국의 가치(예를 들어 개인 존중)와 소비에트의 관행에서 대표되는 전체주의의 가치는 본질적으로 충돌한다. 그러니 모종의 실제 대립이 발생할 것이다. 그러나 '공산주의자'의 정의 속성이 부정확하게 확장될 때, 어떤 형태든 사회 변화에 찬동하는 사람이면 누구든지 공산주의자라고 부를 때 편견이 개입한다. 사회 변화를 두려워하는 사람들은 자기에게 위협적으로 보이는 사람이나 관행은 무엇이든 공산주의라는 명칭을 가장 붙이고 싶어 할 것이다.

이 공산주의 범주는 분화되어 있지 않다. 그들은 이 범주에 마음에 들지 않는 생각을 내뱉는 책이나 영화, 설교자, 교사를 집어넣는다. 만약 나쁜 일이 닥친다면, 심지어 산불이 나거나 공장 폭발이 일어나는 것까지도 공산주의를 추종하는 파괴 공작원들 때문이다. 공산주의 범주는 독점 범주가 되고 마음에 들지 않는 거의 모든 것을 망라한다. 1946년 하원에서 랜킨(John Rankin) 의원은 (루스벨트 대통령의 장남인) 제임스 루스벨트(James Roosevelt)를 공산주의자라고 불렀다. 아웃랜드(George Outland) 의원은 심리학적인 통찰력을 발휘해 이렇게 응수했다. "분명히 랜킨 의원에 동의하지 않는 사람은 모두 공산주의자일 것입니다."

사회적 위기 때 그러하듯 분화적 사고가 퇴조하면 흑백 논리가 판을 친다. 모든 것이 도덕적 질서 안에 있거나 아니면 바깥에 있는 것으로 여겨진다. 바깥에 있는 것은 '공산주의자'라고 불리기 십상이다. 이에 부응하여, 그리고 사실 이 부분이 문제인데, 공산주의자로 불리는 것은 (아무리 엉터리로 그랬더라도) 도덕적 질서 바깥으로 즉각 추방된다.

이 연상 기제가 선동 정치가의 손에 엄청난 힘을 준다. 수년간 매카시(Joseph McCarthy) 상원의원은 자기와 생각이 다른 많은 시민들을 공산주의자라고 불러 그들에게 불명예를 안겼다. 이 수법을 꿰뚫어볼 수 있는 사람은 거의 없었고 많은 사람들의 평판이 나빠졌다. 그러나 매카시만 이 책략을 쓴 것은 아니다. 1946년 11월 1일자 〈보스턴헤럴드〉 보도에 의하면, 공화당 지도자 조지프 마틴(Joseph Martin) 하원의원은 선거 유세를 마치면서 상대방 민주당 후보를 겨냥해 이렇게 말했다. "내일 여러분은 혼돈, 혼란, 파산, 국가 사회주의 혹은 공산주의를 지키려는 쪽과 이 모든 자유와 이 모든 기회가 주어지는 미국적인 삶을 지키려는 쪽, 이 둘을 놓고 투표하게 될 것입니다." 마틴은 이런 정서적인 명칭들을 나열하며 그의 적수를 일반 도덕 질서 바깥으로 내몰았다. 그리고 그는 재선되었다.

14장에서는 현실적 사회 갈등과 편견의 구분을 더 자세히 논의할 것이다. 그리고 26장에서는 선동 정치가들이 정치적 목적을 위해 이 구분을 어지럽히는 데 쓰는 다른 수법들을 더 검토할 것이다.

물론 모든 사람이 그들의 수법에 넘어가는 것은 아니다. 정치 선동도 도가 지나치면 조롱을 당한다. 엘리자베스 딜링(Elizabeth Dilling)의 책 《빨갱이 네트워크(The Red Network)》(1934)는 흑백 논리를 너무 과장한 탓에 많은 사람들의 비웃음을 사고 무시되었다. 한 독자는 이렇게 촌평했다. "만약 당신이 길에서 왼발을 먼저 내딛는다면 공산주의자가 분명하다." 하지만 사회적 긴장이 높고 히스테리가 심할 때, 균형을 잃지 않고서 편견적 사고의 거대하고 망상적인 범주를 양산하는 언어적 상징의 경향에 저항하기란 쉽지 않다.

언어 실재론과 상징 공포증

많은 사람들이 자기에게 명칭이 붙는 것을 아주 싫어하는데, 특히 모욕적인 명칭이라면 더욱 그렇다. 기꺼이 **파시스트**나 **사회주의자**나 **반유대주의자**라고 불리고 싶은 사람은 거의 없을 것이다. 고약한 명칭을 다른 사람에게는 붙일 수 있지만 자기에게는 안 된다.

> 사람들이 자기에게 우호적 상징을 붙이고 싶어 하는 것을 보여주는 좋은 사례가 있다. 어느 지역사회에서 백인들이 이사 온 흑인 가족을 내몰기 위해 힘을 합치며, 스스로 '서로 돕는 이웃'이라 칭하고 '황금률'을 그들의 신조로 삼았다. 상징을 통해 신성화된 이 집단이 한 첫 번째 행동은 흑인에게 부동산을 판 사람을 고소하는 것이었다. 그다음 그들은 또 다른 흑인 부부가 들어와 살기로 한 집에 들이닥쳤다. 이런 행동이 '황금률'의 신조 아래 수행되었다.

스태그너(Ross Stagner)의 연구[5]와 하르트만(George Hartmann)의 연구[6]는 정치적 태도 면에서 어떤 사람에게 사실상 파시스트나 사회주의자의 명칭을 부여할 수 있더라도, 정작 당사자는 단호하게 그런 고약한 명칭을 거부하면서 파시즘이나 사회주의를 대놓고 수용하는 어떤 운동이나 후보자에게도 찬동하지 않는다는 것을 보여준다. 간단히 말해서, **상징 실재론**에 상응하는 **상징 공포증**이 존재하는 것이다. 우리는 '파시스트', '공산주의자', '맹인', '꼰대' 같은 별칭을 다른 사람에게 붙이는 데는 훨씬 덜 비판적이면서도, 자신이 연루되면 상징 공포증을 더 보이는 경향이 있다.

상징이 강한 감정을 불러일으키면 그것은 더는 상징이 아니라 실제적인 것으로 여겨진다. '개새끼(son of a bitch)', '거짓말쟁이(liar)' 같은 말은 미국 문화에서는 흔히 '시비 거는 말'이다. 덜 과하고 더 미묘한 경멸적 표현은 수용될지도 모른다. 하지만 이 말들은 표현 자체가 '거두어져야' 한다. 상대방에게 말을 도로 주워 담게 한다고 해서 분명 그의 태도가 바뀌는 것은 아니지만, 어쨌든 말 자체가 취소되는 것이 중요해 보인다.

이런 언어 실재론이 극단적으로 나타난 사례를 보자.

> 매사추세츠 케임브리지 시의회가 만장일치로 레닌이나 레닌그라드라는 단어가 들어가는 책, 지도, 잡지, 신문, 팸플릿, 전단, 안내장을 시내에서 소유, 반입, 접수, 소개, 전달하는 행위를 불법화하는 결의안(1939년 12월)을 통과시켰다.[7]

언어와 현실을 혼동하는 이런 순진함은 인간의 사고에서 언어의 마술이 상당한 역할을 한다는 사실을 생각한다면 이해할 만하다. 하야카와(Samuel Ichiye Hayakawa)의 책에서 인용한 또 다른 사례를 보자.

> 마다가스카르의 병사들은 신장(콩팥)을 피해야 한다. 마다가스카르어로 신장은 '총 맞다'라는 의미가 있기 때문이다. 그래서 만약 신장을 먹었다간 틀림없이 총에 맞는다고 믿는다.

1937년 5월 뉴욕주의 한 상원의원이 매독을 관리하는 법안에 극렬히 반대했다. 왜냐하면 "그 단어가 광범위하게 사용되면 때 묻지 않은 어린아이들이 부정해질 수 있기 때문이다. …… 이 단어는 모든 점잖은 여성과 남성을 몸서리치게 한다."

이처럼 단어를 구상화하는 경향은 범주와 상징의 강한 응집성을 뒷받침한다. '공산주의자', '흑인', '유대인', '영국', '민주당원' 같은 말을 언급만 해도 어떤 사람들은 공포로 인해 공황에 빠지거나 분노에 찬 광란에 이를 것이다. 그들을 화나게 한 것은 단어인가, 아니면 대상인가? 명칭은 모든 독점 범주의 본질적 부분이다. 그래서 민족적 혹은 정치적 편견에서 사람을 해방하려면 동시에 단어 숭배에서도 해방해야 한다. 이것은 일반 의미론에서는 잘 알려진 사실이며, 연구자들은 편견이 많은 부분 언어 실재론과 상징 공포증에서 비롯한다고 말한다. 따라서 편견을 줄이려는 방안에는 의미론적 치료가 많이 포함되어야 한다.

12장

고정관념이란 무엇인가?

왜 많은 사람들이 에이브러햄 링컨을 존경할까? 사람들은 링컨이 검소하고, 근면하고, 지식욕이 왕성하고, 야심이 크고, 보통 사람의 권리를 위해 헌신하고, 기회의 사다리를 매우 성공적으로 올라갔기 때문이라고 답할 것이다.

왜 많은 사람들이 유대인을 싫어할까? 사람들은 유대인이 검소하고, 근면하고, 지식욕이 왕성하고, 야심이 크고, 보통 사람의 권리를 위해 헌신하고, 기회의 사다리를 매우 성공적으로 올라갔기 때문이라고 말할 것이다.

물론 이 **어휘들**은 유대인을 향해서는 칭찬의 의미로 쓰인 것 같지 않다. 유대인이 인색하고, 욕심이 지나치고, 주제넘고, 급진적이라는 말일지도 모른다. 그러나 에이브러햄 링컨에게서는 존경의 대상인 성격 특성이 유대인에게서는 비난의 대상이 된다는 사실은 본질적으로 바뀌지 않는다.

(로버트 머튼이 제시한) 위의 사례에서 배울 수 있는 것은 고정관념

(stereotype)이 그 자체로는 배척에 대한 충분한 설명이 되지 않는다는 것이다. 고정관념이란 주로 개인이 사랑-편견이나 증오-편견을 정당화하기 위해서 불러낸 범주 내의 이미지이다. 고정관념은 편견에서 중요한 역할을 하지만 그것이 전부는 아니다.

고정관념 대 집단 특질

이미지는 분명히 **어딘가**에서 생겨난다. 이미지는 어떤 종류의 대상들을 반복적으로 경험한 데서 생겨날 수 있고, 보통은 그럴 것이다. 만일 이미지가 어떤 종류의 대상이 특정한 속성을 지닐 개연성에 근거한 일반화된 판단이라면, 그 판단은 고정관념이라고 불리지 않을 것이다. 7장에서 본 것처럼 개연성 있는 민족적 혹은 국가적 성격에 대한 추정이 다 허구는 아니다. 집단에 관한 입증 가능한 평가는 고정관념 하나를 선택해서 선명화하고 각색하는 것과는 다르다.

증거가 없는데도 고정관념이 생겨날 수 있다.

> 예를 들어 한때 캘리포니아의 프레즈노 카운티(Fresno County)에는 아르메니아인이 '부정직하고, 거짓말 잘하고, 기만적'이라는 고정관념이 있었다. 라피에르는 이 믿음을 정당화할 수 있는 객관적 증거가 있는지 판단하기 위해 연구를 수행했다. 상인협회의 기록에서는 아르메니아인이 다른 집단 못지않은 훌륭한 신용 등급을 받았다. 게다가 아르메니아인은 구호금 신청이 더 드물었고, 법 위반도 더 적었다.[1]

모든 반대 증거에도 불구하고, 어떻게 '부정직하고, 거짓말 잘하고, 기만적'이라는 고정관념이 생겨날 수 있었는지 궁금할 것이다. 확실히 알 수는 없지만, 아마 신체적 특징상 아르메노이드가 일부 유대인과 닮았고, 유대인에게 흔히 귀속되는 속성이 아르메니아인에게 전위된 것일 수 있다. 혹은 몇몇 사람들이 가까이에 사는 아르메니아 행상들과 초기에 불화를 겪은 경험이 있었을지도 모른다. 기억이 선택되고 선명화되어 그런 만남이 과잉 일반화된 것이다. 어쨌든 이 고정관념은 사실임을 확인할 수 있는 근거가 없는 것 같다.

물론 다른 고정관념에는 일말의 진실이 담겨 있을 수 있다. 일부 유대인이 예수의 십자가형에 찬성한 것은 역사적 사실이다. 고정관념은 이 사실을 선명화해서 오늘날 전체 유대인 집단이 '그리스도 살해자'로 알려지기에 이르렀다. 한편 7장에서 살펴본 것처럼, 중첩된 정상 분포 곡선을 보면 평균 지능이(각각의 문화가 반영된 지능 검사로 측정했다) 유대인 아이가 백인 아이보다 약간 높고 흑인 아이가 백인 아이보다 약간 낮다는 것은 사실인 듯 보인다. 그러나 이 차이가 '유대인은 영리하다'거나 '흑인은 멍청하다'는 고정관념을 뒷받침할 만큼 충분하지는 않다.

따라서 일부 고정관념은 전혀 사실에 의해 증명되지 못하고, 다른 일부는 사실의 선명화와 과잉 일반화로부터 발생한다. 일단 고정관념이 형성되면, 그 고정관념을 지닌 사람들은 이 범주를 이용해 새 증거를 바라본다(2장). 고정관념을 지니면 그것과 관련된 단서, 유대인의 영리함, 흑인의 어리석음, 노동조합의 공산주의, 로마가톨릭교회의 파시즘 단서에 민감해진다.

고정관념은 가장 단순한 합리적 판단마저 방해할 수 있다. 래스커(Bruno Lasker)는 어린이 읽기 검사의 한 항목을 예로 든다.

> 알라딘은 가난한 양복장이의 아들이었다. 그는 중국의 수도 베이징에 살았다. 그는 늘 게을렀고 일하기보다 놀기를 더 좋아했다. 이 소년은 다음 중 어느 민족에 속할까? 미국 원주민, 흑인, 중국인, 프랑스

인, 네덜란드인.

한 학급의 아이들 다수가 **흑인**이라고 답했다.[2]

이 경우 아이들이 흑인에 대한 적대감을 표현한 것 같지는 않다. 그저 자신들의 추론 능력 대신 이용하기 쉬운 고정관념을 드러냈을 뿐이다.

고정관념이 늘 부정적인 것은 아니다. 고정관념은 우호적 태도와 공존할 수도 있다.

한 퇴역 군인이 뛰어난 유대인 중위에 관해 이야기했다. 최고의 찬사였다. "그분은 죽기 전날 나와 내 전우의 사진을 찍어주셨습니다. …… 정말로 순수한 사람이었어요. …… 그분은 부하들을 잘 돌봐주셨죠. 부하들이 필요로 하는 물건이 있으면 반드시 가져다 주셨습니다. 물자가 그렇게 풍족하지 않았을 때도 병사들이 전부 담배를 물고 다녔어요. **그게 바로 그분이 지닌 유대인 정신이지요.** 그분은 그렇게 물건을 챙기는 데 재주가 있었어요. 부하들을 위해서라면 무엇이든 다 해주셨고, 부하들도 그분을 위해서 무엇이든 했습니다."

또 다른 퇴역 군인이 말했다. "나는 유대인에게 존경을 표합니다. 그들은 불리한 여건에서도 어떻게 일을 해야 하고 어디서 무엇을 얻어야 할지 알아요. 내 딸이 유대인과 결혼한다면 정말 좋을 것 같아요. 그들은 가족을 잘 부양하고 아내와 자녀에게 충실하고 술을 마시지 않아요."[3]

유대인의 '본질'에 관한 고정관념화된 믿음에는 흔히 적대감이 동반되기에 이 사례들은 흥미롭다.

고정관념의 정의

우호적이건 비우호적이건 **고정관념은 범주와 연관된 과장된 믿음**이다. **고정관념은 해당 범주와 관련된 우리의 행동을 정당화(합리화)하는 기능을 한다.**

2장에서는 범주의 본질을 살펴봤고, 10장에서는 범주를 중심으로 이루어지는 인지 조직화를 탐구했다. 바로 앞 장에서는 범주를 지시하는 언어적 꼬리표의 중요성을 강조했다. 이 장에서는 논의를 완성하기 위해 범주와 함께 얽혀 있는 관념적 내용(이미지)을 설명하려고 한다. 범주, 인지 조직화, 언어적 명칭, 고정관념은 모두 복잡한 정신 과정의 측면들이다.

한 세대 전에 월터 리프먼(Walter Lippmann)은 고정관념을 간단히 "우리 머릿속 그림"이라고 말했다. 리프먼은 현대 사회심리학에서 고정관념의 개념 정립에 기여했다.[4] 그러나 리프먼의 표현은 서술 측면에서는 뛰어난 반면 이론적으로는 다소 엉성하다. 그는 우선 고정관념과 범주를 혼동하는 경향을 보인다.

고정관념은 범주와 동일한 것이 아니라, 범주를 동반하는 고정된 생각이다. 예를 들어, '흑인'이라는 범주는 단지 어느 인종군과 관련된 우리 마음 속에 있는 중립적 · 사실적 · 비(非)평가적 개념이다. 그런 범주에 음악적이라거나 게으르다거나 미신적이라거나 하는 흑인에 관한 '그림'과 판단이 담길 때 고정관념이 개입한다.

그때 고정관념은 범주가 아니라, 흔히 범주에 관한 고정된 표지로서 존재한다. 만일 내가 "모든 변호사는 괴팍하다."라고 말한다면, 어떤 범주에 관한 고정관념화된 일반화를 표현하는 것이다. 이 고정관념 자체는 해당 개념의 핵심이 아니다. 하지만 그것은 그 개념에 관한 분화적 사고를 방해하는 방식으로 작동한다.

고정관념은 한 집단에 관한 범주적 수용 혹은 거부를 정당화하는 장치로 작동하고, 동시에 지각과 사고의 단순성을 유지하게 하는 선별 혹은 선택 장치로 작동한다.

집단의 실제 특성에 관한 복잡한 문제를 다시 생각해보자. 고정관념이 완전히 거짓일 필요는 없다. 아일랜드 사람들이 이를테면 유대인보다 알코올 중독에 더 빠지는 경향이 있다고 한다면, 이것은 확률에 근거한 올바른 판단이다. 하지만 "유대인은 절대 술을 마시지 않는다."라거나 "아일랜드인은 위스키에 빠져 산다."라고 말한다면, 명백히 사실을 과장하고 정당화할 수 없는 고정관념을 강화하는 것이다. 집단 간 진짜 차이(차이의 개연성)가 존재함을 보여주는 확실한 자료만이 타당한 일반화와 고정관념을 구분해줄 수 있다.

유대인에 관한 고정관념

비유대인이 유대인에 대해 품는 '그림'에 관한 많은 연구가 이루어졌다. 1932년 카츠(Daniel Katz)와 브레일리(Kenneth W. Braly)는 대학생들이 유대인에게 귀속하는 특질을 다음과 같이 조사했다.[5]

빈틈없다
탐욕적이다
근면하다
욕심이 많다
지능적이다
야심이 크다
교활하다

이보다는 다소 약하지만 다음 특질도 언급되었다.

가족에 충실하다
끈기 있다
말이 많다
공격적이다
매우 종교적이다

이 연구는 1932년에 수행된 이후 1950년에 다시 이루어졌다. 이 장의 뒷부분에서 이 시대에 따른 고정관념의 변화를 논의하겠다.

시카고에서 150명의 퇴역 군인과 면담한 베텔하임과 야노비츠는 유대인에 대한 비난이 대략 다음의 순서로 많다는 것을 발견했다.[6]

그들은 배타적이다.
돈이 그들의 신이다.
그들이 모든 것을 통제한다.
- "모두가 유대인을 비난한다. 그들이 그걸 전부 통제한다. 그들은 관계(官界)에서나 정계에서 중요한 위치에 있다. 그들은 세상을 좌지우지한다. …… 그들은 전 세계에, 모든 산업에 힘을 발휘한다. 그들은 라디오 방송, 은행, 극장, 상점을 소유한다. 마셜 필드°를 비롯해 모든 대형 상점이 유대인 소유다."
그들은 불공정한 방식으로 사업한다.
- "그들은 너무 인색하다. 만일 그들이 당신에게 빚을 졌어도 그들에게 돈을 받아내려면 싸워야 한다."

마셜 필드(Marshall Field) 19세기 중반 포목 상점으로 시작해서 훗날 일리노이 시카고에 본점을 둔 대형 백화점 기업이 된 회사.

그들은 육체노동을 하지 않는다.

- "그들은 공장을 소유하고서 백인들을 부린다."

이보다는 다소 덜 언급되었지만 다음과 같은 비난도 있었다.

그들은 거만하다.

그들은 더럽고 너저분하고 추잡하다.

그들은 활동적이고 영리하다.

그들은 목소리가 크고 시끄럽고 소란을 일으킨다.

1939년 잡지 〈포천(Fortune)〉에서 설문 조사를 실시했다. "사람들이 국내나 외국의 유대인을 적대하는 이유가 무엇이라고 생각합니까?"[7] 주된 이유는 다음과 같았다.

그들이 금융과 사업을 통제한다.

그들은 욕심이 많고 탐욕스럽다.

그들은 너무 영리하거나 너무 잘 나간다.

그들은 남들과 잘 어울리지 못한다.

아널드 포스터(Arnold Forster)는 유대인의 다양한 특질과 관련된 여러 연구를 정리하면서 언급된 빈도를 충분히 고려해 다음과 같은 결과를 제시한다.[8]

배타성(다른 민족과의 결혼 거부, 동화를 막는 장벽)

수상쩍은 금융 윤리와 결부된 돈에 대한 사랑

뻔뻔스럽고 공격적이고 거친 사회적 행동

지능, 야심, 출세 능력

이 목록에서 종교적 요인이 아무런 역할도 하지 않는다는 점에 주목하자. 원래는 당연히 이 차이가 가장 중요했다(종교는 유대인 집단을 특징짓는 유일한 J-곡선 차이다). 종교에 근거한 비난, 예를 들어 '인신 공희'° 같은 비난은 과거에 지금보다 더 흔했다. 오늘날 세속화된 우리 사회에서 유대인 범주는 그 유일한 실제 정의 속성을 잃어버린 것 같다. 기껏해야 개연성이 낮거나 전적으로 부적절한 소음 속성이 그 자리를 대신 차지했다.

앞의 고정관념 목록은 대략 서로 일치하는 것처럼 보인다. 즉, 동일한 비난이 거듭 반복된다. 전문 용어로 말하면, 유대인의 성격에 관해 사람들이 지닌 이미지는 상당한 '신뢰도'(즉, 획일성)가 있다고 할 수 있다.

그러나 더 세밀하게 분석해보면 흥미로운 점이 드러난다. 일부 고정관념은 근본적으로 모순적이다. 두 대립하는 이미지가 주장되고 있기에, 둘 다 동시에 참일 수 없다. 이 문제는 아도르노(Theodor W. Adorno), 프렌켈-브런스윅(Else Frenkel-Brunswik), 레빈슨(Daniel J. Levinson), 샌퍼드(Nevitt Sanford)의 연구를 통해 더 잘 이해할 수 있다.[9] 이 연구자들은 유대인에 대한 태도를 측정하는 종합 척도를 고안하고, 거기에 본질적으로 상반되는 유형의 다양한 명제를 포함했다. 이를테면 피험자들에게 다음 진술문에 각각 동의하는지 질문을 던졌다.

인신 공희(ritual murder) 유대인이 기독교도를 증오하여 기독교도, 특히 어린아이를 잡아 제물로 바치는 것을 율법으로 정했다는 소문이 퍼졌는데, 이것은 전혀 근거가 없는 중상이었다.

(a) 유대인은 비유대인을 멀리하고 유대 사회에서 비유대인을 배제하려는 경향 탓에 많은 분노를 산다.

(b) 유대인은 기독교의 활동과 조직에 너무 깊이 파고들지 않아야 하고 기독교인에게 너무 많은 인정과 신망을 받으려 애써서는 안 된다.

짝을 이룬 다른 진술들도 있다.

(a) 유대인은 미국 사회에서 이질적 요소로 남으려 하고, 자신들의 사회 기준을 지키고, 미국의 생활 방식에 저항하려는 경향이 있다.

(b) 유대인은 자신들이 유대인임을 지나치게 감추려고 하는데, 극단적으로는 이름을 바꾸고 코를 세우고 기독교의 예절과 관습을 따라하기도 한다.

(a) 유형의 항목들은 '은둔성'의 하위 척도로 구성되었고, (b) 유형의 항목들은 '침투성'의 하위 척도로 구성되었다.

중요한 점은 이 하위 척도들이 +0.74의 상관관계를 보인다는 것이다. 다시 말해서 유대인이 은둔적이라고 비난한 사람들은 **동시에** 유대인이 침투적이라고 비난하는 경향이 있었다.

물론 한 사람이 어떤 의미에서는 은둔적이면서 동시에 침투적인 경우를 생각해볼 수 있다(마찬가지로 타인에게 관대하면서 자기 선전에 열중할 수 있고, 인색하면서 호사스러울 수 있고, 지저분하면서 화려할 수 있고, 겁이 많으면서 위협적일 수 있고, 무자비하면서 무력할 수 있다). 그러나 그 가능성은 크지 않다. 적어도 이 상반되는 비난이 공존할 정도는 아니다.

여기 두 사람의 대화를 보자.

A: 말하자면 유대인은 너무 따로 논다는 거죠. 그들은 끼리끼리 붙어 다니고 배타적이에요.

B: 하지만 보세요. 우리 지역사회에서도 코헨과 모리스가 공동 기금에 참여하고 있고, 로터리클럽과 상공회의소에도 유대인이 여럿 있어요. 많은 유대인이 우리 지역사회 프로젝트에 도움을 주고 있죠.

A: 그게 바로 내가 말하려던 것이에요. 그 사람들은 언제나 기독교 단체들 안으로 밀고 들어오려고 하죠.

여기서 알 수 있는 점은 (더 깊은 속내의 이유 때문에) 유대인을 싫어하는 사람들은 자신의 혐오를 정당화해줄 고정관념이라면 그것들이 서로 양립하든 양립하지 않든 상관없이 무조건 동의한다는 것이다. 유대인이 실제로 어떻든, 실제로 어떤 행위를 하든 안 하든 상관없이 편견은 어느 추정된 '유대인의 본질적' 측면에서 나름의 합리화를 발견한다.

이와 관련해 수필가 찰스 램은 교훈을 준다. 그는 수필 〈불완전한 연민(Imperfect Sympathies)〉에서 자기가 유대인에 대한 편견이 있음을 인정한다.[10] 그는 쉽고 유려하게 이야기를 풀어가다 이렇게 말한다. "감히 고백하건대 나는 너무나 유행이 되어버린 유대인과 기독교인의 가까워진 관계를 기쁘게 여기지 않는다. 내게는 이들이 서로 애정을 표하는 일은 무언가 위선적이고 부자연스럽다. 공손함을 가장해서 기독교 교회와 유대교 회당이 어색한 자세로 입을 맞추고 헤어지는 모습을 보고 싶지 않다. **그들은** 개종을 하면서 왜 우리에게 완전히 넘어오지 않을까?"

몇 문장 뒤에 램은 아무런 모순도 감지하지 못한 채, 사실상 '우리에게 완전히 넘어오지 않은' 어느 개종한 유대인을 평한다.

"B는 자기 선조의 신앙을 잘 지키는 게 더 어울렸을 것이다."

램의 자기 모순적 기준은 그의 공개적 고백 그 이상을 드러낸다. 그는 유대인이 뭘 해도 비난하고 뭘 안 해도 비난한다.

편견을 지닌 사람들이 자기 모순적 고정관념에 너무 쉽게 동의한다는 사실은, 실제 집단 특질이 중요한 문제가 아니라는 증거이다. 중요한 것은 혐오가 정당화를 요구하고 당장의 대화 상황에 맞기만 하면 어떤 정당화든 다 먹힌다는 것이다.

편견에 관한 논의를 잠시 떠나 일상의 속담들을 살펴보면 이와 관련된 정신 과정을 이해하는 데 도움이 될 것이다. 다음과 같은 서로 모순되는 속담들을 비교해보자.

늦게라도 고치는 게 낫다.
이미 엎지른 물이다.

유유상종이다.
친숙함은 경멸을 낳는다.

젊은 수도사가 늙어서 악마가 된다.
잔가지 휘는 대로 나무는 굽는다(될성부른 나무는 떡잎부터 알아본다).

우리는 어떤 상황이 벌어지면 그것을 '설명하기' 위해 하나의 속담을 떠올릴 수 있다. 이와 반대의 상황이 일어나면 반대의 속담도 떠올릴 수 있다. 민족 고정관념도 마찬가지이다. 어떤 상황에서 어떤 비난이 우리의 혐오를 설명하고 정당화하는 것처럼 보인다면 그것을 언급하고, 다른 상황에서 정반대의 비난이 더 적절해 보인다면 그 비난을 들먹인다. 순차적이고 일관된 논리의 필요 때문에 곤란을 겪지 않는다.

고정관념은 선택적 지각과 선택적 망각을 통해서 유지된다. 우리는 친분이 있는 유대인이 어떤 목표를 성취하면 반사적으로 이렇게 말할 것이다. "유대인은 아주 똑똑해." 만일 그가 목표를 성취하는 데 실패한다면 아무 말도 하지 않는다. 즉 우리의 고정관념을 고쳐야 한다고 생각하지 않는다. 마찬가지로 아홉 명의 단정한 흑인 거주자는 못 보고 지나치지만 지저분한 열 번째 거주자를 마주하면 의기양양하게 목청을 높인다. "저들은 정말로 집의 가치를 떨어뜨린다니까." '그리스도 살해자'의 사례를 고려해보자. 이 진부한 표현에서도 관련된 많은 사실들의 선택적 망각을 볼 수 있다. 예수의 십자가형을 허락한 사람은 빌라도(폰티우스 필라투스)였고, 형을 집행한 자들은 로마 군인들이었고, 야유한 무리 중에 유대인은 일부에 불과했으며, 기독교는 위험천만했던 초창기에 민족적으로나 종교적으로나 전적으로 유대인이 확립하고 유지한 종교였다.

한 집단의 민족적·심리적 특성이 정확히 무엇일지 규명하는 과학적 문제가 남아 있지만, 수많은 고정관념이 공상적이라는 것은 분명하다. 따라서 고정관념의 합리화와 정당화는 집단 속성을 합당하게 반영하는 역할을 넘어선다고 결론 내릴 수 있다.

흑인에 관한 고정관념

킴벌 영(Kimball Young)은 흑인에 관한 고정관념화된 믿음을 조사해 다음과 같이 제시한다.[11]

열등한 정신

원시적 도덕성

정서적 불안정

과잉 자기 주장

게으르고 난폭하다

종교적 광신

도박성

호화스럽고 천박한 옷차림

유인원 조상에 가깝다

면도날과 칼로 폭력적인 범죄를 저지른다

백인의 다수자 지위를 위협하는 높은 출산율

정치가들의 뇌물 공세에 취약하다

직업적 불안정

앞서 인용한 카츠와 브레일리의 연구에서는 다음과 같은 항목이 발견된다.

미신적이다

게으르다

되는대로 운에 맡긴다

무식하다

음악적이다

이 연구자들은 다양한 집단에 관한 고정관념화된 생각의 **명확성**을 측정하는 방법을 이용해, 사람들이 다른 어떤 집단보다 흑인에게 특질을 부여할 때 전반적으로 더 높은 일치도를 보인다는 것을 발견했다. 이를테면 전체 판정인들 중 84퍼센트가 흑인에게 '미신적이다'라는 특질을 부여했다. 카츠-브레일리 연구는 체크리스트 방법을 사용했다. 응답자들에게 많은 특질을 보기로 주고 그중에서 가장 적절해 보이는 것을 고르게 했다. 84퍼센트가 '미신적'이라는 특질을 골랐다는 사실은, 흑인이 지닌 특질의 이름을 **반드시** 대라고 했을 때 대부분이 이 특정한 연상을 선택했음을 뜻한다.

베텔하임과 야노비츠는 더 열린 방법을 사용했다. 응답자들에게 흑인의 특질을 각자 떠오르는 대로 적어보라고 요구하자, 유대인에 관한 고정관념과는 매우 다른 고정관념이 발견됐다.[12] 언급된 빈도수에 따라 순서대로 나열하면 다음과 같다.

> 너저분하고 더럽고 추잡하다
> 재산의 가치를 떨어뜨린다
> 백인의 것을 탈취하고 백인을 몰아낸다
> 게으르고 직장에서 태만하다
> 저열한 성격, 부도덕하고 부정직하다
> 저급한 기준, 저급한 계급
> 무식함, 낮은 지능
> 골칫거리인 데다 분란을 조장한다
> 안 좋은 냄새, 암내가 난다
> 질병을 옮긴다
> 겉치레하는 데 돈을 낭비하고 저축하지 않는다

블레이크(Robert Blake)와 데니스(Wayne Dennis)는 어린 판정인들에게 흑인과 백인의 전형적 특징을 표시해 달라고 요청했다.[13] 다음은 확연히 니그로이드의 성질로 간주된 것들이다.

미신적이다

동작이 느리다

무식하다

되는대로 운에 맡긴다

천박한 옷을 입는다

이 연구의 흥미로운 점은 초등학교 4학년, 5학년 아이들이 중학교 1학년, 2학년 아이들보다 고정관념이 훨씬 덜 분화되어 있다는 것이다. 더 어릴수록 모든 '나쁜' 특질을 흑인에게 귀속했다. 예를 들면 초등학교 4학년, 5학년 학생들은 백인이 더 '쾌활하다'고 판단했다. 하지만 중학교 1학년, 2학년 학생들의 고정관념은 모든 것이 비우호적이지는 않다는 점에서 성인과 비슷했다. 가령 그들은 흑인이 더 유쾌하고 더 유머가 많다고 여겼다. 더 어린 아이들은 흑인에게 부정적 태도를 보였지만, 조금 더 복잡한 고정관념의 유형을 통해 이 외집단에 대해 약간 더 분화적 관점을 지닐 수는 없었다. 또한 멜처(H. Meltzer)는 나이가 어린 아이들이 대학생들보다 외집단을 훨씬 덜 고정관념화한다고 보고한다.[14]

흑인에 관한 고정관념은 유대인에 관한 고정관념보다 다소 덜 모순적인 것처럼 보이지만, 전혀 모순적이지 않은 것은 아니다. 흑인이 게으르고 무기력하다고 하면서 동시에 공격적이고 저돌적이라고 말한다. 때때로 미국 남부에서는 흑인이 자기 분수를 알고 제자리를 지키기 때문에 '인종 문제가 없다'고 이야기한다. 그러나 뒤이어 흑인이 계속 분수를 지키게 하려면 무력이 필요하다고 덧붙인다.

소수 집단이 서로에 대해 고정관념을 지니기도 한다. 자기 집단에 관해서도 고정관념을 지닐 수 있다. 9장에서는 때로는 지배 문화의 압력이 너무 심해서 소수 집단의 구성원이 다른 집단 사람들처럼 색

안경을 끼고 자기 집단을 바라볼 때도 있다고 지적했다. 반유대적 유대인은 (자기들은 아니지만) 다른 유대인이 유대인스러운 못마땅한 특질을 지녔다고 생각한다. 몇몇 흑인은 반흑인적 백인이 말하는 성질을 다른 흑인이 지녔다고 비난한다.

마찬가지로 한 소수 집단이 아주 가까운 동류의 소수 집단에 대해 대단히 선명한 고정관념을 지닐 수가 있다. 이런 이미지는 프로이트가 말한 '작은 차이에 대한 나르시시즘'에서 비롯한 것일 수 있다. 독일계 유대인은 폴란드계의 유대인스러움에 예민하다. 미국 흑인은 서인도 제도에서 이민 온 흑인을 특징짓는 일련의 고정관념이 있다. 사회학자 아이라 리드(Ira Reid)는 미국 본토 흑인이 지닌 서인도 제도 출신 흑인에 관한 고정관념을 다음과 같이 제시한다.[15]

> 매우 '약삭빠르고' 아메리카 원주민보다 배운 것이 많다
> 유대인보다 더 간악하고 금융 문제에서는 신뢰할 수 없다
> 자기 위신을 지키는 데는 과민하고 재빠르다
> 신경질적이다
> 친영국적이거나 친프랑스적이다
> 미국 본토 흑인보다 자기들이 우월하다고 생각한다
> 너무 자존심이 강하거나 너무 게을러서 일을 못한다
> 배타적이다
> 아내를 때리고 여성을 노예처럼 부린다
> 백인과 분란을 일으킨다
> 감명을 주려 애쓴다
> 인종적 자부심이 부족하다
> 쉴 새 없이 말한다

유대인 대 흑인

반흑인적 고정관념과 반유대적 고정관념은 상호적인 것 같다. 베텔하임과 야노비츠가 지적한 대로 전자는 흑인이 음란하고, 게으르고, 추잡하고, 공격적인 특질을 지녔다고 비난하는 경향이 있다. 후자는 유대인이 영악하고, 기만적이고, 욕심이 지나치고, 교활하게 성취를 이룬다며 비난한다. 이제 저자들은 우리에게 우리 자신을 생각해보라고 요청한다. 우리 본성 안에서 어떤 죄악을 발견할 수 있는가? 한편으로는 육체의 죄악이다. 우리는 색욕, 나태, 공격성, 지저분함과 맞서 싸워야 한다. 그래서 우리는 이런 악을 **흑인**으로 의인화한다. 다른 한편으로는 자부심, 교활함, 사회화되지 않은 이기심, 욕심 많은 야심에도 맞서 싸워야 한다. 우리는 이런 악을 **유대인**으로 의인화한다. 흑인은 '이드(id)'의 충동을 반영한다. 유대인은 '초자아(superego)'(양심)의 위반을 반영한다. 따라서 사람들이 이 두 집단을 비난하고 불쾌감을 느끼는 것은 인간 본성 안에 있는 악에 대한 불만을 상징적으로 보여준다. 베텔하임과 야노비츠는 다음과 같이 진술한다.

> 정신분석학적 해석에 따르면 민족 적개심은 수용할 수 없는 내면의 분투를 소수 집단에 투사하는 것이다.[16]

이 이론을 뒷받침하는 사실이 있다. 흑인이라는 소수 집단이 없는 유럽에서는 색욕, 저속함, 폭력성으로 비난받는 대상이 바로 유대인이라는 것이다. 이런 특질을 흑인으로 의인화한 미국인은 적어도 이 목적을 위해서는 유대인이 **필요**하지 않다. 따라서 미국인은 유대인에 대해서는 이를테면 야심, 자부심, 교묘함 같은 '초자아'의 성질만을 담아 조금 더 특수화된 고정관념을 구축할 수 있다.

이처럼 흑인과 유대인을 상호 보완적 대상으로 간주한다는 것은 어느 정도 그럴듯하다. 그들은 좀 더 '육체적' 악과 좀 더 '정신적' 악이라는 두 가지 주요한 종류의 악에 책임을 진다. 유대인은 소수이고 영리하기 때문에 증오의 대상이 될 수 있다. 흑인은 다수이고 어리석기 때문에 그렇다. 비록 미국 사회에는 많은 종류의 편견이 있지만 반흑인 감정과 반유대 감정이 가장 두드러지며, 여러 조사에 의하면 흑인에 관한 편견이 정도가 더 심하다. 육체의 죄악이 너무 흔해서일까?

이런 방식의 설명은 23장과 24장에서 더 다룰 것이다. 지금으로서는 몇몇 사람들에게 고정관념은 실제로 무의식적 자기 준거일 수도 있다는 점을 지적하는 것으로 충분하다. 사람들은 어떤 집단이 특정한 성질을 지니고 있으리라 상상하고 바로 그 성질을 핑계 삼아 그 집단을 증오할 수 있다. 왜냐하면 사람들은 자신 안에 있는 똑같은 그 성질 때문에 내면에서 갈등을 겪기 때문이다. 그리하여 흑인과 유대인은 사람들의 또 다른 자아(ego)가 된다. 그들에게서 사람들은 자기의 결점을 본다.

대중매체와 고정관념

앞서 고정관념이 일말의 진실에서 비롯될 수도 있고 아닐 수도 있음을 살펴보았다. 고정관념은 범주를 단순화한다. 적개심을 정당화한다. 때로는 개인 갈등의 투사 스크린(projection screen) 역할을 한다. 하지만 고정관념이 존재하게 된 데는 극히 중요한 이유가 또 하나 있다. 고정관념은 대중매체, 즉 장편 소설, 단편 소설, 신문 기사, 영화, 연극, 라디오, 텔레비전에 의해 사회적으로 지지받고, 지속적으로 재생산되고, 사람들에게 되풀이해서 주입된다.

1944년 전쟁 동안 작가들의 전쟁 상황실°은 컬럼비아대학 응용사회조사국의 지원을 받아 대중매체에서 묘사하는 '인종군의 성격'에 관한 광범위한 연구를 실시했다.[17]

가벼운 대중 소설이 가장 문제가 심각한 것으로 밝혀졌다. 단편 185편을 분석한 결과 등장인물의 90퍼센트 이상이 앵글로색슨(혹은 북유럽인)이었고 거의 모두가 훌륭한 사람들이었다. 하지만 등장인물이 "하인, 사기꾼, 도둑, 노름꾼, 수상쩍은 나이트클럽 소유자, 악덕 프로 권투 매니저라면, 그런 비정한 인물은 앵글로색슨이 거의 드물었다." 그리고 일반적으로 "이 허구적 등장인물들의 행동은 흑인은 게으르고, 유대인은 교활하고, 아일랜드인은 미신적이고, 이탈리아인은 법을 어긴다는 것을 '증명하는' 데 쉽게 활용될 수 있었다."

흑인 배우가 출연하는 영화 백 편을 분석한 결과, 75편에서 흑인을 비하하고 흑인에 관한 고정관념을 반복해 묘사했다. 오로지 12편만 흑인을 개별 인간으로 우호적으로 그렸다.

앵글로색슨을 영웅적 인물로 선호하는 이유가 다음 두 냉철한 사업가의 견해 속에 잘 드러난다. 첫 번째 사람은 만화책 분야에서 사업을 하고, 두 번째 사람은 광고업에 종사한다.

> 우리는 발행 부수에 가장 관심이 있어요. 코헨(유대인의 성)이라는 이름의 영웅을 상상할 수 있나요?
>
> 만약 유색인이 광고에 등장한다면 시청자를 잃을 겁니다. 하지만 옛

작가들의 전쟁 상황실(the Writers' War Board) 제2차 세계대전 기간 동안 활동한 미국의 국내용 선전 조직. 1942년 미국 재무부의 요청을 받아 작가인 렉스 스타우트(Rex Stout)가 설립했다. 주로 전쟁의 승리에 기여하는 선전 글을 쓰도록 작가들의 집필 활동을 지원했다.

남부(남북전쟁을 치르기 전의 과거 남부 지역)의 사진이나 위스키 광고 등에는 분위기상 엉클 톰을 집어넣지요.

라디오에 관한 연구 결과는 다음과 같다.

방송 협회는 〈아모스와 앤디〉°가 과연 흑인에게 도움을 주는 것인지 상처를 주는 것인지 여러 해 동안 논쟁을 벌이고 있다. 일부 흑인은 이 연속극에 반대하고 일부는 그렇지 않다. 또한 〈잭 베니 프로그램〉° 도 '로체스터' 역을 둘러싸고 계속 논쟁 중에 있다. 작품의 연출 의도는 선하며 '로체스터'를 재치 있고 현명한 사람으로 묘사하지만, 그럼에도 불구하고 '로체스터'는 술, 주사위 게임, 매춘, 면도날에 빠져 있는 인물로 모든 측면에서 고정관념화되어 있다.

미국의 일간 신문이 흑인을 다루는 공통된 경향은 여러 설문 조사에서 밝혀졌다. 바로 흑인의 범죄 뉴스에는 엄청나게 집중하지만 흑인의 성취에는 무관심하다는 것이다.[18] 때로는 "흑인 존 브라운이 무단 침입으로 체포되었다."라고 전하는 것이, 독자가 심상을 형성하고 마음 편히 신문을 읽고 작은 지면에 적절한 분량의 정보를 제공하는 데 도움이 된다는 이유로 정당화될 수 있다고 주장된다. 기자의 관점에서 보면 이런 관행은 극심한 편견에 근거한 것이 아닐 수도 있다. 기자의 동기에는 악의가 없다. 하지만 그렇게 자주 흑인과 범죄를 결

〈아모스와 앤디(Amos 'n' Andy)〉 뉴욕 맨해튼의 흑인이 다수 거주하는 지역인 할렘가를 무대로 한 미국의 고전적 라디오, 텔레비전 시트콤. 1928년 라디오에서 처음 시작해서 1960년대까지 계속 방송되었다.

〈잭 베니 프로그램(Jack Benny program)〉 1932년에 처음 시작해서 30년 넘게 방송된 라디오, 텔레비전 코미디 시리즈. 극중 인물인 로체스터(Rochester)는 흑인이며 주인공 잭 베니의 운전기사이다.

부하는 것은 독자들에게 지속적인 영향을 끼칠 수밖에 없으며, 특히 이런 연상이 흑인 집단에 관한 우호적인 다른 뉴스로 상쇄되지 않는다면 그럴 것이다. 아마도 흑인을 의도적으로 폄하하는 편집 방침을 세우고 지키는 신문사들도 있을 것이다. 예를 들어 남부의 몇몇 신문사는 항상 흑인을 뜻하는 Negro라는 단어의 두문자를 결코 대문자로 쓰지 않는다. 소문자 'n'으로 표기하면 언어가 부리는 마술을 통해 흑인이 '분수'를 지키게 하는 데 도움이 된다고 여기는 것 같다.

최근의 모든 연구는 최근 몇 년간 대중매체의 방침이 확연히 개선되었다는 사실을 나타내고 있다. 아마 어느 정도는 지금까지 침묵한 소수 집단이 불만을 제기했기 때문일 것이다. 항의가 너무 거세서 할리우드의 한 감독은 순수한 양키 말고는 악당 역할에 감히 발탁할 수가 없다고 불평했다.

대중매체의 고정관념에 맞선 저항이 점점 커지면서 때로는 극단적인 상황이 벌어지기도 한다. 1948년 영국 영화 〈올리버 트위스트〉를 둘러싸고 논쟁이 벌어졌다. 찰스 디킨스의 원작 소설에서 유대인 페이긴(Fagin)은 고정관념의 전형이다. 제작 전부터 항의가 빗발치자 영화는 미국 전역에서 상영하려는 계획을 철회했다. 일부는 학교에서 학생들이 《베니스의 상인》을 배우는 것을 반대한다. 깊이 있게 공부하지 않는다면 샤일록(Shylock)에 대한 묘사가 괜히 어린 학생들에게 유대인에 관한 고정관념을 심어줄지도 모른다는 두려움 때문이다. 아동 소설 《꼬마 깜둥이 삼보(Little Black Sambo)》(1899)는 어리석은 꼬마 삼보가 자신의 옷을 잃어버리고, 팬케이크를 너무 많이 먹는 장면 탓에 눈 밖에 났다. 《피노키오》는 이탈리아인과 '암살자들'이 가까운 관계로 묘사되기 때문에 해롭다고 여겨진다. 이런 식이다. 모든 사람이 모든 고정관념과 접하지 못하도록 막겠다는 것은 아마도 조악한 방법일 것이다. 고정관념을 분화하고, 그것의 영향을 비판적으로 다룰 수 있는 능력을 기르는 편이 더 낫다.

교과서도 엄밀히 조사되고 비판받았다. 철저한 분석 결과 3백 종이 넘는 교과서 가운데 상당수가 부정적 고정관념을 지속하는 방식으로 소수 집단을 다루고 있음이 밝혀졌다. 악의적 의도가 있었던 것이 아니라 교과서 집필자들이 자신도 모르게 문화적 전통을 반영했기 때문인 것 같다.[19]

시대에 따른 고정관념의 변화

지금까지 고정관념이 대중매체에서 점차 약해지고 있음을 보여주는 몇 가지 증거를 살펴봤다. 이와 마찬가지로 학교에서 문화 간 이해 교육(intercultural education)의 증가가 학생들이 지닌 민족과 관련된 진부한 생각에 영향을 끼치는 것처럼 보인다. 대체로 젊은 세대는 부모 세대보다 고정관념에 덜 물들어 있을 수 있다.

제한적이지만 이에 관한 증거는 18년의 간격을 두고 프린스턴대학에서 수행된 두 차례의 연구에서 나타난다. 앞서 언급했듯이 1932년 카츠와 브레일리는 프린스턴대학 학부생들을 대상으로 실험을 진행했는데, 그들에게 84개의 속성 중 독일인, 영국인, 유대인, 흑인, 터키인, 일본인, 이탈리아인, 중국인, 미국인, 아일랜드인의 가장 전형적인 특징 다섯 개를 각각 고르라고 요청했다.

1950년 구스타브 길버트(Gustav M. Gilbert)는 같은 대학에서 동일한 방식으로 실험을 수행했다.[20] 피험자들은 첫 번째 연구가 수행될 무렵에 태어났다. 그들은 경제적 지위나 사회 계급 면에서 앞 세대와 크게 다르지 않았지만 자라 온 사회 분위기는 차이가 있었다. 두 집단 모두 남부 출신이 큰 비중을 차지했다.

이 비교 연구에서 가장 인상적인 결과는 길버트가 '퇴색 효과

	1932년	1950년	차이
예술적이다	53	28	-25
충동적이다	44	19	-25
열정적이다	37	25	-12
성급하다	35	15	-20
음악적이다	32	22	-10
상상력이 풍부하다	30	20	-10
매우 종교적이다	21	33	+12

표 4 _ **학생들이 이탈리아인에게 부여한 특질별 비율(%)**

(fading effect)'라고 부른 것이다. 10개의 국가 및 민족 집단에 관한 고정관념은 1932년과 비슷했지만 크게 약해졌다. 이탈리아인의 예를 보자. '표 4'는 이탈리아 국민 집단에 특정 특질을 부여한 학생들의 비율을 보여준다. ('매우 종교적이다'를 제외하고) 모든 비율이 감소한 것은, 1932년 조사에 비해 학생들이 보기 84개 가운데 (필수로 선택해야 했던) 다섯 가지 항목을 분산해서 선택했기 때문이다. 이전 조사에서는 이탈리아인이 어떠한지에 대해 학생들의 의견이 상당히 일치했다. 길버트는 다음과 같이 평한다.

> 신경질적인 지휘자와 유쾌한 오르간 연주자가 혼합되어 나타나는, 예술적이고 성미 급한 이탈리아인의 이미지가 아직 우리에게 남아 있다. 하지만 …… 그것은 단지 과거 모습을 담은 퇴색한 이미지일 뿐이다. 예술과 관련된 항목이(**예술적이다, 음악적이다, 상상력이 풍부하다**) 상당히 감소했고, 성급한 성격과 관련된 항목도(**열정적이다, 충동적이다, 성미가 급하다**) 감소했다.

'매우 종교적이다'의 증가는 아마도 1950년 가톨릭의 성년(聖年)을 맞이해 로마를 찾는 가톨릭 순례자들에 대한 관심이 집중한 데서 비롯됐을 것이다. 이 사실은 국가 이미지 형성에 일시적 사건이 어떻게 영향을 끼칠 수 있는지를 보여준다.

1932년에는 47퍼센트가 터키인에게 '잔인하다'는 꼬리표를 붙였다. 1950년에는 고작 12퍼센트만이 그렇게 했다. 끔찍한 터키인이라는 고정관념은 현저하게 약화되었다. 흑인의 경우 두 해 모두 주된 고정관념이 **'미신적이고 게으르다'**는 것이었다. 그러나 나중 조사에서는 이전 조사의 **절반이 안 되는** 학생들만 이 특질을 골랐다.

미국 집단에 관한 칭찬은 훨씬 줄어들었다. 우호적 고정관념인 **'근면하다, 지능적이다, 야심이 크다, 능률적이다'**가 크게 감소했다. **'물질주의적이고 향락적이다'**라는 판단은 약간 상승했다. 시간이 흐르면서 내집단에 대한 비판적 관점이 약간 더 커진 것으로 보인다.

아마 가장 중요한 발견은 1950년의 학생들이 실험에 참가하는 것을 몹시 꺼려했다는 점일 것이다. 학생들은 사람들을 일반화하는 것, 특히 거의 만나본 적 없는 사람들을 평가하는 것이 얼마나 불합리한지 이야기했다. 이 실험은 그들의 지성에 대한 모욕으로 여겨졌다. 한 학생은 이렇게 썼다.

> 나는 이런 유치한 놀이에 참여하기를 거부합니다. …… 어느 집단이건 전체에 적용할 만한 뚜렷한 특성들을 떠올릴 수가 없습니다.

1932년에는 이 '유치한 놀이'에 저항이 일어나지 않았다.

길버트는 '퇴색 효과'와 저항이 발생한 데는 다양한 요인이 있다고 지적한다. 하나는 연예계와 대중매체에서 고정관념화가 서서히 감소하고 있는 것을 들 수 있다. 다른 요인은 전후의 대학생들이 사회과학 연구를 더 많이 수행했기 때문일 수 있다. 또 다른 요인으로는 학교에서 문화 간 이해 교육의 활용을 확대한 것을 들 수 있다. 이유가 무엇이건 간에 민족 및 국가 집단에 관한 '머릿속의 그림'이 오늘날에는 예전에 비해 덜 획일화되고 덜 맹신되고 있음은 사실인 것 같다.

편견 이론의 관점에서 고정관념의 변화 가능성은 중요하다. 고정관념은 편견의 정도와 방향과 더불어 강화되기도 하고 약화되기도 한다. 또한 고정관념은 앞서 말했듯이 대화 상황에 따라 쉽게 달라진다. 미국과 소련이 세계대전 중에 동맹이었을 때 미국인은 러시아인이 소박하고, 용감하고, 애국적이라고 생각했다. 하지만 몇 년 만에 이 이미지는 바뀌어서 미국인의 눈에 러시아인은 난폭하고, 공격적이고, 광적으로 보였다. 한편 일본인(그리고 일본계 미국인)의 비호감 이미지는 변하고 완화되었다.

이것은 이 장 처음에 제기한 논점을 강화하는 또 다른 증거가 된다. 고정관념은 편견과 동일한 것이 아니다. 고정관념은 합리화 장치이다. 고정관념은 편견의 지배적 흐름이나 상황의 요구에 순응한다. 학교와 대학에서 고정관념에 맞서 싸우고 대중매체에서 고정관념을 줄이는 것은 해가 될 일이 아니지만(이로운 일일 수도 있다), 그것만으로는 편견의 뿌리를 근절하지 못한다.[21]

13장

편견에 관한 이론들

이제 편견 문제에 관한 이론적 접근을 종합적으로 탐구하겠다.

앞의 장들에서 **자극 대상**에 대해 상당히 많은 내용을 언급했다(6~9장에서 집단 차이, 가시성, 자아 방어적 특질의 발달을 다루었다). 또한 집단 차이를 지각하고 인지하는 과정을 상당히 길게 논의했다(1, 2, 5, 10, 11, 12장에서 언어와 고정관념 형성에 영향받은 정상적인 정신 작용의 결과인 범주화와 예단의 본성을 다루었다). 이처럼 자극 대상에 대한 인지 작용에 초점을 맞추는 것을 흔히 **현상학적** 측면의 연구라고 부른다. 편견적인 **행동**은(4장) 자극 대상이 지각되는 방식(즉, 자극 대상의 현상학)에 의존한다.

'그림 11'을 보면 앞선 모든 장들이 편견 연구의 두 가지 주요 접근 방법을 택하고 있음을 알 수 있다. 바로 자극 대상 접근법과 현상학적 접근법이다. 때로는 특히 3, 5, 7장에서는 사회문화적 접근법을 취하고, 간혹 역사적 접근법을 시도하기도 했다. 이런 방법은 집단 규범, 집단 가치, 집단 구성원의 지위가 개인의 정신적 삶이 발달하는

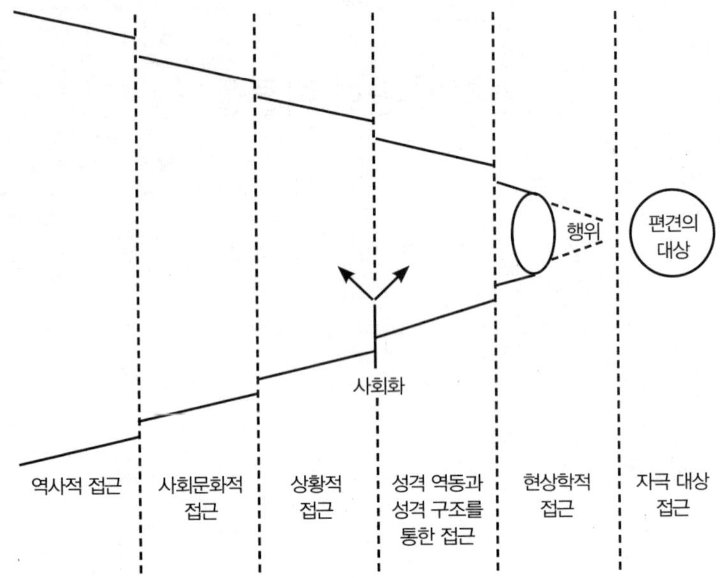

그림 11 편견 원인 연구의 이론적 · 방법론적 접근
(고든 올포트, 《편견: 심리적 · 사회적 인과관계의 문제Prejudice: a problem in psychological and social causation》, 〈사회문제저널Journal of Social Issues〉, 증보판, 총서 4, 1950)

데 매개 역할을 계속 수행하기에 반드시 필요했다. 다음 14장부터 16장에서는 편견의 사회적 · 역사적 결정 요인을 자세히 다룰 것이다.

성격 요인과 사회적 학습의 역할에 관해서는 17장에서부터 28장까지 논의할 것이다. 이 책에서 이 접근 방법에 많은 지면을 할애한다는 사실이 어쩌면 필자의 심리적 편향을 보여주는 것일지도 모르겠다. 만약 그렇게 보인다면, 필자가 역사적 · 사회문화적 · 상황적 결정 요인도 똑같이 강조한다는 것을 알아주기 바란다. 최근에는 전문가들이 전문 분야의 경계를 넘나들며 방법과 통찰을 빌려 와 구체적 사회 문제를 더 잘 이해하려는 경향이 있는데, 이 책에서 그런 경향을 반영하고자 했다는 것도 알아주기를 희망한다. 그러나 심지어 시야가 넓은 전문가라 하더라도 자신의 전문 분야를 과도하게 강조할 가능성은 있기 마련이다.

'그림 11'은 편견에 관한 기존의 다양한 접근 방법을 도식화해 보여주고 있다. 이중 어느 하나도 사소하게 다뤄서는 안 되는데, 어떤 방법도 단독으로 전모를 밝히지는 못하기 때문이다. 가장 좋은 방법이 무엇인지 논쟁하는 일은 무익하다.

편견의 '이론'이란 무엇을 의미할까? 한 이론이 모든 인간 편견에 관한 최상의 완벽한 설명일 수 있을까? 마르크스주의나 희생양 이론이나 그 밖에 다른 이론을 열성적으로 옹호하는 이들의 글을 읽을 때 때때로 저자가 스스로 편견이라는 주제를 완벽하게 설명한다고 느끼는 것 같은 인상을 받기도 한다. 하지만 실제로 그런 경우는 거의 드물다. 보통 대부분의 '이론'은 저자가 어느 하나의 중요한 인과적 요인에 주목하기 위해 주장하는 것이지, 다른 요인이 전혀 작동하지 않는다고 가정하는 것은 아니다. 일반적으로 저자는 '그림 11'의 여섯 가지 접근 방법 중 하나를 선택해 강조한다. 그다음 그 방법 안에서 편견을 야기하는 어떤 힘에 관한 생각을 발전시킨다. 3장에서 논의한 '집단-규범' 이론을 예로 들어보자. 집단-규범 이론의 옹호자들은 집단의 생활 방식과 관련된 편견의 존재에 특히 주목하며 개인의 편견적 태도는 단지 그가 속한 집단의 가치를 반영한다고 '설명한다'. 그들은 틀림없이 집단 규범이 편견의 가장 중요한 요인이라고 말하겠지만, 다른 덜 중심적인 인과적 요인들도 동시에 작용한다는 점을 부인하지는 않을 것이다.

이 책에서 편견 문제에 접근하는 방법은 절충적이다. 여섯 가지 주요 접근법 모두 가치가 있고, 그 안에서 도출된 이론들 거의 전부에 어느 정도 진실이 담겨 있는 것 같다. 현재로서는 이 모든 이론을 종합해 인간 행동에 관한 단일 이론을 정립하는 일은 가능하지 않다.

그럼에도 불구하고 이 책에서 논의를 전개함에 따라 주요 관점이 분명하게 드러나기를 희망한다. 만능 열쇠 같은 것은 없다. 우리에게 주어진 것은 열쇠 꾸러미이다. 하나하나의 열쇠가 각기 다른 이해의 문을 열어줄 것이다.

'그림 11'의 인과적 영향 중 오른쪽으로 갈수록 시간적으로 더 가깝고 작용의 측면에서 더 구체적인 경향을 보인다는 점에 주목하자. 처음에 사람은 편견의 대상을 특정한 방식으로 지각하기 때문에 편견적 행동을 한다. 그러나 그가 대상을 특정한 방식으로 지각한 이유는 어느 정도 그의 성격이 그러하기 때문이다. 그리고 그의 성격이 그러한 이유는 주로 그가 사회화된 방식(가족, 학교, 이웃의 교육) 때문이다. 현재의 사회 상황도 그의 사회화의 요인이며 그의 지각 방식을 결정하는 역할을 할 수 있다. 이런 힘들의 배후에는 타당하지만 더 멀리서 작용하는 다른 인과적 영향이 있다. 바로 우리가 사는 사회 구조, 즉 오랜 경제적 · 문화적 전통과 장기간의 국가적 · 역사적 영향이다. 이 요인들은 너무 멀어서 편견적 행동에 관한 직접적 심리 분석에는 맞지 않는 것처럼 보이지만, 실제로는 중요한 인과적 영향을 끼친다.

'그림 11'에서 제시한 여섯 가지 주요 접근 방법 각각의 몇 가지 특징을 더 자세히 살펴보자.[1]

역사 강조

현대의 모든 민족 갈등의 이면에 오랜 역사가 있다는 사실에 강한 인상을 받은 역사가들은 갈등의 총체적 배경을 알아야만 그것을 이해할 수 있다고 주장한다. 예를 들어 미국에서 반흑인 편견은 역사적 문제이며, 그 뿌리에는 노예제, 카펫배거°의 활동, 남북전쟁 이후 남부 재건 실패가 있다고 본다. 또한 심리적 원인이 있다면, 역사적 환경의 복잡한 효과가 그런 원인을 만들어내는 것까지는 아니라 해도 어쨌든 그것에 영향을 끼친다.

한 역사가는 최근 편견에 관해 순전히 심리학적 관점을 세우려는 노력에 대해 다음과 같이 반박한다.

> 그런 연구들은 오로지 제한적 범위 내에서만 설명할 뿐이다. 왜냐하면 성격 자체는 사회적 힘에 의해 좌우되기 때문이다. 궁극적으로는 성격이 형성된 폭넓은 사회 맥락에 관한 이해가 있어야 한다.[2]

이 비판이 설득력이 있기는 하나, 역사가 '폭넓은 사회 맥락'을 제공하기는 하지만 왜 그 맥락 안에서 어떤 사람은 편견이 생기고 어떤 사람은 생기지 않는지 설명하지는 못한다. 바로 이것이 심리학자가 답하고 싶어 하는 문제이고, 여기서 무익한 논쟁이 벌어지기도 한다. 양쪽 전문가가 모두 필요한데, 그들은 상호 보완적이기는 하나 똑같지는 않은 의문에 답을 찾고 있기 때문이다.

역사적 연구의 유형은 무척 다양하다. 일부 연구는 경제적 결정 요인의 중요성을 강조한다. 일례로 마르크스주의자들을 비롯해 몇몇 연구자들이 주장하는 편견에 관한 **착취 이론**(the exploitation theory)을 들 수 있다. 콕스(Oliver C. Cox)는 이 이론의 논거를 다음과 같이 간략하게 요약한다.

> 인종 편견은 일부 집단을 열등하다고 낙인찍음으로써 그 집단 자체

카펫배거(carpetbagger) 미국 남북전쟁 직후 남부로 건너온 북부 사람들을 가리키는 말. 이들이 카펫(carpet)으로 만든 가방(bag)을 가지고 다녔다고 해서 이런 이름이 붙었다. 주로 경제적 이득을 얻기 위해 황폐화된 남부를 약탈하고 흑인을 착취하는 외부인을 의미한다.

를 착취하거나 그 집단의 자원을 착취하는 일을 둘 다 정당화하기 위해 착취 계급이 대중에 선전하는 사회적 태도이다.[3]

더 나아가 콕스는 유럽 제국의 팽창이 일종의 정당화를 요구했던 19세기에 인종 편견이 전례 없이 심해졌다고 주장한다. 시인(키플링), 인종 이론가(체임벌린), 정치가 들은 식민지 주민들이 '열등하고', '보호가 필요하고', '진화가 덜 된 상태이고', 이타심으로 짊어져야 할 '책무'라고 선언했다. 이 모든 선의를 가장한 관심과 오만이 착취를 통해 얻은 재정적 이득을 감추었다. 연민과 평등의 정서를 방지하기 위한 장치로 분리 정책이 펼쳐졌다. 성적·사회적 금기를 식민지 주민들에게 부과해 그들이 평등과 선택의 자유를 기대하지 못하도록 막았다.

인종 이론은 착취를 합리화하는 과정에서 발달했다. 인종 이론은 자본주의 팽창기 이전에는 세계사적으로 중요한 역할을 하지 않았다. 토박이 인도인, 아프리카인, 말레이인, 인도네시아인은 모두 분명하게 **가시적**이었다. 착취를 감출 범주가 필요했다. 피해자들의 실상이 있는 그대로, 즉 원치 않았던 노예가 되었다는 사실이 알려져서는 안 되었다. 그리하여 차별 행위를 정당화하기 위해 '인종'은 인간이 만든 것이 아니라 신이 부여한 범주로 이해되었다. 콕스는 **계급** 차이(착취자와 피착취자의 관계)가 모든 편견의 토대이고 인종적·민족적·문화적 요인에 관한 모든 담론은 대개 언어적 포장일 뿐이라고 주장한다.

착취 이론은 여러모로 매력이 있다. 이 이론은 경제적 착취를 합리화하는 흔한 주장을 설명해준다. 아시아인은 살아가는 데 하루에 쌀 한 줌만 '필요하다'. 흑인은 임금을 많이 받아서는 안 되는데, 그래봤자 어리석게도 그들의 인종 지위를 넘어서려는 데 돈을 낭비하기 때문이다. 멕시코인은 너무 미개해서 돈만 있으면 술과 노름으로 전부 탕진해버릴 것이다. 아메리카 원주민도 마찬가지이다.

착취 이론에는 분명한 진실이 담겨 있지만 여러 특정 사례에서 약점을 드러낸다. 착취 이론은 왜 피착취자 모두에게 동등한 편견이 작용하지 않는지 설명하지 못한다. 미국으로 건너온 많은 이민자 집단이 착취당하기는 했지만 흑인이나 유대인만큼 편견 탓에 고통을 겪지는 않았다. 또한 실제로 유대인이 경제적 착취의 피해자인지도 분명하지 않다. 한때 퀘이커교도와 모르몬교도는 미국에서 심한 박해를 받았으나 경제적 이유 때문은 확실히 아니었다.

미국 흑인을 향한 편견을 오로지 경제적 현상으로 간주하는 것은, 콕스의 논증에서 가장 강력한 부분이지만 옳지 않다. 많은 백인이 흑인 노동자들에게 임금을 적게 지불해 이득을 취하면서 그런 부당한 행위를 흑인의 '동물적 본성'에 관한 이론으로 합리화하는 것은 명백해 보이지만, 여전히 문제는 복잡하다. 백인 공장 노동자들이나 백인 소작농들도 유사하게 착취당하지만 그들을 향한 차별의 관습은 전혀 발달하지 않았다. 예를 들어 미국 남부의 몇몇 지역사회에 대한 사회학 연구를 보면 '계급'의 객관적 척도에서 흑인은 백인보다 더 낮지 않다. 집도 더 작지 않고, 수입도 더 적지 않고, 가구도 다르지 않다. 하지만 흑인의 지위는 사회적으로나 심리적으로 더 낮다.

따라서 마르크스주의적 편견 이론은 편견에 관련된 **한 가지** 요인, 즉 상층 계급의 합리화된 이기심을 분명히 지적하고 있지만 지나치게 단순하다.

편견에 관한 역사적 이해가 경제적 해석에만 국한되지는 않는다. 독일에서 히틀러가 인종 학살 정책과 함께 세력을 얻은 것은 역사적 사건들의 불길한 전개 과정을 추적하지 않고서는 이해할 수 없다. 지난 세기 동안 벌어진 일들을 따라가 보면, 먼저 자유주의 시기를 지나(1869년 유대인에 대한 모든 법적 규제가 폐지되었다), 그다음 비스마르크의 시대를 거치는데, 당시 보수주의자들과 왕권주의자들은 비스마르크의 개혁주의를 비난하며 그 책임을 유대인에게 뒤집어씌웠다. 나중에 루스벨트의 뉴딜 정책에 대한 비난을 유대인이 받은 것도 같은 맥락이다. 이런 흐름이 모여, 게르만 국가의 정신적 통일을 바라는 헤겔의 탄원이 반영된, 인종과 피의 순수성을 추구하는 신조로 이어졌다. 이 모든 요인은 노동 계급의 부상과 심리적으로 혼합되었다. 많은 사람들에게 노동운동은 군사형 사회(military society)에서 이질적인 성장처럼 보였다. 유대인은 노동 계급의 부상에 대한 비난을 들었다. 마지막으로 제1차 세계대전은 독일을 괴롭히던 모든 급진적인 파괴의 힘을 유대인으로 의인화할 수 있는 토대를 마련해주었다.[4]

이 운명적인 사건 전개가 과연 심리학의 도움 없이 역사로만 완전히 설명될 수 있을지는 여기서 논의할 문제가 아니다. 다만 편견은 어떤 형태로 세계 어디에 존재하든 역사적 관점으로 검토할 때 명료하게 조명된다는 점만을 확실히 말해두고자 한다.

사회문화 강조

다음 장들에서는 집단 갈등과 편견을 설명하는 데 도움이 되는 다수의 사회문화적 요인 중 몇 가지를 다룰 것이다. 주로 사회학자와 인류학자가 이런 유형의 이론화를 중시한다. 그들은 역사가들처럼 편견적 태도가 발달하는 전체적 사회 맥락에 강한 인상을 받은 사람들이다. 일부 연구자들은 이 사회 맥락 안에서 갈등으로 이어진 사회 전통을 강조한다. 다른 일부는 외집단과 내집단 내 상대적 상승 이동 가능성을 강조한다. 인구 밀도나 집단 간 접촉 유형을 강조하는 연구자들도 있다.

사회문화적 이론 가운데 지금은 일단 한 가지 사례를 살펴보자. **도시화**(urbanization)라고 알려진 현상과 민족 편견의 관계에 관한 이론인데, 대체로 다음과 같은 방식으로 논증된다.

사람들은 타인과 평화적이고 친애적 관계를 맺고 싶어 하지만, 그 바람은 현대의 기계화된 문화, 특히 사람들의 마음속에 너무도 큰 불안과 불확실성을 불러일으키는 도시 문화 때문에 이루기가 몹시 어렵다. 도시에서는 개인적 접촉이 줄어든다. 조립 라인이 말 그대로 또는 상징적으로 우리를 지배한다. 중앙정부가 더 친숙한 지방정부를 대신한다. 광고가 우리의 생활 수준과 욕구를 통제한다. 거대 기업이 우리 주변을 엄청나게 큰 공장들로 채우고, 우리의 고용과 수입과 안전을 좌우한다. 개인적 검약이나 사적 노력이나 직접적 적응은 더는 크게 중요하지 않다. 불가항력의 공포가 우리를 엄습한다. 대도시의 삶은 몰인정하고 비인간적이고 위험한 무언가를 나타낸다. 우리는 그런 삶을 비굴하게 추종하는 것이 두렵고 싫다.

도시의 불안과 편견은 어떤 관계가 있을까? 우선 우리는 대중 사회의 일원으로서 시대의 관습을 따른다. 광고의 허영심을 자극하는 전략은 우리에게 깊은 영향을 끼친다. 우리는 더 많은 물건을 갖고 싶고, 더 많은 사치를 부리고 싶고, 더 높은 지위를 누리고 싶다. 광고가 우리에게 강요하는 생활 수준은 가난한 사람들, 권장된 물질적 삶의 수준에 도달하지 못한 사람들을 경멸하도록 부추긴다. 그리하여 우리는 자신보다 경제적으로 떨어지는 집단, 즉 흑인, 이민자, 시골 사람들을 무시한다(여기서 마르크스주의적 관점이 되풀이되는 데 주목하자).

우리는 도시의 물질주의적 가치관에 굴복하지만 그것들을 조장하는 도시를 증오한다. 우리는 금융과 수상쩍은 정치의 지배를 증오한다. 도시의 압력에 대응해 발달한 특질을 경멸한다. 비열하고 부정직하고 이기적이고 지나치게 영리하고 지나치게 야심이 크고 저속하고 시끄럽고 전통적 가치관을 무시하는 사람들을 싫어한다. 이 도시적 특질이 유대인으로 의인화되었다. 사회학자 아널드 로즈(Arnold Rose)는 이렇게 쓴다. "오늘날 유대인이 증오받는 이유는 주로 그들이 도시 생활의 상징 역할을 하기 때문이다."[5] 유대인은 특히 저 거대하고 모든 것을 지배하며 너무나도 두려운 뉴욕이라는 도시의 상징이다. 그 도시는 우리를 무력화한다. 따라서 우리는 그 도시의 상징인 유대인을 증오할 것이다.

이 이론의 장점은 반유대주의와 '급이 안 되는' 다른 소수자에 대한 오만한 감정 둘 다에 적용할 수 있는 논리를 갖추고 있다는 점이다. 하지만 왜 제2차 세계대전 기간 동안 일본계 미국인 농부들을 격렬히 두려워하고 미워했는지 설명하는 데는 어느 정도 어려움이 있을 것이다. 또한 인정하지 않을 수 없는 사실은 '도시 증오'가 도시 사람들 못지않게 시골 사람들 사이에서도 강렬하다는 것인데, 민족 편견이 도시만큼 지방에서도 심하기 때문이다.

역사에 대한 강조와 사회 구조에 대한 강조를 혼합하면 편견에 대한 **공동체 패턴 이론**(community pattern theory)이 된다. 이 이론은 모든 집단의 기본적인 자민족 중심주의를 강조한다. 한때 폴란드 귀족 계급이 우크라이나 농민들을 착취하고 억압했다면(실제로 그랬다), 원한의 패턴이 형성되어 우크라이나 민간전승의 밑바탕에 영원히 새겨질 것이다. 영국인에 대한 많은 아일랜드인의 잘 알려진 적개심은 일부 영국 지주들과 정치가들이 실제로 몇 세기 전에 저지른 악행에서 비롯된 패턴을 반영한다. 토머스(William Isaac Thomas)와 즈나니에츠키(Florian Znaniecki)는 이 상황의 역동을 다음과 같이 표현한다.

모든 문화적 문제는 오로지 개인이 속한 집단을 매개로 삼아서만

> 그에게 닿는다. 집단 구성원 간의 관계는 서로에게 즉각적 영향을 끼칠 수 있는 특성을 지녔기에, 집단은 각 구성원에게 우선적이고 근본적인 가치관의 집합체이다. …… 사회 교육의 지속적인 경향은 …… 개개인이 모든 대상을 그 대상을 바라보는 집단의 태도라는 관점에서 평가하게 한다.[6]

이 관점은 역사와 사회학을 결합한다. 이 관점에 의하면 개인은 어쩔 수 없이 조상의 판단을 따를 수밖에 없고, 전통이라는 스크린을 통해 각각의 외집단을 바라본다.

유럽은 역사적으로 적대 행위가 복잡하게 얽혀 있다. 특히 동부 유럽의 한 도시는 러시아, 리투아니아, 폴란드, 스웨덴, 우크라이나의 '지배'를 번갈아 받았다. 이들 여러 정복자들의 후손은 아직도 그 도시에 살면서 저마다의 타당한 이유를 들어 그 도시에 대한 권리를 주장하는 다른 민족 사람들을 모조리 거짓말쟁이 혹은 침입자로 여긴다. 그 결과 진정한 편견의 체스보드가 펼쳐진다. 분쟁 지역 거주자들이 이를테면 미국으로 이주하면 전통적 적개심도 함께 이동할 것이다. 그러나 신세계에 구세계의 강한 공동체 패턴이 있지 않는 한, 과거의 적의는 소멸할 가능성이 크다. 많은 이민자들, 아니 아마 대부분의 이민자들은 새로운 삶을 시작하고 싶어 하고, (그들이 생각하기에) 자유로운 분위기, 공평한 기회, 존엄이 존재하는 새로운 공동체 패턴을 선택한다.

상황 강조

사회문화적 접근에서 역사적 배경을 빼면 **상황에 대한 강조**만 남는다. 즉 과거의 패턴 대신에 현재의 힘이 강조되는 것이다. 여러 편견

이론들이 여기에 속한다. 예를 들어 **분위기 이론**(atmosphere theory)을 들 수 있을 것이다. 어린아이는 주위의 영향을 받고 자라 그것을 곧바로 반영한다. 릴리언 스미스(Lillian Smith)는 《꿈의 살인자들(Killers of the Dream)》(1949)에서 이와 같은 이론을 제시한다.[7] 미국 남부 아이들은 역사적 사건이나 착취나 도시의 가치관 같은 것에 대해 명백히 알지 못한다. 아이들이 아는 전부는 자신에게 주어지는 복잡하고 일관되지 않은 가르침에 '순응해야' 한다는 것이다. 따라서 아이들의 편견은 단지 지금 주위에서 본 것이 반영된 이미지일 뿐이다.

태도 형성에 분위기가 끼치는 미묘한 효과는 다음 사례에서 볼 수 있다.

> 아프리카 영국 식민지의 어느 원주민 학교를 방문한 장학관은 왜 이 학교의 영어 학습 진도가 느린지 궁금해했다. 그는 한 교실에 들어가 원주민 교사에게 영어 교수법을 시연해보라고 요구했다. 이에 교사는 장학관이 자기네 말을 이해하는 줄 모르고 이렇게 말하며 수업을 시작했다. "자, 어린이 여러분, 하던 일을 정리하세요. 이제 한 시간 동안 적의 언어와 씨름합시다."

다른 상황 이론은 현재의 **고용 상황**을 강조하고 주로 적개심을 만연한 경제적 경쟁의 측면에서 바라본다. 또는 주로 편견을 상승하고 하강하는 **사회 이동**의 한 현상으로 간주한다. 집단 간 **접촉 유형**이나 집단의 상대적 **밀도**를 중시하기도 한다. 이 상황 이론들은 매우 중요하므로 다음 장들에서 각기 살펴볼 것이다.

정신 역동 강조

만일 인간이 본성상 다투기를 좋아하고 적대적이라면, 갈등이 만연하리라 기대할 수밖에 없다. 인간 본성 안에서 원인을 찾는 데 중점을 두는 이론들은 필연적으로 심리학적 유형이며, 앞서 언급한 역사 · 경제 · 사회 · 문화적 관점과 대조된다. 철학자 홉스(Thomas Hobbes)의 신념을 하나의 예로 인용할 수 있다. 홉스는 편견의 근원을 인간의 고약한 본능 안에서 찾았다.

> 인간 본성 안에서 분쟁의 주요 원인을 세 가지 발견할 수 있다. 첫째는 경쟁이고, 둘째는 자기 확신 결여, 셋째는 공명심이다.
>
> 인간은 경쟁 때문에 이득을 바라고, 자기 확신 결여 때문에 안전을 바라고, 공명심 때문에 평판을 바라서 침략을 한다. 폭력을 사용하는 첫째 이유는 다른 사람과 그의 아내, 자식, 가축의 주인이 되기 위해서, 둘째는 자신을 방어하기 위해서, 셋째는 사소한 일 때문인데, 즉 한마디의 말, 한 번의 웃음, 다른 의견, 그 밖에 자신의 신상을 대놓고 직접 깔보거나 친척, 친구, 민족, 직업, 가문을 빗대어 은근히 깔보는 표시로 인한 것이다.[8]

여기서 홉스는 갈등의 원천이 (1) 경제적 이득, (2) 공포와 방어, (3) 지위에 대한 욕망(자부심)에 있다고 말한다. 홉스가 보기에 세 욕망은 단지 인간의 기본적인 추동적 힘의 양상일 뿐이다. 인간은 이 세 가지 방식으로 힘을 추구한다. 홉스의 본능주의적 관점은, 어깨를 으쓱하면서 "편견은 그냥 자연스러운 거죠. 어찌할 할 도리가 없어요."라고 말하는 사람들의 견해와 본질적으로 동일하다.

오늘날 심리학자들은 이 논증의 순환론적 성격을 지적한다. 어떻게 인간의 원초적 자부심, '죽어야만 멈추는 끝없는 힘의 추구'가 뿌리 깊은 본능이라는 것을 알 수 있을까? 오로지 광범위하게 존재하는 갈등의 사례를 열거하는 방법밖에 없다. 그러나 광범위한 갈등 자체가 그것의 밑바닥에 본능이 있음을 의미하는 것은 아니다.

광범위한 갈등이라는 사실로부터 다음과 같이 논증해 나갈 수도 있다(아마 이 논증이 더 타당할 것이다). 유아가 삶의 출발점에서 추구하는 것은 '끝없는 힘'이 아니라 그가 마주치는 모든 사람을 포함한 자신의 주위와 밀접하고 친밀한 관계를 맺는 것이다. 공생이나 사랑의 관계가 언제나 증오보다 선행한다(3장). 사실상 좌절이나 실망이 오랫동안 지속되기 전에는 증오가 있을 수 없다. 아이들을 관찰한 사람이라면 아주 어린 아이들에게 서로 경쟁하라고 가르치기 어렵다는 것을 안다. 17장부터 20장에서 보겠지만 아이들에게 편견을 가르치는 것은 훨씬 더 어렵다. 그래서 사람들을 향한 부정적 태도가 친애적 태도보다 더 '근본적'이라고 말하는 것은 실제 일어나는 시간 순서를 뒤집는 것이고, 인간 본성 안에 실제로 존재하는 것처럼 보이는 욕구들의 중요도 순서도 바꾸는 것이다.[9]

편견의 **좌절 이론**(frustration theory)은 그럴듯하다. 좌절 이론도 '인간 본성'에 뿌리를 둔 심리 이론이지만 본능에 관한 어떤 위험한 가정도 하지 않는다. 이 이론은 친애 욕구가 근본적인 것처럼, 아니 적어도 반항과 증오보다는 더 근본적인 것처럼 보인다는 점을 기꺼이 수용한다. 동시에 주위 환경에 긍정적이고 우호적으로 접근하려는 시도가 좌절할 때 나쁜 결과가 발생한다고 주장한다.

제2차 세계대전의 한 퇴역 군인이 지닌 강한 편견을 예로 들어 좌절 이론을 살펴보자.

실직 가능성이나 미래의 경기 침체에 대해 질문하자 그는 이렇게 답했다.

"그렇게 안 되는 게 좋겠지요. 시카고는 엄청 난리가 날 겁니다. 사우스파크(South Park)의 깜둥이들이 점점 더 똑똑해지고 있어요. 이제 곧 인종 폭동이 터질 거고, 그러면 아마 디트로이트 인종 폭동 정도는 주일 학교 소풍처럼 보일 거예요. 많은 사람들이 흑인이 전쟁에서 맡은 임무에 분개합니다. 그들은 보급 부대원, 기술자 같은 온갖 말랑말랑한 일들을 도맡았지요. 그들은 어디에도 쓸모가 없어요. 백인이 그것들을 완전히 내쫓아야 해요. 그들은 아주 밥맛이에요. 만일 백인과 깜둥이가 함께 해고된다면 상황이 안 좋을 겁니다. 나도 가만 있지 않을 거예요. 난 총을 쓸 줄 안다고요."[10]

이 사례는 좌절이 편견을 야기하고 강화하는 역할을 한다는 것을 분명하게 보여준다. 박탈과 좌절은 적대적 충동으로 이어지며, 이것이 통제되지 않는다면 소수 민족에 표출될 가능성이 있다. 톨먼(Edward Tolman)은 "너무 강력한 동기나 너무 심한 좌절 때문에 인지도°가 협소해지는 현상"을 지적했다.[11] 감정적으로 자극받은 사람은 제한되고 왜곡된 사회관을 지닌다. 강렬한 감정이 정상적인 방향적 사고를 차단하기 때문에 인간의 탈을 쓴 악마(소수자)가 일을 벌이고 있다고 본다. 그는 악을 분석하지 못하고 오로지 의인화할 수 있을 뿐이다.

좌절 이론은 **희생양** 이론으로도 알려져 있다(15, 21, 22장). 희생양 이론의 설명은 일단 분노가 발생하면 (논리적으로 무관한) 희생양으로

인지도(cognitive map) 학습 과정에서 문제 해결이나 목표 달성 방법에 관한 심리적 표상. 쉽게 말해 어떤 문제를 해결하기 위해 마음속에 그리는 일종의 내적 지도. 미국의 학습 이론가 톨먼이 제안한 개념으로, 쥐의 미로 실험을 통해 인간을 비롯한 동물이 학습시 인지도를 형성한다고 주장했다.

전위될 수 있다고 가정한다.

희생양 이론의 주된 약점은 어떤 희생양에 적개심이 표출되는지 말해주지 않는다는 데 있다. 또한 왜 많은 사람들은 아무리 큰 좌절을 겪어도 성격상 분노를 전위하지 않는지 설명하지 못한다. 이 복잡한 내용은 뒤에서 다시 다룰 것이다.

'인간 본성' 이론의 세 번째 유형은 개별 인간의 **성격 구조**를 강조한다. 특정 유형의 사람들만 그들의 삶에서 편견을 중요한 특징으로 발달시킨다. 이들은 불안하고 걱정이 많은 성격이며, 너그럽고 신뢰하는 민주적 방식 대신에 권위주의적이고 배타적인 삶의 방식을 받아들이는 것처럼 보인다. 성격 구조 이론은 생애 초기 교육의 중요성을 강조하며 편견이 아주 심한 사람은 부모와 안정적이고 친밀한 관계를 맺지 못한다는 점을 지적한다. 그들은 여러 이유 때문에 모든 인간관계에서 명확성, 확고부동함, 권위를 갈망하면서 자라난다. 그리고 이 유형은 그들이 자기 집단보다 덜 친숙하고 덜 안전해 보이는 집단을 배제하고 두려워하게 한다.

좌절 이론처럼 성격 구조 이론을 뒷받침하는 증거도 상당히 많다(25~27장을 보라). 하지만 두 이론 모두 완전하지 않으며, 이 장에서 개관한 다른 이론들로 보완될 필요가 있다.

현상학적 강조

사람의 행동은 마주한 상황을 바라보는 그의 관점에서 직접적으로 비롯된다. 세계에 대한 사람의 반응은 세계에 대한 그의 정의를 따라간다. 사람은 어떤 집단의 구성원이 불쾌하거나 짜증나거나 위협적이라고 지각하기 때문에 그들을 공격하고, 다른 집단의 구성원이 상스럽고 더럽고 어리석어 보이기 때문에 조롱한다. 앞서 본 것처럼 가시성과 언어적 명칭은 대상을 정의하는 데 도움을 주므로 그 대상을 쉽게 확인할 수 있게 한다. 또 앞서 살펴본 역사적·문화적 힘과 전체적 성격 구조가 한 사람의 가설과 지각 이면에 깔려 있을 수 있다. 현상학적 관점에서 편견에 접근하는 연구자들은 이 모든 요인이 최종적인 공통 초점으로 수렴된다고 생각한다. 사람이 최종적으로 믿고 지각하는 것이 중요하다. 그리고 고정관념이 행위 이전의 지각을 선명하게 하는 데 두드러진 역할을 하는 것이 분명하다.

편견에 관한 일부 연구는 현상학적 접근 방법만을 활용한다. 민족 고정관념을 연구한 카츠, 브레일리와 길버트가 그렇고(12장), 얼굴 사진을 보고 성격에 점수를 매기는 실험에서 민족적 이름이 주는 효과를 조사한 라잔도 마찬가지이다(11장). 현상학적 접근법과 다른 방법을 결합한 연구도 있다. 예를 들면 10장에서 '성격 구조'가 다른 두 부류의 사람들을 비교했을 때 그들의 인지 과정이 엄격성에 있어서 다르게 나타난다고 이야기했다. 현상학적 접근법과 상황적 접근법을 결합하려는 시도도 자주 등장한다. 16장에서는 흑인과 가까이 지내는 사람들과 흑인과 떨어져 사는 사람들이 흑인을 지각하는 주된 방식이 어떻게 다른지 볼 것이다.

앞서 말했듯이 현상학적 측면은 인과적 영향의 직접적 단계이지만, 다른 방법과 결합하는 편이 좋다. 그렇게 하지 않으면 삶의 상황, 문화, 역사적 맥락뿐만 아니라 성격의 근원적 역동 안에서 발견되는 마찬가지로 중요한 결정 요인을 놓칠 수 있다.

받을 만한 평판에 대한 강조

마지막으로 **자극 대상** 자체의 문제를 다시 살펴보자. 6장과 9장에서 언급했듯이 혐오와 적개심을 유발하는 진짜 집단 차이가 있을 수 있다. 물론 이 차이가 사람들이 상상하는 것보다 훨씬 **작다**는 점은 앞서 충분히 설명했다. 대부분의 경우 평판은 해당 집단이 받을 만한 것이 아니라 근거 없이 강요받은 것이다.

오늘날 **받을 만한 평판 이론**(the earned reputation theory)에 완전히 동의할 사회과학자는 없을 것이다. 일부 사회과학자들은 모든 소수 집단이 언제나 결백하다고 가정하는 데 대해 경고하기도 한다. 정말 위협이 **되는** 민족적 혹은 국민적 특질이 있을 수 있고, 그래서 사실에 근거한 적개심을 초래할 수 있다. 조금 더 그럴듯한 설명은, 적개심이 일부는 자극 대상에 대한 사실적 평가(집단의 참된 본성)에 의해 자라고, 또 일부는 편견을 이루는 많은 비사실적 요인 때문에 자란다는 것이다. 따라서 몇몇 연구자들은 **상호작용 이론**(interaction theory)을 옹호한다.[12] 적대적 태도를 결정하는 것은 **어느 정도**는 자극 대상의 본성이고(받을 만한 평판) 또 어느 정도는 본질적으로 자극 대상과 무관한 이유이다(예를 들어 희생양 찾기, 전통에 순응, 고정관념, 죄책감의 투사 등등).

두 요인을 적절히 고려한다면, 상호작용 이론에 반대할 이유는 전혀 없다. 상호작용 이론은 "적대적 태도에 관해 과학적으로 입증된 모든 원인이 동시에 작용한다는 것을 인정하되, 자극 대상 자체와 관련된 특징을 빼먹지 말아야 한다."는 말과 같다. 이 이론을 이런 넓은 의미로 받아들인다면 가능한 반론은 있을 수 없다.

맺음말

다양한 접근 방법을 두고 받아들일 수 있는 최선의 관점은 단연코 모든 방법을 수용하는 것이다. 모든 접근 방법마다 시사하는 바가 있다. 어느 것도 단독으로 전부를 설명하지 못하며 유일한 길잡이로 삼아도 좋을 만큼 완벽하지도 않다. 모든 사회 현상에는 **다원적 인과 관계**가 언제나 작동한다는 보편 법칙이 있으며, 이 법칙이 가장 분명하게 적용되는 분야가 바로 편견이다.

4부

사회 구조적 요인

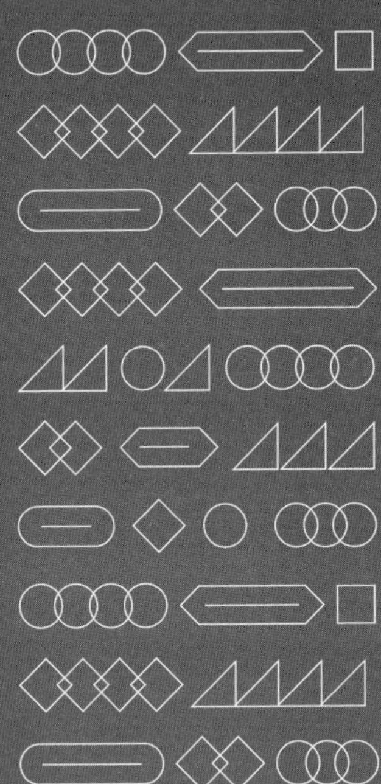

14장

사회 구조와 문화 유형

앞서 보았듯이, 어떤 학자들은 자신이 받은 훈련과 개인적인 기호에 따라 **문화적 인과**를 강조한다. 역사학자, 인류학자, 사회학자 들은 개인의 태도 형성에 영향을 끼치는 외부 세계에 관심이 있다. 반면에 심리학자들은 그러한 외부 세계의 영향이 어떻게 개인의 삶이라는 살아 있는 역동적 결합체와 한데 엮이게 되는지 알고 싶어 한다. 편견 연구에는 두 접근 방법이 모두 필요하다. 이 장에서는 전자를 다룰 것이다.

지금까지 알아낸 것들에 근거하여, 편견적 성격은 다음의 조건이 우세한 시대와 장소에서 더 많이 나타난다고 말할 수 있다.

사회 구조에 이질적 요소가 많은 곳
수직 이동이 가능한 곳
급속한 사회 변화가 진행 중인 곳
무지와 의사소통의 장애물이 존재하는 곳

소수 집단의 규모가 크거나 커지고 있는 곳
직접적인 경쟁과 현실적인 위협이 존재하는 곳
공동체의 중요한 이해관계가 착취를 통해 유지되는 곳
공격성을 규제하는 관습이 편견을 지닌 사람들에게 유리한 곳
자민족 중심주의가 전통적으로 정당화되는 곳
동화도 문화 다원주의도 선호되지 않는 곳

이제 편견에 관한 이 열 가지 사회문화적 법칙을 차례로 살펴볼 것이다. 이중에 증거가 완벽하거나 반박의 여지가 없는 법칙은 없다. 하지만 각 항목은 현재로선 가능한 가장 훌륭한 '경험과 지식에서 우러난 추측'에 해당한다.

이질성

상당한 수준의 다양성이 존재하는 사회에서만 '지각 가능한 경계 신호'를 찾아볼 수 있다. 동질적인 사회에서는 사람들의 피부색, 종교, 언어, 복식, 생활 수준이 비슷하다. 어떤 집단이 그 집단에 관한 편견이 만들어질 만큼 충분한 가시성을 띠는 경우는 거의 없다(8장).

이와 달리 다양화된 문화에는 많은 분화(differentiation)가 존재한다.(노동 분업은 계급 차이를 낳고, 이민은 민족 차이를 낳고, 여러 종교적 관점과 철학적 관점은 이념의 차이를 낳는다.) 한 사회에서 제기되는 모든 이해관계를 전부 포괄할 수 있는 사람은 아무도 없다. 따라서 결국 각 개인의 시각은 배타적으로 발달하게 된다. 어떤 사람의 이해관계와 구성원 지위는 다른 이들의 이해관계와 구성원 지위를 감시하면서 맞서기도 한다.

동질적인 문화에서 사람들은 오로지 두 유형의 적대 행위만 접할

수 있다. (1) 중국인들이 서양인, 특히 유럽인을 '외국 악마'라고 부르며 불신하는 것처럼, 외국인과 이방인을 불신할 수 있다(4장). (2) 나바호족이 '마녀'를 배척하듯이, 개인들을 솎아내 사회적으로 매장할 수 있다. 동질적인 문화에서 외국인 혐오(xenophobia)와 마법은 집단 편견의 '기능적 대체물'에 해당한다.

(아마도 지구상에서 가장 이질적이고 복잡한 사회인) 미국은 집단 갈등과 편견이 차고 넘칠 만한 조건이 무르익어 있다. 차이가 매우 많고 눈에 잘 보이고, 이에 따른 관습, 취향, 이념의 충돌은 불화로 이어질 수밖에 없다.

간혹 어떤 사회에서는 사실상 동질성처럼 작동하는 동결된 이질성을 볼 수 있다. 예를 들어 노예제가 존재하는 곳에서는 적극적인 편견이 특별히 드러나 보이지 않는다. 만일 관계가 관습에 의해 동결된 상태라면 공공연한 마찰은 거의 일어나지 않는다. 노예와 주인 사이, 피고용인과 고용주 사이, 사제와 교구민 사이에 작동하는 고정된 잠정 합의(modi vivendi)가 대표적인 사례다. 편견을 표면화하는 '살아있는' 이질성은 사회에 활동성, 이동성, 변화가 있어야만 생겨날 수 있다.

수직 이동 가능성

동질적인 사회 혹은 동결된 신분제 사회에서 살아가는 사람들은 차이를 그다지 위협적으로 인식하지 않는다. 하지만 노예제와 같은 신분제가 순조롭게 기능할 때에도, 하층 계급으로 하여금 '분수'를 지키게 하는 문제와 관련해 얼마간의 불안이 아마 늘 존재할 것이다. 상층 계급의 특권을 고정하고 공식적으로 하층 계급에게는 특권을 인정하지 않는 사치 금지령이 일본을 비롯해 몇몇 나라에서 시행된 적이 있다. 이렇듯 동결된 신분제에서도 편견의 흔적을 볼 수 있다(1장).

그러나 모든 사람이 잠재적으로 평등하다고 여겨지고 국가적 신조에 따라 평등한 권리와 기회가 보장될 때에는 전혀 다른 심리적 조건이 존재한다. 최하층 집단의 구성원들도 노력하라고, 위로 올라가라고, 자신의 권리를 요구하라고 격려받는다. '엘리트의 순환'이 시작된다. 사회 계급상 하층에 속하는 사람들이 노력과 행운 덕분에 높이 올라갈 수 있고, 때로는 이전 귀족층의 자리를 차지할 수도 있다. 이런 수직 이동은 사회 구성원들에게 유인 요소이면서 동시에 경계 신호가 된다. 윌리엄스(Robin M. Williams, Jr.)는 미국 사회에서 '미국의 신조'라는 보편적 가치를 위해 강하게 싸울 수 있는 사람들은 주로 사회적으로 가장 안정된 집단의 구성원들(예를 들어 전문직 종사자, 유서 깊은 부호 가문 출신 등)이라는 사실을 지적했다. 다른 모든 사람들에게는 이런 수직적 순환이 위협이 된다. 자신이 위로 올라갈 수도 있지만 아래로 내려갈 수도 있기 때문이다.[1]

이 주제와 관련해 상당히 많은 사실을 밝혀낸 경험적 연구가 있다. 베텔하임과 야노비츠는 한 개인의 현재 사회적 지위와 편견은 별로 관련이 없다는 것을 알아냈다. 이 연구에 따르면, 개인의 편견을 통제하는 것은 그의 사회적 지위가 위로 또는 아래로 이동할 가능성이다. 사회 이동이라는 동적(動的) 개념이 어떤 정적(靜的)인 인구학적 변수보다 중요하다는 사실이 밝혀진 것이다. 이 연구 결과는 대부분의 연구자들이 나이, 성별, 종교, 나아가 수입 같은 변수와 편견의 중요한 관계를 찾아내는 데 실패하는 이유를 설명해준다(5장). 또 관용과 고등교육의 공변(covariation)이 특별히 두드러지지 않은 이유를 설명하는 데도 도움을 준다. 사회 이동 가능성이 더 중요한 요인으로 보인다.

이 연구에 참여한 퇴역 군인들은 입대 전의 직업 상황과 전쟁이 끝난 후, 그러니까 면담을 시행할 당시 직업 상황을 알려 달라는 요청을 받았다.[2] 전쟁 후 지위가 전보다 못한 사람도 있었고, 전과 동등한 지위의 직업을 구한 사람도 있었다. 일부는 더 나은 지위의 직업을 찾았다. 이러한 이동의 세 종류에 따라 사례들을 분류한 결과, 반유대주의의 표현 정도에서 현저하게 큰 차이가 나타났다. 이 연구에서 분석한 사례들은 수가 많지는 않았으나 경향은 뚜렷했다. 직업 사다리에서 하강한 사람들은 상승한 사람들보다 반유대주의 성향이 훨씬 강했다. 캠벨(Angus A. Campbell)의 연구도 이것을 뒷받침한다. 캠벨은 자기 직업에 만족하지 못하는 사람들이(아마 상당한 정도로 하강 이동 지표에 속할 것이다) 만족을 표한 사람들보다 훨씬 반유대적이라고 보고했다.[3]

	하강 이동(%)	동일(%)	상승 이동(%)
관용적	11	37	50
고정관념적	17	38	18
거리낌 없고 강렬함	72	25	32
합계	100	100	100

표 5 _ **반유대주의와 사회 이동**(베텔하임과 야노비츠, 《편견의 역동Dynamics of Prejudice》, 1950, 59쪽에서 인용)

	하강 이동(%)	동일(%)	상승 이동(%)
관용적, 고정관념적	28	26	50
거리낌 없음	28	59	39
강렬함	44	15	11
합계	100	100	100

표 6 _ **반흑인 태도와 사회 이동**(베텔하임과 야노비츠, 앞의 책, 150쪽에서 인용)

같은 경향을 반흑인 편견에서도 확인할 수 있다. 적개심의 한 유형으로서 반흑인 편견은 반유대주의보다 더 널리 퍼져 있기 때문에, 해당 표에서 범주가 앞의 표와는 약간 다르게 배열된다.

급속한 사회 변화

이렇게 이질성과 상승 이동 충동은 사회에 소란을 일으키고, 그 결과 민족 편견을 초래할 가능성이 있다. 한편 이 과정은 위기가 오면 더 가속화되는 것 같다. 로마제국이 멸망할 무렵에 기독교인들이 더 자주 사자 먹이가 되었고, 미국이 전쟁 부담에 시달리던 시기에(특히 1943년) 인종 폭동이 눈에 띄게 증가했다. 남부에서 면화 산업이 침체에 빠질 때마다 린치가 더 많이 일어났다.[4] 한 연구자는 이렇게 썼다. "미국 역사상 토착주의의 봉우리와 이례적인 경제적 난국의 골짜기 사이에는 언제나 직접적인 상관관계가 있었던 것으로 보인다."[5]

홍수, 기아, 화재 등 재난이 닥치면 온갖 미신과 공포가 넘쳐나는데, 그중에는 소수 집단이 그런 재앙에 책임이 있다는 소문도 있다. 1947년 미국 메인주를 황폐하게 만든 산불을 두고 많은 시민들이 공산주의자들을 비난했다. 1950년 체코슬로바키아의 공산주의자들은 이를 되갚아주었다. 그들은 그해 감자 농사 실패가 자기 나라에 '감자벌레 떼를 풀어놓은' 미국인들 탓이라고 비난했다. 인생에서 예측하지 못한 일이 닥쳐 불안이 높아질 때마다, 사람들은 자신의 악화된 상황을 희생양 탓으로 돌리려는 경향을 보인다.

아노미(Anomie)는 사회 구조와 사회적 가치의 붕괴가 가속화되는 현상을 의미하는 사회학 개념이다. 오늘날 대부분의 국가에서 아노미 현상이 뚜렷이 나타나고 있다. 이 용어는 사회 제도의 역기능과 탈도덕화(demoralization)에 주의를 환기한다.

레오 스롤(Leo Srole)이라는 연구자는 현재 상황을 심각한 아노미 상태로 인식하는 사람들이 소수 집단에 심한 편견을 드러내는 사람들일 것이라는 가설을 검증해보고 싶었다. 그는 오늘날 미국 사회의 아노미 상태에 관한 의견을 측정하도록 설계된 질문지를 많은 사람에게 배부했다. 또 피험자들의 소수 집단 편견 정도를 판정하는 검사도 함께 수행했다. 두 결과의 상관관계는 매우 높게 나타났다.[6]

또 스롤은 아노미를 편견의 원인으로 보는 사회문화적 가설이 편견은 '권위주의적' 성격 구조에서 비롯한다고 보는 **심리학적** 가설보다(25장) 더 확실한지 알아보고 싶었다. 그래서 그는 피험자들에게 사고방식의 권위주의 정도를 측정하는 세 번째 질문지를 주었다. 검사 결과 그는 아노미 변수가 훨씬 더 중요하다는 것을 발견했다.

뒤이어 심리학자들로 구성된 연구 팀이 스롤의 연구를 반복한 후 그의 발견에 이의를 제기했다. 그들 역시 피험자들이 인식하는 아노미가 (피험자들이 지닌) 편견과 중요한 상관관계가 있다는 점을 알아냈으나, 그것이 권위주의적 성격 구조보다 더 중요한지는 알아내지 못했다.[7]

흥미롭게도 이 연구는 편견의 두 원인 중 어느 쪽이 더 중요한지 밝힐 수 있다고 가정하고 있다. 현 시점에서 이 문제는 아직 해결되지 않은 상태지만, 최소한 이 연구가 편견의 한 요인으로서 아노미의 중요성을 입증한다는 것은 말할 수 있다. (독자들은 이 연구가 엄밀히 말해서 오로지 아노미에 대한 '인식' 혹은 '믿음'에만 관련된 것임을 알아차릴 수 있을 것이다. 이 연구는 사회의 실제 붕괴가 아니라 그런 일이 벌어지고 있다고 생각하는 사람들의 믿음을 다룬 것이다. 믿음은 엄밀히 말해 사회문화적 변수라기보다 현상학적인 변수이다.)

이 주제를 마무리하기 전에, 어떤 위기 유형이 한 나라 안에서 집단 간 적개심을 완화하는 효과를 가져올 수도 있음을 짚고 넘어가야

겠다. 예를 들어 나라 전체가 위기에 처하면 서로 적대시하던 사람들이 공동의 적을 물리치기 위해 협력할 수 있다. 전시 동맹국들은 흔히 전쟁이 끝날 때까지는 서로 우호적으로 행동한다. 평화가 회복되면 기존의 경쟁 구도로 돌아갈지라도 말이다. 하지만 극심한 국가적 위기와 아노미는 다르다. 아노미 상태는 내부의 불안정이 특징이며, 편견의 증가와 상관관계가 있어 보인다(나라가 전시 상황이건 평화롭건 상관없다).

무지와 의사소통의 장애물

편견을 근절하기 위한 방안은 대부분 우리가 어떤 사람에 관해 더 많이 알수록 그 사람에게 적개심을 느낄 확률이 낮아질 것이라는 가정을 근거로 실시된다. 유대교를 잘 아는 비유대인이라면 유대인이 '인신 공희'를 저질렀다는 이야기를 믿지 않을 것이다. 가톨릭의 성변화(聖變化) 교리가 무슨 뜻인지 아는 사람이라면 가톨릭의 '식인 풍습(carnivalism)'을 두려워하지 않을 것이다. 명사가 모음으로 끝나는 이탈리아어의 언어적 특수성을 이해하는 미국인이라면 영어를 노래하듯 발음하는 이탈리아 이민자들을 조롱하지 않을 것이다. 미국에서 문화 간 이해 교육에 쏟는 노력 가운데 상당 부분은 이렇게 무지를 없애 편견을 줄이는 방향을 지향하고 있다.

이 가정의 타당함을 보여주는 과학적 증거가 있는가? 10년 전 설문 조사를 실시한 가드너 머피와 로이스 머피(Lois B. Murphy), 시어도어 뉴컴(Theodore Newcomb)은 그렇다고 생각하는 것 같다. 세 연구자는 다소 빈약한 증거를 통해 다른 인종과 다른 나라의 국민들을 가장 잘 아는 사람들이 주로 그들에게 우호적인 태도를 보이는 경향이 있음을 알 수 있다고 결론 내리고 있다.[8]

더 최근에 나온 증거는 대체로 머피 등이 내린 결론을 뒷받침하지만, 동시에 중요한 제한 조건이 있음을 보여준다. 사람들은 자신이 잘 아는 나라에 친근함을 느끼는 경향이 있지만 한편으로 증오하는 나라에 대해서도 상당한 지식이 있다. 달리 말하면, 지식과 적개심의 반비례 법칙이 극단적 수준의 적대 관계에서는 성립하지 않는다는 것이다. 우리는 최악의 적에 대해서 완전히 모르지는 않는다.[9]

대체로 의사소통을 가로막는 장애물을 극복할 수 없는 상황에서는 무지로 인해 어떤 사람을 소문, 의혹, 고정관념의 손쉬운 먹잇감으로 만드는 경향이 있다고 결론 내리는 편이 안전해 보인다. 물론 그 미지의 대상이 잠재적 위협으로 여겨지는 경우에 이런 일이 벌어질 가능성이 크다.

이 일반화에 대해 개인차를 고려해야 한다는 반박이 당연히 제기될 수 있다. 5장에서 (허구의 민족 집단인) '대니어리아인'에 대해 **전혀 모르기 때문에** 그들을 내 나라에서 내보내겠다는 미국인들의 사례를 보았다. 동시에 '대니어리아인'에 대해 **전혀 모르기 때문에** 그들을 반대할 이유가 전혀 없고, 따라서 기꺼이 이민자로 받아들이겠다고 말한 미국인들도 있었다. 모든 개인이 자신의 지식을 (혹은 무지를) 동일한 방식으로 사용하는 것은 아니다. 하지만 만일 대략적인 경험적 일반화에 만족할 수 있다면, 이렇게 안전하게 결론 내릴 수도 있을 것이다. **자유로운 의사소통으로 얻은 다른 집단에 대한 지식은 적개심과 편견을 완화하는 것과 대체로 관련이 있다.**

지식에는 많은 유형이 있다. 이런 이유에서, 이 일반화는 엄밀하지 못하고 그 자체로는 큰 도움이 안 되는 것처럼 보인다. 예를 들어 직접 경험을 통해 자기 힘으로 쟁취한 지식이 강의나 교재, 선전에서 퍼붓는 정보보다 훨씬 큰 효과를 발휘한다(30장). 그리고 의사소통의 장애물을 없애는 문제에 관해서는, 집단 간 **접촉**의 몇 가지 조건이 다른 조건들보다 효과적이라는 사실을 밝혀낸 연구가 있다(16장).

소수 집단의 규모와 밀도

교실에 일본인 학생이나 멕시코인 학생이 단 한 명만 있다면 그 학생은 놀림감이 되기 쉽다. 하지만 스무 명이 들어온다면 그 아이들은 나머지 아이들과 확실히 구분될 것이고 십중팔구 위협으로 여겨질 것이다. 윌리엄스는 이런 상황에 관한 사회문화적 법칙을 다음과 같이 설명했다.

> 가시적으로 다른 집단이 특정 지역에 이주해 오는 것이 갈등의 가능성을 높인다. 갈등을 빚을 확률은 (a) 전체 거주 인구 중 유입된 소수 집단의 비율이 높으면 높을수록, (b) 유입 속도가 빠르면 빠를수록 더 크다.[10]

이 책을 집필하고 있는 현재 미국에 거주하는 인도인은 1천 명 정도밖에 안 되지만, 흑인은 약 1천3백만 명이다. 인도인 집단은 무시된다(인도인 개인이 흑인으로 오인되는 경우를 제외하고). 그러나 만약 앞으로 인도인의 수가 수백만, 수천만으로 늘어난다면 틀림없이 확고하고 뚜렷한 반(反)인도인 편견이 생겨날 것이다.

만약 이 법칙이 옳다면, 흑인의 인구 밀도가 가장 높은 곳에서 반흑인 정서가 가장 강하다는 증거를 찾을 수 있어야 한다.

> 제한적이지만 잘 설계된 한 조사가 이 주장을 뒷받침하는 자료를 사우스캐롤라이나주에서 찾아냈다. 1948년 사우스캐롤라이나 주지사였던 서먼드(James Strom Thurmond Jr.)는 (민주당과 공화당에 이은)

제3당(주권민주당States' Rights Democratic Party) 후보로서 '주의 권리(states' rights)' 확대를 주장하는 정강을 내걸고 대통령 선거에 출마했다. 서먼드가 주요 쟁점으로 삼은 것은 민주당이 내놓은 시민권 강령에 대한 항의였다. 데이비드 히어(David Heer)라는 연구자가 사우스캐롤라이나주 안에서도 흑인의 인구 밀도가 가장 높은 지역에서 반흑인 편견이 더 심할 것이고, 그런 지역에서 서먼드의 지지율이 가장 높을 것이라는 가설을 검증해보았다.[11] 서먼드의 지지율을 높일 수 있는 다른 변수들을 잘 통제해서 얻은 결과는 상당한 수준으로 가설에 부합했다. 흑인 인구가 조밀한 지역일수록 서먼드의 지지율이 더 높았던 것이다.

윌리엄스가 내놓은 법칙의 첫 번째 부분(a)은 인구의 고정된 구성비가 중요하다는 것이다. 히어의 연구가 이 주장에 힘을 실어준다. (북부 주보다 남부 주에서 반흑인 편견이 훨씬 더 심한 것도 이 명제를 뒷받침하는 증거라고 말할 수 있다. 물론 여기에는 상대적 밀도 외에도 많은 요인이 작용한다는 점을 신중하게 인정해야 한다.)

그러나 윌리엄스의 법칙 중 두 번째 부분(b)이 훨씬 더 중요해 보인다. 두 번째 부분의 타당성은 쉽게 입증된다.

제2차 세계대전 이전 영국에서는 피부색에 대한 편견이 미미했던 것으로 알려져 있다. 전쟁 중에 미국, 아프리카, 서인도 등에서 온 많은 흑인, 그리고 많은 말레이족 사람들이 영국 리버풀로 유입되었다. 이 상황을 연구한 리치먼드(A. H. Richmond)는 이전까지 흑인과 말레이족에 대한 반감이 거의 없거나 전혀 없던 곳에서 이들에 대한 반감이 엄청나게 급증했음을 알아냈다.[12]

미국에서 특히 심각한 폭동 상황이 벌어진 때를 보면 비호감 집단들이 대거 이민해 들어온 시기와 일치한다. 예를 들어 아일랜드 이민자가 빠르게 유입되던 1832년에 보스턴에서 일어난 브로드가(街) 폭동, 멕시코 노동자들이 이주해 들어오던 1943년에 로스앤젤레스에서 일어난 주트 수트 폭동, 같은 해에 일어난 디트로이트 폭동 등이 있다. 시카고에서 인종 분규가 잇달아 일어난 것도 흑인 인구 밀도가 점점 높아진 것과 직접적인 연관이 있어 보인다. 시카고에는 약 2.6 제곱킬로미터마다 평균 9만 명의 흑인이 살고 있으며, 때로는 방 한 칸에 17명이 살기도 한다. 그리고 흑인 인구는 10년마다 10만 명의 비율로 늘고 있다.[13]

이 법칙의 작용을 상쇄하려면 어떻게 해야 할까? 이에 대해 소수 집단이 무리 짓지 않고 자발적으로 흩어져 살면 적개심을 덜 마주치게 될 것이라는 주장이 제기되었다. 흑인의 주거 문제를 연구한 위버(Robert C. Weaver)는 흑인 한 가구 혹은 몇 가구만 개별적으로 고소득 중산층 거주지로 이주해 들어갔을 때, 그들에 대한 저항이 점차 감소하는 것을 경험적으로 관찰할 수 있다고 결론 내렸다.[14] 탤컷 파슨스는 유대인이 거주 지역뿐 아니라 특정 직종에 몰리는 상황을 지적하며 이렇게 판단했다.

> 유대인이 사회 구조 전반에 걸쳐 균등하게 분포할 수 있다면, 아마 반유대주의는 크게 감소할 것이다.[15]

그러나 많은 소수 집단에게 분산은 쉬운 일이 아니다. 경제적·사회적 이유 때문에 특정한 나라나 지역에서 온 이민자들은 서로 뭉쳐 사는 경우가 많다. 북부 도시로 이주한 흑인들은 흑인 인구가 이미 조밀한 구역에서만 거처를 구할 수 있다. 한편 집중도가 커지면 일종의 평행 사회가 수립된다. 새로 이주한 소수 집단은 지역사회 안에 또 다른 지역사회를 형성해 자체적으로 교회, 상점, 클럽, 주(州)방위군 부대를 보유한다. 이런 분리주의는 차이를 강조하고, 안 그래도 좋지 않은 상황을 더 나쁘게 만들곤 한다. 직업적 특화는 문제를 더 악화하기 쉽다. 이탈리아인들은 수레를 밀고 다니는 행상, 구두 수선공, 공사장 인부 등으로만 여겨진다. 유대인들은 지역 특성에 따라 소매상, 전당포 업자, 의류 공장 노동자 등 자신들에게 개방되어 있는 일을 택한다.

소수 집단이 특정한 거주 지역, 하부 사회, 특정 직종에 집중되는 경향은 다수 집단과 소수 집단의 소통을 가로막는 장애물을 더욱 늘린다. 그리고 이로 인해 무지가 유지되는데, 앞서 보았듯이 무지는 그 자체로 중요한 편견 유발 요인이다.

여기서 다루는 다른 모든 사회문화적 법칙처럼, 인구의 상대적 규모와 밀도의 원리도 독자적으로 성립할 수 없다. 노바스코샤(캐나다 남동쪽 끝에 있는 주) 사람들이 미국 뉴잉글랜드의 한 도시로 빠르게 유입되는 일이 일어났다고 가정해보자. 이에 따른 편견은 확실히 같은 수의 흑인이 유입되는 경우보다 덜할 것이다. 일부 민족 집단이 다른 집단들보다 더 위협적으로 보이는 것 같은데, 그들이 더 많은 차이 혹은 더 큰 가시성을 지니고 있기 때문일 것이다. 따라서 밀도 증가는 그 자체만으로는 편견을 설명하는 원리로 충분하지 못하다. 그것은 이미 존재하는 편견을 더 **악화**하는 정도로 보인다.

직접적인 경쟁과 현실적 갈등

때로 소수 집단의 일부 구성원들에게 **실제로** 불쾌한 특성이 있을 수 있다고 말하면서, '받을 만한 평판' 이론에 무게를 두고 적대적 태도를 설명하는 사람들이 있다. 이제 이와 밀접한 관련이 있는 명제, 즉 집단 간 갈등에 현실적인 근거가 있을 수 있다는 명제를 검토해보자. 이상주의자라면 이렇게 말할지 모른다. "하지만 갈등이 결코 불가피한 것은 아니다. 중재를 의뢰할 수도 있고 혹은 엇갈리는 이해관계에 평화로운 해결책을 찾을 수도 있다." 당연히 그럴 수 있다. 이상적으로는 말이다. 하지만 지금 여기서 말하려는 것은 이해관계와 가치의 충돌이 실제로 발생하며, 그러한 갈등 자체는 편견의 사례가 아니라는 것이다.

과거 뉴잉글랜드의 공장 지대에서는 가끔 값싼 노동력이 필요했다. 공장에서 파견한 중개인들이 남유럽으로 가서 노동력 공급을 위한 대규모 이민을 주선했다. 이탈리아인들과 그리스인들이 도착했을 때, 지역 터줏대감인 양키들은 그들을 환영하지 않았다. 왜냐하면 실제로 이민자들 때문에 일시적으로나마 노동 시장의 질이 떨어졌기 때문이다. 이민자들로 인해 기존 노동자들의 수입이 줄고 실업이 늘었다. 특히 불경기 때나 경기 침체기에는 경쟁 심리가 격화되었다. 일정 기간이 지나자 상황이 정리되고, 각 민족 집단이 노동 분업 내에서 저마다 자리를 찾았다. 콜린스(Orvis Collins)는 오늘날 뉴잉글랜드의 많은 공장에서 어떻게 경영과 관리는 철저히 전통적인 양키 혈통이 맡고 현장 감독이나 십장은 아일랜드계 미국인, 노동자는 비교적 최근에 이민해 온 남유럽 출신이 맡게 되었는지 보고한다. 비공식적 사회 구조가 인정받고 암묵적 합의에 따라 유지되고 있는 것이다.[16] 하지만 인위적이기는 하나 어쨌든 그런 조정이 있기 전에는 서로 날카롭게 의심하는 경쟁의 시기가 있었다.

흑인이 하층 백인에게 실제로 위협이 된다고들 말한다. 둘 다 하급 일자리를 놓고 경쟁하기 때문이다. 물론 엄밀히 말해 이 경쟁 구도는 집단 대 집단이 아니라 개인 대 개인의 차원이다. 백인 노동자의 구직을 방해하는 것은 흑인 집단이 아니라 그 자리를 먼저 차지한 (백인일 수도 있고 백인이 아닐 수도 있는) 어떤 사람이다. 이런 경우를 백인과 흑인 사이의 '현실적' 갈등이라고 말하는 것은 경쟁에 참여한 사람들이 이 경쟁 구도를 민족 문제로 **보고** 있음을 의미할 뿐이다. 공장 노동자들의 파업을 방해하려는 목적으로 이민자나 흑인이 대체 인력으로 투입될 때, 이 '일자리 약탈자들'을 향한 적개심은 민족적 적개심으로 구조화된다. 실제로 침입자들의 피부색이나 출신 국가는 이 경제적 충돌에서 그저 부차적인 사항에 불과한데도 말이다.

만약 특정 소수 집단의 구성원 대부분이 다음과 같은 속성을 지닌다면 그 집단은 현실적 위협으로 비칠 수 있다. 노동조합 가입을 꺼림, 안전이나 건강 면에서 열악한 환경에서도 저임금 장시간 노동을 꺼리지 않음, 고국 사람들을 어떤 식으로든 싸게 공급할 수 있는 능력, 생활 보호 대상자가 되어 세금을 조금만 내려는 경향, 질병을 퍼뜨리거나 범죄를 저지르는 경향, 증가하는 출생률, 낮은 생활 수준, 동화에 대한 이례적인 저항.

집단 간 분쟁에서 현실적 갈등과 엄밀한 의미의 편견을 구분하는 일이 몹시 어렵다는 점을 인정해야 한다. 국가 간 이해관계를 둘러싼 충돌 사례를 살펴보자. 1941년 12월 7일, 일본의 전시 편제가 진주만을 폭격했다. 미국인의 이익과 안전에 가해진 위협은 완전히 현실적인 것이었다. 반사적으로 즉시 저항이 일어났고, 전쟁 상태가 현실이 되었다. 이 상황에 편견은 개입하지 않았다. 하지만 곧 일본계 미국인들이 박해를 받기 시작했다. 일본계 미국인의 파괴 행위는 단 한 건도 입증된 사례가 없었다. 재배치 방안°은 잔인하고 불필요한 것이었다. 그와 동시에 일본의 보통 사람들을 보는 미국인의 관점은 전형적으로 고정관념화된 성격을 띠게 되었다. 일본인은 모두 박멸해 마땅한 '쥐새끼'가 되었다. 이렇게 현실적 갈등의 중심부로부터 비현실적인 편견 덩어리가 빠르게 자라났는데, 이것은 문제를 현실적으로 처리하는 데 전혀 도움이 되지 않았다. (예를 들어 일본계 미국인 농부들에게 식량 생산을 계속할 수 있도록 허용하고, 재배치 수용소를 운영하는 데 필요한 인력과 인건비 지출을 피하는 편이 전쟁 수행을 위해 훨씬 효과적인 방안이었을 것이다.)

이처럼 구분이 어렵기는 하지만, 국가 간 충돌이나 소수 집단 사이에서 벌어지는 경제적 갈등은 어떤 경우든 대체로 합리적인 상황 분석이 가능하다. 따라서 상황에 내재된 본질적인 경쟁 요소를 그에 동반되는 편견과 구분할 수 있다.

종교 분야에서는 이런 분석이 훨씬 더 어렵다. 많은 사람들에게 종교적 신념은 완전히 현실적인 것이다. 어떤 이슬람교도는 칼을 들어 이교도를 개종시키는 것이 자신의 도덕적 책무라고 생각할 수 있다. 과거에 십자군은 성배를 되찾기 위해 이슬람교도를 파멸시키는 것이 신이 주신 책무라고 믿었다.

기독교는 많은 분파로 나뉘어 있는데, 세계의 다른 주요 종교들도 마찬가지다. 견해가 다른 소수자들은 자신들이 보기에 중요한 이유 때문에 떨어져 나와 새로운 종파를 만든다. **자유**감리교(Free Methodists), **개혁파**유대교(Reformed Jews), **원시**침례교(Primitive Baptists), **구**가톨릭교도(Old Catholics), **베단타**힌두교(Vedantist

---

재배치 방안 미국의 루스벨트 정부가 1942년 초부터 1945년 초까지 3년간 일본계 미국인 약 12만 명을 집단수용소에 억류했던 일을 말한다. 1941년 12월 7일 일본 해군의 진주만 공습으로 태평양전쟁이 시작되자 미국 내 반일 감정이 끓어올랐고 일본계 시민들을 적대하는 분위기가 만들어졌다. 1942년 2월 루스벨트 대통령이 지역 군사령관에게 적국 출신 시민들을 군사 작전 지역에서 소개해 억류할 수 있는 권한을 부여하는 행정명령에 서명하면서, 미국 서부 해안 지역에 거주하던 일본계 미국인(시민권자와 영주권자) 거의 대부분이 미국 중부와 남부에 설치된 집단수용소로 강제로 이주되었다. 이렇게 재배치된 일본계 미국인들은 1944년 12월 미 연방대법원이 해당 조치를 위헌으로 판결하면서 풀려나게 되었다. 1988년에 레이건 정부가 이 일을 공식 사과하고 생존자들에게 배상금을 지급했다.

Hindus)가 그렇게 탄생했다. 종파 분립론자 가운데 일부는 분리되기 전에 속했던 종파 신자에게 관용을 보이기도 하지만, 분열의 발단이 된 가치관 충돌은 흔히 불관용을 조장한다. 만약 두 종교가 (혹은 한 종교 내의 분파들이) **호전적인** 성향을 띠고 자신들이 유일하게 참된 종교라고 주장하거나 경쟁하는 분파를 개종시키거나 제거하기로 결심한다면, 정말로 현실에서 충돌이 일어날 것이다.

오늘날 미국의 상황을 살펴보자. '미국의 신조'에 따라 모든 시민은 나름의 방식으로 진리를 추구하고 자기가 선택한 신을 경배할 권리가 있다. 물론 신을 믿지 않을 권리도 있다. 그리고 누구에게나 이런 자유를 보장하기 위해 모든 시민은 상대주의의 기본적인 이상, 즉 한 사람의 진리는 다른 사람의 진리만큼 존중받아 마땅하다는 신념을 마음 깊이 새길 것으로 기대된다. 그런데 동시에 그 사람이 믿는 종교는 그에게 이와 상반되는 절대주의적 이상을 요구할 수 있다. 오로지 단 하나의 진리만 궁극적으로 옳다. 그 진리를 추구하지 않는 사람은 누구든 잘못을 저지르는 것이며, 그렇게 잘못된 길을 가는 사람을 그대로 두어서는 안 된다.

민주주의의 신조에 충실하면서 동시에 자신의 종교가 유일하게 참된 종교라고 굳게 믿는 미국인이라면 누구나 본질적으로 모순되는 가치들 간의 현실적 충돌을 경험할 가능성이 있는 셈이다. 하지만 이 갈등 때문에 혼란에 빠지는 사람들이 많을 것 같지는 않다. 사람은 두 개의 준거 틀에 따라 살아가기 때문이다. 공적인 행동과 시민의 태도 측면에서는 일반적으로 '미국의 신조'를 따르고, 사적인 삶에서는 종교적 신념을 따르는 것이다.

그러나 미국에서 국가와 교회의 상반되는 이상에 이미 충돌 가능성이 깃들어 있다고 생각하는 이들도 많다. 그들은 가장 적절한 예로 미국에서 로마가톨릭이 놓인 상황을 지적한다. 두 세기 동안 가톨릭

교회와 '미국의 신조'는 서로 자유를 누리고 허용하면서 긴밀한 관계를 이어 왔지만 여전히 근본적인 모순이 존재하지 않는가? 만약 가톨릭이 그들의 주장대로, 자신들이 유일하게 참된 기독교회임을 표방한다면, 그리고 그에 따라 개신교가 이단이 된다면 어떤 일이 벌어질지 상상해보자. 이런 상황에서 만약 가톨릭이 정치적으로 충분히 강한 힘을 얻는다면, 그들이 과연 이단을 조장하는 지금의 사회 체계를 지지할까? 과연 지지할 수 있을까?

미국의 많은 개신교 신자들은 로마가톨릭을 두려워한다(옳건 그르건 간에 현실이 그렇다). 그들은 자신들의 두려움이 무지나 공포 혹은 편견에서 비롯한 것이 아니라, 조만간 가톨릭이 정치적으로 지배적인 영향력을 행사하는 위치에 오를지 모른다는 완전히 현실적인 근거에 따른 것이라고 주장한다. 그때가 오면, 오늘날 비가톨릭교도들이 누리는 종교의 자유가 (가톨릭교회의 확고부동한 신념 때문에) 파괴되지 않겠는가? 한 학생은 이런 태도를 다음과 같이 표현했다.

> 나는 가톨릭교도 개인도 그들의 종교도 반대하지 않는다. 하지만 나는 민주주의와 공립학교 체계를 대하는 가톨릭 교계 상부의 의도를 믿을 수 없고, 미 국무부도 (에스파냐, 멕시코, 바티칸을 대하는 방식에서) 믿지 않는다. 나는 그들이 언론의 편집 정책에 압력을 가하는 것을 보았고, 그 일에 분개한다.

이 글을 쓴 학생에게 이 문제는 완전히 현실적인 것이다.

이 갈등에 현실적 근거가 있는지 여부는 지금 여기서 적절하게 판단하기 어렵다. 가톨릭 신학을 면밀히 연구하고 가톨릭교회가 과거와 현재에 미국의 신조를 실제로 얼마나 존중해 왔는지 냉철하게 따져본 뒤에야 비로소 만족스러운 답을 얻을 수 있을 것이다.

우리의 목적과 관련해 특별히 의미 있는 것은, 현실적인 문제를 (만일 그것이 존재한다면) 편견과 떼어놓는 일이 거의 불가능해 보인다는 사실이다. 방금 인용한 학생의 글은 그나마 비교적 객관적인 의견처럼 보이지만, 다른 학생이 쓴 다음 글에서 더 전형적인 태도를 엿볼 수 있다.

> 가톨릭은 편협하고 반동적이고 미신적이며 미국의 자유에 위협이 된다. 가톨릭교도가 아는 것이라곤 오로지 사제가 말해준 것뿐이다. 혹시라도 가톨릭교도가 유권자의 과반을 차지하는 때가 왔을 때, 종교의 자유에 관해 과연 가톨릭교회가 뭐라고 가르칠지 알고 싶다.

이 문제는 다음과 같이 민감한 질문을 제기하기 때문에 특히 흥미롭다. 미국 민주주의와 로마가톨릭 정신 사이에 존재하는 모순이 과거에 그랬던 것처럼 미래에도 성공적으로 해소될 수 있을까? 이 문제가 정말로 존재하는 문제라면 그것은 현실적인 성격을 지닐 것이다. 비가톨릭교도들은 미래의 자유를 위해 끊임없이 경계할 권리가 있다. 그러나 우리의 목적에 비추어볼 때 중요한 사실은, 이 문제를 상관없는 편향성에 물들지 않은 냉철한 태도로 객관적으로 고려하기란 거의 불가능해 보인다는 것이다. 분명히 최근에 이 문제와 관련해 널리 읽히는 논고들은 이 지점에서 실패한 것으로 보인다.[17]

지금까지 논의를 요약해보자. 현실적인 이해관계의 충돌로 수많은 경제적 · 국제적 · 이념적 갈등이 일어난다. 하지만 그 결과로 만들어진 경쟁 구도에는 대부분 엄청난 양의 불필요한 짐이 추가로 실린다. 편견은 논점을 흐려서 핵심 갈등을 해결할 현실적인 방안을 지연시킨다. 대부분의 경우 경쟁 구도는 부풀려져 인식된다. 경제 영역에서 한 민족 집단이 다른 민족 집단을 직접적으로 위협한다는 주장이 나오기도 하지만, 실제로 그런 경우는 드물다. 국제 영역에서 무관한 고정관념이 추가됨으로써 분쟁이 확대되며, 비슷한 혼란이 종교 분쟁의 쟁점을 흐린다.

현실적 갈등은, 모든 편견이 동시에 진동하도록 조율된 오르간 건반과 같다. 청자는 순수한 건반 소리와 주위의 불협화음을 거의 구분할 수 없다.

착취적 이득

앞 장에서 자본가들이 자신들이 착취하는 프롤레타리아 계급을 계속 통제하기 위해 편견을 조장한다는 마르크스주의적 견해를 간단히 언급했다. 만약 이 이론을 확장해 착취는 경제를 포함해 여러 방면에서 일어나며 모든 착취는 형태와 상관없이 결과적으로 편견을 유발한다는 견해까지 담아낼 수 있다면, 이 이론의 신뢰도는 더욱 높아질 것이다.

맥윌리엄스(Carey McWilliams)는 착취 이론으로 반유대주의를 설명한다.[18] 그는 산업과 철도 분야에서 거대한 부가 형성되던 1870년대에 유대인에 대한 사회적 배척이 시작되었다고 지적한다. 이 이론에 따르면, 재계 거물들은 자신들이 획득한 새로운 힘이 미국의 민주주의 이상에 정확하게 들어맞지는 않는다는 사실을 알았다. 그래서 그들은 사람들의 주의를 흩뜨릴 쟁점을 찾았다. 거물들은 유대인이 진정한 악당이며, 미국인이 겪는 경제적 재난, 정치적 속임수, 도덕적 타락이 유대인 탓이라고 주장했다. 사교 클럽이나 거주 지역에서 쫓아낼 누군가, 성공한 부자들의 우월 의식을 위해 동네북이 되어줄 누군가가 있다는 것은 편리한 일이었다. 그리하여 반유대주의는 '특권을 가리는 가면'이 되었고, 책임 회피와 정당화의 편리한 수단이 되었다. 벼락부자들은 노동자들이 반유대주의의 신화를 받아들이고 자신들이 겪는 곤란을 유대인 탓으로 돌리도록 부추겼다. 그렇게 함으로써 문제가 많은 노동 정책을 시행하던 공장주들은 자신들에게 쏟아질 관심을 딴 데로 돌렸다. 일부 자본가들은 유대인의 악행에 사람들의 이목을 고정시키기 위한 적극적인 선전 활동에 자금을 댔다. 이 이론은 편견이 경제적 이득, 사회적 우월 의식, 도덕적 우월감으로 이루어진 착취적 이득의 혼합물을 가져다준다고 주장한다.

이와 비슷하게 흑인에 대한 착취도 여러 형태를 띤다. 하급 일자리에서 낮은 임금을 받고 일할 수밖에 없는 흑인들은 고용주에게 재정적 이득을 제공한다(**경제적 이익**). 백인 남성은 흑인 여성에게 접근할 수 있으나 백인 여성에게 흑인 남성이 접근하는 것은 허용하지 않는 이중 잣대는 **성적 이익**을 제공한다. 흑인들의 정신세계와 품행이 저급하다는 생각에 거의 획일적으로 동의하는 분위기는, 같은 관점을 지닌 모든 백인에게 위안을 주는 **지위상의 이익**을 제공한다. 공직 선거가 치러질 때 흑인들을 협박하거나 회유해서 특정 후보를 지지하게 만들거나 혹은 아예 투표를 하지 않게 함으로써 특정 후보가 당선되도록 만들 수도 있다. 이런 방식으로 **정치적 이익**을 얻을 수 있다. 착취 이론의 관점에서 볼 때 흑인이 분수를 지키게 만들어야 할 실질적인 이유는 차고 넘친다. 거의 모든 백인이 여기서 이득을 얻을 수 있는 위치에 있다.[19]

특정 민족 집단을 향한 증오와 적개심을 부추기는 선동가는 본질적으로 착취자다. 그는 자기 몫의 이득을 소수 집단에서 직접 얻는 것이 아니라 자신의 추종자들에게서 얻는다. 만일 그가 자신이 과장해서 묘사한 위협에 맞설 구원자로 스스로를 포장한다면, 사람들은 그를 공직에 선출할 수도 있다. '백인 우월주의'를 유지하기 위해 선출된 정치가는 예외 없이 선거 유세 중에 흑인에 대한 적의를 자극했던 사람이다. 때로 선동가에게 직접적인 경제적 이익이 떨어지기도 한다. KKK단의 권력자들은 입회비, 단복 구입비, '클렉토큰(Klektoken, KKK 단원들이 내는 회비)'으로 큰돈을 만진다. '거짓 예언자'들에게는 편협한 마음이야말로 큰 사업의 장이 될 수 있다.[20]

요약하면 다양화되고 계층화된 모든 사회 체계의 핵심에는 소수자들을 의도적으로 (그리고 무의식적으로) 착취하는 데서 경제적 · 성적 · 정치적 · 지위상 이익을 얻을 솔깃한 가능성이 놓여 있다. 가장 많은 이득을 차지할 수 있는 위치에 있는 사람들이 이런 이익을 얻기 위해 편견을 전파한다.

공격성에 대한 사회 규제

분노와 공격성은 정상적인 충동이다. 하지만 문화는 (성의 경우처럼) 그런 충동의 강도를 낮추거나 충동이 표출되는 경로를 엄격하게 제한하려고 노력한다. 체스터필드 경은 '점잖은 나라' 영국에서 "절대로 분노를 드러내지 않는 것이 신사의 특징"이라고 썼다. 발리 사회에서 아이들은 화를 불러일으키는 상황이 닥쳤을 때 태연함을 유지하라고 교육받는다. 그러나 대부분의 문화에서는 적개심을 겉으로 드러내는 것을 어느 정도 허용한다. 미국 사회에서는 어른이라면 몹시 화가 났을 때 한바탕 시원하게 욕설을 퍼붓는 일이 일반적으로 허용된다.

미국 문화에서 공격 충동을 다루는 방식은 대체로 복잡하고 모순적이다. 미국 문화는 승부를 가리는 운동 경기와 치열한 비즈니스 경쟁을 장려하지만, 한편으로는 경쟁에 진정한 스포츠 정신과 관용이 살짝 가미되기를 기대한다. 아이들은 주일학교에서 한쪽 뺨을 맞으면 다른 뺨을 내놓으라고 배우고, 집에서는 자신의 권리를 지키라고 배운다. 개인의 부풀려진 명예심을 장려하지는 않지만, 선을 넘는 모욕은 누구도 참아서는 안 되는 것으로 여긴다. 남자아이들이 벌이는 싸움은 흔히 괜찮다고 여긴다. 전통적으로 어머니는 아들에게 인내심과 자제력을 심어주는 반면에 아버지는 '남성적 덕목'을 격려한다. 이른바 '남성적 덕목' 가운데 두드러지는 것이 바로 경쟁심이다.[21]

어떤 사회에서는 공격성의 제도화가 그렇게 복잡하거나 혼란스럽지 않다. 인류학자 클럭혼에 따르면, 나바호 원주민들은 궁핍이나 불행을 마녀 탓으로 돌리는 일을 당연하게 여긴다.[22] 이런 식으로 관습은 모든 사회가 직면하는 문제, 즉 사회의 핵심을 단단하게 유지하기 위해 사람들의 증오심을 어떻게 충족시킬 것인가에 대한 답을 제공한다. 클럭혼은 석기시대 이래로 모든 사회 구조는 인간의 공격 충동이 합법적인 배출구를 찾을 수 있도록 '마녀' 혹은 그에 해당하는 기능적 대체물을 허용해 왔다고 믿는다. 그래야 내집단이 입는 피해를 최소화할 수 있기 때문이다.

15세기 유럽 사회에서는 적개심을 마녀에게 풀도록 공식적으로 장려되었다. 17세기 매사추세츠에서도 그랬고 20세기에 나바호 원주민들도 그랬다. 나치 독일은 **공식적으로** 유대인과 공산주의자를 공격의 표적으로 지목하면서, 그들을 공격하는 모든 시민은 법적으로 죄가 없다고 선언했다. 오늘날 공산화된 중국에서는 미국인이 공식적인 박해의 표적이 된 사례가 있다.

평화시에는 **공식적으로** 승인되는 희생양이 없다는 것이 미국 민주주의의 특성이다. 미국의 신조는 평등주의와 높은 도덕성이다. 어떤 민족 집단, 종교 집단, 정치 집단에 대해서도 공식적인 승인 아래 박해나 차별을 가할 수 없다. 하지만 미국 사회에서도 특정한 형태의 적극적인 공격이 용인되는 경우가 있다. 많은 모임, 이웃, 회사에서 유대인, 흑인, 가톨릭교도, 진보주의자를 비난하고 적극적으로 차별하는 일이 자연스레 벌어진다. 서로 다른 민족 집단에 속한 아이들 사이에서 벌어지는 패싸움을 못 본 척하며 눈감는 경향도 있다. 얼마 전까지만 해도 보스턴의 노스엔드 출신 소년들(이탈리아계)과 사우스엔드 출신 소년들(아일랜드계)이 보스턴 커먼 광장에 모여 서로 닥치는 대로 욕설과 돌을 퍼부으며 격렬하게 충돌하는 일이 매년 관행처럼 벌어졌다. 이 소동은 공식적으로 승인되지는 않았지만 묵인되었다.

이런 사례를 보면 공식적으로든 비공식적으로든 대부분의 사회가 어떤 '마녀' 집단을 향해 공개적으로 적개심을 표출하도록 부추기는 것처럼 보인다. 클럭혼이 주장한 것처럼, 적개심을 이렇게 처리하는 것이 사회를 위해 가장 좋은 안전판으로 보일 수도 있다. 그런 안전판을 둠으로써 공격성이 사회의 핵심 조직에 끼치는 피해를 최소화할 수 있다는 것이다.

하지만 이대로는 이 이론에 한 가지 약점이 있다. 이 이론은 각 개인에게는 (그러므로 각 사회 자체에는) 줄일 수 없는 일정량의 공격성이 있고, 그 공격성의 배출구가 반드시 필요하다는 주장을 독단적으로 암시한다. 만일 이 견해가 옳다면, 모종의 편견과 적개심은 피할 수 없는 것이 된다. 사회 정책도 편견의 감소가 아니라 특정 표적에서 다른 표적으로 편견의 방향을 바꾸게 하는 데만 힘써야 한다. 그러면 이 이론은 사회적 행위에 대해 엄청나게 중요한 영향을 끼치게 된다. 따라서 우리는 이 이론을 받아들이기 전에 공격성의 본질에 대해, 그리고 공격성과 편견의 심리적 관계에 대해 더 깊이 분석해보아야 한다(22장).

충성을 확보하기 위한 문화적 장치

공격성을 배출하는 일과 별개로, 각 집단은 구성원의 충성을 확보하기 위해 저마다 다른 기제를 택한다. 이미 2장에서 자신의 나라나 민족 집단에 대한 선호는 습관에서 나온다는 것을 보았다. 우리는 내 집단의 언어로 생각한다. 집단의 성공이 곧 우리의 성공이다. 집단은 개인적인 안전 틀을 제공한다. 그러나 집단은 구성원들의 이런 '자연스러운' 동일시에 만족하지 않는다. 집단은 여러 방식으로 그런 동일시를 자극한다. 이럴 때 집단은 대개 외집단을 희생시킨다.

구성원의 충성을 확보하는 장치 가운데 하나가 집단의 영광스러운 과거에 이목을 집중시키는 것이다. 각 나라마다 자국민들이 **최고의** 사람들이라거나, **선택받은** 사람들이라거나, 자기들이 '신의 나라'에 살고 있다거나, 혹은 신이 '우리와 함께 하신다'거나 하는 뜻을 담은 구어적 표현이 있다. 황금시대의 전설이 자민족 중심주의를 강화한다. 현대 그리스인은 자신의 가치를 고대 그리스의 영광에 견주어 평가한다. 영국인은 셰익스피어에 자부심을 품는다. 미국인은 자신을 미국 혁명의 후예로 자랑스럽게 정의한다. 브로츠와프° 주민은 자신이 사는 도시가 역사적으로 마땅히 **자신의** 민족 집단에 속해야 한다고 주장할 수 있다. 폴란드인이건, 체코인이건, 독일인이건, 오스트리아인이건 다 그렇게 주장한다. 영토의 경계가 바뀔 때마다 점점 더 많은 집단이 각각 자기들의 황금시대를 떠올리며 영토 소유권을 주장한다. 특히 유럽은 아주 많은 지역에서 아주 많은 민족 집단이 소유권을 주장하고 있어 마찰이 심하다.

학교 교육이 그런 마찰을 키운다. 자기 나라가 잘못을 저지른 적

브로츠와프(Wrocław) 슐레지엔 지방의 중심 도시. 슐레지엔은 독일 영토였다가 이후 독일, 폴란드, 체코 영토로 분할되었다.

이 있다고 가르치는 역사책은 거의 없다. 학교에서 배우는 지리학은 통상 민족주의적 편향을 담고 있다. 소련이 자신들이 직접 발명했다며 우선권을 주장하는 품목의 수를 보며 다른 나라들은 코웃음을 친다. 이런 모든 광신적 애국주의 장치가 자민족 중심주의를 낳는다.

앞 장에서 편견에 대한 '공동체 패턴' 이론을 설명했다. 일부 학자들에게는 다른 설명은 전혀 필요하지 않은 듯 보인다. 공동체의 분위기가 내집단의 전설과 신념에 흠뻑 젖어 있어서 어떤 구성원도 그 영향에서 벗어날 수 없다. 가톨릭 학교에 다니는 아이는 가톨릭의 시각에서 바라본 종교개혁을 배울 수밖에 없으며, 그 결과 개신교 신자들을 죄 많은 이단자 수사 루터에게 넘어간 얼뜨기로 여기게 될지 모른다. 개신교 학교에 다니는 아이는 또 다른 시각의 종교개혁을 배울 수밖에 없고, 결국은 가톨릭 신자들을 중세적인 어둠과 부패의 미망에 빠진 사람들이라고 생각하게 될 것이다.

사회의 편견을 유용한 것으로 보는 마키아벨리적 견해도 있다. 이 견해에 따르면, 편견의 복잡한 양상은 사회가 일종의 평형 상태를 유지하게 해준다. 편견은 현 상태를 유지해주는 것이고 완고한 보수주의자에게 현 상태는 곧 긍정적인 가치다. 보수주의자인 체스터필드 경은 솔직하게 이렇게 주장했다.

> 대중이 생각이란 것을 한다고 말하기는 어렵다. 그들의 의견은 거의 다 남의 것을 받아들인 것이다. 그리고 일반적으로 말해서, 지식도 없고 교화되지도 않은 대중이 스스로 독자적인 추론을 하는 것보다는 일상의 편견이 사회의 질서와 평온을 유지하는 데 더 도움이 되므로, 나는 편견을 지니고 사는 것이 더 낫다고 믿는다. 이 나라에는 그런 유용한 편견이 많으며, 그런 편견들이 제거되는 것을 보면 몹시 유감스러울 것이다. 이 나라에서 가톨릭의 만행을 막아내려면 칠링워스(William

Chillingworth, 17세기 영국 신학자)의 탄탄하고 반박의 여지가 없는 논증보다 교황이 '적그리스도'이자 '바빌론의 창녀'라는 훌륭한 개신교도의 확신이 더 효과적이다.[23]

체스터필드 경은 대중(그가 경멸하는 대상)이 지닌 편견이 가톨릭(그가 경멸하는 또 다른 대상)을 억제하는 데 도움이 된다는 사실을 꿰뚫어보았다. 대중의 맹목적인 편견이 (자신의 지위를 유지하는 데) 유용하기 때문에 그는 편견을 용인한다.

어떤 집단이 편견을 지니고 있다고 비난하는 것은 종종 그 집단을 결속하고 집단의 신념을 강화하는 효과를 낸다. 미국에서 많은 남부인들은 북부의 비판에 맞설 때 (흑인을 대하는 개인적 태도에 상관없이) 한데 뭉친다. 남아프리카연방이 법률로 케이프 컬러드°의 선거권을 빼앗자 전 세계에서 비난이 쏟아졌는데, 이것이 도리어 다니엘 프랑수아 말란°이 이끄는 국민당과 말란의 추종 세력에게 힘을 보태주는 결과를 낳았다. 외부의 비판은 집단의 자율성을 공격하는 것으로 해석된다. 그 결과 공격받는 자민족 중심주의가 오히려 결속에 꼭 필요한 상징이 되어 전에 없이 번성하게 된다.

문화적인 압력은 다른 사람들과 태도가 일치하지 않는 소수의 개인들을 곤란하게 만든다. (배척받는 집단에 대한 증오와 기피를 거부함으로써) 사회적 압력에 저항하기로 작정한 사람은 조롱이나 박해를 당할 수 있다. 미국의 일부 지역에서 흑인과 우호적인 관계를 맺는 백인은 '공산주의자' 혹은 '깜둥이 애인(niggerlover)'이라는 비난을 받

케이프 컬러드(Cape Coloured) 남아프리카에 정착한 네덜란드계 백인인 '아프리카너'와 현지 원주민들 사이에서 태어난 다양한 혼혈 인종을 말한다.

다니엘 프랑수아 말란(Daniël François Malan, 1844~1908) 남아프리카연방의 정치가. 아프리카너 민족주의를 주창했으며 1948년부터 1954년까지 총리를 지냈다.

게 되며, 이 비난은 곧 사회적 배척으로 이어질 가능성이 크다. 사회의 압력과 개인의 신념 사이에서 벌어지는 이런 유형의 충돌 사례를 인종 혼합 주택 단지에 사는 한 백인 여성과 진행한 면담에서 볼 수 있다.

> 나는 여기가 좋아요. …… 흑인은 훌륭하다고 생각해요. 흑인에게도 백인과 똑같이 모든 기회가 주어져야 해요. 나는 내 아이들이 편견 없이 자라길 바랍니다. …… 하지만 내 딸 앤이 걱정스럽네요. 그애는 여기서 자라서 그런지 흑인과 백인의 차이를 전혀 몰라요. 그 아이는 지금 열두 살밖에 안 되었는데요, 이 단지에 괜찮은 흑인 소년들이 많이 살아요. 앤이 그런 흑인 소년과 자연스럽게 사랑에 빠질 것 같아요. 만약에 그러기라도 하면 난리가 나겠죠. 사람들의 편견이 너무 심하니까 앤은 결코 행복하지 못할 거예요. 어떻게 해야 할지 모르겠어요. 모든 사람이 인종 간 결혼에 그렇게 편견을 품지만 않는다면 아무 문제가 없겠지요. 이 문제에 관해 생각이 많아요. 앤이 더 나이 들기 전에 이사를 가야 할 것 같아요.[24]

문화 다원주의 대 동화

대부분의 소수 민족 집단에서 구성원들의 마음은 두 갈래로 나뉜다. 일부는 민족적이고 문화적인 특성을 모두 보존하고, 집단 내부에서만 혼인 관계를 맺고(족내혼endogamy), 자기 집단의 언어와 전통을 후손에게 가르쳐서 내집단의 결속을 강화해야 한다고 믿는다. 다른 이들은 지배 문화에 동화되는 데 찬성한다. 이들은 지배 집단과 같은 학교, 같은 교회, 같은 병원에 다니는 것을 선호한다. 같은 규율을 지키고 싶어 하고 같은 신문을 읽고 싶어 하며 통혼을 통해 공동의 도가니에 들어가기를 바란다. 흑인, 유대인, 모든 유형의 이민자가 이런 두 갈래로 나뉘어 있다. 지배 집단의 구성원들도 마찬가지다. 그들 중 일부는 동화에 우호적이고, 일부는 분리주의, 남아프리카연방에서 부르는 식으로는 **아파르트헤이트** 정책에 우호적이다.

대부분의 현실적인 문제가 그렇듯이, 어느 한쪽 극단의 방안이 해결책으로 채택되지는 않는다. 분리 정책을 선호하는 사람들도 흑인이 그들 나름의 언어나 법률을 만들어 쓰기를 바라지는 않는다. 그런 사람들도 **어떤 측면에서는** 흑인이 융합되기를 원한다. 동화를 주장하는 사람들도 소수 집단이 지닌 어떤 호감 가는 문화적 특질은 보존하고 싶어 할 수도 있다. 프랑스 요리, 흑인 영가, 폴란드의 포크댄스, 성 패트릭의 날° 등이 그럴 것이다.

동화 지지자들은 관행이 통일되고, 더 나아가 민족군이 통일되기 전까지는 사람들을 구별하는 가시적 성질이 너무 많으며, 그래서 진짜든 허울 좋은 가짜든 충돌의 씨앗이 너무 많다고 진심으로 믿는다.

문화 다원주의 지지자들은 다양성이야말로 삶을 풍요롭게 해준다고 믿는다. 각 문화는 저마다 나름의 기여를 하며, 서로 다른 관습과 언어가 낯설어 보일지 몰라도 결국 사회에 자극제가 되고 교육적으로 유익하며 이득을 준다는 것이다. 다원주의 지지자들은 미국이 자동차 전용 고속도로를 달릴 때 보이는 것 같은 단조롭고 표준적이고 상업화된 문화보다는 다채로운 문화를 보유해야 한다고 말한다. 나아가 그들은 차이가 반드시 적개심을 낳는 것은 아니라고 주장한다. 열린 마음과 환대의 태도가 다원주의와 양립하지 못할 이유가 없다.

이 사안과 관련해, 지배 집단 구성원들이 소수 집단 구성원들에게

성 패트릭의 날(St. Patrick's Day) 아일랜드에 기독교를 전한 성직자 패트릭을 기리기 위해 매년 그의 기일인 3월 17일에 열리는 축제.

그들이 소중히 여기는 어떤 신념이나 관례를 포기하라고 종용하는 것이 아마도 가장 비효율적인 정책일 것이다. 이런 압력은 선의에 바탕을 둔 것이 아니며, 틀림없이 공격받는 집단의 저항을 불러올 것이다. 실제로 그런 정책은 역효과를 낳을 것이다. 방금 보았듯이 피해자화는 종종 내집단의 감정을 고조하고 내집단의 특질을 강화하기 때문이다. 이런 공격은 종교처럼 심오한 가치가 관련되어 있을 때 특히 무익하다. 가톨릭 교의를 욕한다고 해서 가톨릭교도들이 가톨릭과 멀어지지는 않을 것이며, 유대교를 비난한다고 해서 열렬한 유대교 신자들이 덜 유대적인 사람이 되지는 않을 것이다.

사회학자 앨프리드 리(Alfred McClung Lee)는 미국에서 다양한 민족 집단은 네 개의 주된 '민족군 조각', 즉 백인 개신교도, 로마가톨릭, 유색인, 유대인으로 동화되는 경향이 있다고 본다.[25] 이중 세 개의 명칭은 종교적이지만, 단순히 종교 그 자체가 아니라 훨씬 넓은 통합의 기반을 의미한다. 즉 여기서 '로마가톨릭'은 가톨릭교회 구성원인 데다 비교적 최근에 이민 온 사람이며 도시 거주자라는 뜻이다.

앨프리드 리는 네 개의 조각이 모두 백인 개신교도의 정신에 적응하는 쪽으로 사람들을 압박한다고 믿는다. 많은 경우에 유대인은 정체성을 잃고 지배 집단인 백인 개신교도로 통합된다. 일부 중간 계급과 상층 계급 가톨릭교도들도 그런 경향을 보인다. 유색인 계통은 동화가 더 힘들다. 비록 아시아인이 흑인보다 비교적 더 쉽게 성공한다고는 하지만 말이다.

지배 집단은 동화의 압박에 저항하는 경향이 있다. 특히 그런 압력이 최고조에 이를 때 그렇다. 중간 계급과 상층 계급 백인 개신교도가 더 반유대 성향을 띠는 이유는 동화를 바라는 유대인들의 압력이 이 계급에게 가해지기 때문이다. 같은 이유에서, 하층 백인 개신교도들은 반흑인 정서가 더 강하다. 최근 정치 전선에서 로마가톨릭에 대한 공격적인 반감이 나타났는데, 그것은 정치 차원에서 가톨릭의 압력이 가장 강하게 느껴지기 때문이다.

리는 동화에 반발하는 힘의 세기도 표시할 수 있다고 주장한다. 흑인 집단에는 내집단 의식을 북돋는 특별한 힘이 있는데, 그 힘은 피부색에 대한 지배 집단의 강력한 편견과 관련되어 있다. 만약 흑인 집단의 힘을 수치로 환산해 10점으로 친다면, 유대계 민족 집단의 '응집하고자 하는 의욕'은 8점 정도로 추정해볼 수 있다는 것이다. 로마가톨릭 집단의 경우는 6점이다. 이와 대조적으로 모든 특별한 소수 집단, 이를테면 얼스터 아일랜드 장로파 같은 집단의 응집력은 훨씬 떨어질 것이며, 같은 평가 척도에서 아마 1점에 속할 것이다. 순전히 추측에 따른 것이기는 하지만, 이런 식의 문제 접근은 시사하는 바가 있다.

지배 집단이 뚜렷한 편견을 지니고 있는 경우에는 문화 다원주의도 동화도 찬성하지 않는다. 그들은 결국 이렇게 말한다. "우리는 너희가 우리처럼 되는 걸 바라지 않아. 하지만 너희는 (우리와) 다르면 안 돼." 소수자들은 어떻게 해야 할까? 흑인은 무지하다고 비난받으면서 동시에 지위 상승을 위해 교육받고 싶어 한다고 비난받는다. 12장에서 본 것처럼 유대인은 폐쇄적이라고 비난받으면서 동시에 침투적이라고도 비난받는다. 아프리카너들은 전면적인 **아파르트헤이트** 시행을 원하지만, 정작 그것을 위해 반투족에게 영토와 정치적 독립을 부여하는 데는 주저한다. 미국에 온 이민자들은 자신들의 문화를 유지하려는 행동과 빨리 동화하려는 행동 모두 자기 집단이 비난받는 이유가 된다는 걸 안다. 소수 집단은 동화하려 해도 욕을 먹고 그러지 않아도 욕을 먹는다.

동화와 문화 다원주의를 서로 완전히 다른 범주에 속하는 두 정책으로 보는 한, 집단 간 관계 문제는 둘 중 어느 쪽을 통해서도 해결할 수 없을 것이다. 원만한 조정의 과정은 훨씬 더 미묘하다. 동화든 다원주의든 소수 집단 스스로 자신의 필요와 욕구에 따라 행동할 수 있는 자유가 필요하다. 어떤 방향의 정책이든 강요해서는 안 된다. 사회는 느리게 진화한다. 사회가 변하는 과정을 여유 있게 허용적인 태도로 바라볼 때에만 마찰을 최소화할 수 있을 것이다.

요약

편견을 유발하는 것으로 보이는 열 가지 사회문화적 조건을 여기에 다시 나열해본다.

1. 인구의 이질성
2. 수직적 사회 이동의 용이성
3. 아노미가 따르는 급격한 사회 변화
4. 무지와 의사소통의 장애물
5. 소수 집단의 상대적 인구 밀도
6. 현실적인 경쟁 구도와 갈등의 존재
7. 공동체에서 중요한 이해관계를 유지하기 위한 착취
8. 공격적인 희생양 만들기의 묵인
9. 적개심을 지탱하는 관습과 전통
10. 동화와 문화 다원주의에 호의적이지 않은 태도

15장

희생양 선택

그들은 이 나라에 일어난 모든 재앙과 사람들에게 닥친 모든 불행이
전부 기독교인들 때문이라고 본다. 만일 테베레강이 성벽까지 차오른다면,
만일 나일강이 들판을 적시지 않는다면, 만일 하늘이 움직이지 않거나
혹은 땅이 움직인다면, 만일 기아가 발생하거나 혹은 전염병이 생긴다면,
당장 이런 외침이 터져 나온다. "기독교인들을 사자 밥으로 던져라."
- 테르툴리아누스(Tertullianus), 서기 3세기경

엄밀히 말해 '소수 집단'은 비교되는 다른 집단보다 작은 집단을 가리킬 뿐이다. 그런 의미에서 백인종도 소수 집단일 수 있고, 감리교도나 버몬트주의 민주당원°도 소수 집단일 수 있다. 그러나 한편으로 이 용어에는 **심리적 의미**가 있다. 소수 집단이라는 말은 지배 집단이 전체 인구 중에서 민족군(群)의 특성을 지닌 어떤 일부에 대해 고정관념을 지니고 그들을 차별 대우함으로써 결과적으로 그 집단의 구성원들이 점점 더 분개하여 흔히 별개의 집단으로 남아 있으려는 결심을 굳히게 된다는 의미를 담고 있다.

° 버몬트주는 북부 주에 속하면서도 전통적으로 공화당의 지지세가 강했던 곳으로 유명하다. 버몬트주에서는 공화당 창당(1854년) 이래로 미국 대선에서 1856년부터 1988년까지 1964년을 제외하고 무려 백 년이 넘는 세월 동안 공화당 후보가 승리를 차지했다. 하지만 1990년대부터 주의 정치적 성향이 변해 민주당이 강세를 보이고 있다.

이번 장에서는 왜 통계상의 소수 집단 중에서 일부가 심리적 소수 집단이 되는지 이유를 살펴볼 것이다. 이것은 까다로운 문제지만, 다음과 같이 단순한 도표로 표현할 수도 있다.

통계상 소수 집단	심리적 소수 집단	
특정한 목적 때문에 소수 집단으로 지정되지만 결코 편견의 대상이 아님	약간 폄하당하고 차별당함	희생양

초등학생, 공인 간호사(RN), 장로교 신자는 통계상 소수 집단에 속하지만 편견의 대상은 아니다. 심리적 소수 집단에는 많은 이민자와 지역 집단, 특정 직업 종사자, 유색 인종, 특정 종교의 신자가 포함된다.

이 표에서 볼 수 있듯이, 일부 심리적 소수 집단은 단지 가벼운 비방을 당할 뿐이지만 어떤 소수 집단은 매우 강한 적개심을 초래하는데 그런 집단을 '희생양'이라고 부른다. 이번에 다룰 내용은 가볍게든 심각하게든 모욕당하는 모든 심리적 소수 집단에 적용된다. 논의를 단순화하기 위해 '희생양'이라는 말을 두 경우 모두 포함하는 의미로 쓸 것이다.

독자들은 이미 알아차렸을지도 모르지만, '희생양'이라는 용어는 **좌절 이론**이라는 특정한 편견 이론을 암시한다. 이 이론은 13장에서 간단히 설명했는데 나중에 더 자세히 다룰 것이다. 좌절 이론은 아무 잘못 없는 어떤 외집단이 내집단 구성원들이 겪는 좌절 때문에 공격받을 수 있다고 설명한다. 좌절 이론에는 상당히 많은 진실이 담겨 있으나, 왜 어떤 집단은 전위된 공격성의 표적이 되고 또 어떤 집단은 표적이 되지 않는지 논의하기 위해 우리가 편견에 관해 알아야 할 모든 것을 설명해주지는 않는다.

희생양의 의미

희생양이라는 용어는 〈레위기〉(16장 20~22절)에 묘사된 히브리인의 유명한 의례에서 유래했다. 욤 키푸르° 때 살아 있는 양이 추첨으로 선택되면 베옷을 입은 고위 사제가 두 손을 그 양의 머리에 올리고 이스라엘 백성의 부정한 행위를 고백했다. 이 행위로 인해 사람들이 저지른 죄악이 상징적으로 양에게 옮겨졌다. 그런 다음에 사람들은 양을 황야로 데리고 나가 풀어주었다. 사람들은 죄를 씻었으므로 한동안은 결백하다고 느꼈다.

여기에 관련된 사고 유형은 흔히 볼 수 있는 것이다. 죄와 불행이 다른 사람에게 옮겨질 수 있다는 이런 생각은 태곳적부터 있었다. 애니미즘적 사고는 정신적인 것과 물리적인 것을 혼동한다. 만약 나무 한 짐이 옮겨질 수 있다면, 어째서 슬픔 한 짐이나 죄악 한 짐은 안 된단 말인가?

오늘날 이런 정신 과정에는 **투사**라는 이름을 붙이곤 한다. 우리는 내 안에 존재하는 공포, 분노, 욕망을 다른 사람에게서 본다. 나의 불행에 책임이 있는 사람은 나 자신이 아니라 다른 사람이다. 일상적으로 쓰이는 '대신 매 맞는 소년(whipping-boy)', '개한테 화풀이하기', '희생양' 같은 표현에서 사람들이 인간의 이런 약점을 인지하고 있음을 볼 수 있다.

희생양 만들기와 관련된 심리적 과정은 복잡한데, 21~24장에서 자세히 설명할 것이다. 지금 여기서는 희생양 선택과 관련된 사회문화적 요인에 관심을 두려 한다. 심리학 이론만으로는 어째서 어떤 집단이 다른 집단보다 희생양으로 더 잘 선택되는지 알기 어렵다.

욤 키푸르(Yom Kippur) 유대교의 중요한 종교 축일. 속죄일이라고도 한다.

1905년, 1906년, 1907년, 1910년, 1913년, 1914년 이렇게 여섯 해에 걸쳐 매년 백만 명이 넘는 이민자들이 미국에 들어왔다. 이에 따른 소수 집단 문제가 무수히 많이 일어났지만, 몇 년이 지나자 대다수의 문제가 해결되기 시작했다. 이렇게 유입된 사람들 중 상당수가 미국인이 되려고 열심히 노력하는, 적응력 있는 사람들이었다. (여러 문화와 인종이 뒤섞인) 도가니가 그들을 삼키기 시작했다. 다음 세대에 이르러 완전히는 아니지만 부분적으로 동화가 완료되었다. 오늘날 2세대 미국인이 대략 2천6백만 명에 이르는 것으로 추산된다. 이 거대한 집단이 어느 정도는 아직까지도 (점차 사라지는 중인) 불이익에 시달리고 있다. 집에서는 본국어를 쓰는 많은 사람들이 자신의 영어 지식이 완벽하지 않다고 생각한다. 이들은 여전히 외국인처럼 보이는 부모들을 부끄러워한다. 사회적 지위에서 느끼는 열등감을 좀처럼 떨쳐버릴 수 없다. 보통 이들은 부모의 민족 전통과 문화에 대한 든든한 자부심이 부족하다. 사회학자들은 2세대 미국인들이 상대적으로 범죄율이 높고 다른 부적응의 증거도 많다는 것을 발견했다.

하지만 유럽에서 건너온 심리적 소수 집단 가운데 대부분은 미국의 유연한 사회 구조 속에서 그럭저럭 우호적으로 살아왔다. 때때로 그들은 희생양이 되었으나 계속 그러지는 않았다. 보수적인 메인주 지역사회에서 양키들이 그곳으로 이주해 온 이탈리아인들이나 프랑스계 캐나다인들을 사회적으로 차별할 수도 있다. 하지만 그런 우월의식은 비교적 온건한 편이며, 실제 공격(진짜 희생양 만들기)을 목격하는 경우는 드물다. 한편으로 다른 소수 집단(유대인, 흑인, 아시아인, 멕시코인)들은 훨씬 더 심각한 적대감 문제를 겪는다. 지배적인 다수는 그들에게 이렇게 말한다. "우리는 결코 너희를 '우리'로 받아들이지 않을 거야."

어떤 집단이 언제 희생양이 되고 또 언제 그렇게 되지 않는지 확실하게 말하기가 불가능한 것처럼, 희생양 선택을 다룰 분명한 공식도 찾을 수 없다. 이 문제의 본질은 서로 다른 집단이 서로 다른 이유로 선택되는 듯 보인다는 것이다. 이미 흑인과 유대인이 받는 비난이 대조적이라는 점을 지적했고(12장), 이 두 희생양이 서로 다른 **종류**의 죄악을 '없애준다'고 말하는 이론에 대해 논의한 바 있다.

'만능 희생양' 같은 것은 없다. 물론 몇몇 집단이 다른 집단에 비해 여기에 더 가깝기는 하다. 아마도 유대인과 흑인이 오늘날 미국에서 가장 폭넓게 다양한 악행을 저지른다고 비난받는 집단일 것이다. 유대인과 흑인이 양성(과 그 자녀들)으로 구성되는 **포괄적** 사회 집단이며, 사회적 가치와 문화적 특질을 후손에게 전달하는 집단이라는 점에 주목하자. 그들은 대개 지속적이고, 확실히 규정할 수 있으며, 안정적인 집단이다. 이와 대조적으로 아주 특별한 사안으로 비난을 받는 **임시** 희생양도 많다. 미국의학협회나 유연탄광부조합은 사회 일부에서 크게 미움을 살 수 있다. 그들은 보건 정책, 노동 정책, 높은 가격, 혹은 어떤 불편과 관련해, 일부라도 책임이 있든 없든 간에 피해를 끼쳤다고 비난을 받는다. (희생양이 되는 집단 혹은 사람에게도 흠이 있을 수 있다. 하지만 그들은 언제나 합리적으로 정당화될 수 있는 것보다 더 많은 비난, 더 큰 적의, 더 심하게 고정관념화된 평가를 받는다.)

종교 집단, 민족 집단, 인종 집단이 만능 희생양에 가장 가깝다. 이들은 지속성과 안정성이 있기 때문에 하나의 집단으로서 확고한 지위를 부여받고 고정관념화될 수 있다. 범주화의 자의성에 대해서는 이미 논의한 바 있다. 일종의 사회적 명령에 따라 많은 사람들이 포함되기도 하고 배제되기도 한다. 어떤 흑인은 선조가 유색인보다 백인에 더 가까운 혈통일 수 있다. 하지만 사람들이 원하는 것은 '사회적으로 가정된' 인종이며, 그렇기 때문에 그는 자의적으로 흑인에 포함된다. 가끔은 이 과정이 뒤집히기도 한다. 나치 시대에 빈 시장은 한 저명한 유대인에게 특권을 주고 싶어 했다. 그가 혜택을 주려는 사람이 유대인 출신이라는 반박이 나오자 그는 이렇게 말했다. "그가 유대인인지 아닌지는 내가 결정합니다." 나치가 몇몇 재능 있는 유대인을 '영예로운 아리안'으로 만든 사실은 박해받는 소수 집단을 온전하게 유지하는 일이 얼마나 중요한지 보여준다. 이런 일이 잘 처리되고 나면, 이제 해악은 낯선 가치관을 지닌 통합되고 의인화된 집단에서 비롯되는 것으로 확실히 보일 수 있다. 그 집단은 대대로 이어지는 불변의 위협적 특성을 보유한다고 여겨진다. 직업 · 연령 · 성별에 따라 구성된 집단에 대한 편견보다 인종적 · 종교적 · 민족적 증오가 만연하는 이유가 바로 여기에 있다. 확고하고 지속적인 증오를 단단히 고정시키려면 확고하고 지속적인 범주가 필요하다.

역사적 방법

이런 다양한 일반화도 여전히 한 가지 중요한 문제를 설명하지 못한다. 어째서 특정한 민족 집단, 인종 집단, 종교 집단 혹은 이념 집단이 특정한 시기에 기존에 알려진 특질이나 받아 마땅한 평판 때문이라고 합리적으로 설명할 수 있는 범위를 넘어서는 차별과 박해를 받는 것일까?

시간이 흐르는 동안 희생양이 나타났다가 사라지는 이유, 희생양에 대한 적개심이 주기적으로 강화되거나 완화되는 이유를 이해하는 데 도움이 되는 것은 주로 역사적 연구 방법이다. 오늘날 반흑인 편견은 노예제가 있었던 때와 같지 않다. 또 모든 편견 중에서도 가장 끈질긴 반유대주의는 시대마다 다른 형태로 나타나며 상황에 따라 (앞 장에서 사례를 검토했다) 흥망성쇠를 거듭한다.

오늘날 미국에 존재하는 반가톨릭주의는 19세기보다는 덜하다. 당시에는 호전적인 반가톨릭 조직인 미국보호협회(American Protective Association)가 맹활약했다.[1] 세기 전환기 무렵에 협회 활동이 시들해졌고, 동시에 이유를 확실히 알 수는 없으나 반가톨릭 정서도 진정된 듯하다. 유럽 가톨릭교도들의 대규모 이민도 19세기식 박해를 다시 일으키지는 않았다. 하지만 앞 장에서 보았듯이, 최근 들어 로마가톨릭의 정치적 영향력이 커지리라는 추정에 근거한 경계 신호가 또다시 점점 더 커지고 있는 것 같다. 편견의 조류가 다시 한번 밀려들지 모른다. 오로지 신중한 역사적 분석만이 이런 흐름을 제대로 이해할 수 있게 해준다.

미국보호협회가 전성기를 달릴 때 사회과학자들은 그 단체가 대변하는 현상에 거의 관심을 두지 않았다. 오늘날에는 그런 동요의 움직임들을 더 주의 깊게 연구한다.[2] 그런데 그 당시에 미국보호협회에 맞서 저항의 목소리를 낸 시민이 있었다. 지금은 잊힌 사람이 되었지만, 그의 분석과 경고는 시대를 앞선 것이었다. 특히 반유대주의에 대한 마지막 언급이 흥미롭다. 그의 진단에 따르면, 1895년에 반유대주의의 희생양 만들기는 반가톨릭주의의 그것보다 훨씬 덜 악랄했다. 그 후 반세기가 흐르는 동안 두 형태의 편견은 서로 자리를 바꾸게 된다.

> 미래에 언젠가는 평화적이고 법률을 준수하고 생산적이고 애국적인 어떤 부류가 불관용, 편협함, 광신에 의해 증오의 대상이 되는 일이 벌어질 수도 있다. 지금은 미국보호협회의 이념이 많은 사람들에게 지지를 받고 있고 힘과 지위를 가진 세력을 등에 업고 있기 때문에 허용되고 용인되고 있는데, 앞으로 어떤 계급이든 혹은 어떤 개인이든 간에 이 협회가 겨냥하는 대상이 되어 협회의 지도자나 관리자들에게 눈총을 받을지도 모른다. 외국인과 미국의 가톨릭교도들이 그런 대상이 되

어 왔으나, 누가 알겠는가? 다음 단계는 유대인을 싹 쓸어버리려는 시도가 될지.

(서명) '어떤 미국인(An American)'[3]

희생양 선택의 문제는 주로 역사적인 방법으로 다루어야 하기 때문에, 이 장의 논의는 역사학자의 방법을 따를 것이며 구체적인 사례에 초점을 맞출 것이다. 이어지는 글에서는 유대인, 빨갱이(공산주의자), '우발적' 희생양이라는 세 부류의 선별된 피해자들을 분석한다. 조사한 내용 중에 어떤 것도 완벽하다고 주상하지 않겠다. 각각의 이야기는 매우 복잡하며, 해석이나 강조에서 오류가 일어날 가능성이 크다.

희생양으로서 유대인

반유대주의는 적어도 기원전 586년의 유다 왕국 멸망까지 거슬러 올라간다. 이리저리 흩어졌을 때에도 유대인들은 비교적 엄격하고 완고한 관습을 계속 유지했다. 유대교의 음식물 금기는 이방인들과 식사를 금지했다. 종족 간 결혼도 금지되었다. 심지어 유대의 선지자 예레미야도 유대인을 '거만하고 고집 센' 사람들로 여길 정도였다. 유대인이 가는 곳마다 그들의 정통성이 골칫거리를 선사했다.

유대인의 새로운 정착지 중 두 곳, 그리스와 로마에 관해 말하자면 새로운 사상을 환영하는 사회였다. 유대인은 흥미로운 이방인으로 받아들여졌다. 그러나 유대인의 진입을 허용한 세계주의 문화는 왜 유대인이 이교도적 삶에 녹아 있는 향락과 음식과 놀이에 화답하지 않는지 이해할 수 없었다. 여호와는 숭배받는 기라성 같은 신들의 무리에 쉽게 합류할 수 있었다. 유대인은 왜 만신전을 받아들이지 못하는 걸까? 유대주의는 신학, 민족적 관습, 의례 측면에서 너무 엄격한 것 같았다.

그런 의례 가운데 할례야말로 사람들을 경악하게 만들었을 것이다. 영혼을 정화한다는 할례의 상징성을 비유대인들은 이해할 수 없었다. 오히려 그 행위는 백정 같아 보였고 야만적 관행이자 남성성에 대한 위협으로 보였다. 수 세기에 걸쳐 할례가 비유대인들의 마음속에 얼마나 많은 무의식적인 공포와 성적 갈등을 불러일으켰는지 이루 다 표현할 수 없다. '거세 위협'과의 친밀성이 유대적인 것에 대한 혐오에서 무의식적으로라도 중요한 역할을 했을 것이다.

하지만 고대 로마에서 기독교인이 유대인보다 훨씬 가혹하게 박해받았다는 것은 꽤나 분명한 사실이다. 이 장 서두에 인용한 테르툴리아누스는 기독교인 희생양 만들기에 관하여 간결한 기록을 남겼다. 4세기에 콘스탄티누스 대제에 의해 기독교가 공식적으로 지배종교가 되기 전까지는 아마 유대인이 기독교인보다 비교적 무탈하게 지냈을 것이다. 그러나 그때 이후로 기독교와 유대교는 서로 다른 날을 안식일로 삼았고, 유대인은 기독교인과 확연히 구분되는 매우 가시적인 집단이 되었다.[4]

초창기 기독교인들은 유대인이었고, 기독교 시대가 열린 뒤에도 이 사실이 사람들의 기억에서 사라질 때까지 200년에서 300년 정도 시간이 걸렸다. 그러고 나서 비로소 유대인이 (하나의 집단으로서) 예수의 십자가 죽음에 책임이 있다는 비난이 일었다. 뒤이어 수 세기 동안 '그리스도 살해자'라는 유대인의 별칭은 많은 사람들에게 어떤 상황에서든 유대인을 희생양으로 삼기에 충분한 명분이 되었던 것으로 보인다. 확실한 것은 정교한 반유대주의 설교를 행한 성(聖) 요한 크리소스토모스의 시대(4세기경)에 이르러 유대인이 예수의 십자가 죽음만이 아니라 상상할 수 있는 모든 범죄와 관련해 비난의 대상이 되었다는 것이다.

기독교의 정연한 신학적 추론에서 반유대주의를 지지할 근거를 일부 끌어내기도 한다. 성경에서 유대인이 신의 선택을 받은 민족이라고 명확하게 주장하고 있기 때문에, 유대인은 메시아를 인정할 때까지 쫓겨 다닐 수밖에 없다. 신은 그날이 올 때까지 유대인을 벌할 것이다. 따라서 유대인이 기독교인들에게 박해를 받는 것은 신이 정한 운명이다. 사실 성경의 이 내용을 두고 기독교인 개인이 유대인 개인에게 부당하거나 무자비하게 행동하는 것을 정당화해준다고 해석하는 현대 신학자는 없을 것이다. 하지만 신이 신비로운 방식으로 행동하며, 신의 관심사가 자신이 선택한 백성인 고집불통 유대인이 신과 맺은 옛 계약(구약)과 새 계약(신약)을 인정하도록 이끄는 것이라고 보는 데는 변함이 없다. 현대의 반유대주의자들이 자신이 이런 특별한 이유로 유대인을 벌한다고 확실히 자각하고 행동하는 것은 아니다. 하지만 신학적인 관점에서 볼 때 그들의 행위는 신의 원대한 설계라는 측면에서 이해할 만한 것이 된다.

바로 이 지점에서 반유대주의에 대한 신학적 설명을 심리학적으로 더욱 세밀하게 분석할 필요가 생긴다. 히브리인은 메시아를 받아들이지 않았기 때문에 신약 특유의 엄격한 도덕적 가르침에 구속되지 않았다. (유대교의 도덕률이 기독교와 마찬가지로 엄중하다는 사실은 여기서는 제쳐 두자.) 즉 논점은, 기독교인 자신들에게 복음서와 사도 서간이 명하는 엄격한 도덕률에서 벗어나고 싶은 감춰진 욕망이 있다는 것이다. 정신분석적 추론에 따르면, 이 사악한 충동이 심각한 갈등을 빚어내고 그런 불경한 욕망을 품은 자신을 증오하게 만든다. 따라서 상징적으로 말하자면 죄 많은 기독교인들도 '그리스도 살해자'이다. 그러나 이런 생각은 너무 고통스러운 것이어서 억압되어야만 한다. 자, 여기에 신약의 가르침을 대놓고 거부하는 유대인들이 있지 않은

가? 따라서 나는 그를 증오하리라(왜냐하면 나는 내 안의 똑같은 성향을 증오하기 때문이다). 나의 죄를 유대인에게 전가하리라, 옛 히브리인들이 자기 죄를 양에게 전가했던 것처럼.

프로이트는 남성 대부분이 지니고 있는 "아버지를 살해"하고 싶은 억압된 욕망을 지적함으로써 이 논리를 확장했다. 아버지의 권위가 가하는 제약은 견디기 어렵다. 그리고 여기에 성적 경쟁이라는 요인 또한 개입할 수 있다. 어쨌든 프로이트는 근친 살해의 강력한 성향이 존재한다고 주장한다. 그리고 이 성향이 만물의 아버지인 신을 죽이고자 하는 욕망으로 이어진다. 만약 유대인이 그리스도 살해자라면, 이제 그들은 (기독교의 관점에서 볼 때) 신을 살해한 자들이기도 하다. 나는 내 안의 아버지 살해 충동을 도저히 대면할 수 없다. 하지만 나는 그 충동을 유대인들에게 전이할 수 있다. 그리고 그것을 핑계 삼아 그들을 증오할 수 있다.[5]

반유대주의에 담긴 종교적 요소를 강조해야 하는 이유는, 유대인이 우선 종교적인 집단이기 때문이다. 오늘날 많은 (아마도 대부분의) 유대인들이 그다지 종교적이지 않다는 반론이 마땅히 제기될 수 있을 것이다.[6] 정통성은 쇠퇴하고 있는 반면에 박해는 줄지 않고 있다. 나아가 오늘날의 반유대주의는 유대인의 도덕적이고, 금전적이고, 사회적인 죄악을 이야기할 뿐이고 종교적인 일탈은 거의 언급하지 않는다고 반박할 수도 있을 것이다. 모두 맞는 말이다. 그래도 여전히 종교적 쟁점의 흔적이 확실하게 남아 있다. 유대교의 축일은 가시성을 만들어낸다. 유대인 거주 지역에 세워진 위세 당당한 유대교 회당도 마찬가지다.

하지만 어쨌든 오늘날 많은 사람들은 유대교와 기독교의 불화, 특히 종교적 불화에는 무신경하다. 유대-기독교 전통의 본질적인 일체성을 잘 아는 더 많은 사람들은 마음속에서 그런 불화를 초월할 수 있다. 그러나 이 문제를 더 폭넓게 해석해보면, 각 개인은 여전히 유대 문화의 영적 동요(動搖)에 실린 서사적 특성에 영향을 받는다. 가톨릭 철학자인 자크 마리탱(Jacques Maritain)은 이 문제를 이렇게 표현한다.

> 이스라엘이 …… 세계 구조의 심장부에서 그 구조를 자극하고, 분노케 하고, 운동하게 하는 것으로 밝혀진다. 낯선 주검처럼, 그 몸뚱이에 주입된 활성 효소인 것처럼, 이스라엘은 세계에 평화를 주지 않는다. …… 이스라엘은 신을 보유하지 않는 한 세계는 만족하지도 안식을 찾지도 못한다고 가르친다. 이스라엘은 역사의 운동을 자극한다.[7]

한 유대인 학자가 마리탱의 주장을 잇는다. 집단으로서 유대인은 아프리카의 어떤 알려지지 않은 부족보다 규모가 크지 않다. 그런데도 유대인은 끊임없이 영적 동요를 제공해 왔다. 그들은 유일신교를 고집하고 윤리를 고집하고 도덕적 책임을 고집한다. 그들은 높은 학식과 긴밀한 관계의 가정 생활을 고집한다. 그들은 스스로 높은 이상을 열망하고 쉼 없이 활동하며 양심의 지배를 받는다. 여러 시대에 걸쳐 유대인은 인류로 하여금 신을, 윤리를, 높은 수준의 성취를 자각하게 만들었다. 이렇듯, 본래 완벽한 존재는 아니지만, 유대인은 세계에 양심을 가르치는 스승 역할을 해왔다.[8]

한편으로 사람들은 이러한 기준을 존중하고 숭배한다. 다른 한편으로 그들은 반발하고 이의를 제기한다. 반유대주의는 사람들이 자기 자신의 양심에 짜증이 났기 때문에 생겨난 것이다. 유대인은 상징적으로 사람들의 초자아이다. 그리고 자신의 초자아에게 그렇게 힘들게 지배당하고 싶어 하는 사람은 아무도 없다. 유대교는 가차없이, 즉각적으로, 끈질기게 윤리적 행위를 고집한다. 이런 강요와 그 안에 내포된 자기 수양과 자선 행위를 다 싫어하는 사람들은 그런 드높은 윤리적 이상을 양산한 한 인종 전체를 의심함으로써 자신들의 거부를 정당화할 가능성이 있다.

이 모든 종교적이고 윤리적인 사정이 오늘날보다는 아무래도 과거에 더 두드러진 역할을 했다는 것은 인정하지만, 그렇다 해도 그것들은 이어지는 역사 내내 유대인 차별 대우의 토대를 마련해준 결정적인 요인이었다. 우선 오랫동안 많은 나라에서 유대인은 토지를 소유할 수 없도록 배척당했는데, 그들의 종교적 일탈이 적어도 부분적인 이유가 되었다. 오로지 임시직이나 주변부 직업만 유대인에게 개방되었다. 십자군은 돈이 필요할 때 기독교인에게 빌릴 수 없었다(기독교 율법이 고리대금을 허용하지 않았기 때문이다). 유대인이 대금업자가 되었다. 돈을 빌려주면서 그들은 고객을 불러모았지만, 경멸도 함께 따라왔다. 토지 소유만이 아니라 수공업 길드에서도 배제된 유대인은 상인의 습성을 발달시킬 수밖에 없었다. 오로지 대금업, 무역, 그리고 다른 낙인찍힌 직업만 유대인에게 개방되었다.

이런 패턴이 어느 정도 지속되었다. 유럽의 유대인이 새로운 땅으로 이민을 가면 그들의 직업 전통도 그곳으로 함께 옮겨졌다. 대체로 동일한 차별이 유대인이 보수적인 직업으로 진출하는 것을 가로막았다. 그들은 이번에도 어쩔 수 없이 모험심, 기민함, 기업가 정신을 요구하는 주변부 활동에 참여할 수밖에 없었다. 7장에서 이런 요인이 어떻게, 특히 뉴욕 시에서 많은 유대인들을 소매상, 극적인 투기 사업, 전문직 등으로 몰아갔는지 살펴보았다. 국가의 경제적 판도에서 이렇게 다소 불균등한 분포를 보임으로써 유대인 집단은 눈에 잘 띄게 되었다. 이것은 또한 유대인은 지나치게 열심히 일하고 돈을 많이 벌고, 안정성이 떨어지는 직업에서 수상쩍은 거래에 종사한다는 고정관념을 강화했다.

바로 이 지점에서 '도시 증오(city-hatred)' 이론을 떠올리게 된다(341~342쪽). 만약 한 나라에서 도시화의 진행이 어떤 가치들의 동반 상실뿐 아니라 불안정에 따른 불안의 증대까지 의미한다면, 그리고 만약 사람들의 마음속에서 유대인이 도시를 상징한다면, 유대인은 도시화에 따르는 삶의 질 악화에 대해 비난을 받게 될 것이다.

이러한 일들의 역사적 전개 과정을 한 번 더 돌아보면, 또 다른 중요한 고려 사항을 발견할 수 있다. 어떤 이들은 고향을 잃은 유대인을 국가에 달라붙은 기생충으로 여겼다. 유대인은 국가의 속성을 일부 지니고 있었다(민족적 응집력에 국가적 전통이 합쳐진 것). 그러나 그들은 사실상 지구상에서 유일하게 조국 없는 국민이었다. '이중 충성'을 불신하는 사람들은 유대인이 자신들을 받아준 나라에 마땅히 애국심과 존경심을 보여야 하는데 미흡한 수준에 그친다며 비난했다. 많은 유대인들이 다른 나라에 친척이 있었고 모든 나라에 있는 유대인들의 운명에 깊이 관심을 기울였기 때문에, 유대인들은 '국제주의(internationalism)'라는 비난을 받았다. 보통의 애국적 충성심에 못 미친다는 것이었다. 분할된 충성이라는 혐의를 뒷받침할 증거는 없으나, '조국 없음'이라는 역사적 사실에는 의심의 여지가 없다. 최근 들어서야 비로소 상황이 바뀌고 있다. 하지만 반유대주의에 관한 한, 궁극적으로 어떤 결과가 나올지 아직은 말할 수 없다. 이스라엘이라는 신생 국가를 둘러싸고 있는 아랍 영토에서 반유대 감정이 심상치 않은 규모로 확산되고 있는 것 같다.

주목해야 할 또 다른 요인은 교육과 지적 성취를 강조하는 것이 유대 문화의 오래된 특징이라는 점이다. 이런 특질을 범주적 차이(181쪽 이하)로 측정하는 한 가지 방법은 고등교육기관에 재학 중인 유대인 학생 비율을 비유대인 학생 비율과 비교하는 것이다. 유효한 구별이 불가능한 상황에서도 사람들은 습관적으로 유대인 쪽이 크다고 생각한다. 이 배움에 대한 경의가 어째서 유대인 희생양 만들기에 일조하는 것인지 이해하려면 다시 한번 '심층' 해석이 필요하다. 유대인의 지성주의는 사람들에게 무지와 나태라는 자신의 결함을 떠올리게 한다. 유대인은 또 다시 양심의 상징이 되고, 사람들은 바로 그 양심의 가책에 저항하는 것이다. 엄청나게 많은 배워야 할 것들 앞에서 누구나 자신의 지적 성과가 상대적으로 열등하다고 느낀다. 평균적인 유대인을 보며(혹은 빼어난 인물을 보면서 그럴 수도 있다) 자신의 열등함을 자각할 때, 사람들은 일종의 질투심을 느낀다. 유대인의 약점과 죄악을 들추어냄으로써 사람들은 다시 한번 평정심을 회복한다. 그렇다면 반유대주의란 부분적으로는 열등감에 대한 '신 포도'° 식의 합리화일 수 있다.

이런 어수선한 역사심리적 요인을 살피다 보면, 이 모든 것을 단번에 정리할 수 있는 주요한 모티프가 있을지 저절로 궁금해진다. 여기에 가장 근접하는 것이 '보수적 가치의 변두리'라는 개념인 것 같다(212쪽 이하). 하지만 이 개념은 종교, 직업, 국민다움에서의 일탈만이 아니라, 양심의 가책, 지적 갈망, 영적 동요 같은 보수적 평범성으로부터의 이반도 아우르는 것으로 이해해야 한다. 이렇게 설명할 수도 있다. 유대인은 여러 상이한 방식으로 비유대인들의 마음을 불편하게 만들 정도로만 **중심에서 벗어나 있는**(약간 위로, 약간 아래로, 약간 바깥쪽으로) 사람들로 여겨진다. '변두리'는 보수적인 사람들에게는 위협으로 인지된다. 차이가 크지는 않다. 하지만 차이가 비교적 근소하다는 사실이 훨씬 더 효과적으로 사람들의 마음을 어지럽힐 수 있다. 여기서 다시 한번 '작은 차이에 대한 나르시시즘'을 언급할 수 있다.

° 이솝 우화에서 여우가 자기가 먹을 수 없는 포도를 보고 맛없는 신 포도라고 비난하듯이, 사람들이 달성할 수 없는 목표를 평가절하하는 상황을 비유적으로 가리킨다.

이러한 반유대주의에 대한 역사적 고찰은 결코 완벽하다고 할 수 없다. 이 분석을 통해 단지 역사적 시각 없이는 어째서 저 집단이 아니라 이 집단이 적개심의 대상이 되는지 그 이유를 설명할 수 없음을 입증하고자 했을 뿐이다. 유대인은 아주 오래된 희생양이며, 오로지 역사의 힘만이 심리학적 통찰의 도움을 받아서 유대인 이야기를 재구성할 수 있다.

반유대주의를 설명하려는 시도는 많다. 그런 시도 가운데 대부분이 몇 가지 두드러진 특징을 중심에 두고 이루어지며, 증거에 세심하게 관심을 기울이지는 않는다. 이런 '설명'의 전형적인 사례로 영국의 인류학자 에릭 딩월(Eric J. Dingwall)의 진술을 살펴보자.

> 유대인의 경우 우리는 몇몇 중요한 측면에서 유대인 자신의 신념과 행동이 그들에 대한 반감을 자극한다는 사실을 발견하게 된다. 그런 반감이 항상 전혀 정당화될 수 없는 것은 아니다. 조국이 없는 사람들로서 그들은 도처에 소수 집단으로 존재한다. 그러면서도 그들은 종교적이거나 전통적인 관습으로 단단히 결속하면서 자신들의 배타성, 그리고 동화에 대한 명백한 거부를 선포한다. …… 그들은 자신들에게 가해지는 인종적 편견을 혐오하면서도 주저 없이 다른 사람들을 자기들보다 열등한 사람들로 여긴다. 이렇게 해서 유대인은 자신들이 침투해 들어간 모든 사회에 영구적이지만 그리 독하지는 않은 일종의 자극제를 뿌린다. 기독교 자체는 유대인에게서 생겨났지만, 기독교와 유대교는 분명히 별개이며, 유대인을 보면 아직까지도 주님의 학살자들이 회개하지 않았다는 사실을 늘 떠올리게 된다. 야심 없는 빈자들은 비참하게 주저앉는 반면에 유대인 가운데 조바심 많고 더 악착같은 사람들은 그들 나름의 상업적이고 경쟁적인 경로를 따라서 위로, 앞으로 나아간다. 이런 상황에서 모든 사람은 그를 위해 존재하며, 이때 윤리

는 대인 관계에서 흔히 볼 수 있는 그런 것이 아니다. …… 그들은 자신들을 둘러싼 역경과 반감 덕분에 단련되어 대담하고 도발적인 사람이 된다. 그들은 흔히 개방적이고 무절제한 방식으로 여성에게 접근하는데, 그런 방식이 반드시 성공하지 못하리라는 법은 없다. 그렇게 얻은 성공은 그것 자체로 더 민감하고 소심한 구혼자들의 시샘과 격분을 자극한다.[9]

이 분석에서 다루는 일부 특징들은 주목할 만한 가치가 있다. 전반적으로 이 분석은 다른 사람들을 불쾌하게 만드는 유대인의 특질과 관행을 강조하는, 이른바 '자극 대상' 접근 방법을 따른다. 진술한 내용 중 일부는 의심할 여지 없이 옳지만, 다른 내용들은 환상과 모호함 사이를 떠돈다. '그들'이라는 말은 (개별 구성원 일부가 아니라) 전체 유대인 집단이 다른 사람들을 열등하게 여긴다거나 '대담하고 도발적인' 사람들임을 암시하게끔 느슨하게 쓰이고 있다. 그리고 '여성에게 접근하는 방식'에서 유대인이 다른 민족 집단에 비해 더 '개방적이고 무절제'하다는 진술은 입증되지 않은 것이며 입증될 수도 없다. 다른 많은 경우와 마찬가지로, 모호함, 빈정거림, 상상력이 이 반유대주의 분석의 질을 떨어뜨리고 있다.

반유대주의 문제는 대단히 복잡하다. 각 단계마다 유대인 집단의 특질과 반유대주의자들의 정신 역동 과정 둘 다에 관한 사실 증거를 꼼꼼하게 고려하지 않는 한 결코 해결책을 찾을 수 없을 것이다.

희생양으로서 '빨갱이'

이번 분석은 대조를 위해 고른 것이다. 반유대주의와 달리 빨갱이(공산주의자)를 희생양으로 선택하는 것은 비교적 최근 일이다. 빨갱이는 유대인보다 '가시성이 떨어진다'. 그들은 확인하거나 정의하기 어렵다. 하지만 갈등의 현실적 근거(14장)는 이쪽이 더 명백하다.

유대인이 종종 공산주의자로 불린다는 사실과 공산주의가 '유대인의 음모'라고 불린다는 사실 때문에 혼란에 빠져서는 안 된다. 이런 혼합주의°는 다른 장에서도 설명한 바 있다(2장, 10장, 26장). 이것은 편견의 보편성, 그리고 싫어하는 대상들에 대한 정서적 동일시를 보여준다.

미국에서 빨갱이 희생양 만들기는 러시아혁명 이후에 비로소 시작되었다. 그전에는 이용할 수 있는 상징이나 확인 가능한 위협이 없었다. 과거에도 급진주의자들은 어떤 유형이든 모두 희생양이 되었다. 그러나 1920년경 미국에서 새로운 초점이 형성되기 시작했고, 이후로 계속 중심에 자리 잡게 되었다.

세 차례에 걸쳐 박해가 절정에 이르렀다는 사실에 유의해야 한다. 제1차 세계대전 직후의 몇 년간, 1930년대 중반, 그리고 다시 제2차 세계대전 직후의 몇 년간이다.

이 세 차례의 희생양 만들기 강화 기간에 공통적으로 나타난 특징이 몇 가지 있다. (1) 세 기간 모두 노동자 측이 경영자 측에 맞서 자신들의 힘을 시험한 시기였다. 두 차례는 전시의 번영과 완전고용이 만들어낸 기회였고, 한 차례는 경기 침체기이기는 했지만 뉴딜 정책으로 노동 계급이 이례적으로 유리한 위치에 서서 법적 혜택을 받았기에 그러했다. (2) 사회 변화가 비정상적으로 급속히 진행되면서 경제와 정치 면에서 모두 미래 예측이 불가능한 시기였다. 불안정과 우려의 분위기가 사회에 만연했다. 자산가들이 특히 불안해했으며, 그들의 불안은 사회 전반으로 번졌다. 두 기간에는 불만을 품은 퇴역

혼합주의(syncretism) 종교, 철학, 사상에서 대립하거나 서로 무관한 원리를 하나로 엮으려고 하는 태도를 가리킨다.

군인들이 많았으며, 나머지 한 기간에는 불확실성 때문에 곤란을 겪는 실업자들이 그에 필적하는 집단을 형성했다. (3) 적극적인 진보 성향 운동이 펼쳐진 시기였다. 노동조합주의(unionism)가 증대하고 군소 정당이 번성했으며, 좌파 조직들의 목소리가 높아졌다.

'빨강'은 으뜸 역능을 지닌 상징이다(11장). 러시아 국기 색에 상응하는 빨간색은 쉽게 '러시아적인 것'을 의미하기에 이르렀다. 이후 빨간색의 의미가 확장되어 이념적으로 소련의 입장에 동의하는 모든 사람을 아우르게 되었다. 나중에는 한층 더 의미가 넓어져서 거의 모든 문제에서 어떤 식으로든 급진적이거나 심지어 진보적 견해를 지닌 미국 시민을 가리키게 되었다. 역설적이게도 오늘날 빨간색은 러시아 공산주의와 완전히 반대되는 신념을 품은 진보주의자들까지 포함한다.

> 이 점은 '국가 전복' 활동을 조사하는 정부 위원회에 관한 이야기에서 잘 나타난다. 심문자가 의심스러운 한 진보주의자에게 물었다.
>
> "당신은 공산주의자입니까?"
>
> "아닙니다. 나는 공산주의에 반대합니다." 피의자가 대답했다.
>
> "그게 우리가 알고 싶은 전부요." 심문자가 의기양양하게 말했다. "당신이 어떤 **종류**인지는 우리가 상관할 바가 아니오."

정확히 누가, 혹은 정확히 무엇이 빨갱이인지 확실하게 말할 수는 없지만, 적의의 핵심에는 현실적인 갈등이 존재한다. 제1차 세계대전 직후에는 갈등의 근거가 미미했다. 당시에 러시아는 미국에 군사적 위협이 아니었고, 미국 내에서 '빨갱이'의 이미지가 혼란스러웠기 때문이다. 미국 내에서 새로 찾아낸 희생양에게 붙이는, 뜻이 겹치는 별칭 목록을 앞에서 살펴보았다(11장). '노조 조직책', '외국계(영국계,

멕시코계…) 미국인', '볼셰비키', '무정부주의자' 같은 별칭은 수도 많고 뒤섞여 있었다. 그러나 상황이 점차 분명해졌다. 소련이 점점 더 강력해지면서 미국의 이념과 공산주의 이념의 실제 충돌이 뚜렷이 보였다. 제2차 세계대전 이후 눈에 띄게 채택된 상징은 '빨갱'과 '공산주의자'뿐이다. 미국공산당(비록 당원 수는 적었지만)과 소련 '공산당 노선'의 이념적 일치는 공식적으로 분명한 사실로 기록되었다. 변두리에서는 무질서한 혼란이 있었지만('전위 조직', 미 국무부 내 온건파, 진보주의자들, 진보당the Progressive Party, 산업별노동조합회의CIO, 정치활동위원회PAC, 기타 등등), 그와 동시에 근본적이고 뚜렷한, 현실적 갈등의 핵심이 존재했다.

미국공산당은 (1) 무력에 의한 정부 타도를 옹호한 점, (2) 생산과 분배 수단의 국유화를 지지한 점, (3) 대의제 형태의 정부를 프롤레타리아 독재로 대체하고 시민의 자유를 파괴하려 한 점, (4) 몰수와 러시아식 '숙청'을 통해 부유한 자산 계급, 그리고 중간 계급의 상당수를 제거하자고 제안한 점 때문에 고발되었고, 증거 서류가 이들의 유죄를 입증하는 듯 보였다. 현실성이 다소 떨어지는 추가 고발 내용에는 이런 것들이 있었다. (5) 호전적 무신론, (6) 성적인 부도덕. (1920년대에 자주 들리던 러시아의 '여성 국유화' 전설이 점차 사라졌다는 것은 흥미로운 사실이다. 아마도 현실적 갈등이 증가할수록 풍자나 허구의 필요성이 줄어들기 때문일 것이다.)

어떤 갈등이 완전히 현실적인 경우에는 편견이나 희생양 만들기 같은 이야기를 할 수가 없다. 하지만 공산주의자를 둘러싼 갈등 상황에는 상당 부분 공상적이고 비현실적인 측면이 있다. 이 갈등은 타인의 영향으로 증폭된 감정에 의해 활기를 띠며, 섣부른 판단으로 왜곡되고 고정관념에 의해 강화된다. 쟁점이 더 뚜렷해지긴 했지만 오늘날 미국인들이 겪는 혼란은 1920년대와 별반 다르지 않다. 1920년대 뉴욕주에서 억압적인 '러스크 법안'°의 주창자가 이 문제를 두고 다음과 같이 진술했다.

> 급진 운동은 더 나은 경제적 · 사회적 조건을 얻기 위한 평화로운 노력이 아니다. …… 그 운동은 …… 독일의 융커 계급°이 임명한 유급 대리인들이 산업계와 군부를 장악하려는 계획의 일환으로 …… 시작했으며, 우리가 전통적으로 소중하게 간직해 온 모든 것을 실제로 위협한다. …… 이 운동은 공산주의자들이 특히 증오하는, 검약하며 번영하는 계급에 반대한다. …… 이 운동은 교회와 가족에 반대하는데, …… 결혼 제도를 공격하며 …… 미국의 모든 제도를 공격한다.[10]

융커 계급을 언급한 것을 제외하면, 이 고발장은 완전히 오늘날의 이야기로 들린다. 여기서 공산주의와 융커(당시에 마찬가지로 증오의 대상이었다)를 한데 엮은 비합리성, 그리고 '급진 운동' 같은 광의의 상징을 노골적으로 썼다는 데 주목해야 한다. **공산주의자들**만이 아니라 모든 **급진주의자들**을 포괄적인 악행으로 엮어 고발하고 있다. 러스크가 '더 나은 경제적 · 사회적 조건'에는 반대할 필요가 없음을 알았다는 사실도 중요하다.

사실을 말하자면, 모든 미국인이 모든 공산주의적 가치에 반대한 것은 아니다. 오히려 '더 나은 경제적 · 사회적 조건'은 거의 모두가

러스크 법안(Lusk Laws) 뉴욕주에서 선동 혐의가 있는 개인이나 조직을 조사하기 위해 구성된 주 의회 위원회(일명 '러스크 위원회')의 위원장인 강경 보수주의자 클레이턴 러스크(Clayton Lusk)의 이름을 딴 법안의 별칭이다.

융커 계급(Junker class) 16세기 이래 엘베강 동쪽 프로이센 동부에서 토지를 소유한 보수적인 지방 귀족의 속칭으로 쓰이다가, 19세기에는 동부 독일의 완고한 보수주의적이고 권위주의적인 귀족층을 다소 모욕적으로 통칭할 때 쓴 표현이다. 1848년 결성된 보수주의 정당에 '융커당'이라는 별칭이 붙기도 했다. 융커는 독일제국 창건에 주도적인 역할을 했고 그 후로 고위 관리, 장교 지위를 독점해 큰 분파를 형성했다.

바라는 바였다. 러시아에서 진행된 몇몇 개혁 조치가 바람직한 데다 성공적이라는 사실을 감지한 미국의 많은 지식인들은 특히 1920년대에 열정적으로 소련을 지지했다. 그러나 민주적 인민 운동이리라 추정했던 개혁에 시민의 자유가 결여되어 있다는 사실이 밝혀지면서 그들의 열정도 차갑게 식었다. 그런데 일부 지식인들과 노동계 지도자들이 바로 그 일시적인 열광 때문에 '연좌제'에 걸렸다. 객관적인 해설을 쓴 대학 교수에게도 (명시적으로 반대하지 않았다는 이유에서) 친소련이라는 딱지가 붙었다. 어떤 것이든 공산주의에 관해 좋게 말하는 사람은 누구나 '빨갱이'라고 불리기 쉬웠다.

이렇듯 빨갱이 희생양 만들기의 두드러진 특징은 바로 기름 얼룩 효과(grease spot effect)다. 주제가 무엇이건 상관없이, 반대되는 가치관을 지니고 있다고 의심되는 사람 혹은 그런 이유로 반감을 산 사람은 거의 다 공산주의자로 불린다. 특히 진보적이거나 노동자 친화적인 사람들, 관용적 견해를 옹호하는 사람들, 심지어 공산주의와 공산주의 정책을 분석하는 사람들마저 공산주의자 취급을 당한다. 정서가 상황을 통제할 때마다 반(反)지성주의가 득세해 대학 교수들이 의혹의 대상이 된다. 15세기 말에 마녀사냥이 벌어지는 동안 교황 인노켄티우스 8세는 마법이 진짜가 아니라고 주장하는 '뻔뻔하기 짝이 없는 철면피'인 자유주의자와 합리주의자들을 고발하는 것이 타당하다고 보았다.[11] 공산주의에 대해, 그리고 20세기 중반의 공산주의 공포증(communist phobia)에 대해 비판적이고 분별 있는 진단이 필요하다고 발언하는 사람도 그와 비슷하게 고위 당국(상원 위원회, 주 의회, 대학 평의원회)의 박해에 자신을 노출하는 셈이 될 것이다.

따라서 '빨갱이'가 희생양으로 선택된 것은 이중적 현상으로 설명해야 한다. 특히 이것은 가치들의 현실적인 충돌과 관련된 선택이었다. 충돌 자체가 편견으로 분류되지는 않는다. 그러나 이런 충돌을 둘러싸고 많은 자폐적 사고와 고정관념이 생겨났고 정서(주로 공포)가 발산되었다. 기술 혁명, 쌓여 가는 부채, 사회적 지각 변동, 전쟁 위협, 원자폭탄, 아노미에 이르기까지, 뒤숭숭한 시대가 모든 이들을 걱정에 빠뜨렸다. 특히 재정적으로 안정된 사람들이 걱정이 많다. 그런 사람들 중에는 중간 계급 자산 소유자들과 교회나 기부금으로 운영되는 단체에서 기득권을 가진 사람들이 있다. 한 저술가가 1930년대 중반 상황을 이렇게 요약했다. 이 글의 내용은 20년이 지난 지금도 적용 가능하다.

> 이것('빨갱이 사냥')은 1920년에 그랬던 것처럼 오늘날(1935년)에도 하나의 위기 현상이며, 반대 의견을 용납하지 않고 다가오는 변화를 두려워하는 맹목적인 정서적 국가주의다. …… 그들의 캠페인은 현 상태에서 독자적으로 변화를 궁리하고 지지하는 모든 사람을 상대로 의혹을 만들어낸다. …… 이것은 토론보다 험담을 선호하는 개인과 집단을 위해 손쉬운 무기를 만들어준다. …… 모든 사회적 · 정치적 · 경제적 변화에 붙일 편리한 꼬리표를 찾는 반동적인 언론과 재계 지도자들이 이 나라에서 공산주의 소동을 널리 지지하고 있다. …… 신경을 딴 데로 돌릴 필요가 절실한 것이다. …… 훈제 청어°는 언제나 유용하다.[12]

'반동주의자'들이 앞장서서 진보주의자와 개혁가를 희생양으로 만드는 동안 모든 경제 계급이 합세한다. 일부는 직접 읽고 들은 반공

° '훈제 청어(red herring)'라는 표현은 토론 주제로부터 주의를 돌리기 위해 상관없는 문제를 끌어들이는 수법을 가리킨다. 사냥개에게 여우 냄새를 분간하게 만드는 훈련을 하면서 여우 냄새와 전혀 다른 훈제 청어를 이용한 데서 비롯된 말이다. 논점 일탈의 오류에 속한다.

산주의 선전 때문이고, 일부는 공산주의의 본질을 이해하고 반대하기 때문이기도 하다. 또 일부는 명확성과 안전의 욕구 때문이기도 하다. 편견은 사회의 모든 차원에서 기능적 가치가 있다. 종교로 기운 사람들은 자신의 가치관이 위협받지 않을까 두려워하고, 전쟁을 걱정하는 사람들은 이제 위협적인 존재를 구별할 수 있게 되었다고 생각하며, 삶이 대체로 불만족스러운 사람들은 자신의 문제가 국내외의 빨갱이들 탓이 아닐까 의심한다.

마지막으로, '빨갱이'는 이런 구도에서 얻을 수 있는 구체적인 착취적 이득 때문에 희생양이 된다. 선동가는 일부러 공산주의에 대한 분노와 공포를 자극해 안전 보장과 보호를 원하는 사람들이 자기 주위로 모여들게 만든다(26장). 바로 그런 방식으로 자신의 추종자들을 결속하기 위해 희생양 만들기를 채택한 인물로 히틀러(반유대 연설을 통해), 미시시피주 상원의원 시어도어 빌보(Theodore Bilbo)(반흑인 호소를 통해), 위스콘신주 상원의원 매카시(그 자신의 반공산주의 히스테리를 통해)가 있다.

희생양의 특별한 사례

희생양은 유대인처럼 수 세기 넘게 오래된 것도 있고, '빨갱이'처럼 비교적 최근에 선택된 것도 있다. 혹은 일시적이고 잠정적이어서 존재 자체가 눈에 잘 띄지 않는 희생양도 있다.

신문에서 '우발적' 희생양 현상을 찾아볼 수 있다. 감옥에서 폭동이 일어나거나, 주립 병원에서 살인광이 탈출하거나, 시 정부에서 일어난 독직 사건이 폭로되었다고 하자. 그러면 맹렬한 비난의 소리가 높아질 것이다. 격노한 신문 사설과 대중의 성난 편지가 쏟아진다. 때로는 이들의 목소리가 스스로 희생양을 지명하고, 때로는 희생양

이 필요하다고 그저 외치기만 한다. 분노는 희생양으로 삼을 한 개인을 원하는데, 그것도 지금 당장 원한다. 결국 어떤 관리가 직위에서 해임된다. 그가 정말로 잘못을 저질러서가 아니라, 그를 희생시킴으로써 사람들의 격분을 가라앉힐 수 있기 때문이다.

그런 사건 하나에 대해 사례 연구가 이루어졌다. 1942년 11월 28일 보스턴의 코코넛 그로브 나이트클럽에서 참혹한 화재 사건이 벌어졌다.[13]

> 그 재난으로 거의 500명 가까이 사망했다. 사건 직후 신문 사설과 독자 편지들은 (누군가) 책임을 지게 하라고 시끄럽게 요구하기 시작했다. 첫 번째 희생양은 클럽에서 일하는 웨이터 보조였다. 그가 전구를 끼우려고 성냥에 불을 붙였다는 것이다. 그 자신의 설명에 따르면, 성냥불이 인화성 높은 종이 장식에 불을 붙였다고 했다. 신문 헤드라인들이 요란하게 떠들어댔다. "웨이터 보조 탓이다!" 엄청난 비난이 오히려 반발을 불러일으켰고, 그래서 여론은 그의 결백을 입증하고자 분투했다(부분적으로는 그의 솔직한 증언에 대한 보상이기도 했다). 신문사 편집부에 도착한 독자 편지 중에는 그를 웨스트포인트 사관학교에 추천해야 한다고 제안하는 것도 있었다. 그는 응원하는 편지와 성금까지 받았다. 다음 피해자는 전구를 뺀 사람이라고 알려진 '미상의 못된 장난꾼'이었다. 하지만 그는 곧 공무원들에게 자리를 내주었다. 소방서장, 경찰서장, 화재 조사관, 다른 여러 공무원들이 비난받았다. 사실 극단적인 공황 상태가 대규모 인명 손실을 부른 주요 원인이었는데도 이것을 크게 다룬 신문 기사는 거의 찾아보기 어려웠다. 한 공무원이 "보스턴의 비극은 부분적으로는 심리적 붕괴에서 발생했다."라고 올바르게 진술했지만 소용이 없었다. 사람들은 더 뚜렷한 실체를 지닌 범인을 요구했다.

나이트클럽 소유주와 관리인, 그리고 여타 경영자들에게 점차 이목이 쏠렸다. 신문에서 소유주의 인종적 정체성을 구체적으로 명시하지 않고 암시만 했지만, 그는 유대인이라고 단정되어 많은 증오를 받았다. '더럽고 탐욕스러운 유대인'에 관한 날 선 논평들이 나왔다. 나이트클럽 소유주와 정치인들이 '부패', '정치적 비호' 같은 비난을 들으면서 공동 희생양으로 한데 묶였다.

이 모든 다채로운 희생양 만들기는 재난이 발생하고 대략 한 주 정도 지속되었다. 관심은 곧 잦아들었다가 두 달이 지난 후 지역 검사장이 나이트클럽 소유주, 관리인, 소방서장, 건축물 준공 검사관, 여타 공무원들에 대한 기소장을 열 건 제출했을 때 되살아났다. 잠깐 동안 신문에서 다시 한번 비난이 타올랐다. 기소된 사람들은 모두 '무죄'를 주장했다. 결국 나이트클럽 소유주 단 한 사람만 수감되었다.

이 사례에서 어떤 (누구든 거의 상관없이) 개인화된 피의자를 향해 관심을 몰아 가는 정서적 동요의 효과에 주목하자. 분노와 공포는 어떤 개인이 원흉으로 밝혀지기를 바란다. 비난은 고발당한 한 희생양에서 다른 희생양으로 쉽게 옮겨가는 것으로 보인다. 들끓던 정서가 진정되면서 요구도 줄어들고, 최종 처벌은 대체로 처음에 대중이 시끄럽게 요구했던 것보다 관대하고 제한적인 수준에 그친다. 사건이 끝나갈 무렵이면 사람들은 희생양은 한 명으로 충분하고 그를 처벌함으로써 잠깐 동안의 괴로움이 적절히 마무리된다고 느낀다.

요약

편견의 과정을 이해하려 할 때 심리학의 원리가 도움이 되지만, 그 원리만으로는 어째서 한 집단은 증오의 대상으로 선택되고 다른 집단은 그렇게 되지 않는지 충분히 설명할 수 없다.

14장에서 특정 소수 집단이 언제 적개심의 대상이 될지 예측하는데 도움이 될 사회문화적 법칙을 살펴보았다. 이 장에서는 그 논점을 좀 더 구체적으로 탐구했다. 결론은 개별 사례마다 역사적 맥락을 반드시 알아야만 이 문제를 최대한 이해할 수 있다는 것이다. 여기서는 예로부터 이어진 완강한 편견인 반유대주의와 최근에 발달한 반공산주의 감정, 이렇게 두 사례를 다소 자세히 검토해보았다. 대형 화재 사건 이후 공무원들이 희생양이 된 사례처럼 일시적 현상을 이해하는 데는 구체적인 임상적 방법이 도움이 된다.

특정 상황의 양상이 편견의 대상을 결정한다는 우리의 생각이 옳다면, 미국의 흑인, 남아프리카연방의 인도인, 미국 남서부의 멕시코인, 그리고 그 밖에 오늘날 세계의 수많은 다른 희생양 만들기의 실례들을 설명하기 위해 방대한 지면이 필요하다. 그런 과제는 현재 우리의 능력을 벗어난다. 지금은 필요한 연구 방법을 예시하는 것만으로 충분하다.

16장

접촉의 효과

사람들을 인종, 피부색, 종교, 국적 따위에 신경 쓰지 않고 모아놓는다면, 고정관념을 타파하고 우호적 태도를 기를 수 있을 것이라는 주장이 종종 제기된다. 사정이 그렇게 단순하지만은 않지만, 1943년 디트로이트 인종 폭동을 분석하면서 리와 험프리가 다음과 같이 보고한 사실에 들어맞는 공식이 틀림없이 있을 것이다.

> 이웃으로 지내 온 사람들은 서로를 상대로 폭동을 일으키지 않았다. 웨인대학에 재학 중인 흑인과 백인 학생들은 피의 월요일 내내 평화롭게 수업에 출석했다. 군수 공장의 백인 노동자들과 흑인 노동자들 사이에도 무질서는 없었다.[1]

일부 사회학자들은 인간 집단과 집단이 만날 때 보통 네 단계의 관계를 차례로 거친다고 주장한다. 처음에는 **단순 접촉**(sheer contact)이다. 그것이 곧 **경쟁**(competition)으로 이어지다가, 다음 차례인 **조절**

(accommodation)로 넘어가고, 마지막으로 **동화**(assimilation) 단계에 이른다. 실제로 이렇게 평화롭게 진행되는 경우를 자주 볼 수 있는데, 예를 들어 새로운 조국으로 흡수되는 많은 이민자 집단이 그렇다.

그러나 이런 진행은 보편 법칙과 거리가 멀다. 많은 유대인 개인이 새로운 조국에 완벽하게 동화되어 자기 집단에 전혀 신경을 안 쓰게 되었지만, 전체로서 유대인 집단은 외집단과 헤아릴 수 없이 많이 접촉했는데도 기록으로 남은 3천 년의 역사 내내 유지되어 왔다. 추정에 따르면, 현재의 '패싱'° 비율이 유지된다고 가정할 때 미국에 있는 흑인군(群)이 동화되는 데는 6천 년이 걸린다는 계산이 나온다.[2]

단계가 진행되다가 역행이 일어날 수도 있다. 일단 조절이 진행되던 단계에서 종종 경쟁과 갈등 단계로 퇴행이 일어날 수 있다. 인종 폭동이 바로 그런 후퇴를 대표하며, 간헐적으로 발생하는 유대인에 대한 박해도 마찬가지다. 앞서 언급했듯이 독일에서는 1869년에 기존의 모든 반유대주의 법률이 무효화되었고, 그 뒤로 60년 동안 평화로운 조절의 시기가 자리를 잡는 것처럼 보였다. 그러다가 히틀러 집권기에 흐름이 뒤집혔다. 뉘른베르크 법과 포그롬의 잔혹성은 이전에 독일에 존재했던 어떤 반유대주의와도 비교할 수 없는 것이었다.

평화로운 진행의 법칙이 성립할지 여부는 **접촉의 성질**에 달린 문제로 보인다.

미출간된 한 주제별 생애사 연구를 보면('소수 집단에 대한 나의 경

패싱(passing) 한 개인이 인종, 민족, 신분, 사회 계급, 젠더, 성 지향, 종교, 나이, 장애 등과 관련해 자신의 본래 정체성과 다른 집단이나 다른 범주의 구성원으로 간주되는 것 혹은 그렇게 간주되도록 행세하는 것(외모, 행동, 언어 등)을 말한다. 정체성의 경계를 가로지른다는 의미를 담고 있는데, 예를 들어 피부색이 밝은 혼혈 흑인이 백인인 양 행동하는 것을 패싱이라고 불러 왔다. 미국 사회에서 흑인들의 패싱은 인종 차별에서 벗어나기 위한 선택인 경우가 많았다.

험과 태도'라는 주제) 접촉이 하나의 요인으로 자주 언급되었음이 밝혀졌다. 그러나 자서전을 쓴 사람들 중에 접촉이 자신의 편견을 감소시켰다고 쓴 경우가 37건이었던 반면에, 접촉이 자신의 편견을 키웠다고 쓴 경우도 34건이나 되었다. 확실히 접촉의 효과는 어떤 종류의 교제가 이루어지느냐, 어떤 종류의 사람들이 관련되느냐에 달린 것으로 보인다.

접촉의 종류

접촉이 태도에 끼치는 영향을 예측하려면 다음 변수들이 독립적으로 작용하는 경우와 결합해 작용하는 경우 각각의 결과를 모두 연구하는 것이 이상적으로 보인다. 방대한 작업이 될 것이다. 이제 겨우 연구를 시작했을 뿐이지만, 지금까지 나온 결과에서도 어느 정도 알아낸 바가 있다.[3]

접촉의 양적인 측면

a. 빈도

b. 지속성

c. 관련된 사람의 수

d. 다양성

접촉의 지위 관련 측면

a. 소수 집단 구성원이 열등한 지위에 있다.

b. 소수 집단 구성원이 동등한 지위에 있다.

c. 소수 집단 구성원이 우월한 지위에 있다.

d. 만나는 개인들의 지위가 다양할 수 있을 뿐 아니라, 집단 전체가

상대적으로 높은 지위(예를 들면, 유대인) 혹은 상대적으로 낮은 지위(예를 들면, 흑인)에 있을 수 있다.

접촉의 역할적 측면

a. 경쟁적인 활동 중에 맺은 관계인가, 아니면 협력하는 활동 중에 맺은 관계인가?

b. 상위의 역할 관계나 종속적 역할 관계가 관련되어 있는가? (예를 들면, 주인-하인, 고용인-피고용인, 교사-학생 같은 관계)

접촉을 둘러싼 사회 분위기

a. 분리가 일반적인가, 아니면 평등주의가 예상되는가?

b. 접촉이 자발적인가, 비자발적인가?

c. 접촉이 '현실에서 자연스레 이루어진' 것인가, '인위적인' 것인가?

d. 접촉이 집단 간 관계의 관점에서 인지되는가, 그렇게 인지되지 않는가?

e. 접촉이 '전형적'인 것으로 여겨지는가, '예외적인' 것으로 여겨지는가?

f. 접촉이 중요하고 본질적인 것으로 여겨지는가, 아니면 사소하고 일시적인 것으로 여겨지는가?

접촉을 경험하는 개인의 성격

a. 그 사람의 초기 편견 수준은 높은가, 낮은가, 중간인가?

b. 그 사람의 편견은 피상적이고 동조적인 유형인가, 아니면 그 사람의 성격 구조에 깊이 뿌리내린 것인가?

c. 그 사람은 자신의 생활에서 기본적인 안전을 확보하고 있는가, 아니면 두려움과 의혹을 지니고 있는가?

d. 그 사람은 예전에 해당 집단에 대해 어떤 경험을 했는가, 그리고 현재 그 사람이 지닌 고정관념의 강도는 어떤가?

e. 그 사람의 나이와 전반적인 교육 수준은 어떤가?

f. 다른 많은 성격 요인이 접촉의 효과에 영향을 끼칠 수 있다.

접촉의 영역

a. 스쳐 지나가다 만남

b. 거주지에서 만남

c. 직업상의 만남

d. 여가를 즐기다 만남

e. 종교적 만남

f. 시민 단체, 동창회에서 만남

g. 정치적 만남

h. 집단 간 친선 활동을 하다 만남

접촉의 문제에 개입하는 이 변수들의 목록은 완전하지 않다. 하지만 이 목록은 우리가 직면한 문제가 복잡하다는 사실을 분명히 보여준다. 모든 변수에 대해 과학적 지식이 있는 것은 아니지만, 현재 시점에서 도출할 수 있는 신뢰할 만한 일반화를 최대한 정리하겠다.

가벼운 접촉

남부의 주들과 북부의 몇몇 도시에 사는 사람들은 자신이 흑인을 잘 안다고 생각할지 모른다. 또 뉴욕 시에 사는 사람들은 자신이 유대인을 잘 안다고 생각할지 모른다. 왜냐하면 많이 만나기 때문이다. 그러나 그들 사이에서 일어나는 접촉은 완전히 피상적일 가능성이 높다. 분리가 관습인 곳에서 접촉은 우연한 것이거나, 상위-종속 관계로 단단히 동결된다.

증거에 따르면 그런 접촉으로는 편견이 해소되지 **않는다.** 오히려 접촉이 편견을 키울 가능성이 더 커 보인다.[4] 앞에서 본 것처럼(14장), 편견은 소수 집단의 수치상 밀도에 따라 달라진다는 사실이 이 명제를 뒷받침한다. 접촉이 많을수록 말썽도 많다.

가벼운 접촉의 지각적 상황을 검토해보면 그 이유를 알 수 있다. 거리나 상점에서 어떤 가시적인 외집단 구성원을 목격한다고 가정해보자. 관념 연합에 의해 해당 외집단에 대한 유언비어, 소문, 진통, 고정관념의 기억이 머리에 떠오를 가능성이 크다. 이론적으로 외집단 구성원과 하는 모든 피상적인 접촉은 '빈도의 법칙'에 따라 부정적인 연상을 강화할 수 있다. 더욱이 사람은 자신의 고정관념을 확인해주는 표식을 민감하게 지각한다. 어떤 백인이 같은 지하철에 탄 많은 흑인 가운데 잘못된 행동을 하는 한 명을 선택해 주목하고 반감을 느낀다. 수십 명이 넘는 예의 바른 흑인들은 간과된다. 이것은 바로 편견이 그가 지각한 것을 선택하고 해석하기 때문이다(10장). 따라서 가벼운 접촉은 외집단에 대한 우리의 사고를 자폐적 차원에 머무르게 한다.[5] 사람들은 국외자와 효과적으로 대화하지 못하며, 상대방 입장에서도 마찬가지다.

이제 살펴볼 가상의 사례가 이 과정을 잘 보여줄 것이다. 아일랜드인 한 명과 유대인 한 명이 가볍게 만난다. 아마도 사업상 작은 거래 때문일 것이다. 사실 처음에는 둘 다 서로에게 적의가 없다. 그러나 아일랜드 사람은 이렇게 생각한다. "아, 유대인이네. 어쩌면 저 인간이 나를 완전히 벗겨 먹겠군. 조심해야지." 유대인은 이렇게 생각한다. "믹°인가 보군. 저들은 유대인을 싫어한다지. 아마 나를 모욕하고 싶어 할 거야." 이런 불길한 출발로 인해, 두 사람은 회피하고 수

상쩍게 행동하고 냉랭하게 굴기 쉽다. 둘 다 어느 정도는 두려움 때문에 그러는 것이다. 둘 중 누구도 상대를 불신할 만한 실제 근거가 없는데도 그렇다. 헤어질 무렵에는 서로 보여준 쌀쌀함이 상대방에 대한 의혹을 확인해준다. 가벼운 접촉은 문제를 이전보다 더 악화한다.

친분

대부분의 연구는 가벼운 접촉과는 대조적으로 참된 친분이 편견을 감소시킨다는 사실을 보여준다. 그레이(J. Stanley Gray)와 톰슨(Anthony H. Thompson)의 연구가 이를 직접 입증한다.[6]

> 이 연구자들은 조지아에서 백인 학생과 흑인 학생 양쪽 모두에게 보가더스 사회적 거리 척도 조사를 실시했다. 또한 학생들은 자신이 점수를 매긴 각 집단마다 적어도 다섯 명과 개인적으로 친분이 있는지 질문을 받았다. 학생들은 자신의 지인이 다섯 명 이상 있는 모든 집단에 대해 수용 가능성 척도에서 높은 점수를 주는 일관된 경향을 보였다. 어떤 집단에 대한 개인적 지식이 없으면 그 집단은 존중받지 못했다.

최근 들어 문화 간 이해 교육으로 알려진 운동이 활발하게 펼쳐지고 있다. 이 운동은 외집단에 대한 지식과 친분이 모두 그들을 향한 적개심을 감소시킨다고 전제하고 진행된다. 이 운동의 존재 이유가 다음 우화에 담겨 있다.

> 저기 있는 사람이 보이나요?

믹(Mick) 아일랜드인을 경멸적으로 부르는 말이다.

네.

그런데 난 저 사람이 싫어요.

하지만 당신은 그를 모르잖아요.

그게 내가 그를 싫어하는 이유입니다.

사람들에 관한 지식을 전하는 방법은 많다. 그중 하나가 학교에서 직접 학문적으로 가르치는 것이다. 학교에서 '인종'에 대한 인류학적 사실을 배울 수 있으며, 집단 차이의 진실도 배울 수 있다(6장). 인간으로서 지닌 동일한 욕구를 충족하기 위해 다양한 민족 집단에서 서로 다른 관습이 발달하게 되는 심리적 이유도 배울 수 있다.

그런 수업이 효과가 있다는 사실이 400명 넘는 대학생들을 대상으로 한 연구에서 드러났다. 이들 중 31명만이 학교에서 '인종에 관한 과학적 사실'을 교육받은 적이 있다고 기억했다. 그러나 이 소수의 답변자들 중에서 71퍼센트가 검사 대상 400명 전체에서 편견이 덜한 절반쪽에 포함되었고, 오로지 29퍼센트만이 편견이 더 심한 나머지 절반쪽에 포함되었다.[7]

현대 교육의 옹호자들은 사실 전달에 기대기보다 학생들이 다른 집단을 직접 경험할 수 있게 하는 편이 낫다고 생각한다. 그 결과 문화 간 이해 교육은 창의성 넘치는 장치를 많이 고안해냈다. 그중 하나가 '친목 여행(social travel)' 기법이다.

콜럼버스의 한 고등학교가 "좀 더 현실적인 교육을 위한 수단으로서 특정 지역의 현황을 연구하려는 목적에서" 친목 여행을 채택했다.[8] 한번은 27명의 남녀 학생들이 시카고를 한 주 동안 방문했다. 그들은 서로 아주 가까이 지냈다. 이 연구는 외집단에 대한 청소년들의 태도가 아니라 그들이 **서로를** 대하는 태도에 관심을 두었다. 여행 전후로 학생들은 집단 구성원 개개인에 대해 점수를 매겼다(교실에서 사전 모임을 열었을 때 그들에게 이런 과정이 있으리라는 점을 미리 알려주었다). 다음과 같은 7점 척도를 사용했다.

1. 나와 가장 친하다 — 가장 절친한 친구로 삼을 수 있을 만큼
2. 나와 상당히 친하다 — 집에 놀러 오라고 하고 싶을 만큼
3. 나와 친하다 — 함께 즐겁게 이야기를 나눌 수 있을 만큼
4. 나와 친하지도 멀지도 않다 — 위원회에 받아들일 수 있을 정도
5. 나와 어느 정도 거리가 있다 — 말을 섞는 정도의 친분만 유지하는 정도
6. 나와 상당히 멀다 — 교실에서 옆에 앉지 않았으면 하는 정도
7. 나와 가장 멀다 — 아주 멀리 떨어져 있으면 하는 정도

조사 결과는 함께 살고 여행하는 경험이 사회적 거리를 전반적으로 유의미하게 좁히는 결과로 이어졌음을 보여주었다. 실제로 27명의 참가자들 가운데 20명이 존중 척도에서 점수가 올랐다. 소수는 잘 버티지 못했고 여행을 시작했을 때에 비해 오히려 인기가 떨어지는 쪽으로 후퇴했다. 지위가 상승한 학생들 중에는 소수 집단 구성원들도 있었다. 예를 들어 릴리언은 이제 단순히 한 사람의 유대교 신자가 아니라 흥미롭고 사려 깊은 개인이었다. 7명의 구성원이 기존 지위를 잃었다는 사실이 중요하다. 이것은 일반적인 인기의 획득이 단지 '좋은 시간을 보냈다'는 만족감에서 비롯하는 것만은 아님을 보여준다. 만약 실질적인 친분 덕분에 어떤 사람의 본성에 있는 실제 결점이 드러난다면 그 사람의 평판이 떨어지는 일이 생길 수도 있다.

'친목 여행'에 대한 또 다른 평가 결과를 스미스(Fred Tredwell Smith)가 전한다.[9] 교육학을 전공하는 46명의 대학원생들이 할렘에서 2주간 주말을 보내기로 했다. 흑인 가정이 그들을 맞아주었으며, 학생들은 저명한 흑인 편집자, 의사, 작가, 예술가, 사회 운동가들을 만났다. 그런 경험을 하는 과정에서 그들은 할렘의 삶과 거기서 만난 사람들에 대해 상당히 많은 것을 배웠다. 한편 원래 초대에 응했지만 부득이 참여하지 못한 학생이 23명 있었다. 이 집단은 통제 집단으로 기여했다. 2주간의 경험을 전후해 여러 가지 척도를 이용해 두 집단을 대상으로 흑인에 대한 태도를 측정했다. 실험 집단에서는 눈에 띄게 개선된 양상이 뚜렷했지만, 통제 집단에서는 아니었다. 1년이 지난 후에도 실험 이전에 비해 더 우호적인 태도를 보여주지 못한 사람은 46명의 참가자들 가운데 오직 8명뿐이었다. 이런 식으로 지식을 제공하는 접촉의 효과는 확실하고 지속적이었다. 하지만 이 실험의 한 가지 중요한 한계에 주목하자. 학생들이 친분을 쌓은 흑인들은 모두 상대적으로 **높은 지위**에 있는 사람들, 즉 참가자들의 사회적 지위와 동등하거나 더 우월한 사람들이었다는 것이다.

이 연구는 차이나타운, 할렘, 리틀 이탈리아°를 찾아가는 모든 경험이 편견의 감소로 이어진다는 것을 입증하지 않는다. 많은 사람들은 고정관념을 지닌 채 출발하며, 관광 형태의 접촉으로 그런 고정관념이 바뀔 것 같지는 않다.

문화 간 이해 교육은 훨씬 더 생생한 방법을 취할 수도 있다. 하나는 심리극(역할 연기)이다. 축소된 현장의 한 장면이 연출된다. 한 아이에게 미국 학교에서 첫날을 보내는 자기 또래 이민자 어린이의 역할을 맡아 달라고 요청한다. 혹은 반흑인 편견을 지닌 어떤 성인에게

리틀 이탈리아(Little Italy) 일반적으로 이탈리아 출신 이민자들이 모여 살던 지역을 가리킨다.

호텔 접수 직원이 대실을 거부하는 상황에서 방을 구하려 하는 흑인 음악가 역할이 맡겨질 수도 있다(흑인과 호텔 직원 모두 빈 방이 있다는 사실을 아는 것으로 상황이 설정된다). 자발적으로 다른 사람의 역할을 맡는 것은 그 사람에 대한 연민에 도달하는 효과적인 방법이다.

현대의 문화 간 이해 교육에서 고무적인 점은 교육 프로그램의 실시 주체가 프로그램의 효과를 자발적으로 평가하고자 한다는 사실이다. 그런 방법이 실제로 편견을 줄이는가? 모든 방법이 다 그런가, 특정 유형만 그런가? 30장에서 이 같은 평가적 연구를 자세히 검토하고 어떤 결론이 도출될 수 있을지 볼 것이다.

문화 간 이해 교육 분야와 별개로, 친분이 오래 유지될수록 편견이 감소한다는 증거가 있다. 이와 관련해 '표 7'이 전형적인 연구 결과를 제공한다. 독일에 주둔한 미군 점령군의 자료를 바탕으로 한 연구다.

이런 유형의 연구에서 **인과적** 요인이 전적으로 분명하지는 않은 게 사실이다. 원래 편견이 적었던 병사들이 독일 민간인들과 교류하기를

	독일인에게 매우 호의적이거나 꽤 호의적인 사람의 비율(%)
지난 3일 안에 독일 민간인과 사적으로 5시간 이상 접촉	76
(지난 3일 안에 독일 민간인과 사적으로) 2시간 이상 접촉	72
(지난 3일 안에 독일 민간인과 사적으로) 2시간 미만 접촉	57
(지난 3일 안에 독일 민간인과 사적으로) 접촉한 적 없음	49
독일에서 독일 민간인과 사적으로 접촉한 적이 전혀 없음	36

표 7 _ **독일 민간인들과 접촉 빈도에 따른, 독일인에 관한 미군 병사들의 견해**[10]

바랐을 가능성이 충분히 있기 때문이다. 그러나 친분 자체가 접촉에 뒤이어 나타난 우호적인 태도와 관련 있을 가능성도 당연히 있다.

요약하면 이제까지 나온 증거들은 소수 집단 구성원에 대한 지식과 친분이 관용적이고 우호적인 태도에 도움이 된다는 결론을 뒷받침하는 경향이 있다. 그러나 이 관계는 결코 확실하지 않다. 지식이 호의를 불러오는지, 아니면 호의가 지식의 획득을 이끄는 것인지도 분명치 않다. 그러나 어떤 정적(正的) 상관관계가 존재하는 것은 분명하다.

그런데 한 가지 중요한 제한 조건을 덧붙여야 한다. 1장에서 편견이 믿음과 태도 둘 다에 반영된다는 점을 지적했다. 소수 집단에 대한 지식 증가가 직접적으로 더 제대로 된 **믿음**으로 이어지리라는 생각은 꽤 개연성 있어 보인다. 하지만 이에 비례해 **태도**도 변할 것이라는 결론은 따라 나오지 않는다. 예를 들어 어떤 백인이 흑인의 혈액 성분이 백인의 것과 다르지 않다는 것을 배울 수는 있지만, 그렇다고 해서 흑인을 좋아하는 법을 배우는 것은 아니다. 건전한 지식을 꽤 많이 지닌 사람도 다양한 방식으로 편견을 합리화할 수 있다.

따라서 신중을 기하기 위해 결론을 다음과 같이 진술하기로 하자. 지식과 친분을 가져다주는 접촉은 소수 집단에 관해 더 타당한 믿음을 생성하고 따라서 편견 감소에 기여할 가능성이 있다.

거주지 접촉

대부분의 미국 도시에서는 사회적 체스 게임이 오랫동안 진행되어 왔다. 보스턴의 노스엔드 지역이 좋은 예다. 아일랜드 이민자들이 들어왔을 때, 양키들이 밖으로 이주해 나갔다. 유대인이 들어오자 아일랜드 사람들이 나갔고, 이탈리아인이 들어오자 유대인이 나갔다. 다른 지역에서는 이 순서가 앵글로색슨, 독일인, 러시아인, 유대인, 흑인 순이었다. 거주 지역의 경계가 확대되고, 도시 근교가 덜 붐비고, 수평 이동이 쉽게 이루어지는 상황에서는 이 체스 게임이 별로 눈길을 끌지 않으면서 계속될 수 있었다.

하지만 이제 여러 가지 이유로 거주지 접촉이 심각한 문제가 되었다. 주택 공급이 전반적으로 부족해졌고 동시에 남부에 살던 흑인들이 대규모로 북부로 이주하면서 많은 지역에서 상당한 수준으로 현실적인 경쟁이 촉발되었다. 게다가 (연방정부가 자금을 일부 지원하는) 공영 주택 사업이 확대되면서 공적 자금의 지원을 받아 분리 정책을 시행하는 것이 과연 **법적으로** 가능한 일인지를 두고 논쟁이 일어났다. 1948년에 연방대법원이 '제한 계약'(지주들이 아시아인, 흑인, 유대인, 그 밖의 다른 소수 집단이 자신들의 부지에 들어오지 못하게 하자고 합의한 것)이 미국 법정에서 효력이 없다고 판결한 이후로 이 논쟁은 더욱 격렬해졌다.

이런 모든 상황이 분리형 단지와 비교했을 때 (소수 집단과 다수 집단이 함께 나란히 살아가는) 통합형 단지가 실제로 편견을 증가시키는지 아니면 감소시키는지 여부에 관해 날카로운 의문을 불러일으켰다. 강요된 것이든 자발적인 것이든 분리형 단지는 주거 공간 외에 다른 많은 것들이 분리됨을 뜻한다. 이것은 곧 아이들이 주로 아니면 완전히 자기 내집단 구성원들만 있는 학교에 다니게 된다는 것을 의미한다. 가게, 의료 시설, 교회도 저절로 분리될 것이다. 근린 사업은 그 범위나 의도에서 진정으로 전체 시민을 위한 일이 아니라 자민족 중심주의적인 일이 될 것이다. 집단의 경계를 가로질러 우애를 맺는 일은 어렵거나 아예 불가능할 것이다. 그리고 만일 한 집단이(보통 흑인이다) 과밀화된 슬럼 지역으로 어쩔 수 없이 들어간다면, 질병과 범죄 발생률이 높아질 것이다. 분리로 인해 빈곤 지역이 형성된다는 사실이, 흑인은 본래 범죄를 저지르기 쉽고 불건전하며 부동산 가치를 떨어뜨리기 십상이라는 고정관념의 주된 원인일 수 있다. **주거** 분리 정책 때문에 벌어진 일이 부당하게도 **인종** 탓이 된 것이다.

분리는 집단의 가시성을 현저히 키운다. 분리는 해당 집단을 실제보다 크고 해로운 것처럼 보이게 만든다. 할렘의 흑인들은 전 세계에서 가장 크고 가장 견고한 흑인 도시를 구성한다. 하지만 실제로 거대 도시 뉴욕의 전체 인구에서 흑인은 10퍼센트도 안 된다. 만약 흑인들이 도시 전역에 무작위로 흩어져 살았다면, 그들의 존재가 위협적으로 팽창하는 '검은 벨트(black belt)'처럼 보이지는 않았을 것이다.

분리 구역의 경계에서 심각한 갈등이 일어날 수 있다. 민족 폭동이 터질 가능성이 가장 큰 곳이 바로 이런 접경 지역이다(4장). 특히 인구 증가의 압력 때문에 소수 집단 밀집 지역(minority belt)이 확장되는 경우라면 그럴 가능성이 높다. 시카고 남쪽 변두리의 '검은 벨트'에서 이 문제에 집중한 크레이머(Bernard M. Kramer)는 흑인 '침범'의 인접성 정도에 따라 백인의 태도가 달라진다는 사실을 발견했다.[11]

> 조사자는 해당 지역을 다섯 구역으로 나누었다. 1구역은 확장 중인 흑인 지역과 인접한 곳이고, 5구역은 더 멀리 떨어진 (3~5킬로미터 정도 떨어진) 곳이다. '표 8'은 흑인 지역과 가까울수록 적개심이 더 자주 자발적으로 표출된다는 것을 보여준다.
>
> '표 9'는 '사회적 지각(social perception)'의 흥미로운 동향을 잘 보여준다. 거주자들이 흑인을 더 많이 만나는 1구역에서 흑인들은 신체적으로 불결하다거나 질병이 있다는 불만이 더 적게 나왔다는 사실을 알 수 있다. 지식을 제공하는 접촉이 거의 없는 5구역에서는 그런 고정관념이 더 흔하다.
>
> 한편으로 더욱 현실적인 문제가 1구역에서 전면에 떠오른다. 아이들

이 함께 어울려 놀 때 어떤 일이 일어날까? 연애나 인종 간 결혼의 확률이 높아질 수밖에 없다. 오늘날 사회 여론을 감안할 때, 그런 일이 결국 일어난다면 현실적으로 아이들이 고통받게 될 가능성이 상당히 커 보인다. (14장에서 인용한 사례와 비교해보라.) 5구역에서 이 쟁점은 훨씬 드물게 언급된다. 왜냐하면 이 구역에서는 백인 아이와 흑인 아이가 아예 만나지 않기 때문이다.

이 연구를 통해 **근접하는** 거주지 접촉은 지배 집단에는 위협으로 간주되지만, 불만과 지각의 성격은 위협의 인접도(거리)에 따라 달라진다는 사실을 알 수 있다.

분리형 단지뿐만 아니라 일부 지역에서는 통합형 단지도 볼 수 있

	1구역	2구역	3구역	4구역	5구역
반흑인 정서의 자발적 표현 비율(%)	64	43	27	14	4
사례 수	118	115	121	123	142

표 8 _ **5개 구역 거주자들 사이에서 반흑인 정서의 자발적인 표현**(크레이머에 따름)

	1구역	2구역	3구역	4구역	5구역
흑인은 불결하고, 질병이 있으며, 냄새가 고약하다. 몸을 접촉하며 어울리는 것이 불쾌하다.	5	15	16	24	25
자녀가 흑인과 어울리는 것을 원하지 않는다. 사회적으로 섞이거나, 인종 간 결혼을 할까 봐 두렵다.	22	14	14	13	10

표 9 _ **흑인을 이웃에서 배제하기를 바라면서 보기의 이유를 제시한 거주자들의 비율(%)**

다. 때로는 저소득층을 위한 공영 주택 단지가 빠른 속도로 개발되면서, 비슷한 환경에서 분리형과 통합형이 각각 나타나기도 한다. 이런 상황은 사회과학자에겐 반가운 일이다. 한 곳의 공영 주택 단지는 분리형이고 다른 곳의 단지는 통합형이라는 사실을 제외하고 사회문화적 · 경제적 · 인구학적 요인이 거의 동일한 환경이 주어지기 때문이다. 확실히 이런 설정은 실험적인 연구를 자극한다. 이런 유형에 대해 적어도 세 번의 중요한 실험이 이루어졌다.[12]

보고할 만한 첫 번째 결과는, 흑인 세입자와 백인 세입자가 전반적으로 동일한 경제 계급 출신이고, 동일한 규칙에 따라 세입자로 선정되었으며, 비슷한 수준의 주택에서 살 기회를 얻은 사람들인 경우에 임대한 집을 비슷하게 다룬다는 것이다. 임대료를 지급하는 성향도 다르지 않다. 한쪽 집단은 다른 쪽 집단만큼이나 신뢰할 만하다.

통합형 주택에 사는 백인들과 분리형 주택에 사는 백인들을 대상으로 수행한 한 연구를 보자. 양쪽의 백인들은 **원래는** 흑인에 대해 동일한 태도를 지녔던 것이 분명해 보인다. 그들에게 흑인과 같은 건물에서 사는 것을 어떻게 생각하느냐는 질문을 했을 때, 확연한 차이가 나타났다. 백인 전용 동(棟)에 사는 사람들 가운데 75퍼센트가 '그런 발상이 싫다'고 답했다. 실제로 통합형 주택에 사는 백인들 중에서는 25퍼센트만이 그런 발상이 싫다고 말했다.

특히 사회적 지각에서 나타나는 차이가 흥미롭다. '표 10'은 다음 질문에 대한 백인들의 반응을 보여준다. "그들(같은 단지에 사는 흑인들)은 여기 사는 백인들과 거의 같습니까, 아니면 다릅니까?" 통합 동(棟)에 사는 백인들뿐만 아니라, 백인 전용 동(棟)에 사는 백인들에게도(같은 단지에서 흑인은 흑인 전용 주택에 분리되어 있었다) 같은 질문을 던졌다.

가까이서 접촉하는 사람들은 더 멀리 떨어져 사는 사람들에 비해

	응답 비율	
	통합형 주택	분리형 주택
같다	80	57
다르다	14	22
모르겠다	6	20

표 10 _ **그들(같은 단지에 사는 흑인들)은 여기 사는 백인들과 거의 같습니까, 아니면 다릅니까?**[13]

차이를 적게 지각한다.

동일한 연구에서 현상학적 차이를 보여주는 다른 증거를 찾을 수 있다. 흑인의 주된 결점이 무엇이라고 생각하는지 말해 달라고 요청했을 때, 분리형 주택에 사는 백인들은 흑인의 공격적 특질을 지정해 말하는 경향이 있었다. 말썽을 일으키고, 난폭하고, 위험하다는 것이다. 더 가까이 흑인들과 어울려 사는 백인들은 완전히 다른 유형의 특질, 이를테면 열등감이나 편견에 대한 과민 반응 따위를 눈에 띄게 언급했다. 공포에 의해 유지되는 지각에서 우호적이고 '정신 위생적인' 관점에 의해 유지되는 지각으로 전환이 일어난 것이다.[14]

증거의 동향을 보면, 공영 주택 단지에서 자신과 대체로 동일한 경제 계급에 속하는 흑인들과 함께 살아가는 백인들이 분리 배치된 단지에서 살아가는 백인들에 비해 흑인에 대해 전반적으로 더 우호적이고, 두려움이 덜하며, 덜 고정관념화된 관점을 지니고 있음이 분명히 드러난다.

모든 폭넓은 일반화가 그렇듯이, 이번 경우에도 어떤 제한 조건이 필요하다. 단순히 함께 산다는 사실이 중요한 게 아니다. 문제는 **의사소통**의 형태다. 흑인과 백인 이웃이 지역사회 일에 참여해 연대하여 활동하는지 여부가 중요하다. 흑인과 백인이 함께하는 학부모-교사 모임, 지역사회 개선을 위한 모임이 있는가? 단지 내에 있을 수 있는 대화를 꺼리는 태도와 남아 있는 의심을 타파할 수 있는 효과적인 리더십이 확보되어 있는가? 주거 통합으로 편견 문제가 저절로 해결되리라고 가정해서는 안 된다. 기껏해야 우호적인 접촉과 정확한 사회적 지각이 발생할 수 있는 조건을 만드는 것이라고 말할 수 있을 뿐이다.

통합형 주택에서 흑인의 인구 밀도와 관련해 또 다른 제한 조건을 고려해야 한다. 백인 가정과 흑인 가정이 어느 정도 비율을 이뤄야 최적의 의사소통 환경이 조성되는가? 만약 5~10퍼센트만 흑인 가정이라면 그들은 경시되거나 심리적으로 고립될 수 있다.

지금까지 인용한 세 연구는 거주 형태에 대해 단순한 기계적 관점을 취할 수 없다는 점을 인정한다. 그런 형태가 이웃 간 접촉 기회를 제공한다는 점이 중요하다. 아마도 한 주택 안에서 또는 도시의 한 블록 안에서 그런 접촉을 고무하는 '공동 작업'이 가장 큰 효과가 있을 것이다. 그러나 지금은 이 점에 관해 증거가 부족하기 때문에, 거주하는 흑인의 수가 너무 적지 않은 통합형 주택이 최적의 이웃사촌 관계를 만들어내는 것처럼 보인다는 정도만 말할 수 있다.

흑인들은 자기들끼리 사는 것을 선호하며 통합형 주택이라는 발상 자체를 거부한다는 주장이 간혹 제기되곤 한다. 애런슨(S. Aronson)의 미출간 연구에서 확인할 수 있듯이, 그런 믿음은 전적으로 거짓이다.

> 완전히 흑인들만 거주하는 분리형 공영 주택 단지에서 질문을 던졌다. "(공동 주택에서) 당신 옆집이 비었을 때, 어떤 사람들을 이웃으로 맞고 싶습니까? 만약 백인 가족이 들어온다면 걱정스러울까요?" 응답한 흑인 주민 100퍼센트가 자신은 걱정하지 않을 거라고 말했다. 그러나 같은 질문을 분리형 단지의 백인 주민들에게 물었을 때, 78퍼센트

가 흑인 이웃을 원하지 않는다고 말했다.

거주지와 그 밖의 다른 모든 곳에서 분리를 원하는 (혹은 그렇다고 생각되는) 쪽은 흑인이 아니라 백인이라고 단언할 수 있다. 방금 언급한 연구에서처럼, 일반적으로 백인 인구 가운데 적어도 4분의 3이 흑인과 바로 이웃에서 살고 싶지 않다고 말한다. 그렇다면 정책으로서 거주지 통합을 제안할 때 백인들의 저항을 미리 예상해야 한다.

하지만 만약 어떤 이유에서건 (어쩌면 주택 공급 부족이나 낮은 임대료라는 유인책 덕분에) 백인이 흑인과 가까이 교제하며 살게 되면, 백인들의 태도가 조금 더 호의적으로 변한다는 것을 보여주는 연구들이 있다. 다음에 볼 사건은 꽤나 전형적으로 일어날 수 있는 일처럼 보인다.

어느 개학일 아침, 동부에 있는 한 여자대학에서 화가 잔뜩 난 학생 두 명이 학장을 찾아왔다. 남부 출신인 두 사람은 자기들이 배정된 기숙사 방에 흑인 학생 한 명이 함께 배정되었다는 사실을 알게 되었다. 그들은 흑인 학생이 방에서 나가야 한다고 주장했다. 학장은 잠시 생각하고 나서 이렇게 말했다. "글쎄요, 우리 학교에는 학생이 일단 기숙사 배정을 받고 나면 1년간은 바꿀 수 없다는 규정이 있습니다. 하지만 이번 경우는 예외로 하지요. 여러분이 원한다면 기숙사를 나가서 다른 집에서 살 수 있습니다." 학생들은 당황했다. 하지만 두 사람은 이사하지 않았다. 왜냐하면 그들이 어려서부터 훈련받은 바에 따르면, **자신들이** 가는 길에서 비켜야 하는 건 흑인이었기 때문이다. 그대로 기숙사에 머물면서 두 학생은 처음엔 다소 냉정하게 굴었다. 하지만 곧 흑인 룸메이트에 대한 적개심이 줄어드는 것을 스스로 느꼈다. 학기가 끝날 무렵, 세 학생은 서로 좋은 친구가 되어 있었다.

여기서 얻을 수 있는 교훈은 주택 정책을 관리하는 행정 당국은 통합형 주거 정책 개시에 앞서 나타나는 저항에 지나치게 신경을 쓰지 말아야 한다는 것이다. 경험에 비춰봤을 때 그런 저항은 머지않아 가라앉을 가능성이 높고 결국 원만하게 해결되기 쉽다.

요약하면 구역이 나뉜 상태에서 거주지 접촉은 긴장을 높일 가능성이 있다. 반면에 통합형 주거 정책은 지식과 친분을 촉진함으로써 효과적인 의사소통을 가로막는 장애물을 제거한다. 그러한 장애물들이 제거되었을 때 잘못된 고정관념이 감소하고, 공포와 자폐적 적개심 대신 현실적 시각이 들어선다. 사람들 사이에 우정이 피어난다. 동시에 가까운 관계에서 생길 수 있는 현실적인 장애물이 나타날 것이다. 어떤 연구는 흑인의 방어적 민감성이 통합형 생활 속에서 더 날카롭게 지각된다고 주장한다. 사춘기 소년, 소녀들이 함께 어울리게 되면 인종 간 결혼의 가능성이 생기는데, 현재 미국 문화에서는 그런 부부가 심각한 문제를 겪으리라는 것 또한 사실이다.

그러나 인종 간 관계에서 실제 문제를 있는 그대로 지각하는 것은 분명히 이점이 있다. 이런 문제는 해결하기 어려운 게 사실이다. 하지만 고정관념과 자폐적 적개심이라는 부적절한 요소를 먼저 제거한다면 문제를 해결할 더 나은 기회를 얻게 된다. 그리고 여기에는 분리 정책을 철폐하는 것이 큰 도움이 된다.

직업상 접촉

흑인 대다수와 여타 소수 집단 구성원들은 직업 사다리에서 밑바닥이나 바닥 가까운 쪽에 있는 일자리를 얻는다. 그들에게는 형편없는 보수와 낮은 지위가 따라다닌다. 흑인들은 대개 주인이 아니라 하인, 임원이 아니라 수위, 현장 감독이 아니라 날품팔이 인부다.[15]

직업에서 이런 차별적 지위가 편견을 만들어내고 유지시키는 활성 요인이라는 증거가 쌓이고 있다.

매켄지(Barbara K. MacKenzie)는 어떤 퇴역 군인 집단에서 흑인을 미숙련 노동자로만 아는 사람들 가운데 흑인에게 우호적인 태도 점수를 매긴 사람은 전체 사례의 고작 5퍼센트밖에 안 된다는 사실을 발견했다. 반면에 군대 밖에서 숙련직이나 전문직에 종사하는 흑인을 만난 적이 있거나 군대에서 자기와 같은 수준의 숙련도를 지닌 흑인과 함께 일한 경험이 있는 사람들은 전체 사례 중 64퍼센트가 흑인에게 우호적인 태도를 보였다.[16]

매켄지는 군수 업계에서 일한 적 있는 대학생들에게도 위 사례와 마찬가지로 확연히 눈에 띄는 편차가 있음을 발견했다. 숙련된 사무직 종사자인 흑인을 알지만 자기보다 지위가 낮은 흑인하고만 일해본 사람들은 전체 사례 중 겨우 13퍼센트만 흑인에게 우호적이었다. 반면에 자신과 같거나 더 높은 지위에 있는 흑인과 일한 적 있는 사람들의 55퍼센트가 흑인에게 우호적이었다. 또한 매우 인상적이게도 **전문직**에 종사하는 흑인(의사, 법률가, 교사)을 아는 피고용인들은 그런 상위 직업군에 속하는 흑인을 한 번도 만난 적이 없는 사람들보다 편견이 훨씬 덜했다.

최근 몇 년간 비즈니스와 산업 분야에서 차별을 분쇄하는 정부 차원의 과제가 공정고용실행위원회라는 기관에 주로 배정되었다. 루스벨트 대통령의 행정 명령으로 설치된 이 연방 기관은 전시에 한시적으로만 운영될 조직이었다. 제2차 세계대전 이후 연방 공정고용실행위원회를 재설치하는 법안은 논란의 여지가 있는 시민권 강화 조치 가운데 하나로서 의회에서 이 사안을 두고 논쟁이 벌어졌다. 그러는 동안 여러 주에서 법령으로 공정고용실행위원회를 설치했으며, 일부 도시에서도 같은 조치가 취해졌다.

공정고용실행위원회 법을 제정한다고 해서 자동적으로 차별이 중지되는 것은 아니다. 도리어 고용주들을 설득하는 데 꽤 많은 '심리작전'이 필요하다. 더 진보적인 고용 정책을 택한다고 해서 사업이 곤란을 겪는 일은 없을 것이며 조직이 무너지지도 않을 것이라고 고용주들을 안심시켜야 한다. 여기서 한 가지 알게 된 것은 소수 집단 노동자들을 직업 사다리에서 맨 아래 단계만이 아니라 높은 단계에도 채용하는 것이 바람직하다는 것이다. 그런 정책을 통해 경영진은 자신들은 감내하려 들지 않을 관계를 공장과 사무직 근로자들만 억지로 받아들이게 한다는 비난을 미연에 방지할 수 있다. 경험 많은 두 중재 위원은 이렇게 썼다. "똑똑한 인사 담당자라면 항상 흑인을 자기 부서나 고위급 경영진에 고용하는 데서부터 자사의 차별 방지 프로그램을 시작할 것이다."[17]

앞 장에서 거주지 접촉이 임박해 있거나 그럴 조짐이 보이는 상황이 실제 접촉보다 통상적으로 더 많은 저항을 유도한다는 사실을 보았다. 같은 원리가 직업상 접촉에도 적용된다. 경영진이 소수 집단(특히 흑인) 노동자들을 고용하겠다는 제안을 내놓으면, 간혹 시끄러운 반대와 파업 경고를 비롯한 여타 저항으로 반응이 돌아오곤 한다. 흑인을 사무실 속기사나 가게 점원, 노조나 전문가 조직의 회원으로 받아들일지 여부를 놓고 민주적 방식으로 투표를 실시했을 때 자주 부정적인 결과가 나온다. 담당 공무원들은 '다수결을 이겨낼 도리가 없다'고 느낀다.

아주 이상한 일이지만 문제 제기와 토론 과정을 거치지 않고 그냥 변화를 도입했을 때 일시적으로 격앙된 소동이 벌어지는 선에서 저항이 그치는 경우가 많다. 새로운 정책은 금방 당연하게 받아들여진

다. 신입들은 개개인의 장점이 뚜렷하게 인식되는 즉시 용인되고 존중받는다.[18]

> 선원들에 대한 한 연구는 흑인과 함께 승선하는 것을 두고 초기에 저항이 매우 컸음을 보여준다. 흑인을 전미해상노동조합(the National Maritime Union) 회원으로 받아들이는 문제에 대해서도 마찬가지로 저항이 있었다. 이 사례에서는 강단 있는 지도부가 반차별 정책을 강행했고, 교육 캠페인과 연대 호소를 통해 정책을 지원해 나갔다. 오래지 않아 그것은 **기정사실**로 받아들여졌고, 흑인과 동등한 지위로 협력하는 경험이 쌓일수록 백인 선원들이 흑인을 대하는 태도도 더 우호적으로 바뀌었다.[19]

'민주적' 기법 대(對) '기정사실화' 기법의 상대적인 장단점을 판단하지 않더라도, 관련된 심리를 설명하는 것은 적절한 일이다. 20장에서 보겠지만, 사람들은 대부분 자신의 편견에 대해 두 가지 마음을 품고 있다. 사람들이 첫 번째로 느끼는 충동은 편견을 따르는 것이다. 흑인, 유대인, 혹은 그 밖에 자신이 싫어하는 다른 소수자들과 함께 일하겠다고 투표해서 쓸데없이 성가신 일을 겪을 필요가 있나? 그러나 이런 태도는 종종 약간의 수치심을 불러일으킨다. 왜냐하면 대부분의 미국인이 정정당당한 행동과 공평한 기회의 전통을 정말 중요한 가치로 여기기 때문이다. 바로 이런 이유에서 '윗선'(공공 기관인 공정고용실행위원회, 고위 경영진, 이사회 등)에서 나온 강력하고 즉각적인 조치는 초기의 격앙된 소동이 가라앉고 나면 일반적으로 받아들여진다. **기정사실**은 양심에 부합할 경우에 대부분 환영받는다. 이 중요한 원리는 29장에서 더 논의할 것이다.

요약하면 **동등한 지위**의 흑인과 직업적으로 접촉하는 것이 편견을 줄이는 경향이 있다. 직업상 자기보다 지위가 높은 흑인들을 아는 것도 편견 해소에 도움이 된다. 마찰을 최소한으로 줄이면서 흑인을 고용하려면, 최고위급 경영진에서 차별 철폐에 앞장서는 것이 현명해 보인다. 마찬가지로 정책을 확고하게 밀고 나가야 정책 도입 초기에 발생하는 저항을 상쇄할 수 있다. 이런 동일한 원리가 흑인 말고 다른 소수 집단에도 적용 가능한지는 확실하지 않다. 아직은 이에 대한 연구가 거의 없기 때문이다. 하지만 뚜렷한 반대 증거가 없는 상황에서 같은 논리가 적용될 것이라고 추정할 수 있다.

공통 목표 추구

직업적 접촉의 순수 효과가 바람직해 보이기는 하지만, 이러한 유형의 접촉에는 다른 많은 경우처럼 근본적인 한계가 있다. 접촉은 일어나지만 그 접촉을 통한 경험을 일반화하는 데는 완전히 실패하는 특수한 상황의 진정한 의미를 포착하지 못할 수도 있다. 예를 들어 어떤 백인이 상점에서 흑인 판매원을 만나 동등한 입장에서 상대하더라도 여전히 전반적인 반흑인 편견을 품고 있을 수 있다.[20] 간단히 말해, 동등 지위상의 접촉은 분열적이거나 매우 특수한 태도로 이어질 수 있고, 개인의 일반적인 지각과 습관에 영향을 주지 않을 수도 있다.

문제의 핵심은 편견을 바꾸는 데 효과를 보려면 접촉이 사람의 내면에까지 이르러야 한다는 것으로 보인다. 사람들이 함께 무언가를 **하게끔** 이끄는 유형의 접촉만이 결국 태도를 변화시킬 가능성이 있다. 이 원리는 다민족 운동부의 사례에서 분명하게 볼 수 있다. 운동부에서 중요한 것은 오직 목표이며, 팀의 민족 구성은 전혀 상관이 없다. 힘을 합쳐 목표 달성에 나서는 것이 연대를 가져온다. 마찬가지로 공장, 이웃, 주택, 학교 등에서도 공동으로 참여하고 이해를 같이 하는 것이 무미건조하게 이루어지는 동등 지위 접촉보다 효과적이다.

제2차 세계대전 중에 벌어진, 이 원리의 생생한 사례를 미국 육군 정보교육국 내 연구 분과로부터 얻을 수 있다.[21]

> 백인과 흑인 병사들의 혼성 부대를 편성하지 않는 것이 육군의 방침이었지만, 격렬한 전투가 벌어지던 시기에 여러 백인 소대들을 흑인 소대로 대체해야 하는 상황이 전개되었고, 그 바람에 백인 병사들의 중대 안에 흑인 소대가 배치되는 일이 생겼다. 이 배치에도 어느 정도 분리 정책이 남아 있기는 했지만, 그래도 이 일로 인해서 두 인종이 **(죽고 사는 중차대한 문제가 걸린) 공동의 작전을 수행하면서 대등한 지위로** 가까이 접촉할 수 있게 되었다. 이 새로운 부대 배치에 뒤이어, 본 연구 분과에서는 백인 병사 가운데 매우 폭넓게 다양한 표본을 추출하여 두 가지 질문을 던졌다.
>
> **질문 1:** 일부 육군 사단이 흑인 소대와 백인 소대가 같이 포함된 중대들을 운영하고 있다. 만약 당신의 부대가 그렇게 구성되었다면 어떤 생각이 들 것 같은가?
>
> **질문 2:** 일반적으로 전투 부대에 흑인 소대와 백인 소대를 함께 두는 중대를 편성하는 것이 좋은 발상이라고 생각하는가, 아니면 형편없는 발상이라고 생각하는가?

'표 11'은 전투 상황에서 흑인 병사들과 더 긴밀하게 협력했던 백인 병사들이 공동으로 참여한 경험이 없는 사람들에 비해 더 우호적인 태도를 지니고 있음을 보여준다.

흑인과 군대 내 접촉 수준	답변자 비율(%)	
	질문1 "아주 싫을 것 같다"	질문2 "좋은 생각이다"
백인 중대 내에 흑인 소대가 없는 야전 부대	62	18
흑인 병력이 사단에는 있으나 같은 연대에는 없음	24	50
흑인 병력이 연대에는 있으나 같은 중대에는 없음	20	66
같은 중대에 흑인 소대가 있음	7	64

표 11 _ **전투에서 접촉한 경험과 관련해, 흑인 병사들과의 협동을 대하는 백인 병사들의 태도**

연구자들은 이런 결과가 공동 노력의 성공 여부에 따라 참여한 사람들이 함께 살고 죽는 전투와 같은 극단적 상황에서만 타당할지 모른다고 경고한다. 공동 참여가 편견을 줄이는 데 기여한다는 원리가 다른 분야의 협력 활동에서도 입증되긴 했지만, 그래도 이런 경고는 적절하다. 또 연구자들은 이 연구는 오로지 '자발적' 흑인 소대에만 관련된 것임을 경고한다. 추정컨대 그런 소대들은 전투원으로 성공해서 자신의 능력을 입증하고 싶은 열망을 품은 흑인 병사들로 구성되었으리라는 것이다. 그들이 정예 병사들이 아니었어도 백인 동료들에게 마찬가지로 높이 평가받았을지는 알 수 없다.

또 다른 저자는 전투 기간 중 흑인과 백인의 연대에 관해 논평하면서 이렇게 말했다.

> 백인과 흑인을 같은 포탄 구멍 안에 넣어보라. 그러면 그들은 식량과 물을 나누며 끝까지 죽을힘을 다해 함께 싸울 것이다. 어느 한쪽이 부상당하면 다른 한 사람이 목숨을 걸고 그를 밖으로 데리고 나갈 것

이다. 그러나 땅에 난 구멍이 그 두 사람이 함께 들어갈 수 있을 만큼 충분히 커야 한다.[22]

이런 주장은 집단 간 연대에는, 심지어 확연한 공통의 이해관계가 존재할 때에도 한계가 있을 수 있다고 경고한다. 의심할 바 없이 옳은 말이다. 그러나 그런 극한 상황에서는 한 민족 집단 내에서도 마찬가지로 사회적 연대에 한계가 있게 마련이다.

친선을 도모하는 접촉

1943년에 심각한 폭동이 여러 차례 일어난 이후 미국의 많은 주와 도시에 편견을 타파하기 위한 공식 위원회가 설치되었다. 대개의 경우 이런 단체는 지역사회의 견실한 시민들로 구성되었고, 거기에는 지역 내 주요 소수 집단의 대표자들도 포함되었다. 일부 위원회는 효과적으로 일을 했지만, 일부 위원회는 '시장 직속 무위도식 위원회(the Mayor's Do-nothing Committee)' 같은 모욕적인 꼬리표가 붙을 만했다. 위원들은 대개 너무 바쁘거나 풋내기들이어서 편견을 개탄하는 것 말고 하는 일이 없었다.

공식 단체뿐만 아니라 비공식으로 조직된 시민 운영 기구와 위원회가 수백 개 있었다. 그들은 대부분 일을 어떻게 진행해야 할지 몰랐고, 결국 많은 단체가 부질없는 짧은 생을 연명하다 해산했다. 위원회가 어떤 조치를 취해야 할지 모를 때 실망이 뒤따르고 지역사회 내부에서 질책이 쏟아질 수 있다. 그러면 문제는 이전보다 더 악화될 수 있다.

심리학적으로 말하면, 그들이 저지른 오류는 구체적으로 설정된 목표가 없고 초점이 불명확한 데 있었다. 추상적으로 '지역사회 관계 개선'을 이룰 수 있는 사람은 아무도 없다. 구체적인 목표 없이 친선을 도모하는 접촉으로는 아무것도 성취할 수 없다. 억지로 꾸며진 상호 존중의 분위기 속에서 소수 집단은 아무것도 얻지 못한다. 선의를 품고 인종 간 다과회를 계획했던 한 여성의 이야기를 들은 적이 있다. 손님들이 찾아왔을 때 그 여성은 처음에 백인 여성, 그다음에 흑인 여성 하는 식으로 인종에 따라 번갈아 의자에 앉도록 고집했다. 다과회는 실패로 끝났다.

하지만 그런 이웃의 노력에 지나치게 가혹한 태도를 취해서는 안 된다. 지역사회에 편견이 끼친 심각한 피해를 복구하려고 서로 다른 집단에 속한 사람들이 힘을 모아 무언가 하고 싶어 한다는 사실은 그 자체로 좋은 출발이다. 요점은 여기에 믿을 만한 지도력이 필요하다는 것이다. 그 첫걸음으로, 교육자이자 인권 운동가인 레이철 두보이스(Rachel Davis Du Bois)가 언급한 '이웃 축제(neighborhood festival)' 기법이 성공적으로 활용되었다.[23] 이 축제는 참가한 모든 사람들이 유년기의 추억을 나누는 방식으로 진행된다. 참가자들(아르메니아인, 멕시코인, 유대인, 흑인, 양키들)은 가을날, 신선한 빵, 어린 시절의 기쁨, 꿈꾸었던 것, 벌받은 일 따위를 각자 회상하고 서로 비교해 보라는 권유를 받는다. 거의 모든 주제마다 모든 민족 집단에 보편적인(혹은 거의 유사한) 가치가 등장할 것이다. 이렇게 친분의 기반이 마련되면 지역사회 관계 개선을 위한 의제를 점차 발전시킬 수 있다. 그런 다음에 공동의 계획과 협력을 통해 (그저 의도만 좋았던 일로 끝날 수 있었던) 친선을 강화하고 실행에 옮길 수 있다.

성격 차이

이번 장에서 인용한 여러 연구 중에 접촉이 관련된 **모든** 사람들의 편견을 감소시켰다는 결과가 나온 경우는 없다. 동등한 지위에 있는 사람들이 공동의 목표를 추구하는 상황에서 접촉을 경험하더라도 편견이 반드시 감소하는 것은 아니다. 어떤 성격들은 접촉의 영향에 저항하기 때문이다. 무센(Paul H. Mussen)이 행한 연구에서 이 문제를 해결할 실마리를 찾을 수 있다.[24]

> 조사자는 여덟 살에서 열네 살까지 백인 소년 약 100명의 태도를 연구했다. 이 소년들은 28일간 흑인과 백인 두 인종의 어린이들이 함께 지내고 먹고 노는 캠프에 참가한 아이들이었다. 캠프로 가기 위해 집을 떠나기 전, 그리고 캠프 마지막 날에 다시 한번, 소년들은 간접적인 방법으로 편견을 진단하는 검사를 받았다. 예를 들어, 검사 대상자 각자에게 소년들의 얼굴 사진 12장을 보여주었다. 그중 8장은 흑인이었고 4장은 백인이었다. 그런 다음 검사 대상자는 극장에 함께 가고 싶은 사람들의 사진을 골랐다. 그리고 기타 다른 방식으로 백인과 흑인 소년들에 대한 선호 혹은 거부를 표시했다. 조사의 어떤 부분에서도 흑인과 백인의 관계나 개인적 감정을 직접 거론하지 않았다.
>
> 친밀한 관계를 맺으며 28일을 지낸 뒤에 이 검사를 반복했고, 소년 각자의 성격에 대해서도 연구가 이루어졌다. 특히 해당 소년이 일반적으로 품고 있는 공격성의 크기와 자신의 부모와 자신이 사는 환경을 바라보는 방식을 주로 연구했다.
>
> 소년들 가운데 약 4분의 1이 캠핑 기간 중 편견이 확연히 줄어들었음을 보여주었지만, 대략 같은 수의 소년들은 편견이 확연히 증가했음을 보여주었다.
>
> 편견이 감소한 소년들은 전체적으로 다음과 같은 특성을 보였다.

공격 욕구가 적다.

전반적으로 부모를 호의적으로 바라본다.
가정 환경을 적대적이거나 위협적인 것으로 인식하지 않았다.
공격성을 드러내면 처벌이 뒤따르지 않을까 걱정하지 않았다.
캠프 그리고 함께 캠핑을 한 친구들에게 전반적으로 만족했다.

반면에 편견이 증가한 소년들은 다음과 같은 특성을 보였다.

공격 욕구와 지배 욕구가 많다.
부모에 대한 적개심이 더 컸다.
가정 환경이 적대적이고 위협적이라고 느꼈다.
권위에 도전하고 싶은 욕구가 있지만, 처벌이 뒤따를까 두려워했다.
캠프 그리고 함께 캠핑을 한 친구들에게 불만이 더 많았다.

흑인 소년들과 동등 지위 접촉을 한 결과, 불안하고 공격적인 소년들은 관용을 발달시키지 못했다. 그 소년들에게 삶은 무척이나 위협적인 것으로 보였고, 가정은 불화가 심했다. 그들은 개인적인 장애가 너무 깊어서 흑인과의 동등 지위 접촉과 친분을 통해 이익을 얻을 수 없는 듯하다. 그들은 여전히 **희생양을 필요로 한다.**

결론

그렇다면 편견 문제에서 하나의 상황 변수인 접촉이 개인 변수를 항상 극복할 수 있는 것은 아니라는 결론이 합당할 것이다. 개인의 내적 긴장이 너무 강하거나 너무 지속적이어서 외부 상황에서 도움을 얻지 못하는 경우에 언제나 그렇다.

한편 보통 수준의 편견을 지닌 사람들로 구성된 모집단이 주어졌을 때, 이번 장의 주된 발견을 간추려 다음과 같이 일반적인 예측을 해볼 수 있다.

(개인의 성격 구조 안에 깊이 뿌리내린 것이 아닌 한) 편견은 다수 집단과 소수 집단이 공동의 목표를 추구하면서 동등한 지위에서 접촉할 때 감소할 수 있다. 만일 그 접촉이 제도적 지원(법률, 관습, 지역의 분위기)을 통해 승인된 것이라면, 그리고 두 집단의 구성원들로 하여금 자신들이 공동의 이해관계와 공통된 인간성을 지니고 있음을 지각하도록 이끄는 것이라면 편견 감소 효과는 더욱 커질 것이다.

5부

편견은 어떻게 습득되는가?

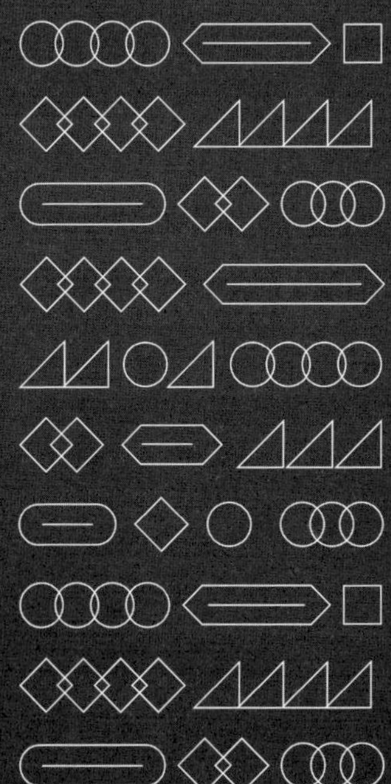

17장

동조의 심리

어떤 이는 문화를 우리가 살아가면서 부딪치는 삶의 문제에 미리 준비되어 있는 답을 제공하는 것이라고 정의했다.

그 문제가 집단 간 관계에 관한 것이라면, 그에 들어맞는 답변은 자민족 중심적인 어감을 띨 것이다. 이 현상은 아주 자연스러운 일이다. 각 민족 집단은 내부 결속을 강화하고, 자신들의 황금시대에 관한 전설을 빛나는 기억으로 늘 간직하며, 다른 집단은 자기 집단에 비해 가치가 떨어진다는 입장을 드러내는 (혹은 그렇게 암시하는) 경향이 있다. 이렇게 미리 준비된 답변들은 집단의 생존과 자존감에 도움이 된다. 자민족 중심적 사고 습관은 할머니에게 물려받은 가구와 닮았다. 가끔은 귀하게 대하고 소중하게 다루지만 대개는 항상 그 자리에 당연히 있는 것으로 여긴다. 간혹 현대화되기도 한다. 그러나 대부분 그대로 다음 세대로 이어지며 활용된다. 쓸모가 있다. 곁에 두면 마음이 편하고, 그래서 좋다.

동조와 기능적 유의성

여기서 중요한 문제는 바로 이것이다. 어떤 사람이 동조하는 것은 피상적 현상인가, 아니면 기능적으로 자신에게 중요한 의미가 있기 때문인가? 동조가 깊은 수준에서 일어나는가, 얕은 수준에서 일어나는가?

답은 이렇다. 사람들이 어떤 문화적 방식에 순응하는 데는 깊이 면에서 단계적 차이가 있다는 것이다. 때로는 거의 무의식적으로 혹은 피상적인 관심 수준에서만 관습을 따른다(예를 들어 우측 통행). 때로는 어떤 문화 유형이 자신에게 대단히 중요한 의미가 있기 때문에 따른다(예를 들어 자기 재산을 소유할 권리). 또 문화적으로 전승되는 어떤 생활 방식이 특별히 중요한 경우도 있다(예를 들어 특정 교회에 소속되는 것). 심리학적으로 말하면, 사람들의 동조 습관에서 여러 수준의 자아 관여° 상태를 볼 수 있다.

다음 연구는 자민족 중심적 관습에 동조하는 경우에 두 가지 자아 관여 수준에 따라 나타나는 차이를 잘 보여준다. 이 내용은 《미군 병사(The American Soldier)》(1949)에서 가져왔다.[1]

제2차 세계대전 중에 많은 공군 지원병들에게 다음 두 가지 질문을 던졌다.

(1) **당신은 공군에서 같은 지상 근무단에 백인 병사와 흑인 병사를 함께 배치해야 한다고 생각합니까, 아니면 다른 부대에 따로 배치해야 한다고 생각합니까?** 응답자의 약 80퍼센트 정도가 따로 배치하는 데 찬

자아 관여(ego-involvement) 개인이 어떤 일에 대해 자기 자신, 즉 자아와 중요한 관계가 있는 것으로 반응할 경우에 그것을 자아 관여 상태라고 한다. 자아 관여 상태에 있을 때는 감정적 흥분이 뒤따르는 경우가 많고, 기억이나 생각, 학습, 지각, 판단 등에서 그런 상태가 아닐 때와 확연히 다르게 행동한다.

성했다. 즉 지상 근무단을 분리 운영해야 한다는 것이었다.

(2) **당신은 흑인 병사들과 같은 지상 근무단에서 함께 일하는 데 특별히 개인적으로 반감이 있습니까?** 대략 북부 출신 백인의 3분의 1 정도와 남부 출신 백인의 3분의 2가 '개인적 반감'이 있었다. 표본에서 북부 출신과 남부 출신 병사들의 비율을 감안할 때, 분리 정책을 선호하는 병사 중 절반은 흑인과 함께 근무하는 데 개인적인 반감이 없었다고 말해도 될 것이다. 만약 이 결과가 전체적으로 자민족 중심주의를 대표한다면, **모든 편견적 태도의 약 절반 정도가 단지 관습에 동조해야 할 필요성에 바탕을 둔 것, 다시 말해 긁어 부스럼을 내지 않고 문화 유형을 유지하기 위한 것이라고 추정할 수 있을 것이다.**

하지만 나머지 절반은 오로지 동조에만 기댄 것이 아니다. 더 깊은 동기, 당사자 개인에게 기능적 유의성이 있는 동기가 확실히 작용한다. 그는 흑인과 함께 일하는 데 '개인적 반감'이 있다. 그에게 현 상태는 임의의 관습보다 중요하다. 단순 동조자는 사실상 이렇게 말한다. "내가 왜 지금 상황에 굳이 맞서야 하지?" 반면에 기능적 편견을 가진 고집불통은 이렇게 말한다. "이 분리 관습은 내 삶을 꾸려 나가는 데 필수적이야."

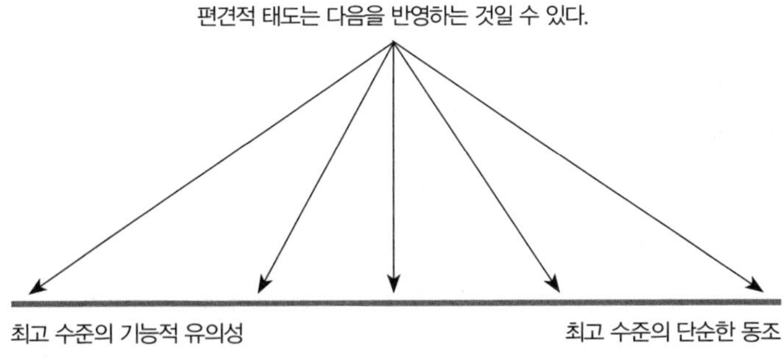

그림 12 편견적 태도에서 자아 관여의 정도(연속체)[2]

물론 편견의 모든 사례를 분명하게 '단순한 동조' 혹은 '기능적 유의성이 있는 경우'로 나눌 수는 없다. '그림 12'에서 보았듯이, 어느 정도는 두 가지가 섞여 있을 수 있다. 이 상황은 하나의 연속체로 간주해야 한다. 개별 편견 사례는 피상적 동조라는 기둥과 극단적인 기능적 필요라는 기둥의 중간 어디쯤에 해당할 수 있다.[3]

사회 입장권

많은 동조자들에게는 상황을 모면하는 것을 넘어서는 더 깊은 동기가 없다. 편견을 지닌 사람들과 함께 있을 때는 그들을 따라간다. 굳이 무례하게 굴 이유가 있나? 지역사회의 관행에 도전할 필요가 있나? 완고한 이상주의자들이나 남에게 폐를 끼치는 법이다. 고지식한 사람이 되는 것보다는 앵무새처럼 사회적 관행을 흉내 내는 편이 낫다.

> 평화 애호가인 (그리고 수익도 애호하는) 한 고용주가 흑인 판매원 고용을 거부하면서 이렇게 말했다. "어쨌든 위험 요소가 있어요. 내가 왜 최초로 그런 시도를 해야 한단 말입니까? 고객들이 뭐라고 하겠습니까?"

분리 정책을 공개적으로 지지한 많은 공군 지원병들에게도 분명히 이보다 더 깊은 동기는 없었을 것이다.

많은 동조 편견(conformity prejudice)은 '정중하고 악의 없는' 부류가 지니는 것이다. 비유대인 집단이 저녁에 대화를 나누던 중에 최근 벌어진 어떤 악행을 두고 유대인을 비난하는 소리가 한두 차례 나오는 일은 드물지 않다. 모든 사람이 고개를 끄덕이고 다음 주제로 넘어간다. 공화당원 모임에서 민주당 행정부를 비난하는 것 역시 사람들을 단결하게 해주는 대화 소재이며, 반대 상황에도 마찬가지다. 많은 도시에서 아일랜드계 정치가들을 비꼬는 것은 매끄럽지 못한 대화 상황을 이어주는 안전한 접착제 역할을 한다. 그런 비난(욕설)은 우리가 날씨에 욕을 퍼붓는 것만큼이나 무의미하다.

이런 수다는 (정말로 그 이면에 거의 아무것도 없다면) **사교적** 대화라고 부를 수 있다. 이때 말은 오로지 침묵을 피하고 사회적 결속을 보여주기 위한 장치일 뿐 다른 의미는 없다.

물론 때때로 동조 행위에는 어느 정도 더 중요한 무언가가 있을 수도 있다.

> 몹시 가난한 여학생이 주로 부유한 집안 출신 소녀들이 다니는 사립학교에 입학했다. 그 학생은 자신이 '대단한' 동료 학생들에게 인정받기 위해 같은 학교에 다니는 유대인 학생 한두 명을 두고 동료 학생들이 내뱉던 편견으로 가득 찬 말을 흉내 내고 있다는 사실을 깨달았다. 이 경우에는 동조의 밑바탕에 자신의 개인적 안전에 대한 욕구가 짙게 깔려 있다.

어느 누구도, 더군다나 청소년이라면, 지배 집단에서 배제되고 싶어 하지 않는다. 심지어 말투만으로도 자기 쪽에 줄을 서게 할 수 있다. 한 대학생은 (대학 진학을 위한) 사립 고등학교에 들어간 첫날의 기억을 이렇게 전한다.

> 선배 중 한 명이 어떤 교우에 대해 한마디했다. "해리가 유대인인 거 몰랐지?" 나는 한 번도 유대인을 만난 적이 없었다. 그리고 호감 가는 친구로 보였던 해리가 유대인인지 아닌지 개인적으로 관심이 없었

다. 그러나 선배의 말투는 내게 해리를 친구 삼지 않는 편이 낫다는 것을 설득하기에 충분했다. 그 뒤로 나는 해리를 피했다. 그리고 왜 우리가 유대인을 싫어하는지 이해할 수 없었지만, 차츰 편견을 받아들였다. 내 안에서 해리를 향한 적대감이 자라난 것이 지금은 이상해 보인다. 그러나 실제로 그랬다. 개인적으로 나는 해리와 함께 있을 때 불쾌한 경험을 한 적이 없다. 여태껏 만난 유대인들 모두 마찬가지였다.

이 사례가 특히 흥미로운 이유는, 글쓴이가 계속해서 당시 학생들이 지녔던 편견이 얼마나 개인적 근거가 빈약해 보였는지 (다시 말해 기능적 유의성이 얼마나 적어 보였는지) 이야기하기 때문이다.

관련된 학생들은 모두 경제적으로 안정적이었다. 그들은 모두 열일곱 살 이하였고, 사회적 특권에 관해 걱정할 것이 거의 없었다. 그들은 해리와 마찬가지로 좋은 평점을 받았다. 그들에게 희생양을 찾게 만들 만한 눈에 띄는 좌절은 없었다. 그 학생들은 그저 확고한, 비합리적인 편견을 지니고 있었고, 그것을 설명하거나 내버릴 수 없었을 뿐이다. 물론 그들은 그런 태도를 집에서 배웠다. 하지만 왜? 그 편견으로 그들에게 대체 무슨 이득이 있었을까?

이제 어째서 아이가 개인으로서 자신에게 특별한 기능적 유의성이 없는 기성의 편견을 획득하게 되는지 그 이유를 살펴볼 차례다. 하지만 먼저 기능적 유의성이 뚜렷하게 나타나는 극단적인 문화적 복종의 경우를 고려해보자.

신경증 수준의 극단적 동조

아우슈비츠 강제수용소 이야기는 지금도 여전히 믿기 힘들 만큼 끔찍하다. 그야말로 공포의 정점이라 할 수 있다. 1941년 여름부터 제2차 세계대전이 끝날 때까지, 남녀노소 250만 명이 아우슈비츠에서 살해당했다. 24시간 내내 가동된 가스실과 화로는 매일 1만 명이나 되는 많은 이들의 목숨을 앗아갔다. 희생자는 대개 유대인이었고, 이 의도적인 인종 학살은 히틀러가 유대인 문제의 '최종 해결책'이라고 부른 것에 해당했다. 수용소는 희생자들에게서 나온 금니와 반지들을 녹여 제국은행°으로 보냈다. 여성들의 머리카락은 잘라내어 상업적인 목적으로 재활용했다.

가장 오랫동안 아우슈비츠 수용소 총사령관을 지낸 인물은 독일 육군 중령 루돌프 회스였다. 그는 뉘른베르크 재판에서 증언할 때 다음과 같은 사실들을 기꺼이 인정했다.[4] 회스는 1941년 여름에 수용소를 통솔하라는 지시를 받았으며, 당시 힘러°가 자신을 불러서 임무를 설명해주었다고 말했다. "총통이 유대인 문제에 관한 최종 해결책을 지시했소. 우리가 그 과업을 수행해야만 하오. 나는 수송과 격리 문제를 고려해서 아우슈비츠를 이 일을 위한 장소로 선택했소. 이제 당신은 이 일을 수행하는 어려운 임무를 맡게 되었소."

그런 소름 끼치는 명령을 받았을 때 느낌이 어땠느냐는 질문을 받았을 때, 회스는 어떤 감정도 부인했다. 그는 힘러에게 이렇게 대답했다고 말했다. "잘 알겠습니다." 그리고 회스는 고분고분하게 끝없

제국은행(Reichsbank) 독일제국이 수립된 1876년부터 제2차 세계대전이 종결된 1945년까지 존재했던 독일의 중앙은행.

하인리히 힘러(Heinrich Himmler, 1900~1945) 히틀러가 나치 친위대(Schutzstaffel) 대장으로 임명한 나치 독일의 최고 권력자 중 한 명. 특히 제2차 세계대전 중 유대인 강제수용소 운영의 최고 책임자로서 유대인 학살과 탄압을 주도했다.

는 살육을 완료하는 작업에 착수했다. 단지 두 명의 상관이, 처음엔 히틀러가, 그다음에는 힘러가 자신에게 그렇게 하라고 지시했기 때문이었다. 그가 살해한 유대인들이 그런 운명을 맞아 마땅한 사람들이었는지 말해보라는 압박을 받자, 회스는 그런 질문은 아무 의미가 없다고 불평했다. "모르시겠습니까? 우리 친위대 대원들은 그런 건 생각하지 않기로 되어 있단 말입니다. 우린 그런 생각은 해본 적도 없습니다." 게다가 그 당시에 유대인 학살은 이미 당연한 일로 받아들여지고 있었다. 회스는 말했다. "한마디로 우리는 다른 이야기는 전혀 들은 적이 없습니다. …… 〈돌격대〉° 같은 신문들만 그랬던 게 아니라, 우리가 들은 모든 것이 그랬습니다. 우리가 받은 군사 훈련과 이념 훈련에서도 유대인에게서 독일을 지켜야 한다는 것은 그냥 당연한 일이었습니다. …… (나치 독일의) 몰락 이후에야 어쩌면 그것이 그리 올바른 일이 아니었을지도 모른다는 생각이 비로소 떠오르기 시작했습니다. 모든 사람들이 하는 말을 듣고 나서야 말입니다."

회스는 특히 자신의 상관에게 복종했다. 십계명보다 연민보다 논리보다 상관의 명령이 우선이었다. "산더미같이 쌓인 시체들을 쳐다보고, 끝없이 뭔가를 태우는 냄새를 맡는 일이 늘 유쾌하지 않았으리라는 것을 여러분도 확실히 알 겁니다. 그러나 힘러가 그 일을 명령했고 왜 필요한지까지 설명해주었습니다. 그리고 나는 그 일이 잘못인지 아닌지는 정말로 그리 많이 생각해보지 않았습니다. 그냥 꼭 필요한 일 같았습니다."

회스의 사례는 동조 현상이 신경증 수준에 이른 경우를 보여준다. 동조에 따른 충성과 복종이 모든 합리적이고 인도적인 충동보다 우세했다. 나치의 속신(俗信)과 총통의 명령에 대한 광적인 동조는 회

〈돌격대(Der Stürmer)〉 1923년에 창간되어 극단적인 반유대주의 사상을 전파한 주간 신문.

스의 성격에서 핵심 요소였다. 한마디로 강박적 복종이었다. 그렇다고 회스를 미친 사람이라고 생각해서는 안 된다. 다른 많은 친위대원들도 그와 같은 일을 하면서 양심의 가책을 거의 느끼지 않았을 것이기 때문이다. 이 사례는 광적인 이념이 믿기 어려울 정도로 완강한 동조를 일으킬 수도 있다는 사실을 보여줄 뿐이다.

자민족 중심주의라는 문화적 신조

(극단적 동조보다) 덜 극단적이지만 더 널리 퍼져 있는 것이 바로 특정한 자민족 중심주의 신조를 문화의 핵심으로 유지하려는 의도적인 시도이다. 이 신조를 접한 사람이라면 누구나 어느 정도 영향을 받지 않을 수 없다. 세계의 다양한 지역에 퍼진 '백인 우월주의' 교의는 그런 신조 중에서도 특히 중요한 문제다.

한 세기도 더 전에 토크빌은 미국 남부 문화에 깃든 백인 우월주의에 관해 논했다. 그는 값싸게 따낸 자존심이 이 지역 지배 집단의 특징인 것 같다고 말했다.

> 남부에는 노예를 두지 못할 정도로 가난한 집이 없다. 남부 주민은 걸음마를 할 때부터 집안에서 일종의 독재자가 된다. 그가 인생에서 처음으로 지니는 생각은 자기는 명령하기 위해 태어났다는 것이고, 그가 처음 몸에 익히는 습관은 저항받지 않고 다스리는 것이다. 그가 받는 교육은 그에게 오만하고 조급한 남성의 성격을 주로 갖게 만든다. 성마르고, 폭력적이고, 욕망에 불타고, 방해물을 견디지 못하지만, 첫 시도에서 성공하지 못하면 쉽게 제풀에 꺾이는 성격을 지니게 되는 것이다.[5]

한 세기도 훨씬 더 지난 후 같은 주제로 글을 쓴 릴리언 스미스는 많은 남부 가정에서 아동 교육이 어떤 식으로 여전히 백인 우월주의를 지향하는지 말한다.

> 언제, 어떻게 그랬는지는 기억하지 못하지만, 하느님은 곧 사랑이라고 배웠을 무렵, 예수가 그분의 아들로서 더 풍요로운 생명을 주기 위해 우리에게 왔고, 모든 사람이 단 한 분 공통의 아버지를 둔 형제들이라고 배웠을 무렵, 나는 또한 내가 흑인보다 낫고, 모든 흑인은 정해진 자리가 있고 반드시 그 자리를 지키도록 해야 한다는 것, 성(性)도 정해진 자리가 있고 반드시 그 자리를 지키도록 해야 한다는 것, 만약 내가 한 번이라도 흑인을 사회적으로 나와 동등하게 대우했다가는 끔찍한 재앙이 남부에 떨어지리라는 것도 알고 있었다.[6]

아동 교육이 의식적인 자민족 중심주의가 유일하게 집중하는 대상은 아니다. 다음 사건은 정의의 전당이라 불리는 곳(법정)에서도 어떻게 백인의 단결이 유지될 수 있는지 보여준다.

> 1947년에 사우스캐롤라이나주에서 28명의 백인 남성이 흑인 한 명에게 린치를 가한 혐의로 기소되었다. 피고 측 변호사는 여러 피고인들의 자백에 신경 쓰지 말라고 배심원들을 설득해야 했는데, 그것은 그리 어렵지 않은 일이었다. 비록 판사의 준엄한 눈길 때문에 인종 문제를 노골적으로 주입하지는 못했지만, 어쨌든 변호사는 남부의 백인들에게 하나로 뭉쳐 백인 우월주의를 수호하는 십자군 운동에 참여하자고 호소하는 데 그럭저럭 성공했다. 변호사는 배심원석에 몸을 기대면서 부드러운 목소리로 말했다. "여러분이 모두 사우스캐롤라이나의 훌륭한 시민이라는 것을 압니다." "우리는 서로 이해합니다." 그는 이

렇게 구슬렸다. “여러분이 이 젊은이들을 풀어준다고 해도 사우스캐롤라이나에서 여러분을 비난하는 사람은 단 한 명도 없을 것입니다. 여러분이 저들에게 유죄 평결을 내릴 것이라고는 생각하지 않습니다.” 배심원단은 피고들을 무죄로 평결했다. 흑인을 폭행하고 아무 처벌도 받지 않은 또 하나의 사례였다.

의식적으로 내집단 우월성을 유지하는 것은 결코 미국에만 국한된 현상이 아니다. 한 중국인 여학생은 중국에서 아이들에게 내집단주의를 주입하기 위해 부모와 교사가 어떻게 협력하는지 밝혔다.

중국은 국가적 위기를 수없이 겪으면서 어떻게 살아남을 수 있었을까? 중국인은 우리의 선조 현자들의 위대한 철학이 나라를 구해 왔다고 철저히 믿는다. 중국 문화와 문명은 동방의 **빛이었고 지금도 그렇고 미래에도 그럴 것**이다. 소년 쑨원(孫文, 중화민국 건국자)이 조상의 위패 앞에 무릎 꿇기를 거부했을 때, 그는 서당 훈장에게 심하게 비난받았다. 쑨원의 아버지가 마을 원로였는데도 훈장은 나중에 쑨원을 그 지역에서 쫓아내려고 온 마을의 어중이떠중이들을 부추겼다.

학생은 이렇게 분석한 다음, 자신이 자란 환경의 전반적인 분위기가 미국 선교사들에 대해 강한 편견을 심어주었다고 전한다. 어째서 그 미국인들은 자기네보다 더 오래되고 우월한 문명에 자기들 방식을 강요하려 애쓰는 걸까?

내가 미국 선교사들에게 품은 증오는 심지어 미국이라는 나라를 증오하는 데까지 이어졌다. 미국인 친구들이 중국에서 선교사로 일하는 친척이나 지인이 있다고 흥분해서 말할 때, 나는 언제나 시큰둥하게 반응했다. "아, 그래?"

또 중국에는 인종이나 국적이 다른 사람들을 배척하는 장벽뿐 아니라 지역이나 계급을 배척하는 장벽도 세워져 있다고 전한다.

> 우리는 중국 북부의 교육이 남부보다 낫다고 배웠다. 그래서 상하이에 사는 우리는 광둥을 깔보았다. 또 우리는 어떤 교양 있는 현자가 전해준 오래된 중국 격언을 배웠다. "우리가 하인 계급의 주인이다. 왜냐하면 배운 사람들에게는 결코 없앨 수 없는 특권 의식과 우월감이 있기 때문이다." 배운 사람들은 대개 도시에 살기 때문에 우리는 지방 출신 하인을 고용했고, 시골에서 자란 그들을 깔보았다.

이렇게 의도적인 교육을 통해 다른 아시아인, 서구 국가, 중국 남부 사람, 시골에 사는 중국인, 제대로 못 배운 중국인에 대한 편견이 확립되었다. 공산주의가 주도하는 중국에서는 틀림없이 이 모든 것이 복잡해지고 어쩌면 바뀌었을지도 모른다. 그러나 어쨌든 이 사례는 유익하다. 중국은 상대적으로 편견이 없는 나라라고 알려져 왔으니까!

동조 심리 분석

3장에서 지적했듯이, 어느 사회에서나 아이는 부모의 민족 집단과 종교 집단에 속한다고 여겨진다. 우리는 혈연 관계 때문에 아이가 부모의 편견을 물려받을 것이고, 거꾸로 부모에게 쏟아지는 편견의 피해자가 될 것이라 예상할 수 있다.

편견이 유전되고 생물학적 가계로 이어지는 것처럼 **보이는** 이유는 바로 이런 사실 때문이다. 아이들은 구성원 지위라는 측면에서 부모와 동일하기 때문에, 우리는 부모로부터 아이에게로 민족적 태도가 전해진다고 예상해야 한다. 그리고 그 과정은 보편적이고 자동적이어서 마치 어떤 식으로든 유전이 관련된 것처럼 보인다.

실제로 편견은 유전이 아니라 가르치고 배우는 과정을 통해 전달된다. 앞서 보았듯이 부모는 때때로 의도적으로 아이에게 자민족 중심주의를 심어주지만, 자신도 알지 못하는 사이에 그러는 경우가 더 많다. 다음 글은 이 과정이 아이의 눈에 어떻게 비치는지 보여준다.

> 아주 어렸을 때 부모님의 생각이나 기분을 거스르는 사람이 있으면 그게 누구든 강한 반감을 느꼈던 것을 기억한다. 부모님은 저녁 식사 자리에서 종종 그런 사람들에 관해 이야기하곤 했다. 부모님이 확신에 찬 목소리로 자신의 신념을 드러내고 자기 의견에 반대하는 사람들을 비난한 것이 내게 영향을 끼쳤던 것 같다. 그 자신감 넘치는 목소리를 들으며 나는 부모님이 전능한 지혜를 지니고 있다고 확신했다.

어린아이는 부모가 전능하다고 생각하기 쉽다(왜냐하면 아이가 제대로 해내지 못하는 일들을 부모는 전부 할 수 있는 것처럼 보이기 때문이다). 따라서 아이는 부모의 판단을 자신의 판단으로 받아들일 수 있다.

때때로 가족에 다른 전지전능한 친척이 포함되는 경우도 있다.

> 내가 여섯 살 때 증조할아버지가 우리 집에서 함께 살았다. 그분은 특히 남부 사람들과 아일랜드계 가톨릭교도들에 대해 극단적인 견해를 품고 있었다. 증조할아버지가 그 두 집단을 거듭 비난하는 말을 듣고 나서, 나는 그들이 틀림없이 밉살스러운 사람들일 것이라고 확신하

게 되었다.

때때로 부모의 견해는 관용과 불관용이 뒤섞인 양상을 보이며, 두 가지 태도를 모두 취하기도 한다.

아버지는 목사였다. 내가 아버지에게서 보고 배운 여러 생각 중 하나는, 우리는 결코 사람을 미워하는 것이 아니라 이를테면 자만심처럼 그 사람 안에 있는 어떤 악덕을 미워한다는 것이었다. 하지만 아버지는 내게 특정한 악덕, 예컨대 미신 같은 악덕은 가톨릭교도들에게서 발견될 가능성이 더 크다고 가르치시기도 했다.

다음 사례에서 아이가 받은 가르침은 덜 복잡하다.

내가 유대인에게 품은 편견은 부모님이 유대인을 대하던 태도에서 온 것이다. 아버지는 사업을 하면서 어떤 유대인들과 거래를 했다가 좋지 않은 결과를 얻었는데, 그래서인지 유대인에 대해 아주 신랄했고 지금도 여전히 그렇다. 나는 가톨릭을 믿는 여성들도 기피했는데, 부모님이 만약 모든 사람이 가톨릭교도가 되면 세상이 얼마나 끔찍하게 혼란스러워질지 말씀하시는 것을 들었기 때문이었다.

가족과 이웃의 관습을 통해 관용을 배울 수도 있다.

아이들은 누구나 자기 집단에 받아들여지기 위해 집단에 동조하고 싶은 욕구를 지니고 있다. 내가 자란 공동체와 우리 가족 안에서는 다른 집단을 향한 반감이 동조 항목에 포함되지 않았다. 따라서 나는 편견을 습득하지 않았다.

다윈주의 관점에서 보면, 이런 모든 동조 행위에 '생존가'°가 있다고 말할 수 있다. 아이들은 기본 가치가 관련된 문제에서 부모를 따르지 않는 한 무력하다. 아이에게 유일하게 가능한 생존 양식은 바로 부모의 양식이다. 부모의 생활 태도가 관용적이라면 아이의 태도도 관용적이 된다. 부모가 어떤 집단에 적대적이라면 아이도 그 집단에 적대적이 된다.

어린아이가 자신의 모방 행동을 의식적으로 자각한다는 의미는 아니다. 아이가 자신에게 이렇게 말하지 않는다는 것은 확실하다. "살아남으려면 내 가족의 방식에 동조해야만 해." 심리학적으로 아이들은 더 미묘한 방식으로 가족의 태도를 획득한다.

이와 관련해 가장 자주 언급되는 심리 과정이 바로 **동일시**(identification)다. 이 용어는 의미가 폭넓고 불분명하지만, 자기를 타인과 정서적으로 통합한다는 뜻으로 쓰인다. 동일시의 어떤 형태는 사랑이나 애정과 구분되지 않는다. 부모를 사랑하는 아이는 쉽사리 자신에게서 이인화°되고 부모에게 재인화(repersonalization)된다. 아이는 부모의 감정 신호를 열심히 포착해 자신의 태도에 그대로 반영한다. 아이는 부모에게서 나오는 모든 단서를 주시한다. 놀이를 할 때나 진지한 상황일 때나 부모의 본보기를 실연해 보인다. 아버지를 잘 따르는 어린 아들은 아침부터 밤까지 아버지 흉내를 낸다. 겉으로 보이는 행동만이 아니라, 적개심과 거부를 비롯해 표현되는 감정과 생각도 모방한다.

이 과정의 미묘함을 기술하기란 거의 불가능하다. 동일시를 통한 학습은 기본적으로 근육의 긴장이나 자세 모방을 포함하는 것으로

생존가(survival value) 생명체의 특성이 생존과 번식에 기여하는 유용성의 정도를 나타내는 개념.

이인화(depersonalization) 자신이 낯설게 느껴지거나 자신과 분리된 느낌을 경험하는 것.

보인다. 부모의 신호에 지나치게 민감한 아이가 옆집에 이사 온 이탈리아인 가족에 관해 이야기하는 부모에게서 딱딱함이나 완고함을 느낀다고 가정해보라. 이러한 부모의 신호를 지각하는 바로 그 행위 속에서 당사자인 아이도 역시 딱딱하고 완고하게 자라게 된다. (아이의 지각은 주로 운동의 형태를 띤다. 자신이 지각한 것을 행동으로 옮기는 것이다.) 아이의 이런 긴장은 부모가 하는 말에 좌우된다. 이런 연상 경험을 한 아이는 이탈리아인에 관한 이야기를 들을 때마다(혹은 생각할 때마다) 아주 미약하게나마 긴장감을 느끼기 쉽다. 이 과정은 엄청나게 미묘하다.

동일시를 일으키는 것은 부모에 대한 애정만이 아니다. 사랑보다는 위력이 지배하는 가정이라 해도, 아이에게는 부모 말고 인생에서 힘과 성공을 구하는 데 필요한 다른 본보기가 없다. 부모의 행동을 모방하고 부모의 태도를 반영함으로써, 아이는 종종 부모에게서 승인과 보상을 얻을 수 있다. 설령 보상이 따르지 않는다 해도 아이는 이를테면 어른인 부모를 흉내 내는 것으로 자신감을 얻을 수 있다. 아버지처럼 점잖게 걷고 잔소리하고 미워하는 일은 어린아이에게 자기도 자랐다고 느끼게 해준다.

아마 동일시가 가장 쉽게 일어날 수 있는 영역 중 하나가 사회적 가치관과 태도의 영역일 것이다. 처음에 아이는 아무것도 없이 출발한다. 따라서 자신의 이해 범위를 넘어선 주제에 관해 다른 사람들의 견해를 받아들이는 것 말고는 달리 대안이 없다. 때때로 사회적 쟁점을 처음 접한 아이는 자기가 어떤 태도를 취해야 하는지 부모에게 물을 것이다. 아이는 이렇게 물을 수 있다. "아빠, 우리는 뭐야? 유대인이야, 기독교인이야? 개신교도야, 가톨릭이야? 공화당이야, 민주당이야?" '우리'가 누구인지 말해주면 아이는 무척 흡족해한다. 그 뒤로 아이는 자신의 집단 구성원 지위와 그에 부합하는 기성 태도를 받아들일 것이다.

갈등과 반항

가정의 분위기에 동조하는 것이야말로 의심할 바 없이 가장 중요한 편견의 원천이지만, 아이가 부모가 지닌 태도의 거울상으로만 자란다고 여겨서는 안 된다. 사실 부모의 태도가 공동체에 만연한 편견에 언제나 동조적인 것도 아니다.

아버지와 어머니가 자식에게 전달하는 것은 공동체의 문화 전통에 대한 부모 자신의 개인적 견해다. 부모는 자기네 공동체에서 통용되는 고정관념에 회의적일 수도 있고, 그런 의심을 자녀에게 전해줄 수도 있다. 또 자기네 문화 집단에서 내세우지 않는 자신들만의 편견을 몇 가지 지니고 있을 수도 있다. 아이가 집 밖에서 공동체의 표준적인 태도를 배우지 않는 한, 그 아이의 편견은 부모가 지닌 특이한 태도를 어떤 식으로든 반영하게 될 것이다.

그리고 때로는 아이 스스로 선택한다. 어릴 때는 부모의 가치-태도를 거스를 수 있는 경험과 힘이 부족하지만, 간혹 아이가 그런 부모의 태도에 대해 일찌감치 의심을 품기도 한다. 앞서 살펴본 사례 가운데 증조할아버지에게서 남부와 아일랜드 사람들에 대한 편견을 흡수한 여섯 살 난 남자아이는 그렇게 어린 나이에도 갈등으로 마음이 복잡했다.

> 어느 날 빌 아저씨와 놀고 있었다. 그때 나는 어리석은 주문을 외우며 이렇게 말했다. "좋다, 어쨌든, 너나 고리타분한 너희 아일랜드 사람들은 앞으로 우리 동네에 발붙이지 못할 것이니라." 나중에 그 마음씨 좋은 아저씨가 아일랜드 사람이라는 이야기를 들었을 때 메스꺼운

기분이 들었다. 그리고 그때 바로 그 자리에서 증조할아버지가 잘못 알고 있는 게 틀림없다고 판단했다. 만약 빌 아저씨처럼 좋은 사람이 아일랜드 사람이라면 아일랜드인은 매우 훌륭한 국민 집단일 게 분명했다.

어떤 여섯 살 난 여자아이도 이와 비슷한 갈등을 겪었다.

어머니는 이웃 동네에 사는 하층 계급 여자애들하고 놀면 안 된다고 말했다. 어머니가 내게 '숙녀'로 자랐으면 좋겠다고 말했을 때, 나는 지금까지 숙녀답지 못했구나 하는 죄책감을 확실히 느꼈던 것을 기억한다. 하지만 나는 놀이 친구들을 좋아했고, 그 뒤로 그애들을 피한 것 때문에 죄책감을 느꼈다.

이런 사례들은 어린아이라 할지라도 부모가 지닌 편견의 근거에 대해 의심을 품을 수 있음을 알려준다. 아이들은 동조하면서도 나름대로 의심을 품을 수 있다. 나중에는 부모의 본보기를 완전히 거부할 수도 있다.

때로 그런 거부가 청소년기에 공공연한 반항으로 나타나기도 한다.

열다섯 살 때 나는 반란을 일으켰다. 부모님에게 맞선 것만이 아니라, 아이로서 감당하기 어려운 많은 정신적 고통을 겪게 만든 우리 마을의 전반적인 삶의 방식에 맞선 것이었다. 이를테면 마을의 관습이 흑인을 증오하는 것이라면, 나는 오히려 흑인을 친구로 사귀었다. 나는 청소부의 아들을 집에 데려와 카드놀이를 하고 함께 라디오를 듣는 바람에 부모님에게 충격을 주었다.

부모가 전해준 편견에서 벗어나는 과정은 종종 대학 시절에 처음 진행된다.

> 부모님은 로마가톨릭에 심한 편견을 품고 있었다. 부모님은 로마가톨릭교회는 기만적이며, 너무 많은 정치 권력을 쥐고 있고, 총기류를 보유하며, 수녀원에서 부도덕한 일을 저지른다고 내게 말했다. 대학에 다니면서 나의 종교적 입장을 다시 생각하게 되었다. 로마가톨릭 성직자들을 알게 되었고, 그들의 입장을 이해하게 되었다. 가톨릭 집단과 가까이 교제한 덕분에 나는 과거에 느꼈던 두려움에 근거가 없음을 알게 되었다. 이제는 부모님의 그런 고정관념에 웃음이 나온다.

또 다른 대학생은 이렇게 썼다.

> 나는 내면에서부터 반항했다. 그리하여 마침내 나를 옭아맨 사슬을 끊고 탈출했다. 내가 아버지에게서 얻은, 계급 편견으로 가득 찬 생각에서 말이다. 한동안 나는 반대쪽 극단으로 나아갔고, 온갖 인종, 신조, 종교, 계급에 속하는 온갖 부류의 사람들과 강박적으로 교제했다.

부모에게서 처음 전달받은 간접적인 자민족 중심주의를 교정하지 않고 성인으로 자라는 아이들의 비율이 어느 정도인지는 알 수 없다. 아마도 자신의 가치-태도를 뒤엎는 반란자 한 명당, 훗날 자신의 기능적 필요에 맞게 부모의 가르침을 약간 수정하는 선에서 그치는 동조주의자가 여럿 있을 것이다. 반란자들이 등장하는데도 불구하고 자민족 중심주의는 확실히 세대를 이어 전달된다. 조금씩 고쳐 쓸지는 몰라도 아예 버리는 경우는 흔치 않다.

가정은 사람들이 편견적 태도를 습득하는 주된 원천이자, 가장 이른 시기에 영향을 끼치는 원천이다. 그런 점에서 학교에서 진행하는 문화 간 이해 교육 프로그램에 너무 많은 기대를 걸어서는 안 된다. 우선, 학교가 감히 부모의 가르침을 철회하도록 하는 경우는 드물다. 만약 그렇게 했다가는 분란이 생길 수 있다. 그리고 교사들이 모두 편견에서 자유로운 것도 아니다. 교회도 국가도 공식적으로 내세우는 평등의 신조에도 불구하고, 더 이른 시기에 더 친밀하게 다가오는 가족의 영향력을 쉽게 상쇄하지는 못한다.

물론 이 문제와 관련해 가정이 우위에 있다고 해서 학교나 교회, 국가가 민주적 삶의 원칙을 실행하거나 가르치는 일을 그만두어야 한다는 것은 아니다. 그런 기관들이 함께 영향력을 행사한다면 적어도 아이가 따를 수 있는 두 번째 본보기를 확립할 수 있을지 모른다. 그렇게 해서 아이가 자신의 기존 가치 체계에 의문을 품게 만들 수 있다면, 그런 의문이 아예 없는 경우에 비해 더 성숙한 갈등 해결책을 찾을 가능성이 커진다. 학교, 교회, 국가로부터 **어느 정도는** 효과를 기대할 수 있으며, 그런 효과가 쌓이면 다음 세대 부모들에게 영향을 끼칠 수도 있을 것이다. 앞서 요즘 대학생들이 20년 전 학생들에 비해 다른 국적의 외집단에 대해 고정관념화된 판단을 내리는 데 훨씬 더 주저한다고 언급했다(12장). 가족 바깥의 영향이 학생이나 부모에게, 혹은 양쪽 모두에게 서서히 작용하지 않았다면 어떻게 그렇게 되었겠는가?

18장

유년기 학습

편견은 어떻게 습득되는가? 우리는 가정의 영향이 앞선다는 것, 그리고 아이가 부모로부터 기성의 민족적 태도를 받아들이는 데는 그럴 만한 훌륭한 이유가 있다는 것을 지적함으로써 이 중요한 문제를 논의하기 시작했다. 또 초기 학습에서 동일시의 핵심적인 역할에도 주목했다. 이 장에서는 취학 전 시기에 작용하는 다른 요인을 살펴보겠다. 사회적 태도의 형성 원인을 오로지 유아기(early childhood)에서만 찾는 것은 잘못이다. 하지만 어쨌든 생애 첫 6년은 모든 사회적 태도의 발달에서 중요한 시기다. 편협한 성격은 여섯 살쯤이면 꽤 형성된 상태일 수 있지만 결코 완전히 굳어진 것은 아니다.

편견을 **받아들이는** 것과 **발달시키는** 것을 처음부터 구분한다면, 더 명확하게 분석할 수 있을 것이다. 아이가 편견을 받아들이는 것은 가족이나 문화적 환경으로부터 태도와 고정관념을 넘겨받는다는 뜻이다. 앞 장에서 인용한 사례 대부분이 여기에 해당한다. 부모의 말과 몸짓은 그에 따르는 믿음이나 반감과 함께 아이에게 넘겨진다. 아이는 부모의 견해를 받아들인다. 이번 장과 다음 장에서 논의할 학습 원리 중 일부가 이런 전이가 어떻게 일어나는지 설명하는 데 도움을 줄 것이다.

그러나 생각과 태도를 아이에게 직접 전하는 것이 아니라, 아이가 편견을 자신의 생활 양식으로 삼아 **발달시키도록** 분위기를 조성하는 훈련°도 있다. 이 경우에 부모가 자신의 편견을 표현할 수도 있고 표현하지 않을 수도 있다(대개는 표현한다). 결정적으로 중요한 것은 부모가 아이를 다루는 방식(훈계, 사랑, 위협) 자체가, 아이가 머지않아 소수 집단에게 쏟을 의혹, 공포, 증오를 획득하게 만들 수 있다는 것이다.

물론 실제로 이러한 학습 형태가 뚜렷이 구별되지는 않는다. 아이에게 특정한 편견을 **가르치는** 부모는 동시에 아이가 편견적 성질을 발달시키도록 아이를 **훈련할** 가능성이 있다. 그래도 이 구분을 염두에 두는 편이 좋다. 학습의 심리학은 매우 복잡한 주제이므로 이러한 유형의 분석적 도움이 필요하다.

가정에서 이루어지는 훈련

이제 아동의 편견이 **발달**하는 데 기여하는 것으로 알려진 훈련 방식을 살펴보자. (구체적인 집단을 향한 구체적인 태도의 학습은 잠시 무시할 것이다.)

해리스(David B. Harris), 고프(Harrison G. Gough), 마틴(William E. Martin)의 연구에서 아동의 편견과 훈련 방식이 관련 있다는 증거를

훈련(training) 교육의 영역에서 '훈련'은 교수(teaching)에 반대되는 개념으로 훈육(discipline)과 거의 같은 뜻으로 쓰인다. 교수는 주로 지식의 전달과 습득을 목적으로 하는 데 비해 훈련은 주로 도덕성의 함양을 목적으로 한다.

볼 수 있다.[1] 연구자들은 먼저 초등학교 4, 5, 6학년생 240명이 소수 집단에 대한 편견을 표현하는 정도를 측정했다. 그런 다음에 이 학생들의 어머니에게 질문지를 보내 아동 훈련의 몇몇 관행에 대해 의견을 물었다. 어머니들은 대부분 답변을 보내왔다. 결과는 매우 유익했다. 편견을 지닌 아이의 어머니는 편견이 없는 아이의 어머니보다 다음과 같이 주장하는 **빈도가 훨씬 높았다.**

> 복종은 아이가 배울 수 있는 가장 중요한 것이다.
>
> 아이가 부모의 뜻을 거스르면서 자신의 뜻을 내세우도록 허용해서는 안 된다.
>
> 아이는 부모에게 비밀을 감추어선 안 된다.
>
> "나는 시끄러운 아이보다 조용한 아이가 더 좋다."
>
> (아이가 떼를 쓸 경우) "부모가 더 크게 화를 내서 아이에게 그런 행동은 혼자만 할 수 있는 것이 아니라는 걸 가르쳐야 한다."

아이가 성과 관련된 놀이(자위)를 할 경우, 편견을 지닌 아이의 어머니가 아이에게 벌을 주어야 한다고 훨씬 더 많이 믿는 것 같다. 반면에 편견이 없는 아이의 어머니는 그런 버릇을 모른 체할 가능성이 훨씬 더 크다.

조사 결과는 대체로 가정의 분위기가 아이를 편향되게 만든다는 것을 보여준다. 구체적으로 말하면 억압적이거나 가혹하거나 비판적인 가정(부모의 말이 곧 법이 되는 가정)은 집단 편견의 토대를 조성할 가능성이 크다.

조사 질문지에서 자신의 교육 철학을 표현한 어머니들이 현실에서 자신의 생각을 실행에 옮겼으리라고 추정할 수 있다. 만약 그렇다면 복종을 강요하고 아이의 충동을 억압하고 규율을 엄수하게 하는 어머니가 기른 아이가 편견을 지닐 가능성이 훨씬 크다는 강력한 증거가 나온 셈이다.

이런 훈련 방식은 아이에게 어떤 영향을 줄까? 우선 아이는 경계심을 품게 된다. 아이는 자신의 충동을 조심스럽게 감시해야 한다. 아이들이 자주 그러하듯이 부모의 편의와 규칙을 거스를 때, 아이는 그러고 싶은 충동이 처벌을 부를 뿐 아니라 부모가 사랑을 거두어들이게 만든다고 느낀다. 사랑을 빼앗기면 아이는 외롭고 연약하고 비참해진다. 그래서 아이는 부모의 승인이나 반대의 징후를 주의 깊게 살피게 된다. 힘을 가진 쪽은 부모이고, 조건부로 사랑을 주거나 거두어들이는 쪽도 부모다. 부모의 힘과 의지는 아이의 삶에서 결정적인 동인이 된다.

그러면 어떤 결과가 생길까? 먼저 아이는 신뢰와 관용이 아니라 힘과 권위가 인간관계를 지배한다고 배운다. 따라서 사회를 위계적 관점에서 보게 된다. 아이가 보는 세상은 평등하지 않다. 부정적 효과는 이것만이 아니다. 아이는 자신의 충동을 불신하게 된다. 아이는 떼를 써서는 안 되고, 명령을 거슬러도 안 되며, 성기를 만지고 놀아서도 안 된다. 아이는 자기 안에 있는 그런 해악에 맞서 싸워야 한다. 간단한 투사 행위를 통해(24장) 아이는 다른 사람들에게서 보이는 악한 충동을 두려워하게 된다. 아이가 보기에 그 사람들은 흑심을 품고 있으며, 그들의 충동이 아이 자신을 위협한다. 그들을 신뢰해선 안 된다.

이런 훈련 방식이 편견의 토대를 마련한다면, 이와 반대되는 방식은 아이를 관용적인 태도 쪽으로 기울어지게 하는 것 같다. 자기가 무엇을 하든 안전할 것이고 사랑을 받을 것이라 느끼는 아이, 부모가 자신의 힘을 과시하는 방식으로(흔히 체벌보다는 수치심을 느끼게 한다) 대하지 않은 아이는 평등과 신뢰에 대한 기본적인 생각을 발달시키게 된다. 충동 억제를 요구받지 않는 아이는 충동을 다른 사람에게 투사할 가능성이 적고 의심, 두려움, 인간관계를 바라보는 위계적 관점을 발달시킬 가능성이 적다.[2]

아이를 훈육하거나 아이에게 애정을 줄 때 언제나 단 한 가지 방식만 쓰는 경우는 없지만, 가정의 지배적인 분위기를 다음 개요에 따라 과감하게 분류해볼 수는 있다.

허용적 분위기

거부적 분위기

- 억압적이고 잔인한 분위기(가혹하고 두려움을 자아냄)
- 지배적이고 비판적인 분위기(아이의 현재 모습에 만족하지 못하고 잔소리를 하는, 욕심이 지나친 부모)

소홀함

지나친 방임

비일관성(때로는 허용적이다가 때로는 거부적이고 때로는 지나치게 방임하는 경우)

이 문제를 벌써부터 독단적으로 주장할 수는 없지만, 거부적이거나 소홀하거나 일관성 없는 훈련 방식이 편견의 발달로 이어지는 경향이 커 보인다.[3] 조사자들은 편견을 지닌 사람들의 유년기를 살펴보면 싸움이 잦거나 아예 해체된 가정이 많은 것으로 나타났다고 보고했다.

애커먼(Nathan W. Ackerman)과 야호다(Marie Jahoda)는 정신분석을 받는 환자들 중 반유대주의를 지닌 사람들에 대한 연구를 수행했다. 그들 대부분은 어릴 때 싸움, 폭력 또는 이혼으로 특징지어지는 건강하지 못한 가정 생활을 경험했다. 그들의 부모는 서로에게 애정이나 연민을 거의 혹은 전혀 느끼지 않았다. 부모 중 한쪽 혹은 양쪽 모두 아이를 거부하는 것은 예외적인 일이 아니라 예삿일이었다.[4]

조사자들은 부모가 구체적으로 반유대주의 태도를 주입하는 것이 자녀가 반유대주의자가 되는 데 꼭 필요한 요인이 아님을 알아냈다. 자녀들처럼 부모도 반유대적이었던 것은 사실이지만, 연구자들은 그 관계를 다음과 같이 설명한다.

> 부모와 자녀가 모두 반유대주의적인 경우에, 단순 모방 가설을 주장하기보다는 부모의 정서적 성향이 아이에게서 유사한 정서적 기질이 발달하는 데 도움이 되는 심리적 분위기를 조성했다고 가정하는 편이 더 합리적이다.[5]

달리 말하면 부모가 편견을 **가르친** 것이 아니라 오염된 환경에서 아이에게 편견이 **옮은** 것이다.

다른 조사자는 편집증(paranoia)에 관심을 두었다. 그는 고착된 망상 사고 때문에 고통을 겪는 입원 환자 125명 가운데 대다수가 뚜렷하게 억압적이고 잔인한 방식으로 양육되었다는 사실을 발견했다. 환자들 중 거의 4분의 3이 억압적이고 잔인하거나, 아니면 지배적이고 지나치게 비판적인 부모에게서 자랐다. 7퍼센트만이 허용적이라고 부를 수 있는 가정 출신이었다.[6] 따라서 성인기의 편집증은 인생의 순조롭지 못한 출발점으로 거슬러 올라가 원인을 찾을 수도 있을 것이다. 물론 편집증과 편견을 동일시할 수는 없다. 하지만 편견적인 사람이 탐닉하는 엄격한 범주화, 그가 보이는 적개심과 이성 활용 불능 상태는 편집성 성격 장애와 아주 많이 닮았다.

증거를 지나치게 확대 해석하지만 않는다면 적어도 한 가지를 추정해볼 수 있다. 가혹한 대우를 받거나, 심하게 처벌받거나, 지속적으로 비판받은 아이들은 집단 편견이 두드러지게 드러나는 성격을 발달시킬 가능성이 크다. 반대로 여유 있고 안정된 가정에서 허용적이고 애정 어린 보살핌을 받고 자란 아이들은 관용을 발달시킬 가능성이 더 크다.

낯선 것에 대한 공포

편견의 태생적 원천이 존재하는가의 문제로 다시 돌아오자. 8장에서 (생후 6개월 정도에 이른) 유아들이 친숙한 사람과 친숙하지 않은 사람을 구분할 수 있게 되자마자 낯선 사람이 접근할 때 종종 불안감을 드러낸다는 것을 보았다. 유아는 낯선 사람이 느닷없이 움직이거나 자기를 '붙잡으려' 할 때 특히 더 불안해한다. 만약 낯선 사람이 안경을 쓰고 있거나 피부색이 다르다면, 아이는 특별한 공포를 드러낼 수도 있다. 그 사람의 생각이나 감정을 표현하는 움직임이 아이가 익숙한 것과 다르다면 더욱 공포심을 자극할 것이다. 이런 두려움은 미취학 시기 내내 지속되며, 종종 그 이후로도 계속된다. 유아가 있는 집을 방문하는 사람은 누구나 아이가 자기에게 '호의를 품게' 하는 데 몇 분, 어쩌면 몇 시간이 걸릴 수도 있음을 안다. 하지만 아이가 느끼는 최초의 공포는 대개 점차 사라진다.

앞서 유아를 장난감이 있는 낯선 방에 혼자 머물게 한 실험도 살펴보았다. 모든 아이가 처음에는 불안해하고 걱정스레 울음을 터뜨렸다. 몇 차례 실험을 반복한 후에 아이들은 완전히 방에 익숙해졌고, 집에서처럼 편안하게 놀았다. 그러나 유아가 초기에 보이는 공포 반응에는 분명 생물학적 유용성이 있다. 낯선 것은 무엇이든 잠재적인 위험이며, 어떤 해로운 요소도 잠복해 있지 않다는 것을 경험을 통해 확인할 때까지는 반드시 경계해야 한다.

낯선 사람 앞에서 아이들이 느끼는 거의 보편적인 불안은 아이들이 그 사람에게 빨리 적응하는 것에 비하면 그다지 놀랍지도 않다.

> 어느 집에 흑인 가정부가 고용되었다. 가족 구성원 중 세 살, 다섯 살 난 아이들은 가정부에게 두려움을 드러냈고, 며칠 동안은 낯선 이를 받아들이기를 주저했다. 그 후로 가족은 그 가정부와 5, 6년을 함께 지냈으며, 가족 모두 그를 사랑하게 되었다. 여러 해가 지난 후 아이들이 청소년이 되었을 때, 가족은 가정부 애니가 집안일을 도왔던 행복했던 시절을 이야기하곤 했다. 애니를 보지 못한 지 10년이 넘었지만, 가족은 여전히 애니에 대한 애정어린 기억을 품고 있었다. 대화를 나누던 중에 애니가 흑인이라는 말이 나오자 아이들은 깜짝 놀랐다. 그들은 그런 사실을 몰랐으며 설령 알았더라도 완전히 잊고 있었다고 주장했다.

이런 상황은 드물지 않다. 이런 일은 낯선 사람에 대한 본능적 공포가 영구적인 태도의 조직과 반드시 어떤 관련이 있다는 주장을 의심하게 한다.

인종을 처음으로 자각하다

'가정의 분위기' 이론이 '본능적 뿌리' 이론보다는 확실히 더 설득력이 있다. 그러나 두 이론 모두 아이가 언제, 어떻게 인종과 민족에 대한 생각을 구체화하기 시작하는지 알려주지 않는다. 아이가 관련된 정서적 자질을 갖추고 있고 가정에 수용이나 거부, 불안이나 안정의 요소가 항상 잠재해 있다 하더라도 우리에겐 집단 간 차이에 대한 아이의 최초 감각이 어떻게 발달하는지 보여줄 연구가 여전히 필요하다. 그런 연구를 수행하기에 알맞은 장소가 바로 두 인종이 함께 다니는 유아원(nursery school)이다.

유아원에서 수행한 연구에 따르면, 아이들이 인종에 주목하는 가장 이른 시기는 두 살 반 정도로 보인다.

> 이 나이의 한 백인 아이가 처음으로 흑인 아이 옆에 앉아서 말했다. "더러운 얼굴이야." 이것은 감정이 실리지 않은 발언이었으며, 단지 피부색이 짙은 사람을 난생 처음 관찰한 데서 유발된 상황이었을 뿐이다.

어떤 피부는 희고 어떤 피부는 색이 짙다는 순수하게 감각적인 관찰이, 많은 경우에 인종 자각의 첫 번째 기미인 것 같다. 이런 관찰에 낯선 것에 대한 공포의 떨림이 따라붙지 않는 한, 아이들은 인종 차이를 처음 알아차렸을 때 어느 정도 호기심과 흥미를 느낀다고도 말할 수 있다. 하지만 그 이상은 아니다. 아이들의 세계는 매혹적인 구분으로 가득 차 있다. 피부색은 그중 하나일 뿐이다. 그렇기는 하지만, 우리는 인종 차이에 대한 최초의 지각이 '깨끗하다'와 '더럽다'라는 연상을 불러일으킬 수 있다는 데 주목한다.

세 살 반이나 네 살에 이르면 상황이 더욱 분명해진다. 불결함에 대한 감각은 여전히 아이들을 따라다닌다. 집에서는 더러운 것을 지우려고 아이의 몸을 박박 문질러 닦는다. 그런데 다른 아이 몸에는 어째서 그렇게 거무스름한 것이 그대로 남아 있을까? 어떤 흑인 소년은 자신의 구성원 지위를 혼동하고 어머니에게 이렇게 말했다. "엄마, 내 얼굴 좀 깨끗이 닦아줘. 어떤 아이들은 잘 안 씻는대. 특히 흑인 애들이."

초등학교 1학년을 맡은 한 교사가 대략 백인 어린이 열 명 중 한 명꼴로 학급에 단 한 명 있는 흑인 아이와 게임 중에 손 잡기를 거부한다고 보고했다. 뿌리 깊은 '편견' 의식 때문에 그러는 것은 분명 아니었다. 거부하는 백인 아이들은 단지 톰의 손과 얼굴이 더럽다고 불평할 뿐이었다.

굿맨의 유아원 연구는 특히 의미심장한 결과를 하나 보여준다. 흑인 아이들이 대체로 백인 아이들보다 더 일찍 '인종을 자각'한다는 것이다.[7] 흑인 아이들은 이 문제로 혼란스러워하고 불안을 느끼고 때로는 흥분하는 경향을 보인다. 그런 아이들 중에 자기가 흑인이라는 사실을 아는 경우는 거의 없는 것 같다. (심지어 일곱 살 난 한 흑인 여자아이는 백인 친구에게 이렇게 말했다. "난 흑인이 되면 싫을 거 같아. 그치?")

흥미와 혼란은 여러 형태를 띤다. 흑인 아이들은 인종 차이에 대해 더 많은 질문을 던진다. 흑인 아이들은 백인 아이의 금발을 쓰다듬을 때도 있고, 종종 흑인 인형을 거부하기도 한다. 백인 인형과 흑인 인형을 함께 주고 놀라고 했을 때, 흑인 아이들은 거의 한결같이 백인 인형을 선호했고 그중 많은 아이가 흑인 인형을 때리면서 지저분하다거나 못생겼다고 말했다. 대체로 흑인 아이들이 백인 아이들보다 흑인 인형을 더 거부하는 반응을 보였다. 흑인 아이들은 인종 자각에 관한 검사를 받을 때 다른 사람들의 시선을 많이 의식하며 행동하는 경향을 보인다. 한 흑인 소년에게 색깔만 빼고 거의 비슷한 아기 인형 두 개를 보여주면서 물었다. "네가 아기라면 어느 쪽을 좋아하겠니?"

바비의 눈이 갈색 인형에서 흰색 인형으로 옮겨간다. 아이는 머뭇

거리고 어색해하면서 우리를 곁눈질로 쳐다본다. 그러면서 흰색 인형을 가리킨다. 비록 희미하고 산발적으로 나타나지만, 인종에 관련된 바비의 지각에는 개인적인 의미가 있다. 일종의 자기 준거이다.

굿맨의 관찰에서 특히 흥미로운 점은 유아원에 다니는 연령대의 흑인 아이들이 백인 아이들 못지않게 매우 활동적인 경향을 보였다는 것이다. 전반적으로 흑인 아이들이 더 사교적이었다. 특히 '인종 인식' 검사에서 점수가 높은 아이들이 그랬다. 대부분 흑인 아이들이 집단의 '리더'로 여겨졌다. 이 발견이 무엇을 의미하는지 확신할 수는 없지만, 그런 사실로부터 어쩌면 점점 분명해지는 인종적 자각에 흑인 아이들이 훨씬 더 많이 자극받는 것이 아닐까 추론해볼 수 있다. 흑인 아이들은 자기가 온전히 이해하지도 못하는 도전을 받고 흥분한 것일 수도 있고, 자신의 뇌리를 떠나지 않는 모호한 위협에 맞서고자 활달한 행동과 사회적 접촉을 통해 안도감을 구하는 것일 수도 있다. 그런 위협은 아이들이 충분히 안전하다고 느끼는 유아원에서가 아니라 아이들이 바깥세상과 처음 접촉할 때, 그리고 결국은 이 문제를 언급하지 않을 수 없는 부모들이 집에서 아이들과 대화를 나눌 때 다가온다.

유아원 연령의 흑인 아이들이 보이는 이런 전면적인 활동성은 침착함, 수동성, 무감각, 게으름(혹은 위축 반응이라고 부를 수 있는 것은 무엇이든)으로 유명한 흑인 성인들의 처신과 대조적이라는 점에서 매우 흥미롭다. 9장에서 흑인들이 겪는 갈등이 때때로 방관주의와 수동성을 조장하곤 한다는 점을 지적했다. '게으름'이 흑인의 생물학적 특성이라고 주장하는 사람이 많지만, 유아원에서 완전히 반대되는 증거를 찾을 수 있다. 설령 흑인의 속성으로 존재한다고 해도 수동성은 학습된 적응 양식이 분명하다. 네 살배기 아이가 안도감을 얻기 위해, 받아들여지기 위해 적극적으로 손을 내밀더라도, 그 시도는 대개 실패로 끝날 수밖에 없다. 이렇게 분투와 고통의 시간을 거친 끝에 수동적 적응 양식이 시작되는 것일 수 있다.

네 살배기 아이들의 이제 막 싹튼 인종 자각에서조차 어째서 어두운 피부색과 막연한 열등감이 연결되는 것일까? 검은 색소와 때의 유사성에서 유효한 답을 찾을 수 있다. 굿맨이 조사한 아이들 중 3분의 1이 이 문제를 말했는데, 여기에는 백인 아이와 흑인 아이들이 모두 포함되어 있다. 많은 다른 아이들도 틀림없이 그렇게 생각했을 것이며, 다만 어쩌다 조사자들에게 언급하지 않았을 것이다. 아이가 아직 온전히 이해하지는 못하지만 아이에게 가치 판단을 전달하는 교묘한 학습 형태에서도 추가로 답을 찾을 수 있다. 어떤 백인 부모들은 말이나 행동으로 아이에게 흑인에 대한 자신들의 막연한 거부감을 전달했을 수 있다. 그렇다 해도 네 살짜리 아이의 내면에서 거부는 여전히 발생 초기일 뿐이다. 실제로 조사자들은 이 연령 단계에서 '편견'이라고 이름 붙일 만한 사례를 하나도 발견할 수 없었다. 또 어떤 흑인 부모들은 자녀가 자신의 피부색이 검다는 사실을 자각하기도 전에 검은 피부를 가진 사람들의 악조건에 대한 감각을 전달할 수도 있다.

연합된 관념에 초기부터 손상을 입는 것은 미국 문화에서는 피할 수 없는 일로 보인다. 거무스름한 피부는 불결함을 암시한다. 심지어 네 살 아이에게도 그렇게 보인다. 갈색은 미국 문화에서 심미적 모범이 아니다(많은 사람들이 초콜릿을 좋아하는데도 그렇다). 하지만 이렇게 초기부터 겪는 불이익을 아예 극복할 수 없는 것은 아니다. 진홍색 장미는 핏빛이라는 이유로 거부당하지 않고, 노란 튤립도 소변 색이라는 이유로 거부당하지 않는다.

요약하면 네 살 아이들은 일반적으로 인종 집단 차이에 관심과 호기심을 느끼며 차이를 식별할 줄 안다. 약간의 백인 우월감이 자라나는 것처럼 보이는데, 이것은 대체로 흰색과 깨끗함이 연합되기 때문이다. 청결은 생애 초기부터 학습되는 가치다. 하지만 반대되는 연상도 쉽게 만들어질 수 있고, 그런 일이 종종 실제로 일어난다.

> 네 살 난 남자아이가 보스턴에서 출발하는 샌프란시스코 행 기차에 탔다. 아이는 다정다감한 흑인 짐꾼이 몹시 마음에 들었다. 이후 꼬박 2년 동안 아이는 커서 짐꾼이 되는 환상을 품었고, 자신이 흑인이 아닌 탓에 그 일자리에 자격 미달이라고 심하게 불평했다.

언어적 꼬리표: 힘과 거부의 상징

11장에서 정신적 범주와 정서적 반응을 지키는 울타리를 치는 데 언어가 엄청나게 중요한 역할을 한다는 것을 논의했다. 언어는 결정적인 요소이므로 유년기 학습과 관련해 이 문제로 다시 돌아가고자 한다.

굿맨의 연구에서 절반이나 되는 유아원 아이들이 '깜둥이(nigger)'라는 단어를 아는 것으로 밝혀졌다. 해당 별칭이 문화적으로 무엇을 암시하는지 이해하는 아이는 거의 없었다. 그러나 아이들은 그 말에 강력한 힘이 있음을 알았다. 그 말은 금지된 것, 터부였으며, 언제나 선생님들에게 강한 반응을 불러일으켰다. 따라서 그 말은 '힘센 단어(power word)'였다. 아이가 떼를 쓸 때 선생님을—실제로 선생님이 백인이건 흑인이건 상관없이—'깜둥이' 혹은 '더러운 깜둥이'라고 부르는 경우가 드물지 않았다. '깜둥이'는 그저 감정을 표현하는 단어일 뿐이었다. 늘 분노를 표현하는 것도 아니었으며 때로는 단순히 흥분을 표현하기도 했다. 아이들은 떠들고 뛰어다니면서 놀 때도 신이 난 나머지 "깜둥이, 깜둥이, 깜둥이!"라고 고함을 지르곤 했다. '깜둥이'는 힘센 단어로서, 아이들에겐 자신이 지금 에너지를 격렬하게 분출하는 중임을 표현하기에 알맞은 말로 보였던 것이다.

한 관찰자가 전쟁 놀이를 하던 중에 공격적 언어화(aggressive verbalization)가 나타나는 흥미로운 사례를 제공해주었다.

> 최근에 나는 대기실에서 세 아이가 탁자에 앉아 함께 잡지를 읽는 모습을 보았다. 갑자기 그중 작은 소년이 이렇게 말했다. "여기 병사하고 비행기가 있어. 이 사람은 잽(일본인)이야." 그러자 소녀가 말했다. "아냐, 그 사람은 미국인이야." 다시 작은 소년이 말했다. "그자를 잡아, 병사. 잽을 잡으라고." 나이 많은 소년이 이야기를 보탰다. "히틀러도 잡아." 이번엔 소녀가 말했다. "무솔리니도." 다시 큰 소년이 말했다. "유대인도 잡아." 그런 다음 작은 소년이 구호를 외치기 시작했고 다른 아이들도 합세했다. "잽, 히틀러, 무솔리니, 유대인! 잽, 히틀러, 무솔리니, 유대인!"[8] 아이들은 자기들이 외친 호전적인 구호를 거의 이해하지 못한 게 틀림없다. 그들에게 적의 이름은 표현적(expressive) 의미를 띨 뿐 지시적(denotative) 의미는 없었다.

한 소년이 '깜둥이'하고 절대로 놀지 말라고 경고하는 어머니에게 동의하면서 이렇게 말했다. "알았어, 엄마. 깜둥이들하고 안 놀게. 백인 애들이랑 흑인 애들하고만 놀 거야." 아이는 '깜둥이'라는 말에 혐오감을 키우고 있었지만, 그 말이 무엇을 뜻하는지는 전혀 모르는 상태였다. 달리 말하면 그 단어의 지시 대상을 알기 전에 혐오감이 먼저 자리를 잡은 것이다.

아이가 보기에 강력하고 감정이 많이 실린 단어는 '깜둥이' 말고도 더 있다. 고이(비유대인), 카이크(유대인), 데이고° 같은 단어가 그런 경우다. 아이는 나중에야 비로소 그 단어를 한 무리의 사람들(특정 집단)에게 붙이고 단어가 암시하는 감정을 그 집단에 부여할 수 있게 된다.

우리는 이 과정을 '학습에서 언어적 선행성'이라고 부른다. 정서를 자극하는 단어는 그 단어가 가리키는 대상(지시 대상)이 무엇인지 학습하기 전에 효과를 발휘한다. 나중에 가서야 지시 대상에 정서적 효과가 달라붙게 된다.

지시 대상에 대한 견고한 감각을 얻기까지 아이는 당혹스럽고 혼란스러운 단계를 거칠 수 있다. 이 말이 특히 참인 이유는 정서와 연결되는 별칭은 주로 흥분되거나 정신적 충격을 주는 일을 경험하면서 학습될 가능성이 가장 크기 때문이다. 래스커는 다음과 같은 사례를 제시한다.

> 한 여성 사회복지사가 놀이터를 가로질러 가다가 엉엉 울고 있는 이탈리아 꼬마를 보았다. 복지사가 다가가 무슨 일인지 물었다. "폴란드 애한테 맞았어요." 아이가 여러 번 되풀이해서 말했다. 구경하던 아이들에게 물어보니 때린 아이가 폴란드 아이가 아니라는 사실이 드러났다. 복지사가 다시 아이에게 몸을 돌려서 말했다. "그러니까 네 말은, 덩치 큰 못된 녀석한테 맞았다는 거구나." 하지만 아이는 그 사실을 인정하지 않으려 하면서 폴란드 애한테 맞았다는 말만 되풀이했다. 호기심이 생긴 복지사는 이탈리아 아이의 가족을 탐문해보았다. 그리하여 아이의 가족이 폴란드인 가족과 같은 집에 살고 있으며, 아이의 엄마(이탈리아인)가 끊임없이 폴란드인 이웃과 다투면서 자녀들에게 '폴란드인'과 '나쁘다(bad)'라는 단어가 동의어라는 관념을 주입했다는 사실을 알아냈다.[9]

데이고(dago) 남유럽 사람들을 경멸조로 부르는 말.

이 꼬마가 마침내 '폴란드인'이라는 말이 정말로 누구를 가리키는지 배울 때쯤에는 이미 폴란드인에게 강한 편견을 품고 있을 것이다. '학습에서 언어적 선행성'을 분명하게 보여주는 사례다.

아이들은 때때로 정서적 꼬리표에 관한 당혹감을 털어놓곤 한다. 아이들은 적당한 지시 대상을 탐색하는 듯 보인다. 트래거(Helen G. Trager)와 래드키(Marian J. Radke)가 유치원생부터 초등학교 1, 2학년 아이들을 대상으로 수행한 연구에서 여러 사례를 볼 수 있다.[10]

애나: 화장실에서 나오고 있었는데, 피터가 지한테 더러운 유내인이라고 했어요.

선생님: 왜 그랬니, 피터?

피터: (진심으로) 미워서 그런 건 아니었어요. 그냥 장난친 거예요.

조니: (루이스가 각반 푸는 것을 도우면서) 어떤 남자가 우리 아빠보고 고이래.

루이스: 고이가 뭔데?

조니: 내 생각에 여기 있는 사람은 전부 다 고이야. 하지만 난 아니야. 난 유대인이거든.

교실에서 한 흑인 소년이 교사를 '화이트 크래커'°라고 부르자, 교사가 학생들에게 이렇게 말했다. "이 두 단어의 뜻이 무엇인지 궁금하군요. '화이트 크래커'가 무슨 뜻인지 여러분은 아나요?"

아이들에게서 아리송한 답이 많이 나왔는데, 그중 하나는 "엄청 화가 났을 때 하는 말"이라는 것이었다.

화이트 크래커(white cracker) 미국 남부에 사는 가난한 백인을 경멸조로 부르는 말.

설령 그 아이가 단어를 제대로 사용할 줄 모르고 있다 해도, 단어는 아이에게 큰 위력을 행사한다. 아이에게 단어는 흔히 일종의 마술이자 실제로 존재하는 그 무엇이다(11장).

남부에 사는 백인 소년이 세탁부의 아이와 놀고 있었다. 이웃집 백인 아이가 담장 너머로 이렇게 소리 치기 전까지는 모든 것이 순조로웠다. "조심해, 너 그러다가 옮는다."

"뭐가 옮아?" 잘 놀고 있던 백인 아이가 물었다.

"검은색이 옮는다고(Catch the black). 너도 흑인이 될걸."

아이는 그 말에 겁을 먹었다.(분명히 '홍역이 옮다catch the measles' 같은 표현이 떠올랐을 것이다.) 아이는 그 자리에서 곧장 흑인 친구를 내쳤고, 다시는 그 아이와 놀지 않았다.

아이들은 험한 말을 들으면 대개 울음을 터뜨린다. 버릇없는, 지저분한, 덤벙거리는, 깜둥이, 데이고, 잽 등 모든 욕설이 아이들의 자존감에 상처를 입힌다. 이러한 유아기의 언어 실재론에서 벗어나기 위해 아이들은 조금 더 나이가 들면 흔히 자신을 다독이는 짧은 흥얼거림으로 마음을 가라앉히려 한다. "몽둥이와 돌로 내 뼈를 부러뜨릴 수 있을지 몰라도, 말로는 나를 다치게 할 수 없지."○ 하지만 아이가 이름이 사물 그 자체가 아니라는 것을 배우는 데는 몇 년이 걸린다. 11장에서 본 것처럼, 어쩌면 언어 실재론을 완전히 떨쳐버릴 수는 없을 것이다. 언어적 범주의 완고함은 성인의 사고에서도 지속될 수 있다. 일부 성인들에게 '공산주의자'나 '유대인'은 더러운 단어이자 더러운 것이며, 확고부동한 단일체다. 이것은 아이에게 일어날 수 있

○ Sticks and stones may break my bones, but names can never hurt me. 흔히 압운을 맞춰 'sticks and stones'로 줄여 쓰는 관용구로 주로 욕설을 들은 아이를 달랠 때 쓴다.

는 현상과 같다.

편견 학습의 첫 단계

여섯 살인 재닛은 어머니에 대한 복종과 일상적인 사회적 접촉을 통합하려고 열심히 노력하고 있다. 어느 날 재닛은 집으로 뛰어들어 와 이렇게 물었다. "엄마, 내가 싫어해야 하는 애들 이름이 뭐였지?"

간절한 바람이 담긴 재닛의 질문을 다루면서 이번 장을 이론적으로 요약하고자 한다.

재닛은 추상화(abstraction)의 문턱에서 난감해하고 있다. 재닛은 올바른 범주를 만들고 싶어 한다. 제대로 된 대상을 찾아냈을 때 그들을 싫어함으로써 어머니에게 복종할 작정이다.

이런 상황에서 우리는 재닛의 발달사에서 선행 단계를 다음과 같이 추측해본다.

1. 재닛은 어머니와 자신을 동일시하거나, 적어도 어머니의 애정과 인정을 강하게 갈망한다. 재닛이 자란 가정의 분위기가 '허용적'이라기보다 다소 엄격하고 비판적이지 않았을까 상상해볼 수 있다. 재닛은 부모를 기쁘게 하려면 늘 준비가 잘 되어 있어야 한다는 사실을 깨달았을 것이다. 준비되어 있지 않으면 거부나 처벌의 고통을 겪을 것이다. 어쨌거나 이 소녀는 복종의 습관을 발달시킨 상태다.

2. 현재 시점에서 재닛은 낯선 사람들을 심하게 두려워하지는 않지만 주변을 경계하는 법을 배운 상태다. 가족 이외의 사람들에게서 경험한 불안이 지금 재닛이 자신이 충성할 사람들의 범위를 정하려고 노력하는 한 요인이 됐을지도 모른다.

3. 확실히 재닛은 인종적 · 민족적 차이에 호기심과 흥미를 느끼는 최초 시기를 이미 지났다. 이제 재닛은 인간은 무리를 지어 집단을

이룬다는 사실을 안다. 그리고 자신이 확인할 수만 있다면 좋을, 중요한 구별이 있다는 것도 안다. 흑인과 백인의 경우에 가시성 요인이 재닛을 도와준다. 그러나 재닛은 더 미묘한 차이 역시 중요하다는 것을 깨달았다. 유대인은 어쨌든 비유대인과 다르고, 와프(이탈리아 이민자)는 미국인과 다르고, 의사와 판매원도 다르다. 비록 관련된 모든 단서들을 분명히 알지는 못하지만 재닛은 이제 집단 간 차이를 안다.

4. 지금 재닛은 학습에서 '언어적 선행성' 단계에 있다. 재닛은 X라는 집단이 (이름도 정체도 모르지만) 어쨌든 싫어할 만한 집단이라는 것을 안다. 재닛은 이미 해당 집단의 이름에 담긴 정서적 의미(emotional meaning)를 알지만 지칭적 의미(referential meaning)는 아직 모른다. 지금 재닛은 그 정서에 적절한 내용을 통합하려고 애쓰는 중이다. 재닛은 자신의 범주를 규정함으로써 자신이 미래에 할 행동이 어머니의 바람에 부응하기를 바란다. 언어적 꼬리표를 마음대로 쓰게 되면, 재닛은 '폴란드인'과 '나쁘다'를 동의어로 여긴 이탈리아 꼬마처럼 될 것이다.

지금까지 재닛의 발달 과정은 이른바 자민족 중심주의 학습의 첫 단계라 부를 만한 것의 특징을 보여준다. 이 단계를 **선일반화 학습**(pregeneralized learning) 시기라고 부르자. 이 명칭이 아주 만족스럽지는 않지만, 앞에서 한데 묶어 나열한 여러 요인을 이보다 더 잘 표현할 말은 없다. 이 용어는 특히 아이가 아직까지 어른들의 방식을 따라서 일반화를 하지 않았다는 사실에 주목하게 한다. 아이는 아직 유대인이 어떤 사람인지, 흑인이 어떤 사람인지, 자신이 그들을 어떤 태도로 대해야 하는지 제대로 이해하지 못한다. 심지어 어떤 의미에서는 **자기가 누구인지**도 모른다. 아이는 장난감 미군 병사를 갖고 놀 때에만 비로소 자기가 미국인이라고 생각할 수 있다(이런 유형의 범주화는 전쟁 시기에 드물지 않았다). 성인의 관점에서 볼 때 아이는 민족 문제뿐 아니라 다른 문제에서도 아직 논리적 사고가 발달하지 못한 상태다. 어린 여자아이는 엄마가 회사에서 일할 때는 자기 엄마가 아니라고 생각할 수 있다. 또 엄마가 집에서 가족을 돌볼 때는 엄마를 회사원으로 여기지 않을 수 있다.[11]

아이의 정신적 삶은 구체적인 맥락에서 펼쳐지는 듯하다. 아이에겐 바로 지금 여기에 존재하는 것만이 유일한 현실이다. '문을 두드리는 낯선 사람'은 두려워해야 할 대상이다. 그가 우편 배달원인지는 중요하지 않다. 학교에서 만나는 흑인 소년은 더럽다. 그 아이는 어떤 한 인종의 구성원이 아니다.

구체적인 삶의 과정에서 겪는 그런 독립된 경험이 아이의 정신에 필요한 것들을 채워주는 것 같다. 아이의 선일반화된 사고에는 (성인의 관점에서) '포괄적'이라든가 '혼합주의적', 혹은 '선논리적(prelogical)'이라는 말이 붙곤 한다.[12]

정신 발달 과정에서 언어적 꼬리표는 결정적으로 중요한 자리를 차지한다. 언어적 꼬리표는 성인의 추상화에 해당하고, 성숙한 성인들이 받아들이는 종류의 논리적 일반화에 해당하는 가치가 있다. 아이는 꼬리표를 먼저 배우며, 그것을 성인의 범주에 적용할 만큼 충분한 준비를 갖추는 것은 나중 일이다. 그리고 그런 꼬리표 덕분에 아이는 편견을 지닐 수 있는 채비를 갖추게 된다. 하지만 그 과정은 시간이 걸린다. 재닛을 비롯해 이번 장에서 본 다른 아이들이 그랬듯이, 몇 차례 서투른 시도를 거친 뒤에야 비로소 적절한 범주화가 이루어진다.

편견 학습의 두 번째 단계

어머니가 분명한 답을 주자마자 재닛은 십중팔구 편견의 두 번째 단계에 진입할 것이다. **전면적 거부**의 시기라 부를 수 있는 단계다. 어머니가 이렇게 답했다고 가정해보자. "흑인 애들하고는 같이 놀면 안 된다고 했잖니. 걔들은 병이 있어. 그리고 너를 다치게 할 거야. 이제 이 문제로 또 널 붙잡고 얘기하게 하지 마." 지금쯤 재닛이 흑인과 다른 집단을 구분하는 법을 배운 상태라면, 심지어 피부색이 짙은 멕시코 아이들이나 이탈리아 아이들과도 구분한다면, 달리 말해 마음속에 성인의 범주를 지니고 있다면, 틀림없이 모든 흑인을 모든 상황에서 거부할 것이다. 그리고 그런 태도에는 상당한 감정이 실릴 것이다.

블레이크와 데니스의 연구에서 이 점이 잘 나타난다.[13] 앞서 이 조사자들이 남부 지역의 초등학교 4학년과 5학년 백인 아이들을 대상으로 수행한 연구를 언급한 적이 있다. 열 살, 열한 살 난 아이들에게 질문을 던졌다. "흑인과 백인 중 누가 더 음악적인가?" "누가 더 깨끗한가?" 이와 유사한 유형의 다른 질문도 많이 던졌다. 조사 대상 아이들은 이미 흑인 범주를 **전면적으로** 거부하는 법을 배운 상태였다. 어떤 바람직한 자질이 백인이 아니라 흑인에게 속하는 것으로 더 많이 꼽히는 경우는 하나도 없었다. 결과적으로 백인은 모든 미덕을 다 지녔고, 흑인은 하나도 없었다.

이러한 전면적 거부는 확실히 더 이른 시기에 시작되지만(많은 아이들에게서 이런 태도가 일고여덟 살 무렵에 발견된다), 사춘기 초기에 이에 따른 자민족 중심주의적 태도가 절정에 이르는 것으로 보인다. 1, 2학년 아이들은 종종 다른 인종이나 민족 구성원 지위를 지닌 아이와 자발적으로 놀거나 나란히 앉곤 한다. 이런 호의는 대개 5학년이면 사라진다. 그 시점에 아이들은 자기가 속한 집단을 거의 배타적으로 선택한다. 흑인은 흑인을 선택하고, 이탈리아 아이는 이탈리아 아이를 선택하는 식이다.[14]

아이들의 이러한 전면적 거부와 과잉 일반화 경향은 일반적으로 나이가 들면서 사라진다. 블레이크와 데니스는 고등학교 3학년이 되면 백인 청소년이 여러 가지 우호적인 고정관념을 흑인에게 귀속시킨다는 사실을 발견했다. 백인 청소년들은 흑인이 더 음악적이고 더 낙천적이며 춤을 더 잘 춘다고 생각했다.

이처럼 **전면적 거부**의 시기 이후에는 **분화**의 단계가 시작된다. 편견은 점점 덜 전면적인 것이 되어 간다. 자신의 태도에 예외 조항을 추가함으로써 더 합리적이고 수용적인 태도를 지니게 된다. 아이들은 이렇게 말한다. "나랑 가장 친한 친구 몇은 유대인이야." 혹은 "나는 흑인에겐 편견이 없어. 난 언제나 흑인 유모를 사랑했어." 성인의 거부 범주를 처음 학습하는 아이는 이런 우아한 예외 조항을 만들 줄 모른다. 전면적 거부를 배우는 데 태어나서부터 6년에서 8년이 걸리고, 그것을 수정하는 데 또 다시 6년이 넘는 시간이 걸린다. 문화에 대해 실제로 성인들이 지니는 신조는 매우 복잡하다. 자민족 중심주의가 허용된다(그리고 여러 방식으로 고무된다). 동시에 민주주의와 평등에 대해 입에 발린 말을 해야 한다. 아니면 적어도 몇몇 좋은 자질을 소수 집단에 귀속하거나, 자기 안에 남아 있는 반감을 드러냈을 경우에는 어떻게든 그럴듯하게 정당화해야 한다. 민주주의 사회에서 편견을 지니는 데 적합한 특유의 이중 화법을 배움으로써, 아이들은 청소년기로 진입한다.

여덟 살 무렵이면 아이들은 흔히 매우 편견 어린 방식으로 **대화**한다. 아이들은 이미 범주와 전면적 거부를 학습했다. 그러나 이 무렵에 거부는 주로 언어의 측면에서 표현된다. 아이들은 유대인, 와프,

가톨릭교도를 매도할 수 있지만, 한편으로 여전히 비교적 민주적인 방식으로 **행동**할 수 있다. '전면적 거부'는 주로 말의 문제다.

이제 학교에서 교육 과정에 영향을 받으면서 아이는 새로운 언어 규범을 배운다. 반드시 민주적으로 대화해야 한다는 것이다. 아이는 모든 인종과 신조를 동등하게 간주하겠다고 공언해야 한다. 그래서 열두 살 정도가 되면 **말로는** 수용하지만 **행동으로는** 거부하는 모습을 볼 수 있다. 이 나이대에 이르면 언어 규범과 민주주의 규범이 영향을 끼치기 시작하는데도 불구하고 결국 편견이 품행에 영향을 끼친다.

그렇다면 역설적이게도 더 어린 아이들은 말은 비민주적으로 해도 행동은 민주적으로 할 수 있는 반면에, 사춘기에 접어든 아이들은 (최소한 학교에서는) 말은 민주적으로 해도 진실로 편견적인 행동을 할 수 있다. 열다섯 살에 이르면 성인의 행동 양식을 모방하는 데 상당한 재주를 보인다. 상황에 따라 적절하게 편견 어린 대화와 민주적인 대화를 입에 올릴 수 있고, 어떤 상황에서든 자신의 언행을 합리화할 준비가 되어 있다. 상황에 따라 처신도 달리할 수 있다. 부엌에서는 흑인에게 친절할 수 있지만 정문으로 들어오는 흑인은 적대적으로 대한다. 이중 화법과 마찬가지로 이중 행동도 배우기가 쉽지 않다. 자민족 중심주의의 정수를 섭렵하려면 유년기 전체와 청소년기의 많은 시간이 필요하다.

19장

청소년기 학습

사회적 학습°은 매우 복잡한 과정이다. 지금까지는 일부만 다루었을 뿐이다. 앞서 생의 가장 이른 시기에 작용하는 근본 요인 가운데 동일시라는 핵심적 과정에 주목했다. 동일시를 통해 아이는 자신의 구성원 지위에 대한 감각을 확립하고 부모의 민족적 태도에 예민해진다. 특히 처벌과 애정과 관련해 가정의 아동 훈련 분위기를 강조했다. 또 처음으로 민족 간 차이를 자각할 때 아이가 느끼는 혼란과, 성인의 범주를 형성하기 위한 아이의 분투를 다루었다. 언어적 명칭은 범주 형성에 중요한 역할을 하며, 흔히 관념 체계 자체가 만들어지기도 전에 정서적인 태도로 이어지곤 한다. 나아가 편견적 태도의 형성을 연령대에 따라 대략 세 단계, 즉 선일반화, 전면적 거부, 분화로 구분할 것을 제안했다. 아이는 청소년기에 접어들기 전까지는

사회적 학습(social learning) 개인 간 상호작용을 통해 이루어지는 학습. 타인과 접촉할 때 그 타인의 의도와 관계없이 그의 행동을 모방하여 자신의 행동을 수정하는 학습을 사회적 학습이라 한다.

민족 범주를 문화적으로 승인된 방식으로 다루지 못한다. 청소년기 무렵에 이르러서야 비로소 성인 형태의 편견을 갖추게 된다고 말할 수 있다.

여기에는 학습 과정의 초기에 발생하여 지속되는 통합(integrating)과 조직화(organizing) 활동에 대한 적절한 설명이 빠져 있다. 인간의 마음은 무언가를 조직하는 행위자이다. 민족에 관해 아이가 지닌 태도는 아이의 성격 내부에서 일관성 있는 단위를 형성하고, 바로 그 성격의 결에 통합된다.

통합과 조직화는 지속적으로 이루어지지만, 특히 사춘기 때 중요한 활동이다. 사춘기 이전까지 아이가 지닌 편견은 대부분 다른 사람을 거쳐 간접적으로 얻은 것이기 때문이다. 아이는 부모의 견해를 앵무새처럼 따라하거나 부모가 직접 접하는 문화의 자민족 중심주의를 자기 태도에 반영하는 법을 배웠다. 그러다 점차 격렬한 감정을 느끼는 청소년기가 다가오면, 아이는 종교나 정치적 견해처럼 편견도 자신의 성격에 직접 맞추어 넣어야 한다는 것을 깨닫는다. 지위와 특권을 지닌 성인이 되기 위해 아이는 자신의 사회적 태도를 자신의 자아에 어울리는 성숙한 형태로 만들어 간다.

이 장에서는 사춘기와 청소년기에 주로 나타나는 편견적 태도의 통합과 조직화를 다룰 것이다.

조건화

통합과 조직화의 가장 단순한 사례는 트라우마를 입거나 충격을 받은 경우에 볼 수 있다. 한 젊은 여성의 사례를 보자.

여러 해 동안 나는 흑인을 심하게 두려워했다. 아주 어렸을 때 (석탄 가루를 온통 뒤집어쓴) 광부가 우리집 근처에 갑자기 나타나 나를 몹시 놀라게 했기 때문이다. 나는 곧 그의 검은 얼굴과 흑인 전체를 연결했다.

여기에는 단순한 조건화°의 기제가 작동한다.

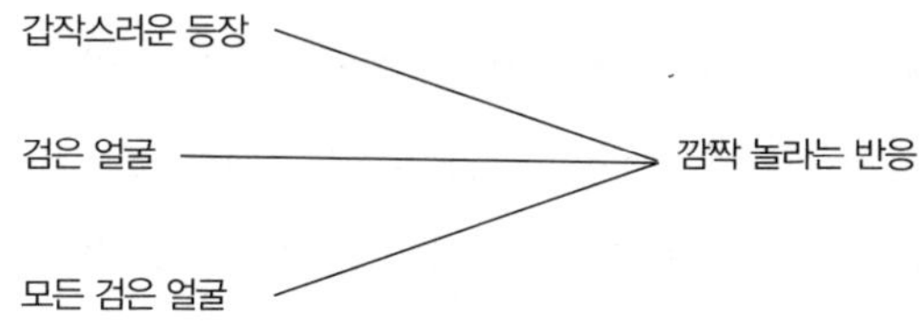

낯선 사람의 갑작스러운 등장은 격렬한 놀람과 공포를 일으키기에 '생물학적으로 적합한' 원인이었고, 검은 얼굴은 두려움을 주는 자극 상황 안에 내장된 부분이었다. 이후 모든 검은 얼굴은 공포 반응을 다시 일으키기에 충분한 신호가 되었다.

이러한 유형의 단순한 조건 반응 학습에는 정서적 영향이 꼭 필요하지는 않다. 그러나 정서적 영향이 없다면 연상적 연결을 '확립'하는 데 아주 많은 반복이 필요하다. 트라우마의 조건화 같은 경우에는, 몹시 격렬한 정서적 반응이 일어나기 때문에 '생물학적으로 적합한' 자극과 '조건 자극' 사이에 오로지 단 한 번의 인접 관계가 필요할 뿐이다. 다음 사례는 이 원리를 잘 보여준다.

내가 어린 소녀였을 때 한 필리핀계 일꾼이 나와 성관계를 하려고 시도했다. 나는 성행위도, 그 사람도 둘 다 싫다고 격렬하게 저항했다.

조건화(conditioning) 행동이 학습되는 과정을 일컫는 말. 파블로프의 개 실험에서 입증된 '고전적 조건화'와 반응 이후의 보상을 통해 그 반응을 강화하는 '조작적 조건화'로 나뉜다.

지금도 나는 아시아인이 내 앞에 나타나기만 하면 실제로 몸이 떨린다.

이런 일은 유아기에 발생할 수도 있지만, 많은 경우 유아기 이후에 일어난다. 이런 사례는 민족 집단에 관한 경험이 아닌 다른 경험과 관련될 수도 있다.

> 내가 열세 살 때, 우리 가족은 어쩔 수 없이 마을을 떠나야 했고 우리가 사랑하는 집을 팔아야 했다. 아버지 회사에서 노사 분규가 일어났기 때문이었다. 그 뒤로 나는 절대로 노동 계급을 용서하지 않았다.

이 모든 사례에서 트라우마 경험에 뒤따르는 과잉 일반화(전면적 거부)의 측면에 주목해보자. 이것은 구체적인 사람(광부, 일꾼, 어떤 특정한 노동자)이 아니라 그 범주 **전체**에 편견을 품는 것이다.

때로는 트라우마가 자신의 개인적인 경험에서 비롯된 것이 아닌 경우도 있다(물론 대개는 직접 경험한 데서 비롯된다). 강렬한 인상을 남기는 영화, 끔찍한 이야기, 생생한 연주회에서 이후로 수년간 지속될 확고한 태도를 얻는 경우도 있다. 한 소녀는 이렇게 썼다.

> 터키인들에 대해 내가 지닌 편견은 어렸을 적 놀이 친구가 들려준 생생한 이야기로 거슬러 올라갈 수 있다. 친구는 터키 남자들은 얼굴에 난 칼자국을 감추려고 모두 카이저 수염(양쪽 끝이 위로 올라간 콧수염)을 길렀으며, 그들은 술주정뱅이에다 아주 사악한 사람들이라고 말했다.

트라우마에 의한 학습은 단 한 번의 생생한 조건화로도 이루어진다고 할 수 있다. 이것은 어떤 태도를 즉각 확립하는 경향이 있으며,

그 태도는 원래의 자극과 연결되는 대상이 속하는 집단의 모든 구성원을 포함하도록 과잉 일반화된다. 오래전에 철학자 스피노자는 다음과 같이 이 원리를 표현했다.

> 만일 어떤 사람이 누군가에게 영향을 받아 기쁨이나 고통을 느낀 적이 있다면, …… 그리고 만일 그 기쁨이나 고통의 원인이 앞서 말한 이방인이라는 생각이 따른다면, …… 그 사람은 그 이방인 개인뿐 아니라 이방인이 속한 계급 혹은 민족 전체에 사랑이나 증오를 느낄 것이다.[1]

물론 민족적 태도의 학습과 관련해 조건화와 일반화에 대한 논의를 찾으려고 스피노자까지 거슬러 올라갈 필요는 없다. 최근에 심리실험실에서 잘 설정된 실험을 통해 민족적 적개심을 만들어낼 수도 있고 줄일 수도 있음을 보여주었다.[2]

한 대학생의 사례에서 긍정적이고 호감을 품게 하는 조건화를 볼 수 있다.

> 나는 친구들과 합세해서 우리가 '더러운 깜둥이들'이라고 부르던 흑인 아이들을 몰아내는 일을 하곤 했다. 하지만 우리 교회 단체에서 상연한 민스트럴 쇼°를 난생처음 본 이후로 나는 흑인을 아주 좋아하게 되었다. 그리고 다시 마음을 바꾼 적이 없다.

다음 사례는 정신적으로 큰 충격을 받아 편견에서 벗어나게 된 경우를 보여준다.

민스트럴 쇼(minstrel show) 백인이 흑인으로 분장해서 펼치는 춤과 노래 공연.

대학 2학년 때 한 유대인 여학생이 우리 복도 쪽 방에 배정되었다. 그애는 한동안 대부분 국외자로 지냈다. 어느 날 그애가 있는 자리에서 나는 어떤 유대인 여자애와 기차를 타러 갔다가 아리아 인종 친구를 목격했을 때 유대인 여자애를 내버려두고 자리를 피했던 일을 이야기했다. 그 이야기를 듣고 있던 사람들을 향해 나는 이렇게 말했다. "아마 그게 썩 잘한 행동은 아니었겠지만, 그래도 어쨌든……." 그러자 그 유대인 여학생이 조용히 일어나 방에서 나갔다. 내가 할 수 있는 거의 최악의 말을 했구나 하는 생각이 곧바로 머리에 떠올랐다. 난생처음으로 나는 유대인을 향한 나의 태도를 평가하고 이성의 저울로 고찰하려고 진지하게 노력했다.

트라우마에 의한 학습은 때때로 편견적 태도의 확립과 조직에 (그리고 때로는 그런 태도를 파괴하는 데) 중요한 요인일 수 있다. 하지만 몇 가지 주의를 기울이는 편이 바람직하다.

1. 많은 경우에 트라우마는 이미 진행 중인 과정을 강화하거나 가속할 뿐이다. 마지막에 언급한 사례에서 만약 자신의 반유대주의를 민감하게 여기고 가책을 느끼는 마음이 잠재되어 있지 않았더라면 화자는 기숙사 동료인 유대인 여학생의 감정을 상하게 한 데 그렇게 큰 충격을 받지 않았을지도 모른다. 그 경험은 단지 이미 존재하던 수치심을 강화했을 뿐이다.

2. 사람들은 자신의 태도를 설명하려고 유년기의 단순한 트라우마 경험을 찾아보는 경향이 있다. 그들은 주로 현재 자신이 지닌 편견과 잘 맞는 경험을 회상하는 (혹은 고안해내는) 경향이 있다. 예를 들어, 한 연구에서 관용적인 사람에 비해 반유대주의자가 유대인과 불쾌한 경험을 했다고 기억하는 비율이 훨씬 높다는 사실이 밝혀졌다. 하지만 현재 자신이 품고 있는 적개심을 합리화하고 정당화하기 위해 기

억을 선택하거나 창작한 것이 아니냐는 추측이 이 결과를 가장 잘 설명해주는 듯하다.[3]

3. 100명의 대학생들에게 '소수 집단에 대한 나의 경험과 태도'라는 주제로 자신의 이야기를 한번 써보라고 요청했다. 분석 결과 약 10퍼센트 정도만이 부분적이나마 편견의 발생 요인으로 간주할 수 있을 만큼 충분히 심각한 트라우마를 남긴 사건을 자세히 설명한 것으로 나타났다.

4. 연속된 경험을 정상적으로 통합한 경우와 트라우마를 혼동해서는 안 된다. 어떤 사람이 특정 집단의 구성원들에게서 거듭 반복되는 특정한 경험을 한다면, 여기에 트라우마의 문제는 없다. 심지어 편견의 문제도 없을 수 있다. 제대로 형성된 일반화는 편견이 아니기 때문이다(1장).

선택적 지각과 논리적 종결

지금까지 검토한 원리가 편견 학습의 발판을 제공한다고 생각하는 것이 도움이 될 것이다. 가정에서 이루어지는 자녀 교육, 동일시와 모방적 동조 과정, 나중에 범주에 붙일 정서적 명칭을 마련하게 해주는 언어 선행 현상, 조건화 과정과 그중에서도 특히 트라우마 부류의 조건화, 고정관념적 일반화의 초기 형성과 이후에 일어나는 분화까지, 이 모든 것이 태도 형성의 조건이다. 하지만 이런 조건들이 어떻게 특정한 한 개인의 정신에 존재하는 것과 같은 편견의 **구조**로 이어지는가 하는 문제는 아직 설명되지 않았다.

학습 이론에서 이 단계를 다루려면 다음과 같이 가정할 필요가 있다. 아이는 뒤죽박죽인 수많은 경험에서 확실한 의미를 찾아야 한다는 압력을 끊임없이 받으며 살아간다. 아이 자신이 조직화라는 과제에 열중해 있다는 뜻이다.

권위주의적 가정의 분위기를 예로 들어보자. 혹독하게 훈육을 받고 자기 의지로 부모에게 맞서는 일이 허용되지 않는 아이는 살아가는 것을 위험한 일로 지각하게 된다. 이런 아이는 삶은 관용적인 수용이 아니라 권력 관계에 근거해 이루어진다고 생각할 수밖에 없다. 인간관계에 대한 위계적 관점만이 아이에게 자신이 한 경험의 핵심 특성을 납득시켜줄 것이다. 결과적으로 아이는 친분이 있는 모든 사람을 닭이 모이를 '쪼는' 순서, 즉 사회적 서열을 통해 지각할 가능성이 크다. 아이는 자기가 어떤 사람보다 높은 자리에 있는지, 어떤 사람보다 아래에 있는지 본다. 아이 입장에서는 자기가 아는 유일한 모형에 따라 삶을 준비하는 것 말고 달리 어찌할 도리가 있겠는가?

혹은 트라우마적인 경험이 편견의 씨앗인 경우를 가정해보자. 이 경우에도 역시 개인은 자신의 지각과 추론을 자신이 받아들인 방향성에 맞게 정리할 것이다. 다음 글은 근동 지역에서 근무하는 미국인 교사가 쓴 것인데, 선택적 합리화 과정을 잘 보여준다. 글쓴이는 청년이지만 이 과정은 유년기에도 많이 일어난다.

> 내가 그리스인 학생들을 처음 접했을 때 유감스럽게도 시험 부정 행위가 몇 차례 일어났다. 그리고 한 나라 국민으로서 그리스인에 대한 나의 태도는 나도 모르는 사이에 편향되고 말았다. 당시 그리스와 터키의 관계는 다소 긴장 상태였고, 내가 주로 터키 쪽에 호감이 있었다는 사실이 이 편향성을 키웠다는 데는 의심의 여지가 없다. 하지만 내가 그리스인들에 대해 형성한 새로운 태도와 고대 그리스 문화에 대한 나의 깊은 존경 사이에 갈등이 있었다. 이 둘을 화해시키기는 어려웠지만 나는 출구를 찾았다. 나는 현대 그리스인이 고전 시대 그리스인들의 직계 후손이 아니며, 그래서 현대 그리스인이 과거의 영광스러운 전

통에 자부심을 품는 것은 정당하지 않다는 주장을 입증할 수 있는 모든 증거를 찾아보았다. 그것은 순전히 내 입장을 정당화하기 위한 편향된 과정이었다. 왜냐하면 나는 그런 증거를 비판적으로 따져보거나 반론을 찾아보려고 노력하지 않았기 때문이다.[4]

이 경우나 이와 비슷한 사례들을 보면, 어떤 선행 조건(가정의 분위기, 조건화, 언어적 꼬리표) 때문에 특정한 관점, 방향성, 마음가짐이 생기는 듯하다. 이 경향이 이제 다시 구체적인 관념 체계를 형성하는 데 필요한 선택적 지각과 논리적 종결 과정에 시동을 건다(2장에서 하나의 범주가 어떻게 스스로에게 가능한 모든 지지를 끌어들이는지 지적했다). 사람은 태도라는 골격에 살과 옷을 입히려고 애쓸 수밖에 없다. 또 그런 태도가 구체적이고 실행 가능하고 정당화될 수 있으며 합리적이기를 바란다. 아니면 적어도 그렇게 보이기라도 해야 한다.

보조에 의한 학습

방금 기술한 종결의 원리는 다소 주지주의적인 원리이다. 이 원리는 아직 완전하지 않은 정신 구조가 스스로를 완성하려는 경향이 있다고 주장한다. 더 의미 있게, 더 일관성 있게 성장하고자 한다는 것이다. 그러나 사람은 철저하게 주지주의적인 차원의 삶만 살지는 않는다.

이 원리는 확장되어야 한다. 구체적인 의미만이 아니라 복잡한 가치관과 관심 체계 같은 것도 그 자체로 온전해지고 정당화되어야 한다. 다음 사례를 살펴보자.

열한 살 때 나는 조합교회(Congregational church)에 다니고 싶었다. 내 친구들이 모두 그 교회에 나갔고 거기서 아주 즐거운 시간을 보내는 것처럼 보였기 때문이다. 하지만 난 가지 않았다. 왜 그랬을까? 글쎄, 그건 나의 가족이 지금까지도 내가 도저히 헤아릴 수 없는 어떤 미묘한 방식으로 성공회 교회에 나가는 것이 더 품위 있는 일이라고 내게 분명히 이해시켰기 때문이다. 또 할아버지와 증조할아버지가 같은 성공회 교회에 나가셨다는 오래된 이야기도 내게 영향을 끼쳤다.

여기서 이 사례에 나오는 여자아이의 가족이 아이에게 가치의 준거 틀을 심어주었음을 알 수 있다. 품위와 지위와 자랑스러운 인생 계획을 유지하는 것이 이 아이에게 좋은 일이었을 것이다. 이런 방향성 속에서 아이는 점차 구체적인 태도, 즉 친성공회적 태도와 반조합교회적 태도를 발달시킨다. 먼저 아이는 자기 자신을 바라보는 어떤 시각, 즉 미묘한 우월성의 시각을 받아들이기 시작한다. 그가 지닌 편견 그 자체는 그저 이러한 자아상을 유지하는 데서 부수적으로 얻게 된 것에 불과하다. 그의 포괄적인 가치관(그가 삶을 살아가며 의지하는 전반적인 잣대)이 외집단에 대한 관점을 형성할 것이다. 이 경우 아마도 증오나 몰인정한 차별은 없을 것이다. 단지 '품위'가 떨어지는 집단에 대한 약간의 우월감이 있을 뿐이다.

보조(subsidiation)의 법칙을 이렇게 진술할 수 있을 것이다. **사람은 그가 지닌 지배적 가치관이 무엇이건 간에 그 가치관에 부합하는 민족적 태도를 습득하려는 경향성이 있다.** 가치관은 개인적인 문제이고 자아 구조의 중심부에 놓여 있기 때문에, 아마 이 법칙을 이렇게도 진술할 수 있을 것이다. **사람은 그가 지닌 자아상이 어떤 것이든 간에 그 자아상에 부합하는 민족적 태도를 습득하려는 경향성이 있다.**

이 법칙에 따르면 편견 학습은 전적으로 (혹은 우선적으로) 외부 영향의 산물만은 아니다. 편견은 단순히 선전의 문제나 어린 사람들에게 기성의 태도를 넘겨주어서 생기는 문제가 아니다. 또 영화나 만화, 라디오 같은 대중매체에 영향을 받아 생기는 문제도 아니다. 편견은 단순히 부모의 특정한 가르침이나, 발생한 일들을 '종결'을 통해 모조리 합리화하기 때문에 생기는 문제가 아니다. 편견은 문화를 맹목적으로 모방하거나 거울처럼 그대로 반영해서 생기는 문제도 아니다. 어떤 것이든 그 영향이 아이의 자라나는 인생관에 '보조'가 되는 **한**, 모든 것이 전부 다 문제가 된다. 만약 그런 것들이 아이가 지닌 자기 이미지에 잘 들어맞고, 아이에게 지위를 부여해주고, 아이에게 '기능적으로 유의미해' 보인다면 아이가 그것을 학습할 가능성은 더 커진다.

마지막으로 한 가지 사례를 들어보자. 편견이 없는 사람의 경우다.

> 어린 윌리엄은 언제나 연민을 품고 있었다. 어쩌면 타고난 기질의 핵심에 다정함이 깃들어 있었기에 아이의 인생관이 처음부터 그런 방향으로 기울었는지도 모른다. 윌리엄의 가정은 안정되고 관용적이었다. 윌리엄은 공감 어린 행동으로 칭찬을 들었다. 윌리엄은 특히 병든 사람이나 동물을 돌보기를 좋아했고, 친절한 의사를 자신의 자아 이상으로 삼았다. 윌리엄은 자신을 치유자라고 생각했다. 고통에 대한 윌리엄의 관심은 이후 신체 장애가 있거나 사회적으로 배척당하거나 소수 집단이라는 지위로 인해 불리한 상황에 놓인 사람들에게로 자연스럽게 옮겨갔다.
>
> 이 아이가 자란 환경이 편견으로부터 자유로웠다고 생각해서는 안 된다. 윌리엄의 부모는 아이에게 충분한 안전과 애정을 제공해주었지만 가끔 유대인과 가톨릭교도를 안 좋게 말하곤 했다. 지역사회 자체가 편견에 물들어 있었다. 윌리엄은 모욕적인 별칭을 골라잡아 피상적인 방식으로 쓰지 않을 수 없었다. 그러나 이러한 편견의 씨앗들은 결

코 윌리엄에게 뿌리를 내리지 못했다. 그가 지닌 치유자, 인류의 벗으로서 자기 이미지가 훨씬 강했던 것이다. 청소년기가 지나고 나서 윌리엄은 상황을 객관적으로 평가했다. 그는 자기가 민족 문제에 몹시 민감하기도 했지만, 민족적 편견은 자기 삶에서 가장 핵심적인 가치관에 어긋난다고 판단했다. 이렇게 상황을 파악한 뒤 윌리엄은 신중하게 자신의 가치관을 재확인했으며, 집단 간 관계 개선에 직업적으로 헌신했다.

윌리엄은 자신의 가치 틀에 기초를 두고 세계를 선택적으로 지각했다. 그의 구체적인 태도는 이 틀을 보조하는 방식으로 자라났다. 이 사례에서는 애초에 윌리엄을 그런 방향으로 기울게 한 요인이 무엇인지 분명하지 않다. 아마도 그가 말하는 것처럼 타고난 기질 때문이었을 수도 있고, 어쩌면 허용적인 가정 분위기 때문이었을 수도 있다. 그러나 일단 시작된 후에는 그가 지닌 자신의 이미지가 발달 과정에 주된 영향을 끼친 것 같다.

지위의 욕구

윌리엄의 사례는 두 측면에서 주목할 만한 가치가 있다. 우선 그는 가치에 대한 나름의 감각을 확립했다. 그것은 '열등한' 사람들을 희생해서가 아니라, 공감 어린 방식으로 그들과 자신을 동일시함으로써 얻은 감각이다. (많은 사람들이, 아마도 대부분의 사람들이 이렇게 하지 않는다. 대부분은 자신이 가치 있는 존재라는 감각을 다른 사람들을 **내려다봄으로써** 유지한다.) 둘째로, 윌리엄은 미국 문화의 경쟁적 가치관에 비교적 덜 영향을 받고 자란 것으로 보인다. '꼭대기에 선다(최고가 된다)'는 것은 그에겐 거의 의미가 없다. 윌리엄은 이웃에 사는 유대인과 가톨릭교도를 희생해서 개인적인 지위를 느껴보라는 가족과 지역사회의 권유에 저항한다.

이제 좀 더 일상적인 상황을 검토해보자. 어째서 서구 문화에서 자라는 아이는 자신이 다른 사람들보다 나은 존재라고 여기게 되는 걸까? 여기에는 그럴 만한 이유가 있어 보인다. (홉스를 비롯해 여러 철학자들은 이것이 인간 본성에 있는 절대적으로 보편적인 특질이라고 주장했다. 그들은 아마 윌리엄이 실제로는 사기꾼 같은 인간이라고 말할 것이다. 즉 윌리엄은 연민의 감정을 통해 이기적인 쾌락을 얻고 있을 뿐이다. 다른 사람들이 우월 의식을 통해 같은 쾌락을 얻는 것과 다를 바 없다는 것이다.)

자연은 모든 개인이 자기 충족적인 생물학적 유기체일 것을 요구한다. 사람은 누구나 자신의 신체적·정신적 통합성을 유지하는 데 전 생애를 바쳐야 한다. 그래서 어떤 의미에서 그가 하는 모든 일은 자기 중심적이어야 한다. 만일 어떤 사람이 자기 자신을 부양하기 위해 살고 일하지 않는다면 그는 소멸할 것이다(다른 이가 그 짐을 떠안는다면 모를까). 이 과정에서 사람은 자신의 자아에 대해 강하고 소란스러운 감각을 발달시킬 수밖에 없다. 이것이 존재의 중심축이 된다. 사람은 통합성의 감각과 자기 주도성의 감각이 침해받을 때 격분할 능력이 있다. 마찬가지로 공격성, 원한, 증오, 질투심을 표출하거나 그 밖에 여러 형태의 독선을 행할 능력도 있다. 자아 존중감이 위협받을 때마다 이런 자기 복구의 기제가 동원될 가능성이 있다.

분노와 적개심을 느낄 능력이 있는 사람이라면, 그는 칭찬과 아첨에도 상당히 민감하다. 타인에게 장점을 인정받고, 그렇게 해서 자신의 자기애가 옳다는 것을 입증받는 것은 곧 **지위**를 경험하는 것이다. 여기서 느끼는 희열에는 생존가가 있다. 왜냐하면 이 희열은 그가 적어도 한동안은 물리적 세계에 대처할 때만이 아니라 사회 생활에서도 안전하고 성공적일 것임을 암시하기 때문이다. 특히 사회 생활에서 안전과 성공은 성취하기가 더 어려운데, 다른 자아들 역시 인정받기를 갈구하는 영역이기 때문이다. 그렇다면 인간 본성에서 이기주의는 실존의 **필수 조건**이며, 이기주의의 사회적 표현이 바로 **지위 욕구**인 것이다.

이제 잠시 동안 인간 본성이라는 동전의 뒷면은 무시하자. 사람은 지위에 대한 이기적 욕구를 억제하거나 수정할 수 있는 능력이 있다. 삶은 어머니와 아이의 사랑에 기초한 공생 관계에서 시작된다. 아이는 무한한 신뢰를 품고, 보통은 자신의 주변 환경(사물, 사람 모두)과 뚜렷하게 친애적 관계를 발달시킨다. 이런 애정의 자질 덕분에 인간 협력의 건설적 가치를 실현할 수 있다. 편견이 (비록 이기주의의 측면에서 볼 때는 자연스러운 것이지만) 성격에서 불가피하게 발달하는 것이 아닌 이유도 바로 여기에 있다.

그러나 지금은 대부분의 사람들이 개인의 지위 감각에 대한 강렬한 욕구를 지니고 있음을 인정하는 것으로 충분하다. 나중에 (특히 27장에서) 진정으로 관용적인 성격이 발달하는 가운데 이런 욕구가 어떻게 사회화되고 기세를 잃게 되는지 살펴볼 것이다.

신분과 계급

만약 문화가 삶의 문제에 기성의 답변을 제공해주는 것이라면, 지위를 갈망하는 문제에도 역시 기성의 해결책을 제공해줄 것이라고 기대할 수 있다. 너끈히 가능한 일이다.

지위를 갈망하는 사람들에게 문화는 '신분(caste)'이라는 처방을 제공한다. 만일 어떠한 이유에서 이 처방이 부적절하다고 판명되면, 사회는 '계급(class)'이라는 대안적 처방을 내놓는다. 한 나라에 속하는 다루기 어려울 정도로 많고 이질적인 전체 주민은 보통 여러 계층으로 세분되며 이러한 계층화의 결과로 지위를 명확하게 구분할 수 있게 된다.

어떤 학자는 신분을 이렇게 정의했다. 신분이란 "족내혼에 따른 지위 집단을 가리키며, 이것은 이동성과 상호작용 측면에서 문화적으로 한계를 정하고 그 한계를 집단의 개별 구성원에게, 그리고 한 인격체로서 그 사람의 본성에 부과하는 것"이다.[5] 신분 간 결혼은 일반적으로 허용되지 않는다. 인도의 카스트 제도에서 그렇고, 미국에서는 모든 남부 주와 일부 북부 주에서 백인과 흑인의 결혼이 법적으로 금지되어 있었다.

미국에서 흑인은 사회적으로 인종보다 신분에 더 적합한 사례다. 많은 흑인이 인종적 혈통 면에서 현재의 아프리카인보다는 코카소이드에 더 가깝기 때문에, 그들을 전부 니그로이드로 치부하는 것은 말이 안 된다. 미국에서 흑인이 (심지어 '흑인 피'의 흔적 정도만 남은 사람들조차) 겪는 불이익은 낮은 신분에 부과되는 전형적인 사회적 불이익이다. 인종적 유전 형질이 초래한 불이익이 아닌 것이다. 고용 차별, 거주지 분리, 그리고 다른 모든 낙인은 다만 신분의 표시일 뿐이다. 흑인이 '자기 분수를 지킬 것'이라고 기대되는 것도 신분의 필요조건이다. 귀속된 낮은 지위를 강제하려는 사회적 관행인 것이다.[6] 오늘날 미국 남부 주들에서 법률상 제재가 신분을 강요하고 있지만 비공식적 제재가 훨씬 더 강력하다.

노예에서 자유인으로 흑인의 조건에 일어난 형식적 변화는 지금까지 전체 상황을 일부만 바꾸었을 뿐이다. 이 점은 교육자이자 시민권 활동가인 코넬리어스 골라이틀리(Cornelius Lacy Golightly)가 기술한 바와 같다.

> 각 개인은 흑인 집단에서 태어날 수도 있고 백인 집단에서 태어날

수도 있다. 이것은 노력해서 얻거나 성취할 수 있는 조건이 아니다. 남부에서는 신분의 이런 특징이 집단 간 생활이 이루어지는 모든 주요 영역에서 분리 정책을 시행할 것을 요구하는 법률로 강제되고 있다. 북부에서는 신분의 경계가 법적으로 승인되지 않는다. 그런데도 그런 경계선들은 개인의 편견에 의해 사실상 그대로 유지된다.[7]

골라이틀리는 백인의 관점에서는 이런 상황이 의심할 여지 없이 유용하다는 것을 보여준다. 본질적으로 신분은 자존감을 끌어올리는 문화적 장치다. 지위를 갈망하는 욕구의 관점에서 보면 신분 체계는 충분히 말이 된다.

그러면 낮은 신분에 속한 사람들은 **자신들의** 자존감을 높이는 데 어떤 문화적 장치를 활용할 수 있을까 하는 의문이 생긴다. 답은 당연히 그들도 나름의 계층을 만든다는 것이다. 예를 들어 피부색이 하나의 기준이 되기도 한다. 더 옅은 색 피부가 더 짙은 색 피부보다 상위를 차지한다. 시시한 구분처럼 보이는 것들도 있다. 이를테면 머리카락이 직모라든가, 집에 세탁기가 있다든가, 알고 지내는 백인 이웃이 있다든가 하는 것들이다. 약간만 궁리하면 누구든 다른 사람에게 우월감을 느낄 타당한 이유를 찾아낼 수 있다. 하층 계급의 흑인 관객들은 무대 위에서 풍자의 대상이 된 영국 귀족을 보며 굉장히 즐거워한다. 관객들은 '멍청이'처럼 말하는 영국 귀족의 말투가 꼴불견이라고 생각한다. 그들은 **그 영국 귀족에게** 우월감을 느낀다.

신분의 측면에서 지위를 구분할 수 없는 경우에는 **사회 계급**을 표명함으로써 지위를 나타낸다. 대략 말하면 사회 계급은 서로 대등한 조건으로 사회에 참여하는 사람들의 집단이다. 같은 사회 계급에 속하는 이들은 주로 비슷한 예법과 말씨, 도덕적 태도, 교육 수준, 유사한 정도의 유형 재산을 소유한다. 신분과 달리 사회 계급은 넘을 수 없는 장벽으로 분리되어 있지 않다. 미국처럼 계급 이동이 유연한 사회에서는 사람들이 자주 하나의 사회 계급에서 다른 계급으로 옮겨간다.

사회학자들은 두 종류의 사회적 지위가 있다고 말한다. 바로 **성취** 지위와 **귀속** 지위이다. 성취 지위란 개인이 스스로 노력해 (혹은 부모의 노력 덕분에) 위계에서 어떤 위치를 얻는 것을 말한다. 반면에 귀속 지위는 세습되는 효력이 있다. 영국 지배 가문의 자손은 귀족의 일원이고 언제나 그럴 것이다. 당사자가 이 사실을 바꾸기 위해 할 수 있는 일은 아무것도 없다. 그렇다면 신분은 귀속 지위의 문제다. 반면에 계급은 적어도 미국 사회에서는 대체로 성취 지위다.

미국 사회에 얼마나 많은 계급이 존재하는지 헤아리기는 어려울 것이다. 모든 사람이 **상층** 계급, **중간** 계급, **하층** 계급의 존재를 어렴풋이나마 자각하고 있는 것은 사실이다. 그리고 누구나 큰 어려움 없이 자신이 그중 어디쯤에 위치하는지 말할 수 있다. 하지만 사실 이런 분류는 너무 대략적이어서 지위 우월감을 느끼고 싶어 하는 개인의 욕구에 부응하지 못한다. 사람들은 자신의 공동체 안에서 구체적으로 정의된 집단들을 내려다보고 싶어 한다. 물론 미국 사회에서 백인은 모든 유색 인종, 특히 모든 흑인을 낮은 신분으로 여기고 범주적 우월감을 느낄 수 있다. 하지만 사람들은 더욱 차별적인 체계를 갈망한다.

계층 만들기의 꽤 확실한 기반 하나를 민족 집단에서 찾을 수 있다. 3장에서 독일인, 이탈리아인, 아르메니아인 등 다양한 민족군의 상대적 수용 가능성에 대해 미국인의 판단이 얼마나 획일적인지 이미 살펴보았다. 이 민족들은 순서대로 더 아래에 있는 모든 집단을 내려다볼 수 있다. 계층 만들기의 또 다른 획일적 원칙은 직업에 있다. 의사는 높은 지위를 지니며, 기계공과 집배원은 중간, 일용직 노동자는 하층 지위를 지닌다.

또 다른 꽤나 획일화된 사회 계급의 지표는 거주지이다. 지역사회마다 '더 나은 지역'으로 알려진 구역이 있고, 오로지 '하층 계급' 사람들만 사는 구역이 있다. 지역사회에선 누구나 이런 구역의 대략적인 경계선을 알기 때문에, 어떤 사람의 주소는 곧 그 사람의 사회적 지위를 표시하게 된다. 거주지는 지위를 나타내는 아주 강렬한 표지이기 때문에 거의 모든 도시에서 이 낙인에서 벗어나려는 지속적인 노력을 볼 수 있다. 어떤 가족이 집세가 더 비싼 구역으로 옮겨가는 데 성공하면, 그 가족이 원래 있던 곳은 사회적 위계에서 그들 바로 밑에 있던 가족이 차지한다.

한편 계급 구분이나 신분 구분이 이런 구분을 알고 있는 개인에게 저절로 편견을 야기한다고 생각해서는 안 된다. 어느 정도 그런 구분이 편견을 부르는 문화적 **초대장**인 것은 분명하다. 어떤 개인이 자신의 계급이나 신분의 우월성을 활용하고 싶고, 하위 집단을 모조리 내려다보고 싶다면 마음껏 그렇게 할 수 있다. 그리고 그는 이런 우월감을 중심으로 삼아 그 주위에 부정적이고 과잉 일반화된 태도, 이른바 우리가 편견이라 부르는 것을 구축할 수 있다.

하지만 다른 집단을 향한 감정과 행동에 관한 한, 어떤 사람이 사회적 위계를 알고도 거기에 영향받지 않는 일 또한 얼마든지 가능하다. 혹은 약간의 우월감을 느끼더라도 그런 우월감을 둘러싸고 실제로 편견적 태도를 조직하는 일이 벌어지지 않을 수도 있다.

신분과 계급을 보조하는 태도

하지만 만약 어떤 사람이 편견을 품을 만한 개인적인 이유가 있다면, 신분과 계급이 그에게 편견을 쌓을 기회(이것은 문화적으로 제공된다)를 주는 것은 사실이다. 그리고 동조가 편견 학습의 한 요인인 한(17장), 그것은 개인이 문화적 단층을 이용하도록 이끈다.

요즘 어린아이들은 신분과 계급에 관한 사실을 일찍 배운다. 한 실험에서는 유치원과 초등학교 1, 2학년에 다니는 백인 아이들과 흑인 아이들에게 서로 다른 유형의 인형 옷과 집을 주고, 그것들을 흑인 남녀 인형과 백인 남녀 인형에게 알아서 나눠주라고 했다. 두 인종의 어린이들 중 대다수가 백인 인형에게는 훌륭한 옷과 집을, 흑인 인형에게는 형편없는 옷과 집을 주었다.[8]

유아는 세 살 무렵에 급속하게 자아 감각을 발달시키는 것으로 보인다. 이 발달은, 거의 모든 요청에 "난 안 할 거야.", "싫어."라고 말하는 거부증(negativism) 시기에 동시에 일어난다. **사회적** 지위에 대한 생각이 자기 존중과 연결되는 데는 약 2년 정도가 더 필요할 뿐이다. 다섯 살쯤 된 여자아이가 옆집에 살던 흑인 가족이 이사 가는 것을 보고 울음을 터뜨렸다. 아이는 울부짖었다. "그럼, 이제 우리 집보다 못한 집이 없잖아."

어느 정도 나이가 들면 아이들은 모든 종류의 장점을 상층 계급에 속하는 사람들에게 귀속시키고, 모든 종류의 결점을 낮은 계급의 구성원들에게 귀속시키는 경향을 보인다. 예를 들어, 5학년과 6학년 아이들을 대상으로 수행한 실험에서 '깨끗하다', '더럽다', '잘생겼다', '못생겼다', '항상 재미있게 시간을 보낸다'고 생각되는 학급 친구들의 이름을 알려 달라고 요청했다. 모든 바람직한 자질에 대해 더 높은 사회 계급에 속한 아이들이 높은 점수를 받았고, 낮은 사회 계급 출신 아이들은 낮은 점수를 받았다. 실험에 참여한 아이들은 학급 친구들을 개인이 아니라 오로지 계급의 대표자로 지각했다. 그들의 눈에는 상층 계급 출신 아이들이 일반적으로 훌륭해 보인 반면, 하층 계급 출신은 일반적으로 나쁘게 보인 듯하다. 이 5, 6학년생들은 "충분한 근거 없이 나쁘게 생각"하고 있기 때문에, 우리는 이 아이들이 계급 편견을 드러내고 있다고 결론 내릴 수 있다.

이 연구를 진행한 버니스 뉴가튼(Bernice L. Neugarten)은 하층 계급 아이들이 받는 심각한 정신적 압박에 옳게 주의를 기울인다. 자신의 곤경을 깨닫고 나면 아이는 학교에 흥미를 잃고 기회가 생기는 대로 중퇴해버린다. 이런 아이는 학교에 다니는 동안에는 자기와 같은 수준의 아이들하고만 어울리며, 그 아이들은 더 특권적인 아이들과 완전히 분리된 삶을 살게 된다.[9]

이런 사실이 청소년기의 학습과 관련해 의미하는 바가 크다. 이것은 많은 젊은이들이 신분과 계급의 사회적 구분을 인생에서 **중요한** 길잡이로 삼는다는 것, 그리고 그런 길잡이를 자신의 사회적 태도에 적용한다는 것을 보여준다. 지위 향상에 대한 문화적 초대장을 받아들이는 것이다.

'보조'의 법칙으로 돌아가보면, 이 아이들은 사회적 모형을 곧 자신들의 모형으로 삼는다고 결론 내릴 수 있다. 문화 유형은 아이들에게 그들이 어느 계층에서 소속감을 발달시킬 수 있을지 처방해준다. 이런 길잡이를 무시하면 혼란을 느끼게 될 뿐이다. 한편으로 미국 문화는 개별성을 높이 평가하고, 교제할 사람을 선택할 때는 상대의 구성원 지위가 아니라 그 사람 자체만 보라고도 말한다. 그러나 이런 민주적인 지침은 모순적이며 따르기가 더 어렵다. 이미 주어진 계층 간의 골을 그대로 받아들이는 편이 더 쉽다.[10]

결론

'보조에 의한 학습'이 오로지 문화적 지침에 의해서만 일어난다고 생각해서는 안 된다. 편견이 한 사람의 생활 양식을 떠받치게 되는 데는 많은 개인적인 이유가 있다. 불안, 공포, 죄책감이 그가 필요로 하는 자아상을 결정할 수도 있다. 또는 생애 초기의 트라우마 경험이나 가족의 양상, 좌절 내성의 정도, 개인의 타고난 기질에 따라 결정될 수도 있다. 이런 모든 경우에 특정한 민족적 태도가 발달해 한창 발달 중인 성격 유형을 완성해 가고 결국 종결을 이끌어낸다.

하지만 편견에 관한 사회 규범 이론(3장)과 더불어 동조(17장)가 지닌 중요성을 강조하고자 이 장에서는 '계층화에 대한 보조'에 초점을 맞췄다. 우리의 목적은 편견의 습득에서 사회문화적 규범이 엄청나게 중요한 역할을 수행하고 있음을 인정하고 이 사실을 개인의 성격 발달과 관련해 제대로 진술하는 것이다.

편견을 타고나는 아이는 없다. 편견은 습득되는 것이다. 아이는 주로 자신의 욕구를 충족하는 과정에서 편견을 습득한다. 하지만 아이의 학습은 언제나 그 아이의 성격이 발달하는 사회 구조를 배경으로 이루어진다.

20장

내적 갈등의 해결

인생에서 편견의 행로는 순탄한 경우가 드물다. 흔히 편견적 태도는 개인의 성격을 구성하는 그것과 대등하거나 혹은 더 중요한 심층적 가치와 충돌할 것이 거의 확실하기 때문이다. 학교의 영향이 가정의 영향과 모순될 수 있다. 종교의 가르침은 사회 계층화에 대한 도전이 될 수 있다. 그렇게 상충하는 여러 힘을 단일한 하나의 삶 안에서 통합해내기는 어려운 일이다.

양심의 가책

물론 분명하고 단호하게 편향성이 지배하는 경우도 많다. 편견이 심한 고집불통들은 자기 자신을 확신한 나머지 단 한순간도 자신의 편견이 의구심이나 죄책감에 침식당하도록 내버려두지 않는다. 그런 가책 없는 편견의 좋은 사례를 1920년에 미시시피 주지사 시어도어 빌보가 시카고 시장에게 보낸 전보에서 볼 수 있다. 당시에 시카고는 제1차 세계대전 중 일자리를 찾아 도시로 몰려든 흑인 이주자들이 넘쳐나는 상황에 직면해 있었다. 시카고 시장은 미시시피 주지사에게 흑인 이주자 일부를 원래 살던 미시시피주로 돌려보낼 수 있을지 문의했다. 빌보가 보낸 답변은 이랬다.

> 미시시피가 얼마나 많은 흑인을 흡수할 수 있는지 문의하는 귀하의 전보를 받았습니다. 답을 드리자면, 우리가 깜.둥.이(N-i-g-g-e-r-s)라고 알고 있는 자들을 받아들일 여지는 있지만 '유색 인종 신사 숙녀'를 받아들일 여지는 전혀 없다고 말하고 싶습니다. 만약에 이 흑인들이 북부의 사회적 · 정치적 평등의 꿈에 오염되어 있다면, 우리는 그들을 써먹을 수도 없고 원하지도 않을 것입니다. 미시시피 주민은 이 나라에서 백인과 맺는 적절한 관계가 어떤 것인지 이해하는 흑인이라면 기꺼이 받아들일 것입니다. 우리는 노동력이 많이 필요한 상황이니까요.[1]

빌보의 정신세계는 지금 이 장에서 다룰 내용이 아니다. 25장과 26장에서 이 문제를 논의할 것이다.

양심의 가책이 있는 편견이 더 흔한 것 같다. 이 경우 적대적인 태도와 친화적인 태도가 번갈아 나타난다. 다음 사례에서 보듯이 오락가락하는 태도는 따라가며 살피기도 고통스러울 지경이다.

> 나는 학교에서 보내는 시간을 빼고는 유대인과 거의 접촉이 없다. 학교에서도 최대한 유대인을 피한다. 나는 어떤 기독교인 학생이 학급 반장으로 선출되었을 때 대놓고 기뻐했다. 아버지는 유대인에게 아주 강한 반감을 느낀다. 내가 가장 싫어하는 것은 언제나 자기들끼리 붙어 다니는 것처럼 보이는 유대인의 생활 방식이다. 유대인은 배타적이며, 이웃에 유대인 한 명이 이사 오면 결국엔 모두 몰려온다. 나는 유

대인 개개인을 싫어하지는 않는다. 왜냐하면 내가 아는 훌륭한 사람들 중 몇 명이 유대인이기 때문이다. 나는 유대인 여자 친구들과 만나서 즐겁게 놀기도 하지만, 가끔 그들 무리가 모여서 무언가 투덜거리는 모습을 볼 때면 화가 치밀어 오른다. 나는 어떤 집단이든 종교적 신념 때문에 냉대받는 것은 보기 싫다. 내가 비난하는 것은 유대인의 신앙이 아니다. 나는 단지 그들이 행동하는 방식이 싫다. 물론 나는 모든 사람은 평등하게 창조되었고 어떤 사람도 다른 사람보다 정말로 더 나은 것은 아니라고 믿는다.

이렇게 일관성 없는 글을 읽는 것은 당혹스러운 일이다. 이런 일관성 없는 삶을 사는 것 역시 참으로 난감할 것이다.

'미국에서 소수 집단에 대한 나의 경험과 태도'라는 주제로 100명의 대학생이 쓴 에세이 모음(방금 본 인용문도 여기서 가져왔다)에서, 편견을 표출한 학생 가운데 약 10퍼센트만이 죄책감이나 갈등을 조금도 내비치지 않았다. 오로지 10분의 1만이 아무런 가책 없이 편견을 지녔던 것이다. 다음과 같은 유형의 진술이 훨씬 더 많았다.

내 안의 모든 이성의 목소리가 흑인은 백인만큼이나 선하고 품위 있고 진실하고 당당하다고 말한다. 하지만 나는 내 이성과 편견의 불화를 인정하지 않을 수 없다.

나는 유대인들에게서 좋은 점만 보려고 노력하지만, 편견을 극복하려고 아무리 열심히 노력해도 그것이 늘 내 안에 남아 있으리라는 것을 안다. 어릴 때 부모님에게 받은 영향 때문이다.

편견은 비윤리적이지만 내가 언제나 편견을 품고 살리라는 것을 나는 안다. 흑인들에게 호의를 보이는 것이 옳다고 믿지만 그래도 나는 그들을 결코 우리 집 저녁 식사에 초대하지는 않을 것이다. 맞다, 나는 위선자다.

이성적으로는 이탈리아인에게 품는 편견이 정당하지 않다는 것을 확신한다. 그리고 현재 이탈리아인 친구들을 대할 때 편견적인 태도를 극복하려고 엄청나게 노력하고 있다. 하지만 그 편견이 얼마나 강하게 나를 사로잡고 있는지 정말 놀라지 않을 수 없다.

이런 편견이 나를 속 좁고 아량 없는 인간으로 만들기 때문에, 나는 가능한 한 사람들을 상냥하게 대하려고 노력한다. 내가 그런 감정을 지니고 있다는 것에 무척 화가 나지만, 그래도 나는 감정을 억누를 수 없을 것 같다.

유대인을 각각의 개인으로 대하려고 노력할수록 오히려 그들을 하나의 집단으로 의식하게 되는 것 같다. 나의 강박적 편견은 제거당하지 않으려고 열심히 싸우며 버티는 중이다.

편견은 이성에서 패퇴할지라도 감정에서는 좀체 사라지지 않는다. 의견을 써낸 학생 중 절반에 해당하는 학생들이 스스로 편견의 근거를 검토한 적이 있으며 그런 근거들이 비합리적이고 거짓임을 발견했다고 분명히 진술했다. 3분의 1은 자기가 지닌 민족이나 계급에 대한 편향성을 제거하고 싶다는 욕구를 확실히 밝혔다. 그리고 앞에서 진술한 것처럼 오로지 10분의 1만이 죄책감을 조금도 비치지 않고 자신의 태도를 유지하고 옹호했다.

아마 이 자전적인 글들이 전형적인 경우는 아닐 것이다. 이 글을 쓴 젊은이들은 심리학과 학생들로서 해당 쟁점에 관해 꽤 잘 알고 있었다. 또 어쩌면 그들 중 일부는 '선생님을 기쁘게 하려고' 노력했을지도 모른다.(하지만 대학생들이 자전적인 글을 쓸 때 비판적이고 솔직하다는 사실을 잘 아는 사람이라면, 이런 식으로 결과를 해석하는 데 의문을 품을 수도 있다.)

이 결과가 의미하는 것은, 이 대학생들은 미국의 신조와 유대-기독교 윤리를 뚜렷이 의식하고 있다는 것이다.(이들은 흔히 특권층에 속하는 집안 출신이고, 장기간에 걸쳐 학교나 시민을 위한 다른 제도를 접한 경험이 있다.) 그들은 자신이 존중하는 덕목에 동조하지 못하는 상황에 놓일 때 진심으로 갈등한다.

그러나 '상층 계급' 대학생들만 양심의 가책을 느낀다고 추정하는 것은 잘못일 것이다. 도시 교외 지역에 거주하는 여성들(그들 중 일부만 대졸자였다)의 반유대주의를 다룬 한 연구에서 다음과 같은 사실이 밝혀졌다.

> 4분의 1은 자신의 감정이 "오로지 나 자신의 편견 때문"이라고 여겼다. 그리고 2분의 1은 그런 감정이 부분적으로는 자신의 편견 때문이고 또 부분적으로는 유대인의 잘못된 행동 때문이라고 여겼다. 4분의 1은 그 감정이 전적으로 유대인의 책임이라고 여겼다(양심의 가책을 느끼지 않는 편견).[2]

이 연구는 연구 대상 여성들 중에서 '자신의 편견'과 관련해 수치심을 느낀 사람들의 비율이 어느 정도였는지는 보고하지 않는다. 그러나 죄책감이 드물지는 않았을 것이다. 적어도 연구 대상자 중 4분의 3이 어느 정도 통찰력을 드러냈다고 말할 수 있다. 즉 그들은 자신의 태도가 적어도 부분적으로는 객관적 사실에 근거하지 않음을 알았다.

하지만 자기 통찰이 있다고 해서 편견이 저절로 고쳐지는 것은 아니다. 자기 통찰은 기껏해야 당사자가 의문을 품게 만들 뿐이다. 물론 누구든 자기가 지닌 신념의 진실성에 의문을 제기하지 않는 한 그 신념을 바꿀 가능성은 크지 않다. 그가 자신의 신념이 사실에 부합하지 않음을 의심하기 시작한다면 갈등기에 진입한 것일 수 있다. 불만이 꽤 크다면 자신의 믿음과 태도를 재구성할 수밖에 없을 것이다. 자기 통찰은 그 자체로 충분하지는 않지만 대개 변화의 첫 단계는 된다. 앞에서 인용한 학생들의 글에서 눈에 띄는 것은 그들의 망설임, 흔들림, 점점 더해 가는 자기 수양이지 혐오 태도의 완전한 폐기는 아니다.

자기가 편견을 지니고 있다는 것을 단호하게 부인하는 사람들은 어떤가? 물론 어떤 경우에는 (훌륭한 자기 통찰을 보여주면서) 진실을 말하는 것일 수 있다. 5장에서 추정한 바에 따르면, 아마 인구의 20퍼센트 정도는 자신이 편견을 지니고 있다는 것을 부인해도 틀리지 않을 것이다. 꽤 많은 수(학생 대부분)가 자신이 편견을 지니고 있음을 깨끗이 인정하는 것을 방금 보았다. 이런 사람들도 역시 훌륭한 자기 통찰력이 있다. 그러나 통찰력이 완전히 결여된, 꽤 큰 집단이 남아 있다. 이런 사람들은 편견으로 가득 차 있으면서 그 사실 자체를 부인한다. 그들이야말로 편견이 심한 고집불통들이다.

그러나 편견이 심한 고집불통에게서도 가끔은 죄책감이나 가책의 흔적을 찾아볼 수 있다. 잔인한 빌보 주지사도 가책을 느꼈을 수 있다. 체포되어 재판을 받은 나치 고위 인사 가운데 유대인에 대한 잔혹 행위를 용납한 사람은 아무도 없었다. 책임을 인정한 사람이 아무도 없었다는 뜻이다. 히틀러에 이어 나치 2인자였던 헤르만 괴링(Hermann Göring)은 영상 기록이 모두 위조된 가짜라고 강변하면서 잔혹 행위가 있었다는 사실을 부인하려고 애썼다. 하지만 심지어 그도 이렇게 덧붙였다. "만약에 이 이야기에서 단 5퍼센트만 사실이라고 해도 끔찍한 일일 겁니다."[3] 적개심과 무자비함이 지배하는 삶을 산, 그야말로 도덕적으로 가장 타락한 자들이라고 해도 자신들의 세계관이 불러온 최종 결과는 차마 양심상 용납할 수 없었던 것으로 보인다.

전반적으로 보아, 살다 보면 적어도 가끔은 편견이 어떤 양심의 가책을 유발할 가능성이 있다고 결론 내릴 수밖에 없다. 친애 욕구와 인도적 가치를 편견과 일관되게 통합하기는 거의 불가능하다.

'미국인의 딜레마' 이론

'미국인의 딜레마'는 미국 내 흑인과 백인의 관계에 관해 군나르 뮈르달이 수행한 기념비적 연구의 중심 주제이다. 그가 보기에 이 문제의 핵심은 미국의 백인들이 겪는 내면의 '도덕적 불편함(moral uneasiness)'이다. 자신들의 실제 행위가 '미국의 신조'에 부합하지 못한다고 생각해 불편함을 느끼는 것이다. 이 딜레마는 다음과 같다.

> 두 종류의 가치 판단 사이에 끊임없이 격렬한 갈등이 존재한다. 한편에는 우리가 '미국의 신조'라고 부르고자 하는 것이 있다. 여기에는 미국인이 국가와 기독교의 숭고한 가르침에 영향을 받아 생각하고 말하고 행동하는, 일반적인 국면에 관한 가치 판단이 있다. 그리고 다른 한편에는 개인과 집단의 삶에서 펼쳐지는 특수한 국면에 관한 가치 판단이 있다. 여기서는 개인적·지역적 이해관계, 경제적·사회적·성적 질투, 공동체에서 특권과 동조에 대한 고려, 특정 유형의 사람들이나 특정한 개인에 대한 집단 편견, 잡다한 욕구와 충동과 습관이 개인의

관점을 지배한다.[4]

간단히 말해 미국인은 민주주의적 · 기독교적 가르침이 내세우는 가치에서 벗어날 수 없다. 이런 방패막이 뒤에서 많은 습관과 믿음이 보조적으로 학습된다. 그러나 이와 동시에 유아적 이기주의, 지위와 안전에 대한 욕구, 물질적 · 성적 이해, 단순 동조에서 생겨나는, '미국의 신조'와 대립되는 태도도 있는데, 이 모든 것은 반대되는 많은 습관과 믿음의 보조 학습으로 이어진다. 이렇게 해서 보통의 미국인들은 도덕적 불편함과 '개인적 · 집단적 죄책감'을 경험한다.

특히 최근 들어 국제적인 상황 때문에 미국인의 죄책감은 훨씬 심해졌다. 미국은 세계의 유색 인종 국가들과 식민지 국민들을 대할 때 자신의 최대 약점이 바로 자국 내 흑인들이 받는 대우라는 사실을 체감하고 있다. 외국에서 온 방문자들과 외국 언론은 이 문제로 미국이 쩔쩔매는 것을 때로 즐기는 것처럼 보인다. 그들의 비난은 극단적이고 일방적이다. 이런 비난은 그렇게 미국을 비난하는 자국의 결함을 은폐하려는 것일 수도 있다.

> 모스크바를 찾은 한 미국인에 관한 이야기이다. 러시아인 안내원이 모스크바의 지하철 시스템을 자랑스럽게 설명하는 중이었다. 미국인은 역사와 철로를 보고 감탄한 뒤 이렇게 말했다. "그런데 기차는 어디 있죠? 기차가 다니는 게 안 보이네요." 그러자 안내원이 되받아쳤다. "그럼 당신들이 남부에서 자행하는 린치는 어떤가요?"

제기된 비난 중 많은 것들이 부적절하고 부정확하지만, 어쨌든 미국에서 흑인의 지위가 빠른 시간 안에 눈에 띄게 향상되어야만 비로소 미국이 자신이 열망하는 도덕적 선도 국가의 자리를 얻게 되리라는 것은 널리 인정된다.[5] 다른 나라 사람들 눈에 미국이 남에게 훈계하면서 정작 자신은 실천하지 않는 나라로 보이는 한, 미국의 설교는 공허하게 들릴 것이다. 우리 문명이 내놓은 약속이 바로 실현되지 않는다면, 이 문명은 사라질 것이다. 기계적인 재주를 피워 문명을 구하지는 못할 것이다.

하지만 '흑인 문제'를 빠르게 해결하건 그러지 못하건 간에, 미국은 **공식적으로는** 높은 도덕성을 인정받아 세계 여러 나라 가운데 독보적 지위를 차지한다. 다른 어떤 나라에도 미국의 역사적 문헌에 나오는 평등의 신조 같은 호소력 넘치는 표현은 없다. 법률과 대통령령과 연방대법원의 판결은 평등의 신조에서 좀처럼 벗어나는 법이 없다. 미국에선 어떤 아이도 국민의 품행에 관한 이 지침을 아예 모르는 채, 혹은 어느 정도만 존중하면서 자랄 수는 없을 것이다. 미국과 달리, 세계 많은 나라에서 정부가 직접 소수 집단에 공식적인 차별 정책을 시행하는 경우가 많다. 그러나 미국에서 차별은 **비공식적**이고, 불법이며, 심오한 의미에서 비미국적인 것으로 여겨진다. 미합중국 헌법 제정자들은 이 문제에서 강경한 입장을 취했다. 그리고 공화국 초창기부터 보통 사람들도 그 입장이 무엇인지 알았다.

1788년 7월 4일에 미국 헌법이 채택되었을 때, '미크베 이스라엘'°의 랍비 라파엘 제이콥 코헨(Raphael Jacob Cohen)은 이 일을 경축하는 행진에 참여했다. 당시에 한 작가는 이렇게 썼다. "성직자 무리는 행진 대열을 이루는 매우 조화로운 일부가 되었다. 그들은 행진에 참여함으로써 종교와 좋은 정부의 관계에 대한 자신들의 생각을 드러냈다. 그들은 모두 17명에 달했다. 성직자들은 네 명씩, 다섯 명씩 서로 팔짱을

미크베 이스라엘(Mickve Israel) 1740년대에 펜실베이니아주 필라델피아에 세워진 유대인 공동체의 이름이자 유대교 회당의 이름.

끼고 행진하면서 아메리카 합중국을 구현했다. 서로 가장 동떨어진 종교적 원칙을 신봉하는 성직자들을 한데 어우러지게 하려는 수고가 있었고, 그 덕분에 기독교적 자애를 고취하는 **자유로운** 정부의 영향력을 보여줄 수 있게 되었다. 복음의 전도자 두 명과 팔짱을 꽉 낀 유대교 랍비가 가장 보기 흐뭇한 광경이었다. 국가의 모든 권력과 공직이 모든 기독교 종파만이 아니라 **모든** 종교의 훌륭한 사람들에게 똑같이 개방된다는 새 헌법의 내용에 기반을 둔 것으로서 이보다 적절한 상징은 있을 수 없을 것 같았다."[6]

'미국의 신조'는 태도를 형성하고 바꿀 수 있는 잠재력을 잃지 않았다. 최근에 세 명의 연구자 시트론(Abraham F. Citron), 체인(Isidor Chein), 하딩(John Harding)은 빵집, 대합실, 붐비는 버스 같은 공공장소에서 흔히 들을 수 있는 반(反)소수자 발언을 상쇄하는 데 어떤 유형의 대응이 가장 효과적인지 실험했다. 전문적인 배우들의 도움을 받아 연구자들은 실험 참가자 중 한 명이 '와프(이탈리아 이민자)'와 '카이크(유대인)'에 관해 모욕적인 발언을 하는 상황을 만들었다. 그런 다음 또 다른 배우를 통해 심한 편견을 가진 고집불통을 물러서게 만드는 다양한 유형의 대응을 시험해보았다. (목적은 그런 심한 편견을 가진 사람을 교정하려는 것이 아니라 이 상황을 지켜보는 구경꾼들의 태도에 영향을 끼치려는 것이었다.) 발끈해서 화를 내는 대응을 시험해보았고, 차분하고 조리 있게 타이르는 대응도 시험해보았다. 일련의 시험을 거쳐 구경꾼들이 직접 판단한 가장 효과적인 대응 공식이 나왔다. 그것은 본질적으로 '미국의 신조'에 호소하는 것이었다. 편견에 치우친 발언은 미국의 전통이 아니라는 점을 되도록 차분한 목소리로 지적할 때, 심한 편견을 가진 사람을 가장 효과적으로 물리칠 수 있다는 것이었다.[7]

미국의 역사가 이 공식을 확인해주는 듯하다. 선동가가 도를 넘을 때마다, 누군가가 반드시 '미국의 신조'에 호소해 그의 입을 다물게 한다. 미국이라는 나라는 인종 차별적 선동 정치가라도 얼마든지 하고 싶은 대로 하도록 내버려 두지만, 그런 자는 조만간 자신이 던진 올가미에 자기 목이 죄이게 된다. 언론의 자유를 지키려는 사람들은 소수 집단에 대한 독설마저도 허용할 것이다. (미국인들은 '인종 명예훼손 법racial libel law'을 좋아하지 않는다. 그런 법은 언론의 자유를 침해할 위험이 있기 때문이다.) 그러나 대중의 분노가 결국은 극단적인 선동 행위를 침묵케 한다. 최소한 현재 시점까지는 그래 왔다. 뮈르달이 정확히 말했듯이, '미국의 신조'는 여전히 역동적인 힘을 발휘한다.

하지만 뮈르달의 '미국인의 딜레마' 이론에 대한 정당한 비판도 있다. 뮈르달의 이론이 그 안에 담긴 진실을 과장한다는 것이다. 비판자들은 신분과 그에 따른 차별은 사회적 전통에 책임이 있기 때문에 그 제도 안에서 살아가는 개인은 자신의 극도로 미미한 역할에 죄책감을 느낄 이유가 없다고 지적한다. 개인이 제도를 만든 것이 아니다. 비난은 그의 몫이 아니다. 이 문제에서 그에게는 선택권이 거의, 아니 전혀 없었기 때문에 그는 진정한 '도덕적 불편함'을 느끼지 않는다.[8]

경제 결정론자들은 이와 다른 유형의 비판을 제기한다(다소 설득력이 떨어진다). 그들은 흑인이 '자기 분수를 지키게' 만든 책임이 오로지 백인의 물질적 이기심에 있다고 주장한다. 백인은 도덕적 문제로 고민하지 않는데, 도덕이란 단지 경제적 이득을 합리화하기 위한 '이념'에 불과하기 때문이다.[9] 근본적으로 마르크스주의적인 이런 주장은 14장에서 본 것처럼 틀렸다기보다 편파적이다. 차별로부터 얻는 착취적 이득이 있다는 것을 인정한다 하더라도 그러한 이득을 누림으로써 곤혹스러운 내적 갈등을 겪을 여지는 여전히 있다.

이런 비판에 주의를 기울여야 하지만 이것은 뮈르달이 정의한 딜레마를 '모든' 미국인이 경험하는 것은 아니라고 말해줄 뿐이다. 그러나 많은 미국인이 그런 딜레마를 경험한다. 따라서 뮈르달의 이론을 편견에는 (늘 그런 것은 아니지만) 종종 정신적 갈등이 따른다는 의미로 받아들인다면, 그것은 충분히 타당한 이론이다.

내면의 점검

내적 갈등이 있을 때 사람들은 자신의 편견에 세동을 건다. 편견을 행동으로 옮기지 않거나 어느 정도까지만 그렇게 한다. 무언가가 논리적인 전개 과정을 어느 지점에서 멈추게 한다. 화이트(E. B. White)가 지적한 대로, 뉴욕 시에서는 세상의 모든 민족 문제가 들끓어 오른다. 하지만 눈길을 끄는 것은 그런 문제가 아니라 놀라운 통제력이다.

확실히 내면의 점검은 상황에 따라 다르게 작동한다. 가족이나 동호회, 이웃 간의 모임에서는 소수 집단을 어느 정도 마음 편히 비난할 수 있지만, 해당 집단 구성원이 그 자리에 있을 때는 그런 경향을 억제할 것이다. 혹은 어떤 집단을 직접 대놓고 말로 비판하기는 하지만 차별 행위에는 가담하지 않을 수도 있다. 혹은 소수 집단 구성원이 지역사회 학교에서 교사가 되거나 자신이 몸담은 직종에 발을 들이는 일을 막으려고 노력하지만 집단 패싸움이나 폭동은 거부할 수도 있다. (내면과 외부의) 저항력의 세기에 따라 어디서든 제동이 걸릴 수 있다. 편견이 폭력, 파괴, 살인으로 나타나는 것은 드문 일이다. 하지만 이론적인 면에서 보면, 외적 통제가 무너지고 군중을 유인하는 요소가 나타나 증오 쪽에 무게가 실리게 되면 언제든 그런 일이 벌어질 수 있다.

레온 페스팅거(Leon Festinger)는 상황에 따라 미묘하게 달리 작동하는 제동 장치에 관한 흥미로운 실험 결과를 보고했다.[10] 젊은 여성들로 구성된 여러 집단을 실험 대상으로 삼았다. 각 집단은 절반은 유대인, 절반은 가톨릭교도로 이루어졌다. 집단마다 대표자를 선출해야 하는 상황이 주어졌다. 대표자 후보의 종교는 모두 공개되었다. 그러나 어떤 집단들에서는 투표자들이 익명을 보장받았고 그들의 종교도 공개되지 않았다. 다른 어떤 집단들에서는 투표자가 누구인지, 또 그들의 종교도 모두 공개되었다. 모든 구성원이 익명으로 투표한 경우에, 두 종교 집단 모두에서 대부분이 자기 내집단 구성원에게 투표한 것으로 밝혀졌다. 하지만 투표자가 공개되는 경우에, 유대인이 유대인을 선택한 경우는 줄었다. 반면에 가톨릭교도는 공개적으로 계속해서 가톨릭교도에게 투표했다.

이 결과를 정확히 어떻게 설명해야 할지는 분명하지 않다. 지위의 위계에서 다소 우위에 있는 가톨릭교도 여성들이 안전함을 조금 더 많이 느끼고 과감하게 내집단 우선주의를 더 공개적으로 유지했을 수 있다. 편견에 더 민감한 유대인의 경우에는 타인에게 줄 수 있는 인상을 고려해 스스로 행동에 제동을 걸고 조절하는 습관을 일반적으로 지니고 있을 수 있다. 그러나 우리의 목적과 관련해 이 실험에서 중요한 점은 내집단 선호와 외집단 선호를 표현할 때 실제로 내적 점검이 이루어진다는 것이다.

이미 이 책의 앞부분에서 편견에 제동을 걸어 행동으로 표출되는 사건까지는 이르지 않는 현상에 주목했다. 4장에서 기술한 실험은 식당과 호텔 주인들이 안전한 수단인 편지나 전화로는 중국인이나 흑인이 자기 업소에 오지 못하게 미리 막으려고 했지만 정작 그들이 실제로 손님으로 찾아왔을 때에는 차별 없이 식사나 숙박을 제공하는 것을 보여주었다. 1장에서 본 '그린버그 씨'의 경우도 비슷하다. 만일 그린버그 씨가 미리 편지를 쓰는 대신에 직접 접수대에 나타났다면 캐나다의 호텔 중에 그의 숙박을 거부하는 업소의 비율이 과연 그 정도로 높았을지 의문이다.

민족 명칭이 고정관념을 불러일으키고 그 고정관념이 거부 행동으로 이어진다고 말하는 편이 안전한 일반화일 것이다. 이 과정이 추상적이고 비인격적인 차원에서 펼쳐진다면 이 말은 더더욱 맞다. 실제 사람이 관련될 때, 그리고 직접 얼굴을 맞대고 거부하면 틀림없이 불쾌한 일이 벌어질 때 사람들은 대부분 자신의 '더 나은 본능'을 따르며 편견에 찬 충동을 억제한다. 그러나 만약 편견을 품은 사람에게 내적 갈등이 없었다면, 그의 행동에서 **상황에 따라** 뚜렷한 차이가 나타나지는 않았을 것이다.

갈등을 다루는 방법

문제를 일반화하여 사람들이 자신의 상충하는 충동을 대체로 어떻게 다루는지 살펴보자. 심리학적으로 말하면 네 가지 양식이 있는 것 같다. 각각 다음과 같이 이름 붙일 수 있을 것이다. (1) **억압**(부인) (2) **방어**(합리화) (3) **타협**(부분적 해결) (4) **통합**(진정한 해결). 각각에 대해 설명하겠다.

(1) **억압** _ 편견이나 차별이라는 문제를 꺼냈을 때 거의 모든 지역사회에서 처음 나타나는 반응은 이것이다. "우리는 아무 문제도 없습니다."[11] 시 당국도, 평범한 시민도 똑같이 이렇게 주장할 것이다. 마을이나 도시, 북부나 남부 가릴 것 없이 모두 같다. 아무 문제 없어요! 물론 시민들이 '문제'를 오로지 폭력 면에서만 생각해서 그러는 것일 수도 있다. 그들은 어쩌면 실제로는 이렇게 말하는 것일지 모른다. "여기엔 폭동 같은 건 없어요." 혹은 기존의 신분이나 계급 질서

에 너무 익숙해진 나머지 그것들을 정상이라고 여기는 것일지도 모른다.

이런 주장은 달갑지 않은 쟁점을 효과적으로 억누르기 위한 장치이기도 하다. 문제가 존재한다는 사실을 부인하는 것은 그 문제에 직면했을 때 공동체나 개인에게 일어날 수 있는 혼란을 미리 막으려는 의도이다.

개인의 관점에서 생각해보자. 편견을 인정하는 것은 자신이 비합리적이고 비윤리적인 존재라고 고발하는 셈이다. 누구도 자신의 양심을 등지고 싶어 하지 않는다. 사람은 스스로 자신의 존엄을 유지해야 한다. 자신의 성격 안에 통합되지 않은 부분이 있음을 인정하는 것은 불편한 일이다. 따라서 심지어 다른 사람이 보기엔 편견으로 가득 찬 사람들까지 "나는 편견이 없어요."라고 말하는 것은 놀라운 일이 아니다.

대부분의 경우 억압자들은 자신의 편견을 인정하지 않으며, 자신의 사고방식이 반(反)민주적이라고 여기지도 않는다(그리고 그렇기 때문에 자신의 가치관과 충돌한다고도 보지 않는다). 반민주적인 운동이 완전히 민주적인 상징으로 치장되곤 한다는 사실에서 증거를 찾을 수 있다. 이를테면 그들은 십자가와 깃발, 사회 정의, 황금률, 해방 같은 말들을 가져다 쓴다.° 말로는 '미국의 신조'를 단언함으로써 실제 행위에 나타나는 비일관성이 더욱 성공적으로 억압된다.

흔히 편견에 찬 발언은 상대를 무장 해제시키는 서두로 시작한다. "나는 편견이 없습니다. 하지만……." "유대인도 다른 사람들과 똑

° '십자가와 깃발(the Cross and the Flag)'은 1920년대에 KKK단이 흔히 쓰던 말인데, 1942년에는 동명의 잡지가 출간되기도 했다. 한편 캐나다 출신 가톨릭 사제 찰스 코글린(Charles Coughlin)이 1936년에 창간한 극우파 신문의 제호가 '사회 정의(Social Justice)'였는데, 이 신문은 독일과 이탈리아의 파시즘을 옹호하는 논지를 폈다.

같은 권리를 지니고 있습니다. 하지만……." 민주주의 신조에 대한 입에 발린 첫마디는 뒤따르는 모든 편향성을 벌충하려는 것처럼 보인다. 심리적으로 볼 때 이것은 미덕을 확언함으로써 뒤에 이어질 잘못이 주목받지 않고 지나가도록 만드는 방법이다.

억압은 방어 장치다. 억압의 도움을 받으면 누구도 내면의 갈등 때문에 곤경에 빠질 이유가 없다. 적어도 그렇다고 생각할 수 있다. 하지만 실제로 억압이 홀로 작동하기는 거의 불가능하다. 자아 방어와 합리화의 뒷받침이 필요하다.

(2) **방어적 합리화** _ 자신의 편견을 보강하고, 그럼으로써 윤리적 가치와 충돌할 때 편견을 보호할 수 있는 가장 확실한 방법은 유리한 '증거'를 나열하는 것이다. 여기서 선택적 지각이 도움이 된다. 이를테면 편견을 지닌 사람은 흑인의 부정직함이나 유대인의 야비함에 관련된 사건들을 줄줄이 이야기한다. 그는 이탈리아 갱단의 전체 목록을 입에 올리거나, 로마가톨릭 성직자들의 온갖 비민주적인 견해들을 읊어댄다. 그는 이런 증거가 결정적이라고 스스로 굳게 믿는다. (만약에 과학적이고 논리적인 기준에서 볼 때 그 증거들이 **정말로** 결정적이라면, 1장에서 보았듯이 이 경우에 느끼는 반감은 편견이 아니다. 합리화는 범주적 과잉 일반화를 보강하려고 증거를 채택할 때만 작동한다.) 이미 형성된 가설을 확증하기 위한 선택적 지각은 가장 흔한 방어적 합리화 형식이다.

오늘날 누가 러시아나 공산주의에 대해 좋은 이야기를 듣고 싶어 하겠는가? 그런 불온한 가치는 가릴 것 없이 몽땅 거부하는 편이 더 경제적이다(그리고 더 안전하다). 그렇게 하려고 사람들은 모든 비우호적인 증거를 다 긁어모은다. 그리고 그런 증거는 넘치게 많다. 신문들은 선택적 보도와 편집으로 증거를 모으는 데 도움을 준다. 선택적 지각을 통해 적개심을 뒷받침하고 합리화할 수 있다. 갈등에 실제 근거가 있다고 해도 그 근거가 선택적 지각과 선택적 망각을 통해 강화된다는 사실에는 변함이 없다.

'보편성의 인상'이 종종 편견을 구제해준다. 한 여학생이 이렇게 썼다. "유대인에 대해서는 만장일치로 거부감을 느끼는 것 같다. 미국에서만 그런 것이 아니라 전 세계에서 그렇다." 이 글을 쓴 학생은 태도 검사 결과 같은 검사를 받은 학생 100명 중 가장 반유대적이었다. 그는 자신의 견해가 만장일치로 뒷받침된다고 느낄 **필요가 있었다.** 물론 사실은 그렇지 않았다. 린치 사건 재판에서 배심원들에게 "여러분이 이 청년들을 풀어준다고 하더라도 사우스캐롤라이나에서 여러분을 비난하는 사람은 단 한 명도 없을 것입니다."라고 말한 미국 남부 변호사는 '보편성의 인상'을 이용했다. 어떤 견해가 사회적 지지를 받는다는 것은 (그 지지가 진짜이건 상상의 산물이건 간에) 곧 그 견해의 정당성이 입증되었음을 뜻하며, 사회적 지지는 그 견해를 지닌 사람이 귀찮은 의심과 갈등을 겪지 않도록 보호해준다.

또 다른 방어 책략은 고발자에게 비난을 되돌려주는 것이다. 미국 남부에서 벌어지는 린치 사건들이 지적받으면, 흔히 남부의 신문들은 갱단 살인 같은 린치는 남부보다 북부에서 자주 일어난다고 보도하면서 앙갚음한다. 제2차 세계대전 종전 후 반(反)인도적 범죄로 고발당한 나치 최고위급 간부들은 연합군도 독일의 여러 대도시에서 여성과 어린이에게 폭탄을 투하하지 않았냐고 반박했다. 이러한 '너도 마찬가지' 식의 비난은 죄책감에 맞서는 손쉬운 방어 수단이다. 왜 당신이 나를 비난하지? 당신도 똑같은 죄를 저질렀잖아! 그러니까 나는 당신에게 쓴소리를 들을 필요가 없어.

한편, 이분화(bifurcation)에 의한 방어도 있다. "나는 흑인에 대한 편견이 없다. 어떤 흑인들은 훌륭하다. 나는 단지 나쁜 흑인을 싫어할 뿐이다." "나는 유대인을 싫어하지 않는다. '카이크'를 싫어할 뿐이다." 이런 구분은 표면적으로는 범주 내 분화를 반영하는 것처럼 보인다. 이것은 사람을 개개인으로 구별해 보는 것에 가깝고, 편견도 피하는 방법이 아닌가? 과연 그럴까? 조금 더 면밀히 살펴보면, '좋은 사람'과 '나쁜 사람'의 경계선, '유대인'과 '카이크'의 경계선은 객관적인 증거보다 주관적인 느낌에 따라 그어진 것이다. 알랑거리는 흑인은 백인의 자존감을 지탱해준다. 따라서 그는 '좋은 사람'이다. 다른 모든 흑인은 '깜둥이'다. 이분화는 개인의 장점이 아니라 그 사람이 자기에게 위협적으로 보이는 일을 하느냐 안 하느냐에 근거를 둔다. 이분화를 하는 사람들은 사악한 흑인, 사악한 유대인, 사악한 가톨릭의 '본질'이 존재한다고 여전히 믿는다. 설령 그런 본질이 오로지 집단의 일부에게만 있다고 해도 아랑곳없다.

다소 유사한 방어가 다음과 같은 익숙한 구절에서 나타난다. "내 가장 친한 친구 몇몇은 유대인이야. 하지만……." "교양 있고 진보적인 가톨릭교도를 몇 명 알기는 해. 하지만……." 이 장치를 예외 만들기에 의한 합리화라고 부를 수 있다. 몇 가지 예외를 만든다면, 해당 범주에서 나머지 부분을 고스란히 편견 어린 눈으로 보는 일을 정당화할 수 있다. '예외'는 이성에 바치는 뇌물이자 공정함의 요구를 달래는 뇌물이며, '미국의 신조'에 올리는 뇌물이다. 만약 누군가 어떤 집단 안에 좋은 친구들이 있다면, 그 집단의 나머지 구성원들에 대해 그가 품은 부정적 견해는 도저히 편견에서 비롯된 것일 수 없게 된다. 그의 견해는 심사숙고하고 구별한 끝에 내린 판단처럼 보인다. 이 장치는 흔히 화자와 청자를 모두 속인다. 사실을 말하면 "내 가장 친한 친구 몇몇은……." 같은 말은 거의 언제나 편견의 대상이 되는 범주에서 그 몇을 뺀 나머지 전체를 손상 없이 유지하기 위한 위장일 뿐이다.

"나는 유대인 개인에게는 불만이 없습니다. 다만 유대인이라는 인종이 하나의 집단으로서 상징하는 것에 불만이 있을 뿐입니다." 이 역시 편견을 방어하는 책략으로서 위와 같은 의미를 띤다. 이 장치는 선동가들에게 인기가 많다. 이런 말은 웅변가 같은 분위기를 풍긴다. 그러나 이것은 극단적인 혼동의 사례이며, '집단 오류'° 중에서도 최악에 해당한다. 유대인이라는 집단이 모두 칭찬할 만한 유대인 개인들로 구성되어 있다면, 어떻게 그런 사람들이 하나의 무리로서는 사악할 수 있단 말인가? 무리를 구성하는 것은 다름 아닌 개인이다. 이 독특한 이중 화법은 편견 이론에서 볼 때 흥미롭다. 이 화법은 개인을 싫어할 수는 없지만 그렇더라도 어떤 식으로든 그 개인들로 이루어진 집단은 싫어할 수 있고 또 그래야 한다고 주장할 수 있음을 인정한다. 이것이 바로 이 근거 없는 일반화의 본질이다.

(3) **타협적 해결** _ 사람은 사회 생활에서 다양한 역할을 수행하기 때문에 어쩔 수 없이 일관성 없는 행동을 한다.

상황에 따라 언행의 불일치가 허용될 뿐 아니라 실제로 그러리라는 기대를 받기도 한다. 정치가는 선거 유세에서 모두를 위한 평등한 권리를 찬양할 필요가 있지만, 공직에 있을 때에는 특별한 이해관계를 편들어야 한다. 미국 남부의 백인 은행가는 자기 은행에 흑인을 고용하지 말아야 하지만, 흑인 병원을 세우기 위한 모금 운동에는 너그럽게 기부를 해야 한다.

행동에 나타나는 이런 비일관성을 비정상이라고 말할 수는 없다. 실제로 미국 사회에서 병리적 행동으로 여겨지는 것은 (편견이 심한 고집불통이든 평등권 운동가이든 간에) 광신자가 보이는 융통성 없는

집단 오류(group fallacy) 플로이드 올포트가 주창한 개념으로, 설명의 원리로서 개인을 개인이 속한 집단 전체로 대체하는 오류를 일컫는다.

일관성이다. 누구나 바람에 따라 구부러질 것으로 기대된다. 가끔은 '미국의 신조'에 동조하고 가끔은 지배적인 편견에 동조하리라는 기대를 받는 것이다.

이런 식의 갈등 관리를 '교대(alternation)'라고 부를 수 있다. 하나의 준거 틀이 발동하면, 그에 따른 보조적 태도와 습관의 집합이 작동하기 시작한다. 반대되는 준거 틀이 발동하면, 정반대되는 경향의 집합이 활성화된다. 만약 어떤 소수 집단의 구성원들을 일관되게 혐오하고 적대시하고 불친절하게 대한다면, 대부분 미국인들은 내적 갈등에 시달릴 것이다. 왜냐하면 그것과 정반대되는 가치 체계(미국의 신조와 기독교의 신조)를 영원히 억압할 수는 없기 때문이다. 그러나 (국기에 대한 충성 맹세를 하거나, 흑인 피고용인들을 친절하게 대하거나, 사회적 약자 구호를 위해 돈을 기부하는 행위 등을 통해) 가끔씩 윤리적 충동을 표출한다면, 다른 경우에 동원되는 편견을 더 쉽게 변명할 수 있다.

교대는 합리화를 그럴듯하게 만든다. 예를 들어 사람들은 이렇게 말할 수 있다. "사정이 계속 좋아지고 있으니, 우리가 인내해야 합니다." "인간의 본성을 하루아침에 바꿀 수는 없습니다." "편견을 금지하는 법을 만들 수는 없습니다. 편견 해소는 오직 길고도 험한 교육의 길을 통해서만 가능합니다." 이런 '점진주의자'들의 주장에 진실이 담겨 있을 수도 있지만, 요점은 점진주의 자체가 갈등을 처리하는 타협적 양상이라는 데 있다. 기꺼이 차별을 극복할 의지가 있지만 너무 빨라서는 안 된다는 것이다.

심리학자들은 사람들이 민족을 대하는 태도와 행동에서 보이는 비일관성을 관찰하고 관심을 둔다.[12] 다음 두 사실만 명심하면 상황을 이해하기란 어렵지 않다.

첫째, 교대는 내면의 갈등을 다루는 모든 방법 가운데 가장 흔한 것에 속한다. 축제의 날에는 축제를 즐기고, 금식의 날에는 금식한다. 그렇게 번갈아 가며 육체의 욕구와 정신의 욕구를 표출한다.

스키를 타거나 사냥을 하면서 스포츠의 짜릿함을 추구하고, 밤에는 숙소로 돌아와 휴식을 취한다. 활동 욕구와 비활동 욕구가 그런 식으로 충족된다. 그럼으로써 심각한 갈등을 피할 수 있는 것이다. 마찬가지로 거의 모든 사람들은 편견적 태도와 인도적 신념을 둘 다 지니고 있기 때문에, 그것들을 상황에 따라 표현함으로써 내면의 과도한 파멸적 갈등을 피한다.

둘째, 가장 중요한 것은 우리가 수행하는 다중적 역할이라는 요인이다. 교회의 성가와 학교의 가르침은 한 가지 가치 집합을 끌어내 강화한다. 사교 클럽이나 기차 흡연칸에서 나누는 대화는 전자와 다른 가치 집합을 유도해서 강화한다. 우리가 놓인 환경 구조가 다각화될수록 서로 모순되는 방식에 순응하라는 압력도 더 커진다. 어떤 상황에서는 습관적으로 이렇게 되고 다른 상황에서는 저렇게도 된다. 다양한 몇몇 조건 속에서 동조주의자가 된다는 것은 어쩔 수 없이 한 인격체로서 개인의 통합성을 위태롭게 만든다.

(4) **통합**(진정한 해결) _ 하지만 자신의 일관성 없는 역할 행동에 만족하지 못하는 사람들도 있다. 그들은 교대가 자신의 통합성에 위협이 된다고 여긴다. 그런 사람들은 어떤 상황에서든 늘 한결같은 나 자신이어야 한다고 느낀다. 역할 적응이 꼭 필요하더라도 그것은 피상적일 뿐이다. 그것이 자신이 보유한 기본 가치 체계를 무너뜨릴 만큼 중대한 것이어선 안 된다. 전체성과 성숙에 대한 이런 갈망은 달성하기 아주 어려운 일관성을 요구한다.

발달 과정이 순조롭게 진행된 사람들은 편견이 유발하는 진정으로 근본적인 갈등 때문에 곤란을 겪을 가능성이 크다. 이 장 앞부분에서 편견 때문에 괴로움과 부끄러움을 느끼는 사람들의 사례를 몇 가지 보았다. 그들은 자신의 방어를 검토했고, 그것으로 부족하다는 것을 깨달았다. 이제 그들은 억압하거나 합리화할 수도 없고 쉽게 타협하지도 못한다. 그들은 문제를 온전히 대면해 해결하기를 바라며, 그렇게 함으로써 일상에서 전체적으로 일관된 인간관계의 철학에 따라 행동할 것이다.

그런 사람들은 고정관념화된 범주에 근거한 모든 적개심을 거의 다 제거해 나간다. 그들은 악의 상상된 근원(편견)과 진짜 근원을 점차 구분하게 된다. 특정한 개인이 어떤 타당한 이유에서 적으로 간주될 수도 있고, 어떤 악덕이나 호감 가지 않는 성질이 미움을 살 수도 있다. 때로는 반사회적 조직이나 외국 정부 같은 어떤 법인체를 타당한 이유로 지지할 수 없다고 선언할 수도 있다. 우리가 중요하게 여기는 가치를 추구할 때 현실을 직시하는 반대자들이 있을 수도 있다. 그러나 통합된 성격 안에서 자취를 감추게 되는 것은, 우리가 겪는 인생의 역경과 실제로는 전혀 상관이 없는 인종 차별의 악령과 전통적인 희생양들이다.

아마도 이런 유형의 통합을 이룬 사람은 거의 없을 것이다. 그러나 많은 사람들이 이 길을 따라 꽤 멀리 나아간다. 그들이 인도적 관점을 획득하는 것은, 거의 모든 사람은 자신의 적이 아니며 악인으로 지목되는 사람들 중 대부분은 위험하거나 음모를 꾸미고 있지 않다는 사실을 알기 때문이다. 그들의 원망과 증오는 자신의 기본적인 가치 체계를 실제로 위협하는 사람들에게만 향하도록 엄격하게 비축된다. 오로지 이런 방식으로 조직된 성격만이 온전히 통합될 수 있다.

6부

편견의 정신 역동

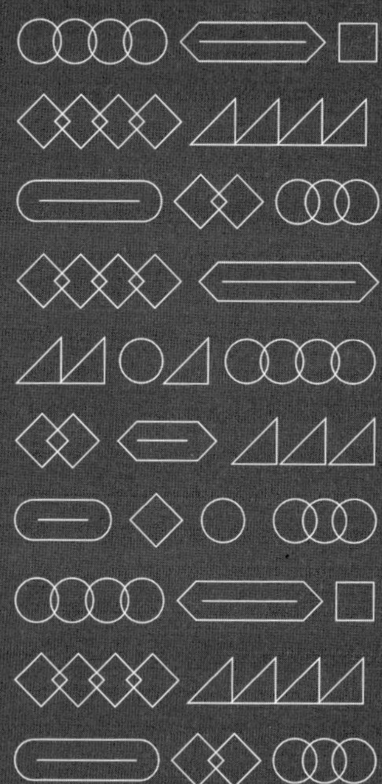

21장

좌절

부자는 아편과 대마초를 피운다. 그것들을 살 형편이 되지 않는 사람들은 반유대주의자가 된다. 반유대주의는 비천한 사람들의 모르핀이다. …… 그들은 사랑의 황홀경에 도달할 수 없기 때문에 증오의 황홀경을 추구한다. …… 누구를 증오하느냐는 중요하지 않다. 유대인은 그냥 편리한 대상일 뿐이다. …… 만약 유대인이 없었다면 반유대주의자들은 아마도 유대인을 발명해야 했을 것이다.

독일 사회민주주의자 헤르만 바르(Herman Bahr)가 히틀러가 권력을 잡기 40년 전에 쓴 글이다.[1] 그는 공격성의 현실 도피 기능, 즉 인생의 실망과 좌절을 완화하는 마약 같은 힘에 주목했다.

좌절에 대한 인간의 본능적 반응이 어떤 형태의 공격적 자기 주장이라는 것은 부인하기 어려운 사실처럼 보인다. 유아는 행동에 방해를 받으면 발을 구르고 소리를 지를 것이다. 화가 나면 사랑이나 친애를 드러내지 않는다. 제멋대로고 거칠게 반응한다. 유아는 좌절의 참된 원천이 아니라 지금 자기 길을 가로막는 대상이나 사람을 공격한다.

사람은 일생 동안 논리적 대상이 아니라 이용할 수 있는 대상에 분노를 집중하는 같은 경향성을 지속한다. 일상 언어에서도 이 **전위**(displacement)를 인정하는 표현은 다양하다. 가령 '개한테 화풀이하기', '나한테 화풀이하지 마라', '대신 매 맞는 소년', '희생양' 같은 말들이 있다. 이 전체 과정은 좌절-공격성-전위 순서로 전개되지만 최근 심리학에서는 간단히 '좌절-공격성 가설(frustration-aggression hypothesis)'이라고 부른다.[2] 편견 이론에서 아마도 가장 인기 있는 희생양 이론은 전적으로 이 가설에 의존한다.

좌절의 원천

만약 편견이 특정한 좌절의 원천과 더 밀접하게 관련있다면, 좌절감과 불안감이 생겨날 수 있는 삶의 영역을 대략적으로 분류하는 것이 논의에 도움될 것이다.

1. **신체적 · 개인적 좌절** _ 특히 서구 문화권에서 작은 키는 남성에게 결점이며 흔히 그들이 평생 동안 속을 태우는 원인이다. 허약한 체질, 좋지 않은 기억력, 낮은 지능도 마찬가지일 수 있다. 그러나 현재 우리가 아는 바로는 이 좌절의 원천이 특별히 민족 편견으로 전도되는 것 같지는 않다. 키 작은 사람이 키 큰 사람보다 더 반유대적인 것도 아니고, 아픈 사람이 건강한 사람보다 더 편견이 심한 것도 아니다. 이런 종류의 결점은 전반적으로 좀 더 개인적인 보상, 즉 외집단에 대한 투사를 포함하지 않는 자아 방어로 이어지는 것처럼 보인다. 충동이 좌절되면 어떨까? 만일 어떤 사람이 탄광에 갇혀 산소가 더 많이 필요하다면, 이 비상사태에 직면해 즉각적인 방식으로 반응

할 것이다. 그는 이 갑작스럽고 강렬한 좌절을 외집단 책임으로 전가하지는 않을 것이다. 마찬가지로 급성 허기, 갈증, 그 밖의 즉각적인 신체적 욕구는 전위를 유발하지 않는다. 그러나 욕구가 만성적으로 좌절을 겪는다면 이야기는 달라질 수 있다. 만약 성적 욕구가 지속적으로 좌절되면, 외집단을 향한 태도와 뒤섞일 수 있다(23장). 마찬가지로 자존감(지위 욕구)이 좌절된 충동이라면 외집단과 관련될 수 있다(19장, 23장). 하지만 일반적으로 신체의 결점이나 유기체의 갑작스러운 욕구, 질병은 개인의 사회 생활과 밀접하게 관련된 것이 아닌 한, 편견과 명백한 관련이 있어 보이지 않는다. 편견은 사회적 사실이며 사회적 맥락을 요구한다. 좌절이 편견과 관련되려면 그 좌절에는 사회적 특징이 가미되어야 한다.

2. **가족 내의 좌절** _ '지향가족'은 부모, 형제자매, 때로는 조부모, 삼촌, 고모, 이모로 이루어진다. '생식가족'은 아내, 남편, 아이들로 구성된다.° 친밀한 관계로 구성된 두 집단에서 모두 많은 좌절과 원한이 발생한다.

편견이 가족 문제와 자주 관련된다는 것을 보여주는 증거는 많다. 18장에서는 가정의 거부적 분위기와 (복종과 권력 관계를 강조하는) 엄한 성장 환경이 어떻게 아이들을 편견으로 이끄는지 보았다.

제2차 세계대전 중 보고된 자료에 의하면, 불안정한 가정으로 인해 심각한 부적응 장애를 겪던 일부 아이들은 적국(독일과 일본)에는 공공연히 동정심을 보인 반면에 미국에 반대하고 미국 내 소수 집단, 특히 유대인을 적대시했다.[3]

빅슬러(R. H. Bixler)는 한 백인 노동자의 사례를 설명한다. 그는 동료 흑인 노동자와 한동안 아주 친밀한 관계를 맺었지만, 아내와 사이

° 지향가족(family of orientation)은 개인이 출생해 자라 온 가족을 뜻하고, 생식가족(family of procreation)은 개인이 결혼을 통해 형성하는 가족을 가리킨다.

가 나빠지면서 이혼 위기를 맞자 갑자기 뚜렷한 인종 편견을 드러내기 시작했다.[4]

이에 관한 증거는 쉽게 열거할 수 있을 정도로 많지만 가족 갈등이 반드시 외집단을 향한 적개심으로 이어진다고 가정하는 것은 잘못이다. 대부분의 가정 불화는 민족 편견에 전혀 영향을 끼치지 않는다. 하지만 일부는 민족 편견과 분명하게 관련이 있다.

3. **주위 공동체** _ 대부분의 남성과 많은 여성이 가족 집단보다 학교, 공장, 회사, 군대를 비롯한 외부 집단에서 더 많은 시간을 보낸다. 교육 환경, 기업 환경, 군 복무 환경은 가성보다 훨씬 더 많은 좌절을 불러올 수 있고 대개는 실제로 그렇다.

다음 사례는 어떻게 가정과 학교에서 겪는 좌절이 섞여 편견으로 이어질 수 있는지 보여준다. 한 대학생이 이렇게 썼다.

> 나는 학교를 다니는 내내 우등생이었고 한 차례 월반도 했지만 모두 '에이(A)' 학점을 받지는 못했다. 나는 행복하지 않았다. 아버지는 대학과 직장을 동시에 다니면서도 에이나 에이플러스(A+) 학점만 받았다고 자랑했다. 아버지는 내가 이 사실을 잊지 않도록 강조했고 내가 당신보다 잘하지 못하는 데 대해 질타했다. 나는 완전한 좌절감을 느꼈다. 나는 아버지를 기쁘게 해드리고 싶었지만 그러지 못했다. 마침내 나는 나 자신과 다른 사람들에게 내가 최고의 자리에서 밀려난 이유는 오로지 유대인 공부 벌레들과 그들이 저지른 부정행위 때문이었다고 말함으로써 위안을 찾았다. (사실 나는 나보다 공부를 잘한 친구들이 정말 유대인이 맞는지, 유대인이 정말 부정행위를 저질렀는지 전혀 알지 못한다.)

이 사례는 흥미롭게도 좌절의 **느낌**이 중요하고 좌절의 **객관성**은 대수롭지 않다는 것을 드러낸다. 실제로 이 남학생은 빼어난 성적을 거두었다. 하지만 주로 아버지의 비난 탓에 탁월함을 실패로 **지각했고** 만족감이 아니라 좌절감을 느꼈다.

앞서 인용한 퇴역 군인 연구에서 베텔하임과 야노비츠는 군대에서 '불운'을 겪었다고 주장한 사람들 가운데 관용적이지 않은 사람이 관용적인 사람보다 다섯 배 더 많다는 것을 발견했다. 반면 '행운'을 만났다고 주장한 사람들은 대다수가 관용적이었다.[5] 객관적 사실을 확인할 수는 없으나, 군 생활 동안 실제로 겪은 '행운'과 '불운'보다는 좌절의 **느낌**이 편견과 더 유의미한 관계가 있을 것 같다. 하지만 어느 쪽이든 좌절과 편견의 관계는 성립한다.

이미 14장에서 여러 연구를 통해 경제적 좌절이 편견을 낳는다는 것을 살펴봤다. 직업 만족도가 낮을 때 반유대주의가 고조된다는 캠벨의 설명을 기억할 것이다. 또한 베텔하임과 야노비츠가 제시한 증거도 하강 이동과 반흑인 편향성 간 상관관계를 보여준다.

좌절-공격성-전위의 전개는 실험으로 증명된다. 한 실험은 여름 캠프에 참가한 열여덟 살에서 스무 살 사이의 학생들을 대상으로 삼아 극심한 좌절을 겪기 전과 겪은 후 일본인과 멕시코인에 관한 태도를 조사했다(밤에 극장에서 영화를 보거나 놀러 가는 대신 캠프에 남아 어려운 시험을 계속 치르게 했다). 좌절을 겪은 이후에 학생들은 이전보다 일본인과 멕시코인에게 바람직한 특질을 더 적게 부여했고, 바람직하지 않은 특질은 약간 더 많이 부여했다.[6] 이 실험은 단지 어떤 **기분**을 유도해서 단기간의 효과를 측정한 것이지만, 그렇더라도 부정적 정서가 소수 집단에 관한 판단에 널리 퍼진다는 것을 증명한다.

4. **일반 공동체** _ 많은 좌절은 일반적인 생활 환경과 관련된다. 예를 들어 미국의 격렬한 경쟁 문화가 학교에서, 인간관계에서, 직업적 성과에서, 사회 지위에서 자기가 설정한 높은 수준의 성취를 이루지

못한 개인에게 분노를 유발하리라 예상할 수 있다.

이런 경쟁심이 새로 온 사람들이 전부 자신의 성공 기회를 줄인다고 느끼는 이유를 부분적으로 잘 설명해준다. 요즘 많은 미국인들이 이 나라에 난민을 허용하는 문제에 보이는 적대감이 좋은 사례이다.

이민 제한은 최근의 현상이다. 미국이 발전하던 초창기에 개인의 성공은 인구 확장에 분명히 의존했다. 노예가 필요했고 노예를 더 많이 소유한 사람이 더 높은 지위를 누렸다. 이민자들이 필요했고 그들을 데려와서 공장과 농장에서 일하게 했다. 아시아인은 캘리포니아에서 환영받았는데, 자원을 개발하기 위해 백인이건 황인이건 일손이 많이 필요했기 때문이다. 그런데 점차 상황이 변했다. 사람들은 한때 이민자들을 따스하게 맞이했지만 이제 이민자들의 생활 수준이 너무 높아졌다고 느꼈다. 그들은 자유인이자 지주가 되었고, 일부는 부와 명예를 차지했다. 백인이 자기에게 돌아올 재화나 명성이 충분하지 않을까 봐 두려워하면서 여론의 변화가 일어났다. 변화의 첫 결과는 1908년 아시아인 이민 금지법(the Oriental Exclusion Act)이다. 1924년 이민법°에는 할당 제도를 강화해 전체 이민자 수를 낮은 수준으로 동결했다. 유럽의 수많은 난민 중 일부를 받아들이는 내용을 담은 최근의 긴급 법안은 온통 제한 조건이 달렸지만, 그럼에도 불구하고 그 변변찮은 조항만으로도 공포와 저항을 불러일으킨다. 경제학자들은 더 자유로운 이민이 시행되어야 나라에 보탬이 될 것이라고 말한다. 그러나 이민 정책을 좌우하는 것은 이런 경제적 조언이 아니라 시민들이 **느끼는 좌절**이다. 그들은 옳건 그르건 간에 철의 장막을 쳐

1924년 이민법(Immigration Act of 1924) 미국에서 연간 이민자 수를 제한하고 국가별로 인원을 할당한 법. 1921년의 긴급 이민 할당법(Emergency Quota Act)을 더욱 강화한 법안으로, 연간 이민자 수를 1890년 인구 조사 당시 거주하던 각국 출신 이민자 수의 3퍼센트를 넘지 않도록 제한했다.

서 이민을 막아야 자신들의 지위 확보가 보장될 수 있으리라고 생각한다.[7]

거대한 사회 변화로 인해 좌절과 불안이 만연해지면 반유대주의가 자라나는 경향이 있다는 것은 잘 알려진 사실이다. 더 구체적으로 말하면 반유대주의는 전후 재적응기에 커지는 것으로 보인다. 특히 전쟁에서 패한 후라면 더욱 그렇다. 또한 정부가 불안정할 때마다, 경제 불황이 닥칠 때마다 심해진다.[8]

전시에는 국내의 적대 행위가 증가한다. 이것은 모순적이다. 물리쳐야 할 외부의 적이 있는 국가적 위기에는 국내의 모든 집단이 힘을 합치리라 생각할 수 있다. 공동의 적은 국민을 통합하는 경향이 있다. 어떤 의미에서는 맞는 말이다. 하지만 동시에 전쟁은 대중에게 온갖 종류의 새로운 좌절을 떠안긴다. 배급제, 세금, 근심, 사상자까지. 이런 좌절은 국내의 마찰을 증가시킨다. 미국이 가장 치열하게 전쟁을 치르던 때인 1943년, 미국의 대도시 6곳 중 4곳에서 비극적 인종 폭동이 벌어졌다. 나치 식의 반유대주의 사건이 발생했다. 전시의 소문 천여 건을 수집해 분석해보니 3분의 2가 유대인, 흑인, 노동조합, 행정부, 적십자, 군대 등 일부 미국인 집단을 공격하는 내용이었다.[9]

좌절 내성

지금까지 좌절과 편견 사이에 어떤 관계가 존재한다는 것을 여러 사례를 들어 증명했다. 하지만 좌절한 모든 사람이 편견을 지니는 것은 아니다. 사람들이 좌절에 대처하는 방식은 다양하다. 어떤 사람은 다른 사람보다 좌절 내성(frustration tolerance)이 더 강하다.

린제이(Gardner Lindzey)는 좌절에 대한 한 실험 연구에서 적절한 증거를 발견했다. 그는 사전 검사를 통해 민족 편견이 매우 심한 학생 열 명과 편견이 극히 덜한 학생 열 명을 선택해 한 명씩 차례로 불러 집단 실험에 참가시켰다. 피험자는 처음 보는 네 명의 학생들(실험을 돕는 연기자들)과 함께 카드를 분류하는 협력 작업을 했다. 실험은 각본대로 진행되었는데, 집단이 목표 달성에 실패해 금전적 보상을 받지 못하는 원인을 피험자 혼자 제공하는 상황이 만들어졌다. 연기자들은 점잖았지만 확실히 피험자의 잘못 때문에 기분이 몹시 상해 보였다. 피험자는 노력할 만큼 했지만 잘못을 벌충할 길이 없었다. 이 일련의 실험에서 어떤 피험자도 속임수를 '간파하지' 못했다. 모든 피험자가 명백히 불안해하고 불편해했다. 그러나 (중요한 것은 바로 이 발견인데) 편견이 심한 사람이 편견이 덜한 사람보다 훨씬 더 좌절하는 것처럼 보였고 그 차이는 통계적으로 유의미한 수준이었다. 이 사실은 실험 과정의 관찰과 실험이 끝난 뒤 피험자들에게 이 실험에 관해 설명해주면서 나눈 면담을 통해 밝혀졌다.[10]

이 결과는 다양한 방식으로 설명할 수 있다. 예를 들면 편견이 심한 사람은 모든 상황에서 항상 좌절을 더 쉽게 느낀다고 설명할 수 있다. 즉 본성적으로 자극 과민성 기질이 있는 것일지도 모른다. 혹은 편견이 심한 사람은 특히 지위를 필요로 하고 주변 사람들의 좋은 평가를 갈망하는 것일 수도 있다. 그래서 (이 실험이 그랬던 것처럼) 상황이 이 친애적 욕구를 방해할 때, 이들은 큰 정신적 고통을 드러낸다. 당면한 좌절과 심한 편견, 이 둘을 뒷받침하는 것이 바로 지위에 대한 강렬한 갈망인 것이다. 마지막으로 어떤 종류의 내적 통제가 차이를 만드는 원인일 수도 있다. 편견이 심한 사람은 편견이 덜한 사람이 지닌 체념 또는 '철학적' 태도가 부족한 것이다. 이 책의 목적을 고려할 때, 어느 설명이 맞는지는 중요한 문제가 아니다. 편견이 심한 개인이 관용적인 개인보다 **좌절 감수성**(frustration susceptibility)

이 더 크다는 것을 뒷받침할 만한 증거가 있다는 데 주목하는 것만으로 충분하다.

좌절에 대한 반응

지금부터 살펴보려는 주제인 좌절에 대한 반응은 편견 문제 전체에서 중요하다. 좌절이 공격성의 전위를 거쳐 외집단을 향한 적개심을 낳을 수 있다는 증거는 대단히 많다. 물론 이 과정이 중요하기는 하지만 너무 중시하지 않도록 주의해야 한다. 일부 열렬한 옹호자들이 말하는 것처럼 "좌절은 항상 어떤 종류의 공격성으로 이어진다."는 것은 사실이 아니다. 만약 그랬다면 우리 모두는 거대한 공격성을 품고(왜냐하면 누구나 좌절하기 때문이다) 쉽게 편견에 빠졌을 것이다.

좌절에 대한 가장 흔한 반응은 절대로 공격성이 아니라 앞에 놓인 장애물을 뛰어넘으려는 단순하고 직접적인 시도이다.[11] 사실 유아는 좌절을 하면 보통 분노한다. 그러나 학습 과정을 거친 아이와 성인은 상당한 정도의 좌절 내성을 획득하고, 분노하던 최초의 성향을 대신해 인내하고 계획하고 해결책을 찾는 법을 배운다.

린제이의 실험을 단서로 삼으면, 편견을 지닌 사람들은 유아적 분노와 전위 때문이라기보다 좌절 내성이 덜 발달한 탓에 좌절에 정면으로 대처할 능력이 부족한 이들이라고 말할 수 있다.

좌절 내성이라는 변수 요인과 좌절에 공격적으로 접근하거나(분노) 계획적으로 접근하는(극복) 서로 다른 성향 외에도 개인들을 특징짓는 또 다른 구분이 존재한다. 우리는 가끔 실제로 화가 나고 공격적인 충동을 느끼는데, 그때 그 충동을 어떻게 하는가? 9장과 20장에서 검토한 내용에 따르면, 어떤 사람들은 좌절 경험을 두고 자신을 탓하는 경향이 있다. 이들은 **내부 처벌형**에 속한다. 어떤 사람들은 인생의 좌절에 대해 초연하고 철학적이라서 아무도 비난하지 않는다. 그들은 **무처벌형**이다. 반면 다른 사람들은 성격적으로 비난할 외부 원인을 살펴본다(그리고 찾아낸다). **외부 처벌형** 반응은 (좌절의 참된 원천을 확인할 수 있다면) 사실에 기반한 것일 수도 있고, 그 비난이 전위된 것이라면 사실에 기반하지 않은 것일 수도 있다.[12]

당연히 외부 처벌형에서만 희생양이 등장한다. 이는 다음 사례에서 분명하게 나타난다.

> 한 철강 노동자는 자신의 일에 만족하지 않았다. 일터는 무척 더웠고 소음이 아주 심했다. 그가 하는 일은 그리 안전하지 않았다. 그는 한때 엔지니어가 되길 희망했지만 실패했다. 그는 심하게 불평하면서 '공장을 운영하는 빌어먹을 유대인 놈들'에게 악담을 퍼부었다. 사실 그 공장은 유대인이 운영하지 않았다. 단 한 명의 유대인도 그 공장의 소유나 경영에 관여하고 있지 않았다.

결론적으로 말해서 어떤 사람들은 때때로 좌절 상황에 처하면 공격적으로 반응하고, 어떤 사람들은 외부 처벌적 태도를 취하면서 자기가 아니라 외부 조건을 비난한다. 또 일부 사람들은 좌절의 진짜 원천을 비난하는 것이 아니라 그 비난을 다른 대상, 특히 이용 가능한 외집단에 전위한다. 이 과정은 흔하지만 보편적이지는 않다. 사람이 어떤 방법을 택하느냐는 그의 타고난 기질, 좌절을 겪으면서 쌓아온 습관, 지배적인 전체 상황에 의존한다(예를 들면 그가 몸담은 문화가 나바호 원주민처럼 마녀를 비난하라고 하거나, 히틀러가 독일 사람들을 부추긴 것처럼 유대인을 비난하라고 하는 상황).

희생양 이론에 관한 추가 논의

희생양 이론이 인기 있는 한 가지 이유는 이해하기 쉽다는 것이다. 이 사실은 또한 희생양 이론을 타당하게 만드는 논거가 되기도 한다. 이론을 이해하기 쉽다는 것은 어떤 면에서 경험의 평범성과 관련이 있기 때문이다. 일곱 살짜리 아이들이 읽는 동화책에도 희생양의 분명한 사례가 담겨 있다. 이야기는 이렇게 전개된다.

> 모험심 많은 돼지 한 마리가 오리 친구 몇 마리와 함께 조종사가 없는 기구에 올라타 하늘 높이 떠오른다. 마음씨 나쁜 한 농부가 그 기구를 붙잡으려고 애쓰지만, 영리한 돼지는 농부에게 토마토 수프 한 통을 붓는다. 수프를 뒤집어쓴 농부는 화가 머리끝까지 치밀어 오른다. 얼굴이 더러운 한 소년이 헛간에서 나와 수프를 닦아내는 일을 돕는다. 그러나 농부는 소년을 흠씬 두들겨 팬다. 농부가 그렇게 한 이유는 세 가지이다. 첫째, 기구가 멀리 날아가버렸기 때문이다. 둘째, 그가 지금 끈적끈적한 수프를 닦아내기 위해 목욕을 해야 할 판이기 때문이다. 셋째, 어쨌거나 소년을 때리면 기분이 풀릴 것 같았기 때문이다. 작가는 이렇게 덧붙인다. "나는 이것이 좋은 이유라는 게 아니라 실제로 그랬다고 말하는 것이다."

이보다 더 완벽한 희생양의 사례는 찾을 수 없을 것이다. 어린아이들조차 이 이야기의 요점을 파악할 수 있다.

실제로 희생양 이론은 두 가지 형태가 있다. 성경에서 유래한 하나는 15장에서 개괄했다. 그 과정은 이렇다.

> 개인의 잘못된 행위 → 죄책감 → 전위

이것은 24장에서 다시 검토할 것이다. 지금 살펴볼 두 번째 형태는 약간 다르다.

좌절 → 공격성 → 전위

이 장에서 다루는 모든 사례는 희생양 이론의 두 번째 형태이다.

이 이론은 다음 세 단계를 가정한다. (1) 좌절은 공격성을 낳는다. (2) 공격성은 상대적으로 무방비한 '양(羊)'으로 전위된다. (3) 이 전위된 적개심은 비난과 투사와 고정관념을 통해 합리화되고 정당화된다.

이 전개 과정을 받아들이되 다음과 같은 몇 가지 중요한 제한점을 염두에 둔다면 적절한 태도라고 할 수 있다.[13]

1. **좌절이 항상 공격성으로 이어지는 것은 아니다.** 희생양 이론은 어떤 사회 조건, 어떤 기질 유형, 어떤 성격 유형이 좌절을 겪을 때 주로 공격적인 배출구를 찾게 하는지 전혀 말해주지 않는다. 어떤 좌절의 원천이 희생양을 찾도록 하는지도 마찬가지이다. 그러나 이 장의 앞에서 좌절의 어느 영역은 다른 영역에 비해 전위를 초래할 가능성이 더 크다고 말했다.

2. **공격성이 언제나 전위되는 것은 아니다.** 화가 내부 처벌적으로 자기 자신을 향할 수도 있다. 그렇다면 희생양은 생기지 않는다. 희생양 이론 자체는 외부 처벌적 반응 대신 내부 처벌적 반응을 일으키는 개인적 혹은 사회적 요인에 대해 말해주지 않는다. 또한 이 이론은 개인이 어떤 환경에서 좌절의 **진짜** 원천을 향해 공격성을 보이는지, 어떤 환경에서 자신의 공격성을 **전위**하는지 말해주지 않는다. 이에 관한 답을 찾으려면 개인의 성격을 연구해야 한다.

3. **희생양 이론이 의미하는 것처럼 전위가 실제로 좌절을 완화해주지는 않는다.** 사실상 전위된 대상은 좌절과 관련이 없기 때문에 좌절의

감정은 계속된다. 유대인을 죽여서 독일 경제가 더 나아진 것도 아니고 독일인의 가정 생활이 더 행복해진 것도 아니었다. 독일의 문제는 단 하나도 해결되지 않았다. 미국 남부의 가난한 백인이 흑인을 비난한다고 해서 그들의 생활 수준이 높아지는 것은 아니다. 전위는 결코 좌절을 제거하지 못한다. 좌절이 지속되면 새로운 공격성이 생기기 때문에 전위는 공격성의 성공적인 배출구가 되지 않는다. 자연이 창조한 것들 중에서 전위보다 적응에 도움이 안 되는 기제는 없다.

4. **희생양 이론은 희생양 선택에 대해서 말해주지 않는다.** 왜 어떤 소수 집단은 좋아하거나 그냥 두면서 다른 소수 집단은 증오하는지 전혀 설명하지 않는다. 또한 왜 싫어하는 방식과 정도가 다른지도 설명하지 않는다. 15장에서 살펴본 것처럼 희생양 **선택**은 전위 과정 자체와 본질적으로 무관하다.

5. **항상 무방비한 소수 집단이 전위의 대상으로 선택되는 것은 아니다.** 개인이 희생양이 될 수도 있고 다수 집단이 희생양이 될 수도 있다. 유대인은 고임(비유대인)에게 편견을 품을 수 있고 흑인은 백인을 미워할 수 있다. 전위는 (혹은 최소한 과잉 일반화는) 여기서도 작동하지만, 이때 희생양은 이 이론이 주로 의미하듯이 항상 '안전한 양'인 것은 아니다.

6. **전위의 경향성이 편견이 덜한 사람보다 편견이 심한 사람에게 더 흔하다는 것을 보여주는 유효한 증거는 없다.** 공격성을 전위하려는 편견적인 사람의 습관적 성향에서만 희생양을 찾는 경향이 나타난다고 단정할 수는 없다. 앞서 인용한 린제이의 실험에서 편견이 매우 심한 피험자들이 좌절을 겪은 후에 적개심을 전위하는 일반적 경향은 편견이 덜한 피험자들과 크게 다르지 않았다. 편견이 심한 사람(실생활에서 뚜렷하게 소수 집단을 희생양으로 만드는 사람)은 전위의 경향이 아니라 다른 특성에서 차이를 드러냈다. 그들은 일반적으로 더 공격적

으로 보였다. 앞서 살펴본 것처럼 그들은 더 '쉽게 좌절했고' 전반적으로 사회 관습을 인습적으로 고수하는 것처럼 보였다. 이 요소들은 모두 좌절-공격성-전위 이론의 본질적인 부분이 아니다. 다른 말로 하면 희생양 이론 자체만으로는 왜 어떤 성격은 편견이 있고 어떤 성격은 그렇지 않은지 완전히 설명할 수 없다.

7. **마지막으로 희생양 이론은 현실적인 사회적 갈등의 가능성을 간과한다.** 어떤 경우에는 전위처럼 보이지만 좌절의 참된 원천을 향한 공격일 수도 있다. 예를 들면 집단 X의 많은 구성원들이 집단 Y의 구성원들을 실제로 방해하려고 할 수 있다. 이 경우 집단 Y의 적개심은 어느 정도 사실에 근거한 것일 수 있다. 집단 Y의 구성원들이 느끼는 집단 X에 관한 적대감은 어느 정도 '받아 마땅한 평판'에 의존하는 것이다. 다른 모든 편견 이론처럼 희생양 이론도 현실적 사회 갈등 사례에 잘못 적용되지 않아야 한다.

정신 역동의 의미

희생양 이론에 이런 한계가 있다고 해서 이 이론이 무의미하다고 말하려는 것은 아니다. 단지 두 가지 주의점을 전달하고자 했다. (1) 어떤 단일한 편견 이론도 그 자체만으로는 충분하지 않다. 희생양 이론으로는 편견의 수많은 본질적 현상을 다루지 못한다. (2) 희생양 이론은 너무 광범위하게 서술된다. 이 이론은 설명이 필요한 많은 차이에 대해 답을 제공하지 못한다. 왜 어떤 사람들은 공격적인 방식으로 좌절에 반응하는지, 왜 어떤 유형의 좌절은 외집단에 대한 전위를 유도하기가 더 쉬운지, 왜 어떤 사람들은 전위가 적응 방법으로서 완벽한 실패작인데도 계속 전위를 하는지, 왜 어떤 사람들은 전위의 경향을 억제하고 전위가 자신의 민족 태도에 영향을 끼치도록 절대 내버려 두지 않는지 희생양 이론은 답하지 못한다.

희생양 이론의 한 가지 중요한 특징을 아직 살펴보지 않았는데, 바로 많은 **무의식적** 정신 작용이 개인 안에서 이루어진다고 가정한다는 것이다. '공장을 운영하는' 빌어먹을 유대인 놈들을 비난한 철강 노동자는 자신의 어려운 처지를 설명하기 위해 자기가 완전히 허구의 악당을 지어내고 있다는 사실을 알지 못했다. 돼지 때문에 수프를 뒤집어쓴 농부는 얼굴이 더러운 소년을 때리면 왜 자기 '기분이 풀릴 것' 같았는지 알지 못했다. 대부분의 독일인은 치욕스런 제1차 세계대전의 패배와 이후 일어난 반유대주의의 관계를 알지 못했다.

자기가 소수 집단을 증오하는 진짜 이유를 아는 사람은 거의 없다. 그들이 만들어낸 이유는 단지 합리화일 뿐이다. 이것이 바로 편견에 관한 모든 **정신 역동** 이론의 중심 주제이다. 희생양 이론도 그중 하나이다. 그러나 다른 이론도 있다. 편견이 심한 열등감을 은폐한다거나 안전을 제공한다거나 억압된 성적 욕망과 밀접한 관계가 있다거나 개인의 죄책감을 더는 데 도움을 준다고 말할 때, 이 모든 설명은 정신 역동에 기반한 것이다. 이 경우 당사자는 편견이 자신의 삶에서 어떤 정신적 기능을 하는지 자각하지 못한다.

다음 장들에서 편견의 정신 역동에 관한 논의를 계속 이어 나갈 것이다. 주된 통찰은 대체로 정신분석학 연구에서 도출한 것이다. 좌절-공격성-전위 과정을 다룰 때처럼, 때로는 이 이론의 광범위한 적용은 제한해야 한다. 하지만 우리가 이런 비판적인 태도를 취한다고 해서 프로이트와 정신분석학의 공헌이 줄어드는 것은 결코 아니다.

22장

공격성과 증오

앞 장에서 좌절과 전위를 설명하면서 그와 관련된 공격성을 다루었다. 그러나 대부분의 사회적 병폐를 설명할 때 공격성을 주요 원인으로 설명하기 때문에 이 주제를 더 자세히 살펴볼 필요가 있다. 전례 없는 유혈 사태가 벌어진 20세기에 사회과학자들은 공격성에 주목했다. 흔히 공격성은 기본 설명 원리로 사용된다. 특히 지크문트 프로이트가 공격성 개념을 대중화했지만 심리학의 모든 학파가 이 개념의 유용성을 인정한다.

공격성의 본질

프로이트를 비롯해 정신 역동을 연구하는 여러 학자들의 저술을 보면 공격성은 포괄적이고 본능적이며 증기 기관 같은 힘으로 여겨진다.° 공격성은 삶을 움직이는 몇 안 되는 힘 중 하나로 간주된다. 공격성은 어디에나 있고 긴급하며 기본적으로 회피할 수 없는 것이다. 프로이트는 말한다.

> 사람들은 자기 안에 있는 이 공격의 성향을 만족시키지 않고 견디기가 쉽지 않다. …… 공격성을 발산할 대상이 남아 있는 한, 상당히 많은 사람들이 서로 사랑으로 단결할 수 있다.[1]

프로이트는 이 본능을 공격 대상을 죽이거나 파괴하고 싶은 욕망과 동일시한다. 이 본능은 궁극에 가서는 심지어 자기 파괴로 향한다. 죽음의 본능 **타나토스**(Thanatos)는 정반대인 생의 본능 **에로스**(Eros)처럼 우리 본성 안에 있는 맹목적 충동이다. 그러나 삶에서 흔히 공격성과 사랑은 뒤섞이기 때문에 인간의 친애 욕구도 파괴적 충동으로 얼마든지 오염될 수 있다.

이런 사유에 입각해 일부 정신분석학자들은 유아의 행동에서 공격성이 우세하게 나타난다고 보았다. 유아의 먹는 행위는 일종의 파괴적 탐식으로 여겨진다. 젖을 빠는 행위는 공격의 한 형태이다. 에른스트 지멜(Ernst Simmel)은 우리의 원시 조상이 식인종이었다고 말한다.

> 우리는 모두 음식만이 아니라 모든 좌절시키는 대상을 먹어치우려는 본능적인 충동과 함께 삶을 시작한다. 유아는 사랑의 능력을 얻기 전에 먼저 주변 환경과 원초적 증오 관계를 형성한다.[2]

ㅇ 공격성 이론의 일종으로 증기 기관 모델(steam boiler model)이 있다. 이것은 공격적인 에너지가 유기체 내에서 지속적으로 생성되고 외부 자극에 의해 방출되지 않는다면 자연적으로 폭발한다고 가정한다. 이 과정이 마치 증기 기관의 원리와 유사하다고 하여 이런 이름이 붙었다.

이런 공격성 이론은 전쟁, 반달리즘(vandalism), 범죄, 개인과 집단의 갈등을 모두 전적으로 자연스럽고 심지어는 불가피한 것처럼 보이게 한다. 그나마 가능한 최선의 결과는 어디에나 있는 공격 충동을 사회적으로 용인할 수 있거나 사회에 피해가 덜한 통로로 승화하고 배출하고 바꾸는 것이리라. 누구나 희생양이 **필요할** 것이다. 사람들은 자신의 공격성을 감당할 희생양을 찾아내거나 만들어내야 할 것이다.

이 획일적인 공격성 개념은 거부하는 편이 낫다. 공격성은 그저 모든 것을 집어삼키는 단일한 힘이 아니다. 이 용어는 여러 다른 이유 때문에 하게 되는 여러 종류의 행위를 포괄한다. 몇 가지를 살펴보자.[3]

1. 동물이 식물이나 다른 동물을 먹을 때 혹은 아이가 장난감을 마음대로 다룰 때, 그 행동에는 유기체의 욕망을 이루고자 하는 것 말고 다른 의도는 없다. 그 행위를 다른 이들이 **공격적**이라고 부를 수는 있지만 행위자의 입장에서는 아니다. 두 살배기 아이가 '파괴적'으로 보일지 모르지만 아이의 약탈 행위는 전적으로 간절한 호기심과 관심에서 비롯한 것이다. 아이의 관점에서 보면 공격적인 행동이 아니다. 심지어 다른 아이에게서 장난감을 빼앗을 때도 마찬가지이다.

2. 공격성이라는 용어는 때때로 **자기 주장**의 동의어로 사용된다. 미국인은 공격적이라는 소리를 듣는다. 이 말은 미국인이(즉 미국인 중 일부가) 삶의 문제에 정면으로 달려든다는 뜻이다. 이런 유형의 공격성은 개별 인간을 대상으로 삼지 않는다. 이것은 그 자체로는 타인에게 해를 입히는 문제와 필연적인 관련이 없다. 로이스 머피(Lois Murphy)는 유아원 아이들을 대상으로 삼아 연구를 진행했는데, 가장 동정적인 아이가 또한 가장 '공격적'이라는 사실을 발견했다(상관계수 = +0.44).[4] 이 흥미로운 발견은 사교적인 아이들, 즉 다른 아이

들과 교류를 잘하는 아이들이 모든 유형의 사회적 접촉을 해볼 가능성이 더 크다는 것을 의미하는 것 같다. 이 아이들은 '공격적'이라기보다 **활동적**이다.

3. 때때로 공격성이라는 용어는 단순히 자기 주장보다 더 많은 것을 의미한다. 그것은 기질적으로 투쟁을 사랑하는 태도를 가리킨다. 싸움 그 자체를 즐기는 것이다. 이런 의미에서 아일랜드 사람들은 (옳건 그르건) 공격적이라는 소리를 듣는다. 이를 잘 보여주는 유명한 민족 관련 농담 하나가 있다. 여기 두 여성이 그들의 혈통에 대해 이야기하고 있다.

> 어느 아일랜드 여성: 그럼 매카시(McCarthy, 아일랜드계 성) 가문은 어느 민족 출신이죠?
>
> 매카시 부인: 어느 민족 출신도 아니라는 점을 알려주고 싶군요. 우리는 우리 출신일 뿐이에요.

4. 때때로 경쟁자에게 해를 입히려는 의도는 경쟁 활동의 부산물이다. 다시 말하지만 어떤 목표에 도달하려는 욕망이 가장 우선적이다. 행위자는 절박한 나머지 필요하다면 힘을 쓰거나 기만하는 것도 주저하지 않을 수 있다. 여기서 '공격자'는 다른 사람들의 저항이 있더라도 물리쳐서 목표를 성취하고자 한다. 제국주의와 팽창주의에서 흔히 볼 수 있는 많은 국가적 공격성이 이 범주에 해당한다.

5. 때때로 진짜 사디스트가 존재할 수 있는데, 그는 희생양에게 고통을 가함으로써 쾌락을 얻는다. 이 공격성은 처음 두 사례처럼 수단이 아니라 그 자체가 목적이다. 독일에서 히틀러의 나치 돌격대원 다수가 유대인을 향해 드러낸 공격성이 여기에 속하는 것 같다.

6. 마지막으로 앞 장에서 논의한 분노와 공격성의 유형이 있다. 그

것은 **반응적**(reactive)이라고 부를 수 있다. 좌절이 발생했다. 개인은 현실적인 계획을 짜거나 인내하며 마주하는 것도 아니고, 체념한 채 물러서거나 자책하지도 않는다. 그는 방해물 자체에 분노하고 공격성을 보인다. 혹은 앞서 본 것처럼 적개심을 대체물(희생양)로 전위할 수 있다. 이 반응적 공격성이야말로 편견을 이해하는 문제와 가장 관련이 깊다.

이 간략한 분석이 무엇을 의미하든 간에 분명한 것은 본능주의적인, 즉 증기 기관 모델 같은 공격성 이론은 옹호될 수 없다는 것이다. 너무나 많은 여러 동기가 복잡하게 얽혀 있고, 그에 따른 행동 유형도 너무나 많다. 유아가 유순하게 젖을 빠는 행동이나 미국인 사업가의 모험 정신, 사디스트의 잔혹성, 실업자의 격분까지 이 모든 것을 하나의 동일한 본능 표출로 분류하는 것은 불합리할 것 같다. 그들의 유사성은 관찰자가 보기에 그런 것이지 정신 역동적으로 같은 것은 아니다.

여기서 유의해야 할 점은 우리가 프로이트 공격성 이론의 한 측면만 거부하고 있을 뿐 다른 측면은 받아들이고 있다는 것이다. 공격성은 배출구가 필요한 거창한 본능이 아니다. 하지만 반응적 공격성은 대부분의 사람들이 갖고 있는 것처럼 보이는 능력이고, 이 능력은 때때로 전위된다. 좌절-공격성-전위 이론은 전체 프로이트 이론의 일부이다. 그리고 이 일부는 앞 장에서 살펴본 것처럼 여러 가지 중요한 제한점만 염두에 둔다면 타당하다.

'본능'과 '능력'의 차이가 중요하다. 본능은 배출구가 필요하다. 능력은 잠재적이라서 활동하지 않을 수도 있다. 이것은 편견 문제를 바라보는 데 지극히 중요한 구분이다. 만일 편견이 항상 만족을 추구하는 본능과 관련된다면, 편견을 억제하거나 제거하기는 불가능하다. 그런데 단지 반응적 능력과 관련된다면, 이 능력이 완전히 깨어나지 않도록 막는 내적 · 외적 조건을 조성할 수 있다. 적어도 이론적으로는 가족과 공동체에서 좌절을 많이 겪지 않을 수 있는 조건을 마련할 수 있다. 아이들이 좌절을 느낄 때 외부 처벌적인 공격성을 드러내지 않고 대처하도록 훈련할 수 있다. 혹은 공격성이 남아 있다면 희생양이 아니라 좌절의 참된 원천을 공격하도록 훈련할 수 있다.

'배출구' 문제

'유동 공격성(free-floating aggression)'이라는 용어가 있다. 인류학자 클럭혼은 "모든 인간 사회에는 다양한 정도의 유동 공격성이 존재하는 것처럼 보인다."라고 말했다.[5] 클럭혼은 반응적 가설을 근거로 삼아, 대부분의 문화에서 아이들은 사회화 과정을 통해 억제당하고, 이후 성년기 내내 모든 사회에서 심각한 박탈과 좌절을 겪는다고 설명한다. 공격적 충동은 점점 축적되어 합쳐진다. 때때로 만성적인 자극을 받아 거대한 양의 막연하고 매이지 않은 반발심이 쌓이기도 한다. 인생이 비교적 순조롭게 흘러갈 때는 이런 유동 공격성이 상대적으로 적을지도 모른다.

여기까지는 유동 공격성 개념을 수용할 수 있다. 이 개념은 사회 전체나 개인을 모두 잘 설명하는 것처럼 보인다. 불만과 원망으로 가득 차 있고 많은 외집단 편견을 지닌 어떤 개인이 있다면, 그가 해소되지 않은 반응적 공격성을 많이 품고 있고, 그 공격성은 그가 오랫동안 어떻게 대처할지 몰랐을 여러 만성적 좌절을 겪으며 쌓은 것이라 추정해도 무방할 것이다.

그러나 클럭혼이 유동 공격성을 설명하기 위해 제안한 증기 기관과 안전판(safety-valve) 가설은 받아들이기 어렵다.

많은 사회에서 이 '유동 공격성'은 주로 주기적인 (혹은 거의 지속적인) 전쟁으로 배출되었다. 일부 문화는 전성기에 공격성의 대부분을 사회의 창조적 통로(문학, 예술, 공공 사업, 발명, 지리적 탐험 등등)로 쏟아낼 수 있는 것처럼 보인다. 대부분의 사회에서는 대부분의 시간 동안 이 에너지의 많은 부분이 다양한 통로로 발산되는데, 일상생활의 작은 분노 폭발, 건설적 활동, 이따금씩 일어나는 전쟁이 그것이다. 그러나 역사를 보면 대체로 국가적 전환기에는 이 공격적 에너지의 상당량이 사회 내에 분리되어 모여 살거나 흩어져 있는 소수자들을 향해 장기간이건 단기간이건 집중되었다.[6]

문학, 예술, 공공 사업 등의 창조적 활동으로 유동 공격성의 물꼬를 돌릴 수 있다는 말은 설득력이 없다. 정상적으로 그림을 그리거나 사업의 청사진을 그릴 때 공격성은 없다. 클럭혼의 주장은 어느 정도의 공격성이 반드시 존재한다는 프로이트의 견해로 전력을 다해 돌아가는 것처럼 보인다. 공격성은 어디로든 '유동'할 수 있다. 심지어 비공격성(평화의 추구)으로 승화될 수도 있다. 다시 말해서 공격성이 존재하지 않을 때조차도 존재할 수 있다는 것이다.

유동 공격성이 전쟁을 통해 '배출'될 수 있다는 말도 의심스럽다. 전쟁에서는 완전히 정반대 과정이 일어난다는 것을 보여주는 증거가 있다. 만약 배출구 이론이 옳다면 한 나라가 전쟁을 치르는 동안 자국 내에서는 다툼이 덜해야 한다. 제2차 세계대전 중 미국 시민들의 유동 공격성이 완전히 독일, 이탈리아, 일본으로 향했다면, 미국 내에서는 평온이 유지됐어야 했다. 그러나 상황은 반대였다. 당시 적대적 소문이 얼마나 폭력적이었고, 인종 폭동이 얼마나 심각했는지는 앞의 여러 장에서 언급했다. 오히려 평화로운 시절보다 더 심했다. 현재 널리 퍼져 있는 공산주의 러시아를 향한 적개심도 진보주의자,

지식인, 노동자 계급, 유대인, 흑인, 정부를 향한 공격성을 '배출해내지' 못한다. 오히려 공격성이 더 심해지고 있는 것처럼 보인다.

스태그너(Ross Stagner)는 대학생들 사이에서 나타나는 공격 행동의 표출을 연구했는데, 어느 한 쪽에 공격적이라고 해서 다른 쪽에 공격적일 가능성이 감소하지는 않는다고 보고한다. 오히려 어느 한 방식으로 공격성을 '쏟아내는' 사람은 다른 방식으로도 공격성을 '쏟아낼' 가능성이 있다. 공격성을 표현하는 다양한 통로 간 상관계수는 +0.40이다.[7]

여러 문화를 비교한 한 연구에서도 같은 경향이 드러난다. 사회가 호전적이면 사회에 속한 개인들이 서로에게 공격적으로 행동하고, 그 사회의 신화에도 공격성이 등장하는 경향이 있다. 호전적이지 않은 사회에서는 이런 공격성의 증거가 없다. 리프족°과 아파치족°이 전자의 경향을 보여준다. 호피족°과 아라페시족°은 후자의 예이다. 보그스(S. T. Boggs)는 한 사회 내에서 개인, 집단, 이념적 공격성에 관한 다양한 척도를 사용해 +0.20에서 +0.54 범위의 상관관계를 발견했다.[8] 보그스는 공격적 행동은 주어진 상황에서 존재하거나 상대적으로 결여되어 있는 한편, 존재할 때는 매우 일반화된다고 결론 내린다.

이 모든 증거는 유동 공격성이 한 대상에서 다른 대상으로 '배출'될 수 있다는 이론을 반박한다. 이보다 정도는 덜하지만 좌절-공격

리프족(Rif) 모로코 북부의 산악 지대에 사는 원주민 부족. 제1차 세계대전 이후 에스파냐와 프랑스의 식민 지배에 맹렬히 저항해 1922년 독립 국가 리프공화국을 수립하기도 했다.

아파치족(Apache) 미국 남서부에 거주하는 아메리카 원주민 부족. 백인 침략자에 맞서 19세기 말까지 강력하게 저항했다.

호피족(Hopi) 미국 애리조나 북동부 지역에 거주하는 아메리카 원주민 부족. 호피는 '평화로운 사람들(people of peace)'을 의미한다. 부족 이름 그대로 이들은 전쟁보다는 평화, 종교, 영성에 기반한 문화를 지닌 것으로 알려져 있다.

아라페시족(Arapesh) 파푸아뉴기니에 사는 원시 부족. 인류학자 마거릿 미드의 연구에 의하면 이 부족은 경쟁과 공격을 싫어하는 특성을 지녔다.

성의 전개 순서에도 문제가 제기된다. 왜냐하면 더 공격적인 사회(혹은 개인)라고 해서 언제나 더 좌절에 민감한 것은 아니기 때문이다. 호피족과 아라페시족의 삶이 리프족이나 아파치족의 삶보다 전반적으로 더 쉬워 보이지는 않는다. 그러나 호피족과 아라페시족은 좌절에 맞서 비공격적으로 대처하는 방법을 배운 반면, 리프족과 아파치족의 문화는 좌절에 대한 외부 처벌적인 반응을 조장한다 정도는 정당하게 주장할 수 있다. 그렇더라도 배출구 이론을 구원할 길은 없는 것 같다. 간단히 말해 일정량의 유동 공격성이 이런저런 방식으로 소진될 수 있다는 것은 사실이 아니다.

'배출구'를 부인하는 것이 곧 '전위'를 부인하는 것은 아니다. 두 개념은 두 측면에서 전혀 다르다. (1) 전위는 반응적 공격성에서 때때로 볼 수 있는 특유의 경향성만을 가리킨다. 전위의 발생은 실험적으로 입증할 수 있다. 충동은 제한당하면 대체물을 필요로 한다. 반면 배출구가 있는 '유동' 공격성은 (심지어 비공격적 방식으로) 승화될 수 있는 막연한 통로가 있다고 주장한다. (2) 전위는 공격성이 하나의 통로로 '배출'되면 다른 통로로 '배출'될 가능성이 줄어든다는 것을 의미하지 않는다. 전위는 공격성이 더 많이 표현될수록 더 커지리라는 발견과 양립 가능하다. 배출구 이론의 주장과는 정반대이다.

성격의 한 특질로서 공격성

몇 가지 측면에서 공격성에 대한 프로이트의 관점을 비판하기는 했지만, 개인이 공격 충동을 다루는 특유의 방식이 그의 성격 구조의 중요한 특징이라는 그의 주장에는 동의할 수 있다.

하지만 프로이트와 달리 이 책에서는 공격성을 본능이라기보다 능력이라고 규정한다. 공격성은 주로 반응의 문제이다. 어떤 사람들에게는 공격성이 구체적인 객관적 자극에 반응해 정상적으로 진행되는 과정일 뿐, 깊게 자리 잡은 성격적 특질이 아니다. 버글러(Edmund Bergler)는 정상적인 반응적 공격성의 몇 가지 적응적 특성을 다음과 같이 열거한다.

(1) 자기 방어나 다른 사람들을 방어하는 데만 사용된다.

(2) 진짜 적, 즉 좌절의 참된 원천을 향한다.

(3) 죄책감이 따르지 않는다. 왜냐하면 전적으로 정당한 행위로 인식되기 때문이다.

(4) 그 양이 과도하지 않고 적절하다.

(5) 적이 취약한 상태에 처한 적절한 시점에 사용된다.

(6) 행위자가 자신의 노력이 성공하리라 기대하는 방식으로 사용된다.

(7) 쉽사리 자극되지 않으며, 오로지 상당한 침해를 받을 때만 자극된다.

(8) 아마도 과거 어린 시절에 생긴 무관한 좌절과 혼동되지 않는다.[9]

이런 유형의 합리적인 적응적 공격성은 신경증적 장애나 편견의 발달로 귀결되지 않는다. 오로지 이 정상 상태의 기준이 위반되었을 때에만 성격 안에서 불건전한 공격성을 보게 되는 것이다. 예를 들면 좌절의 참된 원천을 자각하지 못할 수 있으며(특성 2 위반), 그래서 자신의 적개심을 어쩔 수 없이 상상의 적에게 전위할 수 있다. 또는 자신이 처한 곤경의 원천을 알지만 그것을 제거하기 위해 직접적인 시도를 해봤자 결코 성공할 수 없으리라 생각할 수도 있다(특성 6 위반). 좀처럼 떨쳐내기 힘든 유아기의 좌절 때문에 일상의 짜증이 더욱 커진다고 생각할 수도 있다(특성 7, 8 위반).

이 논리에 따르면 공격 충동은 어떤 이유에서든 그것을 정상적으로 다룰 수 없는 개인에게만 심각한 문제가 된다는 결론에 이른다. 그들에게는 공격성이 단순한 능력 이상의 하나의 특질이다. 그들의 공격성은 합리적이거나 적응적이지 않고 습관적이고 강박적이다. 그들의 반응은 과도하고 전위되고 부적절할 수 있다. 진정으로 신경증적인 공격성은 위의 여덟 가지 기준을 전부 위반하기도 한다.

따라서 장애가 있는 공격성은 뿌리 깊은 성격 장애가 될 수 있다. 정상적인 반응적 공격성이 차단되기 때문이기도 하고, 정신분석학이 주목하는 수많은 가족적, 개인적 요인 때문이기도 하다. 어느 정도는 문화적 압력 때문일 수도 있다.

공격성의 사회적 유형화

미국의 경쟁적인 생활 방식은 특정한 종류의 공격성을 가치 있게 여긴다. 소년은 스스로 서야 하고 필요하다면 주먹다짐도 할 줄 알아야 한다. 어느 지역에서는 특정 소수 집단을 향한 언어적이고 물리적인 적개심이 관례적으로 허용된다. 그러나 문화는 공격 행동의 발달에 필요한 규범을 제공할 뿐만 아니라 개인들이 고통받는 수많은 특징적인 좌절의 원천도 제공한다.

서구 문화를 예로 들어보자. 탤컷 파슨스는 사회 구조의 몇 가지 특징이 공격적 특질의 발전과 두드러진 관계가 있고, 그로 인해 개인이 편견을 지니게 된다고 지적했다.[10] 서구 가정에서(특히 미국에서) 아버지는 하루 중 대부분 집에 없다. 아이는 계속 어머니가 맡고 어머니 혼자 아이의 행동에 모범이자 조언자가 된다. 보통은 성장 과정 초기부터 어머니와 동일시가 시작된다. 가족 안에서 딸은 자기도 주부이자 어머니가 되리라는 것을 일찍부터 배우기 때문에 적어도 몇 년간은 동일시로 인한 문제를 거의 겪지 않는다. 하지만 어린 아들은 일찌감치 갈등에 처한다. 여성적 방식은 그에게 맞지 않다. 남자아이는 그 방식에 익숙하지만 자기가 다른 종류의 기대를 받는다는 것을 일찍부터 감지한다. 그는 남자가 힘과 이동의 자유와 권력을 지닌다고 배운다. 여성들은 약하다. 하지만 그가 어머니와 맺는 유대는 긴밀하다. 어머니의 사랑은 그의 가장 깊은 욕구를 충족해준다. 하지만 이 사랑은 그가 용감하고, 어리지만 남자답고, 그럼으로써 어떤 의미에서는 그가 동일시한 바로 그 여성성과 단절해야만 얻을 수 있다. 성인 남성들에게 나타나는 신경증적 문제 가운데 상당수는 아들이 벗어나려고 애쓰는 '모성 고착(mother fixation)'과 '여자 같은 사내 콤플렉스(sissy complex)'에서 생겨난다.

일종의 과잉 보상으로서 소년은 나중에 아버지와 있는 힘껏 동일시하며 특히 아버지의 남성적 방식을 흉내 낸다. 소년기 문화의 거칠고 강하고 심술궂은 행동은 적어도 부분적으로는 모성 지배에 대한 과잉 반응으로 설명할 수 있다. 대부분의 남성은 어떤 방식으로든 변화를 이루어서, 마침내 어머니를 향한 자식의 사랑과 필수적인 성인 남성성 사이의 균형을 맞춘다. 그러나 어머니에 대한 과잉 의존이 지속되고 그와 더불어 외부 세계에 대한 과잉 공격성이 나타나는 경우도 있다. 몇몇 증거에 의하면 반유대주의적 남성 대다수가 이 경우에 속한다. 그들은 자신을 남성적이고 공격적이고 강한 사람으로 생각하지만, 근원적으로는 수동적이고 의존적인 태도를 제어하지 못한다. 그 결과 보상적 적개심이 발생하는데, 사회적으로 허용된 희생양에 전위하는 것이다.[11]

아버지도 아들의 강박적 남성성을 유발하는 데 역할을 한다. 그는 개척자 전통을 지닌 경쟁 문화의 전수자로서, 종종 아들에게 나이를 뛰어넘어서 기량을 발휘하라고 부추긴다. 어린아이가 성취할 수 있는 것보다 더 높은 기준을 설정한다. 이로 인한 한 가지 흔한 반응은 순전한 공격성과 남성성을 혼동하는 것이다. 소년은 외집단에 강하게 말하고 큰 소리로 비난하고 욕을 퍼부을 수 있다. 이런 유형의 가짜 흉포성은 머지않아 진짜 적개심으로 바뀔 수 있다. 미국의 패거리 문화와 '악동' 문화는 기본적으로 강박적 남성성의 징후이다. 어느 정도는 민족 편견도 마찬가지이다. 독일 문화는 미국 문화와 많은 면에서 다르지만, 흉포한 유대인 박해를 동반한 나치의 강박적 남성성 숭배는 당시 지배적인 가족 유형과 관계가 있는 것처럼 보인다.

미국의 가족 안에서 딸은 이런 특수한 갈등을 겪지 않는다. 그러나 그들에게도 좌절의 문화적 원천이 있다. 많은 딸들이 미국 문화가 여성에게 부여하는 열등한 역할에 분노를 느낀다. 또한 여성은 성공적이고 낭만적인 결혼을 성취하기 위해 거의 전부를 걸 수밖에 없다. 만약 결혼이 성공적이지 않은 것으로 판명된다면, 여성이 거기서 벗어날 수 있는 길은 남자보다 많지 않다. 따라서 여성이 결혼에서 겪는 좌절은 남성보다 훨씬 더 심할 수 있고 실제로도 그렇다. 또한 여성은 미국 문화에서 강조하는 남성적 이상에서 벗어날 수 없다. 여성은 적절히 '강해지고' 싶지만, 이런 성향은 사회 질서 안에서 그가 맡는 여성적 역할 때문에 더 확고하게 억압될 수 있다.

연구에 의하면 이런 상황은 민족 편견의 발달과 관계가 있다. 반유대적 여대생들은 여성스럽다고 여겨지는 외양 뒤에 상당량의 억눌린 공격성을 특징적으로 드러냈다. 이 유형은 유대인에게 관용적인 여성들에게는 확연히 존재하지 않았다.[12]

미국의 직업 상황도 반응적 공격성과 전위를 둘 다 일으키는 것처럼 보인다. 성취의 기준이 굉장히 높기 때문에(흔히 모든 아들이 부와 명성에서 아버지를 능가할 것으로 기대받는다) 실패와 좌절이 빈번히 발생한다. 하지만 공격성을 부추기는 직업 상황은 합법적 배출구를 전혀 제공하지 못한다.

서구 사회에서는 일반적으로 공격성을 집단 내에서 직접 표현하는 일을 엄하게 금지한다. 그 결과 언제든 전위할 수 있는 엄청난 양의 짜증이 존재한다. 가정과 일에서 좌절이 흔하게 일어난다는 점과 적개심의 불편한 표현을 막기 위해 많은 억압이 요구된다는 점을 고려한다면, 많은 사람들이 외집단 편견을 발달시키지 않았다는 사실이 오히려 이상할 정도이다.

지금까지의 사회학적 분석은 사회적 편견 양상의 획일성을 설명하는 데 도움이 된다. 하지만 우리가 접하는, 개인마다 매우 다른 차이를 설명해주지는 못한다. 개인차를 설명하려면 선택적 요인으로서 성격 발달에 다시 주목해야 한다.

증오의 본질

분노(anger)는 과도기적 정서 상태인데, 진행 중인 활동이 방해를 받을 때 생겨난다. 특정 시점에 확인 가능한 자극이 유발한 정서이기에 좌절의 원천을 직접 공격해서 피해를 입히고 싶은 충동으로 이어진다.

오래전 아리스토텔레스는 분노는 증오(hatred)와 다르다고 말하며, 분노는 통상 개인에게만 느끼는 것이지만 증오는 집단 전체에 느낄 수 있다고 설명했다. 또한 아리스토텔레스는 분노를 이기지 못한 사람들은 흔히 자신의 분노 표출을 미안해하고 공격 대상에 연민을 느끼지만, 증오를 표현할 때는 거의 후회가 따르지 않는다고 말했다. 증오는 더 깊게 뿌리내려 있으며 항상 "증오 대상의 소멸을 욕망한다."[13]

다른 말로 하면 분노는 정서이고 증오는 정조(sentiment), 즉 개인 혹은 집단을 향한 공격 충동의 영속적 조직으로 분류되어야 한다고 할 수 있다. 증오는 습관적인 부정적 감정과 비난으로 이루어지기 때문에 개인의 정신적·정서적 삶에서 단단한 구조를 형성한다. 증오는 사회 분열을 야기하고 종교의 규탄 대상이 된다는 점에서 강한 윤리적 색채를 띠지만, 증오하는 자들은 대개 이 문제를 둘러싼 갈등을 쉽게 벗어난다. 증오는 본질적으로 외부 처벌적인데, 이는 곧 증오하는 사람은 증오 대상에 잘못이 있음을 확신한다는 의미이다. 그가 그렇게 믿는 한 그는 자신의 무자비한 마음에 죄책감을 느끼지 않을 것이다.

개인보다 외집단이 흔히 증오와 공격성의 대상이 되는 데는 훌륭한 이유가 있다. 사람은 어쨌든 서로 비슷하다. 즉 자신과 닮았다. 그리고 사람은 희생양에게 동정심을 느끼지 않을 수 없다. 희생양을 향한 공격은 공격자 자신에게도 어느 정도 고통을 유발할 것이다. 타인의 신체가 자신의 신체와 비슷하기 때문에 자신의 '신체 이미지'가 관련될 것이다. 그러나 집단에는 신체 이미지가 없다. 집단은 더 추상적이고 비인격적이다. 특히 가시적으로 구분되는 어떤 특징이 있다면 그렇다(8장 참조). 피부색이 다른 사람이라면 우리 무리에서 어느 정도는 열외시킬 수 있다. 사람들은 그 사람을 개인으로 생각하기보다 단지 외집단의 일원으로 생각할 가능성이 더 크다. 하지만 아무리 그렇더라도 그는 적어도 일부는 '우리'와 닮았다.

이 동정심의 경향이 이제까지 자주 언급한 한 현상을 설명해주는 것처럼 보인다. 추상적인 집단을 증오하는 사람들도 흔히 실제로는 그 집단의 구성원 개개인에게 공평하고 친절하게 대한다는 것이다.

개인보다 집단을 증오하는 것이 더 쉬운 또 다른 이유가 있다. 우리는 집단에 관한 우호적이지 않은 고정관념을 사실에 비추어 굳이 검증할 필요가 없다. 우리가 아는 개별 구성원들을 '예외 사례'로 치부한다면 고정관념을 더 쉽게 주장할 수 있다.

에리히 프롬(Erich Fromm)은 증오를 두 종류로 구분하는 것이 매우 중요하다고 지적한다. 하나는 '합리적' 증오이고 다른 하나는 '성격화된(character-conditioned)' 증오이다.[14] 합리적 증오는 중요한 생물학적 기능을 한다. 그것은 사람들의 근본적인 자연권이 침해될 때 생겨난다. 사람은 자신의 자유, 생명, 가치를 위협하는 것이라면 무엇이든 증오한다. 또한 제대로 사회화된 사람이라면 다른 사람의 자유, 생명, 가치를 위협하는 것도 무엇이든 증오한다. 제2차 세계대전 중 나치 독일이 네덜란드, 노르웨이를 비롯한 여러 나라를 점령한 동안 그곳에 사는 대다수의 주민들은 나치 침략자들을 미워했는데, 그 증오는 이제 전설이 되었다. 그들의 증오는 '차가운' 증오였다. 그것은 오로지 가끔씩만 공개적인 공격성으로 이어졌다. 그것은 순간적 분노가 아니라 지속적 경멸이었다. 침략자들은 가급적 존재하지 않는 사람들로 취급됐다. 네덜란드에서 붐비는 철도 객차에 올라탄 한 나치 병사는 먼저 타고 있던 사람들에게 철저히 없는 사람 취급을 받았다. 그 병사는 사람들의 증오를 알아챘지만 그래도 어떻게든 환심을 살 생각으로 이렇게 말했다. "조금이라도 숨 쉴 여지를 주시겠습니까?" 그들은 계속해서 그를 무시했다.

합리적 증오는 '성격화된' 증오만큼 우려할 만한 것이 아니다. 프롬이 지적한 대로 성격적 증오를 품은 사람들은 무언가를 증오할 준비가 되어 있다. 이 정조는 비록 인생에서 오랫동안 겪은 쓰라린 실망의 산물일 수 있지만 사실과는 거의 관련이 없다. 그의 좌절은 유동 공격성의 주관적 상대인 일종의 '유동 증오(free-floating hatred)'와 결합한다. 그는 대립을 바라는 막연하고 기질적인 억하심정 같은 것을 지닌다. 그는 **무언가**를 증오해야만 한다. 증오의 진짜 뿌리는 그를 좌절시키겠지만 그는 어떤 편리한 희생양과 훌륭한 이유를 찾아낸다. 예를 들어 유대인이 자기를 상대로 음모를 꾸민다거나 정치가들이 사태를 악화시킨다고 믿는다. 삶이 망가진 자들이 최악의 '성격화된' 증오를 품는다.

사람은 자신이 가치를 부여하는 무언가가 침해되지 않는다면 합리적 증오도 성격적 증오도 품지 않는다(2장). 사랑은 증오의 전제 조건이다. 언제나 친애적 관계가 방해받은 후에야 비로소 그 방해에 책임이 있다고 여겨지는 행위자를 증오할 수 있게 된다. 이 사실은 556쪽 이하에서 인용한 지멜의 주장과 정면으로 부딪친다. 지멜은 개인이 사랑의 능력을 얻기 전에 먼저 주변 환경과 맺은 원초적 증오 관계의 지배를 받는다고 말했다. 이것은 매우 잘못된 견해이다.

인생의 시작점에서 개인을 지배하는 것은 어머니와의 의존적이고 친애적인 관계이다. 파괴적 본능의 증거는 설령 있다 해도 극히 사소할 뿐이다. 갓난아이가 젖을 먹고 쉬고 노는 동안에도 아이에게는 주변 환경에 품는 친애적 애착이 여전히 중요하다. 사회적 미소°는 아이가 사람들에게 느끼는 만족을 일찌감치 상징한다. 아이는 거의 모든 유형의 자극과 모든 유형의 인간에게 다가서며 전체 주변 환경에 대해 긍정적이다. 아이의 삶은 열렬한 외향성과 보통은 긍정적인 사회관계로 특징지어진다.

위협받거나 좌절을 겪을 때 애초의 친애적 경향은 경계와 방어로 바뀔 수 있다. 이언 수티(Ian Suttie)는 이 문제를 다음과 같이 생생하게 표현한다. "사랑이 변해 생긴 증오 말고는 어떤 미움도 세상에는 없으며, 경멸당한 아이 말고는 어떤 분노도 지옥에는 없다.°"[15] 즉, 증오의 발생은 이차적이고 우연적이며 발달 과정에서 상대적으로 늦게

사회적 미소(social smile) 유아가 외부 자극에 반응해 보이는 미소. 보통 생후 5주부터 나타난다.

° 영국의 극작가 윌리엄 콩그리브(William Congreve)의 유명한 대사를 패러디했다. "사랑이 변해 생긴 증오처럼 맹렬한 것은 하늘 아래 없으며, 경멸당한 여성의 분노처럼 격렬한 것은 지옥에서조차 없다."

나타난다. 증오는 언제나 친애적 관계에 대한 욕망이 좌절되었을 때, 자존감이나 가치관이 모욕당했을 때 생긴다.

인간관계의 전체 영역에서 아마도 가장 당혹스러운 문제는 바로 이것이다. 왜 우리에게 중요한 친애 욕구와 부합하고, 또한 그 욕구를 충족시킬 수 있는 사람들과 만나는 일이 상대적으로 적을까? 왜 많은 사람들이 증오와 적개심의 정조로 나아갈까? 왜 충성심과 사랑은 적고 제한적일까? 언제 인간은 내심 충분히 사랑하거나 사랑받을 수 없다고 느낄까?

이 수수께끼에 대한 답은 세 갈래로 제시되는 것 같다. 하나는 사람들을 괴롭히는 좌절의 양과 인생의 어려움에 관련된다. 극심한 좌절 때문에 되풀이되는 분노는 합리화된 증오와 쉽게 결합한다. 상처를 피하고 최소한의 안전지대를 확보하기 위해서는 타인을 받아들이는 것보다 배제하는 것이 더 안전하다.

두 번째 설명은 학습 과정과 관계 있다. 앞의 여러 장에서 살펴봤듯이, 거부적인 가정에서 자라나 기성의 편견에 노출된 아이들은 신뢰를 담아 친애적으로 사회 관계를 바라보는 관점을 발달시킬 수 없다. 아이들은 거의 애정을 받지 못했기에 애정을 나누어줄 처지가 아니다.

마지막으로 인간관계에 배타적 접근 방식을 취하는 것이 더 효율적이기 때문이다(10장에서 '최소 노력'에 대해 이야기했다). 인류를 이루는 큰 집단에 부정적 관점을 취하면 인생을 더 단순하게 만들 수 있다. 예를 들어 모든 외국인을 하나의 범주로 삼아 거부하면, 그들을 내 나라에 들어오지 못하게 제지하는 일 말고는 성가시게 고려할 것이 없다. 그리고 모든 흑인에게 열등하고 불쾌한 인종이라는 딱지를 붙인다면, 미국 시민의 10분의 1에 대해 더 생각하지 않아도 된다. 만약 가톨릭 신자들을 한 범주에 집어넣어서 거부할 수 있다면 인생은 훨씬 더 단순해진다. 그다음 유대인을 뚝 떼어내 버린다면…….

그리하여 다양한 정도와 다양한 종류의 증오, 공격성과 관련된 편견의 유형이 개인의 세계관 내에 존재하게 된다. 여기에는 부인할 수 없는 효율성이 있다. 하지만 이것은 사람들이 원래 품고 있는 꿈과는 거리가 멀다. 여전히 사람들은 마음속으로는 삶에 대한 친애와 동료 인간들과 평화롭고 우애 깊은 관계를 갈망한다.

23장

불안, 성, 죄책감

우리는 이제 반유대주의자들을 이해할 수 있다.
반유대주의자는 두려워하는 사람이다. 그는 유대인이 아니라
자신, 자신의 의식, 자신의 자유, 자신의 본능,
자신의 책임, 고독, 변화, 사회, 세계를 두려워한다.
유대인을 제외한 모든 것을 두려워하는 것이다.
- 장 폴 사르트르

분노, 성적 욕망(sexuality), 죄책감과 편견의 관계에 관한 논의는 공격성에 대한 정신 역동적 분석과 많은 점에서 유사하다.

공포와 불안

합리적이고 적응적인 공포(fear)는 위험의 원천을 정확히 지각한다. 질병, 임박한 화재나 홍수, 노상강도는 현실적인 공포를 야기하는 조건이다. 위협의 원천을 정확하게 지각할 때 우리는 흔히 반격을 가하거나 안전을 위해 물러선다.

때로는 공포의 원천을 올바르게 지각하더라도 통제할 길이 없을 수 있다. 일자리를 잃을까 봐 두려워하는 노동자나 핵전쟁의 막연한 우려 속에 살아가는 시민들은 두려움에 동요하지만 아무런 힘

이 없다. 이런 상황에서 공포는 만성적이 되는데, 이것이 바로 **불안**(anxiety)이다.

만성 불안은 사람으로 하여금 경계하게 만들고, 모든 종류의 자극을 위협적으로 바라보게 한다. 직업을 잃을지도 모른다고 끝없이 걱정하며 사는 사람은 자기가 위험에 둘러싸여 있다고 느낀다. 그는 민감해져서 흑인이나 외국인이 자기 일자리를 뺏으려 한다고 지각한다. 이것이 바로 현실적 공포의 전위이다.

때때로 공포의 원천은 알려지지 않거나 망각되거나 억압된다. 공포는 단지 외부 세계의 위험을 처리하면서 내면에 쌓인 자신이 나약하다는 감정의 잔여물일 수 있다. 공포를 느끼는 사람은 어쩌면 인생에서 여러 번 실패했을 수도 있다. 그래서 전반적으로 무력감을 발달시킨다. 그는 삶 자체를 두려워한다. 그는 자신의 무능력을 두려워하고 뛰어난 역량을 지닌 타인을 위협으로 생각하며 의심한다.

따라서 불안은 널리 퍼진 비합리적 공포이다. 그것은 적절한 표적을 지향하지도 않고 자기 통찰에 의해 통제되지도 않는다. 불안은 마치 기름 얼룩처럼 삶 전체로 널리 번지며 개인의 사회 관계를 악화한다. 불안한 사람은 친애 욕구가 전혀 충족되지 않기 때문에 다른 사람들에게 강박적이고, 즉 일부 사람들에게(아마도 자식에게) 과도한 소유욕을 드러내고, 또한 과잉 거부를 보일 수 있다. 그러나 이 강박적 사회 관계는 더욱 불안을 야기하고, 그래서 악순환이 심화된다.

실존주의자들은 불안이 생의 기본이라고 말한다. 불안은 공격성보다 더 두드러지는데, 인간의 실존적 조건이 항상 좌절감을 주지는 않더라도 어쨌든 불가사의하고 무시무시하기 때문이다. 이런 이유로 공포가 공격성보다 훨씬 더 쉽게 널리 퍼지고 성격화된다.

하지만 불안은 그 감정을 지닌 사람들이 주로 수치심을 느낀다는 점에서 공격성과 비슷하다. 인간의 윤리적 규범은 용기와 자립을 높게 평가한다. 자부심과 자기 존중은 불안을 감추게 한다. 사람은 불안을 어느 정도는 억제하기도 하지만 전위된 배출구, 이를테면 사회적으로 승인된 공포의 원천으로 해소하기도 한다. 어떤 사람들은 우리 중에 있는 '공산주의자'에게 거의 히스테리적인 공포를 느낀다. 그것은 사회적으로 허용되는 공포증(phobia)이다. 만약 그들이 불안의 상당 부분의 진짜 원천인 개인적 무력감과 삶의 두려움을 인정한다면, 아마 존중받지 못할 것이다.

물론 전위된 공포와 뒤섞인, 현실적 공포의 요소가 있을 수 있다. 그러나 우리 중에 있는 공산주의자들이 위협이 되더라도, 많은 선동가와 공포증 환자들이 믿으라고 말하는 정도만큼은 미치지 못한다. 미국에서는 일본이 전쟁에서 패배한 후 눈에 띄는 여론의 반전이 일어났다. 이전에는 일본을 향한 적대감이 끝이 없었다. 미국인은 일본 국민을 교활한 유인원 같은 존재로 여겼을 뿐만 아니라 미국에 충성하는 일본계 미국인까지 '재배치' 수용소에 몰아넣었다. 1943년에 러시아인은 사랑받았고 일본인은 공포의 대상이었다. 그로부터 5년 후 상황이 바뀌었다. 이 변화는 상당한 전위가 발생하는 상황에서도 현실의 고려라는 중요한 측면이 나타날 수 있음을 증명한다. 사람들은 이용할 수만 있다면 공포의 표적으로 개연성 있는 대상을 **선호할** 만큼 합리적이다.

지금 우리 지식의 한도 내에서는 성격화된 불안의 주요 원천이 어린 시절의 좋지 않은 출발에서 비롯한다는 말은 그럴듯하다. 앞의 장들에서 지속적인 불안을 유발할 수 있는 유아기 교육의 특이성을 여러 차례 언급했다. 특히 남자아이는 남성적 역할을 성취하기 위해 역경을 무릅쓰고 분투하면서 자신의 성공 정도에 대해 지속적으로 불안을 느낄 수 있다. 부모의 거부적 태도는 신경 장애, 비행, 적개심을 일으킬 수도 있는 심각한 근심의 조건을 만들어낸다. 다음 사례는 전혀 극단적이지 않으면서도 복잡한 이 과정의 세부 사항을 잘 보여준다.

조지가 네 살 때 엄마가 남동생을 낳았다. 조지는 갓 태어난 동생이 자기를 밀어내고 엄마의 애정을 차지하지나 않을까 두려웠다. 조지는 걱정했고 조바심 냈고, 급기야 어린 동생을 미워하기에 이르렀다. 아기가 병약해서 실제로 엄마는 조지보다 아기에게 더 애정을 쏟았다. 네 살 난 형은 점점 더 화가 나고 불안을 느꼈다. 조지는 여러 차례 어린 동생을 다치게 하려고 했지만 그때마다 제지당하고 벌을 받았다. 불행히도 엄마는 문제를 바로잡기도 전에 일찍 죽었다. 조지는 이 이중적 박탈에서 얻은 상처를 회복하지 못했다.

학교에 들어갈 무렵 조지는 의심스러운 본성을 드러냈다. 조지는 특히 새로 이사 온 낯선 이웃에게 화를 냈으며, 무리에 새로 들어온 아이와는 매번 주먹다짐을 했다. 낯선 아이를 검증하는 이런 방법은 소년 무리에서는 아주 흔한 일이다. 아이들은 다른 아이들에게 받아들여지기 위해 자신이 멀쩡한 친구라는 사실을 증명해야 한다. 몇 주 안에 낯선 아이에 대한 불신은 해소되고 원래 있던 아이들과 새로 온 아이들 사이에 타협이 이루어진다.

그러나 주먹다짐의 신고식을 치른 이후에도 조지가 받아들이기 어려워한 부류가 있었다. 조지가 보기에 확실히 공동체에서 이질적으로 보이는 소년들이었다. 그 아이들은 너무 달라서 (마치 조지의 갓난 동생처럼) 동화되는 것이 불가능한 침입자처럼 보였다. 그들은 이상한 집에 살았고 이상한 음식을 먹었고 피부색이 이상했고 기이한 축일을 지켰다. 그 낯섦은 좀처럼 사라지지 않았다. 그런 아이들이 새로 오면 확연히 두드러졌고 (어린 시절 갓난 동생처럼) 어디서나 눈에 띄었다. 조지가 그들에게 품은 최초의 의심과 적개심은 해소되지 않았다. 조지는 자기와 같은 소년들은 받아들였지만(자기애), 자신의 자기 이미지에 이질적인 소년들(그의 갓난 동생이 상징하는 것들)은 거부했다. 조지에게 민족 지위의 차이는 그와 경쟁자 동생의 차이와 동일한 기능적 유의성을 지녔다.

공동체에는 자기의 형제자매를 경쟁자로 여기지는 않더라도 어린 시절의 박탈과 관련된 다른 이유 때문에 이름 없는 근심으로 고통을 겪는 많은 '조지'가 있다. 그들은 조지처럼 사람들 사이의 차이를 위협으로 지각한다. 그들은 의식적으로 확인할 수 있는 이유가 없는데도 불안을 느끼면서 그 원인을 찾으려고 애쓴다. 결국 그들은 두려움의 원천으로 합리화할 수 있는 어떤 차이 때문에 불안이 생긴다고 여긴다. 한 공동체 안에서 불안해하는 모든 '조지'가 자신의 공포를 모두 합쳐서 상상 속의 원인(흑인, 유대인, 공산주의자)을 탓할 때, 공포가 만들어낸 거대한 적개심이 발생할 수 있다.[1]

경제적 불안정

불안은 대부분 유년기에 시작되지만 성년기에도 특히 경제적 결핍 때문에 불안이 생길 수 있다. 이미 앞에서(특히 14장에서) 많은 증거를 들어 설명했지만 하강 이동, 실업과 불황, 전반적인 경제적 불만이 모두 편견과 정적(正的) 상관관계를 보인다.

앞서 살펴봤듯이 흑인 노동자들의 지위 상승이 특정 일자리를 둘러싼 경쟁자를 더 많이 양산하는 경우처럼 때로는 갈등이 사실에 근거를 둘 수 있다. 어느 민족 집단의 구성원들이 정말로 음모를 꾸며 어떤 사업이나 공장이나 직종의 독점권을 획득하려 한다고 생각할 수도 있다. 그러나 일반적으로 사람들이 느끼는 그 '위협'은 상황의 실상과 맞지 않는다. 근심하는 주변인은 외집단의 한 구성원에게서 야심이나 발전의 조짐이 조금이라도 보이면 막연히 두려움을 품는다. 그것이 실제 위험을 형성할 수 있느냐 여부는 상관없다.

대부분의 나라에서 사람들은 자기 재산에 대한 맹렬한 소유욕을 갖고 자란다. 재산은 보수주의의 보루이다. 재산에 대한 모든 위협은 진짜든 상상이든 불안과 분노를 야기할 것이다(이것들이 섞이며 증오가 커진다). 이 관계를 보여주는 암울한 사례는 중부 유럽의 나치 강제수용소로 끌려간 많은 유대인의 경험 속에서 찾을 수 있다. 당시 유대인은 대개 자기 재산을 비유대인 친구에게 맡겼다. 유대인들은 대부분 살해당했고, 그들의 재산은 자동적으로 위탁받은 친구의 소유가 되었다. 그러나 간혹 살아 돌아온 유대인이 자기 재산을 되찾겠다고 요구하면 심한 미움을 샀다. 재산을 맡아준 친구가 이따금 식량을 산다거나 해서 그의 재산을 다 써버렸던 것이다. 이 결말을 내다본 한 유대인은 비유대인 친구들에게 자신의 물품을 간수해 달라고 부탁하기를 거부했다. 그러면서 그는 이렇게 말했다. "내가 죽기를 원하는 자들은 나의 적들로 충분하지 않을까? 내 친구들마저 내가 죽기를 바라게 하고 싶지는 않네."

노골적인 탐욕(greed)은 확실히 편견의 원인이다. 식민지인, 유대인, (아메리카 원주민을 비롯한) 원주민을 향한 반감을 역사적으로 훑어보면, 탐욕의 합리화가 편견의 주된 원천임을 발견할 수 있다. 이 공식은 아주 간단하다. 탐욕 → 탈취 → 정당화.

경제적 근심이 반유대주의에서 하는 역할은 종종 이야기되어 왔다. 미국에서는 부유층이 특히 반유대주의 경향이 있는 것처럼 보인다.[2] 그 이유는 유대인을 상징적 경쟁자로 여기기 때문일 수 있다. 유대인을 억누르는 것은 상징적으로 모든 잠재적 위협을 피하는 일이다. 그래서 유대인은 직장에서뿐만 아니라 학교, 사교 클럽, 이웃에서도 배척당한다. 이리하여 허울 좋은 안전감과 우월감이 생겨난다. 맥윌리엄스는 이 전체 과정을 '특권을 가리는 가면'으로 묘사한다.[3]

자존감

경제적 걱정은 허기와 생존 욕구에서 시작된다. 그러나 이 합리적 기능이 수행된 후에도 오랫동안 걱정은 지위, 명성, 자존감의 욕구로 가지를 친다. 먹을 것은 더는 문제가 아니며 마찬가지로 돈도, 인생에서 항상 공급이 달리는 **차별적 지위**를 살 수 있다면 모를까 문제가 되지 않는다.

모든 사람이 '정상'에 설 수는 없다. 모든 사람이 그러고 싶어 하는 것도 아니다. 그러나 대부분의 사람들은 지위의 사다리에서 지금보다 더 높은 곳에 오르고 싶어 한다. 머피는 이렇게 말한다. "이 허기는 마치 비타민 결핍처럼 작용한다." 그는 이것을 민족 편견의 주요 원인으로 본다.[4]

지위에 대한 허기는 자신의 지위가 안전하지 않을지도 모른다는, 좀처럼 사라지지 않는 공포와 짝을 이룬다. 불안정한 지위를 유지하기 위한 노력이 타인에 대한 거의 반사적인 경멸을 불러올 수 있다. 심리학자 솔로몬 애시(Solomon Asch)가 제시한 사례를 보자.

> 우리는 이것을 미국 남부 사람들의 인종적 자부심, 체면 유지와 자기 정당화의 집착에서 볼 수 있다. 이것들은 아마도 자신들의 위치에 대한, 대개는 의식하지 않지만 참을 수는 없는 깊은 의심에서 탄생했을 것이다. 북부에 맞선 지역적 자부심, 새로 부상하는 산업 체제에 맞선 쇠퇴하는 지주 집단의 자부심, 옛 귀족층에 맞선 새로운 산업주의자의 자부심, 위험하고 열등한 흑인에 맞선 초라하고 가난한 백인의

자부심, 이것들은 자신의 실패가 자신의 잘못인지 확신하지 못하는 사람들의 반응이다.[5]

철학자 데이비드 흄(David Hume)은 시기(envy)는 자기와 자기보다 운 좋은 사람들 간의 거리가 아주 짧아서 자기와 그들을 적절히 비교할 수 있을 때만 나타나는 것 같다고 말했다. 이것이 바로 '작은 차이에 대한 나르시시즘'이다. 우리는 아리스토텔레스를 시기하지는 않는다. 하지만 옆의 친구가 수업에서 에이(A) 학점을 받아서 내 성적이 참을 수 없을 만큼 낮아 보인다면 그 친구를 시기할 수 있다. 노예가 부유한 자기 주인을 시기하지는 않을 것이다. 격차가 너무 크기 때문이다. 그러나 자기보다 유리한 위치에 있는 다른 노예들은 시기할 것이다. 엄격한 계급 구별이 깨지거나 상하 이동이 증가할 때마다 시기할 만한 일도 훨씬 많아진다. 미국 국민들은 서로 너무 가까이 있기에 교육, 기회, 자유의 측면에서 서로를 시기할 수 있다. 그래서 매우 역설적이게도 계급 간 거리가 축소되는 만큼 증오는 더욱 증폭될 것이다.

누구에게나 가장 쉽게 팔아먹을 수 있는 생각은 그가 다른 사람보다 더 낫다는 것이다. KKK단과 인종 차별 선동가들은 이런 판매 전략을 써서 사람들을 현혹한다. 속물근성은 자신의 지위를 움켜잡는 한 방식인데, 사람들 사이에서 흔히 볼 수 있으며, 아마 사다리 아래쪽에 있는 사람들에게서 더 흔할 것이다. 그들은 비호감 외집단에 주의를 돌려 그들과 자신을 비교함으로써 약간의 자존감이라도 얻을 수 있다. 우리의 지위 건설 수단으로서 외집단은 우리 가까이에 있고, 가시적이고(적어도 이름을 말할 수 있고), 낮은 위치를 차지하는 것이 승인되고, 그래서 우리의 지위 상승 바람을 사회적으로 지지해 주는 이점이 있다.

이기주의(지위)라는 주제는 여러 장에 걸쳐서 논의했다. 머피가 그것을 편견의 '주요 원인'으로 본 것은 옳다. 지금 논의의 목적은 이 주제가 분노와 불안의 요인과 맺는 적절한 관계를 밝히는 것이다. 사람들은 높은 지위를 성취하면 이 근본적인 근심이 완전히 사라지리라고 느낀다. 그리고 이런 이유로 안전한 위치를 차지하려고 분투한다. 종종 동료들의 희생이 따르더라도 말이다.

성적 욕망

분노나 공포처럼 성욕도 삶 전체로 가지를 칠 수 있고 우회적 방식으로 사회 태도에 영향을 끼칠 수 있다. 또한 다른 정서와 마찬가지로 성욕은 합리적이고 적응적으로 지향될 때 널리 확산되지 않는다. 그러나 성적 부적응, 좌절, 갈등을 겪을 때는 팽팽한 긴장감이 성애적 삶의 영역을 벗어나 여러 샛길로 퍼져 나간다. 일부 사람들은 미국에서 성적 부적응을 언급하지 않고는 집단 편견, 특히 흑인에 대한 백인의 편견을 이해할 수 없다고 주장한다. 영국의 인류학자 딩월은 이렇게 말한다.

> 미국에서는 세계의 어느 나라에서도 발견되지 않는 태도와 방식으로 성이 삶을 지배한다. 성의 영향과 결과에 대한 충분한 평가 없이는 흑인 문제에 대한 어떤 해명도 가능하지 않다.[6]

미국인이 다른 나라 사람들보다 더 성에 빠져 있다는 주장은 입증되지 않은 것으로 무시하더라도, 동시에 이것이 중요한 쟁점이라는 점은 인정할 수 있다.

미국 북부의 한 도시에 사는 주부에게 같은 골목에 흑인이 사는 데 반대하느냐고 물었다. 그 여성은 이렇게 대답했다.

> 흑인과 함께 사는 것을 원하지 않아요. 그들은 너무 냄새가 심해요. 그들은 우리와 다른 인종입니다. 그것이 바로 인종적 증오를 만들어내죠. 내가 흑인과 잠자리를 같이 하는 때가 온다면 그들과 함께 살게 되겠죠. 하지만 우리가 그럴 수 없다는 걸 알잖아요.

여기서 전혀 논리적으로 무관한 문제, 같은 골목에 살 생각이 있느냐는 단순한 질문에 성석 장벽이 끼어들고 있다.

오로지 반흑인 편견만 성적 흥미와 성적 비난을 드러내는 것은 아니다. 반가톨릭 소책자에 실린 한 광고 문구는 이렇다.

> 저 수녀가 손발이 묶이고 입에 재갈을 물린 채 지하 감옥에 누워 있는 모습을 보라. 이유는 사제에게 복종하지 않았기 때문이다. …… 술 취한 사제 세 명과 함께 벌거벗은 채 방에 감금된 수녀에 관한 이야기를 읽어보라. …… 독약, 살인, 강탈, 고문, 질식해 죽은 아기들 …… 만약 수녀원의 담벼락 뒤에서 무슨 일이 벌어지고 있는지 알고 싶다면, 《죽음의 집》이나 《수녀원의 야만성》을 읽어보라.

음란성과 ('창녀의 어머니'라고도 알려진) 로마가톨릭교회를 연결 짓는 것은 가톨릭 증오자들이 오랫동안 잘 써 온 수법이다. 한 세기 전에는 성적 방탕에 관한 사악한 이야기들이 만연했는데, 일부는 당시 번창한 '모르쇠당'°의 중상모략적 운동에 이용되기도 했다.

19세기 모르몬교도가 당한 가혹한 박해는 그들의 일부다처제 교의와 그 교의의 드문 실행과 관련 있다. 1896년 미국에서는 복혼이 법으로 금지되면서 사회적으로 용인하기 어려운 풍습이 되었기에,

당시 반모르몬교 소책자에는 호기심 가득한 색욕과 공상적 음탕함이 모습을 드러냈다. 모르몬교에 대한 반대는 많은 사람들이 성생활에서 겪는 갈등에서 자양분을 얻었다. 왜 다른 사람들이 나보다 섹스 상대의 선택 범위가 넓어야 하는가? 1920년대 공산주의 러시아에 대한 아마도 가장 흔한 비난은 러시아가 자국 여성들을 '국유화'했다는 것이었다.

유럽에서는 유대인의 심각한 성적 부도덕성을 비난하는 일이 흔하다. 유대인은 제멋대로 쾌락을 즐기고 강간하고 도착적이라는 이야기를 듣는다. 히틀러는 스스로 전혀 정상적이지 않은 성생활을 즐기면서도, 유대인이 도착적이고 매독에 걸렸으며 히틀러 자신의 공포증과 유사한 것이 아닐까 추정되는 다른 장애를 가졌다고 계속해서 어떻게든 비난했다. 나치의 유대인 박해의 일등 공신인 율리우스 슈트라이허(Julius Streicher)는 사적으로 유대인 이야기를 할 때마다 거의 빠짐없이 할례를 함께 언급했다.[7] 아마도 슈트라이허는 어떤 특이한 콤플렉스에 사로잡혀서(거세 불안이 아니었을까?) 자신의 불안을 유대인에게 투사한 것 같다.

미국에서는 유대인에 대한 성적인 비난을 거의 들을 수 없다. 반유대주의가 심하지 않아서일까? 미국 유대인이 유럽 유대인보다 더 도덕적이라서 그럴까? 어느 설명도 옳게 보이지 않는다. 더 그럴듯한 이유는 15장에서 설명했듯이 미국에서는 성적 콤플렉스를 투사할 표적으로 흑인을 더 선호하기 때문이다.

모르쇠당 토착미국인당(the Native American Party)을 가리킨다. 토착미국인당은 19세기 중반에 결성된 반가톨릭, 반이민 등을 주창한 극우 정당이다. '모르쇠당(know-nothing political party)'이라 불린 이유는 두 가지 설명이 있는데, 당원들이 당의 조직 구성에 대한 질문을 받으면 기밀을 지키기 위해 무조건 "나는 아무것도 모릅니다."라고 일관했기 때문이라는 것과 이 당의 비밀결사 암호가 "나는 아무것도 모릅니다(I know nothing)."였기 때문이라는 것이다. 나중에는 사람들이 이 당을 아예 이 이름으로 불렀다.

흑인의 특성이 성적 관념을 연상시키는 데는 절묘한 심리적 이유가 있다. 흑인은 어둡고 신비롭고 멀리 있으면서 동시에 따뜻하고 인간적이고 접근하기 쉬워 보인다. 이런 신비와 금단의 요소가 미국이라는 청교도 사회에서 사람들이 느끼는 성적 매력 속에 나타난다. 성은 금지된다. 흑인도 금지된다. 금지된 관념들이 섞이기 시작한다. 편견적인 사람들이 관용적인 사람들을 '깜둥이 애인'이라고 부르는 것은 우연이 아니다. 사랑이라는 단어를 선택한 것 자체가 백인이 자신들이 느끼는 매력과 싸우고 있음을 나타낸다.

서로 다른 인종에게 성적 매력을 느낀다는 사실은 미국의 수많은 혼혈인이 입증한다. 피부색과 사회적 지위의 차이는 역겨움보다 성적 흥분을 유발하는 것처럼 보인다. 종종 지적되듯이 지위가 높은 사람은 지위가 낮은 사람과의 밀애에 특히 더 매력을 느끼는 것 같다. 문학 작품에서 귀족 가문의 딸이 마부와 함께 도망치는 것은 탕아가 하층민 여인과 인생을 즐기면서 재산을 탕진하는 것만큼이나 친숙한 주제이다. 둘 다 동일한 진실을 드러낸다.

피부를 검게 하는 일광욕은 매력을 높이기 위해 남성과 여성이 똑같이 탐닉한 유희라는 점에 주목하자. 사람들은 자신과 다른 피부색에 강한 호기심을 느낀다. 야코브 모레노(Jacob Levi Moreno)는 소년원에서 사춘기의 백인 소녀와 흑인 소녀 사이에 동성애적 열병이 흔하게 나타난다고 보고했는데, 많은 경우 피부색의 차이가 성의 차이를 기능적으로 대체하기 때문인 것 같다고 설명했다.[8]

흑인이 개방적이고 거리낌 없는 방식으로 인생을 바라본다는 사실이(혹은 신화가) 흑인의 성적 매력을 더한다. 억압된 성생활을 하는 많은 사람들이 그런 자유를 원할 것이다. 그들은 다른 사람들의 성생활에서 엿보이는 개방성과 솔직함을 점점 질투하고 짜증을 낸다. 그들은 흑인 남자들은 최고의 정력을 지녔다고 비난하고 흑인 여자들은 수치심을 모른다고 비난한다. 질투 때문에 성기의 크기도 과장해서 이야기한다. 공상이 사실과 쉽게 뒤섞인다.

이 부정한 끌림은, 이런 것들마저 없다면 도저히 견딜 수 없을 정도로 인생이 지루한 일부 지역에서는 강박적일 수 있다. 릴리언 스미스는 소설《이상한 과일(Strange Fruit)》(1944)에서 미국 남부 작은 마을의 정서적 황폐를 묘사했다. 그들은 떠들썩한 종교 의식이나 인종 갈등의 흥분 속에서 탈출구를 찾는다. 아니면 흑인에게서 자신들에게 부족한 활기찬 성질을 보고 조롱하다 욕망하다 박해하기를 번갈아 한다. 금지된 과일(금단의 열매)은 반대되는 정서적 반응을 유발한다. 헬렌 맥린(Helen Mclean)은 이렇게 말한다.

> 백인은 흑인을 단순하고 사랑스럽고 야심이 없는 자연의 아이이자 자신의 모든 충동에 굴복하는 자라고 부름으로써, 본능적 만족이 억제당하고 불구가 된 사람들에게 은밀한 희열을 제공하는 상징을 만들어냈다. 실제로 백인은 그런 상징을 내버리는 것을 매우 꺼린다.[9]

이렇게 흔한 다른 인종을 향한 성적 끌림은 정상적으로 표현되는 일이 거의 드물다. 청소년들이 다른 인종과 연애하는 것은 사회적으로 거의 불가능하다. 인종 간 결혼은 법적으로 가능하지만 실제로는 드물고, 아무리 헌신적인 연인 사이라 해도 사회의 복잡한 상황이 수월치 않은 문젯거리들을 만들어내기에 몹시 괴로울 수밖에 없다. 그래서 밀애는 은밀하고 부정한 일이 되고 죄책감이 따른다. 그렇지만 그 끌림이 너무 강하기에 이 금기는 아무리 엄격해도 자주 깨지는데, 더 자주 금기를 깨는 쪽은 백인 여성이 아니라 백인 남성이다.

이 성적 상황과 관련된 편견의 정신 역동 과정은 백인 여성과 백인 남성을 분리해 기술하려고 한다. (물론 모든 개인이 동일한 방식으로 영향받는 것은 아님을 이해해야 한다. 하지만 이 과정은 대단히 보편적이라서 편견을 형성하고 유지하는 데 중요한 요인으로 삼을 만하다.)

백인 여성이 흑인 남성에 대한 금기에 매료되었다고 가정해보자. 이 여성은 자신이 흑인 남성의 피부색과 낮은 지위에서 매력을 찾는다는 것을 스스로 인정하지 않을 것이다. 하지만 그는 자기 감정을 '투사'할 수 있고, 그래서 그 욕망이 오히려 **반대**쪽에 있다고 상상할 수 있다. 즉 흑인 남성들이 자기에게 성적으로 공격적인 경향성을 보인다고 상상하는 것이다. 내면의 유혹이 외부의 위협으로 지각되는 것이다. 그 여성은 자신의 갈등을 과잉 일반화해서 전체 흑인 인종에 대한 불안과 적개심을 발달시킨다.

백인 남성은 이 과정이 더욱 복잡할 수 있다. 백인 남성이 자신의 성적 능력과 매력에 불안을 느낀다고 가정해보자. 성인 죄수들에 관한 한 연구는 이런 상태와 심각한 편견 사이에 밀접한 관련이 있음을 발견했다. 소수 집단에 적대적인 남성들은 대체로 자신의 성적 수동성, 준발기부전, 동성애 성향에 더 격렬하게 반발했다. 이 반발은 과장된 거친 행동과 적개심의 형태로 나타났다. 그들은 성적으로 안정된 사람들보다 성 범죄를 더 많이 저질렀다. 그리고 그들의 가짜 남성성은 소수 집단에 더 적대적이도록 만들었다.[10]

한편 자신의 결혼 생활에 만족하지 못하는 남성은 흑인의 성적 무용담과 음탕함에 관한 소문을 들으면 그들을 점점 부러워할 수 있다. 또한 그는 잠재적으로 자기 소유물인 백인 여성에게 흑인이 접근할 수도 있다는 데 분개하며 두려워할 수 있다. 그 결과 경쟁 구도가 생겨날 수 있는데, 이는 일자리 공급이 제한적인 상황에서 흑인이 자리를 차지한다면 백인은 불행해질 것이라고 말하는 것과 동일한 유형의 논리에 근거한다.

백인 남성이 흑인 여성과 쾌락을 즐겼다고 가정해보자. 이런 밀애는 부정한 짓이기 때문에 죄책감을 유발한다. 그는 뒤틀린 정의감 때문에 원칙적으로 흑인 남성도 백인 여성에게 동등한 접근 권리를 가져야 한다고 생각할 수밖에 없다. 죄책감에 질투심이 더해짐으로써 불쾌한 갈등이 생긴다. 그 역시 결국 '투사'를 통해 탈출구를 찾는다. 정말로 위협적인 것은 호색한 흑인이다. 그 흑인은 백인 여성을 범할 것이다. 의분이 폭발하면서 흑인 여성을 범한 일은 편리하게 망각된다. 이 분노가 죄책감을 회피하고 자기 존중을 회복시키는 역할을 한다.

이런 이유로 (백인 여성에게) 흑인 남성이 저지른 성 범죄에 가해지는 처벌은 불균형적으로 무겁다(사실상 당연히 대부분의 범죄는 백인이 저지른다). 1938년에서 1948년까지 13개 남부 주에서 백인 15명과 흑인 187명이 강간죄로 처형당했다. 이 지역에서 흑인은 전체 인구의 23.8퍼센트밖에 안 되었다. 흑인이 백인보다 (인구 비례로 볼 때) 53배나 더 많이 강간을 저지르지 않는 한, 강간죄에 대한 이 불공평한 사형 집행 횟수는 대체로 편향적 태도에서 기인한 것이라 결론 내리지 않을 수 없다.[11]

성적 금지가 없다면 틀림없이 성적 매력과 갈등이 감소할 것이다. 그러나 이 금지는 여러 요소가 완고하게 혼합되어 있다. 우선 먼저 모든 종류의 성적 활동에 대한 청교도적 관점에 근거한다. 성 그 자체가 금기이다. 그러나 흑인과 백인 간에 정상적 사회 교류와 인종 간 결혼이 사실상 불가능하기 때문에, 그들 간의 모든 친밀한 관계가 간통의 분위기를 풍기는 것처럼 보인다.[12]

문제의 초점이 인종 간 결혼이라고 주장되기도 한다. 인종 간 결혼은 법적 쟁점으로 들리고 그래서 모양새가 괜찮아 보이기 때문에, 거의 모든 논의의 중심축이 된다. 그러나 건강한 두 사람의 인종 간 결합이 그 자식에게 어떤 약화 효과도 끼치지 않는다는 사실은 간과된다. 인종 간 결혼을 생물학적 근거로는 합리적으로 반대할 수 없다. 하지만 그것이 현 사회 상황에서 부모와 자식 모두에게 야기할 수 있는 불리한 조건과 갈등에 근거해서는 합리적으로 반대할 수 있다. 그러나 그 반대가 이런 온건한 말로 진술되는 경우는 거의 드물다. 왜냐하면 그렇게 말하는 것은 현 사회 상황이 개선되어 인종 간 결합이 별 탈 없이 이루어져야 함을 의미하기 때문이다.

대개 이 결혼이라는 쟁점은 합리적이지 않다. 결혼 문제에는 성적 매력, 성적 억압, 죄책감, 지위의 우월성, 직업적 이점, 불안이 지독하게 섞여 있다. 인종 간 결혼이 아주 격렬한 반발에 직면하는 이유는 그것이 곧 편견의 철폐를 상징하기 때문이다.

아마도 이 전체 상황에서 가장 흥미로운 측면은 인종 간 결혼이라는 쟁점이 논의를 지배하게 되는 방식일 것이다. 흑인이 멋진 구두를 사고 교양 있게 편지 쓰는 법을 배우면, 일부 백인은 그가 자기 여동생과 결혼하고 싶어 할 거라고 생각한다. 아마도 차별을 옹호하는 모든 논의는 다음과 같은 치명적인 질문으로 끝맺을 것이다. "하지만 **당신은** 여동생이 흑인과 결혼하면 좋겠소?" 이 논리는 모든 형태의 차별이 유지되지 않는다면, 인종 간 결혼이라는 결과를 낳을 것이라는 이야기처럼 들린다. 똑같은 논증이 노예제를 변호하는 데 사용되었다. 거의 백여 년 전에 에이브러햄 링컨은 "만약 흑인 여인을 노예로 삼고 싶지 않다면 분명 그 여인을 아내로 삼고 싶어 하는 것이라고 넘겨짚는 가짜 논리"와 맞서 싸울 수밖에 없었다.[13]

편견적인 사람이 거의 한결같이 결혼이라는 쟁점 뒤로 숨어버리는 이유 자체가 바로 합리화의 한 본보기이다. 그는 반대자를 혼란에 빠뜨릴 가능성이 가장 큰 쟁점을 든다. 가장 관용적인 사람이라도 인종 간 결혼은 환영하지 않을 수 있다. 편견이 있는 사회라면 그것은 현실적으로 어리석은 행동이기 때문이다. 따라서 그는 이렇게 말할 수 있다. "아니, 원하지 않아요." 그러면 그 편견이 심한 고집불통은 유리한 입장이 되어 이렇게 대꾸할 것이다. "자, 그거 봐요, 근본적으로 메울 수 없는 간극이 있는 거라니까. 그래서 우리가 흑인을 우리와 다른 바람직하지 않은 집단으로 바라봐야 한다는 내 말이 맞는 거요. 내가 흑인에게 한 모든 혹평은 정당화되었소. 우리는 울타리를 낮추지 않는 편이 더 나아요. 그랬다간 자칫 인종 간 결혼의 기대와 희망을 부추길 수도 있기 때문이오." 이렇게 인종 간 결혼 문제는 (실제로 대부분의 흑인 문제와 전혀 상관없는데도) 편견을 방어하고 정당화하기 위해 강제 소환된다.[14]

죄책감

비가톨릭교도인 한 청년이 가톨릭교도 여성과 연애를 하다 헤어졌다. 이전에는 다른 가톨릭교도 여성에게 다소 방종하게 빠져 있었다. 그는 이렇게 말했다.

> 두 여자 모두 나보고 다시 돌아와서 결혼해 달라고 애원했다. 그들은 결혼만 해준다면 무엇이든 하겠다고 약속했다. 그들의 비굴한 모습이 나를 역겹게 했다. 그때 나는 가톨릭교회가 무식하고 편협한 신봉자들만 끌어들인다는 것을 깨달았다.

이 청년은 어찌된 일인지 이 불유쾌한 상황에 대해 자신이 아니라 교회를 탓했다. 한 비유대인 사업가는 비윤리적인 책략을 써서 유대인 경쟁업자를 파산으로 몰아간 데 죄책감을 느꼈다. 그 역시 이렇게 말하면서 스스로 위로했다.

그런데 그자들은 언제나 기독교인을 업계에서 몰아내려고 애쓰니까, 그래서 내가 선수 쳐야 했어.

청년은 비열한이고 비유대인은 사기꾼이다. 하지만 주관적으로 볼 때 그들은 각각 투사를 통해 죄책감을 회피했다. 자신이 아니라 다른 사람이 유죄라고 말이다.

임상 연구에서 얻은 증거는 더 절묘하다. 18장에서는 억압 훈련을 통해 자기 충동을 두려워하게 되고, 결국 다른 사람들의 충동도 두려워하게 된 아이에 관해 이야기했다. 앞서 언급한 캘리포니아대학의 연구는 편견적인 사람들에게 (자기가 아닌) 다른 사람들이 비난받을 만하다고 여기는 뚜렷한 경향성이 있음을 보여준다. 이와 비슷한 인도의 연구에서도 흥미로운 증거를 확인할 수 있다. 심리학자 미트라(S. K. Mitra)는 로르샤흐 검사°를 통해 이슬람교도에 대한 편견이 가장 심한 힌두교도 소년들에게서 무의식적 죄책감 반응이 높게 나타나는 경향성을 발견했다.[15]

거의 모든 사람이 죄책감 탓에 다양한 정도로 고통을 겪지만, 모두가 이 정서 상태를 그들이 지닌 민족적 태도와 뒤섞는 것은 아니다. 분노, 증오, 공포, 성적 욕망과 마찬가지로 죄책감에 대해서도 합리적이고 적응적인 반응이 존재한다. 단지 특정 성격만이 이 상태가 성격화된 심한 편견을 형성하도록 한다.

사람들이 죄책감을 다루는 방식 가운데 일부는 양성적이고 건전하다. 일부는 거의 불가피하게 외집단에 대한 편견으로 이어진다. 죄책

로르샤흐 검사(Rorschach Test) 스위스의 정신의학자 헤르만 로르샤흐(Hermann Rorschach, 1884~1922)가 창안한 투사 검사의 일종. 데칼코마니로 불규칙하게 그려진 잉크 반점이 피험자에게 어떻게 보이는가에 따라 그의 성격이나 심리 상태 따위를 진단한다. '잉크 반점 검사'로도 불린다.

감을 다루는 주요 방법을 열거해보자. 이중 일부는 20장에서 설명한 정신적 갈등을 해소하는 방법과 밀접하게 관련된다.

1. **후회와 배상** _ 가장 높은 윤리적 승인을 받는 반응이다. 이 반응은 전적으로 내부 처벌적이며 다른 사람에게 책임을 전가하려는 모든 유혹을 피한다. 정상적으로 자신의 실패를 뉘우치고 참회하는 사람은 아마도 다른 사람, 특히 외집단에서 비판할 만한 꼬투리를 찾아내려 하지 않을 것이다.

자주는 아니지만 때로는 외집단을 박해하는 사람들 중에 잘못을 회개하고 그 이후로는 자기가 처음에 증오한 자들의 대의를 지지하는 데 전력을 다하는 전향자들을 볼 수 있다. 사도 바울의 회심이 대표적인 사례이다. **집단 죄책감**(collective guilt)을 느끼는 민감한 사람은 조금 더 자주 보인다. 흑인의 상황을 개선하기 위해 헌신하는 일부 백인 노동자들에게 그런 동기가 있을 것이다. 그들은 내부 처벌적 성향이 강하기 때문에 자기네 집단이 잘못을 저질렀다고 여기고 이를 개선하기 위해 열심히 노력해야 한다고 느낀다.

2. **부분적이고 산발적인 배상** _ 백인 우월주의의 신조를 굳게 믿는 사람 중에는 어느 정도까지는 흑인의 지위 향상을 위해 노력하는 사람들이 있다. 그들은 이따금 마치 편견이 없는 것처럼 행동해야만 기본적인 편견을 유지할 수 있다고 느낀다. 프랑스의 작가 라로슈푸코(François de La Rochefoucauld)는 말했다. "우리는 무사히 악행을 저지르기 위해 자주 좋은 일을 한다." 어느 지역사회에서는 흑인이 '분수를 지키고' 이웃에 들어오지 못하게 막는 데 가장 열성적이던 여성이 동시에 흑인을 돕는 자선 활동에도 가장 열성적이었음이 밝혀졌다. 이것이 바로 20장에서 논의한 '교대'와 '타협'의 사례이다.

3. **죄책감의 거부** _ 죄책감으로부터 도피하는 가장 흔한 방법은 죄책감을 느껴야 할 이유가 없다고 주장하는 것이다. 흑인 차별에 대해

가장 잘 쓰이는 정당화는 "그들은 그들끼리 있는 것이 더 행복하다."는 것이다. 미국 남부의 흔한 자만심은 흑인이 북부보다 남부의 고용주를 더 선호한다는 것이다. 왜냐하면 자기들이 흑인을 더 잘 '이해하기' 때문이다. 바로 이런 이유에서 제2차 세계대전 중 흑인이 북부 출신보다 남부 출신 백인 장교들 밑에서 복무하는 것을 더 선호했다는 말이 돌았다. 흑인이 흑인 장교보다 백인 장교를 훨씬 더 선호했다는 말도 있었다. 이는 사실과 완전히 모순된다. 흑인에게 백인 위관 장교와 흑인 위관 장교 중 어느 쪽 휘하에 들어가는 것을 선호하는지 설문 조사했을 때, 북부 출신 흑인의 4퍼센트와 남부 출신 흑인의 6퍼센트만 백인 장교 쪽을 선호했다. 게다가 북부 출신 흑인 중 1퍼센트, 남부 출신 흑인 중 4퍼센트만이 남부 출신 백인 장교를 선호했다.[16]

4. **비난자 불신** _ 사람들은 자신의 잘못을 비난받고 싶어 하지 않는다. 온당한 비난에 직면했을 때 흔한 자기 방어는 비난자가 어쨌든 완전히 틀렸다고 말하는 것이다. 햄릿은 어머니에게 아버지를 살해한 자와 결혼했다는 불충실을 들이댔다. 그러자 햄릿의 어머니는 자신의 죄를 직시하는 대신 햄릿이 광기에 빠져 잘못을 저지르고 있다고 하면서, 햄릿의 머리가 '지어낸 말'을 꾸짖는다. 햄릿은 지금 어머니가 오로지 양심의 가책을 회피하기 위해 합리화하고 있을 뿐임을 보여주려고 애쓴다.

> …… 어머니, 은혜로운 사랑을 위해서라도,
> 사람을 녹이는 저 유약을 당신의 영혼에 바르지 마세요,
> 당신의 죄악이 아니라 저의 광기가 말하고 있는 것이라니요.
> 저 유약은 썩어 들어가는 거죽에 얇은 막을 씌울 뿐이에요.
> 그러는 동안 고약한 부패가 그 안으로 모든 것을 파고 들어가서,

보이지 않게 병균을 옮긴답니다. 스스로 하늘 앞에 고백하세요!
지나간 일을 회개하세요. 그래서 다가올 일을 모면하세요.
그리고 잡초에게 비료를 뿌리지 마세요,
그것들이 더 울창해지지 않게요.[17]

민족 관계의 문제에서도 양심의 목소리를 일깨우는 사람들은 '선동가', '말썽꾼', '공산주의자'라고 불린다.

5. **상황의 정당화** _ 모든 것을 회피하는 가장 간단한 길은 미움받는 사람에게 전적으로 잘못이 있다고 말하는 것이다. 20장에서는 편견이 있는 많은 사람들이 이 길을 택한다는 것을 보았다. 이것이 바로 양심의 가책 없는 편견이다. "누가 그들에게 관용적일 수 있을까? 봐, 그들은 더럽고 나태하고 성적으로 방탕한 자들이야." 이 나쁜 성질은 우리가 자신 안에서 맞서 싸워야 하는 것들이기 때문에, 우리는 다른 사람들에게서 이 성질을 아주 쉽게 찾아낼 수 있다. 어쨌든 완벽한 외부 처벌성은 받아 마땅한 평판 이론에 호소함으로써 죄책감의 필연성을 회피한다.

6. **투사** _ 죄책감이란 악행을 저지른 나 자신을 비난하는 것이다. 그러나 엄밀히 말해 이 정의에 부합하는 것은 오로지 첫 번째 항목(후회와 배상)뿐이다. 유일하게 합리적이고 적응적인 방식의 반응이기도 하다. 다른 것들은 모두 **죄책감 회피** 장치이다. 죄책감 회피는 한 가지 공통적인 특징이 있다. 어떤 외적(외부 처벌적인) 지각을 위해 자기 준거 지각이 억압된다는 것이다. 맞아, 어딘가에 잘못이 있기는 하지만 **내** 잘못은 아니야.

그래서 모든 죄책감 회피에서는 어떤 투사 기제가 작동한다. 앞서 몇 가지 사례를 열거했다. 그러나 그것이 모든 사례 유형을 포괄하는 것은 아니다. 예를 들면 자신의 죄책감을 덜기 위해 다른 사람들의 더 큰 죄악을 지적하는 기제가 있다. 앞에서 인용한 사업가는 유대인 집단 전체가 더 큰 부정을 저지르기 때문에 자신의 사기를 변명할 수 있다고 여겼다.

어떤 방식으로든 자신의 정서적 삶을 올바로 평가하지 못하고 다른 사람에 대해 그릇된 판단을 내릴 때마다, **투사**라는 정신 역동 과정이 일어난다. 투사는 편견을 이해하는 데 핵심이기 때문에 다음 장에서 다룰 것이다.

24장

투사

투사(projection)란 자신의 동기나 특질 또는 어떻게든 자신을 설명하거나 정당화하는 동기나 특질을 다른 사람에게 잘못 귀속하려는 경향이라 할 수 있다. 투사의 유형을 구분하면 적어도 세 가지가 있는데, 다음과 같이 부를 수 있다.

(1) 직접 투사
(2) 침소봉대 투사
(3) 보완 투사

각각을 자세히 논의하기에 앞서 우선 논의의 토대를 마련하는 것이 좋겠다. 투사는 의식되지 않는 과정이기에 이해하기 쉽지 않기 때문이다.

질투심

가장 단순한 사례에서 출발해보자. 다른 사람을 부러워하는 사람은 자기가 부러워한다는 것을 안다. 이런 정서 상태는 대부분 의식과 차단되어 있지 않다. 하지만 단순한 질투심(jealousy)에도 즉시 이상한 정신 작용이 따르기 시작한다.

제2차 세계대전 때 최전방에 있던 병사들의 태도를 보자. 그들은 덜 위험한 임무를 부여받고 병참 부대, 부대 본부, 그 밖의 후방 어딘가에 배속된 병사들을 부러워했다. 이런 특권에서 배제되자 그들은 초기 편견이라 부를 수 있는 두 가지 사고방식을 자주 드러냈다.[1]

(1) 그들은 전투에 참가하지 않는 병사들에게 점점 더 분개했고 모든 후방 부대를 비난했다. 비록 후방 부대의 그 어떤 병사도 전선에 배치된 병사들이 겪는 위험이나 불편에 책임이 없다는 것이 너무도 분명했지만, 최전방 병사들 중 거의 절반 정도가 이런 분노의 감정을 숨김없이 인정했다. 이 사실로부터 우리가 알 수 있는 것은, 사람은 어쩌다 자기보다 더 많은 특권을 누리게 된 완전히 결백한 이들에게 분노할 수 있으며, 동시에 자신이 느낀 박탈감에 대한 책임을 그들에게 전가하는 비논리적 경향성에 굴복할 수 있다는 것이다. 그들은 누군가가 겪는 불편의 실제 **원인**은 아니지만 그렇게 간주된다. 이 경향성을 **보완 투사**라고 하는데, 이후에 더 자세하게 논의할 것이다. (2) 동시에 최전방 병사들은 우월감을 드러냈다. 그들은 안전한 부대와 자리를 바꾸고 싶어 하긴 했지만, 그 부대원들보다 자기들이 대단히 우월하다고 느꼈다. 내집단에 대한 강렬한 존중이 결핍을 보상하는 방식이 된 것이다. 여기서 내집단 충성과 외집단 경멸 간의 상호적 관계를 보게 된다. 둘은 동전의 양면과 같다.

물론 질투심이 늘 편견으로 이어지는 것은 아니다. 지금 같은 경우에는 만약 부대의 순환 배치가 이루어지지 않았다면 틀림없이 초기 편견이 그대로 굳어졌을 것이다. 간단히 말해 요점은 질투심에 매우 기본적 형태의 투사 기제가 작동할 수 있다는 것이다. 시기는 다른 사람을 나쁘게 생각하도록 만드는데, 그 나쁜 생각이 정당한 수준 이상이 되게 한다.

외부 처벌성

앞서 외부 처벌성이 성격적 특성일 수 있다는 점을 이미 지적했다(21장). 어떤 사람들은 끊임없이 핑곗거리를 찾는다. 히틀러가 그런 사람이었다. 히틀러는 인생 초기에 거듭된 자신의 실패를 나쁜 세계, 나쁜 학교, 불행한 운명 탓으로 돌렸다. 그는 학교에서 낙제하자 자신의 질병을 탓했다. 자신의 정치적 실패는 다른 사람 탓으로 돌렸다. 스탈린그라드 전투 패배는 휘하 장군들 잘못이었다. 전쟁 발발은 처칠, 루스벨트, 유대인의 책임이었다. 어떤 오판이나 실패에 대해서도 히틀러가 자신을 탓했다는 기록은 없는 것 같다.

외부 처벌적 분노에는 아주 즐거운 요소가 있다. 다른 사람 또는 운명에 기뻐하거나 화를 내는 것은 술자리에서 흥청거리는 것과 비슷하다. 그 즐거움은 이중적이다. 하나는 억눌린 긴장이나 좌절에서 벗어나 육체적 휴식을 얻는 것이고, 다른 하나는 자존감의 회복이다. 내가 아니라 전적으로 다른 사람의 잘못이다. 나는 아무런 책임이 없고 도덕적이며 저지른 죄 이상으로 벌을 받는 것이다.

아이들을 대상으로 한 연구를 보면 책임을 면하고 싶어 하는 경향성이 얼마나 일찍 발달하는지 알 수 있다. 유아원에서 보내는 하루는 온갖 핑곗거리로 가득 찬다. "종이컵으로는 오렌지 주스를 못 마셔요. 그러면 토해요." "저는 옆으로 누워서 낮잠을 못 자요. 엄마가 그렇게 못하게 해요." 이 경향성은 점차 다른 아이들에게 책임을 전가하는 습관으로 바뀔 수 있다. 흥미로운 점은 아이들이 예닐곱 살 전에는 자신의 악행에 변명을 하거나 책임을 회피할 수는 있어도, 다른 사람을 탓하는 경우는 거의 드물다는 것이다.

한 심리학자가 일종의 '더러운 거래 콤플렉스(dirty-deal complex)'를 지닌 성격에 대해 연구를 수행했다. 이 성격인 사람들은 자기 인생이 불운과 타인의 잘못 때문에 고통을 겪고 있다는 확신을 품고 성장한 이들이다. 이런 유형에 대해 그 심리학자는 이렇게 말한다.

> 그들은 타인에게 책임을 뒤집어씌움으로써 자기는 천사같이 순수하다고 느낀다. 이처럼 자신의 잘못을 타인에게 투사하는 것은, 이 유형의 콤플렉스를 지닌 사람들의 가장 좋지 않은 성격 특질 중 하나이다.[2]

타인을 탓하는 성향에는 심각한 편집증에서부터(26장) 가장 온건한 유형의 헐뜯기까지 다양한 정도의 차이가 존재한다. 어느 경우든 합리적이고 객관적인 사고에서 투사적 사고로의 퇴보를 의미한다.

책임 전가 경향의 온건한 사례를 통해 그것이 어떻게 사실 분석에서 벗어나도록 이끄는지 살펴보자.

> 한 대학교 총장이 편견을 주제로 해서 유대인 청중 앞에서 강연해 달라는 요청을 받았다. 그는 초청을 받아들였지만, 강연 내내 유대인이 조금 더 잘 처신해야 하며 그래야 비유대인이 그들을 더 쉽게 좋아할 수 있을 거라고 훈계했다.
>
> 이에 관해 전해들은 어떤 사람들은 이렇게 말했다. "그 사람은 정말 눈치가 없었어." 다른 사람들은 말했다. "글쎄, 어쩌면 그렇게 말한 게 용기 있는 행동이었는지도 몰라. 유대인이 완벽하지 않은 것은 분명하

니까. 많은 유대인들은 **정말** 불쾌하잖아."

총장의 검열관 같은 접근법은 전형적인 책임 전가 경향을 보여주었다. 유대인이 스스로 덜 불쾌한 사람들이 되도록 하라. 가톨릭교도들이 스스로 파시스트가 아님을 증명하도록 하라. 흑인이 스스로 더 의욕을 보이도록 하라. 이 접근 방식은 (합리적인 것처럼 보일 수도 있지만) 잘못된 가정에 근거한다. 유대인의 경우 이 접근법은 유대인이 비유대인보다 더 불쾌한 특질을 지니고 있다고 가정한다(결코 입증되지 않았다). 게다가 단지 어떤 집단의 구성원이라는 것이 곧 불쾌한 특질과 관련된다고 가정한다. 또한 불쾌한 개인이 존재할 때 애초부터 그들에게 잘못이 있다고 가정하지만, 그들의 성격에서 불쾌한(방어적인) 특징이 미움을 받아 생긴 **결과**일지도 모른다고는(이것은 종종 사실이다) 가정하지 않는다. 총장은 변화의 책임을 오로지 한쪽 저울에만 부과했다.

집단 차이와 그 원인에 관한 객관적 논의는 적법한 주제이지만, 우리는 어떻게 자신의 공정함을 자부하는 사람조차 다른 동료에게 **더 많은** 책임을 부여하는 태도에 쉽게 빠져드는지 주목해야 한다.

억압

상황에 관한 (통찰력 있는) 내면의 지각이 어떤 식으로든 차단되지 않는다면 투사는 발생할 수 없다. 앞서 살펴본 몇몇 사례에서 이미 이 조건이 드러난다. '더러운 거래 콤플렉스'에 빠진 사람은 그저 자신의 총체적 상황에 대한 시각이 결여되어 있다. 그는 자신의 상황에 스스로 얼마나 많은 책임을 져야 하는지 모른다. 자기 내부의 결함을 직시하기를 거부함으로써 자유롭게 외부의 악행을 찾아낸다. 확실히 히틀러는 자기 통찰의 은총을 입지 못했다. 그랬더라면 그가 그렇게 일관되게 '유대계 금권 민주주의 전쟁광들'이 자신의 고통에 책임이 있다고 여길 수는 없었을 것이다.

억압(repression)은 개인적 갈등 상황을 의식에서 그리고 적응적 반응에서 전부 또는 일부 배제하는 것을 의미한다. 의식이 환영하지 못하는 것은 무엇이든 억압될 수 있으며, 특히 솔직하게 대면했을 때 자존감이 저하될 수 있는 갈등 요인이 억압의 대상이 된다. 억압의 재료는 흔히 공포, 불안과 관련 있다. 증오, 특히 부모에 대한 증오, 비난받는 종류의 성적 욕망, 대면하면 죄책감을 불러일으키는 과거의 행위, 어린 시절의 죄책감과 수치심, 탐욕, 잔인하고 공격적인 충동, 유아적 의존 욕구, 상처 입은 자부심, 이기심의 모든 원초적 표출과도 관련된다. 이 목록은 개인이 의식적인 삶과 성공적으로 통합해 처리하지 못한 반사회적이거나 환영받지 못한 모든 충동, 정서, 정조를 포함하도록 확대될 수 있다. (모든 억압이 해롭지는 않은데, 일부는 더 큰 이득을 위한 바람직하지 않은 충동을 희생한 것일 수 있기 때문이다. 그래서 누군가는 탐욕이나 부정이나 방탕의 경향성을 완벽하고 효과적으로 배제하는 것을 인생 철학으로 삼을 수도 있다. 이런 의미에서 억압은 필요하며 양성적이다. 여기서는 오로지 **무익한** 억압만 이야기한다. 무익한 억압은 골치 아픈 찌꺼기가 남아 성격을 어지럽히고 사회 관계를 망칠 수 있다.)

무익한 억압이 발생할 때 당사자는 고통 속에 산다. 그의 골치 아픈 동기들은 여전히 당혹스러운 방식으로 꿈틀댄다. 그는 자신의 불안을 적절한 행동 방침에 맞춰 조절하지 못하기 때문에 그런 동기들에 따라 적응적으로 행동에 나설 수 없다. 그래서 투사 기제가 그의 동기와 행동 사이에 끼어들 가능성이 생긴다. 그는 전체 상황을 **외재화한다**(externalize). 그는 자신에 대한 조망을 거부하고 전적으로 바깥 세계에 관해 생각한다. 자기 안의 파괴적 충동이 자신을 괴롭힐 때 그는 그것을 **저 바깥의** 다른 사람에게서 본다.

'살아 있는 잉크 반점'

만약 외부 대상이 그 자체의 확실한 구조가 없다면, 내면의 상태를 외부 대상에 투사하기는 훨씬 쉽다. 대낮에 길가에 서 있는 청년을 노상강도로 보기는 어려운 법이다. 내면의 불안이 아무리 크더라도 대낮에 거기 있지도 않은 흉악범이 보이지는 않는다. 그러나 모든 것이 어렴풋한 밤에는 공포를 쉽게 투사한다.

임상 심리학에서 이른바 '투사 검사(projective test)'는 개인이 의도하는 어떤 내면 상태라도 쉽게 투사할 수 있는 비구조화된 형식과 항상 관련된다. 나이 든 여성과 젊은 남성이 함께 있는 어쩐지 여러 의미로 해석될 수 있는 사진을 본 후, 어떤 사람은 어머니와 아들의 사진이라고 이야기할 수 있다. 그리고 이 사진에 관한 그의 이야기에서 그의 억압된 무언가(과잉 의존, 적개심, 근친상간의 욕망까지)가 무심코 드러날 수 있다.

가장 유명한 투사 검사는 바로 잉크 반점 검사(로르샤흐 검사)이다. 어떤 사람은 일정한 형태가 갖춰지지 않은 잉크 반점 무늬에서 특이한 것을 본다. 그리고 그들이 무엇을 보느냐도 중요하지만, 어떻게 잉크 반점의 세부 사항과 구성을 처리하고 조직화하느냐도 중요하다.

애커먼과 야호다는 이렇게 말한다. "반유대주의자들에게 유대인은 살아 있는 로르샤흐 검사의 잉크 반점이다."[3] 이 말의 의미는 분명하다. 유대인은 신비로운 미지의 대상이다. 유대인은 구조화되어 있지 않다. 유대인은 무엇이든 될 수 있다. 전통적으로 유대인은 악하다고 말한다. 사람들은 유대인을 내면에 억압된 죄책감, 불안, 증오의 외적 표상으로 활용할 수 있다.

유대인이 투사의 좋은 표적인 또 다른 이유가 있다. (신경증 수준으로) 심한 억압을 겪는 사람들은 종종 자신을 이질적으로 느낀다. 그들은 무의식적 혼란 속에 동요하며 낯설고 이인화된 느낌을 받는다. 이런 자아 이질적(ego-alien) 느낌은 그들로 하여금 마찬가지로 낯설고 이질적인 투사의 표적, 즉 그들의 무의식만큼이나 그들에게 이질적인 무언가를 찾도록 이끈다. 그들은 낯설지만 인간인 대상을 원한다. 유대인이 바로 그런 집단이다. 흑인도 비슷하다. 사회 규범(고정관념)을 통해 개인은 어느 집단에 어느 성질을 투사해야 하는지 안다. 유대인이 성적으로 방탕하다는 비난이 미국에서보다 유럽에서 훨씬 흔하다고 이미 언급했다. 미국에서는 흑인이 불결과 나태의 죄과와 더불어 이 성적 비난을 흡수하는 대상으로 이용된다. (역사적으로 기독교의 창시 및 유일신교와 관련 있는) 유대인은 기독교도 자신의 도덕적 결점을 투사하기 아주 좋은 대상이다.

유대인과 흑인만 '투사 스크린'으로 이용할 수 있는 것은 아니다. 폴란드인, 멕시코인, 대기업, 정부도 마찬가지로 이용하는 경우가 많다. 소득세를 탈루한 시민이 워싱턴을 그저 뇌물과 부패로 가득 찬 거대 관료 조직이라는 잉크 반점으로 바라보는 경우가 얼마나 흔한가! (앞에서 말한 것을 다시 반복하면, 비난에 '일말의 진실'이 있다고 해서 그 비난에 편견이 없다고 할 수는 없다. 사람들은 대부분 가능한 한 가장 개연성 있는 투사 스크린을 이용할 만큼 합리적이다. 하지만 비난의 유형, 비난할 때 느끼는 시원하고 고소한 기분, 대상의 특정 결점에 대한 주목과 과장에서 비난하는 사람이 느끼는 죄책감에 따른 갈등이 무심코 드러난다는 사실은 변함없다.)

상호 비난의 사례, 즉 서로 상대를 잉크 반점으로 삼는 사례를 고려해보자. 나치 강제수용소에 수감되었던 베텔하임은 강제수용소의 유대인 수감자들과 게슈타포 감시자들이 서로를 거의 같은 방식으로 바라봤다고 말한다.

> 둘 다 상대 집단 구성원이 사디즘적이고, 더럽고, 지능이 낮고, 열등한 인종 태생이고, 성도착에 탐닉한다고 믿었다. 두 집단 모두 서로가 물질에만 관심이 있고 숭고한 이념이나 도덕적·지적 가치는 전혀 존중하지 않는다고 비난했다.[4]

어떻게 동일한 비난이 양쪽 모두에게 가해질 수 있을까? 나치와 유대인보다 더 상이한 두 집단을 찾아내기는 어려울 것이다. 아무리 추정해봐도(6장) 그들의 집단 특성은 동일할 수 없다. 그렇다면 양쪽 관점이 정확하고 사실적인 묘사일 수 있는 가능성은 배제해야 한다. (그리고 이 묘사된 모든 특질이 어느 쪽 집단이건 그 집단 구성원 전부에 적용될 수 없으리라는 것은 명백하다. 여기에는 분명 과잉 일반화의 요소가 들어 있다.)

이 상호 비난이 뜻하는 것은 부분적으로 이렇다. "나는 너희 집단을 미워해. 나는 너희 집단이 독일의 전통 가치관에 반한다고 선언함으로써 이 증오를 정당화할 거야." 나치와 유대인 둘 다 공통의 문화가 있었고, 그러므로 공통 준거 집단이 있었기 때문에(3장), 둘 다 악인을 동일한 방식으로, 즉 그들의 문화적 이상에 반대되는 자들로 표현한 것이다.

직접 투사

유대인이 '사디즘적'이라는 나치의 비난을 생각해보자. 이보다 더 직접적인 투사는 없을 것이다. 전통적으로 유대 문화는 특이하게 사디즘이 전혀 없을 뿐만 아니라, 극단적 박해를 받던 그들의 상황 탓에 설령 누군가 사디즘적 충동을 품고 있더라도 그것을 행동으로 표현할 수 없었다. 반면 많은 나치가 유대인을 고문하면서 얻은 유별난 쾌락은 사실상 사디즘이 나치 친위대(SS)의 승인된 방침이었음을 보여준다.

여기 **직접 투사**(direct projection)의 분명한 사례가 있다. 어떤 속성이 온전히 우리에게만 있고 다른 사람에게는 전혀 없더라도 다른 사람에게도 존재하는 것처럼 여기는 것이다. 이 장치의 방어적 의미는 분명하다. 양심을 달래는 기만술인 것이다. 사람은 어떤 악한 성질을 비난할 수 있지만, 자신이 아니라 다른 사람들에게만 존재한다고 지각할 때 편안하게 비난할 수 있다. **직접 투사란 실제로 자신에게는 있고 다른 사람에게는 (혹은 다른 집단에는) 없는 정서, 동기, 행동을 그 다른 사람에게 귀속함으로써, 자신의 갈등을 해소하는 수단이다.**

직접 투사와 고정관념의 관계를 이해하는 것이 중요하다. 어떤 사람이 이를테면 탐욕, 색욕, 나태, 지저분함 등 바람직하지 않은 특질이 있다고 가정해보자. 그에게 필요한 것은 이 속성을 적나라하게 드러내는 캐리커처, 즉 이 악덕의 순도 높은 화신이다. 그는 혹시 자신이 잘못 안 게 아닐까 의심할 필요조차 없을 만큼 매우 극치에 달한 대상이 필요하다. 그리하여 유대인은 전적으로 색욕적으로 보이고 흑인은 완벽히 나태해 보이고 멕시코인은 완벽히 추잡해 보인다. 이런 극단적 고정관념을 지닌 사람은 자신에게 이 혐오스러운 경향이 있다고 의심할 이유가 없다.

직접 투사는 자기 안에 있는 아주 구체적 특질, 혹은 자기가 자기를 보는 전반적 관점과 관련해 발생할 수 있다. 시어스(Robert Richardson Sears)의 실험을 보면 이 특유의 경향성이 잘 드러나는데, 어느 사교 클럽의 일부 남성은 자신들이 대단히 완고하고 인색하면서도 그 완고함과 인색함이 다른 사람들의 속성이라고 치부하는 경

향이 있었다.[5]

자신을 낮게 평가하는 사람이 다른 사람도 낮게 평가할 가능성이 있다는 일반적인 투사 경향이 임상 관찰을 통해 드러난다. 따라서 치료를 할 때는 타인을 존중하도록 하는 것보다 개인의 자존감을 높이도록 돕는 것이 더 효과적일 수 있다. 자신을 존중하는 일로 자신과 다투지 않는 사람만이 타인도 존중할 수 있다. 다른 사람들을 향한 증오는 자기 증오의 거울 반사일 수 있다.[6]

아돌프 히틀러의 유대인 증오는 우리가 발견할 수 있는 직접 투사의 가장 고전적 사례이다. 그의 어린 시절 이야기를 종합한 다음 사실들은 중요하다.

> 아돌프 히틀러의 아버지는 시클그루버(Schicklgruber)라는 이름의 여성이 낳은 사생아였는데, 성격이 난폭했으며 세관원으로 일하다 퇴직했다. 아돌프는 그런 아버지와 자주 다툼을 벌였다. 아돌프의 어머니는 근면하고 다정한 사람이었으나 그가 사춘기 때 암으로 죽었다. 아돌프는 어머니에게 애착이 강했고 그래서 그에게 강한 오이디푸스 콤플렉스가 있었다고 말할 수도 있다. 아버지와 어머니는 육촌 사이였는데, 육촌이 결혼하려면 교회의 특별 허가가 필요했다. 훗날 아돌프 히틀러는 자신의 배다른 누나 안젤라(Angela)에게 강한 애착을 느꼈다. 한참 더 후에는 안젤라의 딸, 즉 자기 조카 겔리(Geli)와 대단히 열정적인 사랑을 나누었다. 이 관계의 본질은 근친상간을 의미한다. 겔리는 아돌프와 관계를 끝내려던 바로 그 시점에 총에 맞아 죽었다(자살인지 피살인지는 아무도 모른다). 이런 사실들은 모두 유쾌하지는 않지만, 아돌프가 근친상간이라는 주제에 대해 (의식적으로든 무의식적으로든) 충분히 죄책감을 느낄 만한 이유가 있음을 보여주는 데는 거론할 필요가 있는 이야기이다.

그렇다면 어디에서 히틀러의 투사가 일어났을까? 그의 말에 의하면 '유대인 문제'에 주목하게 된 것은 엄청난 가난과 불행을 겪으며 빈에서 홀로 지내던 열네다섯 살 무렵이었다고 한다. 히틀러는 자신의 글에서 특히 유대인의 (근친상간을 비롯한) 성적 악행을 비난한다. 예를 들어 《나의 투쟁》(1925~1927)에서는 이렇게 적는다. "그 검은 머리의 유대인 소년은 얼굴에 악마 같은 기쁜 빛을 띤 채 이상한 낌새를 알아채지 못한 소녀를 몇 시간 동안 숨어서 기다린다. 자신의 피로 순결을 빼앗으려는 그 대상을 말이다." 히틀러는 머리가 검었다. 친구들은 농담 삼아 그를 유대인이라고 불렀다. 그는 빈을 떠나 뮌헨으로 가게 된 이야기를 쓰면서 자기가 점차 빈을 혐오하게 되었다고 설명했다. "나는 그 인종들의 집결지를 아주 싫어한다. …… 유대인 그리고 또 유대인. 내게 그 대도시는 근친상간의 화신처럼 보였다." 근친상간 말고도 매춘과 성병을 비롯해 온갖 종류의 성적 악행(그의 글로 판단하건대 이 주제에 대해 히틀러는 특별한 관심과 강한 반감이 있었다)이 유대인의 특성으로 지목되었다. 여기서 이 문제를 파고들 필요는 없지만, 히틀러가 심각한 성도착자였다는 강력한 증거는 있다. 틀림없이 그는 그 성향과 관련해 다른 사람들을 혐오하지 않았더라면 수시로 자기 자신을 괴롭히면서 스스로를 혐오했을 것이다.

따라서 히틀러가 저열한 자신의 본성을 유대인과 동일시했고, 유대인을 비난함으로써 그러지 않았다면 자신을 가리킬 수밖에 없었을 비난의 손가락을 회피했음이 분명해 보인다. 거트루드 커스(Gertrud Kurth)는 직접 투사의 이 특정 사례가 역사에 어떤 귀결을 가져왔는지 지적하면서 이렇게 말한다. "6백만 명의 유대인을 집어삼킨 이 종말론적 공포는 근친상간의 욕구를 지닌 검은 머리의 작은 괴물을 박멸하기 위한 헛된 노력에서 분출되었다. 그 괴물은 바로 아돌프 히틀러의 하이드 씨였다."[7]

이런 유형의 투사는(사실 어떤 유형의 투사든 마찬가지이다) 근본 문제를 해결하지 못한다. 이것은 단지 일시적인 자기 회복의 속임수일 뿐이다. 왜 자연이 이런 부적응 기제를 창조해냈는지는 알 수 없다. 이것은 본질적으로 신경증적 장치이기에 근본적으로 당사자의 죄책감을 완화하거나 지속적인 자기 존중을 확립해주지 못한다. 증오의 희생양은 끊임없이 지속되지만 의식되지 않는 자기 증오의 가면일 뿐이다. 악순환이 발생한다. 자신을 증오하면 할수록 희생양을 더 증오하게 된다. 그러나 희생양을 더 증오하면 할수록 자기 자신의 논리와 결백을 확신하지 못하게 된다. 그래서 더 많은 죄책감을 투사해야만 한다.[8]

침소봉대 기제

이히하이저가 훌륭하게 주장했듯이, 실제로 어떤 성질이 다른 사람에게는 없는데도 있다고 지각하는 것은 지극히 병리적인 현상이다. 한편 내가 갖고 있고 다른 사람은 아주 조금만 갖고 있는 어떤 단점(혹은 장점)을 그 사람에게서 과장하는 것은 좀 더 정상적인 인간적 결함이다.[9]

침소봉대 기제(mote-beam mechanism)는 **우리와 타인이 둘 다 갖고 있는 성질을 타인에게서 과장하는 과정으로 정의할 수 있으며, 이때 우리는 자신에게 그 성질이 있다는 것을 깨닫지 못할 수도 있다.**

연구자들은 대부분 침소봉대 과정과 직접 투사를 구별하지 않는다. 이 둘이 정말로 유사하기는 하지만 구분할 만한 가치는 있다. 우리가 '투사 스크린'에 악덕을 귀속할 때 거기에 그 성질이 완전히 없는 경우는 드물다. 부정직한 유대인, 나태한 흑인을 찾으려면 찾을 수 있다. 그러므로 유대인 집단과 흑인 집단 어딘가에는 티끌이 존재한다. 잉크 반점을 응시하는 사람은 이 작은 부분을 포착해(왜냐하면 그것이 바로 본인 내면의 갈등을 반영하기 때문이다) 그 중요성을 과장한다. 그렇게 함으로써 그는 자기 눈 안의 들보를 볼 필요성을 회피한다.

나치와 유대인의 상호 비난 사례에서 그들 중 일부는 이 기제를 반영한다. 예를 들어 양쪽의 사람들 대부분은 의심할 여지 없이 일부 억압된 성적 갈등을 겪었을 것이다. 따라서 그들은 특별한 기민성을 발휘해 상대방 집단에 적용되는 도착적이라는 비난을 과장한다. 또한 양쪽에는 독일의 지적 이상을 실현하는 데 실패했음을 자각한 개인들이 있었을 것이다. 그들은 상대편에서 똑같은 실패를 포착하고 그 안에서 문화와 애국심의 총체적 결여를 지각한다.

그러므로 침소봉대 투사는 일종의 '지각적 강조'이다(10장). 우리는 실제보다 더 많은 것을 본다. 왜냐하면 그것이 우리 자신의 무의식적 마음 상태를 반영하기 때문이다.

침소봉대 투사와 우리가 직접 투사라고 부르는 것의 차이는 알렉산더 포프(Alexander Pope)의 격언에 따라 이렇게 요약할 수 있을 것이다. "황달 걸린 눈에는 모든 것이 노랗게 보인다." 이 말 자체는 직접 투사를 뜻한다. 여기에다 "그리고 황달 걸린 눈에는 '실제로' 노란 모든 것이 더 노랗게 보인다."고 덧붙인다면 침소봉대 기제도 표현할 수 있다.

보완 투사

이제 다른 형태의 투사를 다루어보자. 이 투사는 거울처럼 반사하는 지각의 측면은 더 적고 합리화된 지각의 측면은 더 많다. 이 투사는 문제 있는 자기 정서의 **원인**을 찾는 일과 관련된다. 이 투사는 보완 투사(complementary projection)로 불리며, 간단히 **자신의 마음 상태를 상상 속 타인의 의도와 행동에 근거해 설명하고 정당화하는 과정**으로 정의할 수 있다. 진정한 보완 투사의 사례가 되려면, 타인의 의도와 행동에 대한 설명이 반드시 거짓이어야 한다. 거짓이 아니라 정확하다면 그것은 사실에 기반한 지각이며 투사와 전혀 관련 없다.[10]

보완 투사의 작동 방식을 보여주는 실험이 있다. 파티에 참석한 아이들에게 낯선 남자들의 사진을 보여주고 그들 각각에 대해 얼마나 친절해 보이는지, 얼마나 마음에 드는지 등을 말해 달라고 했다. 그러고 나서 아이들은 캄캄한 집 안에서 오싹한 '살인' 게임을 했다. 이 무서운 경험을 한 뒤 아이들은 사진의 특징을 다시 묘사해야 했다. 이제 아이들에게 낯선 사람들은 모두 위협적으로 보였다. 그들은 위험한 낯선 사람들 같았다. 사실상 아이들은 이렇게 말하고 있었다. "**우리는** 무서워요. 그래서 **그들은** 위협적이에요."[11]

보완 투사는 편견 문제에 수없이 적용된다. 특히 편견의 뿌리가 불안이나 낮은 자존감에 있는 경우 더욱 그렇다. (자신을 짓누르는 불안의 무거운 짐이 무엇에서 비롯된 것인지 알지 못하는) 소심한 주부는 쿵쾅쿵쾅하는 발소리를 두려워한다. 그는 문을 이중으로 잠그고 오가는 모든 사람을 의심한다. 그는 출처 불명의 소문을 쉽게 믿을지도 모른다. 흑인이 백인을 공격하려고 얼음송곳을 품고 돌아다닌다거나 가톨릭교회의 지하실이 총기로 가득 차 있다고 쉽게 믿을 수 있다. 해명할 길이 없던 그의 불안은 주위의 수많은 위협적인 집단 덕분에 합리화되고 정당화된다.

다시 베텔하임의 연구를 생각해보자. 나치와 유대인은 둘 다 상대방을 '열등한 인종'으로 바라보았다. 이 합리화는 보완 투사로 볼 수 있다. 우선 두 집단의 구성원들은 자존감이 높아지길 바랐다. 그런데 지위가 높아지려면 다른 사람의 지위가 낮아져야 한다. 그리하여 저쪽의 '열등한 혈통'이 자동적으로 그들의 필요를 채워준다.

결론

21장부터 24장까지 편견의 정신 역동에서 드러나는 다양한 측면을 다루었다. 각 장에서 기술한 방어 기제의 과정은 인간 본성의 불합리한 경향성을 잘 보여준다. 그것은 무의식적 정신세계의 유아적, 억압적, 방어적, 공격적, 투사적인 부분을 표상한다. 성격 구조상 이 기제들이 두드러지는 사람들 중에 자신의 사회 관계에 성숙하게 적응할 수 있는 완전히 균형 잡힌 어른이 되는 경우는 거의 없다.

이 과정이 편견을 설명할 때 중요하기는 하지만 모든 것을 설명할 수 있다고 가정해서는 안 된다. 문화 전통, 사회 규범, 아이가 학습하는 내용과 학습 방법, 부모의 본보기, 의미론적 혼란, 집단 차이에 대한 무지, 범주 형성의 원리, 그 밖에 다른 많은 요인이 역할을 한다. 가장 중요한 것은 개인이 이 모든 영향을 하나의 총체적 생활 양식으로 엮어내는 방법이다. 여기에는 개인의 무의식적 갈등과 정신 역동적 반응도 포함된다. 다음 과제는 이 문제의 **구조적** 측면을 검토하는 것이다.

7부

성격 구조

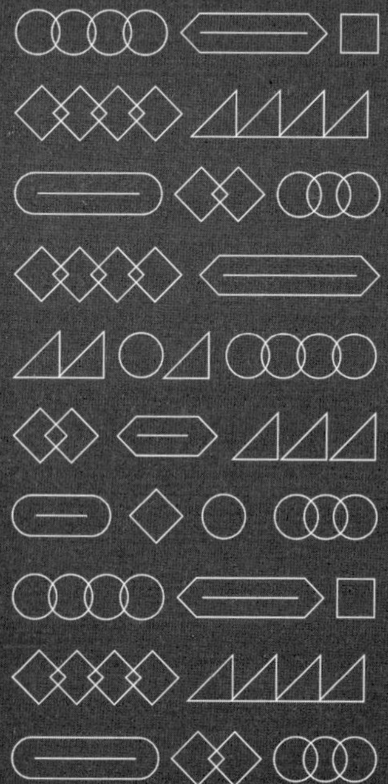

25장

편견적 성격

앞에서 보았듯이, 삶을 효율적으로 사는 데 필요하기에 편견으로 성격을 온통 물들이고 편견을 자기 삶의 일부로 삼을 수도 있다. 물론 항상 그런 것은 아니다. 어떤 편견은 단순히 동조적이고, 온건하게 자민족 중심주의적이며, 그 사람의 전체 성격과 본질적으로 무관하다(17장). 그러나 흔히 편견은 유기적이고, 삶의 과정과 분리할 수 없다. 이제 이 조건을 조금 더 면밀히 검토하고자 한다.

성격화된 편견을 연구하는 방법

성격화된 편견을 연구하는 데 두 가지 방법이 성과가 있는 것으로 밝혀졌다. **종단적** 접근과 **횡단적** 접근이다.

종단적 접근에서 연구자는 주어진 생애 이력을 거슬러 올라가면서 현재의 편견 양상을 설명해줄 수 있는 요인을 추적한다. 캘리포니아 대학 연구에서처럼 면담 기법을 쓸 수도 있고, 애커먼과 야호다가 실례로 보여준 정신분석 기법을 쓸 수도 있다. 해리스, 고프, 마틴이 채택한 창의력 넘치는 기법도 있다. 세 사람은 아이들의 현재 편견 수준을 그 어머니들이 지닌 아동 훈련에 대한 생각과 비교하여, 현재 편견에서 작동하는 것으로 추정되는 상황적 요인을 밝혀냈다. 18장에서 이 연구들을 살펴보았다.

횡단적 방법은 지금 현재의 편견 양상이 어떠한지를 밝히고자 한다. 특히 민족에 대한 태도가 다른 사회적 태도와 어떻게 연관되는지, 개인의 인생관과는 일반적으로 어떻게 연관되는지 묻는다. 이 방법으로 몇 가지 흥미로운 관계가 밝혀졌다. 예를 들어, 프렌켈-브런스윅은 심한 편견을 지닌 아이들은 다음과 같은 믿음을 받아들이는 경향이 있다고 보고했다(이것들은 모두 민족 문제와 직접 관련이 없다).[1]

> 어떤 일을 하는 데는 단 하나의 올바른 방법이 있을 뿐이다.
> 조심하지 않으면, 누군가에게 완전히 속아 넘어가게 된다.
> 교사들은 더 엄격해지는 편이 좋다.
> 나 자신과 같은 사람들만 행복해질 권리가 있다.
> 여자아이들은 주로 집에서 써먹을 수 있는 일만 배워야 한다.
> 전쟁은 늘 있게 마련이다. 그것은 인간 본성의 일부이다.
> 태어났을 때 별자리가 그 사람의 특성과 성격을 알려준다.

같은 방법을 성인에게 적용했을 때도 비슷한 결과가 나온다. 관용적인 성격의 성인들보다 심한 편견을 지닌 성인들이 더 많이 동의하는 유형의 명제들이 있다.[2]

> 세상은 기본적으로 사악하고 위험한 사람들이 사는 위험천만한 곳이다.

미국식 생활 방식에는 규율이 부족하다.

대체로 나는 폭력배보다 사기꾼이 더 두렵다.

이런 명제들은 언뜻 보기에 편견과 아무런 관계가 없어 보이지만 사실 모두 관계가 있다. 이 결과는 편견이 자주 생활 방식에 확고히 스며든다는 것을 의미할 수 있다.

기능적 편견

강렬한 성격화된 편견이 나타나는 모든 경우에 뉴컴이 '위협 지향(threat orientation)'이라고 부른 공통 요인을 찾아볼 수 있다.[3] 그런 성격의 뿌리에는 불안정이 있는 듯하다. 그런 사람은 위축되지 않고 똑바로 세상을 대면할 수 없다. 그는 자신을, 자신의 본능을, 자신의 의식을, 변화를, 자신을 둘러싼 사회적 환경을 두려워한다. 자기 자신은 물론이고 다른 사람과도 편하게 지낼 수 없기 때문에, 사회적 태도를 비롯해 생활 방식 전반을 심각하게 손상된 자신의 조건에 맞추어 구성할 수밖에 없다. 처음부터 그의 특정한 사회적 태도가 기형인 것이 아니다. 오히려 심각한 손상을 입은 것은 그 사람의 자아이다.

그는 여러 기능을 수행하는 목발이 필요하다. 과거에 겪은 실패를 위로해주고, 현재의 행동에 믿을 만한 지침을 주며, 미래에 맞설 자신감을 확보해주어야 한다. 편견이 이 모든 일을 단독으로 다 맡는 것은 아니다. 하지만 편견은 손상된 자아를 보호하기 위한 적응 전체에서 중요한 사건으로 발달한다.

확실히 모든 성격화된 편견이 모든 편견적 성격(prejudiced personality)에서 정확히 같은 목적에 기여하는 것은 아니다. 사실상 사람마다 '위협 지향'이 다르기 때문이다. 예를 들어 편견은 특별히 부모나 형제자매와 관련된 해소되지 못한 유년기 갈등과 연결될 수도 있고, 이후 삶에서 겪은 지속적인 실패와 연결될 수도 있다. 그러나 어떤 경우든, 명확성과 안정성과 권위를 갈망하는 자아 소외의 상황을 발견하게 될 가능성이 크다. 어떤 이유로든 위협받고 있다고 느끼는 성격은 인생 전반에 대해 유사한 조절 양식을 발달시키기 쉽다.

이런 조절 양식의 본질적 특징은 **억압**이다. 사람은 자신에게 주어진 갈등을 의식적인 삶에서 대면하고 극복할 수 없기 때문에 그 갈등을 전체적으로든 부분적으로든 억압한다. 갈등은 파편화되고, 망각되고, 대면되지 않는다. 자아는 성격 내부에서 생겨나는 무수한 충동과 성격 외부에서 가해지는 무수한 환경의 압력을 통합하는 데 실패한다. 그러한 실패가 불안감을 일으키고 그 감정이 결국 다시 억압을 불러온다.

이렇게 편협한 성격에 대한 연구에서 의식 층과 무의식 층 사이에 난 깊은 골을 발견한 것이 눈에 띄는 성과인 듯하다. 반유대적 여자 대학생들에 대한 연구에서, 학생들은 겉보기에 호감 가고 행복하고 정서적으로 안정된 상태이며, 완전히 정상으로 보였다. 그들은 예의 바르고 도덕적이었으며 부모와 친구들에게 헌신적이었다. 이것이 일상적인 관찰자의 눈에 비친 모습이었다. 그러나 투사 검사, 면담, 사례사° 등을 통해 더 면밀히 조사해보니, 학생들에게서 전혀 다른 모습이 보였다. 판에 박힌 듯한 겉모습 뒤에 강렬한 불안, 깊숙이 숨겨 둔 부모를 향한 증오, 파괴적이고 잔인한 충동이 도사리고 있었다. 하지만 관용적인 학생들에게는 이런 골이 존재하지 않았다. 그들의 삶은 파편화된 조각이 아니었다. 억압은 훨씬 적고 또 온건했다. 그들이 세상에 내보이는 **페르소나**(persona)는 가면이 아니라 자신의 진짜 성

사례사(case history) 특정 사례에 대해 관련된 사건이나 현상을 총체적으로 파악하고 실증적으로 분석해 상세히 조사하는 기법.

격이었다.[4] 그들은 억압이 덜하기 때문에 자아 소외로 고통받지 않으며, 자신에게 닥친 불행을 솔직하게 대면하기 때문에 투사 스크린이 필요하지 않았다.

다른 연구들과 마찬가지로 이 연구는 그런 억압의 결과가 다음과 같을 수 있음을 밝힌다.

부모에 대한 양가감정
도덕주의
이분법
명확성의 욕구
갈등의 외재화
제도(존중)주의
권위주의

이 모든 특징은 갈등을 위축되지 않고 정면으로 대면할 수 없는 나약한 자아를 보강하기 위한 장치라고 볼 수 있다. 따라서 이런 특징은 편견이 기능적으로 중요한 역할을 하는 성격의 표지다.

부모에 대한 양가감정

앞서 인용한 반유대적 여대생들에 대한 연구에서 "학생들은 한결같이 부모를 좋아한다고 분명히 말했다." 그러나 그림 해석(주제 통각 검사°)에서 학생들은 딸의 입장에서 부모상(parental figure)을 비열하고 잔인하다고 비난하면서 질투심과 의심, 적개심의 반응을 드러내는 경우가 더 많았다. 대조적으로 편견이 없는 피험자들은 동일한 검사에서 면접관과 터놓고 논의할 때는 부모에 대해 훨씬 더 비판적이었지만 투사 검사에서는 악감정을 덜 드러냈다.[5] 후자의 학생들이 부모에게 품은 정조가 더 잘 **분화**되어 있었다. 한마디로 이들은 부모의 결점을 알았고 대놓고 부모를 비판했지만, 그러면서도 부모의 장점도 잘 알았고 전반적으로 부모와 매우 잘 지냈다. 편견을 지닌 학생들은 분열적이었다. 표면적으로는 모두 유쾌하고 밝았으며, 뭇시선 앞에선 이러한 인상이 유지되었다. 그러나 조금만 더 깊이 들어가면 거기엔 흔히 격렬한 저항이 있었다. 감정은 두 갈래로 나뉘었다. 반유대적 여학생들이 부모의 죽음을 더 많이 공상했다.

깊게 감추어진 적개심에도 불구하고, 편견을 지닌 청소년들과 그들의 부모 사이에는 이념적 마찰이 덜한 것으로 보인다. 자녀로서 청소년들은 부모의 관점, 특히 민족적 태도를 넘겨받는다. 이념의 모방이 요구되고 보상이 주어지기 때문이다. 18장에서 편견이 심한 가정에 만연하기 쉬운 아동 훈련 상황을 검토해보았다. 거기서 우리는 복종, 처벌, 실제 거부 혹은 거부 위협 같은 주제들이 중요하게 다가오는 것을 보았다. 사랑의 관계보다 힘의 관계가 우세하다. 이런 환경에서는 아이의 애정 욕구가 충족되지 않기 때문에 대개 아이가 부모와 자신을 완전히 동일시하기가 어렵다. 아이는 모방을 통해 배우고, 보상과 처벌과 비난을 통해 강요받는다. 아이는 자기 자신과 자신의 실패를 온전히 받아들일 수 없지만, 부모의 호의를 잃지 않도록 늘 경계해야 한다. 이런 가족 상황에서 아이는 자기가 어디에 서 있는지 결코 정확히 알 수 없다. 한 걸음 내디딜 때마다 아이에게 위험이 닥쳐온다.

주제 통각 검사(Thematic Apperception Test) 머리(H. A. Murray)와 모건(C. D. Morgan)이 고안한 심리 검사 방법. 피험자가 그림을 보면서 공상적인 이야기를 만들게 함으로써 피험자의 의식적인 경향과 무의식적인 경향 등을 알아내려 한다. 로르샤흐 검사와 함께 가장 널리 쓰이는 대표적인 투사 검사다.

도덕주의

이 불안은 편견이 심한 사람들이 취하는 엄격한 도덕주의적 관점에 반영된다. 관용적인 사람들보다 이런 사람들에게서 청결, 예의범절, 관습에 대한 지나친 고집이 더 흔하게 나타난다. 앞서 인용한 연구에서 "가장 당혹스러운 경험이 무엇입니까?"라는 질문에 반유대적 여대생들은 사람들 앞에서 사회적 관습과 규칙을 위반한 경우를 들었다. 이와 달리 편견이 없는 학생들은 친구의 기대에 부응하지 못한 경험처럼 주로 인간관계에서 자신의 부족함을 느낀 일들을 더 자주 언급했다. 한편 반유대적 학생들은 타인에 대한 도덕적 판단에서 가혹하게 구는 경향이 있었다. 어떤 학생이 이렇게 말했다. "나 같으면 파업 참가자는 누구든 징역 50년 형을 선고할 거예요." 이와 대조적으로 관용적인 피험자들은 사회적 관습 위반에 훨씬 관대했다. 이들은 성적(性的) 도덕 규범의 위반을 비롯해 사회적 비행을 덜 비난했다. 이들은 소수 집단에 관용적이듯이 인간적인 약점에도 관용을 보였다.

아이들을 대상으로 한 연구에서도 같은 경향성이 나타난다. 무엇이 완벽한 소년 또는 소녀를 만든다고 생각하는지 물었을 때, 편견을 지닌 아이들은 대체로 순결, 청결, 예의범절을 언급했다. 더 관대한 아이들은 대체로 우정과 재미난 일 같은 것을 언급하는 정도로 만족했다.[6]

나치는 인습적인 덕목을 강조한 것으로 유명하다. 히틀러는 금욕주의를 설교하고 여러 측면에서 실행했다. 성적 도착이 폭력적으로 규탄되었고, 때로는 사형에 처해졌다. 엄격한 의례가 군대와 사회 생활의 모든 국면을 지배했다. 유대인은 추잡하고, 인색하고, 부정직하고, 부도덕하며, 인습적인 규범을 어긴다는 이유로 끊임없이 비난받았다. 그러나 허세에 찬 도덕주의가 고조되었던 반면, 도덕이 개인의 품행에 완전히 스며드는 경우는 거의 없었던 듯하다. 그것은 유대인에 대한 모든 착취와 고문을 '합법'으로 보이게 하려는 욕구에서 나왔다고 설명할 수 있는 가짜 예의범절이었다.

발달 이론에 따르면 (종교적·도덕적 문제와 관련해) 지나치게 신경 쓰고 불안해하는 마음 상태는 아이가 이른 시기에 자신의 충동에 따라 사는 데 실패하는 것과 관련이 있다. 아이가 몸을 더럽힐 때마다, 생식기를 만지는 모습을 들킬 때마다(편견을 지닌 아이의 어머니들이 아이가 이런 '위반'을 저지를 때 처벌할 가능성이 크다), 떼를 쓸 때마다, 부모를 놀라게 할 때마다 처벌받고 죄책감을 느끼게 된다고 생각해 보라. 아이가 자신의 모든 충동이 사악하다고 생각하고 그런 충동에 굴복할 때 부모의 사랑을 받지 못한다고 느낀다면, 아이는 많은 위반을 저지른 자신을 미워하며 자라기 쉽다. 아이는 유아적 죄책감에 짓눌린다. 그 결과 아이는 다른 사람들이 인습적 규범을 위반하는 사례를 볼 때 점점 더 불안함을 느낄 것이다. 아이는 자기가 처벌받았던 것과 똑같이 위반자가 처벌받기를 소망할 것이다. 아이는 자기를 곤경에 빠뜨린 바로 그 충동을 두려워하게 된다. 어떤 사람이 다른 사람들의 죄악에 대해 지나치게 우려할 때, 그런 경향성을 '반동 형성'°이라고 볼 수 있을 것이다. 자기 안의 불경스런 충동과 맞서 싸워야 했던 사람은 다른 이들에게 허용적이고 너그러운 사람이 될 수 없다.

이와 대조적으로 관용적인 사람은 사회적으로 금기시되는 충동을 어떻게 받아들여야 하는지를 생애 초기에 배우는 것으로 보인다. 그는 자신의 본능을 두려워하지 않는다. 일부러 얌전한 체하지 않는다.

반동 형성(reaction formation) 금지된 충동을 억제하기 위해 반대되는 경향을 강조함으로써 스스로 받아들이기 어려운 충동을 제어하려는 심리적 태도 혹은 습성.

신체의 기능을 자연스럽게 여긴다. 그는 누구나 다른 사람의 호의를 잃을 수 있다는 사실을 안다. 그의 부모는 아이가 규칙을 지키지 못했을 때에도 사랑을 거두어들이지 않으면서 아이에게 사회적으로 적절한 행동 방침을 능숙하게 잘 가르쳤다. 관용적인 사람은 자기 본성에 들어 있는 악을 받아들이는 법을 배웠기에 다른 사람들에게서 유사한 악을 볼 때마다(혹은 상상할 때마다) 불안해하거나 두려워하지 않는다. 그는 인정 있고, 연민이 많으며, 이해심이 크다.

도덕주의는 단지 피상적인 순종일 뿐이며 내적 갈등을 해결하지 못한다. 도덕주의는 긴박하고, 충동적이며, 투사적이다. 진정한 도덕은 더 여유롭고, 그 자체로 완전하며, 삶의 방식 전체와 조화를 이룬다.

이분법

앞에서 보았듯이 편견이 없는 아이들에 비해 편견이 있는 아이들이 "세상에는 오로지 약한 사람과 강한 사람 두 종류만 있다."고 주장하는 경우가 훨씬 더 많다. 또 편견이 있는 아이들은 "어떤 일을 하는 데는 단 하나의 올바른 방법이 있을 뿐"이라고 주장하기도 한다. 편견을 지닌 성인들도 동일한 이분법적 경향성을 보인다. 인종적으로 편향된 태도를 지닌 남성들은 "세상에는 순수한 여성과 나쁜 여성, 두 종류의 여성만이 존재한다."는 주장에 동의하는 비율이 더 높다.

인지 작용에서 이분법적으로 판단하는 경향이 있는 사람들(10장)이 바로 내집단과 외집단의 구분을 강조하는 사람들이다. 이런 사람들은 다음의 재미있는 시구가 표현하는 정서에 동의하지 **않을** 것이다.

우리 중 가장 나쁜 사람 안에도 좋은 것들이 너무나 많고,
우리 중 가장 좋은 사람 안에 나쁜 것들이 너무나 많기에,
우리 중 어느 누구도 다른 사람들에 관해
말하는 것이 마땅할 리 없지요.

편견을 지닌 사람에게 흑백 논리는 기능적 유의성이 있다. 앞에서 지적했듯이, 이런 사람은 자기 본성 안에서 선과 악이 교차한다는 것을 받아들이지 못한다. 따라서 그는 옳고 그름에 만성적으로 민감하다. 이런 내적 분기(分岐)는 외부 세계로 투사된다. 그는 범주적으로 찬성하거나 반대한다.

명확성의 욕구

10장에서 우리는 최근에 이루어진 아주 중요한 심리학적 발견 중 하나가 편견 역동과 인지 역동의 유사성을 알아낸 것이라고 주장했다. 다시 말해 전형적인 편견적 사고는 대체로 편견을 지닌 사람들이 **어떤 것에든** 마찬가지로 적용하는 일반적인 사고방식의 반영이라는 것이다. 이 점을 이분법적 경향성과 관련해 지적하기도 했는데, 여기서는 '모호성에 대한 관용(tolerance for ambiguity)' 문제와 관련 있는 여러 실험을 예로 들어 한번 더 강조하겠다.

실험자가 피험자들을 어두운 방에 들어가게 했다. 눈에 보이는 것은 오로지 빛 한 줄기뿐이었다. 의지할 수 있는 시각적 대상이나 행동 지침이 전무한 상태에서, 피험자들은 모두 불빛이 여러 방향으로 흔들리는 것을 보았다. (망막이나 뇌의 내부 조건이 원인일 것이다.) 실험자는 편견적인 사람들은 금세 스스로 규범을 세운다는 사실을 발견했다.

즉, 그들은 매번 방에 들어갈 때마다 빛이 일정한 방향으로 일정한 거리만큼 움직인다고 보고했다. 이런 사람들은 안정성을 원하며, 만약 그것이 객관적으로 존재하지 않을 때는 만들어낸다. 이와 대조적으로 관용적인 사람들은 규범을 확립하는 데 시간이 더 오래 걸리는 경향이 있었다. 즉, 더 장기간에 걸쳐 상황의 모호함을 참을 수 있었던 것이다.[7]

또 다른 실험자는 편견이 강한 사람과 약한 사람들에게 나타나는 기억 흔적°을 연구했다. 실험자는 '그림 13'에서 보이는 것과 같은, 꼭지를 잘라낸 피라미드 도형을 이용했다.[8]

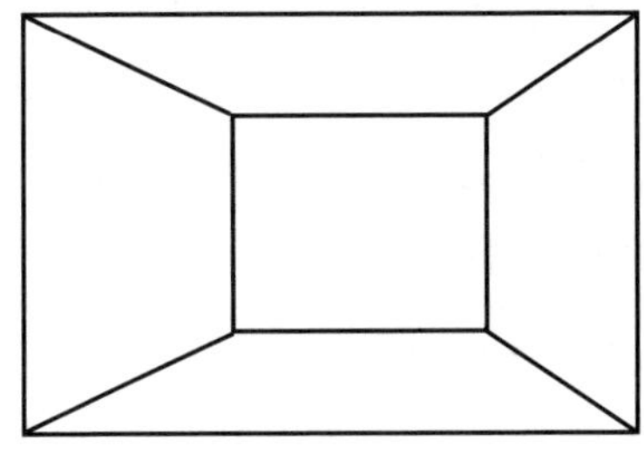

그림 13 기억 흔적을 연구하는 데 쓰인, 꼭지를 잘라낸 피라미드

이 도안을 잠깐 보여주고 나서 피험자들에게 각자 기억에 기대어 아까 본 것을 그려 달라고 요청했다.

양쪽 집단에서 각각 약 40퍼센트 정도가 대칭적으로 모양을 그리는 경향이 있었다. 그들은 그림의 양쪽 가장자리 너비를 똑같이 그렸다.

기억 흔적(memory trace) 경험한 내용의 여운으로 보존되어 있는 것. 예로부터 심리학이나 정신의학에서는 학습의 결과로 획득된 기억은 동물의 뇌에 어떤 형태로든 축적되어 존재할 것이라고 가정했다. 20세기 후반에 기억에 대한 과학적 연구가 진전되면서 기억 흔적이 실재한다고 생각하게 되었다. 한편 기억 흔적은 시간과 함께 희미해질 뿐만 아니라 내용이 변할 수 있다는 사실이 알려졌다.

이런 유형의 대칭화는 매우 정상적인데, 왜냐하면 우리의 기억은 내용을 단순화해서 '더 나은 게슈탈트(better Gestalt)'의 차원에 도달하려는 경향이 있기 때문이다. 그러나 특히 흥미로운 것은 4주가 지난 후에, 편견이 심한 피험자들 중에서 가장자리 너비를 똑같이 그린 사람이 더 많아졌다는 것이다. 편견이 심한 집단에서는 62퍼센트가, 편견이 약한 집단은 34퍼센트가 너비를 똑같이 그렸다.

편견이 심한 사람들은 그림의 모호성을 장시간 참을 수 없는 것으로 드러냈다. 그들은 명확하고 단순하고 범주적인 기억이 필요했다. 반면에 편견이 약한 사람들은 이렇게 말하는 것처럼 보였다. "이게 꼭지를 잘라낸 피라미드라는 건 알아요. 하지만 단순하게 보일지 모르지만 그렇지 않다는 것도 알아요. 무언가 독특하고 흔하지 않은 요소가 있어요." 간단히 말해 편견이 약한 사람들도 역시 단순화된 기억 흔적을 형성하는 경향이 있지만, 그들은 윌리엄 제임스가 '느낌은 들지만, 그러나……'라고 말한 것을 비교적 더 잘 마음에 담아 둘 수 있다.

편견을 지닌 사람이 과거의 해결책에 매달리는 방식에서 명확성의 욕구가 또 다시 분명하게 드러난다. 편견을 지닌 사람들에게 먼저 형태가 분명한 고양이 선화(線畫)를 보여주고 이어서 점점 변형되어 가는 그림을 짧게 짧게 연속해서 보여주다가 마지막에 개를 그린 선화를 보여주었다. 편견이 더 심한 피험자들이 고양이의 이미지에 더 오래 **매달렸다**. 이런 사람들은 변화를 빨리 인정하지 않는다. "뭔지 잘 모르겠어요."라고 말하지도 않는다.[9]

이 실험을 통해 편견을 지닌 사람들은 더 쉽게 **보속증**°에 빠진다는 것을 알 수 있다. 잘 입증된 해결책이 안전한 거점을 제공한다고

보속증(perseveration) 자극이 바뀌어도 같은 반응을 되풀이하는 경향, 또는 자극으로 생긴 심리적인 활동이 그 자극이 없어져도 일정하게 지속되는 증상을 말한다.

여기는 것이다. 편견을 지닌 사람들은 '모른다'고 말하는 것을 두려워하는 것으로 보인다. 모른다고 말하는 것은 인지적 거점에서 떨어져 나와 정처 없이 떠도는 일이 될 것이다. 굉장히 다양한 연구에서 이런 결과가 되풀이해 나온다. 예를 하나 들자면, 로키치(Milton Rokeach)는 이름과 얼굴 인식에 관한 실험에서 피험자들에게 어떤 이름이 어떤 얼굴과 결합되어야 할지 말해 달라고 요청했다. 편견이 심한 사람들은 많은 잘못된 추측을 했고, 편견이 약한 사람들은 대개 실패를 인정하고 추측하기를 거부했다.[10] 여론조사 결과를 연구한 로퍼(Elmo Roper)는 반유대주의 성향이 강한 사람들에게 시사 문제에 대한 의견을 물었을 때 '모른다'고 응답하는 비율이 낮다고 보고했다.[11] 편견을 지닌 사람들은 '답을 알고' 있을 때 더 안전하다고 느끼는 듯하다.

명확성 욕구 때문에 인지 과정이 수축될 가능성이 있다. 자신의 문제와 관련된 모든 측면을 고루 살피지 못하는 사람들이 있다. 그런 사람이 결국 다다르는 해결책의 유형을 로키치는 '편협한(narrow-minded)' 사고라고 불렀다. 다음 실험이 그 과정을 잘 보여준다.

> 다음 10개의 개념을 대학 신입생들에게 알파벳 순서대로 제시하였다. **Buddhism**(불교), **Capitalism**(자본주의), **Catholicism**(가톨릭), **Christianity**(기독교), **Communism**(공산주의), **Democracy**(민주주의), **Fascism**(파시즘), **Judaism**(유대교), **Protestantism**(개신교), **Socialism**(사회주의). 그리고 학생들에게 이 개념 중 일부 혹은 전부가 어떤 방식으로 서로 관계를 맺고 있는지 알려 달라고 요청했다. 로키치는 그 결과를 다음과 같이 요약한다.
>
> "분석 결과에 따르면, 그들이 기술한 내용이 보여주는 인지 조직화는 **포괄**(comprehensive)에서 **고립**(isolated)과 **편협**(narrow)에 이르

> 는 단일한 연속체로 정리할 수 있다. **포괄적** 조직화는 10개의 개념 모두 단일한 하나의 전체로 조직하는 것을 뜻한다.(예를 들면, '전부 다 믿음이다.') **고립적** 조직화는 10개의 개념이 둘 이상의 하부 구조로 쪼개지고 각각의 하부 구조 사이에는 서로 통하는 바가 거의 없거나 전무한 경우이다.(예를 들면, '다섯 개는 종교이고, 다섯 개는 정치 제도이다.') **편협한** 조직화는 객관적으로 제시된 부분 가운데 하나 이상을 기술에서 생략한 채, 나머지 부분만으로 하나 이상의 하부 조직을 조직하는 경우이다.(예를 들면, '오직 불교, 가톨릭, 기독교, 유대교, 개신교만이 서로 연관이 있는데, 왜냐하면 이것들은 모두 신에 대한 믿음이기 때문이다.')"[12]
>
> 편견이 심한 사람들이 **편협한** 분류, 즉 관련 항목 가운데 일부만 남겨놓는 방식의 분류를 제시하는 경우가 유의미한 수준으로 많았다. 편견이 덜한 사람들은 모든 항목을 고려하고 **포괄적인** 분류를 제시했다. 중간 정도의 편견을 보이는 사람들은 **고립적인** 분류를 선호하는 경향을 보였다.

리처드(S. Reichard)는 사고 과정에 나타나는 이와 동일한 종류의 수축에 관해 보고했다. 그는 로르샤흐 검사를 실시했을 때 전체를 더 잘 보고 연관성을 더 잘 찾아내는 다른 집단에 비해 편견을 지닌 피험자들은 더 억제되고, 강박적으로 사소한 부분에 신경을 쓰는 경향을 보이는 데 주목했다.[13]

모든 실험이 한방향을 가리킨다. 편견을 지닌 사람들은 자신의 세계 안에 분명한 구조를 필요로 한다. 설령 그것이 편협하고 부적합한 구조일지라도 그렇다. 이들은 질서가 없는 곳에 질서를 부여한다. 새로운 해결책이 필요할 때면 이들은 확실히 믿을 수 있는 검증된 습관에 매달린다. 가능한 경우마다 이들은 친숙하고, 안전하고, 단순하고, 명확한 것에 집착한다.

모호성을 견디지 못하는 이유에 대해서는 적어도 두 가지 이론이 있는데, 둘 다 옳을 수 있다. 하나는 편견을 지닌 사람들의 자아상이 대단히 혼란스럽다고 주장한다. 그런 사람들은 어렸을 때부터 자신의 본성을 통합할 수 없었고, 그 결과 그들의 자아는 스스로 고정된 거점을 제공하지 못한다. 따라서 보상 심리에 의해 자신을 이끌어줄 명확성을 외부에서 찾아야 한다. 그들의 내면에는 명확성이 없다.

약간 더 복잡한 다른 이론은 편견을 지닌 사람들은 어린 시절에 많은 박탈을 겪었다고 주장한다. 많은 것이 금지되었다. 따라서 그들은 만족 지연°에 불안을 느끼게 되었다. 그들에게 지연은 곧 박탈을 의미했기 때문이다. 그래서 그들은 빠르고 명확한 답변에 대한 충동을 발달시켰다. 추상적 사고는 모호성과 불확실성을 허용할 위험이 있다. 머뭇거리지 않는 편이 낫다. 완고하더라도 구체적인 사고방식을 택하는 편이 낫다. 이 주장을 뒷받침하기 위해, 편견을 지닌 사람들이 좌절에 더 민감해 보인다는 증거를 떠올려보자(21장). 그들의 낮은 내성 수준은 그들이 언제나 자신이 서 있는 땅을 확인하고 싶어하는 충분한 이유가 될 수 있다. 분명한 구조를 갖춘 지각의 토대에서만 비로소 좌절의 위협에서 벗어날 수 있다.

외재화

우리는 바로 앞 장에서 편견을 지닌 사람은 자기 안에 있지만 결코 보려 하지 않는 성질을 투사를 통해 다른 사람에게서 찾아내는 버릇이 있음을 보았다. 사실상 그들은 모든 면에서 자기 통찰이 부족해 보인다.[14]

만족 지연(delay of gratification) 더 큰 결과를 위해 당장의 즐거움이나 보상, 욕구를 자발적으로 억제하고 통제하면서 욕구 충족의 지연에 따른 좌절감을 인내하는 능력.

편견을 지닌 사람에게는 모든 일이 '저 바깥에서' 우연히 일어나는 것처럼 보인다. 그에게는 자신의 운명을 통제할 능력이 없다. 예를 들자면, 그는 "비록 많은 사람이 조롱할지 모르지만, 점성술이 세상의 많은 일을 설명해줄 수 있다."고 믿는다. 이와 반대로 관용적인 사람들은 사람의 운명은 탄생 별자리가 아니라 자기 자신에게 달려 있다고 믿는 경향이 있다.[15]

편견을 지닌 여자아이들은 그림을 보고 이야기를 만들어낼 때(주제 통각 검사) 여자 주인공의 적극적인 개입 없이 일어나는 사건들을 말하는 경우가 더 많다. 전투는 운명에 의해 결정된 것이지(예를 들어, 여자 주인공의 약혼자가 전사했다) 여자 주인공이 결정한 것이 아니다. "무엇이 사람을 괴롭게 만들까?"라는 질문을 받으면, 편견을 지닌 피험자들은 **밖에서 오는** 위협이나 '자꾸 머릿속을 맴도는 생각' 같은 것을 말하곤 한다. 두 답변 모두 자신이 통제할 수 없는 외부의 원인을 지적한다. '사람을 괴롭게' 만드는 것은 그 사람 자신의 단점이나 행동이 아니라는 것이다.[16]

이런 경향성을 설명하기 위해, 자기 소외를 기저 요인으로 다시 언급할 수 있다. 내적 갈등을 겪는 사람에게는 자기 준거를 피하는 쪽이 더 쉽고 더 안전하다. **자기가** 일을 만든 것이 아니라, 일이 **자기에게** 일어났다고 생각하는 쪽이 더 낫다. 성격 특질로서 외부 치벌성은 이런 일반화된 경향성이 표현된 것이다. 이 특질과 집단 편견의 관계는 분명하다. **내가** 다른 사람들을 증오하고 상처 입히는 것이 아니라, **그들이** 나를 증오하고 내게 상처를 주는 것이다.

제도주의

성격화된 편견을 지닌 사람은 질서, 특히 **사회** 질서를 좋아한다.

제도적으로 확실한 구성원 지위를 통해 그는 자신이 필요로 하는 안전과 명확성을 확보한다. 협회의 지부, 학교, 교회, 국가가 그가 사적인 삶에서 겪는 불안을 막는 방패가 되어줄 수 있다. 그런 제도에 의지하면 자기 자신에게 기대지 않아도 된다.

연구에 따르면, 대체로 편견이 있는 사람들이 편견이 없는 사람들보다 제도에 더 헌신한다. 반유대적 여대생들이 재학생 클럽 같은 단체에 더 열성적으로 참여했다. 그들은 제도 차원에서 더 종교적이었고, 더 강렬하게 '애국적'이었다. "어떤 경험에서 경외심을 가장 크게 느꼈는가?"라고 물었을 때, 그들은 흔히 애국적이거나 종교적인 외부 사건들을 말한다.[17]

편견과 '애국심'의 밀접한 관계를 밝혀낸 연구가 많다. 다음 장에서 보겠지만, 편견이 심한 고집불통들은 거의 언제나 광신적 애국자들이다. 나치 독일에서 국가주의와 소수 집단 박해의 관계가 분명하게 드러났으며, 이것은 다른 나라에도 마찬가지로 적용되는 듯하다. 낸시 모스(Nancy C. Morse)와 플로이드 올포트(Floyd H. Allport)가 미국의 한 근교 지역사회에서 중간 계급 사람들을 대상으로 수행한 연구는 특히 시사하는 바가 크다.[18]

> 조사자들은 반유대주의의 여러 추정 원인 가운데 어느 것이 실제로 가장 뚜렷하고 증명 가능한 원인인지 찾아내려는 야심 찬 과업을 수행했다. 검사와 척도와 질문지를 다 담는 데 총 92쪽에 달하는 소책자가 필요할 정도로 연구 방법이 아주 정교했다. 175명의 피험자들이 각자 소책자를 작성하고 되돌려주는 일과 관련해 그들이 속한 지역 단체에 일정한 사례비를 지불하기로 함으로써 협조를 얻을 수 있었다.
>
> 먼저 다양한 수단으로 반유대주의의 여러 양상을 측정했다. 피험자들이 유대인에게 얼마나 반감을 느끼는가, 유대인을 어느 정도까지 나

쁘게 말하는가(적대적인 말), 실제로 어느 정도까지 적대적이고 차별적인 행동에 나서는가(적대적 행동).

그다음 몇 가지 가설을 검증했다. 이를테면 다음과 같다. 반유대주의는 미래에 대한 불안이나 두려움과 관련이 있을 것이다, 현실의 경제적 결핍이나 경제적 불확실성과 관련 있을 것이다, 좌절감과 관련 있을 것이다, 유대인의 '본질'에 대한 믿음과 관련 있을 것이다, '국가에 대한 몰입'과 관련 있을 것이다.

여기서 마지막 변수는 동의 혹은 부동의를 묻는 일련의 명제로 측정되었다. 그 명제 중 하나는 다음과 같다. "어떤 사람들은 자신들이 세계 시민이며 한 국가에 속하는 것이 아니라 인류에 속한다고 느낀다. 하지만 나로 말하자면, 처음부터 끝까지 언제나 미국인이라고 느낀다."

조사자들이 택한 방법을 통해 피험자들 사이에서 고도의 반유대주의가 발견되었다. 오직 10퍼센트만이 전혀 반유대적이지 않은 것처럼 보였다. 약 16퍼센트는 반유대주의의 정도가 극단적이고 거의 폭력적인 수준이었다.

불안정과 좌절이 반유대주의에 일조한다는 증거가 일부 있었지만, 조사자들은 '국가에 대한 몰입'이 **가장 중요한 단일 요인**이라는 증거를 발견했다. 다른 모든 변수들을 통제할 때 오직 이 요인만이 유효했다. 이 요인만이 편견과의 '독자적 공변' 기준을 충족했다. '본질에 대한 믿음', 그러니까 유대인의 근본 바탕에는 어떤 식으로든 다른 사람들과 철저하게 다른 측면이 있다는 믿음도 중요하다. 그러나 이 믿음은 오로지 강력한 국가주의적 관점이 함께 나타나는 경우에만 편견과 유효하게 연결된다. 따라서 '애국심'은 극심한 편견을 가리는 가면일 수 있다.

이 연구에서 나온 결과들은 중요하다. 이 연구는 반유대주의자가 그저 단순히 온갖 부정적 태도의 덩어리가 아니라는 데 주목하게 해준다. 오히려 그는 무엇을 **하려고** 노력하는 중이다. 즉 제도화된 안전과 안정의 섬을 찾는 것이다. 국가는 그가 선택한 섬이다. 국가는 확실한 거점이다. 옳건 그르건 **그의** 나라다. 국가는 인류보다 중요하고, 세계 국가보다 바람직하다. 국가는 그가 필요로 하는 명확성을 준다. 이 연구는 국가주의의 정도가 심할수록 반유대주의도 심하다는 사실을 보여준다.

여기서 확고한 안정에 주안점이 있다는 데 주목하자. 반유대주의는 단순히 공포와 불안이 드리운 그림자가 아니다. 걱정하고 좌절하는 사람은 많지만 그런 사람들이 모두 반유대주의를 발달시키지는 않는다. 중요한 것은 공포와 좌절을 다루는 방식이다. **제도(존중)주의적** 방식, 특히 국가주의적 방식이 문제의 핵심으로 보인다.

편견을 지닌 사람은 '국가'를 자신의 필요에 맞게 정의하곤 한다(3장 '그림 1' 참조). 국가는 특히 한 개인으로서 **그 사람**을 보호해주는 방어막(주된 방어막)이 되어준다. 국가가 그의 내집단이다. 그는 자신이 위협적인 침입자이자 적으로 간주하는 사람들(이를테면 미국의 소수자들)을 국가가 제공하는 혜택의 범위에서 배제하는 데서 모순을 전혀 보지 못한다. 게다가 국가는 **현 상태**를 옹호한다. 국가는 보수적인 요인이다. 국가 안에는 그가 인정하는 안전한 삶을 위한 모든 장치가 있다. 그의 국가주의는 보수주의의 형태를 띤다. 그가 정의하는 바에 따르면 국가는 변화에 저항한다. 이로부터 그가 진보주의자, 개혁가, 권리장전 지지자, 여타 '공산당 패거리'를 불신한다는 이야기가 뒤따른다. 이런 자들은 국가의 의미에 관해 그가 지닌 안전한 생각을 바꾸어놓겠다고 으르렁거린다.[19]

권위주의

민주주의 체제에서 삶은 뒤죽박죽으로 무질서하다. 이런 사실을 깨닫고 나면 편견을 지닌 사람들은 종종 미국은 민주주의 체제일 필요가 없으며 그저 '공화국'이기만 하면 된다고 선언하곤 한다. 그들은 개인의 자유가 불러올 결과는 예측할 수 없다고 생각한다. 개별성은 모호성, 무질서, 변화를 야기한다. 뚜렷하게 정해진 위계 질서에 따라 살아가는 것이 더 쉽다. 그런 질서 안에서 사람들은 유형화되고, 집단은 끊임없이 변화하거나 해체되는 일이 없다.

불안정한 상태를 피하기 위해 편견을 지닌 사람은 사회에서 위계 질서를 찾는다. 권력의 배치가 명확해서 이해할 수 있고 믿을 수 있다. 그는 권위를 좋아하며 미국에 필요한 것은 '더 많은 규율'이라고 말한다. 물론 그가 말하는 규율이란 **외적** 규율로서, 말하자면 사람의 근간을 내면이 아니라 외면에서 보는 쪽을 선호하는 것이다. 학생들에게 존경하는 위인들의 이름을 나열해보라고 요청했을 때, 편견이 있는 학생들은 대개 권력을 휘두르면서 다른 사람들을 통제했던 지도자들의 이름(나폴레옹, 비스마르크)을 말했다. 반면에 편견이 없는 학생들은 예술가, 인도주의자, 과학자의 이름(링컨, 아인슈타인)을 열거하는 경우가 더 많았다.[20]

이 권위의 욕구는 인간에 대한 뿌리 깊은 불신을 나타낸다. 이 장 앞부분에서 편견을 지닌 사람들이 "세상은 기본적으로 사악하고 위험한 사람들이 사는 위험천만한 곳"이라는 데 동의하는 경향성이 있음을 지적했다. 하지만 민주주의의 근본 철학은 이와 정반대이다. 민주주의는 어떤 사람이든 스스로 자신이 신뢰할 수 없는 사람임을 증명하기 전까지는 그를 신뢰하라고 말한다. 편견을 지닌 사람은 반대로 한다. 그는 어떤 사람이 스스로 신뢰할 만한 사람임을 증명하기 전까지는 누구든 불신한다.

같은 의심을 다음 질문에 대한 답변에서도 볼 수 있다. "다음 유형의 범죄자 가운데 어느 쪽이 더 두려운가? (a) 폭력배, (b) 사기꾼." 응답자 중 대략 절반이 전자를 택했고, 나머지 절반은 후자를 택했다. 그런데 '사기꾼'이 더 무섭다고 말한 사람들은 대체로 편견 점수가 더 높았다. 그들은 직접적인 물리적 공격보다 속임수가 더 위협적이라고 느낀다. 보통은 폭력배에 대한 두려움(물리적 공격)이 더 자연스럽고 정상적인 유형의 공포로 보일 것이다. 그리고 이것은 편견 없는 사람들이 택한 답이기도 하다.[21]

편견을 지닌 사람에게 이런 의심을 다스리는 최선의 방법은 질서 있고 권위주의적이며 강력한 사회를 보유하는 것이다. 강력한 국가주의는 좋은 것이다. 히틀러와 무솔리니는 그다지 잘못하지 않았다. 미국에 필요한 것은 강력한 지도자, 바로 독재자다!

권위주의 유형이 어린 나이에 결정될 수 있다는 증거가 있다. 편견을 지닌 아이들이 그렇지 않은 아이들보다 "아이들이 무엇을 해야 하는지 선생님이 말해주어야 하며, 선생님이라면 아이들이 무엇을 원하는지 따위를 걱정해서는 안 된다."고 믿을 가능성이 더 크다. 심지어 일곱 살 정도가 되면 권위주의 유형의 아이는 교사가 자신에게 무엇을 해야 할지 지시해주고 명확하고 권위 있게 일을 배당해주지 않으면 괴로워하고 뭘 해야 할지 몰라 우왕좌왕한다.[22]

논의

지금까지 편견적 성격(어떤 학자들은 '권위주의적 성격'이라고 부른다)에 대한 묘사는 대체로 최근 연구 결과에 바탕을 둔 것이다. 이 성격의 대략적인 특색은 분명하지만, 증거들을 검토하고 서로 연관 짓는 일은 아직 마무리되지 않았다. 한편 연구자들은 권위주의적 유형과 반대되는 성격 유형을 보고한다. 서로 연관된 성질로 이루어진 이 유형은 때때로 '민주적' 성격, '성숙한' 성격, '생산적' 성격, '자기 실현적' 성격이라고 불린다.[23] 이 성격은 27장에서 충분히 검토할 것이다.

이러한 비교를 뒷받침하는 대부분의 연구는 편견 점수가 매우 높거나 매우 낮은 집단같이 극단적이거나 대조적인 피험자 집단들에 대한 연구를 기반으로 한다. 중간 혹은 '평균적인' 피험자들은 흔히 버려진다. 이런 수순은 옹호할 만한 이유가 있지만, 유형을 지나치게 강조한다는 단점이 있다. 혼합된 성격이나 지극히 평범한 성격들이 많고 그런 사람들의 편견은 여기서 묘사하는 것처럼 이상적인 형태를 띠지 않는다는 사실을 망각하기 쉽다.

지금까지 연구에는 방법론 측면에서 또 다른 약점이 있다. 대부분의 경우 오로지 단 하나의 출발점만 잡는다는 것이다. 예를 들어 편견이 높은 피험자 무리 하나와 편견이 낮은 피험자 무리를 하나 만든다. 그러고 나서 지각과 관련된 과제나 문제 해결 과제에서 전자가 모호성에 대한 불관용 정도가 훨씬 크다는 사실을 발견하는 식이다. 이 연구는 모호성을 견디지 못하는 피험자 집단을 대상으로 삼아 그 집단이 민족적 편견을 더 많이 갖고 있는지를 알아보는 바람직한 역방향 통제(reverse control)를 사용하지 않았다. 상관관계를 주장하려면 양방향 증명이 필요하며, 그래야 비로소 연구 결과를 확실히 믿을 수 있다.

그러나 (대체로 이 분야의 연구가 아직 초창기라는 데서 비롯된) 이러한 약점이 있지만 이 장에서 보고된 경향을 완전히 도외시할 수는 없다. 우리의 결론이 지나치게 단순할 수도 있고 나중에 수정과 보완이 필요할 수도 있다. 하지만 많은 사람들에게 편견이 하나의 사건 이상이라는 것은 기본적인 사실로 확립되었다. 편견은 흔히 성격이라는 천에 겹바느질로 단단히 박음질된다. 이 경우 족집게로 간단히 편견만 뽑아낼 수는 없다. 편견을 변화시키려면 삶의 방식 전체를 바꾸어야 한다.

26장

선동가는 누구인가?

선동가°들은 대중의 관심을 진짜 쟁점에서 다른 데로 돌리려고 가짜 쟁점을 강조한다. 선동가라고 해서 모두 진위가 의심스러운 소수 집단의 비행(非行)을 가짜 쟁점으로 택하는 것은 아니지만, 꽤 많은 경우에 그렇게 한다. 이런 선동가들이 하는 말은 특히 앞 장에서 기술한 권위주의 유형의 성격을 지닌 사람들의 관심을 끈다.

미국에는 인종 차별 선동가의 추종자가 1천만 명가량 존재하는 것으로 추정된다. 하지만 이런 추산은 위험하고 아마도 수치를 너무 높이 잡은 듯하다. 선동가의 집회에 참석한다고 전부 다 추종자는 아니기 때문이다. 그건 그렇다 치고, 아널드 포스터에 따르면 1949년에 미국에서 49종의 반유대주의 정기간행물이 발간되었고, 반유대주의

선동가(데마고그demagogue) 고대 그리스 사회에서 '민중의 지도자'를 가리키는 데마고고스(dēmagōgos)에서 유래한 말. 거짓 공약이나 근거 없는 비방 등으로 대중을 선동하여 자신의 정치적 목적을 달성하는 사람을 가리킨다. 'demagogy(데마고기, 선동)'는 선동가가 수행하는 선동적인 허위 선전을 뜻한다.

활동 이력이 있는 조직이 60개가 넘었다.[1] 여기에 더해 반가톨릭주의와 반흑인주의에 특화된 정기간행물과 조직도 늘어서 있기 때문에 겹치는 경우가 있다고 해도 전체 규모가 인상적이다.

선동의 전형적 사례

선동가들의 혀와 펜에서 뿜어져 나오는 것은 신기하게도 한결같은 성질을 지니고 있다. 그 성질이 어떤 것인지 쉽게 정의하기는 어렵지만 말이다. 1948년 한 '기독교 국가주의자(Christian Nationalist)' 모임에서 나온 다음 발췌문이 전형적인 예다.

> 우리는 물질주의의 파도를 물리치는 데 필요한 조치를 취한다는 단 하나의 목적을 위해 미국 각지에서 떨치고 나와 이 자리에 함께 모였습니다. 우리의 사랑하는 조국 미합중국을 집어 삼키겠노라 위협하는 물질주의의 사악한 힘이 걷잡을 수 없이 밀려들고 있습니다. 우리는 예수 그리스도의 기치와 우리의 아메리카공화국의 기치 아래, 한마디로 십자가와 국기 아래서 월가(街)의 국제 자본가들, 모스크바의 국제 공산주의자들, 전 세계의 국제 유대인 테러리스트들에게 그들이 실패했음을 입증해 보이기 위해 한데 뭉쳤습니다. 우리가 지금 만드는 이 정당은 악에 대한 저항, 노예제에 대한 저항, 신을 믿지 않는 공산주의에 대한 저항이 아직 이 세상에 살아 있음을 보여주는 기념비입니다.
>
> 오늘날 유럽 전역에서 기독교를 파괴하고 있으며 이 나라에서도 호시탐탐 기독교를 파괴할 기회를 노리고 있는 음흉한 시장 상인들과 사회주의 협잡꾼들을 먹여 살리고 그들의 지갑을 살찌우기 위해 마셜 계획° 기금 9천만 달러가 국제 금융 회사들에 지불되었다는 이야기를 왜 아무도 미국인들에게 해주지 않은 것입니까? 초당적인 외교 정책에 따

라, 지금은 죽고 없는 전직 독재자 프랭클린 델러노 루스벨트(Franklin Delano Roosevelt)가 비밀 거래와 비밀 약속으로 만든 짐을 우리가 전부 다 짊어졌던 것입니다! 초당적인 외교 정책에 따라, 우리는 독일 사람들에게 악마와도 같은 모겐소 계획°이 강제되도록 허용하는 죄를 지었습니다. 수많은 기독교인 여성과 어린이는 굶어 죽도록 내버려둔 채 말입니다. 그런데 왜 미국인들은 이 모겐소 계획이란 것이 가학적인 미치광이 권력 집단, 즉 친공산주의 유대인 무리에 의해 고안되었다는 사실을 듣지 못했을까요? 그들은 독일인들을 파멸시킴으로써 기독교 유럽 전역을 소련군이 점령하고 노예화할 수 있기를 바라는 자들입니다.

우리는 유대인의 국제 음모, 공산주의자 유대인의 반역, 시온주의 유대인의 테러라는 문제의 해결책을 찾기 위해 기존 정당들의 정견을 탐색해보았습니다. 하지만 그 과정에서 우리는 기존 정당들이 팔레스타인에 이른바 유대 국가를 창설하는 과정에서 자신들이 저지른 짓에 동정을 구하는 구슬픈 울음소리를 들을 수 있었을 뿐입니다. 그 밖엔 아무것도 없었습니다. 우리는 기독교적 미국주의(Christian Americanism)를 지지하고 대변하는 미국 시민들을 윽박지르고 중상하는 미국 내 유대인 게슈타포에 대해 언급하는 것을 본 적이 없습니다. 우리는 공산화된 미국에서 통제와 노예화의 길을 닦겠다는 목적

마셜 계획(Marshall Plan) 제2차 세계대전 이후 서유럽 국가들에 대한 미국의 원조 계획. 전쟁으로 황폐해진 유럽을 재건하기 위해 1947년 당시 미국 국무장관 조지 마셜(George Catlett Marshall)이 공식 제안해 이듬해 법적으로 승인되어 실시되었다. 마셜 계획은 당시 팽창하던 공산주의 세력을 견제하기 위한 목적에서 수립되었다는 평가를 받는다.

모겐소 계획(Morgenthau Plan) 미국의 재무장관 헨리 모겐소(Henry Morgenthau)가 제2차 세계대전 종전 후 독일 처리를 위해 내놓은 계획. 1944년 9월 캐나다에서 열린 미영 양국 지도자(루스벨트와 처칠) 회담에서 승인되었다. 내용은 전후 독일의 모든 공업 시설을 해체해 독일을 농업 국가로 만든다는 것이었는데, 독일의 경제 회복이 유럽 경제 회복의 선결 조건이라고 판단한 유럽 여러 나라가 크게 반대했다. 미국 국내외에서 심하게 비난받았기 때문에 루스벨트도 계획의 실행을 단념했고, 차기 대통령 트루먼에 의해 소멸되었다.

으로 우리 정부에 침투한 유대인 공산주의자들에 대한 언급도 본 적이 없습니다. 미국의 단물을 빨아 외국 군대를 무장시킨 시온주의 유대인들의 이중 충성에 대한 저주도 본 적이 없습니다. 미국의 기독교인에게서 언론의 자유와 결사의 자유를 박탈하려는 목적으로 미국의 거리를 활보하는 유대인 테러리스트들에 대한 비난도 전혀 보지 못했습니다.

기독교국가주의당(Christian Nationalist Party)의 목표는 미국에서 공산당을 불법화하는 것입니다. 공산당을 모든 고결한 것에 대해 저지르는 범죄로, 미국 정부를 상대로 한 범죄로, 기독교 국가주의자들이 소중하게 간직해 온 모든 것에 대한 범죄로 간주하겠나는 것입니다. 우리는 공산당의 모든 당원, 공산주의 단체의 모든 회원, 이오시프 스탈린에 대한 사랑을 우리의 성조기와 미국 헌법에 대한 사랑보다 중요하게 여기는 모든 사람을 미국의 감옥에 처넣을 생각입니다.

최근에 워싱턴에서 적발된 사람들 모두 펠릭스 프랑크푸르터°의 학생들이라고 합니다. 이제 그의 제자들이 모두 공산주의 첩자로 밝혀진다면 그자가 하버드대학에서 이 패거리들과 함께 어울려 지낼 때 무엇을 가르쳤는지 밝혀야 할 때가 왔습니다. 그런데 바로 그런 사람이 미국 연방대법원에 있습니다. 오늘날 이런 사람들이 워싱턴에서 힘 있고 중요한 자리에 앉아 있는데, 어떻게 우리 정부가 안전할 수 있을까요? 이제 미국 행정부를 청소할 때가 왔습니다. 그래서 우리가 우리 정부를 집어삼킨 비열한 변절자들을 몰아내기 위해 기독교국가주의당을 조직하려는 것입니다.

우리는 흑인 문제에 관해 여러분을 선동하려는 게 아닙니다. 우리는

펠릭스 프랑크푸르터(Felix Frankfurter, 1882~1965) 오스트리아 태생 미국인으로서 하버드대학 법대를 졸업한 후 법학자로 활동하면서 미국시민자유연맹(American Civil Liberties Union)의 창설을 도왔고, 루스벨트 대통령의 지명으로 1932년 연방대법관에 임명되어 1962년까지 재임했다.

진실을 말하려는 것이며, 우리가 믿는 바를 말하려는 것입니다. 미국에서 백인과 흑인이 섞임으로써 생기는 문제를 해결할 유일한 방안을 말하려는 것입니다. 우리는 흑인종과 백인종의 분리를 미합중국 법률로 정하도록 헌법을 수정할 것을 주장합니다. 또한 흑인종과 백인종의 결혼을 연방 범죄로 규정할 것을 주장하는 바입니다!

일전에 미시시피주 잭슨 시에 내려가서 그곳의 훌륭한 친구들과 만났을 때 들은 짧은 이야기를 하나 해볼까요. 어떤 흑인이 세인트루이스로 넘어가서 백인 여자와 결혼을 하고 함께 미시시피의 잭슨으로 되돌아왔을 때, 거기 녀석들이 그를 길모퉁이로 몰고 가서 이렇게 말했답니다. "모스, 넌 저 백인 여자하고 이 동네에서 살 수 없어. 우리는 깜둥이들이 백인 여자와 어울려 다니게 놔두지 않을 거야, 백인 여자하고 결혼하는 꼴은 못 본다고, 알겠냐?" 그러자 그가 이렇게 말했다고 하더군요. "형님, 형님은 정말 뭘 잘못 알고 있어요. 저 여자는 반은 양키고, 반은 유대인이에요. 저 여자한테 백인의 피는 한 방울도 들어있지 않다고요."

오른쪽 왼쪽 할 것 없이 사방에 깔린 공산주의자들이 코글린 신부°, 찰스 린드버그°, 마틴 다이스°, 버튼 휠러°, 제럴드 스미스°를 제거하기

코글린 신부 주로 미국 미시간주에서 활동한 캐나다 출신 극우 가톨릭 사제 찰스 코글린(Charles Coughlin, 1891~1979)을 말한다. 코글린은 라디오 방송을 이용해 히틀러와 무솔리니의 파시즘과 극단적인 반유대주의를 선동해 많은 호응을 얻었다.

찰스 린드버그(Charles Lindbergh, 1902~1974) 세계 최초로 비행기로 대서양을 무착륙 횡단해 유명해진 조종사. 미국의 제2차 세계대전 참전에 반대하는 고립주의를 주장하면서 파시즘 동조자라는 비난을 받았다.

마틴 다이스(Martin Dies, 1900~1972) 텍사스 출신 극우 정치인. 뉴딜 정책에 강하게 반대했으며 비미활동조사위원회(the Special Committee to Investigate Un-American Activities)의 초대 의장을 맡아 활동했다. 이 위원회는 미국 내 공산주의자 등의 반역 활동을 조사했으며 '다이스 위원회(Dies Committee)'라고도 불렸다.

버튼 휠러(Burton Wheeler, 1882~1975) 법률가 출신의 정치인. 미국의 참전에 반대하고 연방대법원 재편과 관련하여 루스벨트 대통령과 대립했다.

위해 날뛰고 있습니다. 그들을 위협하여 분노케 하고, 그들을 박해하고, 그들을 조롱하고, 그들을 **파괴하고**, 그들이 활동하지 못하게 막고 있습니다. 하느님의 은총이 있으니 제가 활동을 중단하는 일은 없을 것입니다. 다이스 위원회에 대한 저의 판단은 옳았고, 앨저 히스°에 대해서도 옳았고, 스테티니어스°에 대해서도 옳았으며, 유엔에 대해서도 옳았고, …… 엘리너 루스벨트°에 대해서도 옳았습니다!

일찍이 사업가들이 이렇게 몰락한 적이 없었습니다. 남녀 시민들이 이보다 더 많이 기만당하고, 자존심 꺾이고, 짓밟힌 적이 없었습니다. 이 모든 것이 다 그 대통령 일가 덕분입니다. 지난 15년 동안 우리에게 루스벨트 일가로 알려진, 저 살인마이자 협잡꾼, 스탈린 유화주의자, 전쟁광이 실행에 옮긴 일들이 다 그런 것들입니다! 신이시여, 루스벨트 일가로부터 미국을 구하옵소서!

언뜻 보기에도 이런 날조는 분석이 불가능한 수준으로 보인다.

이 글의 분명한 주제는 증오다. 이 비교적 짧은 장광설에서 증오의 대상인 악당으로 언급된 것은 다음과 같다. 물질주의, 국제 금융회사, 유대인, 공산주의자, 음흉한 시장 상인, 사회주의자, 모겐소, 소련 군대, 시온주의자, 펠릭스 프랑크푸르터, 하버드대학, 흑인, 앨저 히스, 당시 미 국무장관 스테티니어스, 전 대통령 루스벨트, 엘리너

제럴드 스미스(Gerald Smith, 1898~1976) 미국의 개신교 목사이자 극우 정치인. 기독교국가주의자십자군(the Christian Nationalist Crusade) 운동을 주도했고 1944년에 대통령 선거에 출마하기도 했다.

앨저 히스(Alger Hiss, 1904~1996) 미 국무부 고위 관리로서 소련에 국가 기밀을 제공한 혐의로 기소되어 유죄 판결을 받은 인물이다.

스테티니어스(Edward Stettinius, 1900~1949) 루스벨트 대통령 재임 당시 미 국무장관을 지내면서 유엔 창설에 기여했다.

엘리너 루스벨트(Eleanor Roosevelt, 1884~1962) 열성적인 사회운동가이자 정치가로서 특히 여성 문제와 인권 문제 등 여러 분야에서 인도주의 활동을 펼쳤다. 프랭클린 루스벨트 대통령의 배우자였다.

루스벨트, 루스벨트 일가. 가장 중요한 악마는 유대인으로 보이는데, 이들은 다른 어떤 악당보다 많이 언급되고 다른 악당과 조합을 이루는 경우도 가장 많다. 그리고 루스벨트 일가를 위해 마련된 아주 맹렬한 원한이 보인다. 가톨릭은 비난의 대상이 아니다. 도시에서 열리는 대규모 집회에는 가톨릭교도가 많이 참여할 수 있기 때문이다. 어쩌면 이 선동가는 그들에게 지지받으려고 노력하는 중일 수도 있다.

이렇게 다양한 적대감을 보면 (5장의 통계 분석에서 보았듯이) 소수 집단에 대한 증오가 단독으로 존재하지 않음을 알 수 있다. 증오는 일반화된다. 위협으로 감지되는 것은 무엇이든 증오의 대상이 된다.

위협이 무엇인지는 결코 분명하게 정의되지 않는다. 그러나 이런 욕설의 밑바탕에는 꽤 명백한 주제가 하나 있는 듯하다. 진보주의 혹은 사회 변화에 대한 두려움이다. 루스벨트 일가는 특히 변화를 상징한다. 그들은 경제 활동과 인종 간 관계에서 보수적인 사고방식을 위협한다. 지성주의도 증오의 대상인데(여기서는 하버드대학이 상징이다), 변화를 불러오는 동시에 반지성주의자들의 열등감을 심화하기 때문이다. 사회주의와 공산주의는 변화를 일으킨다. 흑인의 조건을 개선하는 것도 마찬가지다. 유대인은 언제나 모험이나 위험, 주변적 가치와 관련되었다(15장). 권위주의적 성격은 이러한 불명확성, 인습에 얽매이지 않는 생각과 언행, 친숙한 거점 상실을 견디지 못한다(25장).

그들이 생각하는 안전의 상징은 공포의 상징만큼이나 흥미롭다. 우상으로 언급된 것들은 다음과 같다. 예수 그리스도, 미 공화국의 가치, 십자가와 국기, 코글린 신부, 찰스 린드버그, 마틴 다이스, 버튼 휠러, 제럴드 스미스. 여기에 인용하지 않은 이 연설문의 다른 부분에서는 폴 리비어°, 네이선 헤일°, 에이브러햄 링컨과 로버트 리°를

폴 리비어(Paul Revere, 1734~1818) 미국 독립전쟁 당시 영국군의 침공 소식을 밤새 말을 타고 알린 인물이다. 리비어 덕분에 미국은 렉싱턴과 콩코드 전투에서 승리할 수 있었다.

우호적으로 언급했고, 조지 워싱턴을 '시대를 통틀어 가장 강력한 기독교 국가주의자'라고 묘사했다. 연설자와 청중이 모두 인지하고 있었듯이, 이런 우상들은 전부 보수주의의 상징이고, 국가주의, 고립주의, 반유대주의, 혹은 제도(존중)주의자들이 궁극적으로 의지할 곳인 전통 종교를 대표한다(28장).

우리는 이 연설문을 통해 부정적 상징과 긍정적 상징을 일부 알게 되었고, 그런 상징이 어떻게 공포와 불안이라는 주제를 다른 것들보다 앞서 반영하게 되는지 보았다. 이제 선동가의 호소를 더 자세히 살펴보자. 선동가들의 연설은 서로 매우 비슷하다. 중요한 것은 바로 그 패턴이다.

선동가의 프로그램

뢰벤탈(Leo Löwenthal)과 구터만(Norbert Guterman)은 《기만의 선지자들(Prophets of Deceit)》(1949)이라는 책에서 수많은 유사한 연설문과 소책자를 분석했다. 거기에는 모두 저항과 증오라는 동일한 요소가 들어 있었다. 선동가가 말하는 내용은 다음과 같이 요약할 수 있다.[2]

> **당신은 속고 있다.** 당신의 사회적 위치는 유대인, 뉴딜주의자, 공산주의자, 그 밖에 다른 변화의 사도들이 꾸민 교묘한 책략 때문에 불안

네이선 헤일(Nathan Hale, 1755~1776) 독립전쟁에서 영국군에 붙잡혀 포로가 된 후 "조국을 위해 바칠 목숨이 하나밖에 없다는 게 통탄스러울 뿐"이라는 최후 진술을 남기고 처형되었다고 전해진다.

로버트 리(Robert Edward Lee, 1807~1870) 미국 남북전쟁 당시 남부군의 총사령관이었다. 뛰어난 전략으로 북부군에 비해 전력이 약세였던 남부군을 잘 지휘함으로써 높은 명성을 얻었다.

정하다. 우리처럼 성실하고 평범한 사람들은 언제나 바보 취급을 당한다. 우리가 나서서 무언가 해야 한다.

우리를 위협하는 음모가 널리 퍼져 있다. 월가, 유대인 은행가, 국제주의자, 미 국무부 같은 악마들이 이런 음모를 조장하고 있다. 우리가 나서서 무언가 해야 한다.

음모자들은 성적으로 타락한 자이기도 하다. 그들은 "가진 것은 돈밖에 없고, 술독에 빠져 있으며, 유혹하는 여자들에게 둘러싸여 지낸다." "아시아의 호색한들이 기독교 윤리를 망가뜨리려고 젊은이들을 타락시킨다." 외국인들은 온갖 금단의 열매를 즐긴다.

현 정부는 부패했다. 양당 체제는 협잡이다. 민주주의는 '속임수 단어'다. "진보주의는 무정부주의다." 시민의 자유는 '어리석은 자유'다. 우리의 윤리는 보편적일 수 없다. 우리는 우리 자신만을 생각해야 한다.

재앙이 코앞에 다가와 있다. '뉴딜 공산주의가 강탈하는 세금'을 보라, 산업별노동조합회의와 전미노동자협회(American Federation of Labor) 같은 단체들을 보라. 그자들과 유대인들이 재빠르게 권력을 잡고 있다. 머지않아 혁명적 폭력 사태가 벌어질 것이다. 우리가 나서서 무언가 해야 한다.

자본주의와 공산주의 둘 다 우리를 위협한다. 결국 무신론적 공산주의는 본래 유대 자본주의와 유대 지성주의에서 생겨난 것이다.

우리는 외국인을 신뢰할 수 없다. 국제주의는 위협이다. 그러나 우리는 우리의 정부도 신뢰할 수 없다. 외국에서 들어온 흰개미들이 내부에서 알을 깠다. 워싱턴은 '볼셰비키 쥐새끼들의 보금자리'다.

우리의 적은 하등 동물이다. 그들은 파충류, 곤충, 세균, 유인원이다. 박멸이 시급하다. 우리가 나서서 무언가 해야 한다.

중간 지대는 없다. 세계는 양분되어 있다. 우리 편이 아닌 자들은 모두 적이다. 이것은 가진 자와 없는 자의 전쟁이다. 진정한 미국인과 '외국인'의 전쟁이다. "유럽-아시아-아프리카와 뉴딜의 탈무드 철학은 기독교 철학과 정반대된다."

피를 더럽혀선 안 된다. 우리는 인종적 순수함과 인종적 엘리트층을 반드시 지켜야 한다. 불쾌하기 짝이 없는 오염은 순전히 진보주의가 낳은 도덕적 문둥이들을 상대하는 데서 비롯된다.

하지만 재앙이 코앞에 닥친 상황에서 당신은 무엇을 할 수 있나? 가난하고 단순하며 성실한 사람들에게는 지도자가 필요하다. 보라, 내가 바로 그런 사람이다. 잘못된 것은 미국이라는 나라가 아니다. 공직에 앉아 있는 부패한 인간들이 잘못이다. 인력을 바꾸자. 나는 늘 준비가 되어 있다. 나는 냄새나는 쓰레기들을 모조리 갈아치울 것이다. 당신은 더 행복하고 안전한 생활을 누리게 될 것이다.

이렇게 위급한 상황에서 생각은 사치다. 그냥 내게 돈을 대라, 그러면 무엇을 할 것인지는 나중에 알려주겠다.

모든 사람이 내게 반대한다. 나는 당신을 위해 희생하는 순교자다. 언론, 유대인, 역겨운 관료들이 내 입을 막으려고 애쓰고 있다. 적들이 내 삶을 망치려고 계략을 꾸미지만, 신께서 나를 보호하실 것이다. 그리하여 나는 수많은 관료와 유대인들을 박살낼 것이다.

아마도 우리는 워싱턴을 향해 행진할 것이다. ……

여기서 선동가의 프로그램은 슬쩍 꼬리를 내린다. 왜냐하면 폭력 유발을 금지하는 법, 무력에 의한 정부 타도를 주장하지 못하게 금지하는 법이 있기 때문이다. 젖과 꿀이 흐르는 유토피아에 대한 모호한 약속과 이 새로운 예루살렘에 입성할 수 있는 모종의 합법적 방법 혹은 초법적 방법을 찾아낼 것이라는 암시에 뒤따르는 흥분만 남는다. 유럽 여러 나라에서 이런 선동이 행동으로 옮겨진 적이 있다. 이와 유사한 호소에 동요한 폭도들이 나라 전체를 휩쓸었다.

선동가는 자신의 추종자들을 괴롭히는 불만과 막연한 불안의 원인에 대해 극적이지만 실은 잘못된 진단을 내린다. 그런 사람들이 자기 자신 그리고 사회와 불화를 겪으면서 좌절하고 괴로워한다는 점에는 의심의 여지가 없다. 그러나 진짜 쟁점은 언급되지 않는다. 진짜 쟁점을 지적하려는 사람이라면 경제 구조의 결함, 전쟁 치유책을 찾으려 했던 사람들의 실패, 학교와 기업과 지역사회에서 인간관계의 기본 원칙에 소홀했던 점을 지적하고, 특히 정신 건강과 자아의 견실함이 결여된 내면을 지적할 것이다.

이 복잡한 진짜 인과는 완전히 도외시된다. 고통을 겪는 사람들은 자기 탓이 아니라고 확신한다. 그들의 위태로운 자존감은 자신이 기독교인이고 진정한 애국자이며 엘리트라는 확신, 위안을 주는 그런 확신에 의해 보호받는다. 심지어 그들은 유대인을 증오하는 것이 반유대주의의 표시가 아니라는 말을 듣는다. 무엇을 시도하건 그들의 외부 처벌성은 늘 정당화되며, 그들의 자아 방어는 힘을 얻는다.

선동가는 사회의 아노미 현상이나 개인의 불안감을 해소할 합리적인 청사진을 결코 제시하지 않는다. 그렇다고 (견실한 정부 구조를 갖춘 나라에서) 폭력을 실행할 분명한 계획을 제시하는 것도 아니다. 선동가가 안전하게 혁명을 부추기려면, 과거 독일, 에스파냐, 이탈리아, 러시아처럼 위태로운 사회 구조가 필요하다. 번영과 안정은 선동가들이 뿌리내리기에 척박한 토양이다.

하지만 때로 위태롭지 않은 안정된 나라에서도 선동가가 도시나 주 안에서 지역을 기반으로 하는 정치 권력을 일정 정도 얻을 수 있다.

성공적이건 그렇지 않건 간에, 선동가는 파시즘 유형의 전체주의 혁명을 근본적으로 옹호한다. 미국에서는 국가의 역사적 가치를 너무 명백하게 훼손하지는 않아야 하므로, 체면을 세워줄 장치가 필요하다. 선동가들은 대개 자기가 반유대주의자가 아니며, 공산주의에 반대하는 것과 똑같이 파시즘에도 반대한다고 항변한다. 만약 파시즘이 미국에 상륙한다면 그들의 선동은 반파시즘 운동의 가면을 쓸 것이라는 이야기도 있다. 그러나 그렇다 하더라도 특징은 뚜렷하게 보인다. 어느 나라에서나 선동가들은 본질적으로 유사한 프로그램을 쓴다. '민주주의의 친구들'°은 '미국에서 친파시스트 알아보는 법'이라는 제목의 한 짧은 회보에서 다음과 같은 특징을 열거했다.[3]

1. **인종주의**가 모든 단체에서 공통으로 드러난다. 사실상 어디에서나 인종주의는 친파시즘 운동의 초석이다. 미국에서 인종주의는 백인 우월주의의 형태를 띤다.

2. **반유대주의**가 모든 친파시스트와 이른바 '100퍼센트 미국인' 단체의 공통 분모다. 개신교가 강세인 지역에서는 때때로 **반가톨릭주의**가 반유대주의를 대체하기도 하지만 선동가들은 반유대주의가 가장 효과적인 정치적 무기가 된다는 것을 안다.

3. **배외(排外) 사상, 반난민주의**, 그리고 **외국의 것은 무엇이든 반대하는 것**이 주된 특징이다. 전 세계의 파시즘은 강력한 '토착주의'를 공언하며, '외국인'과 다른 나라 국민을 한결같이 적대시한다.

4. **국가주의**가 핵심이다. 극단적인 국가주의자는 자기 나라가 곧 '주인 나라'라고 주장한다. 자기네 나라 국민이 '주인 인종'임을 주장하는 것과 똑같다. 힘이 으뜸이다.

5. **고립주의**는 이 유형의 독특한 부분이다. 고립주의자들은 미국이

민주주의의 친구들(Friends of Democracy, Incorporated) 1937년 캔자스시티에서 유니테리언 교회 목사인 레온 밀턴 버크헤드(Leon Milton Birkhead)가 미국 내 나치 동조자들에게 반대하여 설립한 민간 조직. 이 단체는 스스로 '초당파적, 비종파적, 비영리적, 반(反)전체주의 선전 기관'이라고 설명했다.

난공불락의 두 대양 뒤에서 안전하다는 입장을 취한다.

6. **반국제주의** 또한 이 유형의 공통점 중 하나다. 반국제주의에는 유엔에 대한 반대도 들어 있으며, 국제적인 이해와 협력을 통해 평화를 이루려는 모든 노력에 반대한다.

7. **빨갱이 색출**은 모든 반대자를 무차별로 공산주의자와 볼셰비키로 낙인찍는다. 공산주의는 사람들에게 겁을 주어 파시즘을 받아들이게 하는 도구로 이용된다. 친파시스트들은 진보주의자와 개혁가, 유대인, 지식인, 국제 은행가, 외국인 들을 공산주의자 혹은 '동조자'로 묘사한다.

8. **반노동운동**, 특히 노동조합에 대한 반대는 가끔 감추어지기도 하지만 지배적인 특징이다.

9. **다른 파시스트 지지**는 파시스트들에게서 공통으로 나타난다. 진주만 공습이 있기 전에는 이런 지지에 공산주의에 맞서는 '위대한 보루'로서 히틀러와 무솔리니에 대한 옹호가 포함되었다. 전시에는 히틀러 치하 프랑스의 페탱(Henri Philippe Pétain)과 그가 이끄는 비시(Vichy) 정부에 대한 지지로 나타났고, 나중에는 에스파냐의 프랑코(Francisco Franco)와 아르헨티나의 페론(Juan Perón) 정권을 옹호하기도 했다.

10. **반민주주의**는 또 다른 공약수이다. 파시스트들은 "민주주의는 타락했다."고 곳곳에서 선포한다. 미국에서 파시스트들이 선호하는 주제는 이 나라는 '공화국'이며 '민주주의 국가'가 아니라는 것이다. (그들에게) '공화국'은 엘리트 집단의 통치를 뜻하는 반면, 민주주의는 실제로 공산주의와 동의어이다.

11. **전쟁, 힘, 폭력에 대한 찬양**이 주된 주제이다. 전쟁은 창조적 행위로 여겨지며, 전쟁 영웅들은 명예를 얻는다. 친파시즘 구호 중 하나는 "삶은 투쟁, 투쟁은 전쟁, 전쟁은 삶"이다.

12. **일당(一黨) 체제**는 이 유형의 두드러진 특징이다. "하나의 국민, 하나의 정당, 하나의 국가"라는 구호 아래 전체주의가 갈채를 받는다.

미국의 민주주의에는 놀라운 회복력이 있다. 미국의 민주주의는 국가 건립 이전부터 지금까지 오랜 세월 동안 이런 선동에도 사실상 잘 버텨 왔다.[4] 그러나 오늘날 사회적 긴장 악화와 문화 지체(예를 들어 사회성 기술social skills이 과학 기술의 발전과 보조를 맞추지 못하는 것) 때문에 선동의 호소력이 어느 때보다 더 커졌다. 파시즘은 하룻밤 사이에 탄생한 운동이 아니다. 파시즘의 씨앗은 언제나 존재했으며, 어느 시점까지는 감지되지도 않을 만큼 천천히 자라다가 돌연 눈앞에 나타나 놀라게 할 수도 있다. 파시즘은 특정 선동가들의 흥망성쇠에 따라서 영락을 거듭한다. 그러나 때로는 의회 위원회, 지방과 중앙의 정치 단체, 일부 신문사, 일부 라디오 정치 평론가들 사이에서 굳건하게 뿌리를 내리기도 한다.

전반적으로 보아 아직은 민주주의 전통이 주도권을 쥐고 있는 듯하다. 각각의 파시즘 운동이 강력한 역류에 부딪히기도 한다. 그래도 여전히 우리 시대의 사회적 긴장 증대와 가속화되는 사회 변화가 위험한 상황을 만들어내고 있다. 문제는 많은 사람들이 공황 상태와 공포에 빠져 선동가의 만병통치약을 충동적으로 받아들이기 전에, 현실적인 진단과 정책을 내놓아 국내외의 병폐를 개선함으로써 그들의 전망을 바꿀 수 있느냐는 것이다.

추종자

선동가를 추종하는 이들은 자신이 헌신하는 대의에 대해 정확하게 알지 못한다. 목표도 불명확하고 그 목표에 도달하기 위한 수단도 모호하다. 선동가 자신도 모를 수 있으며, 설령 안다고 해도 오로지 자기에게만 계속 주의를 집중하게 만드는 쪽이 더 편리하다는 사실을 안다. 선동가는 구체적인 이미지(지도자)가 추상적인 주장보다 사람들 마음속에 더 단단히 자리 잡는다는 사실을 알고 있다.

곤경에서 벗어날 다른 방법이 없기 때문에(불특정 폭력에 호소한다는 희미하고 모호한 가능성을 제외하면), 추종자들은 선동가의 인도를 신뢰하고 맹목적으로 그에게 헌신할 수밖에 없다. 선동가는 추종자들에게 저항과 증오의 배출구를 제공한다. 이렇게 의분을 터뜨림으로써 얻는 쾌락이 기분을 전환시키고 일시적으로 만족감을 준다. 미국인은 미국인이고, 기독교인은 기독교인이며, 이들이 가장 훌륭한 사람들이자 진정한 엘리트라는 동어반복적 확신도 위안을 준다. 유대인이 아니기 때문에 기독교인이고, 외국인이 아니기 때문에 미국인이며, 지식인이 아니기 때문에 그냥 동료다. 이런 위안은 얄팍해 보일지 모르지만 자존감을 보강해준다.

미국에서 활동하는 이민 배척주의 조직의 구성원에 대해 포괄적이고 과학적인 연구가 필요하다. 관찰자들은 그 구성원들이 분명히 출세하지 못했고, 나이는 대체로 40세 이상, 교육을 제대로 받지 못했고, 갈피를 잡지 못해 당황한 상태이며, 얼굴 표정이 험상궂은 것 같다고 보고했다. 완고해 보이는 여성도 많은데, 그중 일부는 사랑을 해보지 못한 사람으로서 남성 선동가에게서 환상 속의 연인이나 보호자를 찾는 것일 수도 있다고 추측된다.

추종자들은 거의 모두 어떤 식으로든 자신이 거부당했다고 느끼는 이들로 보인다. 그들 중에 불행한 가정 생활, 불만족스러운 결혼 생활을 하는 경우를 흔히 볼 수 있다. 그들의 연령대는 스스로 자신이 직업과 사회 관계에서 더는 희망을 찾을 수 없다고 느낄 만큼 나이 든 사람들임을 암시한다. 그들은 개인적 자원이나 재정 자원을 거의 비축하지 못했기 때문에 미래를 두려워하고 자신이 느끼는 불안정을 선동가들이 골라준 사악한 세력의 탓으로 기꺼이 돌린다. 그들은 현실에서 만족감을 얻지 못하고 자신이 안전하다고 느끼지 못하므로 허무주의적 관점으로 사회를 보고 분노 어린 공상에 빠진다. 그들에게는 어쩌면 자신의 좌절된 희망이 실현될 수 있을지도 모르는, 배타적인 안전한 섬이 필요하다. 모든 진보주의자, 지식인, 일탈자, 그 밖에 다른 변화의 사도들은 반드시 축출되어야 한다. 확실히 추종자들도 어떤 변화를 바라긴 하지만, 개인적인 안정을 제공하고 자신들의 약점을 보강해줄 변화를 원할 뿐이다.

앞서 여러 장에서 검토한 모든 성격화된 편견의 원천은 선동가의 추종자들을 설명하는 데 도움이 된다. 선동가는 증오와 불안의 외재화를 유도한다. 외재화는 투사의 제도적 보조 장치다. 그것은 선정적인 생각, 고정관념, 세상이 사기꾼으로 가득하다는 확신을 조장하고 정당화한다. 또 삶을 명백한 선택지로 나눠준다. 파시즘의 단순명료한 공식을 따르라, 그러지 않으면 재앙이 닥칠 것이다. 중간 지대도, 국가의 해결책도 없다. 궁극적인 목표는 모호하지만, 그렇더라도 "지도자를 따르라."라는 규칙이 명확성의 욕구를 충족해준다. 모든 사회 문제가 외집단이 저지른 잘못된 행동의 결과라고 선언함으로써, 선동가는 시종일관 추종자들이 고통스러운 내적 갈등에 주의를 쏟지 못하게 한다. 그들의 내적 억압은 안전하게 보호되고, 모든 자아 방어 기제가 강화된다.

소규모로 진행된 한 실험 연구에서 선동가의 호소에 취약한 사람들의 본성에 관해 어느 정도 통찰을 얻을 수 있다. 이 실험의 피험자들은 시카고에 사는 참전 퇴역 군인 가운데 선별한 표본으로서, 이전에 면담을 했던 적이 있었기에 그들의 의견과 이력은 이미 알려져 있었다. 그들에게 반유대주의 선전물 두 편을 우편으로 배송하고 나서

2주 후에 면담을 진행했다. 일부는 선전물에 담긴 메시지를 받아들이고 동의하는 것으로 밝혀졌고, 일부는 거부했다. 전자 집단은 이전에 불관용을 드러냈거나 단지 관용에 대해 말로만 떠든 사람들이었다. 그들은 관용적인 태도에 강한 확신이 없었다. 나아가 그들은 그 소책자들이 권위 있고 믿을 만하며 편향되지 않은 소식통에서 나온 것이라고 인지했다. 마지막으로 그들은 그 문건이 위안을 준다고 생각했다. 그 문건은 그들의 불안을 덜어주었고, 어떤 두려움이나 갈등도 불러일으키지 않았다. 이 증거들을 요약해보면, 대체로 선동가의 호소는 그 호소에 어울리는 기존의 태도와 믿음을 발판으로 삼는다. 그것은 수요자에게 권위가 있어 보이고, 수요자의 불안을 감소시킨다. 만일 선동가의 호소가 이 모든 일을 해낸다면, 그 호소는 아마 받아들여질 것이다.[5]

선동가는 누구인가?

선동가들이 번성하는 이유는 권위주의적 성격 유형의 사람들에게 그들이 필요하기 때문이다. 하지만 그렇다고 선동가의 동기가 이타적인 것은 아니다. 그들의 속셈은 따로 있다.

많은 경우 민중 선동은 수지맞는 갈취 수단이다. 회비와 선물, 셔츠나 다른 상징물 구입 덕분에 선동 단체의 지도자들은 풍족하게 살 수 있다.[6] 이런 수법으로 소소하게 돈을 모을 수 있는데, 부실 운영이나 법적 분쟁, 새로운 것을 원하는 추종자들의 욕망 등으로 인해 운동이 실패로 끝날 무렵이면 꽤 많은 돈을 숨겨 두게 된다.

정치적 동기도 통속적인 것들이다. 모호하더라도 과장된(증오에 호소하는 양념을 친) 약속으로 지방자치단체장뿐 아니라 상원의원과 하원의원까지 당선된다. 이들이 쓰는 수법은 한 편의 멜로드라마처럼 극단적이어서 신문 표제 기사에 오르거나 라디오 논평을 이끌어내기에 충분하다. 그 결과 선동가는 이름을 널리 알리게 되며, 그는 이런 유명세가 재선에 성공하는 자산이 된다는 사실을 잘 안다. 이들의 수법은 희망을 일깨우는 것이면서(예를 들어, "부를 나눕시다!") 또한 공포를 유발하는 것이기도 하다. "저를 뽑아주십시오. 그러지 않으면 빨갱이들(흑인들, 가톨릭교도들)이 정부를 장악하게 될 것입니다." 히틀러는 이 두 수법을 잘 활용해 단시간에 권좌에 오를 수 있었다.

그러나 선동가의 동기가 훨씬 더 복잡한 것일 수도 있다. 그들도 역시 성격화된 편견을 지니고 있다. 반유대주의와 그에 연관된 속임수를 오로지 이익만을 위해 이용하는 완벽하게 냉철하고 계산적인 정치인은 드물다.

히틀러의 반유대주의 전략을 살펴보자. 24장에서 보았듯이, 아마도 그중 일부는 히틀러 자신의 열등감과 성적 갈등에 뿌리가 있을 것이다. 그러나 그가 단지 자신의 개인적인 감정을 만족시키기 위해 반유대주의를 국가 정책으로 실행했다고 보이지는 않는다. 어쩌면 히틀러와 그의 심복들은 유대인의 돈과 재산을 원했는지 모른다. 유대인의 재산을 곧바로 몰수할 수 있다는 점이 반유대주의 정책 실행에 도움이 되는 한 요인이었을 것이다. 하지만 그렇게 해서 얻은 이득으로 상업과 시장의 붕괴 때문에 제3제국(나치 독일)이 입은 자본 손실을 실제로 상쇄할 수 있었는지는 의문이다. 주된 동기는 1918년 제1차 세계대전의 패배와 뒤따른 인플레이션의 고통을 덜어줄 희생양을 독일인들에게 제공하는 데 있었다. 이런 식으로 유대인에게 책임을 지움으로써 국가주의와 통일성이 강화되었다. 아마도 이 모든 동기가 실제로 존재했을 것이고, 여기에 덧붙여 다른 동기도 있었다. 히틀러는 용을 죽이고 사람들을 구한 성(聖) 게오르기우스(St. Georgius) 행세를 함으로써 독일만이 아니라 세계에서 호감을 얻으려고 노력했다. 반유대주의가 모든 나라에 만연했으므로, 히틀러는 자신이 모든 이의 친구로 보이기를 바랐다. 여러 지역에서 단 한 가지 이유로 히틀러를 좋아한다고 말하는 사람들이 있었다. 바로 그가 유대인에게 적대적이라는 이유였다. 히틀러는 공감을 얻으려는 이런 노력에 기대어 여러 나라와 힘겨루기를 해야 하는 힘든 상황을 헤쳐 나가고자 했다. 그가 어느 정도 공감을 얻었다는 사실은 의심할 수 없지만, 결국 그는 이 특별한 으뜸패의 가치를 과대평가한 셈이다.

이미 권력을 쥔 선동가들은 소수 집단에 반대할 것을 호소함으로써 사람들의 주의를 다른 데로 돌릴 수 있다. 선동가들은 자신이 지어낸 음모론에 전념하면서 사람들에게 지금 그들이 어떤 위기에서 구원받고 있는지 끊임없이 늘어놓는다. 그들은 로마 황제가 '빵과 서커스'°를 이용했던 것처럼 소수 집단을 이용한다.

선동가들은 대중 사이에 대규모의 불안이 존재하지 않는 한 성공할 수 없다. 만약 선동가가 자신의 추종자로 삼고자 하는 사람들이 내적 안정과 성숙한 자아 발달을 이룬 사람들이라면 선동은 실패한다. 그러나 보통은 선동가들의 노력이 보상받을 만큼 많은 잠재적 추종자들이 존재한다. 선동가에겐 대중이 반드시 필요하다. 선동가가 없을 때 대중은 흥분해 불타오를 가능성이 크지 않다. 변호사이자 저술가인 맥윌리엄스는 진주만 공습 이후 일본계 미국인들이 당한 박해는 몇몇 직업적 애국자들과 마녀 사냥꾼들의 책임이라고 본다.[7] 만약 히틀러가 없었더라면 제2차 세계대전의 폭력과 독일이 저지른 유대인 박해를 막을 수 있었을지는 결코 답을 구할 수 없는 문

빵과 서커스(panem et circenses) 고대 로마의 시인 유베날리스(Decimus Iunius Iuvenalis)가 당대 로마 시민들의 우민화를 풍자하면서 언급한 표현. 유베날리스는 사회 문제에는 전혀 관심이 없는 로마 시민들이 유일하게 관심을 보이는 것은 매달 무상으로 지급되는 곡물(빵)과 원형 경기장의 놀이(서커스)라고 비판했다. 이후 이 표현은 우민화의 수단을 상징하는 데 쓰여 왔다.

제이다. 물론 선동가가 그런 재앙이 일어나는 데 필수 요소로는 보인다. 그러나 때가 무르익었다면 특정한 선동가가 나타나지 않았더라도 아마 다른 선동가가 등장했을 것이다.

대체로 선동가의 동기는 복잡하게 뒤섞여 있을 가능성이 있다. 그러나 전부는 아니더라도 많은 선동가들이 권위주의 유형의 성격이며, 달변의 능력을 타고난다. 일부는 권력과 돈을 추구하지만 대부분은 성격에 영향을 받는데, 특히 인쇄물을 나눠주고 가두 연설을 해도 돈이나 정치 권력을 얻을 일이 없는 삼류 선동가들이 그렇다. 어쩌면 어떤 과시적인 경향성을 만족시키는 것일 수도 있지만, 그렇다 해도 그들 자신이 심하게 편협하지 않다면 이런 특별한 표현 수단을 택하지 않았을 것이다. 그들 중 일부는 많은 거물급 인사들이 그렇듯이 편집증적 광기의 경계선에 가까워 보인다.

편집증적 편견

독일의 정신의학자 에밀 크레펠린(Emil Kraepelin)은 정신 질환을 분류하면서 **편집증적 사고**(paranoid ideas)는 "경험에 의해 잘 수정되지 않는 잘못된 판단"이라고 정의했다. 다소 폭넓은 이 정의에 따르면 편견을 비롯한 많은 생각들이 편집증적이다.

진짜 편집증 환자에게는 뚫고 들어갈 수 없는 완고함이 있다. 그의 생각은 망상적이고, 현실과 동떨어져 있으며, 어떤 외부 영향에도 꿈쩍하지 않는다.

어떤 여성 편집증 환자가 자기는 죽은 사람이라는 고착된 망상을 갖고 있었다. 의사는 자신이 생각하기엔 환자의 잘못된 생각을 바로잡을 수 있는 결정적인 논리적 증명을 시도했다. 의사가 환자에게 물었다. "죽은 사람이 피를 흘릴까요?" "아니요." 환자가 대답했다. "자, 그럼 내가 당신의 손가락을 찌르면, 당신은 피를 흘릴까요?" "아니요." 환자가 대답했다. "난 피를 안 흘릴 거예요. 난 죽었으니까요." "한번 봅시다." 이렇게 말하고 의사가 그의 손가락을 바늘로 찔렀다. 핏방울이 맺히는 것을 보고 환자는 깜짝 놀라 외쳤다. "와, 죽은 사람도 피를 흘리네요. 그렇죠?"

편집증적 사고는 대개 국한적이라는 특성이 있다. 다시 말해 편집증 환자는 자신이 품은 그릇된 확신을 제외한 다른 모든 측면에서 정상일 수 있다. 마치 그가 삶에서 겪는 모든 불행과 모든 갈등이 단 하나의 제한된 망상 체계로 응결되어 있는 것 같다. 거부적인 가정에서 자란 것이 편집증 환자 대부분에게서 발견되는 특징임을 474쪽에서 보았다. 여기저기 널리 흩어져 있던 어린 시절의 고통이 하나의 단일한 관념 집합의 포로가 되어 합리화되는 것 같다. 대략 환자 자신이 자기 이웃에 의해, 혹은 공산주의자들이나 유대인들에 의해 박해를 받고 있다는 식이다.

편집증적 사고는 때로 다른 형태의 정신 질환과 뒤섞이기도 하지만, 흔히 그 자체로 '순수한 편집증(pure paranoia)'이라고 불리는 독립된 질환을 구성하는 것으로 보인다. 그리고 때로 경계성 상태, 즉 '편집증적 경향(paranoid tendency)'이라고 진단을 내릴 수 있을 정도로 병이 가벼운 경우도 있다.

대부분의 정신분석학자들과 많은 정신과 의사들은 편집증을 정도와 유형에 상관없이 모두 억압된 동성애 성향의 결과라고 주장한다. 이 주장을 뒷받침하는 임상 증거가 몇 가지 있는데[8], 다음과 같이 설명된다. 많은 사람들, 특히 어릴 때 성(性)에 관련된 행동 때문에 심하게 처벌받은 적이 있는 사람들은 자기 안의 동성애 충동을 대면하지 못한다. 그들은 충동을 억압하면서 자기 자신에게 이런 식으로 말한다. "나는 그를 사랑하지 않아, 나는 그를 증오해."(유사한 '반동 형성'을 23장의 흑인을 성적인 측면에서 증오하는 사례에서 보았다.) 이 갈등은 외재화되고, 보완 투사가 작동하기 시작한다. "내가 그를 미워하는 이유는 그가 나를 미워하기 때문이다. 그는 나에게 앙심을 품고 있다. 그가 나를 박해하고 있다." 이 일련의 뒤틀린 합리화의 마지막 단계는 전위와 일반화이다. "나를 미워하고 나에 대한 책략을 꾸미는 사람은 그자 하나만이 아니다. 흑인, 유대인, 공산주의자 집단도 나를 뒤쫓고 있다." (이런 대상들은 성적인 대체 상징으로 여겨질 수도 있고, 또는 단순히 환자에게 **누군가**가 자기를 박해하고 있다는 느낌을 설명해주는, 사회적으로 승인된 편리한 희생양으로 여겨질 수도 있다.)

이 정교한 이론이 완전히 타당한지 아닌지와 상관없이, 편집증적 사고는 마치 공식처럼 늘 다음 단계로 구성되는 듯하다. (1) 모종의 부적절감, 박탈, 좌절이 있다(성적인 것이거나 아니면 대단히 개인적인 부류에 속하는 다른 무언가와 관련해). (2) 억압과 투사 둘 다로 인해, 그 원인이 전적으로 자신의 외부에 있다고 생각한다.(편집증 환자들은 자기가 장애를 겪는 영역에 대한 통찰이 완전히 결여되어 있다.) (3) 외부의 원인이 심각한 위협으로 보이기 때문에 그 원인을 몹시 증오하게 되고 그것에 대한 공격성이 생겨난다. 극단적인 경우 환자가 '죄를 저지른' 무리를 공격하거나 제거할 수도 있다. 어떤 편집증 환자들은 살인을 저지른다.

진짜 편집증 환자가 선동가가 될 때 재난이 닥친다. 만약 그 선동가가 다른 모든 국면에서 정상적이고 영리하게 리더십을 발휘한다면, 그는 더 큰 성공을 거둘 것이다. 그러면 그의 망상 체계는 합리적으로 보일 것이고, 추종자들이 몰려들 것이며, 특히 그런 추종자들 중에는 잠재적인 편집증적 사고를 지닌 사람들이 있을 것이다. 편집

증 환자들이나 편집증적 경향성을 지닌 사람들을 충분히 한데 모으라, 그러면 위험한 폭도가 생겨날지니.[9]

반유대주의자들과 공산주의 공포증을 가진 사람들의 강박적 욕구가 결코 진정되지 않을 것처럼 보이는 이유를 편집증적 경향성으로 설명할 수 있다. 편집증 환자는 늘 들뜬 상태다. 공공의 반대, 조롱, 폭로, 감옥 정도로는 그를 제지하지 못한다. 청중의 폭력을 유발하는 데까지 가지는 않을지 몰라도, 그는 어떤 일에도 흔들리지 않는 격렬함과 고지식함, 공격성을 지니고 있다. 논증이나 경험은 그의 관점을 바꾸지 못한다. 만약 그의 주장에 모순되는 증거를 제시한다면, 그는 그 증거를 왜곡해 자신의 기존 신념에 쓸모 있게 만들 것이다. 아까 '죽은'(자기가 죽었다고 확신한) 편집증 환자가 그랬던 것처럼 말이다.

이 책의 목적에 비추어볼 때, 다른 측면에서는 정상적인 사람들에게도 편집증이 있을 수 있으며, 편집증적 경향성에도 단계적 차이가 있다는 데 주목해야 한다. 투사 기제는 편집증의 핵심이지만 이것은 정상적인 사람들에게도 나타난다. 어디까지가 정상 상태이고 어디서부터 병리적 상태인지 판단하는 일이 언제나 가능하지는 않다.

편집증은 편견의 극단적 병리 상태에 해당한다. 현재로서는 치료법을 처방하기가 불가능해 보인다. 누구든 편집증의 치료법을 고안하는 사람은 인류의 은인이 될 것이다.

암의 통제라는 문제에 접근하는 방법 중 하나는, 유기체를 건강하게 만드는 조건과 악성 세포의 성장을 막는 조건을 연구하는 것이다. 이와 비슷하게 관용적 성격을 연구함으로써 편집증, 투사, 편견을 통제하는 문제에 관해 무언가 배울 수 있기를 희망해본다. 관용적 성격이란 바로 편집증, 투사, 편견 같은 정신적 기능이 뿌리를 내리지 못한 토양이기 때문이다. 그렇다면 무엇이 관용적 성격을 만들까?

27장

관용적 성격

관용(tolerance)은 힘없는 말처럼 보일 수 있다. 두통이나 꾀죄죄한 아파트 혹은 이웃을 관용한다[o]고 말할 때, 그 말은 좋아한다는 의미가 아니라 단지 싫어도 견디겠다는 의미일 뿐이다. 공동체에 새로 합류한 사람들을 관용한다는 것은 그저 소극적으로 품위를 유지하는 행동을 한다는 뜻이다.

하지만 이 단어에는 더 단호한 의미도 담겨 있다. 온갖 유형의 사람들과 친하게 지내는 어떤 개인은 관용적인 사람이라고 불린다. 관용적인 사람은 인종, 피부색, 신조 등을 따지지 않는다. 그는 동료 인간들을 단지 견디는 정도가 아니라, 대체로 그들을 호의적으로 판단한다. 이 장에서 논의하고 싶은 것은 바로 이런 조금 더 따뜻한 종류의 관용이다. 하지만 각자의 소속 집단에 상관없이 다른 사람을 친근

ㅇ 'tolerate'를 '관용한다'라고 옮겼다. 이런 상황에서 우리말로는 '참다' 혹은 '감내한다' 등으로 표현하는 것이 더 적절하지만, 이 책에서 중요한 말인 'tolerance(관용)'와 연결되는 내용임을 고려해 '관용한다'라는 표현을 썼다.

하고 신뢰하는 태도로 대하는 경우를 표현할 더 나은 단어가 영어에 없다는 것은 안타까운 일이다.

일부 저술가들은 '민주적 성격(democratic personality)' 혹은 '생산적 성격(productive personality)'이라는 개념을 선호한다. 분명히 관련 있는 개념이지만, 이 책의 목적에 비춰볼 때 이 개념들은 지나치게 포괄적이다. 이 책에서 우리는 민족에 대한 태도 자체를 출발점으로 삼아야 하지만, 그 개념들은 굳이 그럴 이유가 없다.

편견적 성격에 관한 논의(25장)에서 흔히 두 가지 연구 방법을 사용한다는 사실을 언급했다. **종단적** 접근은 아동 훈련의 가장 초기 단계에서 출발해 편향된 태도가 발달하는 과정에 초점을 맞춘다. **횡단적** 접근은 현재의 양상을 연구하며 이렇게 묻는다. 현재 그 사람의 전체 성격에서 민족에 대한 태도는 어떻게 구성되어 있고 어떤 기능을 하는가? 관용적 성격을 연구할 때도 이 두 가지 접근 방법을 똑같이 적용할 수 있다. 그러나 불행하게도 '좋은 이웃'에 대한 연구는 '나쁜 이웃'에 대한 연구보다 풍부하지 않다. 준법 시민보다 비행을 저지르는 사람들이 연구자들의 관심을 끈다. 의학 연구자들이 건강한 상태보다 질병에 걸린 상태에 관심을 보이는 것처럼, 대체로 사회과학자들은 건전한 관용의 상태보다 편협성의 병리학에 흥미를 느낀다.[1] 따라서 우리가 편견보다 관용에 대해 잘 모르는 것은 놀라운 일이 아니다.

어린 시절

이 문제와 관련해 우리가 가진 발생론적 지식은 대부분 편견 연구에 사용된 통제 집단에서 나온 것이다. 25장에서 보았듯이, 관용적인 개인들로 이루어진 집단과 관용적이지 않은 개인들로 이루어진 집단을 짝지어서 그 둘을 구별 짓는 배경 요인에 주목하는 것이 통상적인 방식이다.

관용적인 아이들은 허용적인 분위기의 가정에서 자랐을 가능성이 크다. 이 아이들은 자신이 무엇을 하든 환영받고, 받아들여지고, 사랑받는다고 느낀다. 처벌은 가혹하거나 변덕스럽지 않으며, 아이는 부모의 불벼락이 떨어지지 않을까 매순간 내면의 충동을 주의할 필요가 없다.[2]

이렇듯 편견을 지닌 아이들의 성장 배경에서 자주 발견되는 '위협 지향'이 관용적인 아이들의 배경에서는 비교적 안 보인다. 관용적인 아이들의 삶에서 근간이 되는 것은 위협보다는 안전이다. 자아에 대한 감각이 발달하면서, 아이는 쾌락을 추구하는 자신의 경향성을 외부 상황의 요구와 통합할 줄 알고, 또 자기 안에서 발달 중인 양심과 통합할 줄도 안다. 이 아이의 자아는 억압에 기대거나 죄책감 때문에 투사를 통해 다른 사람에게 책임을 돌리지 않고도 충분한 만족감을 얻는다. 결과적으로 이런 아이의 정신적 · 정서적 삶에서는 의식의 층과 무의식의 층 사이에 깊은 골이 존재하지 않는다.

부모에 대한 태도도 뚜렷이 구별된다. 관용적인 아이는 전반적으로 부모를 받아들이면서도 두려움 없이 비판적일 수 있다. 편견적인 아이와 달리, 관용적인 아이는 부모를 의식적으로 사랑하거나 무의식적으로 증오하지 않는다. 아이의 태도는 일관되고 공개적이며 애정이 넘치면서도 위선적이지 않다. 아이는 부모를 있는 그대로 인정하며, 부모의 우월한 힘을 두려워하며 살지 않는다.

내면의 도덕적 갈등이 대체로 잘 처리되기 때문에, 아이는 덜 경직되고 다른 사람의 잘못을 가혹하게 대하는 경향도 덜한 편이다. 관습과 규범을 위반하는 것에 관용을 보인다. 예의범절과 '바른' 행동보다 좋은 친구 관계와 즐거움을 훨씬 더 중요하게 여긴다.

관용적인 사람은 (어린 시절에도) 정신적으로 훨씬 더 유연한데, 이것은 흑백 논리를 거부하는 데서 드러난다. 관용적인 아이는 "오로지 두 부류의 사람들, 즉 강자와 약자만이 존재한다." 혹은 "어떤 일을 하는 데는 단 하나의 올바른 방법이 있을 뿐이다." 같은 말에 거의 동의하지 않는다. 관용적인 아이는 자신의 환경을 전적으로 적절하거나 전적으로 부적절한 것으로 양분하지 않는다. 관용적인 아이에게는 중간 지대가 존재한다. 성역할을 뚜렷이 구분하지도 않는다. "여자아이들은 주로 집에서 써먹을 수 있는 일만 배워야 한다."라는 말에 동의하지 않는다.

편견적인 사람들과 달리 관용적인 사람들은 학교에서 (그리고 성인이 된 이후의 삶에서도) 과제를 수행하기 전에 먼저 정확하고 질서정연하고 명쾌한 지침이 주어져야 한다고 생각하지 않는다. 그들은 '모호성을 관용할' 수 있으며, 명확성과 구조화를 고집스럽게 요구하지 않는다. 그들은 "잘 모르겠어요."라고 말하고 필요한 증거가 나타날 때까지 기다리는 편이 안전하다고 느낀다. 그들은 지연을 덜 두려워한다. 그들은 신속하게 범주화를 할 필요도, 일단 만들어진 범주를 끝까지 고집할 필요도 딱히 느끼지 않는다.

관용적인 사람들은 좌절 내성이 상대적으로 높아 보인다. 그들은 박탈의 위협을 받을 때 공황 상태에 빠지지 않는다. 자신의 자아 안에서 안전하다고 느끼기 때문에 갈등을 외재화하는 (혹은 투사하는) 경향성이 덜하다. 일이 잘못될 때 굳이 다른 사람을 탓할 필요가 없다. 이때 관용적인 사람은 자책을 하면서도 불안한 상태에 빠지지 않을 수 있다.

이러한 것들이 관용적인 사회적 태도의 일반적인 기반이 되는 듯하다. 의심할 바 없이 이 기반은 대체로 가정에서 이루어지는 훈련, 부모가 쓰는 보상과 처벌 방식, 가정의 미묘한 분위기가 빚어낸 산물이다. 그러나 아이가 타고난 기질 덕분에 관용적 태도를 발달시키기 쉬운 성향을 지니게 되었을 가능성을 간과한다면 이것 또한 잘못일 것이다. 한 학생은 이렇게 썼다.

> 기억나는 가장 오래전 일을 떠올려보면, 나는 살아 있는 것들을 사랑하라고 배웠다. 부모님은 내가 다섯 살 때쯤 울면서 집으로 뛰어 들어왔던 일을 말씀해주셨다. 바깥에 있는 어떤 소년이 "대자연을 흔들어대고" 있었기 때문이었다. 부모님이 창밖을 내다보니 한 소년이 도토리를 떨어뜨리려고 나무를 흔들고 있었다고 한다. 그 나이 때에도 나는 폭력을 싫어했고, 그 마음은 지금도 여전하다. 나는 아주 어렸을 때부터 지체장애인이나 시각장애인을 빤히 쳐다보지 말고 가난한 사람들을 따뜻하게 대하라고 배웠다. 그리고 이런 교육이 소수 집단에 대한 편견이 형성되는 것을 막는 데 큰 역할을 했다고 확신한다.

이 경우는 타고난 기질과 명확한 가르침이 결합해 친애적 관점을 만들어낼 수 있음을 보여준다.

이렇게 관용적 태도 형성에 도움이 되는 요인 중 상당수가 나치에 반대한 독일인들을 탐구하는 과정에서 밝혀졌다. (이런 종류의 비교 문화적 증거는 언제나 환영한다. 우리가 인간 본성의 보편적 원리에 관해 다루는 범위가 어디까지인지, 다른 요인 없이 문화만 홀로 작용하는 것처럼 보이는 범위는 어디까지인지 이해하는 데 도움이 되기 때문이다.) 데이비드 레비(David Levy)는 히틀러의 편협한 정권에 맞선 일부 독일 남성들의 성장 배경을 보고했다.[3] 레비는 그들이 보통의 독일인보다 아버지와 밀접하고 친근한 관계를 경험했으며, 그들의 아버지는 대체로 가혹한 규율주의자가 아니었다는 사실을 발견했다. 또 그들의 어머니는 아이에게 보통 이상으로 애정을 드러냈다. 이렇게 어린 시절에 형성된 기본적인 안전에 대한 감각은 많은 경우 형제자매가 없었기 때문에 더욱 강화되었다. 여기서 알아낸 것들은 앞서 살펴본 미국 사회에 관한 연구들을 분명하게 뒷받침하며, 유아기의 교육이 아이를 관용으로 기울게 만드는 중요한 원인이라는 점을 이중으로 확신하게 한다.

한편 레비의 연구에서 나치에 반대한 독일인 가족들은 흔히 종교나 국적의 경계를 넘는 통혼을 했다는 사실이 밝혀졌다. 그들은 폭넓은 독서나 여행을 통해 시야를 넓히기도 했다. 다시 말해 가족의 분위기가 관용을 생성하는 유일한 요인은 아니다. 성인이 된 뒤에 하는 경험 역시 중요하다.

결론을 내리자면, 관용이 단일한 원인의 산물인 경우는 설령 있다 해도 매우 드물다. 오히려 관용은 여러 힘들이 같은 방향으로 압력을 가한 결과이다. 더 많은 힘(타고난 기질, 가족의 분위기, 부모의 명확한 가르침, 다양한 경험, 학교와 지역사회의 영향)이 한방향으로 압력을 가할수록, 더 관용적인 성격이 발달할 것이다.

관용의 다양성

관용적인 사람들은 민족적 태도가 **확연하지, 확연하지 않은지**에서 정도 차이가 있다. 어떤 이들에게는 공정함이 언제나 가장 먼저 중요하게 의식하는 쟁점이고 행동의 결정적 동기가 된다. 나치에 반대한 독일인들이 여기에 해당한다. 그들은 항상 히틀러의 인종주의와 그것에 맞서 싸우는 자신들의 역할을 자각했다. 이 쟁점이 자신들의 삶을 위태롭게 만들었기에, 그들은 계속해서 민족적 태도를 확연히 유지할 수밖에 없었다.

관용적인 사람들 중에 이 쟁점을 특별히 염두에 두지 않는 이들도 있다. 이들은 습관적으로 민주적인 시각을 유지하기 때문에, 이들에게는 비유대인과 유대인, 속박당하는 사람과 자유로운 사람이 따로 없다. 사람은 모두 평등하고, 집단 구성원 지위는 대부분 문제가 되지 않는다. 앞서 8장에서 유대인에게 편견이 없는 사람들이 편견을 지닌 사람들(이들은 민족적 태도가 두드러졌다)에 비해 얼굴 모습으로 유대인과 비유대인을 잘 구별하지 못하는 경우가 많다는 것을 보았다.

관용적인 사람들은 대부분 민족적 태도가 전혀 확연하지 않다는 주장에 대해 합당한 논거를 제시할 수도 있다. 그들은 집단 구분에 아무런 관심이 없다. 그들에게 사람은 그저 사람이다. 자각의 결핍이 긍정적으로 작용하는 경우라 하겠다. 하지만 신분과 계급이 인간관계를 아주 크게 좌우하는 미국 사회에서는 이런 바람직한 결핍을 성취하기 어렵다. 흑인을 그저 한 개인으로 대할 수 있으면 좋겠지만, 환경 때문에 인종을 자각하지 않을 수 없다. 사회적 차별이 만연하면 민족적 태도가 확연해진다.

민족적 태도가 확연한지 아닌지를 살피는 것 외에도, 편견의 경우에 그랬듯이(17장) **동조** 관용과 **성격화된** 관용을 구분하는 것도 바람직하다. 민족 문제가 일어나지 않거나 민족 문제를 습관적으로 관용의 관례에 따라 처리하는 공동체에서는 사람들이 평등을 당연하게 여길 것이라고 기대할 수 있다. 관용적인 집단 규범에 좌우되는 사람들은 동조자들이다. 하지만 성격화된 관용은 적극적 상태의 성격 조직으로서, 성격화된 편견과 마찬가지로 성격 전체에서 기능적 유의성이 있다.

성격화된 관용을 지닌 사람은 상대가 누구든 가리지 않고 모든 사람을 적극적으로 존중한다. 이 존중은 많은 생활 방식과 결합할 수 있다. 어떤 사람들은 선의의 진정한 특질인 보편적 애정을 지닌 것처럼 보인다. 조금 더 심미적 가치관을 지닌 사람들은 외집단 구성원들이 흥미롭고 자극을 준다는 사실을 발견하고 문화적 차이에서 기쁨을 느낀다. 또 어떤 사람들의 관용은 정치적 자유주의와 진보적 철학에 깊이 뿌리를 내리고 있다. 정의감이 최우선인 사람들도 있다. 어떤 사람들에게는 자국에서 소수 집단을 공정하게 대하는 것이 곧 국제 관계와 연결된다. 그들은 만약 자국에서 유색 인종을 더 공정하게 대하지 않는다면, 세계의 유색 인종들과 평화로운 관계를 맺을 수 없으리라고 생각한다.[4] 간단히 말해 성격화된 관용은 긍정적인 세계관을 배경으로 한다.

호전적인 관용, 평화주의적인 관용

관용적인 사람들 가운데 어떤 이들은 투사다. 그들은 타인의 권리가 침해되는 것을 묵인하지 않는다. 그들은 불관용을 불관용한다. 때때로 그들은 '인종평등위원회' 같은 단체를 조직해서 식당, 호텔, 대중교통을 점검하고 차별이 행해지지는 않는지 확인한다. 그들은 선동가들과 관용적이지 않은 친파시즘 조직을 연구하고 결국에는 그들의 정체를 폭로하기 위해 스스로 스파이가 된다.[5] 그들은 분리 정책을 문제 삼고 폐기하기 위한 소송을 지원하고 실제 소송에 참여하기도 한다. 그들은 더 호전적인 개혁주의 조직에 참여하고, 시민권 관련 사안이 뜨거운 쟁점이 될 때마다 입법 청문회에서 목소리를 높이거나 시위 대열에 모습을 드러낸다.

이렇게 열성적인 사람도 편견을 지녔다고 할 수 있을까? 어떤 경우에는 그렇고, 또 어떤 경우에는 그렇지 않다. 이들 가운데 소수는 '거꾸로 편협한 고집불통들(bigots in reverse)'이다. 예를 들어 어떤 백인들이 흑인을 싫어하는 것과 똑같이 남부의 백인들을 비합리적으로 미워하는 것이다. 여기에는 동일한 과잉 범주화와 동일한 숨은 정신 역동이 작용하는 것일 수 있다. 거꾸로 편협한 고집불통들은 편견을 지닌 모든 사람을 '파시스트'라고 잘못 유형화할 수 있으며, 혹은 모든 고용주가 피고용인을 착취한다고 비난할 수 있다. '평등'의 십자군 역할을 자임하는 많은 공산주의 선동가들이 이 사례에 해당하는 것처럼 보인다. 1장의 내용을 다시 언급하면, 어떤 집단의 구성원들을 향한 비합리적 적개심이 편견이며, 이때 그 구성원들이 지닌 나쁜 속성은 과장되고 과잉 일반화된다. 이 정의에 근거해 보면, 일부 개혁가들은 자신이 개혁하려는 대상보다 결코 편견이 덜하지 않다.

하지만 어떤 투사들은 사안을 더 섬세하게 분석할 수 있다. 그들은 특정 시점에 이루어지는 특정한 행위, 이를테면 특정 법률안의 통과 같은 일이 소수 집단의 이익을 증진할 것이라고 생각해서 싸움에 뛰어든다. 그들은 자신이 중시하는 가치를 현실적으로 평가하고 그것을 근거로 삼아 행동하며, 상대를 고정관념화하지 않는다. 때로 그들은 일부러 사회 관습을 무시하는 쪽을 택하여 사회적으로 배척받을 위험을 무릅쓰기도 한다. 그렇게 하는 이유는 소외된 사람들에 대한 연대 의식을 드러내기 위해, 다른 한편으로는 개인의 가치를 실현하기 위해서다. 이 경우에도 상대를 지나치게 유형화하지 않는다. 열렬한 신념과 편견은 같지 않다. **신념**과 **편견**의 차이를 정의해보라고 요청했을 때, 누군가 이렇게 답했다. "신념에 관해서는 정서에 휘둘리지 않고 이야기할 수 있다." 이 답변에는 진실이 담겨 있기는 하지만 완전히 만족스럽지는 않다. 신념은 결코 정서가 결여된 것이 아니다. 다만 신념에 담긴 정서는 현실의 장애물을 제거하는 데 초점을 둔, 잘 통제되고 분화된 정서이다. 이와 대조적으로 편견의 배후에 있는 정서는 막연하고 지나치게 일반화된 것으로서, 관련 없는 대상에까지 배어든다.

강한 민주주의 정조는 호전성으로 이어지기 쉽다는 것이 돔브로스

(Lawrence A. Dombrose)와 레빈슨의 연구에서 드러났다.[6] 연구자들은 피험자들에게 두 가지 검사를 실시했다. 하나는 자민족 중심주의 검사이고(E 척도) 다른 하나는 '이념적 호전성과 평화주의' 검사였다(IMP 척도). 자민족 중심주의에 온건하게 반대하는 사람들은 중간 정도의 온건한 개혁 방법에 찬성하는 경향이 있었다. 자민족 중심주의에 강하게 반대하는 사람들은 훨씬 호전적인 시각을 지니고 있었다. 상관계수는 +0.74였다. 예를 들어 호전적인 사람들은 다음과 같은 명제들을 받아들였다.

> 흑인 집단을 비롯한 다른 집단들에게 동등한 사회적 지위와 권리를 부여하기 위해 이제는 법적 수단을 포함해 가능한 모든 수단을 써야 한다.
>
> 우리는 민주주의 입장에서 언론의 자유를 믿으면서도 파시스트들이 발언하고 집회를 열 권리를 거부할 수 있다.
>
> 현재 공화당과 민주당의 차이는 매우 사소하고, 우리에겐 정말로 민중을 대변할 정당이 필요하다.

연구자들이 지적한 것처럼, 인종 문제와 민족 문제 너머로까지 확장되는 민주주의적 확신을 지닌 많은 사람들에게는 기질적인 호전성이 있다. 그들은 광범위한 개혁이 바로 지금 당장 이루어지길 바란다.

평화적인 민주주의자들은(이들은 자민족 중심주의에 대한 반대에서도 덜 극단적인 경향을 보인다) 더 온건한 방법을 택하고, 점진적인 개혁 운동을 지지한다. 특히 그들은 다음과 같은 명제를 지지한다.

> 좌파와 우파의 이념 충돌 사이에 지식인을 위한 중간 지대가 존재한다.

"다른 쪽 빰을 내밀어라."는 여전히 훌륭한 삶의 규칙이다.

반유대적 발언에 대항해봤자 이로울 게 없다. 무의미한 논쟁에 빠져들 뿐이다.

국제적 긴장은 대체로 다른 나라와 그 국민에 대한 지식이 부족한 데서 나온 결과다.

이들이 선호하는 행동 방식은 교육, 인내, 점진주의, 즉 '평화주의' 유형이다.

이 연구가 입증하듯이 자민족 중심주의에 강하게 반대하는 사람들이 호전적인 경향이 있는 것은 사실이다. 하지만 여전히 상관관계가 완벽한 것은 아니다. 극도로 민주적인 태도를 지닌 사람도 자신의 개혁 이론에서 얼마든지 점진주의자, '평화주의자'가 될 수 있다. 저명한 흑인 지도자 부커 T. 워싱턴°이 그런 경우다.

진보주의와 급진주의

관용적인 사람은 호전적이든 평화주의적이든 간에 정치적 관점에서 진보주의자일 가능성이 매우 크다. 편견을 지닌 사람은 보수주의자인 경우가 더 흔하다. 상관관계가 항상 0.50 정도로 안정적으로 나타난다.[7] 이 연구에 쓰인 척도로 '진보주의적'이라고 측정된 사람은 현 상태에 비판적이며 개혁적인 사회 변화를 원한다. 그는 단호한 개인주의°와 사업상 성공을 덜 강조한다. 그는 경제 생활에서 노동자와 정부의 역할을 키움으로써 기업의 힘을 줄이고자 한다. 또 그는 인간 본성에 대해 다소 낙관적인 관점을 취하는 경향이 있

부커 T. 워싱턴(Booker T. Washington, 1856~1915) 교육자이자 연설가로 활동하면서 흑인 사회를 이끌었던 대표적인 흑인 지도자.

다. 즉 인간 본성이 더 나은 쪽으로 바뀔 수 있다고 믿는다. 급진주의(radicalism)는 거의 대부분의 척도에서 이와 동일한 사고방식이 더 강도 높게 나타나는 것으로 정의된다.

그러나 앞서 지적했듯이, 진보주의자와 현재의 사회 구조 **전체**를 반대하는 극단적 급진주의자(예를 들어 공산주의자) 사이에는 질적 차이가 있어 보인다. 사회 전체에 대한 급진주의자들의 폭력적 저항에는 흔히 민족적 정서가 내재해 있다. 그들은 체제 증오가 소수 집단의 조건을 개선하고자 하는 욕망보다 더 중심에 있다.

따라서 급진주의를 단지 극단적 수준의 진보주의라고 말하는 것은 정확하지 않다. 두 관점은 기능적 유의성 면에서 확연히 다를 수 있다. 진보적 평등주의자들은 모든 걸 고려해볼 때 사회는 그럭저럭 잘 굴러가고 있지만 인간에 대한 존중을 강화하려면 개선이 필요하다고 느낀다. 그렇게 해서 가난이나 질병, 소수 집단 구성원이라는 불리한 조건 때문에 고통받는 사람들이 존중받게 되어야 한다. 그들은 개선설(meliorism)의 실현, 즉 세상을 더 나은 곳으로 만드는 것을 삶의 목표로 삼는다. 반면에 급진주의자는 전(全) 존재가 증오로 가득 찬 부정주의자일 수 있다. 그는 세상을 온통 뒤죽박죽으로 뒤엎어 버리고 싶어 하며, 그에 따른 결과는 크게 우려하지 않는다.

진보주의와 급진주의 둘 다 민족 관용과 정적(正的) 상관관계에 있다는 사실은 편협한 사람들 손에 강력한 무기를 쥐어준다(그들은 정치적으로 보수주의자일 가능성이 크다). 그들은 단지 진실의 일면만을 가지고서, 평등권을 믿는 사람들을 '급진주의자'라고 비난할 수 있

단호한 개인주의(rugged individualism) 개인은 외부의 영향(흔히 국가나 정부, 원조)으로부터 독립된 존재이며 완전히 자립이 가능하다는 이상을 담은 표현이다. 1928년 10월 22일 허버트 후버(미국 31대 대통령, 1929~1933년 재임)가 뉴욕에서 선거 유세를 하면서 쓴 말이다. '극렬 개인주의', '거친 개인주의' 등으로 번역되기도 한다.

다. 남부 출신의 한 하원의원은 이렇게 주장했다. "남부에서 공산주의자들의 주된 목표가 인종 혼합에 있다는 것은 누구나 안다." 그러니까 이 하원의원에게 흑인을 위한 온건한 개혁을 요구하며 자신을 압박하는 상대는 공산주의자였던 것이다. 이 논리는 오류다. 이것은 마치 75세 이상 모든 사람이 사회 보장 제도를 선호하므로 사회 보장 제도를 선호하는 사람은 모두 75세 이상이라고 말하는 것과 같다. 하지만 고발자들은 혼란 속에서 자신이 욕망하는 바를 이룬다. 그는 개혁가들을 '공산주의자'라는 부적절한 범주에 억지로 집어넣는다. 실제로는 극소수 개혁가만이 그 범주에 속한다.

교육

관용적인 사람이 편견을 지닌 사람보다 더 진보적(혹은 급진적)이라는 것은 그렇다 치고, 그들이 더 명석하기도 할까? 얼핏 그렇게 보일 수도 있다. 이분법, 과잉 범주화, 투사, 전위, 이런 것들은 다 어리석음의 징표가 아닌가?

그러나 문제는 더 복잡하다. 심지어 편집증 환자도 자신이 장애를 겪는 좁은 영역 바깥에서는 매우 명석할 수 있다. 편견적인 사람이 성공을 거두는 경우는 흔하고, '낮은 지능'이라는 말에 어울리는 전반적인 어리석음을 보이는 경우는 없다.

아이들에 관한 연구에서 도움을 얻는다면, 관용이 더 높은 지능과 연결되는 경향이 **약간** 있다는 것을 발견할 수 있다. 상관관계는 대략 0.30 정도에 걸쳐 있다.[8] 이 정도 수치는 높은 것이 아니며, 사회 계급상 구성원 지위가 수치에 영향을 끼친다. 지능지수(IQ)가 낮은 아이들은, 학력 수준이 낮고 기회가 적고 무지와 편견이 심한 빈곤 가정 출신인 경향이 있다. 따라서 관용과 명석함 사이에 기본적인 상관관계가 있는지, 혹은 계급과 아동 훈련이라는 조건이 이 둘의 밑바탕이 되는지 여부는 확신할 수 없다.

만약 "더 나은 교육을 받은 사람이 그렇지 않은 사람보다 더 관용적인가?"라고 묻는다면 조금 더 확실한 논거를 댈 수 있다. 남아프리카연방에서 수행한 한 연구에서 꽤 긍정적인 답이 나왔다.[9] 원주민에 대한 태도를 물었을 때, 서로 교육 수준이 다른 백인들이 다음과 같이 응답했다.

	대학 교육을 받은 사람	초등 교육만 받은 사람
더 많은 구직 기회를 주어야 한다는 데 찬성	84퍼센트	30퍼센트
동등한 교육 기회를 주어야 한다는 데 찬성	85퍼센트	39퍼센트
더 많은 정치적 권리를 주어야 한다는 데 찬성	77퍼센트	27퍼센트

이 자료에서는 교육이 두드러진 효과가 있는 것으로 나타난다. 아마도 더 많은 교육을 받은 것이 안전하지 못하다는 느낌, 불안한 느낌을 덜어주었기 때문일 것이다. 혹은 교육이 사회적 상황을 전체적으로 보게 해주고, 한 집단의 안녕이 모든 집단의 안녕과 연결된다는 사실을 깨닫게 해주는 것일 수도 있다.

미국에서 수행된 비교 연구에서도 아주 뚜렷하지는 않지만 같은 방향의 결과가 나왔다. 남아프리카연방 연구에서 쓰인 것과 같은 유형의 질문을 던졌을 때, 교육 수준에 따라 (바로 앞에서 언급된 것처럼 50퍼센트 정도의 차이는 아니지만) 대략 10~20퍼센트 정도의 차이가 일반적으로 나타났다.[10]

우리는 두 가지 질문 유형이(1장에서 언급한 것처럼) 구분되는 데 주목한다. 바로 태도에 관련된 질문과 믿음과 지식을 다루는 질문이

	더 관용적인 절반	덜 관용적인 절반
부모 둘 다 대졸	60.3	39.7
부모 중 한 명만 대졸	53.0	47.0
부모 모두 대졸 아님	41.2	58.8

표 12 _ **부모의 교육 수준에 따른 편견 점수 백분율 분포**

다. 고등교육을 받은 사람과 초등학교 교육만 받은 사람을 비교했을 때, 소수 집단에 관한 **지식** 면에서 큰 차이가 나타나는 것은 사실이다. 예를 들면 전자에 속하는 더 많은 사람들이 흑인과 백인의 피가 본질적으로 다르지 않으며, 대다수 흑인이 자신의 운명에 불만이 아주 많다는 것을 알고 있었다. 지식을 묻는 질문은 교육 수준에 따라 답변에서 대략 30~40퍼센트 정도 차이를 보인다. 그러나 관용은 지식과 보조를 맞추지 않는다. 평균적으로 태도는 교육 수준과 관련이 덜하다.

대학생들의 관용 점수가 부모의 교육 수준에 따라 달라지는 것을 보여준 연구도 있다. 4백 명 이상의 학생이 편견 검사를 받았다. 이들이 받은 점수를 더 관용적인 쪽과 덜 관용적인 쪽으로 양분했다. '표 12'가 그 결과를 보여준다.[11]

따라서 우리는 일반 교육이 관용의 수준을 높이는 데 상당히 도움을 주며, 그렇게 획득된 관용이 다음 세대로 전달된다고 결론 내린다. 교육을 통해 관용이 획득되는 것이 안전감의 증대 때문인지, 더 비판적인 사고 습관 때문인지, 우월한 지식 때문인지 단정할 수는 없다. 문화 간의 문제에 관한 **구체적인** 교육이 어떤 식으로든 크게 영향을 끼쳤을 것 같지는 않다. 아주 최근까지도 대학을 포함해 각급 학교에서 그런 교육이 거의 이루어지지 않았기 때문이다.

그런 구체적인 수업이 이루어진다면 관용이 더 증가하리라고 기대해도 좋을 것이다. 실제로 몇 가지 증거가 있다. 한 연구에서는 구체적인 문화 간 이해 교육을 받은 경험이 있다고 보고한 대학생 가운데 70퍼센트 이상이 편견 점수 분포에서 **더 관용적인 절반**에 속한다는 사실이 밝혀졌다.[12]

당사자들의 말을 인용하자면, 그 학생들은 "인종적 우월성과 열등성 이론의 기본 내용"을 배웠거나, "소수 집단도 다른 어느 집단과 다를 바 없이, 좋은 사람도 있고 나쁜 사람도 있을 뿐이다."라고 배운 적이 있다고 보고했다.

교육, 특히 구체적인 문화 간 이해 교육이 관용을 촉진하는 데 뚜렷이 도움이 되기는 하지만, 항상 그런 결과를 낳는 것은 아니라는 데 유의해야 한다. 상관관계는 눈에 띌 정도는 되지만 높지는 않다. 따라서 "편견의 문제 전체가 교육에 달려 있다."라고 열렬히 주장하는 사람들에게 동의할 수 없다.

공감 능력

관용의 한 중요한 요인은 우리가 그리 잘 알지 못하는 어떤 능력이다. 이 능력은 때때로 공감(empathy)이라고 불리는데, '다른 사람을 파악하는 능력', '사회적 지능', '사회적 감수성'이라고 할 수도 있고, 풍부한 의미가 담긴 독일어 단어를 빌리자면 '인간 이해(Menschenkenntnis)'라고 할 수도 있을 것이다.

관용적인 사람이 관용적이지 않은 사람보다 더 정확하게 성격을 판단한다는 훌륭한 증거가 있다.

예를 들어, 한 실험에서 권위주의 측정 척도에서 높은 점수가 나온 대학생을 같은 척도에서 낮은 점수를 얻은 다른 학생(연령과 성별은 같았다)과 짝을 지었다. 두 학생은 20분 동안 라디오, 텔레비전, 영화 등 자신이 선호하는 주제에 대해 허물없이 대화를 나누었다. 이런 방식으로 각자는 상대에 대한 인상을 형성했다. 낯선 사람과 함께 잠시 일상적인 대화를 나눌 때 누구나 그렇듯이 말이다. 물론 참가자들에게는 실험의 목적을 알려주지 않았다. 대화 종료 후에 두 학생을 각각 다른 방으로 데려가 질문지를 주고 **방금 함께 대화를 나눈 그 학생이라면 이런 질문들에 어떻게 답했을 것이라고 생각하는지** 적게 했다. 27쌍의 학생들을 대상으로 같은 실험을 실시했다.

실험 결과에 따르면, 고도로 권위주의적인 학생들은 자신의 태도를 '투사'한다는 것이 드러났다. 그들은 대화 상대가 권위주의적인 태도로 질문에 응답할 것이라고 생각했다.(물론 그들의 대화 상대는 권위주의 척도에서 모두 낮은 점수를 받았다.) 반면에 비권위주의적인 학생들은 대화 상대의 태도를 더 올바르게 추정했다. 그들은 상대를 실제 그대로 권위주의적이라고 인식했을 뿐 아니라, 다른 종류의 성격 경향을 드러내는 몇몇 다른 질문에 대해서도 상대의 예상 응답을 더 정확하게 추정했다. 간단히 말해, 관용적인 학생은 관용적이지 않은 학생보다 일반적으로 대화 상대를 더 잘 '파악하는' 것으로 보였다.[13]

노린 노빅(Noreen Novick)이 수행한 또 다른 연구(미출간)는 문제를 더 명확히 해준다. 미국에서 직업 훈련소에 다니는 많은 외국인 학생들에게, 함께 공부하는 미국인 학생 중 만약 미국의 직업 외교관이 되어서 그 외국인 학생의 고국에 주재하게 되면 가장 성공하고 인정받을 수 있을 것 같아 보이는 동료의 이름을 알려 달라고 요청했다. 이 요청에 깜짝 놀랄 정도로 동질적인 의견의 일치가 나타났다. 어떤 미국인은 외국 어디에서나 환영받을 것이라고 여겨졌고, 또 어떤 미국인은 누구도 원하지 않았다. 어김없이 선택되는 부류와 단 한 번도 선택되지 않은 양극단의 집단을 대상으로 하여, 연구자는 그들을 구분하는 특성이 무엇인지 찾아보았다. 왜 어떤 사람은 **호감 가는 인물**°이 되고, 어떤 사람은 그렇게 되지 못하는가?

'공감 능력'이 결정적인 요인으로 밝혀졌다. 선택받은 사람들은 입장을 바꾸어 생각할 줄 아는 능력이 뚜렷한 학생들이었다. 그들은 다른 사람을 잘 파악하는 재주가 있었다. 그들은 다른 사람의 마음 상태에 민감했다. 그들은 **인간을 이해하는 사람**(Menschenkenner)이었다. 선택받지 못한 사람들은 이런 사회적 감수성이 부족했다.

이 연구에서는 두 가지 발견이 특히 중요하다. (1) 대인 관계 기술은 특정 문화에 특유한 것이 아니다. 표본이 된 모든 나라 사람들이 모두 같은 재능이 있는 사람들을 택했다. (2) 여기서 재능은 대체로 공감 능력에 해당하며, 그것은 다른 사람의 마음 상태를 알고 거기에 맞출 수 있는 유연한 능력을 말한다.

왜 공감 능력이 관용으로 이어지는가? 다른 사람을 잘 파악하는 사람은 걱정이나 불안을 느낄 필요가 없기 때문이 아닐까? 자기가 지각한 단서를 정확하게 이해할 수 있는 사람은 필요하면 언제든 불쾌한 일에 연루되지 않고 피할 수 있다는 자신감이 있다. 현실적인 지각 덕분에 그는 마찰을 피하고 관계를 성공적으로 맺을 능력을 얻는다. 반면에 이런 능력을 갖추지 못한 사람은 다른 사람을 대하는 자신의 기술을 신뢰할 수 없다. 그는 어쩔 수 없이 경계해야 하고, 낯선 사람들을 범주로 몰아넣고, 그들을 **한 덩어리로** 여기며 반응할 수밖에 없다. 정교한 판별력이 결여된 상태에서 그는 고정관념에 의지한다.

공감 능력의 토대가 정확히 무엇인지는 말하기 어렵다. 아마도 안

호감 가는 인물(personae grata) '주재국 정부에서 환영하는 외교관'이라는 뜻으로도 쓰인다.

정된 가정 환경, 심미적 감수성, 높은 사회적 가치가 힘을 합쳐 만들어낸 산물일 것이다. 이 책의 목적을 고려한다면 다음과 같은 사실을 지적하는 것으로 충분하다. 즉 공감 능력은 그 기원이 무엇이건 간에, 민족적 관용을 지닌 성격에서 두드러지는 특징으로 보인다는 것이다.

자기 통찰

자기 통찰이라는 특질도 다소 비슷하다. 연구에 따르면, 자신에 대한 지식은 다른 사람에 대한 관용과 연관되는 경향이 있다. 자기 인식적이고 자기 비판적인 사람들은 자신이 책임져야 할 일을 다른 사람 탓으로 돌리는 볼품없는 습관에 빠지지 않는다. 그들은 자신의 능력과 단점을 잘 알기 때문이다.

이 점에 관해 여러 방면에서 증거를 구할 수 있다. 관용적인 집단과 편견을 지닌 집단에 대한 캘리포니아대학 연구에 따르면, 관용적인 사람들이 품은 자아 이상은 흔히 현재 자신에게 부족한 특질을 요구한다. 반면에 편견을 지닌 사람들이 그리는 자아 이상은 현재의 자기와 같은 사람에 상당히 가깝다. 관용적인 사람들, "기본적으로 더 안정된 상태에 있는 사람들은 자아 이상과 실제 현실의 불일치를 더 쉽게 알아볼 수 있는 것 같다."[14] 그들은 자기 자신을 알며, 자신이 발견한 것에 만족하지 않는다. 이 자기 인식은 자신의 단점을 다른 사람에게 투사하고 싶은 유혹을 줄여준다.

또 다른 연구는 관용적인 피험자와 편견적인 피험자에게 스스로 느끼기에 자신이 평균적인 사람보다 편견이 더 심한 것 같은지 아니면 덜한 것 같은지 물었다. 관용적인 사람들은 실제로 거의 모두 자신이 편견이 덜하다는 것을 알았지만, 편견적인 피험자들은 불과 5분

의 1만이 자기가 평균 수준 이상의 편견을 지니고 있다는 것을 알았다.[15]

여러 연구자들이 관용적인 사람의 성격에서 보이는 보편적인 **내향성**에 주목했다. 그들은 상상의 과정, 공상, 이론적 고찰, 예술 활동 등에 관심이 있다. 이와 달리 편견적인 사람들은 관심사가 **외향적**이고, 갈등을 곧잘 외재화하며, 자기 자신보다 주위 환경에 더 마음을 빼앗긴다. 관용적인 사람들은 외적·제도적 거점보다는 개인의 자율성을 바라는 욕구가 있다.[16]

공감, 자기 통찰, 내향성이 실험실 연구, 심지어 임상 조사에서도 쉽게 본색을 드러내지 않는 특질임을 감안하면, 이 책에서 다루는 증거는 놀라울 정도로 훌륭한 것들이다. 하지만 관련된 특질 한 가지는 아직까지 심리학에서 성공적으로 연구하지 못했는데, 그것은 바로 **유머 감각**이다. 어떤 사람의 유머 감각이 그의 자기 통찰 수준과 밀접한 관련이 있다고 추정할 만한 근거가 있다.[17] 하지만 정확히 어떤 유형의 유머가 그런 것인지는 말하기 어려우며, 현재 심리학의 능력으로는 유머 감각을 정확하게 측정할 수도 없다. 그러나 여기서 우리는 유머가 편견과의 관계에서 중요한 변수일 것이라고 과감히 주장하고자 한다. 선동가들이 내뱉는 관용적이지 않은 발언에 험상궂은 얼굴로 박수를 보내는 청중을 집회 현장에서 본 사람은 흔히 그들의 '유머 없음'을 지적하곤 한다. 이것은 인상 차원의 판단이다. 하지만 25장에서 편견적 성격의 징후가 올바로 정의된 것이라면, 거기에 유머라는 요소가 빠져 있음을 쉽게 알 수 있다. 또한 유머는 관용적 성격에 나타나는 요소라는 점에 대해서도 마찬가지이다. 자신을 웃음거리로 삼을 수 있는 사람이라면, 자기가 다른 사람들보다 크게 우월하다고 느끼지는 않을 것 같다.

내부 처벌성

내향성과 자기 자신을 잘 알고 스스로 놀릴 수 있는 능력은, 9장과 24장에서 검토한 내부 처벌적 경향성으로 이어진다. 자기 비난이 투사에 의한 외부 비난을 대신한다.

> 한 조사자가 소비에트 러시아에 대한 태도를 연구하면서 많은 피험자들에게 이런 질문을 던졌다. "일이 잘못될 때, 당신은 그런 상황에서 다른 사람들에게 화를 잘 내는 편인가요, 아니면 유감으로 생각하고 자기 자신을 탓하는 편인가요?" 자신을 탓한다고 한 사람들은 소비에트 러시아에 대해 지나치게 욕설을 퍼붓는 경향이 덜한 것으로 밝혀졌다. 이렇듯 내부 처벌성이라는 특질은 국제 관계를 대하는 태도에도 반영된다. 자기 자신을 탓하는 사람들이 공산주의에 비판적일 수도 있고 실제로 그런 경우가 많지만, 비합리적인 희생양 만들기로 기울지는 않는다.[18]

이 특질은 또 다른, 조금 더 적극적인 효과를 발휘한다. 사회적 약자에 대한 동정심을 일으키는 것이다. (어떤 사람은 이것을 '약자에 대한 우애infracaninophilia'라고 부르기도 했다.) 물론 그런 동정심은 혼재된 마음 상태일 수 있다. 그것은 진짜일 수도 있고, 혹은 생색내는 것일 수도 있다. 불우한 사람들을 도움으로써 우쭐한 기분을 느끼기는 쉽다. 그리고 때때로 그런 열성은 강박적이고 신경증적인 성질을 띠기도 한다. 그러나 이타적인 것이든 아니면 이기적인 것이든 상관없이, 동정심은 내부 처벌적 경향성과 연관될 가능성이 많다.

바로 여기서, 상당히 흔한 사회화된 성격 유형에 주목해야 한다. 이런 유형의 관용적인 사람은 사회적 약자에게 진정으로 동정심을 느낀다. 그는 자신의 열등함과 초라함을 깊이 느낀다. 그는 곧잘 자기 비난을 한다. 그는 타인의 고통에 빠르고 예민하게 공감한다. 그리고 동료 인간들의 운명을 개선하는 데 도움을 주는 데서 행복을 찾는다. 내부 처벌적인 모든 성격이 이런 징후를 완벽하게 발달시키는 것은 아니지만 이 유형이 드물지는 않다.

모호성에 대한 관용

독자들은 편견을 지닌 사람들의 정신 작용을 특징짓는 특유의 인지 과정에 관한 여러 논의를 기억할 것이다. 여러 장에 걸쳐 (특히 10장과 25장에서) 범주의 경직성, 이분법적 사고 경향, 선택적 지각, 기억 흔적의 단순화, 명확한 정신 구조에 대한 욕구를 입증했다. 이 특징들은 편견과 직접 관련이 없는 상황에서도 나타났다. 이 모든 사례에서 우리가 얻은 증거는 편견 있는 피험자 집단과 편견 없는 피험자 집단을 대조하는 연구에서 나왔다. 그러므로 관용적 성격의 전형적인 정신 작용도 특유의 (그리고 반대되는) 속성으로 그 특징이 뚜렷하게 나타난다고 자신 있게 주장할 수 있다.

관용적인 사람의 정신세계를 특징짓는 것으로 보이는 유연성, 분화, 현실 감각을 단 한 구절로 명시하기란 쉬운 일이 아니다. 그런 구절로 최고라 할 만한 것을 꼽자면 프렌켈-브런스윅이 제안한 '모호성에 대한 관용'을 들 수 있다.[19] 이 명칭 자체는 중요하지 않지만, 여기에 포함된 원리는 명심해야 한다. 즉 **민족 집단에 대한 관용적 사고는, 편견적 사고 못지않게 인지 작용의 총체적 양식을 반영한다.**

개인적 가치관

그러나 관용적 사고는 인지 작용의 양식만이 아니라 총체적인 생활 양식을 반영하는 것이기도 하다.

여기서 말하는 총체적인 생활 양식이란 이번 장에서 언급한 모든 별개의 변수들이 조직되고 통합되는 방식을 염두에 둔 것이다. 단순히 관용적인 태도가 아니라, 관용적인 **유형**이 존재한다. 기질, 정서적 안정, 내부 처벌성, 범주의 분화, 자기 통찰, 유머, 좌절 내성, 모호성에 대한 관용, 이 모든 것과 그 밖에 다른 많은 요소가 이 유형에 들어간다. 유형은 곧 종합이지만, 심리학자들은 되도록 분석을 통해 작업하는 경향이 있다. 이런 이유 때문에 심리학이 유형이나 '총체적인 양식'을 다루기 어려운 것이다.

하지만 한 연구가 이런 유형 문제에 가까이 다가갔다. 이 연구는 관용이 어떻게 삶에 대한 한 개인의 가치 지향에 깊이 뿌리박히는지 보여준다.[20] 조사자는 대학생들이 지닌 가치관을 에두아르트 슈프랑거° 가 제안한 여섯 범주에 따라 측정했다.[21] 또 그는 레빈슨-샌포드 반유대주의 척도(the Levinson-Sanford Anti-Semitism Scale)로 대학생들의 유대인에 대한 편견을 측정했다.[22] 후자의 측정에서 상위 25퍼센트와 하위 25퍼센트에 해당하는 양극단의 사례를 대상으로 했을 때, 가치 범주의 우선순위는 다음과 같이 나타났다.

에두아르트 슈프랑거(Eduard Spranger, 1882~1963) 20세기 중반에 활동한 독일의 철학자, 교육학자. 인간의 유형을 이론적 · 경제적 · 미적 · 사회적 · 정치적 · 종교적 유형으로 크게 여섯 가지로 구분했다.

	강한 반유대주의	약한 반유대주의
가장 높은 가치	정치적	미적
	경제적	사회적
	종교적	종교적
	사회적	이론적
	이론적	경제적
가장 낮은 가치	미적	정치적

가치의 순서는 두 집단에서 거의 정확하게 역전된다. 이 발견은 척도에 의해 정의된 가치의 본질을 고려할 때 상당히 중요하다. **정치적** 가치는 권력에 대한 관심을 뜻한다. 이것은 곧 그 사람이 일상에서 이루어지는 교류를 습관적으로 위계, 통제, 지배, 지위의 측면에서 바라본다는 것을 의미한다. 어떤 것이 다른 것보다 더 높고, 더 낫고, 더 가치 있게 보인다. 이런 렌즈로 삶을 바라보는 사람은 자연스럽게 외집단을 지위가 낮고, 가치가 떨어지고, 어쩌면 경멸적이기까지 한 대상으로 간주하거나, 아니면 자신의 지위를 위협하는 대상, 어쩌면 사회의 통제권을 획득하려고 책략을 꾸미는 자들로 볼 것이다. 이 해석은, 이와 대조적으로 관용적인 사람들은 인생을 권력 위계의 측면에서 바라보는 경향성이 거의 없거나 아예 없다는 발견에서 더욱 힘을 얻는다. 그들에게는 정치적 가치가 가장 낮다.

한편 **미적** 가치는(관용적인 집단에서 가장 높고 반유대적 집단에서 가장 낮다) **특수성**에 대한 관심을 뜻한다. 그것은 삶에서 마주하는 각각의 사건들, 이를테면 일몰, 정원, 교향곡, 성격 같은 것은 그 자체로 평가해야 한다는 뜻이다. 미적 태도는 범주를 만들지 않는다. 각각의 단일한 경험은 그 자체로 완전하며, 본래적 가치를 지닌다. 심미적인 사람은 낱낱으로 생각한다. 그런 사람은 어떤 이를 만날 때 그를 한 개인으로 판단하지 한 집단의 구성원으로 판단하지 않는다. 편견적인 사람이 미적 가치를 낮게 두고 관용적인 사람은 미적 가치를 높이 둔다는 사실을 발견한 것은 유익한 결과이다.

2등을 차지한 가치도 흥미롭다. **경제적** 가치는 유용성에 대한 관심을 나타낸다. 어디에 쓸모가 있나? 바로 경제적인 사람이 가장 흔히 묻는 질문이다. 이 가치 유형은 흔히 상품의 생산과 분배, 혹은 금융과 재무에 깊이 관련되어 있다. 경쟁 사회에서 경제적 가치와 정치적 가치는 자연스럽게 연결된다.〔이 둘은 《가치 연구(Study of Values)》(1931)에서 약 0.30의 상관관계로 나타났다.〕 반유대주의자들은 유대인의 이미지를 경제적 위협이나 타산적인 인간(혹시 자신의 타산적인 마음을 투사하는 것일까?), 혹은 경쟁자로 쉽게 발달시킨다. 인생을 경제적 관점에서 바라보는 정도가 덜한 관용적인 사람은 경제적 위협이라는 측면에서 소수 집단에 민감해지지 않는다.

관용적인 성격을 가진 사람들에게 두 번째로 높은 순위에 있는 **사회적** 가치는 사랑, 동정심, 이타주의를 가리킨다. 이 가치의 순위가 높을 때, 민족적 편견은 삶에서 두드러진 역할을 할 수 없다. 이 말은 특히 사회적 가치가 **미적**인 관심과 결합될 때 참이다. 미적 관심은 사회적 가치처럼 개인이 지닌 장점에 주목하고 사람들을 범주화해 생각하는 데 저항한다.

언뜻 봐도 결정적인 관련성이 가장 떨어지는 두 가치는 **종교적** 가치와 **이론적** 가치다. 그 이유는 쉽게 설명할 수 있다. 다음 장에서 보겠지만, 종교는 편견을 증대하기도 하고 감소시키기도 한다. 그것은 전적으로 당사자가 종교를 어떻게 이해하느냐에 달려 있다. 그래서 이 연구에서는 그런 효과가 상쇄되고, 해당 가치가 중간 위치에 나타난 것이다. **이론적** 가치의 경우는 일반화된 진리에 대한 관심을 나타낸다. 반유대주의 집단에서는 이것이 두 번째로 낮은 순위에 있다. 확실히 편견적인 사람들은 하나의 가치로서 진리에 거의 관심이 없다. 관용적인 사람들에게 이론적 가치가 더 높은 순위에 오르지 못한 이유는, 그것도 중요하기는 하지만 미적 · 사회적 · 종교적 가치가 관용의 형성에 훨씬 더 결정적인 영향을 끼친다는 사실 때문으로 보인다.

삶의 철학

편견을 잘 보여주는 에드워드 모건 포스터의 고전적인 소설《인도로 가는 길(Passage to India)》(1924)에는 영국인 몇 명이 모여 파티 계획을 짜는 장면이 나온다. 초대 손님 명단이 점점 길어져, 심지어 이슬람교도와 힌두교도까지 몇 사람 포함되었다. 그러자 한 영국인이 깜짝 놀라 이렇게 말한다. "이번 모임에서 누군가 빼야 해, 안 그러면 남아나는 게 없을 거야."

관용적인 사람들은 반대 견해를 취한다. 그들은 모임에 많은 사람을 초대할 때 실제로 더 힘을 느끼고 더 만족한다. 배타적인 생활 양식은 그들에게 맞지 않다.

이번 장에서는 사람들이 포용주의적인 생활 양식을 선호하는 여러 이유를 밝혔다. 어떤 이들은 다정다감함을 거의 타고난 것처럼 보인다. 또 어떤 이들은 어릴 때 받은 교육을 그대로 반영하는 것처럼 보인다. 또 어떤 이들에게서는 미적 가치, 사회적 가치가 크게 발달한다. 교육 수준도 일조한다. 정치적 사안에 관한 전반적인 진보적 시각도 마찬가지로 역할을 한다. 자기 통찰도 한몫을 한다. 사람들을 잘 파악하고 대하는 능력(공감)도 마찬가지다. 특히 기본적인 안정감과 자아의 힘(ego-strength)이 존재하는데, 이것은 억압하고 다른 사람을 비난하고 개인의 안전을 위해 제도적이고 권위주의적인 보장에 집착하는 경향성에 맞선다.

문제의 핵심은 살아 있는 사람은 모두 이를테면 보조 학습을 통해 (19장) 자신의 본성을 완성하려고 노력한다는 데 있는 것 같다. 그의 탐색은 두 가지 길 중 하나를 택할 수 있다. 하나는 배제를 통한 안전, **거부적** 평형을 통한 안전을 요청한다. 그 사람은 좁은 섬에 매달리고, 자신의 교제 범위를 제한하며, 자신을 안심시켜주는 것을 예민하게 선택하고, 자신에게 위협이 되는 것을 거부한다. 다른 길은 이완과 자기 신뢰의 길이며, 이것은 곧 타인에 대한 신뢰의 길이다. 낯선 사람들을 모임에서 배제할 필요가 없다. 자기애는 타인에 대한 사랑과 양립할 수 있다. 내적 갈등과 사회적 교류를 현실적으로 처리하는 데서 자신이 안전하다는 것을 경험하기 때문에 이런 관용 지향이 가능하다. 편견적인 사람과 달리 관용적인 사람은 기본적으로 세상을 사악하고 위험한 사람들이 우글거리는 정글로 인식하지 않는다.

사랑과 증오에 관한 일부 현대 이론들은 (22장에서 본 것처럼) 모든 사람은 본래 신뢰와 친애의 인생 철학을 지향한다고 주장한다. 이 성향은 어머니와 아이, 땅과 생명체의 초기 의존 관계에서 자연스럽게 자라난다. 친애가 모든 행복의 원천이다. 이 본래의 친애적 경향이 심각한 손상을 입고 왜곡될 때 증오와 적개심이 자라난다. 증오는 자아의 핵심을 무너뜨리는 좌절과 박탈을 잘못 다룬 결과이다.[23]

만약 이런 관점이 옳다면, 성숙하고 민주적인 성격의 발달은 대체로 내적 안정감을 구축하는 문제에 달린 셈이다. 삶에 참기 힘든 위협이 없거나, 아니면 내면의 힘으로 그런 위협을 적절히 다룰 수 있을 때에만 온갖 부류, 온갖 상태의 사람들과 마음 편히 지낼 수 있다.

28장

종교와 편견

신은 모든 민족을 한 혈통으로 만드셨다.
-〈사도행전〉 17장 26절에서

종교는 저주다. 종교는 이미 분열된 세계 안에 분파를 만든다.
- 제2차 세계대전 참전 군인

종교의 역할은 역설적이다. 종교는 편견을 만들기도 하고 부수기도 한다. 주요 종교들의 신조는 보편적으로 인류애를 강조하지만, 그러한 신조를 실천하는 과정에서 종종 분열과 잔혹한 일이 벌어진다. 종교적 이상의 숭고함은 바로 그 이상의 이름으로 자행되는 박해의 공포로 빛을 잃는다. 어떤 이들은 편견의 유일한 치료제는 더 많은 종교뿐이라고 말하고, 어떤 이들은 종교를 철폐하는 것이 유일한 치료제라고 말한다. 신앙을 지닌 사람들이 그렇지 않은 사람들보다 편견이 더 심하기도 하고 편견이 덜하기도 하다. 이 역설을 풀어보자.

종교의 현실적 갈등

우선 종교의 다양한 측면에는 자연스럽고, 아마도 해결할 수 없는 어떤 갈등이 내재한다는 것을 분명히 해 두는 것이 좋겠다.

몇몇 주요 종교의 주장을 먼저 살펴보자. 각 종교는 저마다 절대적이고 최종적인 진리를 내세운다. 상이한 절대 원리를 고수하는 사람들이 스스로 합의점을 찾기는 어려워 보인다. 전도자들이 서로 다른 일련의 절대 원리를 적극적으로 전파할 때 갈등이 가장 첨예하게 나타난다. 예를 들어 아프리카에서 기독교와 이슬람교 전도자들은 오랫동안 반목해 왔다. 각 종교는 저마다 자기네 신조가 완벽하게 실현된다면 사람들 사이에 놓인 모든 민족 간 장벽이 사라질 것이라고 주장한다. 어쩌면 그럴지도 모른다. 그러나 현실에서 어떤 한 종교의 절대 원리가 대다수 인류에게 받아들여진 경우는 아직까지 없다.

본질적으로 가톨릭은 유대교와 개신교가 오류라고 믿어야 한다. 유대교와 개신교의 종파들은 자기네 신앙의 여러 변종이 믿음의 여러 측면에서 잘못되었다고 예민하게 느낀다. 세계의 주요 종교 가운데 힌두교가 원리상 가장 관용적인 것처럼 보인다. 가령 힌두교는 "진리는 하나이고 현자들은 그것을 여러 이름으로 부른다."라고 하며, 신을 알아보는 유효한 양상이 많고 신이 모습을 드러내는 방법도 여러 가지라고 인정한다. 그러나 한편으로 역사 속에서 힌두교는 신봉자들 사이에 카스트 제도라는 악을 조장했으며, 분리주의 종파와 갈등이 없던 적이 없었다.

어떤 종교도 세상을 통합하는 데 성공하지 못했기 때문에, 차이점들이 실제로 갈등의 관건이 될 수 있다. 독실한 신자가 칼끝을 겨누며 불신자를 개종시키려 할 때, 그 불신자(다른 절대 원리의 신봉자)는 죽을 때까지 그의 설득에 저항할 수 있다. 순교자들은 때때로 편견의 피해자이지만, 이상들 간의 현실적 충돌이 낳은 피해자일 수도 있다. 가치관의 중심이 서로 다른 사람들이 존재하는 한, 갈등은 존재할 것이다. 그리고 신념을 용감하게 주장하는 사람들, 혹은 신념을 지키려고 죽음까지 불사하는 사람들이 반드시 편견을 지닌 것도 아니고, 편견의 피해자들인 것도 아니다.

종교 간 현실적 갈등에는 상당한 이유가 있지만, 대부분 종교는 교의를 개선해 충돌을 줄인다. 이를테면 외집단은 오류에 빠져 있으나 그들도 신의 자비를 통해 신의 시간에 구원받을 수 있다고 생각하는 것이다. 연민은 미덕이다. 실제로는 종교의 이름으로 일상적으로 잔인한 일이 벌어지지만 원리상 여러 신학은 이교도에 대한 잔혹한 처우를 거의 허용하지 않는다. 현대에는 순수하게 종교적인 쟁점을 놓고 공개적으로 충돌하는 경우가 줄었다. 이런 변화에 따라 특정 신앙의 절대 원리를 표현하고 싶은 사람들은 자기 집단 안으로 물러나 그 열망을 드러낸다. 대개의 경우 그들은 다른 사람들에게도 비슷한 특권을 허용한다.

오늘날 미국에서는 가톨릭교회가 민주주의적 자유에 잠재 위협인지, 만약 가톨릭교도가 정부의 과반을 차지한다면 다른 종교 신자들에 대해 신앙의 자유를 부정하지는 않을지 같은 의문을 놓고 꽤 많은 논의가 벌어진다. 이런 방식으로 문제를 진술하는 것은 현실적이며, 추정컨대 사실에 근거한 답변에 좌우될 것이다. 그 답변이 긍정적이라면, 절대적 원리들 사이에 현실적 충돌이 발생할 것이다. 답변이 부정적이라면, 이 쟁점에 대한 논의는 합리적인 근거에 따라 중단되어야 할 것이다. 만일 부정적인 답변의 근거가 명백한데도 비난이 지속된다면 편견이 작동하고 있는 것이다.

그러나 이 특수한 쟁점은 다른 많은 쟁점과 마찬가지로, 사실에 기반을 두고 계속 다뤄지는 법이 거의 없다. 양측에서 열렬한 지지자들이 등장해 부적절한 비난을 주고받으며 쟁점을 모호하게 만든다. 반가톨릭주의자들은 단지 자신들의 증오를 감추려고 이 쟁점을 이용한다. 원래 가톨릭교도들을 싫어하는 그들이 가톨릭의 어떤 교의나 관행이 민주주의적 자유에 '위협'이 되는지 알아차리는 일에도 재빠르다. 그들은 선택적으로 지각하고 해석한다. 한편 공세에 시달리는 가톨릭교도들도 얼토당토않은 비난에 분개한 나머지 근본 쟁점을 벗어나 반격을 가한다.

요약하면 서로 다른 일련의 절대 원리 사이에는 종종 양립할 수 없는 차이점이 있지만, 실제로는 대개 그런 차이를 평화로운 방법으로 조정할 수 있는 길이 있다. 사실상 종교의 절대 원리 중 일부는 대단히 통합적이기에 그런 조정에 도움이 된다. 하지만 호전성이 갈등을 고조시켜 공개적인 충돌에 이르게 할 수도 있다. 확실히 종교적 쟁점은 온갖 무관한 요소들을 끌어들이는 경향이 있다. 그리고 그 무관한 것들이 현실적 갈등을 흐릿하게 만들 때마다 편견이 상황을 지배한다.

종교에서 분열을 초래하는 요인

종교가 편견의 진원지가 되는 주된 이유는 그것이 흔히 신앙심 이상을 의미하기 때문이다. 종교는 한 집단의 문화 전통에서 중심축이 되곤 한다. 기원이 아무리 숭고하다고 해도 종교는 문화적 기능을 장악하면서 신속하게 세속화된다. 이슬람은 종교 이상이다. 비(非)이슬람 세계와 뚜렷이 구분되는 사촌 민족들이 보유한 동류의 문화들이 잘 엮여 하나의 묶음이 된 것이 바로 이슬람이다. 기독교는 서구 문명에 단단히 고착되어 있기에 본래의 정수를 간직하기 어렵다. 그리고 기독교 분파들은 여러 하위 문화와 국민 집단과 결부되어 있기 때문에, 종교 분열은 민족 분열, 국가 분열과 나란히 행진하게 된다. 유대인이 가장 분명한 사례다. 유대인은 본래 종교 집단이지만, 하나의 인종, 민족, 국민, 문화 집단으로도 여겨진다(15장). 종교적 차이가 또 다른 의미를 띠게 될 때 편견의 토대가 마련된다. 편견이란 부적절하고 지나치게 포괄적인 범주들이 분화적 사고를 대신해 그 자리에 들어앉는 것이다.

교회 성직자가 문화의 수호자가 될 수 있고, 실제로 그런 일이 흔하다. 그들도 부적절한 범주를 활용한다. 그들은 자기네 신앙의 절대 원리를 옹호하면서, 자기들 내집단을 전반적으로 옹호하는 경향을 보인다. 신앙의 절대 원리 중에서 내집단의 세속적 관행을 정당화할 수 있는 근거를 찾아내는 것이다. 성직자들이 민족 편견을 종교적으로 승인함으로써 그것을 정당화하고 달콤한 말로 들리게 하는 경우가 흔하다. 미국에 온 한 폴란드인 이민자는 다음과 같은 경험을 이야기했다.

> 열두 살 때 학교에서 들은 종교 수업이 생생하게 기억납니다. 학생 몇 명이 신부님에게 유대인 상점 불매 운동에 문제가 없는지 물었습니다. 신부님은 우리의 양심을 편안하게 해주었습니다. "비록 신께서는 우리가 모든 동료 인간을 사랑하기를 바라시지만, 그분이 그런 사람들 중에서 어떤 이를 다른 이들보다 더 사랑해선 안 된다고 말씀하시지는 않아요. 그러니까 유대인보다 폴란드인을 더 사랑하고 폴란드인 가게에서만 물건을 사는 것은 아무런 문제가 없습니다."

사제는 경건한 체하는 사기꾼이었다. 그는 종교를 왜곡해 세속적 편견에 부합하게 만들고 편협함의 씨앗을 뿌렸다. 이 씨앗들이 손쓸 수 없을 정도로 자라나 약탈과 포그롬을 저지를 수 있고, 실제로도 그랬다. 민족적 이기심을 이론적으로 합리화하려 했다는 점에서 개신교도 똑같이 위선적이었다.

이렇듯 신앙심은 종교와 본래 아무 상관도 없는 편견을 감추는 편리한 가면이 될 수 있다. 윌리엄 제임스는 다음 글에서 이 점을 잘 보여주었다.

> 조직적인 유대인 박해, 왈도 파와 알비 파 사냥°, 퀘이커교도들에게 쏟아진 돌팔매질, 감리교도들에게 자행된 물고문, 모르몬교도 살해, 아르메니아 대학살은 정확히 말하자면 다양한 박해자들의 적극적인 신앙심을 표현한 것이라기보다는 토착민의 새것 공포증(neophobia), 우리 모두에게 남아 있는 호전성의 자취, 낯선 것 그리고 별나고 관행을 따르지 않는 이질적인 사람들에 대한 태생적 혐오가 표현된 것이다. 신앙심은 가면이며, 그 내면의 힘은 부족 본능이다.[1]

이 구절을 인용한 것은 종교 자체는 수많은 박해와 무관하다는 것을 진술하고 있기 때문이다. 하지만 편견이 '토착민의 새것 공포증'에 본능적 뿌리를 내리고 있다는 제임스의 확신에 찬성할 필요는 없다.

사람들이 권력, 특권, 부(富), 민족적 이기심 추구를 정당화하려고

왈도 파와 알비 파 사냥 1209년에 교황 인노켄티우스 3세는 기독교 이단인 알비 파(Albigenses)와 왈도 파(Waldenses) 척결을 위한 십자군전쟁을 선포했다. 왈도 파는 12세기 말 프랑스 남부와 이탈리아 북부에서 교회 개혁 운동을 펼친 기독교 일파를 말한다. 왈도와 그를 따르는 사람들은 청빈, 빈민 구제, 신자와 수도자의 평등을 추구하다가 기존 교단에서 이단으로 규정되어 파문당했다. 알비 파는 12세기 중순부터 프랑스 남부 알비를 중심으로 활동한 일파인데, 마니교에 영향을 받아 이원론적 기독교관을 지향했다. 이들은 교회의 재산과 권력, 주교와 사제들의 관리 방식을 비판했고, 국가 질서에 대해서도 비판적인 태도를 취했다. 인노켄티우스 3세가 요청한 십자군전쟁으로 알비 파는 거의 박멸되었고 왈도 파는 알프스 산맥으로 피신해 살아남았다.

종교를 이용할 때 불가피하게 혐오가 뒤따른다. 종교와 편견이 합쳐지는 지점이 바로 이곳이다. 흔히 자민족 중심주의의 구호에서 그러한 융합을 감지할 수 있다. '십자가와 깃발', '백인, 개신교도, 비유대인, 미국인', '선민(選民)', '신의 가호가 있기를(Gott mit uns)', '신의 나라(God's country)' 같은 구호들이 그 예다.

일부 신학자들은 죄인이란 이기심의 토대 위에 종교를 쌓아 올리는 사람들이라고 말함으로써 이러한 종교의 왜곡을 설명한다. 인간이 자기(self)를 내치지 않은 채로 신에게 의지할 때마다 악이 찾아온다. 달리 말하자면, 자만의 죄를 짓는 사람들은 종교의 본질이 자기 정당화나 자기 옹호가 아니라 겸손, 자기 부정, 이웃 사랑에 있다는 사실을 배우지 못한 것이다.

종교의 가르침을 자신의 편견에 부합하게끔 왜곡해서 이해하는 것보다 쉬운 일은 없다. 특히 반유대적인 한 가톨릭 사제는 기독교는 사랑의 종교가 아니라 복수와 증오의 종교라고 선언했다. 그에게는 그러했다. 또 모든 개신교 종파는 복음서를 이와 유사하게 변질시킴으로써 번성한다.[2]

역사적으로 그러한 타락이 끊임없이 이어져 왔다는 것을 우리는 부인할 수 없다. 특히 충격적인 사실은 영적인 마음가짐을 가진 사람들이 신앙심에서 편견으로 쉽게 미끄러져 들어가는 것처럼 보인다는 것이다. 심지어 기독교회의 몇몇 성인(聖人)조차 이런 경향성을 드러낸다. 어떤 설교에서 가져온 다음 발췌문을 보자.

> 유대교 회당은 사창가보다 나쁘다. …… 악당들의 소굴이다. …… 유대인들의 범죄 집회 장소다. …… 그리스도 암살자들을 위한 모임 장소다. …… 도둑의 소굴이다. 악명의 전당이자 죄악의 소굴이다. …… 나는 그들의 영혼에 대해서도 같은 이야기를 할 것이다. …… 방

탕하고 술에 취한 그들은 욕정이 넘치는 늙은 호색한과 돼지의 수준으로 떨어진다. …… 우리는 그들에게 경의를 표해서는 안 되며, 그들과 아주 사소한 대화라도 나누어서는 안 된다. …… 그들은 음탕하고 약탈적이고 탐욕스러우며 배반에 능한 날강도들이다.[3]

이 설교는 4세기경에 작성된 것으로 보인다. 이 글을 쓴 사람은 기독교의 위대한 성인 중 한 사람이자, 가장 오래된 기도서의 저자이며 지금까지 찬미받는 많은 기도문을 남긴 성(聖) 요한네스 크리소스토모스(St. Johannes Chrisostomus)이다. 이런 사례를 보면, 어떤 사람들은 삶의 어떤 영역에서는 진실로 종교적이고 보편적이지만, 다른 영역에서는 모순되게 편견적이고 배타적일 수 있다는 결론을 내릴 수밖에 없다. 가톨릭이 유대인을 대해 온 역사가 이런 갈등을 확연히 보여준다. 특정 시기에는 편협함이 지배했고, 다른 시기에는 폭넓은 연민이 우세했다. 교황 비오 11세(1922~1939년 재임)의 선언이 후자의 입장을 잘 표현하고 있다. "반유대주의는 우리 기독교인이 어떤 식으로도 결코 참여할 수 없는 운동이다. 영적으로 우리는 모두 유대인이다."

보편주의적인 종교가 자민족 중심주의 태도에 물드는 사례를 미국의 짐 크로 교회°에서 볼 수 있다. 대부분의 흑인 개신교도들은 분리 교회에 다닌다.[4] 가톨릭에서는 흑백 분리가 눈에 덜 띈다. 가톨릭과 개신교 양쪽에서 분리 정책은 서서히 쇠퇴하는 중이다.[5] 그러나 미국 역사에서 거의 대부분의 시간 동안 교회가 인종 차별 개선을 위한 십

짐 크로 교회(Jim Crow churches) 짐 크로는 흑인을 멍청하고 가난한 존재로 묘사한 19세기 대중가요의 가사에서 따와 흑인을 비하하는 말로 쓰인 호칭이다. 남부에서는 흑인 차별 법안을 '짐 크로 법'이라고 불렀다. '짐 크로 교회'는 그런 흑인 차별법에 따라 흑인들만 다닌 교회를 가리킨다.

자군이라기보다 현 상태의 수호자였다는 비판은 정당해 보인다.

지금까지 논의를 바탕 삼아 이렇게 주장할 수 있다. 때때로 종교 간에 현실적 갈등이 일어날 수도 있다. 하지만 이른바 종교의 편협함이라고 불리는 것들 대부분은 사실상 자민족 중심주의적 이기심과 이것을 합리화하고 정당화하기 위해 소환되는 종교를 혼동한 결과이다.

제도권 종교의 극심한 다양성이 이 상황을 더 악화한다. 1936년에 미국에서 종교 단체에 관한 통계 조사를 실시한 결과, 대략 5천6백만 명이 종교를 믿는 것으로 나타났다. 그 중에 약 3천1백만 명이 개신교, 2천만 명이 가톨릭, 460만 명이 유대교였다. 각각 신자가 5만 명 이상인 교단이 52개로 전체의 95퍼센트를 차지했고, 다 합쳐서 256개의 종파가 있었다. 여기에 소수의 힌두교도, 이슬람교도, 불교도, 아메리카 원주민 신앙을 믿는 사람들까지 합해야 한다. 세계 어디에도 미국만큼 한 나라 안에 온갖 형태의 종교적 신념이 존재하는 곳은 없을 것 같다. 이렇게 많은 종파가 존재하는 이유는 이민자들 덕분에 구세계(유럽)의 분열이 미국으로 이식되었기 때문이다. 물론 말일성도회나 사도교회, 성령의 힘을 강조하는 다양한 오순절교파처럼 자생적인 종파도 있다.° 최근 들어 개신교 종단 사이에서 세계 교회 운동과 관련해 작은 논쟁들이 벌어지고 있지만, 가까운 미래에 상당한 수준의 통합이 이루어질 가능성은 현재로선 보이지 않는다.

제도화된 조직으로서 종교는 분열적이다. 오늘날에는 많은 경우에 신조 간의 차이가 처음만큼 뚜렷하지도 않고 그리 중요하지도 않다. 게다가 미국의 초기 식민지 시대 이후 종교적 대사면(大赦免) 운동이

° 말일성도회(Latter Day Saints)는 모르몬교의 다른 이름이고, 사도교회(Disciples of Christ)는 19세기 초 미국에서 성경 복귀 운동을 펼치던 토머스 캠벨(Thomas Campbell)과 알렉산더 캠벨(Alexander Campbell) 부자가 세운 개신교 분파를 말한다. 오순절교파(Pentecostal)는 20세기 초에 등장한 교파로 방언이나 병 고침 등 성령의 초자연적 역사를 강조하는 기독교 종파이다.

엄청나게 전진했다. 헌법과 권리장전이 구세계와 식민지에서 오랫동안 지속되어 온 종교적 불관용의 관행에서 벗어나는 위대한 출발점이 되었다. 그러나 그와 동시에 이미 존재하는 분열로 인해 종교의 보편주의적 신조가 신분제, 사회 계급, 출신 국가, 문화적 차이, 인종 같은 종교와 무관한 사항들에 쉽게 오염되었다. 가톨릭교도들은 신앙 때문에 폄하되는 경우는 덜한 편이지만, 본래 이민자를 겨냥했던 편견, 즉 제대로 교육받지 못한 사람들이라는 편견을 물려받는다. 이제 영국성공회교도들은 교리 때문에 박해받지는 않지만, 간혹 상류층 속물 같다는 미움을 사곤 한다. 오순절교파는 원시적이라고 여겨지는데, 그들의 신학 때문이라기보다 주정주의(主情主義) 때문에 그렇다. '여호와의 증인'은 일종의 정치적 일탈 때문에 박해받는다. 이 사례 중에 편견이 주로 종교적인 성격을 띠는 경우는 없다.

사실 이 문제를 더 가까이 살펴보면, 편견이 전적으로 종교적인 차원이었던 적이 한 번이라도 있었는지, 아니 과연 그럴 수가 있는 것인지 의문스럽다. 신조들 간에 차이가 있는 곳에서는 현실적 갈등이 일어날 수 있다. 그러나 종교가 내집단 우월성의 옹호자가 되고 신조의 차이 이상으로 확대되는 무관한 이유를 들어 외집단을 폄하하는 정도까지 나아갈 때는 편협성이 개입한다.

종교 집단은 편견에서 차이가 있을까?

하나의 집단으로서 개신교도와 가톨릭교도 중 어느 쪽이 편견을 더 많이 드러낼까? 이 의문을 풀기 위해 굉장히 많은 연구가 수행되었다. 연구 결과는 상당히 모호하다. 일부 연구에서는 가톨릭이 더 편협하다는 결과가 나왔고, 또 다른 연구에서는 개신교가 그렇다고 하고, 어떤 연구에서는 차이가 없다는 결과가 나왔다.[6]

차이가 발견되더라도 종교 소속에서 직접 비롯된 것이 아닐 가능성이 있다. 가톨릭교도의 교육 수준과 사회경제적 지위가 낮은 지역에서는 가톨릭교도들이 이러한 비종교적 변수 때문에 약간 더 높은 편견 정도를 보일 수 있다. 개신교도의 교육 수준과 지위가 더 낮은 지역의 공동체에서는 개신교도들이 편견을 더 많이 드러낸다.

전반적으로 눈에 띄는 차이는 없지만, 이 분야에서 특히 흥미로운 연구가 하나 있다. 조사자는 동부의 한 대학에서 1학년 신입생 9백 명을 보가더스 사회적 거리 척도로 측정했다.[7] 평균적으로는 가톨릭교도, 개신교도, 유대교도 학생들 사이에 차이가 없었다. 각 집단이 환영하거나 거부하는 국적의 수는 다른 집단과 별반 다를 바가 없었다. 하지만 조사자는 이들 각 종교 집단이 저마다 전형적인 거부 유형을 보인다는 사실을 발견했다.

> 유대교도 학생들의 경우 캐나다인, 영국인, 핀란드인, 프랑스인, 독일인, 아일랜드인, 노르웨이인, 스코틀랜드인, 스웨덴인에 대한 거부에서 가장 순위가 높았다(미국에서 '다수자' 혹은 '호감'에 속하는 집단에 대한 거부). 가톨릭교도 학생들은 중국인, 인도인, 일본인, 흑인, 필리핀인에 대한 거부에서 가장 순위가 높았다(아마도 '이교도'라는 생각을 연상시키는 유색 인종 집단에 대한 거부). 개신교도 학생들은 아르메니아인, 그리스인, 이탈리아인, 유대인, 멕시코인, 폴란드인, 시리아인에 대한 거부에서 가장 순위가 높았다(미국 문화의 친숙한 '소수자' 집단에 대한 거부).

이 유익한 연구는 평균적인 편견 수준은 같을 수 있어도, 각 집단은 자신들만의 가치관에 따라 특별히 싫어하는 대상이 있을 수 있음을 보여준다. 즉 유대교도 학생들은 전통적으로 자신들을 낮은 자리로 몰아넣었던, 피부가 흰 지배적 다수자 집단을 원망한다. 가톨릭교도들은 비기독교 인종(유색 인종)과 가장 멀리 거리를 두는 것으로 보인다. 개신교도들은 사회적 지위가 낮은 집단을 꼽는다.

이 연구에서는 유대교도 피험자들의 평균 편견이 더 낮게 나타나지 않았지만, 대부분 조사자들이 이러한 경향을 언급했다. 예를 들어, 한 연구에서는 유대인 피험자들의 78퍼센트가 흑인에 대한 태도 점수에서 더 우호적인 절반 쪽에 속했다.[8] 이런 식의 결과는 흔하다. 앞서 9장에서 박해가 유대인들의 태도에 끼친 영향을 살펴보았고, 거기서 비롯한 연민과 약자와의 동일시가 유대인 집단에서 나타나는 공통된 반응임을 살펴봤다.

현재로서는 더 정밀하게 비교할 자료가 부족하다(예를 들어 개신교 종파 간의 비교 같은 자료). 지금까지 나타난 결과를 보건대, 아마도 그런 분석은 별로 도움이 될 것 같지 않다.

하지만 종교적 훈련의 강도와 편견의 관계에 대해 몇 가지 놀라운 점이 밝혀졌다. 4백 명이 넘는 학생들에게 다음과 같은 질문을 던졌다. "당신이 받은 가정 교육에서 종교가 어느 정도 영향을 끼쳤습니까?" 양육 과정에서 종교가 뚜렷하게 혹은 중간 정도로 영향을 끼친 요인이었다고 답한 사람들이, 종교가 미미한 영향을 끼쳤거나 아예 존재하지 않은 요인이었다고 말한 사람들에 비해 편견의 정도가 훨씬 높다는 사실이 드러났다.[9] 어떤 종교에도 속한 적이 없는 사람들이 교회 신자들보다 평균적으로 편견이 덜하다는 것을 보여준 연구도 있다.

두 종류의 종교성

독실한 신앙인들을 고민에 빠뜨릴 게 분명한 이런 연구 결과는 더 철저히 검토할 필요가 있다. 종교적 가르침의 보편적 취지에 어긋나는 것처럼 보일 뿐 아니라, 다른 증거들에 의해 반박되기 때문이다. 같은 연구에서 학생들에게 그들이 자라면서 받은 종교적 훈련이 민족에 대한 태도에 **어떤** 영향을 끼쳤는지 말해 달라고 요청했다. 두 가지 유형의 보고서가 제출되었다. 일부는 솔직하게 부정적인 영향을 받았다고 말했다. 다른 종교 집단과 문화 집단을 경멸하라고 배웠다는 것이다. 그러나 일부는 아주 긍정적인 영향을 받았다고 말했다.

> 교회는 우리가 모두 평등하며 어떤 이유에서도 소수 집단을 박해해서는 안 된다고 가르쳤다.
>
> 종교는 내가 이 집단 구성원들의 마음을, 그리고 그들 역시 인간이라는 사실을 이해할 수 있게 도와주었다.

종교의 가르침이 지닌 이런 이중적 영향력은 25장에서 캘리포니아 대학 연구를 검토하면서 언급했다. 거기서 많은 반유대주의자들이 청교도적이고, 도덕적이며, 교회 구성원들에게 (제도 차원에서) 헌신적이라는 것을 보았다. 하지만 같은 연구자들이 이렇게 보고하기도 했다.

> 반유대주의 척도에서 낮은 쪽에 있는 사람들은 대부분 결코 비종교적이지 않지만, 이 경우에 종교는 다른 형태를 취한다. 그들의 종교는 더 심오한 차원에서 경험되며, 윤리와 철학의 성격이 스며 있는 듯하다. 일반적으로 종교를 목적이 아니라 수단으로 여기는, 반유대주의 척도에서 높은 쪽에 있는 사람들 특유의 실용적 성격과는 달랐다.[10]

대체로 교회에 속한 사람들이 그렇지 않은 사람들보다 편견과 더 자주 결부되는 듯하다. 하지만 종교의 영향력이 정확히 반대 방향으로 작용하는 사례도 많다. 종교는 대단히 개인적인 문제다. 종교는 각각의 삶에서 사뭇 다른 의미를 띤다. 종교의 기능적 유의성은, 유아적이고 마술적인 사고를 떠받치는 일종의 지지대 역할에서부터 한 개인의 태도를 자기 중심주의에서 이웃에 대한 진정한 사랑으로 전환시키는 선도적이고 포괄적인 인생관에 대한 지지에 이르기까지 다양한 범위에 걸쳐 있다.

이 쟁점에 관해 더 많은 실마리를 얻고자, 한 대학 세미나에서 한 가지 실험(미발표)이 실시되었다. 가톨릭 사제 한 명과 개신교 목사 한 명이 조사를 수행했다.

> 가톨릭과 개신교 교구에서 각각 두 개의 평신도 집단을 선발했다. 두 집단은 상대적으로 '독실한' 집단과 '제도상의' 집단이라고 부를 수 있었다. 가톨릭 교구에서는 교구 사람들을 아주 잘 아는 한 사람이 이 실험에 대해서는 전혀 모르는 상태에서 피험자들을 선발했다. 그는 자기가 보기에 '그들의 믿음은 정말 특별한 의미가 있다.'고 생각되는 20명을 선택했다. 그리고 '종교 활동의 정치적 · 사회적 측면에 더 영향을 받은 것 같은' 사람을 20명 뽑았다. 개신교(침례교) 쪽의 두 집단은 이와 다른 방식으로 선발되었다. 한 집단은 성경 공부 모임에 꼬박꼬박 출석하는 22명으로 구성되었고, 다른 집단은 들쭉날쭉 참석하는 15명으로 구성되었다. 모든 피험자들이 많은 항목으로 구성된 질문지를 채웠다. 피험자들은 질문지에 이를테면 다음과 같은 진술에 동의하거나 동의하지 않는 정도를 표시하라는 요청을 받았다.

> 몇몇 예외가 있겠지만 일반적으로 유대인은 매우 비슷하다.
> 나는 흑인에 대한 린치가 정당화될 수 있는 상황을 상상할 수 있다.

흑인은 대체로 신뢰할 수 없다.

유대인이 겪는 한 가지 큰 문제는, 그들이 결코 만족할 줄 모르고 언제나 최고의 일자리와 가장 많은 돈을 벌려고 애쓴다는 것이다.

두 연구에 사용된 질문지는 약간 달랐다. 침례교도에게 준 질문지에는 반(反)가톨릭적인 진술이 포함되었다.

그러나 두 연구의 결과는 동일했다. 가장 독실하고 종교에 개인적으로 더 몰두하고 있다고 여겨진 사람들이 다른 사람들보다 훨씬 편견이 덜했다. 제도적 차원에서 종교에 애착을 보이는 유형은 본질적으로 대외적이고 정치적인 성격을 띠었으며 편견과 연관이 있는 것으로 밝혀졌다.

25장과 27장에서 한 논의에 비추어보면, 이러한 실험 결과는 쉽게 이해할 수 있다. 안전하고 권력이 있으며 우월한 내집단이라는 이유에서 교회에 속하려 하는 태도는 어쩌면 권위주의적 성격의 특징일 수 있고, 또 편견과 연결될 가능성이 있다. 한편 인류애라는 기본 신조가 자신이 진실하게 믿는 이상을 표현한다는 이유에서 교회에 속하려 하는 태도는 관용과 결부된다. 그리하여 '제도화된' 종교적 관점과 '내면화된' 종교적 관점은 성격에 반대되는 영향을 끼친다.

시몬 베드로의 이야기

상반되는 양방향으로 작용하는 종교의 힘(편견 쪽으로 이끄는 힘과 편견에서 벗어나도록 하는 힘)은 성서에 나오는 사도 베드로에 관한 이야기에 생생하게 잘 묘사되어 있다.[11] 초창기 교회에는 복음의 보편성에 관해 골치 아픈 문제가 있었다. 복음서는 단순히 유대교의 신약인 걸까? 아니면 외집단을 위한 것이기도 한 걸까? 예수 그리스도와 초기 기독교 전도자들의 혈통은 유대인이었고, 기독교의 골조는 유대교이다. 따라서 기독교를 유대인을 위해 준비된 구원의 교의로 생각하기 쉬웠다. 더군다나 당시 유대인 사이에서는 모든 비유대인에 대한 강한 편견이 있었고, 기독교를 믿는 유대인에게도 구원은 비유대인을 위한 것이 아니라고 생각하는 편이 자연스러웠다.

베드로가 머물던 욥바°에서 그리 멀지 않은 도시 카이사레아(Caesarea)에 코르넬리우스라는 이름의 이탈리아인 백부장°이 살았다. 베드로는 선교 여행 중이었다. 코르넬리우스는 종교적인 사람이었는데 새로운 기독교 교의에 관해 더 많은 것을 듣고 싶었다. 그래서 그는 베드로에게 전갈을 보내 카이사레아에 찾아와 자기 식솔들에게 그 새로운 신앙을 가르쳐 달라고 간청했다.

이 초대로 인해 베드로가 고심하던 문제가 고비를 맞았다. 베드로는 부족 관습에 따르면 "유대인이 다른 민족 사람을 친구로 두거나 그를 찾아가는 일은 불법"이라는 것을 알았다. 동시에 그는 예수가 버림받은 사람들에게 품었던 연민도 잘 알았다. 코르넬리우스의 전갈이 도착하기 직전에 베드로는 몹시 허기진 채 잠이 들었다가 환영(幻影)을 본다.

> 하늘이 열리고 네 귀퉁이에 끈을 매단 큰 보자기 같은 그릇이 땅으로 내려오는 것이 보였다.
>
> 그 속에는 온갖 네 발 짐승과 땅을 기어 다니는 짐승과 하늘의 날짐승이 들어 있었다.
>
> 그때 "베드로야, 어서 잡아먹어라." 하는 음성이 들려왔다.

욥바(Joppa) 예루살렘 북서쪽의 항구 도시로 현재 명칭은 야파(Jaffa)이다.
백부장(centurion) 고대 로마 군대에서 50~100명으로 이루어진 부대의 지휘관을 말한다.

베드로가 "절대로 안 됩니다, 주님. 저는 일찍이 속된 것이나 더러운 것은 한 번도 입에 대어본 적이 없습니다." 하고 대답하자

"신께서 깨끗하게 만드신 것을 속되다고 하지 마라." 하는 음성이 다시 들려왔다.

이 꿈은 베드로의 갈등을 반영한 것이면서 그가 따라야 할 길을 알려주는 것이기도 했다. 그래서 그는 약간 주저하면서 코르넬리우스의 집으로 찾아갔다. 그리고 코르넬리우스에게 자신을 얽매는 부족의 금기를 구체적으로 언급하면서 자신이 겪고 있는 갈등을 솔직하게 털어놓았다. 그런 다음에야 비로소 코르넬리우스에게 자기를 긴급히 초청한 이유가 무엇인지 물었다.

코르넬리우스의 대답을 들은 베드로는 그의 신실함과 경건함에 감명을 받고 이렇게 말했다. "나는 신이 사람을 차별 대우하지 않는 분이라는 사실을 알고 있습니다." 그렇게 베드로가 설교를 하자, 코르넬리우스와 곁에서 함께 듣고 있던 친척들과 가까운 친구들의 열의가 자라났다. 베드로와 그와 함께 온 유대인 동료들은 "성령의 은혜가 이방인에게까지 내리시는 것을 보고 깜짝 놀랐다." 마지막으로 베드로는 그 무리에게 세례를 베풀었다. 그는 이 단계에 이르는 것이 범상치 않은 일임을 충분히 알았다.

예루살렘으로 돌아오는 길에 베드로는 "왜 당신은 할례 받지 않은 사람들의 집에 들어가서 그들과 함께 음식까지 나누었습니까?"라고 따지는 분노에 찬 유대인들과 마주쳤다. 그들은 아마도 베드로가 이방인들에게 세례를 베풀어 새로운 신앙으로 이끈 것에 훨씬 더 분개했을 것이다. 복음은 오로지 내집단을 위한 것이었기 때문이다.

베드로는 그들에게 그동안 일어났던 일을 처음부터 끝까지 이야기했다. 그리고 코르넬리우스의 명백한 신실함이 어떻게 자신을 기독

교의 자민족 중심주의적 관점에서 벗어나게 해주었는지, 자신의 마음에 일어난 변화를 설명했다. 베드로는 신이 우리(유대인)에게 주신 것과 똑같은 신앙의 선물을 이방인들에게도 주셨기 때문이라고 말했다. 그리고 이렇게 결론 내렸다. "내가 누구이기에 감히 그 하시는 일을 막을 수 있었겠습니까?"

이 이야기는 예루살렘 사람들을 설득하는 것으로 끝난다. 그리고 뒤이어 교회 방침에 변화가 생겼다.

> 그들은 이 말을 듣고 잠잠해졌다. 그리고 "이제 신께서는 이방인들에게도 회개하고 생명에 이르는 길을 열어주셨다." 하며 신을 찬양하였다.

내집단과 종교의 보편주의적 생각 사이에서 벌어지는 이런 갈등은 오늘날에도 지속되고 있다. 모든 사람이 이 문제를 베드로와 그의 동료들처럼 해결하는 것은 아니다. 오히려 정반대로, 일반적으로 교회에 다니는 신자들이 비신자들보다 편견이 더 심한 것으로 보인다는 연구 결과를 언급한 바 있다.

많은 관용적인 사람들이 교회에서 멀어지는 이유는 바로 자민족 중심주의적 종교 해석이 우세하기 때문이다. 그들은 배교자가 되어 돌아선다. 역사적으로 종교가 내집단의 안전을 추구하는 사람들이 지닌 세속적 편견을 과도하게 떠안게 되었기 때문이다.[12] 그렇게 교회에서 멀어지는 사람들은 종교를 경전에 담긴 본래의 순수한 교의에 따라 보지 않고 다수의 추종자들이 왜곡해놓은 대로 판단한다. 앞서 말했듯이, '제도화'된 종교적 관점과 '내면화'된 종교적 관점은 극과 극으로 다르다.

종교와 성격 구조

종교가 편견과 단일한 관계를 맺고 있지 않다는 것은 분명하다. 종교가 미치는 영향은 중대하지만, 그 영향력은 상반되는 방향으로 작용한다. 종교 옹호자들은 종교의 자민족 중심적이고 자기 예찬적인 판단 준거를 간과한다. 반면에 종교 반대자들은 이것 말고 다른 측면은 거의 보지 않는다. 명료하게 분석하려면, 억눌리고 미성숙한 성격과 성숙하고 생산적인 삶에서 각각 종교가 수행하는 기능적인 역할의 차이를 엄밀하게 구별해야 한다.[13] 어떤 사람들은 위안과 안정성을 찾아 전통 종교라는 부족적 투자 대상을 붙잡고, 또 어떤 사람들은 행위의 진정한 지침으로 종교의 보편주의적 가르침을 받아들인다.

집단 간 관계 개선을 위해 일하는 많은 열성적인 사람들이 이웃을 사랑하라는 종교의 요구에서 자극을 받는다. 그들은 부커 T. 워싱턴과 함께 "나는 어느 누구도 내 영혼을 남을 증오하는 수준으로 끌어내리도록 내버려두지 않을 것"이라고 말한다. 그들은 신이 '형제 사이를 이간하는 자들'을 몹시 싫어한다고 말하는 〈잠언서〉 구절(6장 19절)에 주목한다. 그들은 "자기 형제를 미워하는 자는 어둠 속에 있다."(〈요한1서〉 2장 11절)고 진심으로 믿는다. 또한 그들은 종교란 지금 자기가 믿는 종교 이상의 것이라는 사실도 안다. 예를 들어 황금률은 기독교뿐만 아니라 유대교, 불교, 도교, 이슬람교, 힌두교까지 모든 주요 종교에 공통으로 나타난다. 그들은 종교 간에 어떤 절대적인 차이점이 존재한다 하더라도 공통적으로 긍정하는 바에 의해 그런 차이가 어느 정도 상쇄된다는 것을 안다. 그렇게 긍정하는 것에는 인류애에 관한 교의가 포함된다.

퇴역 군인들의 민족에 대한 태도를 탐구하면서, 베텔하임과 야노비츠는 "안정된 종교적 신념을 지닌 퇴역 군인들이 더 관용적인 경향을 보인다."는 사실을 알아냈다. 두 사람은 안정성을 핵심적 가르침의 내면화라고 정의한다.

> 만약 어떤 개인이 교회의 도덕적 가르침을 따르는 이유가 저주의 공포나 사회적 비난 때문이 아니라 외부의 위협이나 승인과는 상관없이 그런 가르침을 행동의 절대적 기준으로 간주했기 때문이라면, 우리는 그 사람이 그러한 도덕적 교훈을 '내면화'했다고 말할 수 있다.

두 연구자는 통제와 안정성에 대한 이런 내면의 감각을 부모의 지배와 제도 종교를 비롯한 이른바 외부 세계의 버팀목에 기대는 외적 통제와 구분한다.[14]

안정적인 자기 통제를 가능하게 해주고 행위의 분명한 기준을 제공해주는 것말고도, 종교는 자만의 죄를 경고함으로써 관용을 싹트게 할 수도 있다. 독실한 사람이라면 자신의 부족함을 인정해야 한다. 앞에서 다른 관계에서도 발견한 적이 있듯이, 자기 비난 즉 내부 처벌성은 관용으로 이어진다. 내부 처벌성은 겸손을 지향하고 오만을 억제한다.

민주적 성격을 지닌 사람들 중 많은 이들은 분명히 종교적이지 않다. 그들의 안정성과 통제력은 비종교적인 윤리적 용어로 표현된다. 그들은 "모든 사람은 자유롭고 평등하게 태어났다."고 믿거나, 혹은 "사람은 다 제멋에 사는 법이다(live and let live)." 같은 격언에 찬성한다. 그들은 서구 문명에서 예절에 관한 규칙이 모두 유대-기독교 전통에서 나왔다는 것에 별다른 관심이 없다. 윤리는 신앙이 쇠퇴하는 때가 오더라도 여전히 사라지지 않을 것이다.

하지만 종교는 대부분 사람들의 인생 철학에서 중요한 요소다. 앞에서 우리는 종교가 자민족 중심주의적 질서에 속할 수 있고, 편견과 배타성이 특징인 생활 방식을 조장하고 부추길 수 있음을 보았다. 아니면 종교는 보편주의적 질서에 속하여, 인류애의 이상을 증류해 생각과 행동을 이끌어낼 수도 있다. 그러므로 우리가 말하는 종교가 어떤 종류이고 그것이 개인의 삶에서 어떤 역할을 하는지 구체적으로 명시하지 않고서는 종교와 편견의 관계를 제대로 논할 수 없다.

8부

편견 사회에서 벗어나는 길

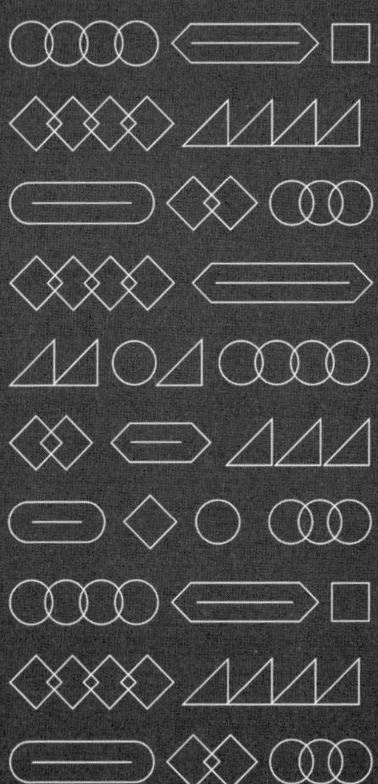

29장

법의 역할

오늘날 집단 간 관계 개선을 위해 헌신하는 천여 개가 넘는 수많은 조직들은 **공공** 기관과 **민간** 기관으로 분류할 수 있다.

공공 기관에는 행정 조례나 입법 조례에 따라 시(市)나 주(州)에 설치된 시장직속위원회, 주지사직속위원회, 시민통합위원회 등이 포함된다. 반(反)차별 법안들의 집행 권한을 부여받은 시위원회, 주위원회, 연방위원회 들도 공공 기관에 해당하는데, 이 위원회들은 때로는 모든 관련 법안을 집행하고 때로는 일부 구체적인 법안, 이를테면 주택 공급이나 공정 고용 실행에 관한 법안만 집행한다. 또 때로는 공공 기관이 오로지 진상 조사 기구의 역할만 하는데, 1946년에 설치된 대통령직속시민권위원회(President's Committee on Civil Rights)가 여기에 해당한다. 1947년에 이 위원회가 제출한 통렬한 보고서는 관용의 힘을 결집하는 결정적인 계기가 되었다.[1] 물론 이런 공공 단체들에 더하여 지역사회에는 기본적인 법 집행 기관들이 있다. 특히 지역 경찰과 주 경찰의 임무는 무질서, 폭동, 공공연한 공격 행위를 방지하고 소수 집단에 필요한 모든 법적 보호 조치를 제공하는 것이다.

민간 기관은 유형이 훨씬 많다. 여성 단체, 봉사 단체, 교회 등에서 조직한 소규모 '인종 간 관계' 위원회나 '좋은 이웃' 위원회 같은 단체부터 '반명예훼손연맹'°, '민주주의의 친구들', '전미흑인지위향상협회'°와 같은 대규모 전국 조직, 그리고 '전미집단간관계공무원연합(National Association of Intergroup Relations Officials)'과 같은 조정 기구에 이르기까지 범위가 넓다. 시장직속위원회 같은 공공 조직을 갖춘 많은 지역사회는 민간 시민위원회를 함께 두기도 한다.

전반적으로 공공 기관이 민간 기관보다 보수적이다. 공공 기관은 지역사회 내에서 편견이 없는 집단만이 아니라 편견을 가진 집단의 압력에도 지속적으로 노출되기 때문이다. 민간 기관은 감시 단체가 되고 개혁을 계획하고 시작하기에 더 나은 위치에 있다. 민간 기관은 공공 단체가 점점 더 관료적으로 변하고 무력해지는 상황에서 자극제 겸 비판자로서 특히 유용하다. 그러나 권위나 법 집행의 측면에서 보면 공공 기관에 이점이 있다. 원칙적으로 지역사회에는 이 두 가지 유형의 조직이 다 필요하다. 그리고 이 둘이 공동의 목표를 위해 조화를 이루며 협력하는 경우가 많다.

이번 장에서는 오로지 한 가지 유형의 공공 단체(입법 기관)와 그들이 하는 활동의 한 국면(시민권 입법)에만 관심을 둘 것이다. 그렇

반명예훼손연맹(Anti-Defamation League, ADL) 미국에 본부를 둔 국제적인 유대인 비정부 기구. 1913년 9월에 유대인 상호 부조 조직인 '브네이 브리스(B'nai B'rith)'에 의해 세워졌다. 주로 반유대주의 세력을 감시하고 모니터링하는 것이 목적이지만, 비(非)유대계를 포함한 모든 시민의 평등을 강조하며 인종 차별, 소수자 혐오와 관련해 각종 증오 단체들을 감시한다.

전미흑인지위향상협회(National Association for the Advancement of Colored People, NAACP) 미국에서 역사가 가장 오랜 흑인 인권 단체. 1909년 2월에 설립되었다. 이 단체의 기원은 흑인 지도자 두보이스(W. E. B. Du Bois)가 1905년에 시작한 흑백 차별 철폐 운동인 나이아가라 운동(Niagara Movement)이었다. 두보이스는 온건 노선을 내세운 흑인 인권 단체들과 대립하다가 1909년 나이아가라 운동을 해체하면서 NAACP를 세웠다.

지만 정부 차원의 대책이 그 성격상 늘 입법을 통해서만 가능한 것은 아니라는 사실을 알아 두자. 행정 명령으로 상당히 많은 것을 이룰 수 있고, 또 실제로 그렇게 해 왔다. 루스벨트 대통령이 1941년에 설치한 비상 공정고용실행위원회(FEPC)가 좋은 예이다. 루스벨트는 대통령으로서 자신에게 위임된 권한을 행사해 소수 집단 구성원의 고용을 거부하는 회사는 연방정부와 어떤 사업 계약도 체결할 수 없도록 했다. 앞서 대공황 시기에 루스벨트는 비슷한 조치를 취하면서 모든 공공 사업 계약에 비(非)차별 조항이 들어가야 한다고 요구하기도 했다. 흑인, 중남미 출신 미국인, 아메리카 원주민 등 암울한 상황에 있던 모든 집단이 혜택을 받았다. 대통령 휘하 행정 실무자들도 각자 권한을 활용하여 연방 주택 사업과 정부가 보조금을 지원하는 다른 시설에 대해 모든 집단이 동등하게 혜택을 누릴 수 있도록 조치했다. 최근에는 군사 최고 지휘부에서 전투 부대 내에 남아 있는 전통적인 인종 분리 정책을 없애는 데 크게 도움이 될 명령을 하달했다.

입법의 짧은 역사[2]

헌법, 권리장전, 수정조항 14조°와 15조°를 통해 미국 인구에 포함되는 모든 집단을 위한 민주주의적 평등의 기본 틀이 세워졌다. 그러나 이 틀 안에서도 다양한 해석이 존재했다.

남북전쟁이 끝난 후, 연방의회는 해방된 흑인들에게 실질적인 평등을 보장해주기 위해 여러 법안을 통과시켰다. 즉 "강제 노동 제도를

수정조항 14조(Fourteenth Amendment) 미국 헌법 수정조항 14조는 1866년에 비준된 조항으로 흑인의 시민권을 보장함으로써 정당한 법 절차 없이 흑인의 생명, 자유, 재산을 빼앗지 못하게 했다.

수정조항 15조(Fifth Amendment) 1870년에 비준된 조항으로 인종이나 피부색 혹은 과거의 예속 경험에 상관없이 모든 시민에게 투표권을 부여해야 한다는 내용을 담고 있다.

철폐하고 영구히 금지"했으며, KKK단을 불법 단체로 지정했다. 또 인종이나 피부색 때문에 어떤 사람의 선거권을 침해하는 행위를 형사 범죄로 정했으며, 숙박 시설과 대중교통, 공공장소 등에서 차별을 금지했다. 한편 전쟁에 패배하고 분노한 남부의 여러 주 의회는 반대 유형의 법안을 제정하는 작업에 서둘러 나섰다. 흔히 흑인법°이라 불리는 것으로, 해방된 흑인들이 새로 얻은 권리를 가능한 한 완벽하게 부정하기 위해 만들어진 법이었다. 소란스러운 재건 시대°에 연방군이 남부에 주둔한 짧은 기간에만 남부에서도 연방의회가 제정한 시민권 법이 시행되었다.

일련의 과정을 거쳐 남부는 "흑인을 지배할 수 있는" 권리를 곧 되찾았다. 1877년 민주당이 장악한 연방 하원은 재건 시기의 시민권 법령 대부분을 무효화하는 법안을 가결했다. 연방대법원은 수정 조항 14조와 15조를 지나치게 협소하게 해석했고, 두 조항의 법적 이행 문제는 대부분 개별 주로 넘겨졌다. 이에 고무된 몇몇 주는 즉각 흑백 분리 법안을 통과시켰고, 다양한 핑계를 대서 흑인의 투표권을 박탈했다. 개별 주의 권한을 지지하는 관점이 잘 드러난 것이 바로 유명한 1896년 플레시 대 퍼거슨 사건° 판결이다. 이 판결에서 법원은 '분리되어 있되 평등하다(separate but equal)'라는 원칙을 수용하고, 이 원칙에 입각해 인종 분리를 선언한 법규가 실제로 평등을 부인하

흑인법(Black Codes 또는 Black Laws) 아프리카계 미국인들의 행동을 규제한 법령을 통틀어 부르는 명칭이다. 더 구체적으로 말하면, 17세기 중반부터 18세기 초에 걸쳐 영국령 아메리카 식민지가 정한 노예법과 남북전쟁 이후 재건 시대에 남부 각 주의 의회가 제정한 흑인 규제법(흑인 단속법)의 총칭이다. 특히 남북전쟁이 끝난 뒤 1865년과 1866년에 흑인의 자유를 제한하기 위해 남부 주들이 도입한 법령들이 유명하다. 해방된 흑인들의 의무와 권리, 무기 소지 및 판매 금지, 직업의 제한 등을 규정한 것으로서 세부 내용이나 처벌은 주에 따라 다양했다. 가령 흑인이 일정한 직업 없이 떠돌아다니면 체포해 무거운 벌금을 부과하기도 했고, 심지어 흑인은 토지를 구입하는 것도 금지되었다.

재건 시대(the Reconstruction era) 남북전쟁이 끝난 후 남부 주들의 합중국 재통합 작업이 이루어진 1865년에서 1877년까지를 가리킨다.

지 않는다고 주장했다. 이 판결은 열차에서 피부색에 따라 승객을 분리할 것을 요구한 루이지애나주의 법령을 인정했을 뿐만 아니라, 모든 유형의 분리 정책을 헌법적으로 승인할 수 있는 원리를 제공해주었다.

남부가 흑인 지배권을 회복하는 과정에서 더 중요한 역할을 한 것은 연방 상원에서 쓰인 필리버스터°라는 무기였다. 시민권 입법에 반대하는 의원이라면 누구든 무제한 토론의 권리를 행사함으로써 (보통은 그 취지에 동감하는 몇몇 동료들의 도움을 받아) 법안 통과를 영구히 차단할 수 있다. 이 방법은 매우 효과적이어서, **1875년 이래 상원에서는 어떤 시민권 법령도 승인된 적이 없다.**° 필리버스터를 제어할 수 있게 상원 의사 규칙이 개정되지 않는 한, 앞으로도 그런 법안이 조기에 제정될 전망은 보이지 않는다(아무리 많은 상하원 의원이 법안을 지지한다 하더라도 소용이 없다). 시민권 입법 지지자들이 효과적인 (의회) 토론 종결 규칙을 세우는 데 집중하는 것도 바로 이 때문이다. 그러나 상원 의사 규칙을 바꾸자는 제안조차 필리버스터를 초래한다. 인두세°와 린치를 막고 평등한 고용 기회를 제공하고자 하는 연방

플레시 대 퍼거슨 사건(Plessy v. Ferguson) 1890년 루이지애나주에서 인종에 따라 열차 좌석을 분리한다는 법안이 통과된 후, 뉴올리언스에 거주하는 흑인들을 중심으로 법안을 철폐하거나 그 효과를 무력화하기 위한 운동이 펼쳐졌다. 이 운동의 일환으로 1892년 6월 7일 호머 플레시라는 한 혼혈 남성이 백인 전용 객차에 탔다가 기소당했다. 플레시는 외모는 백인이었으나 혈통상 8분의 1은 흑인, 8분의 7은 백인이었고 이 경우 루이지애나주에서는 법적으로 흑인으로 분류되었다. 퍼거슨(John Homer Ferguson)은 루이지애나주의 법을 옹호하고 플래시에게 벌금을 물린 1심 재판관의 이름이다. 이 사건은 양측의 공방 끝에 1896년 5월 18일 연방대법원이 흑백 인종 분리가 합헌이라는 판결을 내리면서 마무리되었다.

필리버스터(filibuster) 의회 안에서 무제한 토론 같은 합법적인 수단을 통해 의사 진행을 저지하는 행위.

○ 이 책의 초판이 쓰인 1954년까지 상황은 그러했다. 하지만 1957년에 마침내 연방의회에서 1875년 이래 처음으로 시민권 법(Civil Rights Act of 1957)이 통과되었다.

법안들이 통과되지 못한 것은 주로 필리버스터 때문이었다. 연방 하원은 그런 법안들을 거듭 승인했고 상원도 과반 이상이 지지한다고 알려져 있으나, 아직도 법 제정은 요원한 상태다.

연방대법원 판결과 필리버스터가 초래한 교착 상태를 두고 북부의 여러 주에서 반발이 일어났다. 그 주들은 소수 집단을 위한 입법에 본격적으로 나섰다. 1909년까지 18개 북부 주들이 공공시설에서 차별을 금지하는 법을 만들었다. 하지만 시민권 법안이 주의회에 말 그대로 진짜 눈사태처럼 쇄도한 것은 최근 몇 년 사이의 일이다. 1949년 한 해에만 반차별 법안이 1백 건 넘게 도입되었다. 비록 법안의 통과 비율은 낮지만, 매년 쌓여 가는 보호 법령들의 수는 인상적이다. 어떤 법령은 고용, 공영 주택, 주 방위군에서 차별을 금지한다. 또 어떤 법령은 교육과 공공시설에서 분리 정책과 투표의 필요조건이 된 인두세를 없애거나, 반(反)소수자 선전물 출판을 형법상 명예훼손 행위로 규정한다. 이보다 속도가 느리지만 남부의 몇몇 주들도 차별적인 법률을 일부 폐지하고 교육과 투표의 장애물을 제거했다.

변화하는 시대 흐름에 연방대법원도 영향을 받았다. 19세기에 연방대법원이 "법은 인종 본능을 근절할 힘이 없다."고 선언한 이래 판결의 흐름이 바뀐 것이다. 최근 연방대법원은 토지 매매에서 (토지 사용) 제한 계약을 강제할 수 없다고 판결했다. 또 (아시아인들의 토지 소유를 금지한) 외국인 토지법과 주간(州間) 운송에 쓰이는 교통수단 분리 정책이 위헌이며, 직업 교육 기관은 모든 학생에게 완전히 동등한 교육 시설을 제공해야 한다는 판결을 내렸다. 비록 앞서 언급

인두세(poll tax) 수정조항 15조에 따라 흑인이 투표권을 부여받자 이를 실질적으로 저지하기 위해 남부 여러 주에서 도입한 방안이었다. 일정액 이상의 세금을 납부하는 남성만 투표권을 얻을 수 있다고 규정함으로써 대부분 하층 계급에 속해 있던 흑인들의 투표율을 떨어뜨렸다.

한 플레시 대 퍼거슨 판결을 명시적으로 뒤집은 것은 아니지만, 동등한 시설 제공을 강조함으로써 대법원은 분리 정책에 맞설 강력한 무기를 마련했다. 분리 정책을 시행하는 대부분의 주들은 완전히 동등한 시설을 두 군데 만들어 제공하려면 엄청난 비용이 든다는 사실을 깨닫게 될 것이다. 남부에서 흑인 어린이의 교육 기회를 백인 어린이와 동등한 수준으로 맞추려면 10억 달러의 비용이 들 것으로 추산된다. 따라서 완전히 동등한 설비를 갖추라는 대법원의 명령은 경제적인 부적합성 때문에 결국 분리 정책의 붕괴를 촉진할 것이다.

'분리되어 있되 평등하다'라는 원칙이 논리적으로 유효할 수 있는지는 논란의 여지가 있다. 그러나 분리는 미국인 중 어느 한 집단을 다른 집단에 비해 열등하다고 낙인찍으려는 것 외에 다른 어떤 근본 목적도 없다. 분리 문제에 점점 더 관심이 집중되고 있으며, 분리에 반대하는 정서가 강해지고 있다. 이 장에서 살펴보겠지만, 지금 연방 대법원은 과거 어느 때보다 이 문제를 똑바로 다루어야 하는 상황에 놓여 있다. 대법원이 이 문제를 기꺼이 직시할 뿐 아니라 과거에 자신들이 내린 플레시 대 퍼거슨 사건의 판결을 뒤집을 수도 있다는 의향을 내보이는 것은 현재 진행 중인 사회 변화의 정도를 가늠하게 해준다.

입법 유형

소수 집단을 보호하는 법은 대체로 다음 세 종류로 나뉜다. (1) 시민권 법률(civil rights laws), (2) 고용 관련 법률(employment laws), (3) 집단 (표시에 의한) 명예훼손 법률(group libel laws).[3] 물론 소수 집단 보호를 직접 겨냥하지 않고도 잠재적으로 더 큰 효과를 내는 법률도 많다. 예를 들어 최저임금법은 빈곤 집단의 생활 수준을 높여서 그들의 건강과 교육과 자존감이 향상되도록 돕는다. 더불어 그들이 다수 집단에게 동료와 이웃으로 더 잘 받아들여지게 하는 결과도 얻는다. 이와 비슷하게 범죄를 효과적으로 막는 법률은 흔히 같은 민족 계통으로 구성되고 때때로 민족 편견을 조직 간 싸움에 끌어들이는 범죄 조직들을 제거할 수 있다. 린치를 금지하는 법률도 비슷한 효과를 낸다.

(1) **시민권 법률** _ 여기에는 위락 시설, 호텔, 식당, 병원, 대중교통, 도서관, 그 밖의 어떤 공공장소에서든 인종, 피부색, 종교, 국적 등을 이유로 이용자를 차별하는 행위를 금지하는 법령이 포함된다. 북부와 서부의 대다수 주들이 이런 법률을 갖추고 있다. 하지만 이 법률은 종종 제대로 집행되지 않는다. 부분적으로는 집행관들이 이 법률을 중요하게 여기지 않기 때문이고, 어떤 지역에서는 편견에 찬 사회적 관행이 집행관들의 활동을 막을 정도로 강하기 때문에 그렇다. 또 부분적으로는 차별당하는 사람들이 거의 불만을 제기하지 않기 때문이기도 하다(슬쩍 피하는 것이 더 쉽게 사는 길이다). 검사가 기소를 강행해도 부과되는 벌금은 대개 10달러에서 100달러 사이로 적은 편이고, 검사도 이런 사건을 그저 골치 아픈 일로 여기곤 한다. 위반자가 사업 허가를 취소당하는 것까지 가능하다고 법률에 규정되어 있는 경우는 거의 없다. 중국인이나 흑인을 받지 않다가 유죄 판결을 받아도 호텔 경영자가 몇 달러만 내면 그만일 수 있다. 그는 그런 소소한 비용을 자사 홍보비나 기타 경비로 처리하고 계속 불법적인 방침을 유지한다.

시민권 법률의 합헌성은 잘 확립된 상태이고, 현재 이 법률의 인지도가 높아지고 있는 것은 앞으로 법 집행이 더 엄격하게 이루어질 조짐일 수 있다. 하지만 이 법률이 제대로 집행되려면 불만 사항을 조사하고 위반자들과 비공식적으로 협상하고 위반자들에게 법률의 의미를 교육하고 필요하면 사업 허가를 취소할 수 있는 권한이 있는 위원회가 필요하다.

공정한 교육 실행 또한 최근 입법의 주제이다. 주의 인가를 받아 운영되는 몇몇 사립학교가 사실상 소수 집단을 배제하고 있다는 폭로(예를 들면 일부 의과대학이 유대인과 이탈리아인 지원자들을 차별한다는 폭로)에 뒤이어, 소수 집단 배제를 막기 위한 법률이 통과되었다. 학교가 지원자의 소속 집단에 관한 정보를 (사진이나 유도 질문을 통해) 얻는 것은 금지되었다. 입학은 오직 성적으로만 결정된다. 이런 유형의 법률은 실제로 결코 차별을 행한 적이 없는 많은 학교에 행정적 부담을 안겨준다. 하지만 이 법의 지지자들은 이 법이 바람직한 목적을 달성할 것이라고 믿는다. 말할 필요도 없이, 법적으로 분리 교육 정책을 실행하는 주들은 이런 종류의 법령이 없다.

(2) **공정 고용 법률** _ 공정한 고용 기회를 보장하기 위한 전시(戰時) 기관, 즉 '공정고용실행위원회'를 설치하라는 루스벨트 대통령의 행정 명령이 대중의 상상력을 파고들었던 모양이다.[4] 의회는 위원회가 효과적으로 활동하는 데 필요한 충분한 자금 지출을 승인하지 않음으로써 행정 명령 시행을 방해했다. 또 위반자에게 벌금을 부과하거나 위원회에 위반 사례 조사를 발의할 수 있는 권한을 부여하는 법안을 통과시키지 않음으로써 명령의 시행을 방해했다. 공정고용실행위원회의 활동이 종결된 뒤 의회는 이 기구를 갱신이 필요 없는 영구 정부 기관으로 설치하자는 법안을 끝내 통과시키지 않았다.

그러나 의회의 저항에도 불구하고, 공정고용실행위원회는 '때가 이미 무르익은 발상'이었던 것으로 보인다. 뉴욕에서 1945년에 아이브스-퀸 법°이 통과된 이래, 북부와 서부 주들 가운데 약 절반 정도가 이와 유사한 법을 제정했다. 또 많은 시에서도 공정고용실행위원회 조례를 통과시켰다. 그런데 대개는 법률 위반에 대한 처벌 규정이 없었다. 그저 위원회에 출석해 불편한 시간을 보내야 한다는 것과 평판에 금이 갈지 모른다는 것 정도가 위반에 따르는 대가였다. 하지만 조정을 통해 상당히 많은 것이 달성되었기 때문에, 솜씨 좋은 집행위원회(실제로는 '조정'위원회)가 활동하는 곳에서는 결과가 매우 성공적이라는 평가가 따랐다. 새로운 일자리 기회라는 결과뿐만 아니라, 노동하는 시민으로서 소수자의 권리가 공적 관심사임을 선언한 덕분에 소수 집단의 사기가 올랐다.

> 1950년에 〈비즈니스 위크(Business Week)〉가 법령에 따라 공정고용실행위원회를 설치한 주에 소재를 둔 여러 대기업 고용주에게 질의서를 보내, 결과적으로 "이 법이 귀사에 방해가 됩니까?"라고 물었다. 편집자들은 그들의 의견을 이런 식으로 요약했다. "공정고용실행위원회법은 반대자들이 예측했던 소란 비슷한 것도 초래하지 않았다. 불만에 찬 구직자들이 위원회에 불만을 쏟아낸 적도 없다. 개인적인 마찰은 전혀 심각하지 않았다. …… 공정고용실행위원회에 반대한 사람들조차 적극적으로 반감을 드러내지 않고 있다." 게다가 고용주들은 이 법이 가장 유능한 노동자를 선발할 자신들의 기본 권리를 방해하지 않는다는 데 동의하는 것처럼 보인다.[5]

이런 유형의 법을 통해 얻은 경험이 편견을 다루는 문제에도 새로운 통찰을 가능하게 해주었다. 설득, 조사, 홍보를 통해 얼마나 많은

아이브스-퀸 법(Ives-Quinn Act) 미국 최초로 인종, 종교, 피부색, 출신 국적 등에 따라 고용에서 차별을 행하는 것을 금지한 주 법률. 법안은 뉴욕주 의원 어빙 아이브스(Irving Ives)와 엘머 퀸(Elmer Quinn)이 발의했다.

일을 이룰 수 있는지 보여준 것이다. 이 접근은 강제가 아니라 조정의 방식이다. 확고부동한 편견을 지닌 고용주들은 드물다는 것이 밝혀졌다. 그들은 단지 사회적 관행으로 당연히 받아들여지리라 추측하는 것을 따를 뿐이다. 고객과 피고용인과 법률이 어떤 차별도 없는 상태를 선호한다는 사실, 혹은 적어도 그러기를 기대한다는 사실을 확신할 때 그들은 협조적이 된다.

사실 피고용인과 고객에게 미리 **질문을 던진다면,** 그들은 특정 소수 집단 구성원과 함께 일하거나 혹은 그 사람들에게 서비스를 받는 것에 대해 말로는 흔히 반대 의사를 밝히곤 한다. 그러나 평등이 실행에 옮겨질 때는 거의 반대가 없는 것으로 드러난다. 대개는 변화가 생겼다는 사실을 지각하지 못하는 경우도 많다.

말로 표현하는 편견과 평등주의적 행동 간의 불일치(118쪽)를 뉴욕 시의 한 대형 백화점에서 실시한 실험에서 확인할 수 있다.[6] 흑인 점원과 백인 점원이 나란히 근무했다. 흑인 점원이 상대한 고객들을 거리로 따라가서 그들이 백화점 안에 있을 때부터 지켜봤다는 사실을 알려주지 않은 채 면담을 했다. 그중 일정 수의 사람들은 "흑인 점원에게 서비스를 받는 데 반감이 있다."는 정서를 표현했다. 그런 다음에 그들에게 방금 백화점에서 흑인 점원을 본 적이 있는지 물었다. 4분의 1이 아니라고 말했다. 방금 자신이 상대한 점원의 피부색을 지각하지 못했거나 기억하지 못한 것이다. 말로 표현하는 편견과 실제 행동 사이의 이런 단절은 흥미롭다. 이것은 평범한 일상 속에서 관련 쟁점이 의식에 떠올라 말로 또렷이 표현되지만 않는다면 평등이 당연하게 여겨질 것임을 시사한다.

같은 연구에서 흑인 점원에게 도움받은 것을 기억해낸 사람들의 경우에 그런 경험 덕분에 편견이 줄어들 수 있음을 보여준다. 그들은 사실상 이렇게 말했다. "글쎄요, 어떤 매장에는 흑인을 점원으로 두는 것도 괜찮겠네요." 의류 매장에서 흑인 점원을 상대한 사람들은 흑인을 의류 매장에 배치하는 것은 찬성하면서도 고객과 더 가까운 관계를 맺게 되는 식품 매장 같은 곳에는 배치하면 안 된다고 말하곤 했다. 그런데 식품 매장에서 흑인을 상대한 사람들은 이런 배치도 받아들일 만하지만 흑인을 의류 매장 같은 곳에서 일하게 해서는 안 된다고 말하는 경향이 있었다. 편견은 여전히 남아 있지만, 확실히 약해지고 방어적이 된다.

공정고용실행위원회 법은 실제로 거의 문제를 일으키지 않을 뿐만 아니라, 집단 간 관계 개선에 전략상 중요하다. 이 법은 어떤 소수 집단에 이전까지 누렸던 것보다 높은 소득과 높은 지위의 일자리를 제공한다. 이 과정은 뮈르달이 진술한 흑백 관계 개선의 중요 원리에 부합한다.[7] 뮈르달은 '차별 순위'가 있다고 주장한다. 백인, 최소한 남부의 백인들은 인종 간 결혼에 가장 강력히 반대하고, 다음으로 사회적 평등에 반대한다. 그다음에는 공공시설의 평등한 사용, 정치적 평등, 법적 평등 순으로 반대하며, **가장 적게 반대하는 것**이 직업상 평등이다. 정작 흑인이 원하는 순위는 거의 정확하게 **거꾸로**다. 흑인들은 평등한 일자리 기회를 가장 갈망한다. 왜냐하면 경제적 곤경이 흑인이 겪는 많은 문제(거의 모든 문제는 아니더라도)에서 근본 원인이기 때문이다. 공정고용실행위원회 법은 흑인의 만족감은 최대한으로 하고 백인의 불만은 최소한으로 하는 방식으로 차별이라는 사안을 공략한다는 점에서 심리적 차원에 중점을 둔 것이라고 결론 내릴 수 있다.

(3) **집단 (표시에 의한) 명예훼손과 선동죄에 관한 법** _ 이 법은 논란의 여지가 더 많은 법적 교정 방안이다.

집단 명예훼손 방지를 목표로 하는 입법은, 이미 잘 확립되어 있는 법리(法理)를 논리적으로 확장하는 것이다. 만일 어떤 사람이 X가 사기꾼에다 반역자라는 자신의 견해를 공표하면서도 그런 비난을 입증할 수 없다면, X는 손해 배상금을 두둑히 챙길 수 있을지 모른다. 특히 X의 사업이 망하고 공동체 내에서 그의 평판에 금이 갔다면 더욱 그렇다. 그러나 만약 같은 사람이 일본계 미국인이나 유대계 미국인은 모두 사기꾼에다 반역자라는 견해를 공표한다면, 일본계 미국인인 X는 불매 운동과 경멸을 당하고 앞선 경우에 못지않게 큰 피해를 입을 수 있지만 이 경우에 X에게 법적인 구제책은 없다. 법인과 임의단체(예를 들어 콜럼버스 기사수도회° 같은 단체)는 명예훼손에 대해 성공적으로 소송을 제기할 수 있다. 하지만 민족 집단이나 인종 집단은 보호받지 못한다. 지난 몇 년간 소수의 관련 법안이 통과되었지만(예를 들어 매사추세츠주에서) 실제로 법이 집행된 경우는 거의 없다.

원칙적으로 타당하다고 해도 그런 법들을 집행하기는 어렵다. 만약 비방자에게 반드시 악의적인 의도가 있어야 한다고 법에 명기되어 있다면, 그런 의도를 증명하기는 어렵다. 그리고 집단 간 차이에 관한 연구가 아직 초기 단계인 상황에서 명예를 손상하는 진술이 거짓임을 확실하게 증명하기는 쉽지 않다. 더군다나 그런 법들은 대중적으로 인기가 없고 합헌성 측면에서도 문제가 될 경계선에 있다. 언론의 자유를 축소하는 것처럼 보이기 때문이다. 공공의 비판은 그것이 정당하든 부당하든 간에 폭력을 부추기지 않는 한 민주적 권리의 전통에 속한다. 26장에서 보았듯이 선동가는 흔히 바로 이 기준을 넘지 않는 선에서 장광설을 멈춘다.

집단 표시에 의한 명예훼손 입법에 찬성하는 쪽과 반대하는 쪽의 주장을 면밀하게 고려한 후, 대통령직속시민권위원회는 그 법안을

콜럼버스 기사수도회(the Knights of Columbus) 1882년 미국 코네티컷주에 설립된 가톨릭 수도 단체. 참된 가톨릭 정신의 함양을 위해 노력하고 자선 활동, 교육, 역사 연구, 사망한 회원의 유가족을 돕는 일 등을 한다.

지지하지 않기로 결정했다. 위원회는 비판에 대한 대응책은 그 비판에 반박하는 것이라고 보았다. 말에는 더 많은 말로 응수하는 것이다. 뒤로 숨지 말고 당당하게 하면 된다. 대신에 위원회는 익명의 증오 문건을 우편으로 보내는 것을 연방법 위반으로 간주하는 법안을 지지했다. 편견에 찬 무리와 시민권을 옹호하는 무리가 심각한 싸움을 벌일 때, 적어도 적대자가 스스로 자신이 누구인지 밝혀서 상대가 직접 응수할 수 있게끔 하는 것이 공정해 보인다.

선동가를 통제하려는 모든 법은 헌법이라는 장애물에 부딪힌다. 공공연히 평화를 파괴하거나 폭력을 선동하는 행위는 늘 법에 따른 처벌을 받아 왔다. 그래서 인종주의 선동가를 통제하는 특별법에 반대하는 사람들은 굳이 그런 법이 필요치 않다고 주장한다. 그러나 특별법 지지자들은 소수 집단을 직접 겨냥한 선동이 눈에 잘 띄지 않더라도 분명히 악영향을 끼친다고 주장한다. 선동의 영향은 오래 지속되며, 여러 장광설이 쌓여서 마침내 위험한 상황이 만들어진다는 것이다. 연방대법원이 이런 추론을 인정할 가능성은 크지 않다. 왜냐하면 대법원은 대법관 올리버 웬들 홈스(Oliver Wendell Holmes Jr.)가 1919년에 작성한 판결문을 기준으로 삼아 판단하기 때문이다. 홈스는 판결문에서 표현의 자유는 오로지 "명백하고 현존하는 (폭력의) 위험"이 있을 때에만 제한할 수 있다고 선언했다. 이에 따르면 경찰은 선동가가 떠들어댄 장광설의 결과로 군중 행동이 임박하다고 보일 때에만 개입할 수 있다. 많은 사람이 이 판결이 현명하다고 생각하는 이유는, 만약 경찰에게 더 많은 재량권이 주어진다면 광범위한 반(反)증오 법률의 비호 아래 경찰이 자기들 입맛에 맞지 않는 비판을 억압할 수도 있기 때문이다.

이와 같은 논변은 선동가의 메시지가 분명히 공익을 위한 것이 아닌 경우 그의 공공 재산 이용 신청을 불허함으로써 그 이용에 제한을 가하자는 제안에도 적용된다. 이런 법령이 선동가가 사유지에서 발언하는 것을 막지는 않을 것이다. 실제로 이 법은 공공장소에서 민주주의의 양심이 존중되어야 한다고 명확하게 규정한다. 하지만 이것은 행정이 오락가락할 여지를 만들 수도 있다. 허가를 심사하는 당국이 특정 유형의 편협한 자들에겐 발언을 허용하고 다른 사람들은 입을 다물게 할 수도 있다. 혹은 최악의 경우 법을 명분 삼아 정치적 반대자의 발언권을 거부할 수도 있다.

명예훼손 법을 옹호하는 사람도 많지만 일반적인 여론은 그들에게 불리해 보인다. 편견에 찬 견해는 억압할 것이 아니라 편견 없는 견해로 자연스럽게 반박함으로써 교정해야 한다는 것이다. 같은 주장이 영화, 라디오, 언론 등에 대한 검열을 반대하는 데도 적용된다.

입법이 편견에 영향을 끼칠까?

앞에서 언급했듯이 19세기 말에 연방대법원은 법에는 '인종 본능'을 근절할 힘이 없다면서 자신들이 내린 보수적 판결을 정당화했다. 이 무간섭주의적 태도는 당시 사회적 사유의 특징이었다. 당대의 탁월한 사회학자였던 윌리엄 그레이엄 섬너(William Graham Sumner)는 "국가의 방식은 사회의 방식을 바꾸지 못한다."라고 주장했다. 심지어 오늘날에도 같은 견해가 들리곤 한다. "편견을 막는 법을 만들 수는 없다."

그럴듯하게 들리지만 이 주장은 실제로는 두 측면에서 취약하다. 첫째, 우리는 차별적 법률이 편견을 **증가시킨다**는 사실을 완전히 확신할 수 있다. 그렇다면 어째서 그와 정반대의 법률이 편견을 **감소시키지** 않는다는 말인가?

둘째, 실제로 법은 결코 편견을 겨냥하지 않는다. 적어도 직접 겨냥하지는 않는다. 입법의 의도는 이익을 균등 분배하고 차별을 줄이자는 것이다. 앞서 살펴보았듯이 사람들은 단지 그렇게 개선된 조건의 부산물로서 동등한 지위에서 이루어지는 접촉과 정상적인 친분을 통해 혜택을 얻을 뿐이다(16장). 소수 집단의 기술력을 강화하고, 생활 수준을 높이고, 건강과 교육을 개선하는 일도 유사한 간접 효과를 낳는다. 나아가 법 규범이 확립됨으로써 편견의 **명백한** 징후를 점검할 공공의 양심과 바람직한 행동의 기준이 만들어진다. 입법은 편견 자체가 아니라 편견을 공공연히 표현하는 행위를 통제하려 할 뿐이다. 그러나 표현이 바뀌면 결국 생각도 따라서 바뀌기 쉽다.

하지만 입법을 통한 접근에 반대하는 몇몇 설득력 있는 주장도 있다. 이를테면 그러한 접근이 자칫 법을 경멸하고 경시하는 풍조를 조장할 수 있다는 것이다. 대체로 미국인들은 법을 가볍게 생각하는 것으로 유명하다. 뮈르달이 말한 것처럼, "미국은 실제로 지나치게 많은 것이 허용되면서 동시에 법으로는 지나치게 많은 것이 금지되는 나라가 되었다."[8] 그렇다면 지켜지지 않거나 무지와 냉담에 직면하게 될 법령을 늘리는 것이 과연 현명한 일일까? 뉴욕주 주민 대다수는 공정고용실행위원회 법이 존재한다는 사실조차 알지 못한다. 해당 법률이 몇 년간 시행되었고 홍보를 꽤 했는데도 그렇다. 차별을 직접 겪거나 명백한 차별 사례를 아는 사람들도 법을 적용하도록 불만을 제기하거나 조치를 취하지 못하는 일이 흔하다. 이런 일반적인 무관심은 어떤 상위의 '자연법'이 사람들에게 자신이 선택한 사람을 증오할 권리, 싫어하는 사람과 섞이지 않을 권리, 방해가 되는 법령을 무시할 권리를 주었다는 믿음에 따른 것일 수 있다. 오지랖 넓은 사람들만이 법으로 다른 사람들에게 도덕을 강제하려 한다.

또 다른 주장의 요점은 이것이다. 법은, 특히 미국에서 아주 흔한 청교도식 법률은 원인이 아니라 증상을 공격할 뿐이다. 호텔 지배인에게 필리핀인 투숙객을 받도록 강제한다고 해서 그가 지닌 반(反)아시아인 편향성을 뿌리뽑을 수는 없다. 학교에서 흑인 아이 옆에 백인 아이를 강제로 앉힌다고 해서 그 백인 아이 가족이 품은 반흑인 정서의 밑바탕에 깔린 경제적 공포를 없앨 수는 없다. 겉으로 가해지는 압력이 아니라 내면 깊은 곳에서 움직이는 힘들이 사람을 만든다.

마지막으로 '법전에 담긴' 법과 '실행되는' 법은 상당한 차이가 있다. 어떤 법이든 효율적으로 집행되지 못하면 사문(死文)이 된다. 미국은 법 집행 기준이 낮기 때문에 인간관계에 관한 입법은 특히 어리석은 일이라는 주장이 제기된다. 그런 법은 집행하기 어렵고, 때로는 대중의 감각을 거스르기도 한다. 그런 법을 알거나 신경 쓰는 사람도 거의 없다.

어떤 사람들은 이 점들을 고려하여 입법은 집단 간 갈등을 줄이는 데 성공할 가능성이 가장 낮은 수단이라고 본다.

그러나 이런 여러 주장 대부분에 훌륭한 반론이 존재한다. 어지간히 많은 사람들이 지지하지 않는 한, 그 법은 제대로 작동하지 않을 것이라는 말은 옳다. 하지만 사회적 관행이 언제나 국가의 방식보다 앞선다는 말은 잘못이다. 남부에서 짐 크로 법은 사회적 관행을 **양산**했다. 이와 비슷하게, 우리는 공정고용실행위원회 법이 공장과 백화점에서 새로운 사회적 관행을 빠르게 탄생시키는 것을 보았다. 지난 수십 년간 흑인, 멕시코인, 유대인을 배척해 온 직업들이 겨우 몇 주 만에 그들을 아무렇지 않게 받아들였다.

흔히 교육을 통해 교정 입법의 길을 열어야 한다고 말한다. 이 진술은 어느 정도는 의심할 바 없이 참이다. 토론, 공청회, 각성한 유권자, 이 모든 것이 반드시 필요하다. 그러나 그런 초기 작업이 완료되고 나면 이제는 법이 곧 교육이 된다. 대중은 미리 전향자가 되지는 않는다. 오히려 **기정사실**이 그들을 바꾼다. 대부분의 사람들이 흥분을 가라앉히고 난 후에는 선거나 입법의 결과를 오히려 기꺼이 받아들인다는 것은 잘 알려진 심리학적 사실이다. 공직 선거에서 민주당 후보를 열렬히 지지한 사람도 공화당 후보가 선출되면 분노 없이 결과를 받아들인다. 그리고 공정고용실행위원회 법이나 시민권 법안에 반대해 싸운 사람도 그런 법안들이 통과되면 대개는 다수의 결정을 감수한다. 그들은 승리한 새로운 규범을 기꺼이 다시 배운다.

지금 우리는 민주 사회의 기본 습성에 관해 말하고 있다. 시민들은 자유롭게, 간혹 맹렬하게 토론을 한 뒤에는 다수의 의지에 따른다. **만일 그 법이 자신의 내밀한 양심에 부합한다면, 특별히 의욕적으로 그 법을 받아들인다.** 이 점을 고려하면 시민권 입법은 뚜렷한 이점이 있다. 20장에서 대부분의 미국인이 차별은 잘못된 것이며 비애국적인 행위라는 확신을 마음속 깊이 품고 있음을 보았다. 자신의 편견 때문에 사람들은 상정된 법안에 반대하여 머뭇거리고 저항하지만, 그러면서도 자신의 '더 나은 본성'에 부합하는 그 법이 통과되고 집행되면 안도의 한숨을 내쉰다. 법으로 사람들의 양심을 지지해줄 필요가 있고, 또 사람들이 그것을 원하기도 한다. 이 말이 집단 간 관계의 영역보다 더 잘 들어맞는 경우는 없다.

실제로 미국에서는 국가의 방식이 (적어도 헌법에 표현된 대로라면) 사회적 관행보다 앞선다. 미국의 헌법은 완진한 민주주의를 이룬다는 분명한 목표가 있다. 그래서 미국은 비록 사적인 도덕성은 많은 측면에서 낮지만 '공식적인' 도덕성은 높다. 예를 들어 히틀러 치하의 독일을 비롯한 다른 몇몇 나라들과 미국은 대조적이다. 나치 독일은 공식적인 도덕성은 낮았지만(차별, 박해, 소수 집단의 재산 몰수), 많은 독일 시민들의 사적인 도덕성은 엄청나게 높았다. 그러나 미국에서 공식적인 도덕성은 높은 이상에 맞춰져 있다. 게다가 국법은 사회적 관행을 선도하며 길잡이가 될 것이라는 기대를 받는다. 심지어 위반자들도 원칙적으로는 법을 인정한다. 교통 법규는 자주 위반되지만, 교통 법규 없이 살고 싶어 하는 사람은 아무도 없다.

법이 위반을 완전히 막을 수는 없지만, 위반을 억제하는 수단으로 작용하는 것은 확실하다. 법은 제지할 수 있는 사람은 누구든 제지할 것이다. 강박적으로 편협한 사람이나 선동가들을 제지하지는 못할 것이다. 방화를 제지하는 법이 방화광까지 제지할 수 있는 것은 아니다. 법은 중간 지대에 있는 사람들을 억제한다고 할 수 있는데, 그런 사람들은 습관을 만들어줄 스승으로서 법이 필요하다.

교정 입법을 옹호하는 마지막 주장은 법에 악순환을 깨는 능력이 있다는 것이다. 집단 간 관계가 나쁠 때 그런 관계는 더 악화되는 경향이 있다. 평등한 고용 기회, 평등한 교육 기회, 건강과 성장에 필요한 시설의 평등한 사용권을 박탈당한 흑인은 열등한 지위로 내려앉는다. 그는 그렇게 해서 더 하등 인간으로 취급당하며 경멸적인 대우를 받는다. 따라서 그에게 주어지는 기회는 지속적으로 줄어들고, 그의 상황은 더 나빠진다. 개인의 노력이나 배움도 이렇게 악화되어 가는 혼돈 상황을 타파할 수는 없다. 오로지 강력한, 공적으로 지지받는 법만이 그렇게 할 수 있다. 주거, 건강, 교육, 고용 등을 개선하는 선순환을 시작하려면 경찰력이 필요할 수도 있다.

앞서 말했듯이 차별이 제거될 때 편견이 줄어드는 경향이 있다. 악순환이 스스로 뒤집히기 시작하는 것이다. 고용, 주거, 군대에서 차별 철폐는 앞서 본 것처럼 다른 민족에 대해 더 친근한 태도를 낳는다(16장). 그리고 여태껏 분리되어 온 집단을 통합하는 일이 흔히 예상하는 만큼 어렵지는 않다는 것을 경험이 입증한다. 그러나 이 과정을 처음 가동하려면 대개 법이나 강력한 행정 명령이 필요하다. 뮈르달이 말한 '누적의 원리(the principle of cumulation)'에 따르면, 흑인의 삶의 수준을 높이는 것이 백인이 지닌 편견을 낮출 것이며 그것이

다시 흑인의 삶의 수준을 높일 것이다. 법이라는 최초의 자극이 주어지면 이 선순환이 확립될 수 있다.

요약해보자. 많은 미국인이 자신이 못마땅해하는 법을 준수하지 않으리라는 것은 맞는 말이지만, 그들 대부분은 사실 양심 깊숙한 곳에서는 시민권 법과 반차별 법을 받아들인다. 겉으로는 소리를 고래고래 지르며 항의하면서도 받아들일 수 있다. 사람들은 자신의 양심에 부합하는 법을 지킬 가능성이 크다. 그렇지 않더라도 그러한 법들이 존재함으로써 개인의 행동이 어떠해야 하는지에 관한 이미지를 떠올리게 해주는 윤리적 규범이 확립된다. 법이라는 자극은 종종 악순환을 깨뜨려 치유의 과정이 시작될 수 있게 해준다. 그렇게 해서 법과 전혀 관계 없는 개인의 힘과 공동체의 힘이 해방된다. 입법 이전에 반드시 교육이 이루어져야 한다는 말이 전적으로 참은 아니다. 적어도 교육이 완전하고 완벽하게 이루어질 때까지 기다려서는 안 된다. 입법 자체가 교육 과정의 일부이기 때문이다.

집단 간 관계 개선을 위해 고안된 법이면 어떤 것이든 전부 다 현명하다고 말하려는 것은 아니다. 형편없는 법도 굉장히 많다. 그런 법률 중 일부는 너무 모호하고 실용성이 없어서 교육 효과나 양심을 인도하는 효과조차 전무하다. 검열하고 금지하는 법은 결국 실패를 자초한다. 그리고 어떤 법률에는 단호한 처벌이 따라야 하겠지만, 소수 집단 관련 입법은 가능한 한 조사, 홍보, 설득, 조정에 의지해야 한다는 것이 일반적으로 적절한 원칙이다.

이 말이 참인 데는 특별한 이유가 있다. 편견을 지닌 사람은 이 주제에 극도로 예민하다. 사람은 거짓말이나 도둑질 때문에 자책할 수 있으나 편견 때문에 그러는 경우는 드물다. 편견 어린 마음에서 작동하는 무의식의 힘과, 자신의 적개심에 대한 통찰로부터 스스로를 보호하는 방어 기제와 정당화에 대해 앞서 여러 장에서 반복해 언급했다. 그러므로 죄책감을 느낄 수 없거나 혹은 느끼고 싶어 하지 않는 반차별 법 위반자가 체면을 지킬 수 있게 해주어야 하고, 따라서 조정을 통한 접근이 처벌보다 바람직한 결과를 가져올 것이라고 가정하는 편이 현명하다.

법이 자신의 양심에 부합하면, 그리고 적절히 집행되면 사람들은 대체로 그 법을 준수할 것이다. 여기에 조건을 하나 덧붙여야 한다. 법이 외부의 의지에 의해 강요된다는 느낌을 주어서는 안 된다. '양키의 간섭'에 대한 남부의 저항은 아주 유명하다. 별일 없다면 받아들여질 만한 법도 개인적인 (혹은 지역적인) 모욕으로 느껴지면 저항을 받을 수 있다. 해당 지역의 의원들이 발의한 법안이라야 성공적으로 실행될 것이라는 말이 아니다. 다만 '외부의 지배'라는 분위기를 풍기면 효력이 감소할 것이라는 이야기다. 법안이 통과되는 방식에서 또 다른 편견을 유발한다면 편견을 줄이지 못할 것이다.

입법과 사회과학

최근 들어 소수 집단을 위한 입법 활동이 활발해지고 있지만, 여전히 주(州) 법전에서는 인종적 **아파르트헤이트**를 유지하는 법이 차별과 싸우는 법보다 더 많은 지면을 차지하고 있다.[9] 시대의 흐름이 점차 새로운 방향으로 나아가는 것처럼 보이지만, 미국에서 법령의 도덕성이 헌법의 도덕성을 따라잡으려면 시간이 오래 걸릴 것이다.

기존의 상황을 이해하려면 넓은 역사적 관점에서 볼 필요가 있다. 남북전쟁 때 남부가 겪은 고통과 굴욕은 가늠할 수 없을 만큼 엄청난 트라우마를 남겼다. 북부를 향해, 흑인을 향해, 사회 변화 전반을 향해 공격적인 적개심이 분출했고, 약간의 논리만 보태면 참을 수 없는 현재 상황을 이 모든 것들 탓으로 돌릴 수 있었다. 자존감을 회복하려면 북부의 의도와 희망사항에 대항하고, 흑인을 실제로 노예는 아닐지라도 적어도 종속적인 역할에 묶어 두는 것이 심리적으로 필요했다.

이 남부의 욕구가 너무 강렬한 나머지 심지어 연방대법원조차 대응할 힘이 없다고 느꼈다. 결국 연방대법원은 플레시 대 퍼거슨 사건에서 절정을 이룬 일련의 판결을 통해 남부에 사실상 무릎을 꿇었다. 연방대법원은 자신들의 입장을 정당화하고자 일련의 심리학적 가정을 끌어들였지만, 이후 그 가정은 잘못된 것으로 드러났다. 그 가정은 이런 것들이었다. (1) 분리가 흑인에게 열등함을 상징하는 낙인을 찍는 것은 아니다. (2) 법은 '인종 본능'을 근절하거나 신체적 차이에 근거한 구별을 철폐할 힘이 없다. 따라서 정부의 개입은 분리 정책의 바탕에 있는 문제를 해결하는 데 쓸모가 없다. (3) 분리 제도를 그냥 내버려 두면, 상호 조정의 과정을 거쳐 인종 간 조화로운 관계가 점차 발달할 것이다.[10] 시간이 흐르면서 이 가정이 모두 무너졌다.

오늘날 사회과학이 법원과 입법부에 과연 실질적인 도움을 줄 수 있을지, 그럼으로써 제안된 조치의 심리적·사회적 결과에 관한 잘못된 가정을 막아낼 수 있을지 의문이 제기된다. 19세기라면 이 의문은 시기상조였겠지만, 20세기에는 그렇지 않다. 이 책에서 사회 입법°과 관련 있을 법한 최근의 객관적 연구들을 다수 살펴보았다. 지금 우리는 공정한 입장에서 분리 정책의 귀결과 분리 정책 철폐에 따른 귀결을 예측할 수 있다. 우리는 차별의 피해자가 된 소수 집단의 반응에 관해 상당히 많이 알고 있으며, 시민권 법률에 대한 강박적인 저항을 이해하고 그 저항이 대개 일시적인 이유도 이해한다. 이것들과 그 밖에 다른 많은 발견은 법적 판결을 명료화하고 개선하는 문제에서 사

사회 입법(social legislation) 사회 문제를 해결하려는 사회 정책적 입장에서 행하는 법률의 제정, 또는 그 법률을 말한다.

회과학이 기여할 수 있는 부분을 분명히 보여준다.

법원이나 국가, 연방의회는 사회과학이 내놓는 증거들을 아직은 반기지 않고 있다. 사회과학이 인간관계의 성공적인 수행에 관해 비교적 아는 바가 거의 없음을 인정하더라도, 원한다면 언제든 사회과학의 도움을 조금이라도 받을 수 있을 것이다. 하지만 우리는 협력을 향해 나아가는 길에서 이제 막 몇 발을 내디뎠을 뿐이다. 연방대법원 판결과 관련된 한 사건이 현재 상황을 설명하는 데 도움이 될 것이다.

그에 앞서 먼저 변론 취지서를 준비하고 연방대법원에서 사건을 변호하려면 상당한 능력과 돈이 필요하다는 점을 언급해야겠다. 개인 혼자서는 사실상 감당하지 못한다. 숙련된 변호사들의 지원을 받고, 또 인정 많은 개인이나 자선 단체로부터 재정적 도움을 받는 경우에 그나마 배상을 청구해볼 수 있다. 이제까지 사례를 보면 시민권 관련 쟁점에 특화된 변호사들과 조직들이 나섰을 때 최선의 결과를 얻을 수 있었다.[11]

다음에 살펴볼 글은 최근 그처럼 특화된 기관 중 한 곳에서 차별 관행을 무효화하기 위해 준비한 변론을 보여준다. 이 변론은 이 책의 목적에 비추어 볼 때 의미가 있다. 왜냐하면 변론의 여러 가지 핵심 요점과 그것을 지지하는 증거 중 상당 부분이 집단 간 관계에 대한 사회과학 연구에서 나왔기 때문이다. 이 변론은 '분리되어 있되 평등한' 시설이 실제로는 전혀 평등하지 않다는 식의 진부한 비난에 만족하지 않는다.

> 해당 변론 취지서는 설령 동등한 수준의 시설이 제공된다고 하더라도 강제 분리는 그 자체로 차별적이고 따라서 위헌이라는 사실을 입증하고자 했다. 흑인이자 원고인 헨더슨(Elmer W. Henderson)은 남부

철도회사(Southern Railroad Company)가 자사의 식당차 중 한 곳에서 그에게 식사 제공을 거부했다는 이유로 소송을 제기했다.[12]

뒤이어 철도 회사는 자사의 정책을 바꾸어서 각 식당차의 테이블 13개 중 하나를 완전히 흑인만을 위해 따로 마련해 두고 칸막이를 세워서 백인 이용자들과 분리되게끔 조치했다. 주간(州間)통상위원회(Interstate Commerce Commission, ICC)는 이런 규정이 주간 통상 조례°를 충족한다고 결정했다. 이 결정은 지방법원에서 확정되었다. 이 변론 취지서는 그 판결에 대하여 연방대법원에 제기한 상고에 해당한다.

취지서는 원고가 강제적인 인종 혼합을 주장하는 것이 아님을 분명히 밝힌다. 누구도 흑인이 있는 데서 밥을 먹을 필요는 없다. 그러고 싶지 않다면 말이다. 개인의 편견은 그 사람 자신의 문제다. 그러나 강제 분리는 유색 인종 승객과 백인 승객 양쪽 모두의 선택의 자유를 부인하는 것이다.

그다음 취지서는 분리는 흑인 인종의 열등함을 의미하며, 또 그것을 나타내려고 고안된 것이라고 주장한다. 강제 분리가 열등함의 증표임을 모두가 알고 있다. 이와 관련해, 누구나 아는 낙인 때문에 흑인이 겪는 고통을 폭로한 연구뿐만이 아니라 많은 권위자들의 의견이 인용된다.

또한 취지서는 식사할 때나 여행할 때, 혹은 매표 시에 이용하는 시설의 분리가 모두 흑인의 낮은 사회적 신분을 표시한다는 증거를 보여주면서 플레시 판결이 근거한 전제를 공격한다.

그러고 나서 취지서는 분리가 공공의 이익에 해를 끼친다고 주장한다. 해로운 영향은 흑인에게만 한정되지 않는다. 이 지점에서 사회심

주간 통상 조례(Interstate Commerce Act) 미국 국내에서 2개 주 이상에 걸친 내륙 수송을 규제하는 법.

리학적 설문 조사 결과가 소개된다.[13] 인종 간 관계 분야에서 어느 정도 전문성을 갖춘 849명의 사회과학자들에게 강제 분리에 대한 견해를 물었고, 517명이 응답했다. 그들 중 90퍼센트가 설령 동등한 시설이 제공된다 하더라도 분리된 집단에 해로운 영향을 끼칠 것이라고 생각한다고 답했다. 2퍼센트는 해로운 영향이 전혀 없을 것이라고 생각했고, 나머지 8퍼센트는 질문에 응답하지 않거나 아무 의견이 없었다. 분리를 강제한 집단에는 어떤 영향이 있으리라고 생각하는지 묻는 질문에는, 83퍼센트가 그들에게도 해로운 영향이 있을 것이라고 응답했다. 그런 영향 중 하나는 그렇게 강제로 분리된 사람들이 반란을 일으켜 손쓸 수 없는 상황이 오지 않을까 하는 불안감이 생겨난다는 것이다. 또 분리를 강제한 사람들이 그들 자신의 눈에 위선자로 보이게 되고, 거짓 구호와 자기 기만의 세계에서 살 수밖에 없게 된다는 사실도 해롭다.

분리와 그 밖에 다른 형태의 차별이 조성한 긴장 때문에 심신증이 유발된다는 정신병리학적 판단과 관련해 권위자들의 견해가 인용된다.

나아가 강제 분리에 따른 상호 불신과 상호 무지가 국민 복지에 손상을 입힌다는 주장이 추가된다. 실험과 비공식 의견은 인종 간의 정상적인 접촉이 편견을 줄인다는 생각에 동의한다. 많은 나라에서 피부색에 따라 줄을 서는 경우가 없다는 사실이 인종 편견이 본능적이거나 유전되는 것이 아니며, 분리 정책 같은 인위적인 장벽 때문에 생명력을 유지하고 있을 뿐인지 모른다는 점을 보여준다.

그리고 취지서는 국내 차원을 넘어서, 대법원이 계속해서 분리를 용인할 경우 세계 무대에서 미국이 바람직하지 못한 위상을 얻게 될 것임을 지적한다.

법원은 원고에게 유리한 판결을 내려, 주간 운행 열차에서 식당칸 분리는 불법이라고 선고했다. 변론 가운데 사회과학 연구에서 끌어온 일부 내용이 판결에 뚜렷한 영향을 끼쳤는지 여부는 단언할 수 없다. 여기서 주목할 점은 사회과학 연구에서 얻은 자료가 이 문제와 관련 있는 것으로 소개되었다는 사실이다.

요약

법은, 그것이 집행된다면 차별에 맞서는 전투에서 날카로운 무기가 될 수 있다. 과거로부터 물려받은 차별적 법률을 무효화하는 법원 판결도 마찬가지로 유용하다. 하지만 법적 조치는 개인의 편견을 줄이는 문제에서 간접적인 영향을 끼칠 뿐이다. 법은 생각을 강요할 수도 없고 주관적인 관용을 주입할 수도 없다. 결국 법이 전하는 메시지는 이렇다. "당신의 태도와 편견은 오직 당신만의 것이다. 그러나 당신은 그것을 동료 시민의 생명이나 생활이나 마음의 평화를 위태롭게 할 정도로 실행에 옮겨서는 안 된다." 법은 오로지 외부로 표현되는 불관용을 통제하는 데 목표를 둔다. 하지만 심리학 연구에 따르면, 외적 행위는 내면의 사고 습관과 감정에 궁극적으로 영향을 끼친다. 바로 이런 이유에서 우리는 입법 조치를 공적인 차별만이 아니라 사적인 편견까지 감소시키는 주된 수단 중 하나로 포함시킨다.

최근에 이루어진 몇 가지 발전에 비추어 볼 때, 민족 간 관계를 다루는 사회과학 연구가 미래에는 공적인 입법 정책을 조성하고 그럼으로써 간접적으로 집단 간 긴장을 완화하는 데 더 큰 역할을 할 수 있으리라 생각한다.

30장

편견을 바로잡는 방법들

이 장에서는 편견과 차별의 원인에 대한 연구를 어떻게 교정 방안에 적용할 수 있을지 알아보려 한다.

앞 장에서 살펴본 입법을 통한 교정 방안은 과학적 고려 사항에 기반해 검토되고 입증되었다. 이 특정한 교정 방안을 논의하는 데 여러 증거가 활용되었다. 지금까지 논리는 대략 다음과 같다.

편견의 사회문화적 뿌리에 관한 조사에서(14장) 현재 미국 사회에서 편견을 악화하는 다양한 요인을 지적했다. 이를테면 때때로 소수 집단을 산업 지구로 갑자기 몰리게 만드는 사회 이동의 용이성이 그런 요인에 속한다. 그 결과 소수 집단의 상대적 인구 밀도가 급격히 높아지고, 기존 거주자들이 이것을 '위협'으로 지각하게 된다. 제한 계약, 학교의 분리, 혹은 그 밖의 차별적 관행을 통해 소수 집단이 '격리'되면, 소통을 가로막는 장벽과 더불어 그에 따르는 의혹과 증오와 긴장도 점점 더 커진다. 편견 완화에 도움이 되는 유형의 접촉은(16장) 이루어질 수 없게 된다. 이웃들은 이웃으로서 함께 사는 것이 아니라 경계하고 방어하며 살게 된다.

시민권 입법을 옹호하는 논변은, 그 법이 공동의 이익을 추구하는 상황에서 동등 지위 접촉의 기회를 늘리는 방향으로 사회문화적 구조를 바꿀 수 있다는 사실에 기초한다. 예를 들어 연방대법원이 제한 계약을 불법화함으로써 흑인들이 지역사회에서 흩어져 사는 일이 더 쉬워지면, '위협'으로 지각되는 고도의 밀집 상태를 피할 수 있다. 마찬가지로 모든 반차별 법은 인종 분리가 부과한 장애물을 해체하는 데 도움을 주며, 갇혀 있던 '동등 지위 접촉'의 힘을 해방시켜 편견을 줄이고 긴장을 완화할 수 있다.

한편 입법을 통한 교정과 밀접한 관계가 있는 다른 사회과학적 발견도 있다. 편견을 지닌 사람들이 과연 반차별 법령을 준수할 것인지 생각해보자. 이 문제는 편견 소유자가 편견 때문에 겪는 정신적 갈등(20장), 동조(17장), 사람들이 죄책감을 다루는 방식(23장)에 관한 논의와 관련이 있다. 이렇게 사회과학이 밝혀낸 사실들이 있기에, 우리는 비록 사전에 저항이 있을지라도 결국 미국 시민 대다수가 반차별 입법을 원칙적으로 받아들이고 준수할 것이라고 예측할 수 있다.

이 점을 더 상세히 다룰 필요는 없다. 여기서 우리는 단지 이렇게 말하려는 것뿐이다. **이 사회에서 편견을 줄이고 싶다면, 인종 분리를 (법적으로든 아니면 다른 방법으로든) 공격하는 것이 과학적으로 입증된 적절한 조치이자 가장 먼저 해야 할 일이다.**

그러나 입법을 통한 교정은 민족 간 관계를 개선하고 편견적 태도를 바꾸기 위해 시도할 수 있는 여러 가지 방안들 중 하나일 뿐이다. 다음 목록은 입법 이외에 가능한 다른 방안이다(이 목록은 다시 세분할 수 있다).

정규 교육

접촉과 친분 쌓기

집단 재훈련

대중매체

권고

개인 심리 치료

이 목록에서 폭넓은 역사적 · 경제적 변화는 고려 사항에서 제외했다. 그런 변화가 가장 중요할지 모르지만, 어떤 방안의 목표로 삼기에는 지나치게 포괄적이다. 그게 아니더라도 그런 변화는 입법 조치를 통해 가장 잘 일어날 것이다. 예를 들어 경제 분야에서 임금 개혁이 어떻게 소수 집단의 생활 수준 향상으로 이어져 그들의 자존감을 높이고 방어 심리를 약화하는지, 동시에 지역사회에서 그들이 다른 집단과 동등 지위 접촉을 하는 데 도움을 줄 수 있는지 앞에서 이미 보았다.

이 목록에는 오늘날 미국에서 집단 간 관계 개선을 목표로 삼는 수많은 기관이 채택하는 교정 방안 유형이 꽤 많이 포함되어 있다. 특히 민간 기관에서 이런 방안을 채택하는데, 그들은 매년 수백만 달러를 쓴다. 그리고 이런 기관들은 갈수록 점점 더 사회과학에서 지침을 구하고 있다.

편견 교정 방안과 관련해 사회과학은 두 가지 방식으로 도움을 줄 수 있다. 먼저, 방금 보았듯이 사회과학은 원인으로부터 결과를 추론해낼 수 있다. 사회과학은 편견의 뿌리에 관한 심리적 · 사회적 분석에 기초해 어떤 방안이 성공할지 실패할지를 어느 정도 성공적으로 예측할 수 있다. 둘째, 이미 시행된 교정 방안의 결과를 **사후 검증 방식으로** 평가할 수 있다.

이제 여러 교정 방안에 대한 평가에서 사회과학이 기여하는 바를

검토해보자.[1]

교정 방안을 평가하는 방법

태도의 변화를 측정하는 방법은 최근에 발달했다. 그런데 그런 방법을 적용하려고 시도할수록 복잡한 측면이 더 많이 드러난다.[2] 다음 사례가 그런 어려움 중 일부를 보여준다.

> 42년간 독립 단체로 존재했던 전미흑인정규간호사협회(National Association of Colored Graduate Nurses)가 1950년에 해산했다. 해산 이유는 흑인 간호사들이 마침내 미국간호사협회(American Nurses' Association) 산하 대부분의 지역 분회에서 정식 회원으로 받아들여졌기 때문이다. 태도 변화가 분리의 한 형태를 종식시키는 결과로 이어진 사례라 할 수 있다.
>
> 하지만 태도 변화는 무엇 때문에 일어난 걸까? 일부 흑인 간호사들과 백인 간호사들의 노력 덕분이었을까? 공정고용실행위원회 법의 현 추세 혹은 최근 대법원 판결의 취지가 원인이었을까? 선의와 인류애를 호소하는 여러 전국 단체들의 선전 활동이 한 몫을 한 걸까? 아니면, 변화는 이 모든 것과 그 밖에 다른 입력의 결과였나?

어떤 원인 혹은 여러 원인이 작용한 결과이겠지만, 그 과정을 추적하기란 쉽지 않다.

평가 연구(evaluation research)는 다음 세 가지 기본 요소를 갖추는 것이 이상적이다. (1) 평가의 대상이 될 확인 가능한 방안이 있어야 한다(교육 과정, 법, 영화, 새로운 유형의 집단 간 접촉 등). 이 요인은 **독립 변수**로 불린다. (2) 측정 가능한 변화의 지표가 있어야 한다. 해당 방안을 경험하기 전과 후로 나누어 태도 척도 검사를 실시할 수도 있고, 면담을 수행하거나, 공동체 내부의 긴장 지표(예를 들어, 경찰에 보고된 집단 간 갈등의 횟수)를 계산할 수도 있다. 그런 판단 기준을 **종속 변수**라고 한다. (3) 핵심은 아니지만 그래도 중요한 것이 통제 집단의 활용이다. 어떤 독립 변수를 적용할 때, 우리는 측정된 변화가 틀림없이 그 변수의 결과임을 증명하고자 한다. 독립 변수에 영향을 받지 않는 사람들로 (나이, 지능, 지위에서 일치하는) 통제 집단을 구성할 수 있다면 이를 가장 잘 증명해낼 수 있다. 만약 그런 통제 집단 역시 (어떤 알 수 없는 이유에서) 동등한 변화량을 보여준다면 독립 변수가 효과를 발휘했다고 **결론 내릴 수 없고**, 다만 두 집단 모두 다른 어떤 것에서 영향을 받고 있다고 보아야 한다.

연구자들이 통제 집단의 필요성을 깨닫지 못하는 경우가 많다. 대학에서 시행 중인 문화 간 이해 교육 프로그램에 대한 평가 연구 18건을 조사한 결과, 그중 4건만이 통제 집단을 활용한 것으로 밝혀졌다.[3] 통제 집단이 항상 효과가 있는 것은 아님을 인정해야 한다. 두 학생 집단을 조사한다고 가정해보자. 한 집단은 해당 교육 과정을 이수하는 중이고, 다른 집단은 통제 집단이다. 그런데 학생들이 학교 밖에서 수다를 떨어서, 한 집단이 배운 수업 내용이 비공식적으로 다른 집단에 전달될 수도 있다. 이렇게 되면 실험 집단이 통제 집단을 오염시키는 것이다.

바람직한 평가 연구의 설계는 다음과 같이 요약할 수 있다.

	종속 변수		독립 변수		종속 변수
실험 집단	편견 측정	→	프로그램에 노출됨	→	편견 측정
통제 집단	편견 측정	→	프로그램에 노출 안 됨	→	편견 측정

해당 방안의 효과를 언제 평가할지 평가 시점도 고려해야 한다. 대개 방안 시행 종료 직후에 (검사, 면담 등으로) 평가를 실시하기 쉽다. 하지만 그 시점에 변화를 탐지한다 하더라도, 그 변화가 지속될지 아닐지 누가 알겠는가? 그리고 종료 직후 시점에는 변화가 전혀 보이지 않는다고 해도, 혹시 그 방안에 수면자 효과°가 있어서 몇 달 어쩌면 몇 년 후에 영향이 나타날지 누가 알겠는가?

지금까지 이야기한 것만으로도 평가 연구에 장애물이 많다는 사실을 충분히 알 수 있다. 독립 변수를 오염되지 않은 상태로 유지하기란 어려운 일이며, 변화를 측정할 적절한 척도를 고안하는 것도 힘든 일이다. 그리고 결과를 얻었을 때 언제나 확신을 갖고 해석할 수 있는 것도 아니다. 온갖 종류의 원치 않는 변수가 설계에 개입하기 때문이다. 복잡한 공동체에서 벌어지는 소란스러운 일상은 실험실의 시험관과는 전혀 다르다.

그러나 이런 어려움이 있는데도 어떤 한 유형의 교정 방안이 특정 표본 집단에 효과가 확실히 있는 척 주장하는 평가 연구가 엄청나게 많다.[4] 한 사회학자는 이런 연구들을 조사해보고 몹시 실망했다.

> 연구 결과는 당황스러울 정도로 다양하다. 때로는 편견 혹은 최소한 반대 의견이 감소했다고 보고되기도 하고, 때로는 편견이 전혀 감소하지 않았다고 보고된다. 때로는 어떤 측면에서는 편견이 사라졌지만 다른 측면에서는 아니었다는 결론이 나오는데, 때로는 이 관계가

수면자 효과(sleeper effect) 신뢰도가 낮은 출처에서 나온 정보가 시간이 지나면서 상대적으로 설득력이 높아지고, 반대로 신뢰도가 높은 출처에서 나온 정보가 시간이 지나면서 설득력이 떨어지는 현상을 말한다. 정보를 전달받은 초기에는 정보의 신뢰성까지 평가해 수용 여부를 판단하지만, 시간이 지남에 따라 신뢰성은 잊히고 정보의 내용만 기억에 남기 때문이다. 미국 예일대학의 사회심리학자 칼 호블랜드(Carl Hovland)와 월터 와이스(Walter Weiss)의 실험을 통해 알려졌다.

역전되기도 한다. 때로는 한 범주의 학생들에게 효과가 더 잘 나타난다고 보고되고, 때로는 다른 범주에서 그렇다고 한다.[5]

상황이 복잡하기는 하지만 이 사회학자가 생각하는 것만큼 절망적이지는 않다.

정규 교육

한 조사자가 널리 홍보된 '스프링필드 계획'°의 효과를 확인하는 과제를 맡았다.[6] 스프링필드 계획(독립 변수)은 다소 광범위하고 유연했으며, 스프링필드 시의 공립학교에 다니는 아이들에게 학년마다 다양한 유형의 교육을 실시하는 것이 주 내용이었다.[7]

조사자(스프링필드의 한 사립 대학에서 강의하고 있다)는 스프링필드에서 이 계획에 따라 교육을 받고 그 대학에 입학한 많은 신입생들을 연구할 기회를 얻었다. 또 그녀는 타 지역 출신이고 배경을 보건대 문화 간 이해 교육을 받은 경험이 그렇게 많지 않을 것으로 추정되는(이렇게 말하는 것이 안전할 것이다) 더 많은 신입생들도 만날 수 있었다. 이 비(非)스프링필드 출신 학생들이 통제 집단이 되었다.

조사자는 종속 변수로 보가더스 사회적 거리 척도를 썼다. 신입생들(총 764명)은 내 나라나 동네 이웃에 받아들이고 싶지 않거나 결혼으로 친밀한 친족 관계를 맺고 싶지 않은 민족 집단을 표시했다.

연구 결과는 '표 13'에 정리되어 있다.

스프링필드 계획(Springfield Plan) 1940년대 매사추세츠주 스프링필드 시의 공교육 체계에 적용된 문화 간 이해 교육 정책.

교육	인원수	평균	편차	편차 평균
스프링필드에서 교육받음	237	64.76	26.21	1.70
다른 지역에서 교육받음	527	67.60	24.39	1.06

표 13 _ **보가더스 척도상의 평균 점수**(평균 점수가 높을수록 편견의 정도도 더 높다.)

이 설계는 **사전, 사후** 측정을 실시하지 않았다. 따라서 검사에 참여한 젊은이들이 교육 체험을 시작하기 전에 편견의 정도가 같았는지 증명할 수는 없다(그 점을 확인할 수 있었다면 물론 좋았을 것이다). 이를테면 만약 어떤 이유에서 스프링필드의 아이들이 타 지역 아이들과 사회적 구성(social composition)이 달랐거나, 아니면 타 지역 아이들보다 편견이 덜한 쪽으로 자라는 경향이 있었다면, 이 비교를 스프링필드 계획의 문화 간 이해 교육 성공 여부에 대한 측정으로 받아들일 수 없을 것이다. 하지만 두 표본에 속한 아이들이 그렇게 체계적으로 처음부터 서로 달랐다고 가정할 이유는 물론 없다.

조사자는 드러난 차이가 스프링필드 학교 체계의 이점을 보여준다고 생각했다. 스프링필드 계획에 따라 교육받은 아이들은 다른 아이들보다 사회적 거리를 덜 드러낸다. 통계적으로 차이의 임계비(critical ratio)가 2.00으로 나타났다. 이 정도의 차이는 우연의 산물일 수도 있지만, 그런 것 같지는 않다. 그리고 조사자는 스프링필드 출신 아이들이 스프링필드 계획의 혜택을 받은 것은 전체 학교 생활 중 일부 기간이었다는 사실을 지적한다. 아이들이 입학하고 한참이 지난 뒤에 스프링필드 계획이 출범했기 때문이다. 이런 이유에서 아마도 스프링필드 계획의 최대 효과는 미래의 학생들에게서 나타날 것이다.

이 연구에서 예기치 않게 얻은 흥미로운 정보는 전반적인 경향과 상반되게 스프링필드 출신 유대인 학생들이 타 지역 출신 유대인 학생들보다 더 많은 불관용을 보여주었다는 사실이다. 성과는 전적으로 개신교도와 가톨릭교도 학생들에게서 나타났다. 한 가지 가능한 설명은 유대인 청소년들이 소수 집단 관련 쟁점을 지나치게 의식했고, 초등학교에서 중고등학교로 이어지는 시간을 거치면서 점점 더 분개하게 되었다는 것이다.

교육 교정 방안을 다룬 믿을 만한 평가 연구들을 전부 살펴볼 수는 없다. 유형이 너무 다양하기 때문이다. 스프링필드 계획처럼 '옴니버스' 식으로 매우 다채로운 교수법을 포함하는 방안이 있는가 하면, 특수하고 제한적인 방안도 있다. 로이드 쿡(Lloyd A. Cook)은 후자와 같은 방안을 여섯 가지 주제로 분류했다.[8] (1) '정보적 접근'은 강의와 교재 수업을 통해 지식을 전달한다. (2) '대리 체험 접근'은 학생에게 외집단 구성원과 동일시를 유도하는 영화, 드라마, 소설, 그 밖에 다른 장치들을 활용한다. (3) '지역사회 공부-활동 접근'은 학생들을 현장 학습, 지역 조사, 사회 단체나 지역사회에서 시행하는 체험 활동 등에 참여하게 한다. (4) '전시회, 축제, 야외극'은 소수 집단의 관습과 구세계의 유산에 호의적인 관심을 갖도록 장려한다. (5) '소집단 과정'은 집단 역동의 여러 원리를 적용하는 것으로서 토론, 사회극, 집단 재훈련 등을 포함한다. 마지막으로 (6) '개별 면담'은 심리치료 면담과 상담을 시행하는 것이다.

이 여섯 가지 접근법 가운데 어떤 것이 가장 좋은 성과를 내는지 아직까지는 단정적으로 말할 수 없다. 실험의 대략 3분의 2에서 바람직한 효과가 나타났고 부정적인 효과는 매우 드물게 나타난 것이 꽤 확실하지만, 어떤 방법이 가장 성공적인지는 여전히 확실히 알지 못한다. 쿡이 지적했듯이, 증거의 추세를 보면 **간접적인** 접근이 더 성공적인 듯하다. 여기서 '간접적'이라는 말은 소수 집단 연구 자체에 특화된 방안이나 편견 현상 자체에 초점을 맞춘 방안이 아니라는 뜻이다. 학생들은 지역사회 프로젝트에 완전히 녹아들 때, 현실 상황에 참여해서 (윌리엄 제임스 식으로 말하면) 그 분야의 **지식**보다는 그 분야에 대한 **친숙함**을 발달시킬 때 더 많은 것을 얻는 듯하다.

정보적 접근 _ 이런 잠정적인 결론은 **정보적 접근**을 분명히 수세로 몰아넣는다. 마음속에 올바른 생각을 심으면 올바른 행동으로 이어진다고 여겨져 왔다. 많은 학교 건물에 소크라테스의 말로 알려진 **"지식은 덕이다"**라는 문구가 여전히 내걸려 있다. 그러나 오늘날 대부분의 사람들이 동의하듯이, 어떤 학생이 기꺼이 사실을 배울 준비가 되어 있는지는 그의 태도에 달려 있다. 정보는 태도라는 접착제가 없으면 들러붙지 못한다. 사실 자체는 인간적이지 않다. 태도만이 인간적이다. 순전히 사실을 전하는 교육은 흔히 다음 세 가지 결과 중 하나로 이어지는데, 결실이 없다는 점에서 셋 다 같다. 즉 정보가 곧 잊히거나, 기존 태도를 합리화하는 방식으로 왜곡되거나, 현재의 행위를 결정하는 주된 요인과 외떨어져 마음 한구석에 자리 잡게 된다.

믿음과 태도 둘 다를 실험한 몇몇 연구에서 이렇게 행위와 지식이 분리되는 경우가 자주 나타났다. 문화 간 이해 교육은 잘못된 믿음을 바로잡는 힘을 발휘하면서도 태도는 눈에 띄게 바꿔놓지 못할 수 있다(27장). 예를 들어, 아이들은 관용을 습득하지 않고도 흑인에 관한 역사적 사실을 배울 수 있다.

하지만 반대 입장을 옹호하는 주장도 있다. 어쩌면 단기적으로는 학생들이 얻은 것이 전혀 없어 보일 수도 있고, 학생들이 자신의 편견에 맞게 사실을 왜곡할 수도 있다. 그러나 **장기적**으로 보면, 정확한 정보는 인종 간 관계 개선의 협력자가 될 것이다. 예를 하나 들어 보자. 뮈르달은 미국에서 흑인의 현재 위치를 정당화할 수 있는, 지적으로 존중할 만한 '인종' 이론이 없다고 지적했다. 사람들이 완전히 비합리적이지는 않기 때문에, 인종적 열등성 이론을 뒷받침할 과학적 증거가 없다는 사실이 결국에는 사람들의 태도에 **서서히** 깊게 스며들 것이다.

문화 간 이해 교육의 기본 전제는 이를테면 오로지 자기 문화만 아는 사람은 실은 자기 문화도 모르는 셈이라는 것이다. 태양이 자기 내집단 위로 뜨고 진다고 믿으면서 자라는 아이, 외국인을 바깥의 어둠에서 온 낯선 존재로 보는 아이는 자기 삶의 조건을 정확하게 파악할 관점이 없는 상태다. 이런 아이는 미국의 방식이 본래 어떤 것인지 결코 알지 못할 것이다. 미국의 방식도 결국은 사람들이 자신들의 필요에 따라 고안한 수많은 대안적 삶의 형태 중 하나에 불과하다는 점을 말이다. 학교에서 다른 여러 문화에 관한 정보를 얻지 못한 아이는 이런 관점을 획득할 수 없다. 왜냐하면 대부분의 아이들은 객관적인 방식으로 외집단을 배울 기회가 없는 가정과 동네에서 자라기 때문이다. 그러므로 우리는 정확한 정보를 가르친다고 해서 아이들의 편견이 저절로 달라지는 것은 아니지만, 장기적으로는 도움이 될 것이라고 결론 내릴 수 있다.

그런데 혹시 과학적이고 사실에 입각한 교육이 소수 집단에게 **불리한** 정보를 포함하게 되는 경우는 없을까? 다른 집단보다 특정 집단에서 사악한 특질이 더 많이 나타나는 경우를 충분히 생각해볼 수 있다(6, 7, 9장). 만일 그렇다 해도 그 정보를 감춰서는 안 된다. 만일 우리가 진실을 추구한다면 마음에 드는 일부 진실이 아니라 진실 전체를 추구해야 한다. 소수 집단의 분별 있는 구성원은 과학적이고 사실적인 **모든** 발견이 공표되는 쪽을 선호한다. 모든 진실이 알려질 때, 흔한 고정관념과 비난이 대부분 거짓으로 드러나리라 확신하기 때문이다. 만약 그런 비난 중 소소한 측면이 정당화되는 것으로 드러난다면, 많은 소수 집단이 놓인 악조건의 측면에서 그런 발견들을 적절히 설명함으로써 문제를 바라보는 관점을 개선하고 개혁에 동기를 부여할 수 있다. 예를 들어 박해당하는 집단의 **일부** 구성원들이 **때때로** 방어 기제를 발달시킬 수 있다는 사실은 감추어야 할 것이 아니라 직시하고 연민 속에서 이해해야 할 사실이다.

어떻게 요약해야 할까? 우리는 단순한 정보만으로 태도나 행동이 반드시 바뀌지는 않는다는 점을 인정한다. 더군다나 쓸 만한 연구에 따르면 이 방법으로는 다른 교육 방법을 채택했을 때보다 얻을 수 있는 이득이 더 적어 보인다. 그렇기는 하나 믿을 만한 사실 정보가 실제로 어떤 해를 끼친다는 증거는 없다. 어쩌면 이 방법(정보 전달)의 가치는 시간이 지나서 나타날지도 모르고, 편견이 있는 사람의 고정관념 속에 의심과 불편의 쐐기를 박아 넣는 데 있을지도 모른다. 다른 교육 방법(예를 들어, 프로젝트 법°)을 통해 더 많은 것을 얻어내려 할 때도 믿을 만한 사실에 기반을 둔 교육이 토대가 되어야 할 것으로 보인다. 대체로 우리는 정규 교육의 전통적인 이상과 방법을 전부 포기하도록 이끄는 불합리한 입장에 저항하는 편이 더 나을 것이다. 사실만으로 충분하지 않을지 모르지만, 그것은 여전히 결코 없어서는 안 된다.

직접적 접근 대 간접적 접근 _ 집단 간 문제에 직접 초점을 맞추는 방식의 장단점과 관련해 한 가지 의문이 생긴다. 예를 들어 아이들이 '흑인 문제'를 있는 그대로 토론하는 것이 좋을까, 아니면 부수적인 방법으로 접근하는 것이 나을까? 어떤 사람들은 사회적 쟁점에 직접 초점을 맞춘 수업보다 영어나 지리 수업이 문화 간 차이를 공부하는 데 더 나은 맥락을 제공한다고 생각한다. 아이의 마음속에 있는 갈등

프로젝트 법(project method) 교실에서 교사가 주도하는 암기 위주의 교과 교육에서 벗어나 학생이 중심이 된 생활 자체를 교육으로 간주하는 교수-학습 방법이다. 목표 설정, 계획, 실행, 평가로 이어지는 교육의 매 단계마다 학생의 자발적 참여를 강조하는 방법이며, 단순한 지식 습득이 아니라 전인적 발달을 강조한다.

의 감각을 더 날카롭게 만들 필요가 있는가? 인간 집단 간의 유사성을 학습하고, 불가피한 차이점에는 우호적으로 적응할 수 있다는 사실을 당연하게 받아들이는 편이 아이에겐 훨씬 낫다.

이 문제에 관해 단정적으로 결정할 수는 없다. 간접적인 방법으로 문화 다원주의를 당연하게 받아들이는 법을 배울 수 있지만, 그렇다 해도 아이는 가시적인 피부색 차이, 주기적으로 되풀이되는 유대교 축일, 종교의 다양성 때문에 혼란스러울 수 있다. 아이가 이런 문제들을 이해하지 못한다면 교육이 불충분한 것이다. 어느 정도 직접성이 필요해 보인다. 그리고 고학년 학생들의 경우에는 직접적인 접근이 훨씬 더 유용할 수 있다. 특히 학생들이 자신의 경험을 통해 쟁점을 정면으로 직시할 준비가 되어 있는 경우라면 더욱 그렇다.

일주일간 열린 세미나에서 세 가지 교육 방법을 다룬 실험을 수행하고 나서, 랍비 케이건(H. E. Kagan)은 직접적인 방법을 썼을 때 가장 큰 성과를 얻었다고 보고했다.[9] 그는 기독교도 학생들로 이루어진 집단에 구약 문헌을 가르쳤다. 그러면서 기독교와 유대교의 마찰이나 현시대의 문제는 전혀 언급하지 않았다. 이 **간접적인** 방법에서 그는 단지 성서 속의 역사에 유대인들이 긍정적으로 기여한 바를 강조했을 뿐이다. 두 번째 집단에는 같은 주제를 가르쳤지만 편견 문제를 종종 언급했다. 그러면서 수업 시간에 개인적 경험에 관한 이야기와 카타르시스를 허용했다. 이 **직접적인** 방법이 가장 효과적이었다. 세 번째 집단은 간접적인 방법으로 가르쳤지만, 학생들의 경험을 다루고 카타르시스를 허용하는 사적인 상담으로 보완했다. 케이건은 이 방법을 **집중 면담**(focused interview)이라고 불렀다. (케이건의) 기독교인 동료가 학생들에게 사전-사후 검사를 실시했다. 케이건은 간접적인 방법은 어떤 유의미한 변화도 일으키지 못했다고 진술한다. 직접적인 방법은 눈에 띄게 효과적이었다. 집중 면담 역시 마찬가지로 긍정적인 결과를 낳았다. 전반적으로 그는 직접적인 방법을 지지한다. 전체 학생 중에 소수의 극단적 반유대주의자 학생들은 어떤 접근 방법으로도 변화하지 않았다는 데 유의해야 한다.

이 연구에서 직접적인 방법이 상대적으로 성공을 거둔 것은 집단 구성에서 비롯되었을 수도 있다. 피험자들은 고등학생이었고 원래 종교 문제에 관심이 있었기에 참가자로 선발되었다. 따라서 그들 중 대부분은 아마도 민족 문제를 솔직하게 대면하고 자신의 태도를 바람직한 방향으로 전환할 자세가 되어 있었을 것이다.

그렇다면 이 문제에 대해 지금 제시된 증거가 불충분하다는 결론을 내릴 수 있다. 향후에 가서야 비로소 어떤 집단이 어떤 상황에 있을 때 어떤 방법(간접적 혹은 직접적)을 채택하는 것이 좋을지 판단할 수 있을 것이다.

대리 체험을 통한 접근 _ 영화, 소설, 드라마가 효과적일 수 있다는 증거도 있는데, 아마 그것들이 소수 집단과 동일시를 유발하기 때문일 것이다. 어떤 아이들에게는 대리 체험이 정보적 접근이나 프로젝트 법보다 효과적일 수 있다는 조짐이 있다. 만약 앞으로 이 발견이 연구를 통해 인정받는다면, 우리는 한 가지 흥미로운 가능성을 마주하게 될 것이다. 실제 토론으로 문제를 다루는 전략이 어떤 사람들에게는 너무 강한 위협으로 받아들여질 수도 있다는 것이다. 공상적 차원에서 좀 더 온건하게 동일시를 유도하는 것이 더 효과적인 첫 단계가 될 수 있다. 아마도 앞으로는 문화 간 이해 교육 방안은 소설, 드라마, 영화 등으로 **시작**하고, 그런 다음에 더 사실적인 교육 방법으로 차츰 나아가야 한다고 생각하게 될 것이다.

프로젝트 법 _ 문화 간 이해 교육에서 나머지 대부분의 방법들은 학생들의 능동적인 참여를 필요로 한다. 학생들은 소수 집단이 모여 사는 이웃으로 현장 체험을 떠나고, 그들과 함께하는 축제나 지역사회 프로젝트에 참여한다. 그럼으로써 단순히 소수 집단에 대한 지식을 얻는 게 아니라 그들과 친분을 쌓는다. 대부분 조사자들은 이 참여 방법을 가장 선호한다. 이것은 학교 실정에 맞게 조정될 수 있으며, 성인에게도 활용할 수 있다.

접촉과 친분 쌓기

다양한 참여와 행동 방안에는 접촉과 친분이 우정에 도움이 된다는 전제가 깔려 있다. 물론 항상 그렇지는 않다는 것을 16장에서 보았다. 위계적 사회 체계 내에서 이루어지는 접촉이나 사회적 지위가 마찬가지로 낮은 사람들 간의 접촉(빈곤층 백인과 빈곤층 흑인의 접촉), 상대를 서로 위협으로 인식하는 개인들 간의 접촉은 유익하기보다 오히려 해롭다.

그러나 지금 여기서 논의하는 방안은 상호 존중을 증진하는 방식으로 다양한 집단 사람들을 하나로 결집하려고 노력한다. 이것은 쉬운 일이 아니다. 인위성이 그런 노력을 망쳐놓기 십상이기 때문이다. 쿠르트 레빈은 인종 간 관계나 공동체 간 관계를 다루는 많은 위원회가 정작 상호 관심사가 될 공동의 계획에는 적극적으로 관여하지 않는다고 지적했다. 그들은 그저 모여서 문제에 대해 말할 뿐이다. 명확한 객관적 목표 없이 이루어지는 그런 '선의'의 접촉은 좌절이나 심지어 반감까지 불러올 수 있다.[10]

접촉과 친분 쌓기 방안이 최대의 효과를 거두려면, 사회적 지위에 대한 평등 의식으로 이어져야 하고, 목적 의식 있는 일상의 일들 속에서 시행되어야 하며, 인위성을 피해야 한다. 그리고 가능하다면 그런 일들이 벌어지는 공동체의 승인을 받는 편이 좋다. 더 깊이 그리고 더 진정한 교제가 이루어질수록 효과는 더 크다. 서로 다른 민족 집단의 구성원들을 한 직장에 나란히 배치하는 것도 어느 정도 도움이 될지 모르지만, 그 구성원들이 자신들을 같은 **팀**의 일원으로 여긴다면 더 많은 것을 얻을 수 있다.

접촉과 친분 쌓기에 최적의 조건을 조성하려면 그전에 먼저 분리를 철폐하는 것이 얼마나 중요한 일인지 여기서 다시 한번 알게 된다. 간디는 인도를 위한 계획에서 **첫 번째** 요건으로 불가촉성(untouchability)의 제거를 요구했다(앞으로도 기억될 일이다). 미국을 위한 계획에서도 그것을 첫 번째 요건으로 요구해야 할 것이다.

접촉과 친분 쌓기는 여러 구체적인 형태를 띨 수 있다. 시카고와 다른 곳에서 지역사회협의회나 구역위원회 같은 기구가 성공적으로 시도되었다. 서로 다른 민족적 압박을 받으며 살아가는 이웃들이 자신들이 살아가는 지역을 개선한다는 뚜렷한 목적을 품고 그곳에서 만난다. 함께 활동하는 동안 적의는 희미해지고 관용이 자란다.

친분 쌓기를 촉진하는 구체적인 기법을 레이철 두보이스가 널리 도입한 적이 있다.[11] 16장에서 보았듯이, 이 방안은 다양한 민족 배경을 가진 사람들을 '이웃 축제'에 모이게 하는 것이다. 사회자는 어떤 참가자에게 가을에 관한 추억, 휴가에 관한 추억, 어릴 때 좋아했던 음식에 관한 추억을 이야기해 달라고 요청하면서 논의를 시작할 수 있다. 한 사람의 발표가 다른 참가자들에게 똑같이 향수 어린 추억을 떠오르게 한다. 그러면 곧 그 집단은 활기차게 지역의 관습과 민족 관습에서 나타나는 특징을 비교하게 된다. 오랜 세월이 흐른 추억, 그런 추억에서 느껴지는 온기, 종종 터져 나오는 유머에서 생생한 공통성의 감각이 생겨난다. 각 집단의 관습과 그 의미가 놀라울 정도로 서로 비슷해 보인다. 한 참가자가 민요를 부르기 시작하거나 다른 사람들에게 민속 춤을 가르칠 수도 있고, 곧 유쾌한 분위기가 널리 퍼진다. 이 기법은 그 자체로 지속적인 접촉으로 이어지지는 않는다. 하지만 서로 다른 민족 집단 사이의 긴장과 어색함을 깨뜨리고, 이전에는 오로지 장벽만 존재했던 지역사회에서 친분을 쌓는 과정을 가속화한다.

접촉과 친분 쌓기 방안은 대부분 평가를 받은 적이 없지만, 평가받은 방안들을 볼 때(16장에서 여러 가지를 살펴보았다) 동등 지위 관계에 도움이 되고 더 두터운 친분을 쌓는 데 도움이 되는 것이라면 무엇이든 관용을 증진하는 데도 도움이 될 가능성이 있다.

이런 측면에서 성인에게 유효한 것은 아이들에게도 유효하다. 학교의 문화 간 이해 교육이 지역사회 내에서 아동과 다양한 민족 집단 간에 목적 의식이 뚜렷하고 현실적인 접촉을 유발한다면 훨씬 큰 효과를 볼 수 있다는 여러 교육 전문가들의 판단을 이미 인용했다. 이와 관련해 초등학교 1학년을 대상으로 실시한 잘 통제된 실험 하나를 살펴보자.

> 트래거와 애로가 필라델피아의 초등학생들로 구성된 실험 개체군을 배경과 지능을 맞추어 세 집단으로 나누었다. 한 집단은 세심하게 준비된 교육 과정에 따라 14시수(時數)로 구성된 문화 간 이해 관련 교육을 받았다. 이 교육 과정에서는 공동체 방문, 흑인 가정에서 파티 경험하기, 그 밖에 다른 체험 활동이 큰 비중을 차지했다. 이 방안에서 주안점을 둔 것은 각 직업, 각 종교, 각 인종이 지역사회의 다각화된 삶 속에서 저마다 유효한 역할을 수행하고 있음을 아이가 알게 하는 것이었다.
>
> 두 번째 집단은 집단 간 관계에 관해 역시 14시수로 구성된 교육을 받았다. 그러나 교육 방법은 무척 달랐다. 여기서는 미국의 사회 구조

가 위계적이며, 일탈적인 집단은 '우스꽝스러운 관습'이 있고, '현 상황'이 어쨌든 옳다는 사실을 강조했다. 이 집단 아이들에게 고의로 편견을 주입한 것은 아니었지만, 아이들의 고정관념을 교정해주지 않은 채 그대로 두었고, 아이들은 공립학교에서 흔히 쓰는 편향된 교재(예를 들면 네덜란드 아이들이나 '흑인 꼬마 삼보'를 별나게 행동하는 버릇이 있는 양 묘사하는 책들)에서 자기 나름의 추론을 끌어낼 수 있게 허용되었다.

세 번째 집단은 비교할 만한 교육을 전혀 받지 않았고, 공예 작품을 만들면서 시간을 보냈다.

7주간의 실험 기간 전후로 표준 면담과 그 밖의 다른 방식을 통해 아이들의 편견을 측정했다. '문화 다원주의' 집단의 아이들에게서 평균적으로 고정관념의 감소와 관용의 증가가 나타났다. '현상 유지' 집단에서는 고정관념과 불관용이 증가했고, 통제 집단에서는 눈에 띄는 변화가 없었다.

이 실험에서 특히 눈에 띄는 특징은 두 가지 양식의 교수법에 **동일한** 교사들이 동원되었다는 사실이다. 각 교사가 한 반에서는 문화 다원주의 접근법으로 가르치고 다른 반에서는 현상 유지 접근법으로 가르쳤다. 따라서 성취 평가의 대상이 된 것은 (한 명은 '민주적'이고 한 명은 '권위주의적'인) 두 명의 교사가 아니라, 교사가 적절한 훈련을 거쳐 습득할 수 있을 것으로 기대되는 두 가지 유형 혹은 두 가지 양식의 교수법이었다. 역할 연기가 필요했던 이 까다로운 실습을 통해 교사들이 획득한 경험은 교사 자신들에게 매우 계몽적이었고, 결국 그들은 문화 다원주의적 접근법으로 전향하게 되었다.[12]

여기서 이른바 '실행 연구'°의 흥미로운 사례를 볼 수 있다. 실행 연구란 유효성 검사라는 명시적인 목적을 위해 세운 어떤 방안에 기반해 진행되는 연구를 말한다. 이 사례의 연구 결과는 문화 다원주의와 공동체 내에서 즐거운 접촉을 강조하는 종류의 문화 간 이해 교육이 효과를 발휘할 것이라는 믿음을 강화해준다. 또 현상 유지 방식의 전통적인 교육 과정에 따라 진행되는, 집단 간 차이에 관한 많은 교육이 해로운 효과를 낳는다는 것도 암시한다. 마지막으로 교사들의 경우에는 역할 연기를 통해, 그리고 두 가지 접근법에 공감함으로써 일어난 태도 변화가 있음을 암시한다.

집단 재훈련

현대 사회과학이 이룬 뚜렷한 진보 중 하나는 일종의 '강제된 공감(forced empathy)'을 이끌어내는 역할 연기와 그 밖의 다른 기법의 창안에서 비롯되었다. 방금 언급한 교사들이 이것을 맛본 셈인데, 이런 기법들은 '재훈련(retraining)'이라고 불리는 더 광범위한 운동의 한 부분이다(재훈련은 '집단 역동'의 특수한 한 영역이다). 많은 사람들이 대인 관계 기술을 개선하는 데 도움이 될 것 같은 프로그램에 참여해 흔쾌히 서로 단결한다. 사람들은 민주적 리더십 기법을 공부하고 싶어 한다. 그들은 자신의 편견을 없애기 위해 일부러 재훈련 집단에 들어가는 것은 아니지만, 자기가 현장 감독이나 교사 혹은 경영진으로서 능력을 제대로 발휘하지 못하는 이유가 바로 자신의 태도와 편향 때문이라는 사실을 재훈련 과정에서 곧 배우게 된다.

홍보물을 읽거나 설교를 듣는 시민들과 달리, 재훈련 과정을 이수

실행 연구(action research) 문제 해결을 위해 새로운 기술이나 접근 방법을 개발해 현장에서 직접 적용하면서 효과를 알아보는 연구 방법. 연구자가 자신이 놓인 현실을 더 잘 이해하고 개선하는 활동을 하면서 수행하는 연구이며, 활동 연구라고도 불린다. 교육 상황과 연관시켜 보면, 교사 또는 전문 연구자와 교사가 협력하여 개선 방안을 실행하면서 연구를 수행하는 것이다.

하는 개인은 온정신을 쏟는다. 그는 다른 사람들의 역할, 이를테면 피고용인 역할, 학생 역할, 흑인 하인 역할을 연기하라는 요구를 받는다. 그리고 그는 그런 '심리극(psychodrama)'을 통해 다른 사람의 입장이 되는 것이 어떤 느낌인지 배우게 된다. 그는 또한 자신의 동기, 불안, 투사에 대한 통찰을 얻는다. 때로 그런 훈련 프로그램은 상담사와 함께하는 개인 면담으로 보완되기도 한다. 상담사는 훈련 참가자가 자기 반성의 길을 따라 더 전진할 수 있게 돕는다. 균형 잡힌 시각이 발달하면서 다른 사람들의 감정과 생각을 더 깊이 이해할 수 있게 된다. 그렇게 개인적으로 참여함으로써 참가자는 인간관계의 원리를 더욱 잘 개념화하게 된다.[13]

이런 유형의 훈련은 사회적 지원이 유지된다면 더 큰 성과를 거둘 수 있다는 사실이 평가 연구에서 밝혀졌다. 예를 들어 공동체 관계 개선에 필요한 기법을 향상시키기 위해 설계된 한 연구에서, 같은 훈련 팀 동료가 아무도 없는 지역에서 외따로 사는 노동자들에게서 재훈련 효과가 떨어지는 경향이 드러났다. 그런 사람들은 편견적인 사회 규범에 압도당하고 움츠러들었다. 반면에 재훈련을 같이 받은 사람들이 둘 이상 함께 지내는 경우에 서로 필요한 지원을 해주고 새롭게 획득한 통찰과 기술을 좀 더 효과적으로 실행에 옮겼다.[14]

재훈련 방안이 모두 여기서 기술한 것처럼 직접적이고, 자의식적이고, 자기 비판적인 것은 아니다. 더 객관적인 측면에 중점을 둘 수도 있다. 지역사회 자가 조사(community self-survey) 활동에 참여하는 사람들이 경험하는 재훈련을 예로 들 수 있다. 자원자들은 서로 단결하여 자기네 도시나 지역의 집단 간 관계를 연구한다. 연구를 설계하고, 질문을 고안하고, 면담을 수행하고, (주거, 고용, 학교에서 발견된) '차별 지수'를 계산하는 경험은 매우 교육적이다. 여기에 뒤따르는 활동은 훨씬 더 교육적인데, 드러난 현실을 개선하려고 노력하는 과

정에서 더 많은 지식, 지역사회 생활 기술, 더 큰 동정심을 얻게 되기 때문이다.[15]

외향적 재훈련의 또 다른 사례를 이른바 '우발 사건 통제(incident control)'로 알려진 기법과 관련해 찾아볼 수 있다(20장). 모든 집단 재훈련과 마찬가지로, 이 기법은 여러 개인이 마음속에 품은 금기와 완고함을 단번에 깨뜨려 더 효율적으로 공동의 목표를 추구할 수 있게 하는 데 목적이 있다. 이 경우 재훈련을 받는 사람들은 일상생활에서 쓸 수 있는 기술을 배우고 싶어 한다. 미국인의 대화 습관을 더럽히는 편협한 발언에 대응하는 기술 같은 것 말이다. 예를 들어 어떤 사람이 공공장소에서 유대인에 관한 독설을 무심코 내뱉고 예기치 않게 주변의 많은 사람들이 그 말을 들었을 때, 당신은 그런 말을 한 낯선 사람에게 뭐라고 말할 것인가? 물론 예의범절에 따라 침묵을 지켜야 하는 상황도 많다. 하지만 침묵이 곧 동의를 뜻한다는 것을 의식하고 자신의 정의감이 촉구하는 대로 목소리를 내게 되는 상황도 있다. 연구에 따르면, 그런 편견적인 발언은 비(非)미국적이라는 견해를 차분한 목소리로 진지하게 표명하는 것이 그 자리에 있던 목격자들에게 가장 바람직한 영향을 주는 것으로 밝혀졌다. 그러나 적절한 단어를 생각해내고 목소리를 가다듬는 것은 물론이고, 말을 꺼낼 용기를 내는 것부터 쉬운 일이 아니다. 집단으로 전문가의 지도를 받으며 여러 시간 실습을 할 필요가 있다.[16]

재훈련 방안들은 거의 대부분 뚜렷한 한계가 있다. 이 방안들은 관용적인 사람을 자기 안의 금기로부터 벗어나게 해주고, 본인이 원할 경우 여러 기술을 제공해주기 위해 설계되었다. 집단 재훈련은 그 방법과 목표에 반대하는 사람에게는 적용할 수 없다. 하지만 끈기 있게 요령을 발휘한다면, 다른 목적을 위해 구성된 단체나 모임을 집단 역동 기법을 실습하는 방향으로 쉬엄쉬엄 이끌 수도 있을 것이다.

더군다나 이 기법들은 부분적으로 활용할 수도 있다. 예를 들어 초등학교에 다니는 아이들을 쉽게 역할 연기에 끌어들일 수 있다.[17] 어린 배우는 외집단 구성원인 어떤 아이의 역할을 맡음으로써, 자신의 유기적 감각을 통해 차별이 불러일으키는 불쾌함과 방어적 태도에 관해 배울 것이다. 버지니아 액슬린(Virginia M. Axline)은 이와 관련된 기법을 보고한 적이 있는데, 유소년 집단에서 놀이 치료를 시행해 심각한 인종 갈등을 완화할 수 있었다고 한다.[18] 액슬린은 백인 아이와 흑인 아이 서너 명에게 인형과 장난감 집, 가구들을 가지고 함께 소꿉놀이를 하게 했다. 이런 배치는 아이들에게 갈등과 이제 막 싹튼 적개심을 투사할 기회를 마련해주었다. 놀이가 진행됨에 따라 조절이 시작되고 관계의 진정한 재정리가 일어났다.

대중매체

편견을 통제하는 장치로서 대중 선전의 효과를 의심하는 데는 근거가 있다. 특별한 이해관계가 깔린 감언이설로 온종일 눈과 귀에 융단폭격을 당하는 사람들은 선전이라면 보지도 듣지도 않으려는 경향이 있다. 전쟁, 음모, 증오, 범죄를 보도하는 자극적인 뉴스의 틈새에서 온건한 인류애의 메시지가 과연 기회를 잡을 수 있을까? 게다가 관용을 지지하는 선전은 선택적으로 지각된다. 그런 내용을 자신의 믿음 체계에 받아들이고 싶지 않은 사람은 쉽게 회피할 수 있다. 친(親)관용적 선전은 대개 그럴 필요가 없는 사람들이 잘 받아들인다. 하지만 이런 막연한 비관주의 때문에 더 상세한 지식을 추구하는 일을 그만두어서는 안 된다. 우리는 광고와 영화가 미국 문화의 상당 부분을 빚어낸다는 사실을 안다. 그렇다면 미국 문화를 개조하는 과제에도 그 매체들을 유익하게 쓸 수 있지 않을까?

비록 아직 변변찮은 수준이지만, 이제까지 연구에 따르면 몇 가지 잠정적인 법칙을 제안할 수 있다.[19]

(1) 단일 방안(이를테면 영화)이 소소하게 효과를 내는 반면에, 몇 개의 방안을 연계해 활용하는 경우는 단순 합산으로 계산할 수 있는 것보다 분명히 훨씬 더 큰 효과를 낸다. 현장의 선전가들은 이 **피라미드식 자극**(pyramiding stimulation)의 원리를 아주 잘 아는 사람들이다. 홍보 전문가라면 단일 방안으로는 충분하지 않다는 것을 안다. 전방위의 **캠페인**이 꼭 필요하다.

(2) 두 번째 잠정 법칙은 **효과의 한정성**과 관련된 것이다. 1951년 봄 보스턴의 한 영화관에서 〈분노의 음향(The Sound of Fury)〉이라는 영화가 상영되었다. 작품은 갈등은 폭력이 아니라 오로지 인내와 이해로써만 해결할 수 있다는 교훈을 분명히 드러내면서 마무리되었다. 극적인 스토리에 깊이 감명받은 관객들은 그 교훈에 박수를 보냈다. 영화가 끝난 뒤 같은 관객들에게 고(故) 태프트(Robert A. Taft) 상원의원이 국제 관계에 관해 연설하는 모습이 담긴 뉴스 영화를 보여주었다. 태프트는 갈등은 폭력이 아니라 오로지 인내와 이해로써만 해결할 수 있다고, 영화와 같은 주장을 했다. 그런데 이번에 관객들은 야유를 보냈다. 한 맥락에서 배운 것이 다른 맥락으로 이어지지 않은 것이다. 여러 연구에서 이 점을 확인할 수 있다. 의견은 변할 수 있다. 하지만 그 변화는 좁은 맥락에 한정되는 경향이 있으며 쉽게 일반화되지 않는다.

(3) 세 번째 법칙은 **태도의 퇴행**과 관련이 있다. 의견은 일정한 시간이 지난 후에 원래 관점으로 되돌아가는 경향이 있다. 물론 늘 그런 것은 아니다.

(4) 그러나 이 퇴행이 일반적인 것은 아니다. 미군 병사들을 대상

으로 선전용 영화의 단기 효과와 장기 효과를 연구한 칼 호블랜드(Carl Hovland)와 동료들은 태도의 퇴행이 매우 흔하기는 하지만 어떤 사람들에게서는 반대 흐름이 나타난다는 점을 발견했다.[20] 또 '수면자 효과'도 밝혀졌다. 이 지연 효과는 처음에는 영화의 메시지에 저항하다가 나중에 가서야 받아들이는 '완고한 사람들'에게서 주로 나타났다. 수면자 효과는 교육 수준이 높은 사람들 중 일부에게서 특히 눈에 띄게 나타났다. 처음에 그들은 교육 수준이 높은 대부분의 다른 사람들과 반대되는 견해를 지니고 있었다. 연구자들은 이런 개인들은 선전의 메시지에 찬성할 성향을 잠재적으로 지니고 있으나 먼저 그 메시지에 대한 내적 저항을 극복해야 한다고 지적한다. 여기서 얻을 수 있는 교훈은, 양가적 태도를 가진 사람들의 마음을 움직이는 친관용적 선전은 장기적인 효과를 낼 수 있다는 것이다. 특히 전체 인구 중에서 교육 수준이 더 높은 사람들이 그런 것으로 보인다.

(5) 선전은 뿌리 깊은 저항이 없을 때 더 효과적이다. 연구에 따르면, '모호한 태도를 취하는' 사람들이 깊이 헌신하는 사람들보다 선전에 영향을 받을 가능성이 더 크다. 여기서 성격화된 편견을 가진 고집불통을 고립시키는 수많은 방어 장치가 떠오른다(25장).

(6) 선전은 **분명한 자신의 무대에서** 더 효과적이다. 전체주의 국가는 선전을 독점함으로써 무방비 상태의 시민들에게 단조로운 선전 세례를 퍼붓는다. 이런 상황에서 시민들의 저항력은 오래 유지될 수 없다. 이럴 때 역선전은(그것이 허용된다면) 개인이 자신의 판단력을 되찾아 편파적인 현실관에서 벗어나게 해준다. 이 원리를 감안할 때, 친관용적 선전이 필요하다고 충분히 주장할 수 있다. 그것 자체의 긍정적인 효과 때문이라기보다 반대쪽에서 활동하는 선동가들에 대한 해독제라는 점에서 그렇다.

(7) 선전이 효과가 있으려면 **불안을 가라앉혀주어야 한다.** 베텔하임

과 야노비츠는 개인이 느끼는 안정성의 뿌리를 타격하는 선전은 저항에 부딪히는 경향이 있음을 알아냈다.[21] 기존의 안정성 체계에 맞게 설계된 호소가 더 효과적이다.

(8) 마지막 법칙은 **명망 있는 상징**의 중요성에 관한 것이다. 케이트 스미스(Kate Smith) 같은 가수 한 명이 라디오로 단 하루 만에 수백만 달러어치의 전쟁 채권을 팔 수 있다. 엘리너 루스벨트나 빙 크로스비(Bing Crosby) 같은 사람들은 그 한 사람이 엄청나게 많은 사람을 합친 것에 필적하는 신망을 가진다. 이런 사람들이 관용을 지지하면 모호한 태도를 취하며 상황을 지켜보는 많은 사람을 설득할 수 있다.

권고

설교나 훈계, 도덕적 행위를 격려하는 연설이 얼마나 효과적인지는 알 수 없다. 종교 지도자들은 수 세기 동안 추종자들에게 인류애를 실천하라고 훈계했지만 축적된 효과는 미미해 보인다. 그렇더라도 이 방법이 쓸모없다고 확신할 수는 없다. 그렇게 끊임없이 계속된 훈계가 없었더라면 지금보다 상황이 훨씬 더 나빠졌을지도 모를 일이다.

아마도 권고(exhortation)는 이미 전향한 사람들의 선한 의도를 강화하는 데는 도움이 되리라 추측하는 것이 합리적일 것이다. 이 성취는 폄하되어서는 안 된다. 이미 전향한 사람들의 신념을 종교적으로, 윤리적으로 강화하지 않는다면 그들이 집단 간 관계 개선을 위한 노력을 지속하지 않을 수도 있기 때문이다. 그러나 성격화된 편견을 지닌 편협한 사람, 그리고 자신을 둘러싼 사회적 환경이 지나치게 강력하다고 생각하는 동조자에게는 열띤 권고가 큰 영향을 끼치기 어려울 것이다.

심리 치료

이론적으로 볼 때, 태도를 변화시키는 가장 좋은 방법은 개인 심리 치료이다. 앞서 보았듯이 편견은 흔히 전체 성격의 기능 안에 깊이 뿌리박혀 있기 때문이다. 괴로워서 정신과 의사나 상담가의 도움을 찾는 사람은 흔히 변화를 열망한다. 그런 사람은 삶을 대하는 기본 방침 중 많은 부분을 재편성할 준비가 되어 있을 것이다. 민족을 대하는 태도를 바꾸려고 특별히 치료 전문가를 찾는 환자는 없다고 말해도 무방하다. 하지반 치료가 진행되면서 민족적 태도가 중요한 역할을 할 수 있으며, 아마도 그 태도는 환자가 삶을 바라보는 다른 고정된 방식과 더불어 개조되거나 용해될 수도 있을 것이다.

이 가설과 관련해 여러 정신분석학자들이 자신의 임상 경험을 보고했지만 결정적인 연구는 아직 이루어지지 않았다.[22] 정신분석학자들의 경험은 특히 설득력이 있다. 대부분의 환자들이 정신분석을 '유대인 운동(Jewish movement)'으로 생각하기 때문인데, 바로 이 사실 하나만으로도 환자의 내면에 존재할지 모르는 반유대주의 편견을 자극할 것이 거의 확실하기 때문이다. 치료 과정은 다음과 같이 진행된다.

> 환자는 분석 초기에 '음성 전이'°로 알려진 국면에 진입한다. 그는 치료 과정이 야기하는 고통 때문에 분석가를 비난하고, 분석가의 우월하고 유리한 지위 때문에 그를 증오한다. **일시적으로** 부모-대체물이 되는 것이다. 간혹 분석가가 유대인인 경우가 있다. 설령 아니라고 해도,

음성 전이(negative transference) 정신분석이나 정신분석적 치료 장면에서 과거의 중요한 인물에게 향하던 환자의 감정, 사고, 행동이 치료자에게 향하게 되는 것을 전이라고 한다. 이 가운데 원망, 증오, 분노 같은 부정적 감정을 보내는 것을 음성 전이라고 한다.

환자는 정신분석을 유대인 운동이라고 생각한다. 이런 환경이 환자의 내밀한 반유대주의 감정을 끌어내며, 분석가를 향한 감정의 격발 속에서 반유대주의를 폭발시킬 가능성이 있다. 치료가 진행되고 환자가 자신의 전체적인 가치관 유형을 통찰하게 되면서 반유대주의가 누그러질 수 있다. 사실 원칙적으로 어떤 종류의 편견이든 신경증과 맞물려 있는 경우라면, 신경증 치료가 곧 편견의 감소로 이어질 것으로 기대된다.

정신분석이 치료 방식의 전부는 아니다. 어떤 사람과 그의 개인적인 문제를 두고 장시간 면담을 하다 보면 그 사람이 지닌 거의 모든 주요한 적개심을 들추어낼 가능성이 있다. 어떤 종류의 면담인지는 상관없다. 자신의 문제에 대해 이야기하면서 환자는 종종 새로운 전망을 얻는다. 그리고 그가 치료 과정에서 전반적으로 더 유익하고 건설적인 삶의 방식을 발견한다면, 그의 편견은 감소할 수 있다.

한 조사자가 어떤 여성과 긴 시간 동안 면담을 진행했다. 면담에서는 소수 집단과 관련해 그 여성이 직접 한 경험과 소수 집단을 대하는 그의 태도에 관해 이야기를 나눴다. 치료를 할 의도는 조금도 없었다. 그러나 진술 과정에서 여성은 자신의 반유대적 감정을 이야기했다. 과거에 유대인들과 있었던 모든 일과 이웃의 반유대주의 분위기를 회고하면서, 그는 점차 자기 통찰을 통해 많은 것을 깨달았다. 마침내 여성이 이렇게 말했다. "불쌍한 유대인들, 우리는 매사에 그들을 탓하는 것 같아요. 그렇지 않나요?" 만약 그 여성이 상당히 긴 시간 동안(대략 세 시간이었다) 자신의 믿음 체계 안에 들어 있는 이런 측면에 주의를 집중하지 않았더라면, 그 편견의 원천을 추적해서 그것이 자기 삶에서 어떤 위치를 차지하는지 합리적인 시각으로 평가하지 못했을 것이다.

개인 치료나 그에 준하는 상황에서 이러한 변화가 얼마나 자주 일어나는지는 알려져 있지 않다. 더 많은 연구가 필요하다. 그러나 개인 심리 치료가 그것의 심도나 그것이 성격의 모든 부분과 맺고 있는 상호 연관성이라는 측면에서 설령 모든 방법 가운데 가장 효과적인 방법으로 밝혀진다 해도, 이 치료를 받을 수 있는 사람은 언제나 전체 인구 중 소수일 것이다.

카타르시스

경험에 따르면 어떤 상황에서 특히 개인 심리 치료와 집단 재훈련 기간 중에 종종 감정이 폭발한다. 편견이라는 주제가 의제가 될 때, 자신의 관점이 공격당한다거나 인정받지 못한다고 느끼는 사람은 그런 폭발과 함께 찾아오는 카타르시스가 필요하다.

카타르시스는 준(準)치료적 효과가 있다. 일시적으로 긴장을 풀어주고, 당사자가 태도 변화를 결심하게 할 수도 있다. 내부 튜브는 공기를 빼낸 다음에 수리하는 것이 더 쉽다. 다음 시구절이 카타르시스와 긴장의 관계를 잘 보여준다.

> 나는 친구에게 화가 났다.
> 나는 내 격분을 말했고, 내 격분은 끝났다.
> 나는 적에게 화가 났다.
> 나는 그것을 말하지 않았고, 내 격분은 더 커졌다.

적개심을 드러내는 것이 언제나 카타르시스 효과를 가져오지는 않는다. 정반대다. 22장에서 보았듯이, 공격성을 드러내는 것은 안전한 배출구가 아니며, 오히려 습관을 형성하게 된다. 공격성을 더 많이 내보일수록 공격성을 더 많이 갖게 된다. 처음에 '버럭 화를 낸' 사람이 그 뒤에 논쟁 상대를 기꺼이 이해하려 들거나 혹은 실제로 이해하게 되는 것은 특별한 상황에서나 일어나는 일이다.

미국 동부의 한 도시에서 불쾌한 민족 갈등 사례가 다수 발생했다. 성난 시민들이 압력을 가하자, 지역 경찰은 집단 간 적대 관계의 배경 및 폭동 예방과 처리에서 경찰관의 역할을 다루는 교육 과정을 도입했다.

이 의무 교육 과정에 출석한 경찰관들은 분노했다. 그 과정을 도입해야 했던 상황 자체가 자신들의 능력과 공정성을 비난하는 것이라고 생각했기 때문이다. 이런 부당하다는 느낌이 소수 집단에 대한 그들 자신의 편견과 합쳐져서 교육을 어렵게 하는, 사실상 거의 불가능하게 만드는 긴장 상태를 만들어냈다. 해당 지역의 흑인에 관한 객관적인 주장이 제기될 때마다, 일부 경찰관은 체포 도중에 자신을 폭행한 광포한 흑인 이야기를 끄집어내곤 했다.

교육 과정의 매 단계마다 교육자는 고정관념, 신랄한 일화, 적개심에 직면했다. 어떤 교육도 전혀 영향을 끼치지 못하는 것 같았다. 교육은 거침없이 쏟아지는 욕설을 유발할 뿐이었는데, 그 욕설은 부분적으로는 교육자를, 또 부분적으로는 논의 대상인 소수 집단을 겨냥했다. 경찰관들은 종종 이렇게 불평하곤 했다. "어째서 모두가 경찰을 못살게 굴죠?" "우리는 아무 문제가 없어요. 어째서 우리가 이런 교육을 받아야 합니까?" "유대인들은 자기들 일에나 신경 쓰라고 해요. 그 사람들은 쓰레기통에 버려진 죽은 고양이를 발견하면 그것도 반유대주의 때문이라고 떠들어댈 겁니다." "흑인 지도자들이 자기네 사람들을 통제해야 합니다. 경찰에 맞서게 놔둬서는 안 된다고요."

이렇게 자존감에 상처를 입은 상황에서는 기존의 편견에 변화가 생길 가능성이 낮아 보인다. 누구도 자신이 공격당하고 있다고 생각하는 사람을 가르칠 수는 없다.

교육 과정은 여덟 시간 동안 계속되었다. 처음 여섯 시간은 대체로 이런 유형의 카타르시스로 채워졌다. 강사는 아무런 반론도 제기하지 않았고, 그런 적대적인 감정 폭발에 최대한 공감하며 귀를 기울였다. 점차 변화가 생기는 것 같았다. 우선 수강자들 스스로 자신들이 늘어놓는 불평에 지루함을 느꼈다. 마침내 그들은 이런 태도에 도달한 것 같았다. "우리는 하고 싶은 말을 다 했습니다. 이제 이 주제에 대해 당신이 꼭 하고 싶은 이야기를 듣겠습니다."

더욱이 분노에 휩싸인 나머지 명백히 과장된 이야기를 너무 많이 늘어놓았기 때문에 겸연쩍은 마음이 들었다. "우리는 아무 문제가 없어요. 경찰에겐 아무 문제도 없다고요."라고 항변했던 사람은 곧 경찰관으로서 어떻게 대처해야 할지 몰랐던 몇 가지 충돌 사례를 털어놓았다. 처음에 유대인에게 악담을 퍼부었던 사람은 후반부 발언에서는 보상하려고 노력했다. 어느 정도는 카타르시스가 효과적일 수 있다. 불합리한 감정의 폭발이 발언 당사자의 양심에 충격을 주기 때문이다.

당장의 긴장이 풀리자, 그 경찰관은 전체 상황에 대한 자신의 인식을 더 자유롭게 재구성하는 것처럼 보였다. 심지어 적개심을 표출하는 도중에도 그는 앞으로 자신의 행동이 지역사회에서 대체로 더 잘 받아들여질 수 있도록 향후 처신을 계획하고 있었는지 모른다. 그리하여 어떤 경찰관은 특히 교육 과정이 끝날 무렵에 이렇게 생각할 수도 있다. "그래, 아까는 확실히 너무 화가 나서 뚜껑이 열렸어. 이런 제기랄, 난 그럴 권리가 있어, 우리는 정말 가혹하게 비난받는다고. 누구나 편견이 있잖아. 하지만 내 구역 안에서 문제가 일어나는 건 바라지 않아. ○○을 더 경계하는 편이 나을 것 같군. 그 사람 거칠게 나올지도 몰라. 흑인과 유대인을 증오하는 걸 보면 말이지. 아무래도 그래야겠어."

그리고 그는 앞으로 자신의 구역에서 발생할 문제에 어떻게 대처할지 미리 머릿속으로 계획을 짜기 시작한다.

이런 정신 과정이 카타르시스 동안에 일어나는지는 증명할 수 없다. 그러나 이 특별한 교육 과정을 관찰한 사람들은, 적의가 사라지고 나서 마지막 두 시간 동안 수강자들의 마음에 교훈이 새겨지기 시작했고 자기 통찰에서 얻은 성과가 크다는 인상을 받았다.[23]

카타르시스만으로는 치료가 되지 않는다. 카타르시스에 관해 말할 수 있는 최선은, 카타르시스가 상황을 덜 긴장된 관점으로 보는 길을 마련해준다는 것이다. 분개한 사람은 자기가 하고 싶은 말을 하고 난 후에는 다른 관점에 더 기꺼이 귀기울일 수 있다. 만약 그의 진술이 과장되고 불공정했다면(대개 그렇듯이), 그로 인한 수치심이 그의 분노를 완화하고 좀 더 균형 잡힌 관점을 불러올 것이다.

모든 방안이 카타르시스를 도입하는 것으로 시작되어야 한다는 것은 아니다. 그러면 처음부터 부정적인 분위기가 조성될 수 있다. 일부러 도입하지 않아도 필요한 순간에 카타르시스가 찾아올 것이다. 공격당한다고 느낄 때가 아마도 카타르시스가 가장 필요한 때일 것이다. 그런 분위기가 우세할 때에는 카타르시스가 허락되지 않는 한 어떤 진전도 불가능하다. 지도자는 인내와 기술과 행운으로 정확히 필요한 순간에 카타르시스가 건설적인 경로로 분출되도록 이끌 수 있어야 한다.

31장

변화의 시작

우리는 '모든 사실이 다 드러날 때까지' 기다려야 한다고 호소할 수 없다.
왜냐하면 모든 사실이 전부 다 드러나는 일은
결코 없다는 것을 잘 알기 때문이다.
또 우리는 '사실이 스스로 말할 것'이라고 주장할 수도 없고
'현실적인 결론을 도출하는 일을 정치가와 시민에게 맡길' 수도 없다.
사실 자체는 너무도 복잡해서 (우리가) 이해할 수 있는
언어로 스스로 말하지 못한다. 사실은 현실적인 목적을 위해,
다시 말해 적절한 가치 전제 아래 조직되어야 한다.
그리고 우리 말고 어느 누구도 이 일을 더 잘해낼 수 없다.
– 군나르 뮈르달

앞의 두 장에서 차별을 줄이거나 더 큰 관용 쪽으로 태도를 변화시키기 위해 설계된 광범위한 영역의 교정 방안들을 살펴보았다. 우리는 이 방안들을 차별과 편견의 원인에 대한 기본 연구의 관점에서, 그리고 유효한 증거가 있을 때는 과학적 평가의 관점에서 논평했다. 그러나 하나도 빠짐없이 모두 검토하지는 못했다. 최근 들어 교정 방안이 엄청나게 급증하고 있고, 이러한 방안을 과학적으로 검토하려는 움직임이 확산되고 있기 때문이다.[1]

우리가 교정 방안 평가에 대한 긴급한 요청이 있음을 깨닫게 된 건 채 10년도 되지 않는다. 이런 요청은 그 자체로 언급할 만한 가치

가 있다. 어떤 방안의 책임자나 신탁이사회가 자신들의 활동을 공정한 판단에 맡긴다는 것은 용기가 필요한 일이다. 기부자들이나 더 흔하게는 사업가들이 주도권을 쥐는 경우가 있는데, 그들이 하는 말은 사실상 이런 것이다. "나는 당신들이 내 돈이 잘 투자되었는지 알아낸다는 조건으로 이 방안에 돈을 댈 것입니다." 이런 태도는 객관성을 확보해주고, 간혹 선의의 활동을 특징짓는 맹목적인 신념과 감상주의를 줄여준다. 우리는 이미 (29장에서) 사회과학이 법의 영역에 관여하게 된 방식을 살펴보았다. 사회과학은 민간의 노력이 투입되는 영역에서 훨씬 폭넓게 환영받고 활용되고 있다. (내친 김에 말하자면, 집단 간 관계를 담당하는 기관만이 아니라 교육, 사회복지, 범죄학, 심리 치료, 그 밖에 태도 변화를 이끌어내는 것이 목표인 다른 분야의 방안과 관련해서도 사회과학의 평가 활동이 요구된다는 점에 관심을 기울여주기를 바란다.[2])

이러한 추세가 사회적 · 과학적 진보의 징후라는 점은 틀림없지만, 한편으로 이것은 다소 자멸적인 일이 될 수도 있다. 평가 대상 방안의 운영자가 연구자에게 지나치게 의지할 수도 있는데, 결국 연구자가 자신에게 지워진 큰 기대를 충족시킬 능력이 없을 수도 있다. 민족 간 관계에 관한 문제들은 한 꾸러미로 깔끔하게 포장되지 않는다. 앞 장에서 보았듯이 헤아릴 수 없이 많은 변수를 다 고려하는 평가 실험을 설계한다는 것은 거의 불가능하다. 이 문제는 뿌리가 너무 여러 갈래로 나뉘어 있어서 과학에만 완전히 의지할 수 없다. 뮈르달이 말한 것처럼, '모든 사실이 다 드러날 때까지' 기다릴 수는 없다. 그리고 모든 사실이 다 드러나는 일도 없을 것이다.

그러나 우리는 기본적인 평가 연구가 계속되고 사람들이 점점 더 많이 관심을 갖기를 기대하고 있다. 이 장에서 평가 연구의 활용을 제한하는 다양한 실천적 · 이론적 걸림돌을 고려하는 동안에도 이런 바람을 항상 염두에 두어야 할 것이다.

특별한 걸림돌

문화 간 관계를 다루는 분야에서 일하는 사람이면 누구나 정말 자주 듣는 말이 있다. "아무 문제도 없습니다." 부모, 교사, 공무원, 경찰, 공동체 지도자들은 표면에 드러나지 않는 갈등과 적개심의 저류를 자각하지 못하는 것 같다. 폭력 사태가 터지지 않는 한, 또는 그런 사태가 일어나기 전까지는 "아무 문제도 없습니다."[3]

20장에서 갈등이 자아의 평형 상태를 위협할 때 작동하는 '부인 기제', 즉 자아가 스스로 방어하려 드는 경향성에 대해 이야기했다. 부인 전략은 불온한 생각에 맞서 신속하게 나타나는 반사 작용이다.

때때로 부인은 그렇게 깊숙이 내재해 있는 것이 아니라, 현 상태에 완전히 익숙해진 습관의 문제이다. 사람들은 지배적인 신분 체계와 차별에 너무 익숙해지면 그것이 마치 영원히 고정된 것이고 관련된 모든 사람에게 완전히 만족스러운 것인 양 생각한다. 미국의 백인 대다수가 미국 흑인들은 대체로 자신들의 현재 상황을 아주 만족스럽게 여길 것이라고 믿지만 이 추정은 사실과 정반대라는 조사 결과를 앞에서 언급한 적이 있다. 그러나 정직한 무지와 완전한 습관화가 부인 기제의 어떤 측면을 설명한다는 점을 인정하더라도, 종종 더 깊은 기제가 작동한다는 사실 또한 인정해야 한다. 앞에서 편견이 심한 사람들은 자기가 편견에 빠져 있다는 사실을 부인하는 경향이 있음을 보았다. 개인적인 통찰이 부족하면 공동체의 상황을 객관적인 관점에서 볼 수 없다. 심지어 그 사람 자신은 편견이 없는 시민이라 하더라도 불의와 긴장 앞에서 눈을 감아버릴 가능성도 있다. 알은체했다가는 그의 평온한 일상이 엉망이 될 테니 말이다.

이런 걸림돌을 학교 체계 안에서 폭넓게 접할 수 있다. 교장과 교사, 학부모들은 흔히 문화 간 이해 교육의 도입을 반대한다. 편견이 들끓는 지역사회에서도 이런 말들이 곧잘 들려온다. "아무 문제 없습니다. 우리 모두 다 같은 미국인 아닌가요?" "왜 아이들에게 쓸데없는 생각을 심어주려는 거죠?" 이런 태도는 많은 부모, 학교, 교회가 성교육에 반대했던 일을 떠오르게 한다. 성교육을 실시하면 아이들이 (이미 그들의 머릿속에 뒤죽박죽인 상태로 들어 있을 게 분명한) 금기시되는 생각을 하게 될지 모른다는 이유였다.

무관심과 부인 외에 다른 걸림돌도 있다. 제2차 세계대전 이후 5년 동안 민간의 지원으로 운영된 '미국인종관계위원회'는 교정 노력에 세심한 주의를 기울였다. 최종 보고서에서 위원회는 그간 자신들이 직면했던 진보를 가로막는 주요 걸림돌을 정리했다.[4] 보고서는 부인과 더불어 집단 간 관계 영역에서 서로 경쟁하는 조직들 사이에 나타나는 부적절한 경쟁 구도에 주목한다. 또 보고서는 단일 요인 해결책(one-factor solution)의 효력이나, 한 기법에 특화된 조직이 옹호하는 어떤 만능 해결책을 아무 근거 없이 신뢰하는 분위기를 지적한다. 특히 대중매체와 교육 방안을 과도하게 강조하는 것에 비판적이다. 보고서는 사회 구조의 중요성을 강조한다. 예를 들어 전통적인 방식으로 구조화된 남부의 사회 체계가 어떻게 남부 지역에서 교정을 위한 모든 노력을 방해하면서, 동시에 나라 전체를 들끓게 만드는 무거운 영향력을 발휘하고 있는지 지적한다.

마지막으로 보고서는 무지해서 혹은 악의로 모든 시민권 옹호자들과 민족 간 관계 개선을 위해 일하는 모든 활동가들을 '파괴' 분자와 동일시하는 경향성에 주목한다. 매카시즘은 이 분야에서 일하는 사람들을 따라다니는 유령이다. 피해자 본인은 욕설의 비합리성을 꿰뚫어보지만, 대부분 시민들은 그렇지 않다. 그들은 활동가와 그의 활동이 공산주의와 어렴풋이 관련되어 있다고 인식하게 된다. 이 비합리적 과잉 범주화와 어떻게 싸울 것인지는 정말 풀기 어려운 문제다. 동서 이념 간에 벌어지는 현실적인 갈등은 전혀 무관한 사안까지 포함할 정도로 확산되어 있다. 15장에서 이 문제를 논의했지만, 해결책을 찾기란 쉽지 않은 일이다.

이러한 걸림돌들은 모두 대단히 심각한 문제이며, 사람과 사회 체계 안에 가장 단단히 자리 잡고 있는 비합리성의 양상을 보여준다. 그러나 집단 간 관계 개선을 쉬운 과제라고 생각하는 사람은 아무도 없다.

구조적 논증

'미국인종관계위원회'가 내놓은 보고서는 단일 방안의 유효성을 비관적으로 보는 듯하다. 보고서는 사회 규범의 담요 효과(blanketing effect)를 강조한다. 사회 규범이 교정적 활동을 저지하는 철의 장막처럼 작용한다는 뜻이다. 이 중요한 관찰은 면밀히 탐구해볼 가치가 있다. 전체 문제의 핵심으로 나아가기 때문이다.

사회학자는 우리 모두가 하나 이상의 사회 체계 안에 갇힌 채 살아간다고 지적한다. 이 체계들은 어느 정도 가변성이 있지만, 형태가 무한히 바뀔 수 있는 것은 아니다. 각 체계 안에서 집단들 사이에 불가피한 긴장 상태가 발생하는데, 경제적인 경쟁이나 인구에 비해 모자라는 주거 시설과 교통 시설, 해묵은 갈등 따위가 원인이 된다. 긴장을 해소하기 위해 사회는 어떤 집단에는 우월한 지위를, 다른 집단에는 열등한 지위를 부여한다. 관습이 한정된 특권과 재화와 명성의 분배를 규제한다. 기득권이 체계의 중심축이 되는데, 특히 기득권은 근본적인 변화를 추구하는 모든 시도에 저항한다. 나아가 전통이 체계 내에서 어떤 집단을 합법적인 희생양으로 규정한다. 적개심은 당연시된다. 예를 들어 소수 민족이 일으키는 폭동은 기존 긴장 관계의 부산물로 용인될 수 있다. 경찰 책임자는 민족에 기반을 둔 폭력 집단의 싸움을 눈감아줄 수 있다. 그런 싸움은 정상적이고 자연스러운 '애들 장난 같은 일'이라고 공언해버린다. 물론 혼란이 너무 심해지면 폭동 진압 경찰대가 투입되기도 하고, 개혁가들이 지나친 긴장을 완화할 입법 조치의 필요성을 압박하기도 한다. 그러나 이러한 완화 조치는 흔들린 평형 상태를 회복하는 정도면 충분하다. 완화가 지나치면 그것 또한 체계를 파괴할 것이다.

경제 결정론자의 관점도 비슷하다(13장, 14장). 그는 개별 인과관계를 다루는 모든 이론이 눈속임에 불과하다고 주장한다. 기본 구조가 존재하고 그 안에서 사회경제적 지위가 더 높은 사람들은 노동자, 이민자, 흑인, 여타 궁핍한 날품팔이들과 자신들의 평등을 용인할 수 없고 또 그러지도 않을 것이다. 이 관점에 따르면, 편견은 그저 경제적 이기심을 정당화하기 위해 고안된 발명품일 뿐이다. 과감한 개혁으로 진정한 산업 민주화가 이루어지지 않는 한, 모든 편견의 기반인 기본적 사회 토대에 어떤 유효한 변화도 일어날 수 없다.

사회 체계의 이런 특징이 우리의 행동을 얼마나 제한하고 규제하는지 사람들은 대개 자각하지 못한다. 몇 시간 정도 문화 간 이해 교육을 한다고 해서 환경이 가하는 전체 압력을 상쇄할 수 있으리라 기대해서는 안 된다. 관용을 지지하는 영화를 본 사람들은 그것을 그저 하나의 특수한 일화로 여길 것이며, 그런 것이 자신이 현재 살고 있는 체계의 기반을 위협하도록 내버려두지 않을 것이다.

더 나아가 이 이론은 우리가 분리, 고용 관행, 이민 관련 정책을 바꾸면 그에 따른 일련의 효과들이 축적되어 전체 구조에 위협적인 균열이 생겨날 수 있다고 주장한다. 각각의 사회적 관행은 다른 모든 관행과 동맹을 맺고 있다. 처음에 지나치게 강력한 공세가 허용되면 힘이 가속화되어 전체 체계와 더 나아가 우리가 지닌 안정감까지 파괴해버릴 수 있다. 이것이 바로 사회학자의 구조적 관점이다. 편견에 관한 '집단-규범' 이론은 3장에서 검토했다.

심리학자도 구조에 관해 말한다. 이 관점에 따르면 편견적 태도는 전체로서 유기체의 통합성을 훼손하지 않고 끄집어낼 수 있는, 눈에 들어간 티끌 같은 것이 아니다. 편견은 흔히 성격 구조에 너무 깊이 박혀 있기 때문에 내적인 삶의 경제 전체를 개편하지 않는 한 바뀔 수 없다. 사람에게 어떤 태도가 '기능적 유의성'이 있는 경우에 언제나 이러한 문제가 발생한다. 전체를 바꾸지 않고 부분만 변화하기를 기대할 수는 없다. 그리고 성격 전체를 고쳐서 다시 만드는 일은 결코 쉽지 않다.

그러나 심리학자는 모든 태도가 다 성격 구조에 깊이 박혀 있지는 않다고 서둘러 덧붙인다. 세 부류로 구분하는 것이 유용해 보인다.

(1) 우선, 어떤 사람은 사회의 관습이나 요구를 고려하면서도 자신의 태도가 자신의 직접 경험과 계속 긴밀히 접촉하게 한다. 이런 사람은 거의 마찰 없이 자신의 태도를 사회 현실에 맞춰 조절할 줄 알며, 그러면서도 자신이 쌓아온 경험에 전적으로 충실할 수 있다. 사회 체계가 그를 둘러싸고 있지만, 그의 태도는 유연하다. 그는 외집단이 언제 불공정한 대우를 받는지 분명히 인식하며, 적대적인 체계가 날카로운 이빨을 드러내는 상황에서도 외집단에 친절을 베푼다. 그가 투사가 되건, 온건한 개혁가가 되건, 아니면 전혀 개혁가가 되지 않는다 하더라도, 여전히 그의 태도는 순전히 그 자신의 것이며 그를 둘러싼 집단 규범에 의해 과도하게 규정되지 않는다.

(2) 두 번째의 태도 집합은 앞서 다룬 적이 있다. 이런 태도는 자기중심적이고, 완고하며, 때로는 신경증적인 내면의 통합을 이룬다. 이

런 태도를 지닌 사람은 현실 인식이 떨어진다. 소수 집단에 관한 사실이 무엇인지 알지도 못하고 관심도 없으며, 만연한 차별적 관습이 결국에는 얼마나 해로운지에 대해서도 마찬가지로 무지하고 무관심하다. 이 태도의 기능적 유의성은 깊게 자리 잡으며, 성격 구조에 대변동이 일어나지 않는 한 무엇으로도 이 태도를 바꾸지 못한다(25장).

(3) 마지막으로 민족적 태도 면에서 내적으로 통합되지 못한 사람들을 자주 볼 수 있다. 그들의 태도는 변하기 쉽고, 일정한 형태가 없으며, 대개의 경우 당면한 상황과 관계가 있다. 이런 사람은 양면성, 아니 더 정확하게 표현하면 다면성을 띤다고 말할 수 있는데, 확고한 태도 구조를 갖추지 못해서 압력을 받을 때마다 이쪽저쪽으로 기울기 때문이다. 이런 사람들로 이루어진 집단에서는 관용을 지지하는 호소가 효과를 볼 수 있다. 우호적인 태도를 처음 구체화하는 데는 유쾌한 경험, 극적인 교훈, '미국의 신조'에 대한 호소 등을 제공하는 것으로 충분할 것이다. 이런 유형은 교육과 대중매체의 호소에 영향을 받기 쉬우며, 이전에는 만연한 편견에 오로지 기회주의적으로 동조하기만 했던 정신 조직에 처음으로 주목하게 할 수 있는 보람 있는 경험에도 영향을 받기 쉽다.

이 세 유형에 속하는 사람들이 각각 어느 정도나 되는지 알 길은 없다. 엄격한 구조적 관점에 따르면, 그들 모두 자기 삶의 배경이 되는 개인적·사회적 체계에 우리가 아는 것보다 더 많이 영향을 받는다.

어떤 학자들은 개인 체계와 사회 체계의 서로 맞물리는 상호 의존성을 강조한다. 그들은 태도란 이 두 종류의 체계가 결합해 구조적 기반에 자리 잡게 하는 것이기 때문에 두 체계를 모두 충분히 고려하면서 태도를 공격해야 한다고 주장한다.[5] 뉴컴은 다음과 같이 말한다. "개인이 계속해서 어느 정도 안정적인 준거 틀로 대상을 지각할 때, 태도가 완고해지는(비교적 바뀌지 않는) 경향이 있다."[6] 안정적인 준거 틀은 사회 환경에 거점을 둔 것일 수 있다.(이민자들은 모두 빈민가에 살고, 토박이 미국인은 모두 빈민가가 아닌 곳에 산다.) 혹은 **내적인** 준거 틀일 수도 있다.(외국인이 나를 위협한다.) 아니면 둘 다일 수도 있다. 이 결합된 구조적 관점은 태도 변화 이전에 관련된 준거 틀에서 변화가 선행되어야 한다고 주장한다.

비판 _ 사회학적이건, 심리학적이건, 혹은 둘 다이건 간에, 구조적 관점에는 큰 장점이 있다. 구조적 관점은 단편적인 노력이 생각만큼 그렇게 효과적이지 않은 이유를 설명해준다. 이 관점은 우리의 문제가 사회적 삶이라는 옷감에 단단히 박음질되어 있다고 말하면서, 눈 안의 티끌 같은 이론은 너무 단순하다고 설득한다.

하지만 조심하지 않으면 구조적 관점은 잘못된 심리학과 잘못된 비관주의로 이어질 수 있다. 개인의 태도를 바꾸기에 앞서 전체 구조를 바꾸어야 한다는 말은 실제로는 이치에 맞지 않는다. 왜냐하면 구조는 적어도 부분적으로는 각각의 개인이 지닌 태도의 산물이기 때문이다. 변화는 **어딘가에서부터** 시작되어야 한다. 실제로 구조 이론에 따르면, 변화는 어디에서나 시작될 수 있다. 왜냐하면 모든 체계는 어느 정도는 체계의 어느 부분에서든 변화가 일어나면 바로 그 변화에 의해 달라지기 때문이다. 사회 체계나 심리 체계는 여러 힘의 평형 상태에 기반을 두지만, 그것은 불안정한 평형이다. 예를 들어 뮈르달이 제기한 '미국인의 딜레마'가 바로 그러한 불안정성의 한 사례다. 사회 체계에 관한 미국의 모든 공식적 정의(定義)는 평등을 요구한다. 하지만 이 사회 체계의 비공식적인 많은 측면(전부는 아니다)은 불평등을 요구한다. 그리하여 미국에서 아주 잘 구조화된 체계에조차 '비(非)구조화' 상태가 존재한다. 그리고 사람의 성격도 분명히 하나의 체계인데, 성격은 변화에 영향을 받지 않는다거나 전체의 개조가 부분들의 개조에 반드시 **선행해야** 한다고 말할 수 있을까? 그런 견해는 불합리하다.

미국이 꽤 안정적인 계급 체계를 보유하고 있고 그 체계 안에서 여러 민족 집단이 편견을 동반하는 귀속 지위를 갖는다는 것을 인정하더라도, 미국의 체계에는 지속적인 변화에 도움이 될 요인도 있다. 예를 들어 미국인들은 태도의 변화 가능성을 무척 신뢰하는 듯하다. 광고라는 거인이 바로 이 신뢰 위에 우뚝 서 있으며, 미국인들은 교육의 힘도 똑같이 굳게 믿는다. 미국의 체계 자체가 "인간의 본성은 바꿀 수 없다."는 믿음을 거부한다. 대체로 이 체계는 "피는 못 속인다."라는 격언을 부인한다. 미국의 과학, 철학, 사회 정책은 '환경 결정론'으로 확연히 기울어 있다. 이 신념을 완전히 정당화할 수는 없을지 몰라도, 요점은 그런 신념을 갖는 것 자체가 제일 중요한 요인이라는 것이다. 만약 교육, 홍보, 심리 치료를 통해 태도가 바뀔 것이라고 모두가 기대한다면, 그렇게 기대하는 사람이 아무도 없는 경우보다는 그 일이 일어날 **가능성이 당연히 더 크다.** 변화가 일어날 가능성이 있다면, 변화를 향한 사람들의 열망이 변화를 가져올 수 있다. 사회 체계가 변화를 반드시 방해하는 것은 아니며, 그것이 때로는 변화를 장려하기도 한다.

긍정적 원칙

구조적 논증을 거부하는 것은 아니다. 다만 그것으로 비관주의를 정당화해서는 안 된다는 점을 지적할 뿐이다. 구조적 논증은 이미 존재하는 한계를 부각하지만, 인간관계에 새로운 지평이 열리는 것을 부인하지 않는다.

예를 들어 사회 구조나 성격 구조를 바꾸기 위한 변화를 어디에서 시작하는 것이 가장 좋은지 묻는 것은 더없이 합당한 질문이다. 앞선 장들에서 이 질문에 관해, 비록 최종적인 것은 아니지만 어느 정도 통찰을 얻었다. 다음에 제시하는 원칙들이 특히 밀접한 관련이 있어 보인다.

1. 이 문제는 다면적이기 때문에 절대적인 공식 같은 것이 있을 수 없다. 가장 현명하게 문제를 해결하는 길은 모든 전선에서 동시에 공격에 나서는 것이다. 어떤 단일 공격으로 큰 성과를 거두지 못한다 해도, 여러 방향에서 전개되는 많은 소규모 공격이 차차 쌓여서 엄청난 결과를 낳을 수 있다. 그 결과가 전체 체계에 압박을 가해서 변화의 속도를 높일 수 있고, 결국에는 새롭고 더 조화로운 평형 상태가 이뤄질 것이다.

2. 개선설을 길잡이로 삼아야 한다. 모든 소수 집단이 궁극적으로 하나의 민족군(群)으로 동화되어야 한다고 말하는 사람들은 저멀리 있는 유토피아를 이야기하는 것이다. 물론 동질적인 사회에서는 소수 집단 문제가 존재하지 않을 것이다. 그러나 미국은 동질적인 사회가 되었을 때 잃을 것이 얻을 것보다 훨씬 커 보인다. 어쨌든 동화를 앞당기려는 인위적인 노력은 성공하지 못할 게 확실하다. 인간관계를 개선하려면 인종적 · 문화적 다원성을 안고 살아가는 법을 오랜 시간 동안 배워야 할 것이다.

3. 노력이 심란한 결과를 낳을 수도 있다고 예상하는 것이 합리적이다. 체계에 대한 공격은 늘 그런 결과를 불러온다. 문화 간 이해 교육이나 관용을 호소하는 선전, 역할 연기 등을 접한 사람이 이전보다 더 모순된 행동을 보일 수도 있다. 그러나 태도 변화의 관점에서 보면, 이러한 '비구조화' 상태는 필수적인 단계다. 쐐기가 박혀서 구조가 틀어진 상태인 것이다. 이런 상태에 들어선 사람은 이전보다 마음이 더 불편할지 모른다. 하지만 그는 적어도 이 경험을 통해 자신의

관점을 더 관용적인 쪽으로 가다듬을 기회를 얻게 된다. 한 연구에 따르면, 자신의 편견을 자각하고 부끄럽게 여기는 사람이 자기 안에서 편견을 더 잘 제거할 수 있다.[7]

4. 간혹 '부메랑 효과'°가 있을 수 있다. 노력이 기존 태도를 방어하는 반대 입장을 오히려 강화하는 결과를 낳거나, 혹은 본의 아니게 사람들의 적대적 견해를 지원하는 꼴이 될 수도 있다.[8] 이제까지 나온 증거들을 보면 부메랑 효과는 미미한 편이다. 또 이 효과가 단지 일시적인 것은 아닌지도 의문이다. 왜냐하면 방어를 유발할 정도로 충분히 효력 있는 전략이라면 그와 동시에 의혹의 씨앗도 심어놓을 것이기 때문이다. 한편 '부메랑'이 편집증 성향을 지닌 사람들에게 주로 나타난다는 설명도 그럴듯해 보인다. 그런 사람들의 정신은 어떤 유형의 자극이든 모든 자극을 자신의 경직된 체계 안으로 흡수해버린다. 확실히 해결 방안이 너무 서투르게 제시되어서 그 방안의 진의를 대중이 이해하지 못할 위험도 늘 있다.[9] 그러나 이런 의미의 부메랑은 단지 어리석음 때문이고 또 그 방안을 사전에 검사하는 데 실패한 결과이므로 피할 수 있다.

5. 대중매체에 관해 우리가 아는 것을 근거로 삼아 판단하자면, 이 방안만으로 뚜렷한 결과를 얻으려는 기대는 하지 않는 편이 현명하다. 정확하게 '비구조화' 단계에 있는 사람, 대중매체에서 전하는 메시지를 받아들일 수 있는 그런 마음 상태에 있는 사람은 드물다. 게다가 기존 증거에 비추어볼 때, 쉽게 이해할 수 없는 모호한 호소보다는 어떤 사안에 초점을 맞춘 대중 선전이 더 효과적이다. 이를테면 공정고용실행위원회 같은 구체적인 쟁점에 주력하는 것이다.

6. 어떤 집단의 역사와 특징 혹은 편견의 본질에 관해 과학적으로

부메랑 효과(boomerang effect) 어떤 행위가 의도를 벗어나 행위자에게 불리한 결과로 되돌아오는 것을 말한다.

믿을 만한 정보를 가르치고 출판하는 일은 전혀 해롭지 않다. 하지만 그것은 많은 교육자들이 믿고 싶어 하는 것과 달리 만병통치약이 아니다. 정보의 전달은 아마도 세 가지 양성적 효과를 발휘할 것이다. (a) 소수자들은 편견을 진실로 뒤덮어버리려는 노력을 목격함으로써 자신감을 보강하게 된다. (b) 관용적인 사람들이 자신들의 태도와 지식을 통합하도록 격려하고 힘을 북돋는다. (c) 편협한 사람들의 합리화를 토대부터 허물기 쉽다. 예를 들어, 흑인의 생물학적 열등함에 대한 믿음은 과학적 사실이 가하는 충격파에 흔들린다. 오늘날 인종주의 신조는 궁지에 몰려 있다. 스피노자가 말했듯이 잘못된 생각은 정념(情念)을 낳는다. 그런 생각은 너무 혼란스러워서 현실 적응을 위한 기반으로는 쓸 수 없기 때문이다. 이와 반대로 올바르고 적절한 생각은 삶의 문제를 정확하게 평가할 길을 열어준다. 올바른 생각을 제공한다고 해도 모든 사람이 받아들이지는 않겠지만, 그런 기회를 마련하는 것은 좋은 일이다.

7. 일반적으로 행동이 단순한 정보보다 낫다. 이를테면 '지역사회자가 조사'나 '이웃 축제' 같은 활동에 개인을 참여시키는 방안이 더 좋다. 사람은 무언가를 **할** 때, 무언가가 **된다**. 친분이 더 깊어지고 접촉이 더 현실적일수록 결과도 더 좋다.

예를 들어, 지역사회의 일에 참여함으로써 백인은 흑인 이웃들이 자신의 자존감이나 애착을 위협하지 않는다는 사실을 배울 수 있다. 그리고 사회 조건이 개선될 때 시민으로서 자신의 안전도 강화된다는 사실을 배울 수 있다. 이 과정에서 설교와 권고가 한몫을 할 수도 있지만, 교훈은 오로지 언어 차원에서만 얻을 수 있는 것은 아니다. 참여를 통해 몸으로 배우는 것이 아마도 최선일 것이다.

8. 흔히 쓰이는 방법이 편견이 심한 고집불통에게는 전혀 먹히지 않을 것 같다. 그들의 성격 구조는 접근이 거의 불가능해서 외집단

배척을 삶의 조건으로 요구할 정도다. 하지만 아무리 완고한 사람이라도 개별 심리 치료의 가능성은 남아 있다. 값비싼 방법이고, 틀림없이 저항을 불러올 방법이기는 하다. 그러나 적어도 원칙적으로는 극단적인 경우라 해도 완전히 절망할 필요는 없다. 특히 어릴 때부터 아동 상담소에서 편견 문제를 다루거나 훌륭한 교사에게 지도를 받는다면 희망이 있다.

9. 아직 관련 연구는 없지만 조롱과 유머가 대중 선동가들의 허풍과 비합리적인 호소에 일침을 가하는 데 도움이 되는 듯하다. 웃음은 편협함에 맞서는 무기다. 개혁가들이 쓸데없이 점점 더 엄숙해지고 고압적인 사람이 되어 갈 때, 유머 또한 녹슬기 마련이다.

10. 사회적 방안(사회 체계)으로 주의를 돌려보면, 편견을 직접 공격하기보다는 분리와 차별을 공격하는 쪽이 더 현명한 방법이라는 데 상당히 의견 일치가 이루어져 있다. 개인의 태도를 따로 떼어 약화시킨다 해도, 그는 여전히 자신이 넘어설 수 없는 사회 규범에 직면해 있기 때문이다. 그리고 분리 정책이 완화되기 전에는 공동의 목표를 추구하는 사람들이 동등 지위 접촉을 할 수 있는 조건이 마련되지 않을 것이다.

11. 사회 변화가 일어나기 가장 쉬운 취약 지점을 파고드는 것이 영리해 보인다. 생어가 말했듯이, "최소 저항 영역에 집중하라." 대체로 주거 문제와 경제적 기회 측면에서 성과를 내기가 가장 쉬운데, 다행히도 소수자들이 가장 시급하게 바라는 것이 바로 이런 측면의 성과다.

12. 일반적으로 말하면, 미국의 민주주의 신조에 부합하는 **기정사실**은 처음에는 저항이 빗발치더라도 곧 받아들여진다. 흑인에게 공직을 개방한 시(市)들을 보면 사람들은 그런 변화에 금세 관심을 잃는다. 입법 역시 비슷한 과정을 거쳐 받아들여진다. 공식 정책은 한

번 수립되면 폐기하기 어렵다. 정책이 일단 받아들여지면 본보기가 만들어지는 셈이고, 그것이 다시 정책 유지에 도움이 되는 습관과 조건을 만든다.

행정가 자신은 잘 깨닫지 못하지만, 사실 그들에게는 행정 명령에 따라 산업계, 행정부, 학교에 바람직한 변화를 확립할 힘이 있다. 1848년에 한 흑인 학생이 하버드대학에 지원하자, 반대의 목소리가 시끄럽게 터져 나왔다. 당시 총장이던 에드워드 에버렛(Edward Everett)은 이렇게 응수했다. "이 청년이 시험을 통과한다면 입학이 허가될 것이다. 만약 백인 학생들이 자퇴를 선택한다면, 대학의 모든 수입은 이 청년의 교육을 위해 쓰일 것이다."[10] 물론 아무도 자퇴하지 않았고, 반대 의견은 빠르게 가라앉았다. 대학은 처음에는 수입이나 명성이 위태로워질 듯 보였지만 결국 아무것도 잃지 않았다. 더는 논쟁을 허용치 않는 단호한 행정적 결정이 양심의 목소리와 조화를 이룰 때, 그 결정은 결국 받아들여진다.

13. 호전적 개혁가의 역할도 잊어서는 안 된다. 지금까지 거둔 성과 중 상당수는 열렬한 진보주의자들의 떠들썩한 요구가 결정적 요인이었다. 29장에서 때때로 호전적인 민간 조직이 어떻게 입법 운동의 선봉에 서게 되는지 보았다. 흑인 노예가 처한 곤경을 극적으로 보여준 존 브라운°이 있었고, 노예제가 철폐될 때까지 양심의 불길에 바람을 불어넣은 소설가 해리엇 비처 스토°도 있었다. 사회 체계를 변화시키는 데도 이런 개인들이 결정적 요인이 될 수 있다.

존 브라운(John Brown, 1800~1859) 급진적인 노예제 폐지 운동가. 코네티컷주 출신의 백인이었으나 흑인 노예 해방을 위해 헌신했다. 무장 봉기를 계획하고 1859년 10월에 연방정부의 무기고를 습격해 점거했다가 체포되어 12월에 처형당했다.

해리엇 비처 스토(Harriet Beecher Stowe, 1811~1896) 노예 해방론자이자 작가. 흑인 노예의 비참한 생활을 묘사한 《톰 아저씨의 오두막》(1852)은 발표 즉시 베스트셀러가 되었으며 남북 전쟁을 촉발하는 한 계기가 되었다.

연구와 이론에서 도출해낸 긍정적 원칙 중 일부를 살펴보았다. 이것들이 완벽한 청사진이 될 것이라고는 생각하지 않는다. 그런 생각은 허세일 것이다. 여기서 제시한 요점은 일종의 쐐기라고 할 수 있는데, 이것들을 솜씨 있게 잘 사용하면 편견과 차별의 딱딱한 껍데기를 부술 수 있지 않을까 기대한다.

문화 간 이해 교육의 당면 과제

교정 방안에 관한 논의를 이쯤에서 마무리하면서 학교의 역할에 한 번 더 주목해보고자 한다. 이것은 부분적으로는 미국인들이 교육에 대해 품고 있는 독특한 신념 때문이며, 또 부분적으로는 가정보다는 학교에서 교정 방안을 실시하는 것이 더 쉽기 때문이다. 초등학생은 듣기 싫어도 꼼짝없이 들을 수밖에 없는 청중이다. 아이들은 자기 앞에 차려진 것을 공부한다. 교육위원회나 교장, 교사들이 문화 간 이해 교육 도입에 반대할 수도 있겠지만, 어쨌든 문화 간 이해 교육은 교육 과정에 점점 더 많이 포함되고 있다.

이 책의 5부에서 보았듯이, 편견을 배우는 것과 관용을 배우는 것은 둘 다 미묘하고 복잡한 과정이다. 물론 가정의 영향이 학교보다 크다. 그리고 소수 집단에 관한 부모의 어떤 구체적인 가르침 못지않게, 아니 그 이상으로, 가정의 분위기가 중요하다.

교사가 가정 환경의 영향을 상쇄해줄 것이라는 기대는 지나친 것이겠지만, 앞 장에서 인용한 평가 연구에서 보았듯이 꽤 많은 성과를 거둘 수도 있다. 교회나 국법과 마찬가지로 학교는 가정에서 배우는 것보다 더 높은 차원의 규율을 아이에게 제시할 수 있다. 그리하여 가정에서 받은 편견에 찬 가르침을 완전히 극복하지는 못하더라도 아이의 마음속에 양심과 건강한 갈등을 일으킬 수 있을 것이다.

가정에서와 마찬가지로 학교에서도 아이를 둘러싼 분위기는 대단히 중요하다. 만약에 성별이나 인종에 따른 분리가 만연해 있다면, 권위주의와 위계 질서가 체계를 지배한다면, 아이는 인간관계에서 힘과 지위가 지배적 요인이라고 배울 수밖에 없다. 반면에 만약 학교 체계가 민주적이라면, 교사와 아이가 각각 존중받는 구성 단위라면, 인간 존중이라는 교훈이 마음에 쉽게 새겨질 것이다. 사회에서 대체로 그렇듯, 교육 체계의 **구조**가 문화 간 이해 수업이 이루어지는 것을 방해하거나 아예 그런 수업 자체를 부정할 수도 있다.[11]

아이를 다른 문화 체험 활동에 참여시키는 종류의 교육이 단지 말로 이루어지는 학습이나 훈계보다 효과적일 수 있다는 사실을 보았다. 정보가 중요하기는 하지만, 사실은 흥미로운 활동이라는 토양에 깃들어 있을 때 가장 잘 기억에 남는다.

이런 점을 인정할 때, 그렇다면 어린이나 청소년이 학교 교육 과정에서 구체적으로 어떤 수업을 들어야 하는가라는 의문이 남는다. 문화 간 이해 교육은 어떤 **내용**을 담아야 할까? 앞에서도 그랬듯이, 모든 증거를 다 감안한 결론을 내놓겠다고 주장할 수는 없다. 그러나 집단 간 교육에 꼭 필요한 몇 가지를 제안해볼 수는 있다.

문화 간 이해 교육을 몇 살에 받아야 하는지 고민할 필요는 없다. 쉽게 가르친다면 어린아이도 모든 요점을 이해할 수 있을 것이고, 더 발전된 방식을 쓰면 고등학교나 대학에 다니는 더 높은 연령대의 학생에게도 내용을 전달할 수 있다. 발달 수준에 따른 '학년별 수업'을 통해 동일한 내용을 매년 제공할 수 있고, 그렇게 해야만 한다.

(1) **인종의 의미** _ 학교에서 활용할 수 있는 다양한 영화, 영상 자료, 홍보물이 있다. 이런 수업 자료들은 인류학적 사실을 매우 상세히 보여주어 아이의 이해를 돕는다. 아이는 인종의 유전적 정의와 사회적 정의 사이에서 발생하는 혼란을 확실히 배워야 한다. 예를 들

어, 아이는 많은 흑인이 인종적으로 니그로이드인 것 못지않게 코카소이드지만 신분상의 정의가 그런 생물학적 사실을 덮어 감춘다는 것을 이해해야 한다. 다양한 형태의 인종주의적 오해와 인종주의 신화의 밑바탕에 깔린 심리를 고학년이라면 이해할 수 있다.

(2) **다양한 민족 집단의 관습과 의의** _ 학교는 전통적으로 이런 내용을 가르쳐 왔으나 수업 방식이 적절했는지는 의문의 여지가 있다. 현대적인 전시회와 축제가 더 적절한 영향을 줄 수 있으며, 다양한 민족 배경을 지닌 아이들이 교실에서 보고서를 발표하는 것도 비슷한 효과가 있다. 언어적 배경과 종교적 배경에 관해서는 종교 축일의 취지를 언급한다든가 하는 식으로 공감이 가는 설명이 특히 필요하다. 지역사회에 있는 예배 장소를 방문하는 것도 학습에 도움이 된다.

(3) **집단 차이의 본질** _ 가르치기가 쉽지 않지만 앞의 두 가지 수업 내용을 일반화하는 데 꼭 필요한 것이 있다. 바로 인간 집단 사이에 나타나는 다름과 다르지 않음에 대한 올바른 이해다. '본질에 대한 믿음' 같은 잘못된 고정관념을 상대로 싸움을 벌일 수 있는 지점이 바로 여기다. 어떤 차이는 단순히 상상의 산물이고, 어떤 차이는 중첩하는 정상 곡선으로 나타나고, 어떤 차이는 J-곡선 분포를 따른다는 사실(6장)을 간단한 방법으로 가르칠 수 있다. 집단 차이를 정확하게 이해하는 아이는 과도하게 넓은 범주를 만들 가능성이 적다. 이 수업에는 또한 이 차이들을 만들어내는 생물학적 요인과 사회적 요인의 역할을 재설명하는 부분이 반드시 들어가야 한다.

(4) **타블로이드식 사고(tabloid thinking)의 본질** _ 아주 어릴 때부터 아이들이 지나치게 단순한 범주를 비판적으로 경계하게끔 가르칠 수 있다. 아이들은 '외국인1'이 '외국인2'와 동일하지 않다는 것을 배울 수 있다. 학습에서 언어적 선행성의 법칙(18장)이, 특히 '깜둥이'나

'와프(이탈리아 이민자)' 같은 멸칭의 형태로 나타날 때, 당사자에게 어떻게 위험을 야기하는지 아이들에게 보여줄 수 있다. 의미론과 기초 심리학의 간단한 가르침은 아이들에게 따분하지도 않고 이해 못할 것도 아니다.

(5) **희생양 만들기 기제** _ 일곱 살 난 아이도 죄책감과 공격성의 전위(21장)를 이해할 수 있다. 아이들은 성장하면서 이 원리가 오랜 시간 동안 이어진 소수 집단 박해와 연관이 있다는 사실을 이해하게 된다. 좋은 교육은 아이가 자신의 투사에 주의하고 대인 관계에서 희생양 만들기를 삼가는 방식으로 자신이 배운 것을 똑똑히 자각하게 할 수 있다.

(6) **피해의 결과로 생겨나는 특질** _ 피해의 결과로 자아 방어가 발달하는 방식을 이해하기는 어렵지 않지만(9장), 가르치기에는 미묘한 측면이 있다. **모든** 유대인이 자신들의 불리한 조건을 보완하기 위해 야심차고 공격적이라거나 혹은 **모든** 흑인이 시무룩한 밉상이나 쩨쩨한 좀도둑이 되는 경향이 있다는 취지의 고정관념을 만들어낼 위험이 있기 때문이다. 하지만 소수 집단을 먼저 언급하지 않고도 이 문제에 관해 가르칠 수 있다. 우선 아이는 소설을 통해 불리한 조건을 가진 (어쩌면 장애가 있는) 어린이가 발달시키는 보상 작용을 배울 수 있다. 거기서 출발해서 가상의 사례에 대한 토론으로 나아갈 수 있다. 역할 연기를 통해 자아 방어 기제의 작동에 대한 통찰을 얻을 수도 있다. 열네 살 정도에 이른 청소년은 자신이 느끼는 불안이 자신이 탄탄한 발판 위에 서 있지 못한 데서 비롯되었다는 것을 깨닫게 된다. 그는 때로는 아이처럼 행동할 것이라는 기대를 받고, 때로는 어른처럼 행동할 것이라는 기대를 받는다. 어른이 되고 싶지만 다른 사람들의 행동 때문에 자신이 지금 아동의 세계에 속해 있는지 성인의 세계에 속해 있는지 확신할 수 없다. 교사는 청소년들이 겪는 이

런 어려움이 많은 소수 집단의 삶의 조건인 영구적인 불확실성과 닮아 있음을 지적해줄 수 있다. 청소년처럼 소수자들은 때때로 불안감, 긴장, 자아 방어를 드러내며, 이런 심리가 종종 불쾌한 행동으로 이어지곤 한다. 청소년들에게 어떤 인간 집단에 불쾌한 특성이 내재해 있다고 믿게 하기보다, 자아 방어 행위의 원인을 학습시키는 편이 훨씬 낫다.

(7) **차별과 편견에 관한 사실** _ 학생들이 자신이 살아가는 사회의 오점에 계속 무지한 상태로 있게 두어서는 안 된다. 학생들은 '미국의 신조'는 지금까지 성취한 것보다 더 많은 평등을 요구한다는 사실을 알아야 한다. 또 주거와 교육과 일자리 기회의 불평등에 관해 알아야 한다. 흑인과 다른 소수 집단이 자신들의 상황을 어떻게 느끼는지 알아야 한다. 즉 무엇이 그들을 특히 분개하게 하는지, 무엇이 그들의 감정을 상하게 하는지, 그들을 기본적으로 어떻게 대우하는 것이 적절한지 등을 알아야 한다. 이와 관련해 영상물이나 '저항 문학'을 이용할 수 있다. 특히 이를테면 리처드 라이트의 소설 《흑인 소년》과 같은 미국의 흑인 청년이 쓴 자전적 작품들을 활용할 수 있다.

(8) **다중 충성이 가능하다** _ 학교는 언제나 애국심을 주입해 왔지만, 충성이라는 말은 흔히 좁은 의미로 이해되곤 한다. 국가에 대한 충성이 곧 그 국가에 속하는 모든 하위 집단에 대한 충성을 요구한다는 사실은 좀처럼 언급되지 않는다(3장의 '그림 1'을 보라). 25장에서 제도적인 애국자, 광신적 애국주의를 드러내는 국가주의자는 대개 철저히 편협한 사람이라는 점을 말했다. 그 대상이 국가, 학교, 동료, 가족 등 무엇이건 간에, 배타적 충성을 가르치는 것은 곧 편견을 주입하는 한 방법이다. 여러 충성이 동심원을 구성하고 더 큰 원은 더 작은 원을 포함하므로, 충성이 곧 배타성을 암시하는 것이 아님을 이해하도록 아이들을 가르칠 수 있다(3장의 '그림 2'를 보라).

이론에 관한 최종 발언

차별과 편견은 사회 구조적인 사실인가, 아니면 성격 구조적인 사실인가? 답은 **둘 다**이다. 더 정확히 말하자면, 우리가 **차별**이라고 부르는 것은 지배적 사회 체계와 밀접하게 연관된 공통의 문화적 관행과 관계가 있다. 반면에 **편견**은 특정 성격의 태도 구조를 특별히 나타내는 말이다.

이런 명료한 설명이 도움이 되기는 하지만, 두 조건은 동시에 존재하며 함께 단일한 한 편의 이야기를 구성한다는 점을 이해해야 한다. 여기서 다시 한번, 다양한 접근법이 필요하다는 것을 강력히 역설하고자 한다. 13장에서 **사회화, 성격 역동, 현상학**에 근거한 분석만이 아니라 **역사적, 사회문화적, 상황적** 분석에서도 도움을 얻을 수 있음을 보았다. 그리고 마지막으로 실제 **집단 차이**에 기초한 분석도 매우 중요하다. 편견과 편견의 조건을 이해하려면 이 모든 차원의 연구 결과들을 반드시 염두에 두어야 한다. 결코 쉬운 일이 아니지만 다른 길은 없다.

편견 교정 방안에는 크게 보아 두 가지 유형이 있다. 사회 구조의 변화를 강조하는 유형(입법, 주거 개혁, 행정 명령 등)과 개인 구조의 변화를 강조하는 유형(문화 간 이해 교육, 아동 훈련, 권고 등)이다. 그러나 실제로 이 방안들은 서로 맞물려 있기 쉽다. 문화 간 이해 교육이 효과를 보기 위해서는 학교 체계의 변화가 필요하다. 혹은 대중매체의 관행이 개선되면 매체 자체에 관한 정책과 수용자들의 태도 모두에 영향을 끼칠 수 있다. 이제 사회과학은 여러 단일 방안의 성과를 어느 정도 성공적으로 예측할 수 있고, 또한 다원적 접근을 지지하여 권고할 수 있는 입장에 있다. 집단 간 관계를 개선하려면 다방면으로 공세를 펴는 것이 더 좋다.

이 책의 목적은 독자들에게 이 문제가 정말로 다면적임을 납득시키려는 것이었다. 또 독자들이 많은 요인을 기억할 수 있도록 조직화된 도식을 제공하려는 목적도 있다. 마지막으로 이 책은 각각의 주요 요인을 충분히 깊게 분석하여 이론 측면과 교정 방안의 실천 측면에서 미래의 발전을 위한 굳은 토양을 마련하고자 노력했다.

이렇게 책의 목적을 대담하게 제시하긴 했지만, 우리는 이 책에서 나눈 이야기가 앞으로 더 확장되어야 할 뿐 아니라 많이 수정되어야 한다고 실감하고 있다. 인간의 행동을 다루는 과학은 아직 발달의 걸음마 단계에 있다. 그러나 설령 문턱에 걸려 넘어지더라도, 진보는 분명 우리 앞에 있으며 미래의 발전은 확실하다고 믿는다.

가치에 관한 최종 발언

깨인 사람들이 편견 문제와 비합리적 인간 행동이라는 주제에 점점 더 관심을 쏟는 이유를 어떻게 설명할 수 있을까? (이런 관심에 대한 증거는 연구, 이론, 교정 노력에 따른 실적이 쌓여 가는 데서 찾을 수 있다.) 답은 20세기 전체주의가 민주주의의 가치에 가한 위협에 있다. 유대-기독교 윤리에서 유래했으며 여러 국가의 정치적 신조에 의해 강화된 민주주의 이념이 점차 전 세계로 확산되리라는 순진한 믿음, 이것은 서구 세계가 저지른 망연자실할 만한 오류였다. 그렇게 되기는커녕 오히려 끔찍한 퇴행이 시작되었다. 인류는 자신의 약점을 드러냈다. 선동가들은 민주주의의 이상을 거리낌 없이 무너뜨려 엉망으로 만들었고, 사람들은 실업, 굶주림, 불안정, 전쟁의 여파 때문에 그들의 손쉬운 먹이가 되었다.

민주주의는 사람의 성격에 엄청난 부담을 주는 것이고 때로 그 부담이 감당할 수 없을 정도로 크다는 사실을 이제 우리는 실감한다.

성숙한 민주적 인간이 되려면 미묘한 덕목과 역량을 갖추어야 한다. 원인과 결과를 합리적으로 생각할 수 있는 능력, 민족 집단과 그 특질에 관해 적절하게 분화된 범주를 형성할 수 있는 능력, 타인에게 기꺼이 자유를 부여하려는 의지, 그 의지를 자신을 위해 건설적으로 쓸 수 있는 역량까지. 이 모든 자질은 성취하기도 어렵고 유지하기도 어려운 것들이다. 과잉 일반화와 독단주의에 굴복하고, 민주 사회에 본래 내재하는 모호성을 부인하고, 명확성을 요구하고, '자유로부터 도피'를 택하는 쪽이 더 쉽다.

인간 행동의 비합리적이고 미성숙한 요소를 객관적으로 연구하는 것이 그런 문제에 대응하는 데 도움을 줄 것이라는 생각은 민주주의의 신념에 속한다. 나치 독일, 소련, 그 밖의 어떤 전체주의 국가도 과학이 아무런 방해도 없이 비합리성의 심리를 연구하도록 내버려두지 않았다. 여론, 정신분석, 소문, 선동, 선전, 편견에 대한 연구는 지정학적인 인간 착취를 위해 비밀리에 수행되는 경우를 제외하면 모두 금지된다. 하지만 자유 국가에서는 비합리적인 사람들에 대한 연구가 속도를 높여 왔다. 왜냐하면 사회와 개인의 성격에서 퇴행을 일으키고 자민족 중심주의와 증오를 양산하는 힘을 이해한다면 그것들을 통제할 수 있다고 믿기 때문이다.

어떤 사람들은 편견을 포함해 비합리적인 행동이 좋은 것이라고 주장할 수도 있다. 서구 문화에도 이렇게 생각하는 저술가들이 있다. 그들은 갈등이 곧 삶의 본질이라고 말한다. 존재한다는 것은 곧 투쟁이고, 생존한다는 것은 곧 정복이다. 자연은 가혹하다. 인간도 가혹하다. 편견과 싸우겠다는 것은 나약한 인종의 환심을 사려는 수작일 뿐이다. 간혹 엉뚱하게 다원주의라고도 불리는 이 견해는 한번쯤 생각해볼 수도 있다. 그러나 이런 견해는 일반적이지도 않고, 윤리적으로 민주주의 가치관에 받아들여질 수도 없다. 민주주의 가치관은 다종다양한 인간 집단을 위한 평등한 정의와 평등한 기회를 지향한다. 이 책에서 보여주었듯이, 민족 갈등과 편견의 뿌리와 해결책을 찾는 일은 민주주의의 가치 지향에 의해 지속된다. 다른 사람들처럼 사회과학자들 역시 자신의 가치관에서 동기를 부여받는다.

가치는 두 지점에서 과학적 상황에 개입한다. 첫째, 과학자(혹은 학생)가 자신의 탐구를 시작하고 지속하도록 동기를 부여한다. 둘째, 과학자가 자신이 바람직한 사회 정책이라 여기는 것에 자신의 발견을 적용하려고 노력하게 만든다. 가치는 다음에서 보듯 과학적 작업의 본질적인 단계에 개입하지 않으며, 따라서 과학적 작업을 왜곡할 수 없다. (1) 가치는 문제를 확인하거나 정의하는 데 영향을 끼치지 않는다. 1장에서 차별이 이미 존재하는 사회적 사실인 것과 마찬가지로 편견은 이미 존재하는 심리적 사실이라는 점을 분명히 했다. 과학자가 편견과 차별에 찬성하건 반대하건 이 사실을 바꿀 수는 없다. 편견은 '진보 지식인의 발명품'이 아니다. 그것은 다른 것들과 마찬가지로 단지 객관적으로 연구할 수 있는 정신 생활의 한 측면일 뿐이다. (2) 가치는 과학적 관찰, 실험, 사실 수집 과정에 개입하지 않는다. (드물지만 이런 개입이 일어났을 때 연구자의 편향이 드러나고 그는 마땅히 질책받는다.) (3) 가치는 과학적 법칙을 일반화하는 과정에 개입하지 않는다. (물론 일반 법칙의 형성을 바람직한 일로 여긴다는 의미에서는 가치가 개입한다.) 자신이 확보한 자료를 잘못 설명하거나 근거 없는 일반화를 도출하는 것은 과학자 자신에게 좋지 않다. 만약 그렇게 한다면, 그는 인간관계의 개선을 위해 과학을 적용하겠다는 자신의 상위 목표를 부정하는 꼴이 될 것이다. (4) 가치는 결과와 이론에 관해 소통하는 과정에 개입하지 않는다. 명백하게 편향성 없는 의사소통이 이루어지지 않는 한, 반복 실험은 불가능하다. 반복 실험이야말로 우리가 기대하는 궁극의 가치를 최종적으로 성취하게 해줄 누적 과학을 탄생시킬 수 있다.

요약하면 이 책과 이 책에서 인용한 많은 연구는 연구자들의 가치관에 따라 시작되었다. 그들은 민주주의 이념을 지닌 다른 사람들과 가치관을 공유한다. 이 책은 제시된 사실과 이론이 집단 간 갈등을 개선하는 데 기여할 수 있기를 바라는 마음에서 쓰였다. 동시에 이 책은 현재 인간 지식의 범위 안에서 최대한 정확하고 객관적인 과학적 연구 성과임을 주장한다.

가치 문제와 관련해 마지막으로 하나만 더 언급하고 싶다. 우리는 긴장을 완화하고, 관용을 키우고, 친선을 도모한다는 매우 뚜렷한 목표를 가지고 있다. 하지만 문화적·인종적 소수자들을 대하는 바람직한 장기 정책이 어떤 것인지에 대해서는 입장이 그다지 분명하지 않다. 모든 집단의 융합이 타당한 이상인가, 아니면 다양성과 문화 다원주의를 가능한 한 유지하도록 힘써야 하는가? 예를 들어, 아메리카 원주민은 전통적인 생활 방식을 보존**해야** 하는가, 아니면 이주와 인종 간 결혼을 통해 점차 고유한 정체성을 잃고 미국이라는 도가니 속으로 섞여 들어가야 하는가? 유럽에서 온 수많은 이민자 집단은 어떤가? 아시아인, 멕시코인, 흑인은 또 어떤가?

동화를 선호하는(이것도 하나의 가치 판단이다) 사람들은 모든 집단이 완벽하게 융합해 혼연일체가 되면 편견의 가시적 근거나 심리적 근거가 더는 존재하지 않을 것이라고 지적한다. 특히 교육이 부족해서 외국 문화를 이해하지 못하거나 그것의 가치를 평가할 줄 모르는 사람들은, 집단들이 동질화되지 않는 한 편향된 사고를 버릴 수 없는 것처럼 보인다. 그들에게 통일성은 곧 동조를 의미한다.

반면에 문화 다원주의를 선호하는 사람들은 민족 집단이 자신들만의 고유하고 다채로운 문화, 이를테면 아랍의 음식, 이탈리아의 오페라, 동양의 사상, 멕시코의 예술, 아메리카 원주민 부족의 민간 전승을 내버리는 일을 엄청난 손실로(이것 역시 하나의 가치 판단이다) 여긴다. 다양한 문화를 보존하는 것은 전 국민에게 이롭고 가치 있는 일이며, 이것은 광고와 통조림 식품, 텔레비전이라는 진정제가 지배하는 미국 문화의 단조로운 표준화를 방지해준다는 것이다. 그런데 사람들은 오늘날 미국에서 편견의 대상인 거대한 한 집단, 즉 미국 흑인에게는 특유의 문화가 없다고들 말한다. 이 경우에 문화 다원주의자들은 무엇이 가장 바람직한가에 대해 입장이 분명하지 않다.

그러면 이 논쟁에 대해 어떤 결론을 내려야 하는가? 이 질문은 핵심에서 동떨어지고 비현실적인 것으로 보일 수 있다. 왜냐하면 궁극적인 해결은 우리의 통제를 벗어나 있을지 모르기 때문이다. 하지만 몇 가지 사례에서는 우리가 지금 어떤 선택을 하는지가 중요하다. 한 가지 사례는 아메리카 원주민에 대한 미국 연방정부의 정책이다. 최근 들어 정부의 태도가 문화 다원주의를 권장하는 쪽에서 동화를 옹호하는 쪽으로 바뀌고 있는 듯하다. 정부의 태도가 중요한 이유는, 그것이 일상의 정책을 좌우하고 관련된 사람들의 삶에 즉각적으로 영향을 끼치기 때문이다.

여기서 우리가 감히 이 쟁점을 해결하겠다고 나설 수는 없지만, 어떤 것이 합리적인 민주적 지침으로 보이는지 제시할 수는 있을 것이다. 동화를 바라는 사람들을 인위적인 장벽이 가로막아서는 안 될 것이다. 또 민족의 통합성을 유지하고 싶은 사람들의 노력에는 관용과 존중으로 응답해야 할 것이다. 만약 그런 허용적인 정책이 시행된다면, 이탈리아인, 멕시코인, 유대인, 유색 인종 집단 중 일부는 틀림없이 이 도가니 안에서 자신의 정체성을 잃어버리겠지만, 다른 일부는 적어도 예측 가능한 미래까지 별개의 식별 가능한 상태로 남을 것이다. 민주주의는 인간의 성격이 그 발달 과정에서 다른 사람들의 안전과 합리적인 권리를 침해하지 않는 한, 어떤 인위적인 힘이나 장애물의 방해를 받지 않고 진전할 수 있도록 허용할 것을 요구한다. 이런 방식을 통해 국가는 오랜 시간이 지나고 나서야 비로소 바람직한 '다양성 속의 통일성'을 성취할 수 있을 것이다. 먼 미래가 어떨지 내다볼 길은 없다.

대체로 미국은 같아지겠다 할 수도 있고 달라지겠다 할 수도 있는 권리의 충실한 수호자였다. 물론 많은 관행이 이런 이상에 못 미쳤던 것은 사실이다. 관용을 향한 진보를 계속할 것인지 아니면 세계의 많은 지역에서처럼 치명적인 퇴행을 시작할 것인지가 지금 미국인 앞에 놓인 문제다. 인간관계에서 민주주의의 이상을 실현할 수 있을지 알고 싶어 하는 전 세계인들이 미국을 지켜보고 있다. 우리는 동료 시민들의 희생이 아니라 그들과의 조화 속에서 복지와 성장을 추구하는 방법을 배울 수 있을까? 인류는 아직 그 답을 모르지만, 긍정의 답이 나오길 희망하고 있다.

1장 무엇이 문제인가?

1) S. L. Wax. A survey of restrictive advertising and discrimination by summer resorts in the Province of Ontario. Canadian Jewish Congress. *Information and comment*, 1948, 7, 10-13.
2) 다음을 참조하라. *A New English Dictionary*. (Sir James A. H. Murray, Ed.) Oxford: Clarendon Press, 1909, Vol. VII, Pt. II, 1275.
3) 이 정의는 편견을 '경솔한 판단'으로 간주한 토마스주의 도덕주의자들에게서 나왔다. 저자는 피히터(J. H. Fichter) 예수회 신부에게 도움을 받아 이런 논의에 주목할 수 있었다. 다음 문헌에서 이 정의가 더 충분히 다뤄진다. Rev. John LaFarge, S. J., *The Race Question and the Negro*, New York: Longman, Green, 1945, 174 ff.
4) 다음을 참조하라. R. M. Williams, Jr. The reduction of intergroup tensions. New York: *Social Science Research Council*, 1947, Bulletin 57, 37.
5) H. S. Dyer. The usability of the concept of "Prejudice." *Psychometrika*, 1945, 10, 219-224.
6) 다음 정의는 상대주의 관점에서 쓰인 것이다. "편견이란 어떤 구분되는 사람들의 범주나 집단에 관한 일반화된 반대 태도 혹은(그리고) 반대 행위이다. 공동체 안에서 그 사람들에 대한 태도나 행위 혹은 그 둘 모두 그 공동체가 보통 받아들이는 수준보다 덜 우호적으로 보인다고 그 공동체가 판단할 때이다." P. Black and R. D. Atkins. Conformity versus prejudice as exemplified in white-Negro relations in the South: some methodological considerations. *Journal of Psychology*, 1950, 30, 109-121.
7) N. W. Ackerman and Marie Jahoda. *Anti-Semitism and Emotional Disorder*. New York: Harper, 1950, 4.
8) 편견을 측정하는 모든 척도의 항목들이 태도와 믿음을 모두 반영하지는 않는다. 둘 다 반영하는 척도는 두 유형의 항목 간에 상관계수를 대략 0.80으로 나타낸다. 다음을 참조하라. Babette Samelson. *The patterning of attitudes and beliefs regarding the American Negro*. (미출간) Radcliffe College Library, 1945. A. Rose. *Studies in reduction of prejudice*. (등사물) Chicago: American Council on Race Relations, 1947, 11-14.
9) 전 세계의 차별 문제를 인식한 유엔 인권위원회는 다음과 같은 철저한 분석을 준비했다. *The main types and causes of discrimination*. United Nations Publications, 1949, XIV, 3.

2장 편견에 쉽게 빠지는 이유

1) A. Lundberg and Leonore Dickson. Selective association among ethnic groups in a high school population. *American Sociological Review*, 1952, 17, 23-34.
2) 과거 심리학에서는 '방향적 사고'와 '자유로운 사고'의 과정이 완전히 분리되어 있었다. 전통적으로 이른바 '실험주의자'는 전자를 연구했고, '역동 심리학자'는(예를 들면 프로이트주의자) 후자를 연구했다. 전자에 관해 읽어볼 만한 책은 다음과 같다. George Humphrey, *Directed Thinking*. New York: Dodd, Mead, 1948. 후자의 경우는 다음과 같다. Sigmund Freud, *The Psychopathology of Everyday Life*. New York: Macmillan, 1914. 최근에는 '실험주의자'와 '역동주의자'가 함께 연구하고 이론화하는 경향이 있다(이 책의 10장을 보라). 이것은 좋은 징조이다. 왜냐하면 결국 편견에 빠진 사고란 비정상적이거나 장애가 있기 때문이다. 방향적 사고와 소망적 사고는 결합된다.
3) G. W. Allport. A psychological approach to love and hate. Chapter 5 in P. A. Sorokin (Ed.). *Explorations in Altruistic Love and Behavior*. Boston: Beacon Press, 1950. M. F. Ashley-Montagu. *On Being Human*. New York: Henry Schumann, 1950.
4) Merle Curti. The reputation of America overseas (1776-1860). *American Quarterly*. 1949, 1, 58-82.
5) 전쟁과 편견의 중요한 관계를 논의하는 책은 다음과 같다. H. Cantril (Ed.). *Tensions That Cause Wars*. Urbana: Univ. of Illinois Press, 1950.

3장 내집단 형성

1) W. G. Old. *The Shu King, or the Chinese Historical Classic*. New York: J. Lane, 1904, 50-51. 또한 다음을 보라. J. Legge (Transl.). Texts of Confucianism in *The Sacred Books of the East*. Oxford: Clarendon Press, 1897, Vol. III, 75-76.
2) J. L. Moreno. *Who Shall Survive?* Washington: Nervous & Mental Disease Pub. Co., 1934, 24. 이 자료들은 다소 오래되었다. 오늘날 믿을 만한 자료를 보면 아이들에게 성 경계가 이전만큼 중요하지는 않은 것 같다.
3) C. Strachey (Ed.). *The Letters of the Earl of Chesterfield to his Son*. New York: G. P. Putnam's Sons, 1925, Vol. I. 261.
4) Ibid., Vol. II, 5.
5) E. B. Bax (Ed.). *Selected Essays of Schopenhauer*. London: G. Bell & Sons, 1941, 340.
6) *A Modern Utopia*, London: Chapman & Hall, Ltd., 1905, 322. 출판사의 허락을 받아 전재했다.
7) M. and Carolyn W. Sherif, *Groups in Harmony and Tension*. New York: Harper, 1953, 161.
8) 1928년 보가더스가 발견한 순위는(E. S. Bogardus. *Immigration and Race Attitudes*, Boston: D. C. Heath, 1928) 본질적으로 바뀌지 않은 채 다음 두 학자의 1946년과 1951

년 연구에서 다시 발견되었다.(다음을 참조하라. E. L. Hartley, *Problems in Prejudice*, New York: Kings Crown Press, 1946; Dorothy T. Spoerl, Some aspects of prejudice as affected by religion and education, *Journal of Social Psychology*, 1951, 33, 69-76)

9) Rose Zelics. Racial attitudes of Jewish children. *Jewish Education*, 1937, 9, 148-152.

10) M. and Carolyn W. Sherif. Op. cit., 218.

11) 특히 다음의 연구들을 말한다. A. Morrow and J. French, Changing a stereotype in industry, *Journal of Social Issues*, 1945, 1, 33-37; R. Lippitt, *Training in Community Relations*, New York: Harper, 1949; Margot H. Wormser and Claire Selltiz, *How to Conduct a Community Self-survey of Civil Rights*, New York: Association Press, 1951; K. Lewin, Group decision and social change, T. M. Newcomb and E. L. Hartley (Eds.), *Readings in Social Psychology*, New York: Holt, 1947.

12) Susan S. Isaacs. *Social Development in Young Children*. New York: Harcourt, Brace, 1933, 250.

13) 이 공간적 비유는 한계가 있다. 이렇게 물을 수 있을 것이다. 실제로 가장 안쪽에 있는 충성 집단은 무엇인가? '그림 2'에서 보이는 것처럼 항상 가족은 아니다. 혹시 2장에서 논의한 원초적 자기애일 수도 있지 않을까? 만일 자아를 중심에 있는 원으로 간주하면, 심리학적으로 말해 점점 확대되는 충성심은 단지 자아의 확장일 뿐이다. 그러나 자아가 확장될 때 중심을 바꿀 수도 있어서 애당초 바깥의 원이 심리학적으로는 중심이 될 수도 있다. 그래서 인간이 신의 형상을 본떠 창조되었다고 믿는 기독교도에게 신과 인간에 대한 사랑은 가장 안쪽 중심 원이 될 수도 있다. 충성과 편견은 둘 다 성격 구성의 특징이며, 분석 끝에 나타나는 개개의 구성은 독특하다. 이런 비판은 전적으로 타당하지만 여전히 그림 2는 사회 체계가 클수록 사람들이 그것을 자신의 이해와 애정의 범위 안에 쉽게 에워싸는 일이 줄어든다는 사실을 개략적으로 밝혀주는 역할을 한다.

14) J. Piaget and Anne-Marie Weil, The development in children of the idea of the homeland and of relations with other countries. *International Social Science Bulletin*, 1951, 3, 570.

4장 외집단 거부

1) 이 단순한 세 단계 척도는 수용 가능한 태도를 측정하는 거트만 척도(스캘로그램)에 따르면 높은 '재생계수(coefficient of reproducibility)'를 보일 것이다. 언어적 거부를 표현하지 않고 차별도 하지 않으면서 물리적인 공격만 가담하는 사람은 없을 것이다. 거트만 척도에서 높은 단계는 낮은 단계를 전제한다. S. A. Stouffer. Scaling concepts and scaling theory. Chapter 21 in Marie Jahoda, M. Deutsch and S.W. Cook (Eds.). *Research Methods in Social Relations*. New York: Dryden 1951, Vol. 2.

2) *New Republic*. March 4, 1946에서 보도한 연방의회 의사록에서 인용했다.

3) *The main types and causes of discrimination*. United Nations Publication, 1949, XIV, 3, 2.

4) Ibid., 9.

5) Ibid., 28–42

6) 이 일화는 다음 글에 실려 있다. J. D. Lohman. *Segregation in the Nation's Capital*. Chicago: National Committee on Segregation in the Nation's Capital, 1949. 이 보고서는 워싱턴 시에서 주택, 직업, 공공의료 서비스, 교육, 공공장소 접근 가능성과 관련해 일어나는 분리를 완벽하게 설명한다.

7) Elmer Gertz. American Ghettos. *Jewish Affairs*, 1947, Vol. II, No. 1.

8) H. G. Stetler. *Summary and Conclusions of College Admission Practices with Respect to Race, Religion and National Origin of Connecticut High School Graduates*. Hartford: Connecticut State Interracial Commission, 1949.

9) A. L. Severson, Nationality and religious preferences as reflected in newspaper advertisements, *American Journal of Sociology*, 1939, 44, 540–545; J. X. Cohen, *Toward Fair Play for Jewish Workers*, New York: American Jewish Congress, 1938; D. Strong, *Organized Anti-Semitism in America: the Rise of Group Prejudice During the Decade 1930–40*, Washington: American Council on Public Affairs, 1941.

10) 특히 다음을 보라. G. Myrdal, *An American Dilemma: the Negro Problem and Modern Democracy*, New York: Harper, 1944, 2 vols.; M. R. Davie, *Negroes in American Society*, New York: McGraw-Hill, 1949; G. Saenger, *The Social Psychology of Prejudice*, New York: Harper, 1953.

11) 편견의 경제적 비용은 다음 책에서 논의된다. Felix S. Cohen, The people vs. discrimination, *Commentary*, 1946, 1, 17–22. 1940년 호황기에 고용 차별이 가장 심한 주들(미시시피, 아칸소, 앨라배마, 루이지애나, 조지아, 테네시, 노스캐롤라이나, 사우스캐롤라이나)의 평균 수입은 3백 달러였다. 다양한 인종과 신념을 지닌 이주자들을 끌어들이는 정도와 사법부와 의회 기록을 보고 판단했을 때 가장 관용적인 주들(로드아일랜드, 코네티컷, 뉴욕, 뉴저지, 델라웨어, 일리노이, 유타, 워싱턴)은 1940년 평균 수입이 8백 달러였다.
이 통계에서 실제로 비경제적 차별 관행이 낮은 수입의 원인인지 아니면 다른 이유 때문에 상대적으로 가난한 사람들이 빈곤으로 인한 좌절을 배출하기 위해 차별에 나서는 것인지 분명치 않다. 세 번째 가능성은 고용 차별과 빈곤이 더 근본적인 어떤 조건 때문에 발생하는 경우이다.

12) Actions lie louder than words — Red-Cross's policy in regard to the blood bank. *Commonweal*, 1942, 35, 404–405.

13) R. T. La Piere. Attitudes versus actions. *Social Forces*, 1934, 13, 230–237.

14) B. Kutner, Carol Wilkins, Penny R. Yarrow. Verbal attitudes and overt behavior involving racial prejudice. *Journal of Abnormal and Social Psychology*, 1952, 47, 649–652.

15) P. E. Massing. *Rehearsal for Destruction: a Study of Political Anti-Semitism in Imperial Germany*. New York: Harper, 1949.

16) G. M. Gilbert. *Nuremberg Diary*. New York: Farrar, Straus, 1947, 72, 259, 305.

17) *Lynchings and What They Mean*. Atlanta: Southern Commission on the Study of Lynching, 1931. 또한 다음을 보라. M. R. Davie, Op. cit., 344.

18) 대통령직속시민권위원회는 이 조치를 승인하기에는 위험성이 너무 크다고 결정했다. 일단 검열이 시작되면 찬성하지 않는 모든 의견 표현이 위협받을 수 있기 때문이었다. 다음의 위원회 보고서를 보라. *To secure these rights*. Washington: Govt. Printing Office, 1947.

19) 다음을 보라. L. W. Doob, *Social Psychology*, New York: Henry Holt, 1952, 266, 291.

20) 폭동으로 이어진 상황과 관련해 비교할 만한 목록은 다음 책에서 제시된다. 여기서는 역사적이고 사회적인 측면을 더 강조하고 있다. O. H. Dahlke, Race and minority riots—a study in the typology of violence, *Social Forces*, 1952, 30, 419-425.

21) M. R. Davie. Op. cit., 346.

22) B. Berry, *Race Relations: the Interaction of Ethnic and Racial Groups*. Boston: Houghton Mifflin, 1951, 166-171. 린치와 관련된 사실들을 훌륭하게 정리한 책이다.

23) 여기서의 설명은 다음 책에 집약되어 있다. G. W. Allport and L. Postman, *The Psychology of Rumor*. New York: Henry Holt, 1947, 193-198.

24) A. M. Lee and N. D. Humphrey. *Race Riot*. New York: Dryden, 1943, 38.

25) G. W. Allport and L. Postman. Op. cit., 12.

5장 편견의 유형과 범위

1) E. L. Hartley. *Problems in Prejudice*. New York: Kings Crown Press, 1946.

2) 때때로 이 책에서는 관계성의 정도를 상관계수로 표현할 것이다. 이 간단한 통계적 방법에 익숙하지 않은 사람들을 위해 설명하면 상관계수의 범위는 +1.00과 -1.00 사이에 분포한다는 점만 알아두면 된다. +1.00은 완전 양의 상관관계이고 -1.00은 완전 음의 상관관계이다. 소수가 양쪽 극단 쪽에 가까워질수록 그 관계가 더 유의미함을 나타낸다. 0은 (혹은 0에 가까운 계수는) 유의미한 관계성이 전혀 없음을 말해준다.

3) 선동가 사례는 다음 책에서 인용했다. Leo Lowenthal and Norman Guterman. *Prophets of Deceit*, New York: Harper, 1949, 1.

4) 편견이 양의 상관관계가 있다는 결정적 증거를 실은 연구는 다음과 같다. G. W. Allport and B. M. Kramer, Some roots of prejudice, *Journal of Psychology*, 1946, 22, 9-39; E. L. Thorndike, On the strength of certain beliefs and the nature of credulity, *Character and Personality*, 1943, 12, 1-14; G. Murphy and R. Likert, *Public Opinion and the Individual*, New York: Harper, 1938; G. Razran, Ethnic dislikes and stereotypes: a laboratory study, *Journal of Abnormal and Social Psychology*, 1950, 45, 7-27.

5) T. W. Adorno, Else Frenkel-Brunswik, D. J. Levinson, R. N. Sanford, *The Authoritarian Personality*, New York: Harper, 1950.

6) 이 결과들은 '근사치'인데, 초기 형태의 자민족 중심주의와 반유대주의 척도에 근거를 두기 때문이다. 연구자들은 여기에 수록한 항목들을 더 간략한 '최종 형태'로 제시하지만 항목들의 상호 상관관계는 미지수이다. 이전의 상관관계와 크게 다르지 않을 수 있다.

7) Ibid., 182.

8) G. Murphy and R. Likert, *Public Opinion and the Individual*, New York: Harper, 1938

9) F. L. Marcuse. Attitudes and their relationships — a demonstrational technique. *Journal of Abnormal and Social Psychology*, 1945, 40, 408-410.

10) 예를 들어 반유대적 유대인이(드물지 않다) 다른 집단에 편견을 품는 경우는 놀랄 정도로 찾아보기 어렵다는 증거가 있다. 그들의 심리적 문제는 그들이 속한 집단에 대해서만 매우 특별하게 나타난다. 다음을 참조하라. N. W. Ackerman and M. Jahoda, *Anti-Semitism and Emotional Disorder*, New York: Harper, 1950.

11) E. T. Prothro. Ethnocentrism and anti-Negro attitudes in the deep south. *Journal of Abnormal and Social Psychology*, 1952, 47, 105-108.

12) 여기에 인용한 여론 조사의 출처는 다음과 같다. E. Roper, *Fortune*, February 1946, October 1947, September Supplement 1949; 또한 다음을 보라. B. M. Kramer, Dimensions of prejudice, *Journal of Psychology*, 1949, 27, 389-451; G. Saenger, *Social Psychology of Prejudice*, New York: Harper, 1953.

13) S. A. Stouffer, et al. *The American Soldier*. Princeton: Princeton Univ. Press, 1949, Vol. II, 571.

14) Ibid., Vol. I, 566.

15) 이 여론 조사 결과는 다음 책에서 인용했다. H. Cantril (Ed.), *Public Opinion, 1935-1946*. Princeton: Princeton Univ. Press, 1951.

16) World Opinion. *International Journal of Opinion and Attitude Research*, 1950, 4, 462.

17) B. Bettelheim and M. Janowitz. *Dynamics of Prejudice*. New York: Harper, 1950, 16 and 26.

18) G. W. Allport and B. M. Kramer. Op. cit., 9-39.

6장 차이와 적개심

1) R. A. Wood. *The City Wilderness*. Boston: Houghton Mifflin, 1898, 44 ff.

2) *The Relations of the Advanced and Backward Races of Mankind*. Oxford: Clarendon Press, 1903.

3) E. Lerner. Pathological Nazi stereotypes found in recent German technical journal. *Journal of Psychology*, 1942, 13, 179-192.

4) 다음을 참조하라. B. Zawadski. Limitations of the scapegoat theory of prejudice. *Journal of Abnormal and Social Psychology*, 1948, 43, 127-141.

5) 일부 심리학자들은 지각 혹은 믿음의 '왜곡'에 관해 말하기를 주저한다. 마찬가지로 '착각'에 관해 말하는 것도 꺼린다. 만약 어떤 사람이 무언가를 지각한다면, 그는 그것을 '지각한' 것이다. 그가 오류에 빠졌다고, 다시 말해 그가 '잘못 지각한다'고 말하는 것은 무엇이 진짜이고 무엇이 가짜인지 판단하는 것이다.

하지만 적어도 응용 심리학의 두 분야에서는 심리학자가 어떤 사람의 관점이 참인지 거짓인지 판단하는 것이 매우 중요하다. 예를 들어 정신 병리학에서는 환자가 정말로 이웃 사람들이 그를 흉보는 소리를 들었는지, 아니면 그가 환각을 겪고 있는지 여부를 알아내는 것이 지극히 중요하다. 마찬가지로 집단 편견 분야에서도 어떤 사람이 특정 집단에 적대적인 이유가 그 집단의 '받아 마땅한 평판' 때문인지 혹은 본인조차 이해하지 못하는 자신의 좀 더 미묘한 기능적 이유 때문인지 알아내는 것이 매우 중요하다.

6) 집단 차이를 다룬 연구들에 대한 간명한 논평을 제공하는 자료에는 다음과 같은 것들이 있다. L. E. Tyler, *The Psychology of Human Differences*, New York: D. Appleton-Century, 1947; Anne Anastasi and J. P. Foley, *Differential Psychology*, New York: Macmillan, 1949; T. R. Garth, *Race Psychology*, New York: McGraw-Hill, 1931; O. Klineberg, *Race Differences*, New York: Harper, 1935; G. Murphy, Lois Murphy, and T. Newcomb, *Experimental Social Psychology*, New York: Harper, 1937.

7) 다음을 참조하라. A. Inkeles and D, J. Levinson. National character: a study of modal personality and sociocultural systems. In G. Lindzey (Ed.), *Handbook of Social Psychology*. Cambridge: Addison-wesley, 1954.

8) *Preliminary report on the world situation*. New York: United Nations, Department of Social Affairs, 1952.

9) 다음을 참조하라. C. M. Kluckhohn and Dorothea Leighton. *Children of the People*. Cambridge: Harvard Univ. Press, 1947.

10) 다음을 보라. H. Cantril (Ed.). *Public Opinion 1935-1946*. Princeton: Princeton Univ. Press, 1951.

11) J. M. Gillespie, 미출간 조사.

12) 다음을 참조하라. B. Berelson. *Content analysis*. In G. Lindzey (Ed.), Op. cit.

13) F. H. Allport. The J-curve hypothesis of confirming behavior. *Journal of Social Psychology*, 1934, 5, 141-183.

14) N. D. M. Hirsch. A study of ratio-racial mental differences. *Genetic Psychological Monographs*, 1926, 1, 231-406. Data from p. 290 f.

15) 다음을 참조하라. G. W. Allport. *Personality: A Psychological Interpretation*. New York: Henry Holt, 1937, 332-337.

16) Anne Anastasi and J. P. Foley. Op. cit., 69.

17) W. A. Hunt. The relative incidence of psychoneuroses among Negroes. *Journal of Consulting Psychology*, 1947, 11, 133-136.

18) L. B. Hohman and B. Schaffner. The sex lives of unmarried men. *American Journal of Sociology*, 1947, 52, 501-507.

19) L. I. Dublin and B. Bunzel. *To Be or Not to Be—A Study of Suicide*. New York: Harrison Smith & Robert Haas, 1933.

20) M. L. Farber. English and Americans: a study in National character. *Journal of Psychology*, 1951, 32, 241-249.

21) P. W. Massing. *Rehearsal for Destruction*. New York: Harper, 1949, 293.

7장 인종 차이와 민족 차이

1) Sir Arthur Keith. *The Place of Prejudice in Modern Civilization*. New York: John Day, 1931, 41.
   키스 경처럼 세련되든 히틀러처럼 저속하든 피상적 인종주의자의 견해를 받아들일 경우 발생할 수 있는 위험성을 자각한 유네스코는 최근 이 문제를 검토하기 위해 국제적으로 유능한 인류학자 집단을 불러 모았다. 검토 결과 인종주의적 추론을 지지하는 아무런 과학적 근거도 발견하지 못했으며 이 내용은 널리 발표되었다. 다음을 참조하라. A. M. Rose, *Race Prejudice and Discrimination*, New York: Knopf, 1951, Chapter 41 (Race: What it is and what it is not). 유네스코 소책자에는 이 문제를 좀 더 대중적으로 분석한 내용을 실었다. *What is race? evidence from scientists*, Paris: UNESCO house, 1952.
2) C. M. Kluckhohn. *Mirror for Man*. New York: McGraw-Hill, 1949, 122 and 125.
3) M. J. Herskovitz. *Anthropometry of the American Negro*. New York: Columbia Univ. Press, 1930.
4) G. Myrdal. *An American Dilemma*. New York: Harper, 1944, Vol. I, Chapter 4.
5) C. S. Coon, S. M. Garn, J. B. Birdsell. *Races: A Study of the Problems of Race Formation in Man*. Springfield, Ill.: Charles C. Thomas, 1950.
6) R. Linton. The personality of peoples. *Scientific American*, 1949, 181, 11.
7) C. C. Seltzer. Phenotype patterns of racial reference and outstanding personality traits. *Journal of Genetic Psychology*, 1948, 72, 221-245.
8) M. F. Ashley-Montagu. *Race: Man's Most Dangerous Myth*. New York: Columbia Univ. Press, 1942.
9) 인종군(群)의 상대적 원시성 문제는 다음 책에서 다루고 있다. O. Klineberg. *Race Differences*. New York: Harper, 1935, 32-36.
10) B. Pasamanick. A comparative study of the behavioral development of Negro infants. *Journal of Genetic Psychology*, 1946, 69, 3-44.
11) Anne Anastasi and Rita D'Angelo. A comparison of Negro and white preschool children in language development and Goodenough Draw-a-man IQ. *Journal of Genetic Psychology*, 1952, 81, 147-165.
12) Mary E. Goodman. *Race Awareness in Young Children*. Cambridge: Addison-Wesley, 1952.
13) A. Kardiner. The concept of basic personality structure as an operational tool in the social sciences. In R. Linton (Ed.), *The Science of Man in the World Crisis*. New York: Columbia Univ. Press, 1945. 또한 다음을 보라. A. Inkeles and D. J. Levinson, National character, in G. Lindzey (Ed.), *Handbook of Social Psychology*. Cambridge: Addison Wesley, 1954.
14) D. Efron. *Gesture and Environment*. New York: Kings Crown Press, 1941.
15) Dorothy Lee. Some implications of culture for interpersonal relations. *Social Casework*, 1950, 31, 355-360.

16) G. P. Murdock. The common denominator of cultures. In R. Linton (Ed.), Op. cit., 124. 문화의 보편성 문제를 다룬 가치 있는 논의를 보려면 다음을 참조하라. C. M. Kluckhohn, Universal categories of culture, in A. L. Kroeber (Ed.), *Anthropology Today*, Chicago: Chicago Univ. Press, 1953, 507-523.

17) D. Riesman. *The Lonely Crowd*. New Haven: Yale Univ. Press, 1950, 19.

18) 다음을 보라. O. Klineberg. *Tensions affecting international understanding*. Social Science Research Council, Bulletin No. 62, 1950; 또한 다음을 보라. W. Buchanan and H. Cantril. *How Nations See Each Other*. Urbana University Press, 1953.

19) D. V. McGranahan and I. Wayne. German and American traits reflected in popular drama. *Human Relations*, 1948, 1, 429-455.

20) G. Ichheiser. Diagnosis of anti-Semitism: two essays. *Sociometry Monographs*, 1946, 8, 21.

21) A. A. Brill. The adjustment of the Jew to the American environment. *Mental Hygiene*, 1918, 2, 219-231.
일부 로마가톨릭 학자들은 반유대주의의 원인에 관한 이 이론을 신학적 형태로 바꿔 주장한다. 그들은 성경이 명시적으로 진술한 것처럼 유대인이 신에게 선택받은 민족임을 인정한다. 그리고 그렇기 때문에 약속된 메시아가 등장했을 때 유대인이 받아들이지 않은 데 대한 처벌이 무거운 것이다. 유대인은 이스라엘에 대한 신의 계획을 전한 더 나중의 계시를 받아들일 때까지 불안과 내면의 고통을 겪을 운명에 처해 있다. 신학자들은 이 해석이 기독교도들이 개별적으로 저지르는 반유대적 행위를 정당화하지는 않는다고 덧붙인다.

22) F. J. Brown and J. S. Roucek. *One America*. New York: Prentice-Hall, rev. ed., 1945, 282.

23) N. Goldberg. Economic trends among American Jews. *Jewish Affairs*, 1946, 1, No. 9. 또한 다음을 보라. W. M. Kephart, What is known about the occupations of Jews, Chapter 13 in A. M. Rose (Ed.), *Race Prejudice and Discrimination*, New York: A. A. Knopf, 1951.

24) 다음을 참조하라. E. C. McDonagh and E. S. Richards, *Ethnic Relations in the United States*, New York: Appleton-Century-Crofts, 1953, 162-167.

25) 다음을 참조하라. G. E. Simpson and J. M. Yinger, *Racial and Cultural Minorities: An Analysis of Prejudice and Discrimination*, New York: Harper, 1953, 478 ff.

26) A. Harris and G. Watson. Are Jewish or gentle children more clannish? *Journal of Social Psychology*, 1952, 47, 316-320.

27) R. E. Goodnow and R. Tagiuri. Religious ethnocentrism and its recognition among adolescent boys. *Journal of Abnormal and Social Psychology*, 1952, 47, 316-320.

28) G. W. Allport and B. M. Kramer. Some roots of prejudice, *Journal of Psychology*, 1946, 22, 9-39.

29) Dorothy T. Spoerl. The Jewish stereotype, the Jewish Personality and Jewish Prejudice. *Yivo Annual of Jewish Social Science*, 1952, 7, 268-276. 또한 이 연구에는 그 밖에 유대인의 특성이라고 주장되는 것들에 대한 유익한 증거가 실려 있다.

30) 다음 책에서 유대인의 특성이라고 주장된 것들을 다룬 자료를 조사한다. H. Orlansky, Jewish personality traits, *Commentary*, 1946, 2, 377-383. 저자는 분명한 증거가 매우 적다는 것을 발견하고 이렇게 결론 내린다. "아마도 유대인의 성격은 비유대인들의(특히 다른 도시인들의) 성격과 즉각 구분될 수 있을 정도로 그렇게 선명하지는 않은 것 같다."

8장 가시성과 낯섦

1) Margaret M. Wood. *The Stranger: A Study in Social Relationships*. New York: Columbia Univ. Press, 1934.
2) Jean M. Arsenian. Young children in an insecure situation. *Journal of Abnormal and Social Psychology*, 1943, 38, 225-249.
3) G. Ichheiser. Sociopsychological and cultural factors in race relations. *American Journal of Sociology*, 1949, 54, 395-401.
4) A. Keith. The evolution of the human races. *Journal of the Royal Anthropological Institute*, 1928, 58, 305-321.
5) G. W. Allport and B. M. Kramer. Some roots of prejudice, *Journal of Psychology*, 1946, 22, 16 ff.
   외모 구분 실험의 결과는 집단 안에 어떤 종류의 유대인 얼굴이 얼마나 많이 포함되느냐에 따라 불가피하게 달라질 것이므로 다양한 실험을 통해 증거를 이끌어내는 것이 바람직하다. 본문에 서술한 연구 결과에 대해 카터(L. F. Carter)는 자신이 수행한 조사를 근거로 삼아 문제를 제기했다. (The identification of "racial" membership, *Journal of Abnormal and Social Psychology*, 1948, 43, 279-286) 하지만 린제이(G. Lindzey)와 로골스키(S. Rogolsky)는 이 결과가 참이라고 확인했다. (Prejudice and identification of minority group membership, *Journal of Abnormal and Social Psychology*, 1950, 45, 37-53) 여기서 제시한 비율(55%)이 다른 실험에서 똑같이 나오지 않을 수도 있지만, 키스 경의 분류에서 유대인이 '중식별' 유형에 속할 개연성은 매우 큰 것처럼 보인다.
6) J. H. Burma. The measurement of Negro "passing". *American Journal of Sociology*, 1946-47, 52, 18-22; E. W. Eckard, How many Negroes "pass"? *American Journal of Sociology*, 1946-47, 52, 498-500.
7) P. R. Farnsworth. Attempts to distinguish Chinese from Japanese college students through observations of face-photographs. *Journal of Psychology*, 1943, 16, 99-106.
8) V. Seeleman. The influence of attitude upon the remembering of pictorial material. *Archives of Psychology*, 1940, No. 258.
9) C. Alexander. Antipathy and social behavior. *American Journal of Sociology*, 1946, 51, 288-298.
10) 두 세기 전 토머스 브라운(Thomas Browne) 경은 유대인에게 특징적인 냄새가 난다는 통념에 맞서 싸울 수밖에 없다고 생각했다. 그는 "어떤 민족에게 변치 않는 속성을 덧붙이는 일"이 부적절하다고 현명하게 경고했다. *Pseudoxia Epidemica*, Book IV, Chapter 10.
11) G. K. Morlan. An experiment on the identification of body odor. *Journal of Genetic*

Psychology, 1950, 77, 257–265.

9장 방어 기제

1) S. A. Stouffer, et al. *The American Soldier: Adjustment During Army Life*. Princeton: Princeton Univ. Press, 1949, Vol. I, Chapter 10.
2) Ibid. P. 506.
3) T. C. Cothran. Negro conceptions of white people. *American Journal of Sociology*, 1951, 56, 458–467.
4) 다음을 참조하라. K. Lewin. Self-hatred among Jews. *Contemporary Jewish Record*, 1941, 4, 219–232.
5) A. de Tocqueville. *Democracy in America*. New York: George Dearborn, 1838, I, 334.
6) B. Bettelheim. Individual and mass behavior in extreme situations. *Journal of Abnormal and Social Psychology*, 1943, 38, 417–452.
7) J. S. Gray and A. H. Thomson. The ethnic prejudices of white and Negro college students. *Journal of Abnormal and Social Psychology*, 1953, 48, 311–313.
8) G. W. Allport and B. M. Kramer. Some roots of prejudice, *Journal of Psychology*, 1946, 22, 28.
9) Dorothy T. Spoerl. The Jewish stereotype, the Jewish Personality and Jewish Prejudice. *Yivo Annual of Jewish Social Science*, 1952, 7, 276.
10) 흑인들의 반유대주의에 관한 논의는 다음을 보라. K. B. Clark, Candor about Negro-Jewish relations, *Commentary*, 1946, 1, 8–14.
11) S. Freud. On Being of the B'nai B'rith. *Commentary*, 1946, 1, 23.
12) G. W. Allport and B. M. Kramer. Op. cit., 29.
13) K. B. Clark. Group violence: a preliminary study of the attitudinal pattern of its acceptance and rejection: a study of the 1943 Harlem riot. *Journal of Social Psychology*, 1944, 19, 319–337.
14) Helen V. McLean. Psychodynamic factors in racial relations. *The Annals of the American Academy of Political and Social Science*, 1946, 244, 159–166.
15) K. Lewin. *Resolving Social Conflict*. New York: Harper, 1948, Chapter 11. 다음 문헌을 보면 주변성의 파괴적 효과를 피하는 수단으로서 자아 존중감과 내집단에 대한 자부심이 중요하게 강조된다. G. Saenger, Minority personality and adjustment, *Transactions of the New York Academy of Sciences*, 1952, Series 2, 14, 204–208.
16) R. K. Merton. The self-fulfilling prophecy. *The Antioch Review*, 1948, 8, 193–210. 또한 다음을 보라. R. Stagner, Homeostasis as a unifying concept in personality theory, *Psychological Review*, 1951, 58, 5–17.
17) G. W. Allport. The role of expectancy. Chapter 2 in H. Cantril (Ed.), *Tensions that Cause Wars*. Urbana: Univ. of Illinois Press, 1950.

18) 소수 집단 구성원들의 행동 유형을 분류하는 다른 방식이 있다. I. L. Child. *Italian or American?* New Haven: Yale Univ. Press, 1943. 차일드의 조사에 따르면 이탈리아계 이민자 2세대 젊은이 중 일부는 내집단에 강하게 반항한다. 다른 일부는 자기들을 둘러싼 미국 문화를 증오할 정도로 '내집단 연대를 강화한다'. 또 다른 일부는 무관심한 태도로 가급적 인종 갈등을 부각하지 않고 가볍게 대처하는 편을 택한다. 차일드와 우리의 분류법이 주로 반응의 정도에서 차이가 나지만, 우리의 분류법이 이 모든 반응의 유형을 포괄하지 못하는 것은 아니다. 또한 차일드는 단일 인종 집단에 대한 다소 제한적 연구를 수행해 얻은 유형을 설명하는 반면, 우리는 훨씬 더 다양한 적응 유형을 열거한다.

10장 인지 과정

1) A. Adler. *Understanding Human Nature*. New York: Permabooks, 1949, 46.
2) J. S. Bruner and L. Postman. An approach to social perception. Chapter 10 in W. Dennis (Ed.), *Current Trends in Social Psychology*. Pittsburgh: Univ. of Pittsburgh Press, 1948.
3) E. G. Malherbe. *Race Attitudes and Education*. Hornlé Lecture, 1946. Johannesburg: Institute of Race Relations.
4) 다음 문헌에 수록된 편지에서 발췌했다. *America in Danger*, June 15, 1942.
5) G. Humphrey. *Directed Thinking*. New York: Dodd, Mead, 1948. 또한 본문 2장 주석 2번을 보라.
6) S. B. Sells, 미출간 연구. 또한 다음을 보라. "The atmosphere effect", *Archives of Psychology*, 1936, No. 200.
7) 프리츠 하이더의 실험을 보면 우리가 의인화하는 경향이 어느 정도까지인지 알 수 있다. 이 실험에서 피험자들은 심지어 선의 움직임 같은 비인간적 모양도 의인화한다. Fritz Heider. Social perception and phenomenal causality, *Psychological Review*, 1944, 51, 358-374. 선들의 움직임을 보여주는 짧은 영상물을 감상한 피험자들은 거의 모두가 기계적으로 움직이는 선들이 표상하는 것 같은 모종의 '인간적 이야기'를 지어냈다. 피험자들이 보기에는 움직이는 선과 기하학적 모양이 어떤 동기를 품고서 서로에게 무언가를 하는 인간을 나타내는 것 같았다.
8) L. Postman. Toward a general theory of cognition. In J. H. Rohrer and M. Sherif (Eds.), *Social Psychology at the Crossroads*, New York: Harper, 1951.
9) 다음 문헌에서 최소 노력의 법칙을 더 자세하게 다뤘다. G. K. Zipf, *Human Behavior and the Principle of Least Effort*. Cambridge: Addison-Wesley, 1949.

11장 언어의 역할

1) I. J. Lee. How do you talk about people? *Freedom Pamphlet*. New York: Anti-Defamation League, 1950, 15.
2) G. Razran. Ethnic dislikes and stereotypes: a laboratory study, *Journal of Abnormal

and Social Psychology, 1950, 45, 7–27.

3) C. E. Osgood. The nature and measurement of meaning. *Psychological Bulletin*, 1952, 49, 226.

4) L. L. Brown. Words and white chauvinism. *Masses and Mainstream*, 1950, 3, 3–11. 또한 다음을 보라. *Prejudice Won't Hide! A Guide for Developing a Language of Equality*. San Francisco: California Federation for Civic Unity, 1950.

5) R. Stagner. Fascist attitudes: an exploratory study. *Journal of Social Psychology*, 1936, 7, 309–319; Fascist attitudes: their determining conditions, Ibid., 438–454.

6) G. Hartmann. The contradiction between the feeling-tone of political party names and public response to their platforms. *Journal of Social Psychology*, 1936, 7, 336–357.

7) S. I. Hayakawa. *Language in Action*. New York: Harcourt, Brace, 1941, 29.

12장 고정관념이란 무엇인가?

1) R. T. La Piere. Type-rationalizations of group antipathy. *Social Forces*, 1936, 15, 232–237.

2) B. Lasker. *Race Attitudes in Children*. New York: Henry Holt, 1929, 237.

3) B. Bettelhiem and M. Janowitz. *Dynamics of Prejudice: A Psychological and Sociological Study of Veterans*. New York: Harper, 1950, 82.

4) W. Lippmann. *Public Opinion*. New York: Harcourt, Brace, 1922.

5) D. Katz and K. W. Braly. Racial stereotypes of 100 college students. *Journal of Abnormal and Social Psychology*, 1933, 28, 280–290.

6) B. Bettelhiem and M. Janowitz. Op. cit., Chapter 3.

7) *Fortune*, 1939, 19, 104.

8) A. Forster. *A Measure of Freedom*. New York: Doubleday, 1950, 101.

9) T. W. Adorno, et al. *The Authoritarian Personality*. New York: Harper, 1950, 66 and 75.

10) C. Lamb. Imperfect sympathies. *The Essays of Elia*. New York: Wiley and Putnam, 1845.

11) K. Young. *An Introductory Sociology*. New York: American Book, 1934, 158–163, 424 ff.

12) Ibid.

13) R. Blake and W. Dennis. The development of stereotypes concerning the Negro. *Journal of Abnormal and Social Psychology*, 1943, 38, 525–531.

14) H. Heltzer. Children's thinking about nations and races. *Journal of Genetic Psychology*, 1941, 58, 181–199.

15) I. Reid. *The Negro Immigrant*. New York: Columbia Univ. Press, 1939, 107 ff.

16) B. Bettelhiem and M. Janowitz. Op. cit., 42.

17) *How Writes Perpetuate Stereotypes*. New York: Writers' War Board, 1945.
18) A. McC. Lee. The press in the control of intergroup tensions. *The Annals of the American Academy of Political and Social Science*, 1946, 244, 144-151.
19) Committee on the Study of Teaching Materials in Intergroup Relations (H. E. Wilson, Director). *Intergroup Relations in Teaching Materials*. Washington: American Council on Education, 1949.
20) G. M. Gilbert. Stereotype persistence and change among college students. *Journal of Abnormal and Social Psychology*, 1951, 46, 245-254.
21) 오늘날 존재하는 국가 고정관념을 탁월하게 설명한 문헌으로는 다음을 참조하라. W. Buchanan and H. Cantril. *How Nations See Each Other*. Urbana: University of Illinois Press, 1953. 이 연구는 한 나라 사람들이 다른 나라 사람들에게 품고 있는 이미지를 객관적으로 이해하기 위해 유네스코에서 진행했다. 사람들에게 퍼져 있는 고정관념을 알 때, 우리는 그것들을 교정하는 일에 조금 더 현명하게 착수할 수 있을 것이다.

13장 편견에 관한 이론들

1) 이 여섯 가지 접근 방법은 필자의 다음 논문에서 더 자세히 다루고 있다. Prejudice: a problem in psychological causation, *Journal of Social Issues*, 1950, Supplement Series No. 4. 다음 책에도 실려 있다. T. Parsons and E. Shils, *Toward a Theory of Social Action*, part 4, Chapter 1, Cambridge: Harvard Univ. Press, 1951.
2) O. Handlin. Prejudice and capitalist exploitation. *Commentary*, 1948, 6, 79-85. 같은 저자의 다음 책도 보라. *The Uprooted: The Epic Story of the Great Migrations that Made the American People*. Boston: Little, Brown, 1951.
3) O. C. Cox. *Caste, Class, and Race*. New York: Doubleday, 1948, 393.
4) P. W. Massing. *Rehearsal for Destruction*. New York: Harper, 1949.
5) A. Rose. Anti-Semitism's root in city-hatred. *Commentary*, 1948, 6, 374-378; 다음 책에도 실려 있다. A. Rose (Ed.), *Race Prejudice and Discrimination*, New York: Alfred A. Knopf, 1951, chapter 49.
6) W. I. Thomas and F. Znaniecki. *The Polish Peasant in Europe and America*. Boston: Badger, 1918, Vol. II, 1881.
7) Lillian Smith. *Killers of the Dream*. New York: W. W. Norton, 1949.
8) T. Hobbes. *Leviathan*. First published 1651, Pt. 1, Chapter 13.
9) 다음을 참조하라. G. W. Allport. A psychological approach to the study of love and hate. Chapter 7 in P. A. Sorokin (Ed.), *Explorations in Altruistic Love and Behavior*. Boston: Beacon Press, 1950. 또한 다음을 참조하라. M. F. Ashley-Montagu, *On Being Human*, New York: Henry Schuman, 1950.
10) B. Bettelhiem and M. Janowitz. *The Dynamics of Prejudice: A Psychological and Sociological Study of Veterans*. New York: Harper, 1950, 82.
11) E. C. Tolman. Cognitive maps in rats and men. *Psychological Review*, 1948, 55, 189-

208.

12) 다음을 참조하라. B. Zawadski. Limitations of the scapegoat theory of prejudice. *Journal of Abnormal and Social Psychology*, 1948, 43, 127-141. 또한 다음을 참조하라. G. Ichheiser, Sociopsychological and cultural factors in race relations, *American Journal of Sociology*, 1949, 54, 395-401.

14장 사회 구조와 문화 유형

1) R. M. Williams, Jr. *The reduction of intergroup tensions*. New York: Social Science Research Council, 1947, Bulletin 57, 59.
2) B. Bettelheim and M. Janowitz. *Dynamics of Prejudice: A Psychological and Sociological Study of Veterans*. New York: Harper, 1950, Chapter 4.
3) A. A. Campbell. Factors associated with attitudes toward Jews. In T. M. Newcomb and E. L. Hartley (Eds.), *Readings in social psychology*. New York: Henry Holt, 1947.
4) A. Mintz. A re-examination of correlations between lynchings and economic indices. *Journal of Abnormal and Social Psychology*, 1946, 41, 154-160.
5) D. Young. *Research memorandum on minority peoples in the depression*. New York: Social Science Research Council, 1937, Bulletin 31, 133.
6) L. Srole. 미출간 연구.
7) A. H. Roberts, M. Rokeach, K. McDitrick. Anomie, authoritarianism and prejudice: a replication of Srole's study. *American Psychologist*, 1952, 7, 311-312.
8) G. Murphy, Lois B. Murphy, T. M. Newcomb. *Experimental Social Psychology*. New York: Harper, 1937.
9) H. A. Grace and J. O. Neuhaus. Information and social distance as predictors of hostility toward nations. *Journal of Abnormal and Social Psychology*, 1952, 47, Supplement, 540-545.
10) R. M. Williams, Jr. Op. cit., 57 ff.
11) D. M. Heer. *Caste, class, and local loyalty as determining factors in South Carolina politics*. (미출간) Cambridge: Harvard Univ., Social Relations Library.
12) A. M. Richmond. Economic insecurity and stereotypes as factors in colour prejudice. *Sociological Review* (British), 1950, 42, 147-170.
13) H. Coon. Dynamite in Chicago housing. *Negro Digest*, 1951, 9, 3-9.
14) R. C. Weaver. Housing in a democracy. *The Annals of the American Academy of Political and Social Science*, 1946, 244, 95-105.
15) T. Parsons. Racial and Religious differences as factor in group tensions. In L. Bryson, L. Finkelstein and R. M. MacIver (Eds.), *Approaches to National Unity*. New York: Harper, 1945, 182-199.
16) O. Collins. Ethnic behavior in industry: sponsorship and rejection in a New England

factory. *American Journal of Sociology*, 1946, 51, 293-298.

17) 예를 들면 다음과 같다. P. Blanshard, *American Freedom and Catholic Power*, Boston: Beacon Press, 1949; J. M. O'Neill, *Catholicism and American Freedom*, New York: Harper, 1952.

18) C. McWilliams. *A Mask for Privilege*. Boston: Little, Brown, 1948.

19) 이 요인 중 일부는 다음 책에서 충분히 논의한다. J. Dollard, *Caste and Class in a Southern Town*. New Haven: Yale Univ. Press, 1937.

20) 다음을 참조하라. A. Forster, *A Measure of Freedom*, New York: Doubleday, 1950; 또한 다음을 참조하라. L. Lowenthal and N. Guterman, *Prophets of Deceit*, New York: Harper, 1949.

21) T. Parsons. Certain primary sources and patterns of aggression in the social structure of the Western world. *Psychiatry*, 1947, 10, 167-181.

22) C. M. Kluckhohn. *Navaho Witchcraft*. Cambridge: Peabody Museum of American Archaeology and Ethnology, 22, No. 2, 1944.

23) Lord Chesterfield. *Letters to His Son*. February 7, O. S. 1749.

24) M. Deutsch. The directions of behavior: a field-theoretical approach to the understanding of inconsistencies. *Journal of Social Issues*, 1949, 5, 45.

25) A. McC. Lee. Sociological insights into American culture and personality. *Journal of Social Issues*, 1951, 7, 7-14.

15장 희생양 선택

1) R. H. Lord. *History of the Archdiocese of Boston*. New York: Sheed and Ward, 1946.

2) 다음을 참조하라. L. Lowenthal and N. Guterman, *Prophets of Deceit*. New York: Harper, 1949.

3) 익명. *A.P.A.: An Inquiry into the Objects and Purposes of the So-called American Protective Association*. Stamped: Astor Library, New York, 1895. (현재는 뉴욕 공립 도서관에서 찾아볼 수 있다.)

4) 다음 책이 기독교회에서 반유대주의의 최초 기원을 추적한다. M. Hay, *The Foot of Pride*. Boston: Beacon Press, 1950.

5) S. Freud. *Moses and Monotheism*. New York: A. A. Knopf, 1939.

6) 오늘날 유대인 청년은 기독교인 청년보다 전통 종교에 대한 거부감을 더 많이 드러내고 종교의 가치를 전반적으로 덜 중시하는 것이 사실이다. 예를 들어 다음 문헌을 보라. G. W. Allport, J. M. Gillespie, and Jacqueline Young. The religion of the post-war college student. *Journal of Psychology*, 1948, 25, 3-33; 또한 다음을 보라. Dorothy T. Spoerl, The value of the post-war college student, *Journal of Social Psychology*, 1952, 35, 217-225.

7) J. Maritain. *A Christian Looks at the Jewish Question*. New York: Longmans, 1939, 29.

8) L. S. Baeck. Why Jews in the world? *Commentary*, 1947, 3, 501–507.
9) E. J. Dingwall. *Racial Pride and Prejudice*. London: Watt, 1946, 55.
10) C. R. Lusk. Radicalism under inquiry. *Review of Reviews*, 1920, 61, 167–171.
11) H. Kramer and J. Sprenger. *Malleus Maleficarum*. (Transl. by M. Summers) London: Pushkin Press, 1948, xx.
12) J. G. Kerwin. Red herring. *Commonweal*, 1935, 22, 597.
13) Helen R. Veltfort and G. E. Lee. The Cocoanut Grove fire: a study in scapegoating. *Journal of Abnormal and Social Psychology*, 1943, 38, Clinical Supplement, 138–154.

16장 접촉의 효과

1) A. M. Lee and N. D. Humphrey. *Race Riot*. New York: Dryden, 1943, 130.
2) E. W. Eckard. How many Negroes "pass"? *American Journal of Sociology*, 1947, 52, 498–500.
3) 이어지는 접촉 유형 분석은 다음 문헌에서 가져왔다. R. M. Williams, Jr.. *The Reduction of Intergroup Tensions*. New York: Social Science Research Council Bulletin 57, 1947, 70; B. M. Kramer. *Residental Contact as a Determinant of Attitudes toward Negroes* (미출간), Harvard College Library, 1950.
4) R. M. Williams. Op. cit., 71; H. H. Harlan, Some factors affecting attitude toward Jews, *American Sociological Review*, 1942, 7, 816–833.
5) T. M. Newcomb. Autistic hostility and social reality. *Human Relations*, 1947, 1, 69–86.
6) J. S. Gray and A. H. Thomson. The ethnic prejudices of white and Negro college students. *Journal of Abnormal and Social Psychology*, 1953, 48, 311–313.
7) G. W. Allport and B. M. Kramer. Some roots of prejudice. *Journal of Psychology*, 1946, 22, 20.
8) W. van Til and L. Raths. The influence of social travel on relations among high school students. *Educational Research Bulletin*, 1944, 23, 63–68.
9) F. T. Smith. An experiment in modifying attitudes toward the Negro. *Teachers College Contributions to Education*, 1943, No. 887.
10) S. A. Stouffer, et al. *The American Soldier*. Princeton: Princeton Univ. Press, 1949, Vol. II, 570.
11) B. M. Kramer. Op. cit. 표는 61쪽, 63쪽에서 가져왔다.
12) M. Deutsch and M. E. Collins, *Interracial Housing: A Psychological Evaluation of a Social Experiment*, Minneapolis: Univ. of Minnesota Press, 1951; Marie Jahoda and Patricia S. West, Race relations in public housing, *Journal of Social Issues*, 1951, 7, 132–139; D. M. Wilner, R. P. Walkley, S. W. Cook, Residential proximity and intergroup relations in public housing projects, *Journal of Social Issues*, 1952, 8, 45–69.

13) M. Deutsch and M. E. Collins. Op. cit., 82.
14) M. Deutsch and M. E. Collins. Op. cit., 81.
15) 흑인의 직업에 관한 분석은 다음을 보라. G. Myrdal. *The American Dilemma*, New York: Harper, 1944, Vol. 1, Part 4.
16) Barbara K. MacKenzie. The importance of contact in determining attitudes toward Negroes. *Journal of Abnormal and Social Psychology*, 1948, 43, 417-441.
17) F. J. Haas and G. J. Fleming. Personnel practices and wartime changes. *The Annals of the American Academy of Political and Social Science*, 1946, 244, 48-56.
18) G. Watson. *Action for Unity*. New York: Harper, 1947, 65.
19) I. N. Brophy. The luxury of anti-Negro prejudice. *Public Opinion Quarterly*, 1946, 9, 456-466.
20) 다음을 참조하라. G. Saenger and Emily Gilbert. Customer reactions to the integration of Negro sales personnel. *International Journal of Opinion and Attitude Research*, 1950, 4, 57-76.
21) S. A. Stouffer et al. Op. cit., Vol. I Chapter 10. 표 11은 594쪽에서 가져왔다.
22) H. A. Singer. The veteran and race relations. *Journal of Educational Sociology*, 1948, 21, 397-408.
23) Rachel D. Du Bois. *Neighbors in Action*. New York: Harper, 1950.
24) P. H. Mussen. Some personality and social factors related to changes in children's attitudes toward Negroes. *Journal of Abnormal and Social Psychology*, 1950, 45, 423-441.

17장 동조의 심리

1) S. A. Stouffer, et al. *The American Soldier: Adjustment During Army Life*. Princeton: Princeton Univ. Press, 1949, Vol. 1, 579.
2) 반 틸(W. Van Til)과 데네마크(G. W. Denemark)는 매우 다양한 연구 조사를 기초로 삼아 유사한 결론을 제시한다. 저자들은 이렇게 말한다. "소수 집단을 향한 편견과 차별에는 두 가지 주된 원천이 있다. (a) 좌절과 (b) 문화적 학습이다." 우리의 관점에서 말하면 좌절은 기능적 유의성에 기여하는 (유일하지는 않지만) 한 가지 중요한 요인이다. 문화적 학습은 동조를 가리킨다. W. Van Til and G. W. Denemark. *Intercultural education*. *Review of Educational Research*, 1950, 20, 274-286.
3) 다음 문헌에서 전재했다. G. W. Allport. Prejudice: a problem in psychological and social causation. *Journal of Social Issues*, 1950, Supplement Series, No. 4, 16.
4) 이 이야기는 다음 문헌에서 가져온 것이다. G. M. Gilbert. *Nuremberg Diary*. New York: Farrar, Straus, 1947, 250 and 259 ff.
5) A. De Tocqueville. *Democracy in America*. New York: George Dearborn, 1838, 374.
6) Lillian Smith. *Killers of the Dream*. New York: W. W. Norton, 1949, 18.

18장 유년기 학습

1) D. B. Harris, H. G. Gough, W. E. Martin. Children's ethnic attitudes: II, Relationship to parental beliefs concerning child training. *Child Development*, 1950, 21, 169-181.
2) 아이를 훈련하는 두 대조적 방식은 다음 문헌에 상세히 설명되어 있다. D. P. Ausubel. *Ego Development and the Personality Disorders*. New York: Grune & Stratton, 1952.
3) 캘리포니아대학에서 수행한 연구에서 더 광범위한 증거를 확인할 수 있다. 다음을 보라. T. W. Adorno, Else Frenkel-Brunswik, D. J. Levinson, R. N. Sanford, *The Authoritarian Personality*, New York: Harper, 1950. 또한 다음을 보라. Else Frenkel-Brunswik, Patterns of social and cognitive outlook in children and parents, *American Journal of Orthopsychiatry*, 1951, 21, 543-558.
4) N. W. Ackerman and Marie Jahoda. *Anti-Semitism and Emotional Disorder*. New York: Harper, 1950, 45.
5) Ibid., 85.
6) H. Bonner. Sociological aspects of paranoia. *American Journal of Sociology*, 1950, 56, 255-262.
7) Mary E. Goodman. *Race Awareness in Young Children*. Cambridge: Addison-Wesley, 1952. 다른 연구도 흑인 아이들이 백인 아이들 앞에서 인종 자각을 보인다는 사실을 확인해준다. 예를 들어 다음 연구를 보라. Ruth Horowitz, Radical aspects of self-identification in nursery school children, *Journal of Psychology*, 1939, 7, 91-99.
8) Mildred M. Eakin. *Getting Acquainted with Jewish Neighbors*. New York: Macmillan, 1944.
9) B. Lasker. *Race Attitudes in Children*. New York: Henry Holt, 1929, 98.
10) Helen G. Trager and Marian J. Radke. Early childhood airs its views. *Educational Leadership*, 1947, 5, 16-23.
11) E. L. Hartley, M. Rosenbaum, and S. Schwartz. Children's perceptions of ethnic group membership. *Journal of Psychology*, 1948, 26, 387-398.
12) 다음을 참조하라. H. Werner. *Comparative Psychology of Mental Development*. Chicago: Follett, 1948; J. Piaget. *The Child's Conception of the World*. New York: Harcourt, Brace, 1929, 236; G. Murphy. *Personality*. New York: Harper, 1947, 336.
13) R. Blake and W. Dennis. The development of stereotypes concerning the Negro. *Journal of Abnormal and Social Psychology*, 1943, 38, 525-531.
14) J. H. Criswell. A sociometric study of race cleavage in the classroom. *Archives of Psychology*, 1939, No. 235.

19장 청소년기 학습

1) B. Spinoza. *Ethics*. Proposition XLVI. New York: Scriber, 1930, 249.
2) 다음을 참조하라. R. Stagner and R. H. Britton, Jr. The conditioning technique applied

to a public opinion problem. *Journal of Social Psychology*, 1949, 29, 103–111. 또한 다음을 참조하라. G. Razran. Conditioning away social bias by the luncheon technique. *Psychological Bulletin*, 1938, 35, 693. 다음 책에서 이 주제에 관한 간략한 논의를 볼 수 있다. G. Murphy. *In the Minds of Men*. New York: Basic Books, 1953, 219 ff.

3) G. W. Allport and B. M. Kramer. Some roots of prejudice. *Journal of Psychology*, 1946, 22, 9–39.

4) Margaret M. Wood. *The Stranger: A Study in Social Relationships*. New York: Columbia Univ. Press, 1934, 268.

5) N. D. Humphrey. American race and caste. *Psychiatry*, 1941, 4, 159.

6) 군나르 뮈르달은 미국인의 삶에서 흑인의 위치에 관한 종합적 연구를 수행한 후, 어떤 개념도 그 위치를 '신분'으로 적절하게 정의하지 못한다고 결론 내린다. 그는 '인종', '계층', '소수 집단', '소수자 지위' 같은 개념이 적합하지 않다고 생각한다. 다음을 참조하라. *An American Dilemma*. New York: Harper, 1944, Vol. 1, 667.

7) C. L. Golightly. Race, values, and guilt. *Social Forces*, 1947, 26, 125–139.

8) Marian J. Radke and Helen G. Trager. Children's Perception of the social roles of Negroes and whites. *Journal of Psychology*, 1950, 29, 3–33.

9) B. L. Neugarten. Social class and friendship among school children. *American Journal of Sociology*, 1946, 51, 305–313.

10) 다음 연구는 미국 사회에서 청소년의 태도와 행동을 결정짓는 사회 계급의 엄청난 힘을 철저하게 다루고 있다. A. B. Hollingshead. *Elmtown's Youth*. New York: John Wiley, 1949.

20장 내적 갈등의 해결

1) 다음 책에서 인용했다. K. Young. *Source Book for Social Psychology*. New York: F. S. Crofts, 1933, 506.

2) Nancy C. Morse and F. H. Allport. The causation of anti-Semitism: an investigation of seven hypotheses. *Journal of Psychology*, 1952, 34, 197–233.

3) G. M. Gilbert. *Nuremberg Diary*. New York: Farrar, Straus, 1947.

4) G. Myrdal. *An American Dilemma*. New York: Harper, 1944, Vol. 1, xliii.

5) 다음 문헌에서 이 관점이 강력하게 제시된다. John LaFarge, S. J., *No Postponement*. New York: Longmans, Green, 1950.

6) J. R. Marcus. *Jews in American Life*. New York: The American Jewish Committee, 1946.

7) A. F. Citron, I. Chein, and J. Harding. Anti-minority remarks: a problem for action research. *Journal of Abnormal and Social Psychology*, 1950, 45, 99–126.

8) C. L. Golightly. Race, values and guilt. *Social Forces*, 1947, 26, 125–139.

9) O. C. Cox. *Caste, Class, and Race: A Study in Social Dynamics*. New York: Doubleday, 1948.

10) L. Festinger. The role of group belongingness in a voting situation. *Human Relations*, 1947, 1, 154-180.

11) 이것은 굿윈 왓슨(Goodwin Watson)이 발견했다. 그는 집단 관계 문제를 연구하기 위해 많은 지역사회를 돌아다니며 조사했고, 그 결과물을 다음 책에 담았다. *Action for Unity*. New York: Harper, 1947, 76.

12) 다음을 참조하라. I. Chein, M. Deutsch, H. Hyman, and Marie Jahoda (Eds.). Consistency and inconsistency in intergroup relations. *Journal of Social Issues*, 1949, 5, No. 3.

21장 좌절

1) 다음 책에서 인용했다. P. W. Massing. *Rehearsal for Destruction*. New York: Harper, 1949, 99.

2) J. Dollard, L. Doob, N. E. Miller, O. H. Mowrer, R. R. Sears. *Frustration and Aggression*. New Haven: Yale Univ. Press, 1939.

3) Sibylle K. Escalona. Overt sympathy with the enemy in maladjusted children. *American Journal of Orthopsychiatry*, 1946, 16, 333-340.

4) R. H. Bixler. How G. S. became a scapegoater. *Journal of Abnormal and Social Psychology*, 1948, 43, 230-232.

5) B. Bettelheim and M. Janowitz. *Dynamics of Prejudice: A Psychological and Sociological Study of Veterans*. New York: Harper, 1950, 64.

6) N. E. Miller and R. Bugelski. Minor studies of aggression: II. The influence of frustrations imposed by the in-group on attitudes expressed toward out-groups. *Journal of Psychology*, 1948, 25, 437-442.

7) 다음을 참조하라. E. S. Bogardus. A race-relations cycle. *American Journal of Sociology*, 1930, 35, 612-617.

8) 다음을 참조하라. K. S. Pinson. Anti-Semitism. In *Encyclopedia Britannica*, Vol. 2, 74-78. Chicago: Encyclopedia Britannica, 1946. 또한 다음을 참조하라. *Universal Jewish Encyclopedia* (I. Landman, Ed.), Vol. 1, 341-409. New York: Universal Jewish Encyclopedia

9) G. W. Allport and L. Postman. *The Psychology of Rumor*. New York: Henry Holt, 1947, 12.

10) G. Lindzey. Differences between the high and low in prejudice and their implications for a theory of prejudice. *Journal of Personality*, 1950, 19, 16-40.

11) 다음을 참조하라. R. S. Woodworth. *Psychology: A Study of Mental Life*. New York: Henry Holt, 1921, 163. 또한 다음을 참조하라. G. W. Allport, J. S. Bruner, and E. M. Jandorf. Personality under social catastrophe. *Character and Personality*, 1941, 10, 1-22.

12) 이 구분은 로젠츠바이크의 연구에서 처음으로 분명하게 이루어졌다. 또한 그는 사람들이

절망적 상황에 대처할 때 어느 정도 외부 처벌형인지, 내부 처벌형인지, 무 처벌형인지 측정할 수 있는 검사법을 개발하기도 했다. 다음을 참조하라. S. Rosenzweig. The picture-association method and its application in a study of reactions to frustration. *Journal of Personality*, 1945, 14, 3-23.

13) 이 주제에 관한 일반적 비판이 다음 문헌에 실려 있다. B. Zawadski, Limitations of the scapegoat theory of prejudice. *Journal of Abnormal and Social Psychology*, 1948, 43, 127-141.

22장 공격성과 증오

1) S. Freud. *Civilization and Its Discontents*. London: Hogarth Press, (번역본) 1949, 90.
2) E. Simmel (Ed.). *Anti-Semitism: A Social Disease*. New York: International Universities Press, 1948, 41.
3) 이 분석은 다음 책에서 설명하는 내용과 일부 유사하다. Franziska Baumgarten, Zur Psychologie der Aggression. *Gesundheit und Wohlfahrt*, 1947, 3, 107.
4) Lois B. Murphy. *Social Behavior and Child Personality*. New York: Columbia Univ. Press, 1937.
5) C. M. Kluckhohn, Group tensions: analysis of a case history. In L. Bryson, L. Finkelstein, and R. MacIver (Eds.), *Approaches to National Unity*. New York: Harper, 1945, 224.
6) Ibid.
7) R. Stagner. Studies of aggressive social attitudes: I. Measurement and inter-relation of selected attitudes. *Journal of Social Psychology*, 1944, 20, 109-120.
8) S. T. Boggs. *A Comparative Cultural Study of Aggression*. (미출간) Cambridge: Harvard University, Social Relations Library, 1947.
9) E. Bergler. *The Basic Neurosis*. New York: Grune & Stratton, 1949, 78.
10) T. Parsons. Certain primary sources and patterns of aggression in the social structure of the western world. *Psychiatry*, 1947, 10, 167-181.
11) Else Grenkel-Brunswik and R. N. Sanford. Some Personality factors in anti-Semitism. *Journal of Psychology*, 1945, 20, 271-291.
12) Ibid.
13) Aristotle. *Rhetoric*. Book II.
14) E. Fromm. *Man for Himself*. New York: Rinehart, 1947, 214 ff.
15) I. D. Suttie. *The Origins of Love and Hate*. London: Kegan Paul, 1935, 23.

23장 불안, 성, 죄책감

1) 다음을 참조하라. A. H. Kaufman. The Problem of human difference and prejudice. *Journal of Orthopsychiatry*, 1947, 17, 352-356.

2) H. H. Harlan. Some factors affecting attitudes toward Jews. *American Sociological Review*, 1942, 7, 816-827.
3) C. McWilliams. *A Mask for Privilege*. Boston: Little, Brown, 1948.
4) G. Murphy. Preface to E. L. Hartley, *Problems in Prejudice*. New York: King's Crown, 1946, viii.
5) S. Asch. *Social Psychology*. New York: Prentice-Hall, 1952, 605.
6) E. J. Dingwall. *Racial Pride and Prejudice*. London: Watts, 1946, 69.
7) G. M. Gilbert. *Nuremberg Diary*. New York: Farrar, Straus, 1947, passim.
8) J. L. Moreno. *Who Shall Survive?* Washington: Nervous and Mental Disease Publishing, 1934, 229.
9) Helen V. McLean. Psychodynamic factors in racial relations. *The Annals of the American Academy of Political and Social Science*, 1946, 244, 159-166.
10) W. R. Morrow. A psychodynamic analysis of the crimes of prejudiced and unprejudiced male prisoners. *Bulletin of the Menninger Clinic*, 1949, 13, 204-212.
11) J. A. Dombrowski. Execution for rape is a race penalty. *The Southern Patriot*, 1950, 8, 1-2.
12) 이 설명은 흑인의 관점에 대해서는 아무것도 말해주지 않는다. 피부색의 차이와 금기는 백인뿐 아니라 흑인의 입장에서도 인종 간 결혼의 매력을 더할 수 있다. 적개심과 분노는 성적 욕망과 나란히 방출되다가 때로 폭력적 강간으로 이어질 수 있다. 그러나 백인보다 흑인 남성의 정력과 성적 충동이 더 강하다는 주장은 그럴 법하지 않은 것 같다. 사실 몇몇 연구는 공포, 의존성, 결손 가정이 흑인 남성의 수동성과 성 불능증을 놀라울 정도로 많이 야기한다고 설명한다. 다음을 참조하라. A. Kardiner and L. Ovesey. *The Mark of Oppression*. New York: W. W. Norton, 1951.
13) 시카고 스티븐 더글라스(Stephen A. Douglas) 판사에게 보낸 답변서, 1858년 7월 10일.
14) 관용적인 사람이라면 "당신은 여동생이 흑인과 결혼하면 좋겠소?" 같은 치명적 질문에 어떻게 대응해야 할까? 이 물음은 기발한 답을 생각해보게 한다. 한 가지 제안은 이렇게 대응하는 것이다. "아마도 아닐 것 같아요. 하지만 동생이 당신과 결혼하는 것도 원치 않아요."
15) 다음 책에서 인용했다. G. Murphy. *In the Minds of Men*. New York: Basic Books, 1953, 228.
16) S. A. Stouffer, et al. *The American Soldier: Adjustment During Army Life*. Princeton: Princeton Univ. Press, 1949, Vol. 1, 581.
17) *Hamlet*, Act III, Scene 4.

24장 투사

1) 앞으로의 내용은 다음 문헌에서 가져온 것이다. S. A. Stouffer, et al., *The American Soldier: Combat and Its Aftermath*. Princeton: Princeton Univ. Press, 1949, Vol. 2, Chapter 6.
2) Franziska Baumgarten. Der Benachteiligungskomplex. *Gesundheit und Wohlfahrt*,

1946, 9, 463-476.
3) N. W. Ackerman and Marie Jahoda. *Anti-Semitism and Emotional Disorder*. New York: Harper, 1950, 58.
4) B. Bettelheim. Dynamism of anti-Semitism in Gentile and Jew. *Journal of Abnormal and Social Psychology*, 1947, 42, 157.
5) R. R. Sears. Experimental studies of projection, I. Attribution of traits. *Journal of Social Psychology*, 1936, 7, 151-163.
6) Elizabeth T. Sheerer. An analysis of the relationship between acceptance of and respect for self and acceptance and respect for others in ten counseling cases. *Journal of Consulting Psychology*, 1949, 13, 169-175.
7) Gertrud M. Kurth. The Jew and Adolf Hitler. *Psychoanalytic Quarterly*, 1947, 16, 11-32.
8) 투사의 무익함에 관한 논의는 다음을 참조하라. A. Kardiner and L. Ovesey. *The Mark of Oppression*. New York: W. W. Norton, 1951. (특히 297쪽을 보라.)
9) G. Ichheiser. Projection and the mote-beam mechanism. *Journal of Abnormal and Social Psychology*, 1947, 42, 131-133.
10) 보완 투사와 직접 투사의 구분에 관한 논의는 다음을 참조하라. H. A. Murray. The effect of fear upon estimates of the maliciousness of other personalities. *Journal of Social Psychology*, 1933, 4, 310-329. (특히 313쪽)
11) Ibid.

25장 편견적 성격

1) Else Frenkel-Brunswik. A study of prejudice in children. *Human Relations*, 1948, 1, 295-306.
2) G. W. Allport and B. M. Kramer. Some roots of prejudice. *Journal of Psychology*, 1946, 22, 9-39.
3) T. M. Newcomb. *Social Psychology*. New York: Dryden, 1950, 588.
4) Else Grenkel-Brunswik and R. N. Sanford. Some Personality factors in anti-Semitism. *Journal of Psychology*, 1945, 20, 271-291.
5) Ibid.
6) 앞의 주석 1번을 보라.
7) J. Block and Jeanne Block. An investigation of the relationship between intolerance of ambiguity and ethnocentrism. *Journal of Personality*, 1951, 19, 303-311.
8) J. Fisher. The memory process and certain psychosocial attitudes, with special reference to the law of Pragnanz. *Journal of Personality*, 1951, 19, 406-420.
9) Else Frenkel-Brunswik. Intolerance of ambiguity as an emotional and perceptual personality variable. *Journal of Personality*, 1949, 18, 108-143.
편견이 심한 사람들에게서 나타나는 무익한 보존 경향성은 밀턴 로키치(Milton Rokeach)

가 수행한 문제 해결에 관한 실험들을 통해 분명하게 입증된다. Generalized mental rigidity as a factor in ethnocentrism. *Journal of Abnormal and Social Psychology*, 1948, 43, 259-278.

10) M. Rokeach. Attitude as a determinant of distortions in recall. *Journal of Abnormal and Social Psychology*, 1952, 47, Supplement, 482-488.

11) E. Roper. United States anti-Semites. *Fortune*, February 1946, 257 ff.

12) M. Rokeach. A method for studying individual differences in narrow-mindedness. *Journal of Personality*, 1951, 20, 219-233; 또한 다음을 보라. "Narrow-mindedness" and personality, *Journal of Personality*, 1951, 20, 234-251.

13) S. Reichard. Rorschach study of prejudiced personality. *American Journal of Orthopsychiatry*, 1948, 18, 280-286.

14) 다음 책에 많은 증거가 제시되어 있다. T. W. Adorno, et al., *The Authoritarian Personality*. New York: Harper, 1950; 또한 다음을 보라. G. W. Allport and B. M. Kramer, Op. cit.

15) Else Grenkel-Brunswik and R. N. Sanford. The anti-Semitic personality: a research report. In E. Simmel (Ed.), *Anti-Semitism: A Social Disease*. New York: International Universities Press, 1948, 96-124.

16) Ibid.

17) 앞의 주석 4번을 보라.

18) Nancy C. Morse and F. H. Allport. The causation of anti-Semitism: an investigation of seven hypotheses. *Journal of Psychology*, 1952, 34, 197-233.

19) 편견과 정치 경제, 종교적 보수주의 간의 상관관계를 확인해주는 다른 연구들이 있다. 예를 들어 다음을 보라. R. Stagner. Studies of aggressive social attitudes. *Journal of Social Psychology*, 1944, 20, 109-140.

20) 앞의 주석 4번을 보라.

21) G. W. Allport and B. M. Kramer. Op. cit.

22) B. J. Kutner. *Patterns of Mental Functioning Associated with Prejudice in Children*. (미출간) Cambridge: Harvard College Library, 1950.

23) 이 두 가지 기본 성격 유형에 관한 가장 완전하고 표준적인 비교가 다음 책에 실려 있다. T. W. Adorno, et al., Op. cit. 다음 책에서도 관련된 논의를 확인할 수 있다. E. Fromm, *Man for Himself*, New York: Rinehart, 1947; 매슬로(A. H. Maslow)의 논문 두 편도 참조하라. The authoritarian character structure. *Journal of Social Psychology*, 1943, 18, 401-411; Self-actualizing people: a study of psychological health. *Personality Symposium*, 1949, 1, 11-34.

26장 선동가는 누구인가?

1) A. Forster. *A Measure of Freedom*. New York: Doubleday, 1950, 222-234.

2) L. Lowenthal and N. Guterman. *Prophets of Deceit: A Study of the Techniques of the*

American Agitator. New York: Harper, 1949.

3) How to spot American pro-Fascists. *Friends of Democracy's Battle*, 1947, 5, No. 12. Issued by Friends of Democracy Inc., 137 East 57th St., New York 22 N. Y.
4) 다음을 참조하라. L. Lowenthal and N. Guterman. Op. cit., 111.
5) B. Bettelheim and M. Janowitz. Reactions to fascist propaganda-a pilot study. *Public Opinion Quarterly*, 1950, 14, 53-60.
6) A. Forster. Op. cit.
7) C. McWilliams. *Prejudice*. Boston: Little, Brown, 1944, 112
8) J. Page and J. Warkentin. Masculinity and paranoia. *Journal of Abnormal and Social Psychology*, 1938, 33, 527-531.
9) 하지만 어느 저자가 히틀러의 독일에 대해 논의하면서 그랬던 것처럼, 한 나라 전체가 편집증에 빠질 수 있다고 선언하는 것은 너무 멀리 나간 것이다. 다음을 참조하라. R. M. Brickner. *Is Germany Incurable*? Philadelphia: J. B. Lippincott, 1943. 그리나 소수의 편집증 환자도, 아니 단 한 명의 편집증 환자라도 꽤 심각한 피해를 입힐 수 있다.

27장 관용적 성격

1) 사회 연구에서 강조의 변화가 있는 것처럼 보인다. 하버드대학 그랜트스터디(the Grant Study at Harvard University)는 보통 대학생들의 신체 건강과 정신 건강을 연구하는 데 전력을 기울이고 있다. 다음을 참조하라. C. L. Heath. *What People Are: A Study of Normal Young Men*. Cambridge: Harvard Univ. Press, 1945. 같은 대학의 소로킨은 '좋은 이웃'을 구성하는 조건을 찾아내는 데 전념하는 연구 센터를 이끌고 있다. 다음을 참조하라. P. A. Sorokin. *Altruistic Love: A Study of American "Good Neighbors" and Christian Saints*. Boston: Beacon Press, 1950.
2) 이 주장을 비롯해 이번 절에서 제기하는 다른 주장들을 뒷받침하는 증거는 (특별히 명시하지 않는다면) 18장과 25장에 제시되어 있다.
3) D. M. Levy. Anti-Nazis: criteria of differentiation. *Psychiatry*, 1948, 11, 125-167.
4) 다음을 참조하라. J. LaFarge. *No Postponement*. New York: Longmans, Green, 1950.
5) 다음을 참조하라. J. R. Carlson. *Under Cover*. New York: E. P. Dutton, 1943. 또한 '민주주의의 친구들(Friends of Democracy, Inc.)'에서 펴낸 출판물도 보라.
6) L. A. Dombrose and D. J. Levinson. Ideological "militancy" and "pacifism" in democratic individuals. *Journal of Social Psychology*, 1950, 32, 101-113.
7) 다음 연구를 보라. S. P. Adinarayaniah. A research in color prejudice. *British Journal of Psychology*, 1941, 31, 217-229; 또한 다음을 보라. T. W. Adorno, et. al. *The Authoritarian Personality*. New York: Harper, 1950, 특히 179.
8) 다음을 참조하라. R. D. Minard. Race attitudes of Iowa children. *University of Iowa Studies in Character*, 1931, 4, No. 2. 또한 다음을 참조하라. Ruth Zeligs and G. Hendrickson. Racial attitudes of 200 sixth-grade children. *Sociology and Social Research*, 1933, 18, 26-36.

9) E. G. Malherbe. *Race Attitudes and Education*. Johannesburg, S. A.: Institute of Race Relations, 1946.

10) S. A. Stouffer, et al. *The American Soldier: Adjustment During Army Life*. Princeton: Princeton Univ. Press, 1949; Riva Gerstein. Probing Canadian prejudices: a preliminary objective survey. *Journal of Psychology*, 1947, 23, 151-159; Babette Samelson. *The Patterning of Attitudes and Beliefs Regarding the American Negro*. (미출간) Cambridge: Radcliffe College Library, 1945.

11) G. W. Allport and B. M. Kramer. Some roots of prejudice. *Journal of Psychology*, 1946, 22, 9-39.

12) Ibid.

13) A. Scodel and P. Mussen. Social perceptions of authoritarians and non-authoritarians. *Journal of Abnormal and Social Psychology*, 1953, 48, 181-184.

14) T. W. Adorno, et al. Op. cit., 430

15) G. W. Allport and B. M. Kramer. Op. cit.

16) 다음을 참조하라. E. L. Hartley. *Problems in Prejudice*. New York: Kings Crown, 1946.

17) 다음을 참조하라. G. W. Allport. *Personality: A Psychological Interpretation*. New York: Henry Holt, 1937, 220-225.

18) M. B. Smith. *Functional and Descriptive Analysis of Public Opinion*. (미출간) Cambridge: Harvard College Library, 1947.

19) Else Frenkel-Brunswik. Intolerance of ambiguity as an emotional and perceptual personality variable. *Journal of Personality*, 1949, 18, 108-143.

20) R. I. Evans. Personal values as factors in anti-Semitism. *Journal of Abnormal and Social Psychology*, 1952, 47, 749-756.

21) 또한 다음을 보라. G. W. Allport and P. E. Vernon. A test for personal values. *Journal of Abnormal and Social Psychology*, 1931, 26, 231-248. 1951년 이 검사법은 수정되었다. G. W. Allport, P. E. Vernon, and G. Lindzey. *Study of Values*. Boston: Houghton Mifflin, 1951.

22) D. J. Levinson and R. N. Sanford. A scale for measurement of anti-Semitism. *Journal of Psychology*, 1944, 17, 339-370.

23) 다음 문헌에 이 견해에 관한 더 충분한 설명이 제시되어 있다. E. Fromm. *Man for Himself*. New York: Rinehart, 1947; I. Suttie. *The Origins of Love and Hate*. London: Kegan Paul, 1935; G. W. Allport. Basic principles in improving human relations. Chapter 2 in K. W. Bigelow (Ed.). *Cultural Groups and Human Relations*. New York: Columbia Univ. Press, 1951.

28장 종교와 편견

1) W. James. *Varieties of Religious Experience*. New York: Random House, 1902.

Modern Library edition, 331.

2) 복수와 증오에 몰두하는 현대 기독교 종파에 관한 설명은 다음을 참조하라. R. L. Roy. *Apostles of Discord*. Boston: Beacon Press, 1953.

3) 다음 책에서 인용했다. M. Hay. *The Foot of Pride*. Boston: Beacon Press, 1950, 26-32. 저자는 아주 옛날부터 현재까지 가톨릭이 유대인을 취급해 온 방대한 역사를 보여준다.

4) F. S. Loescher. *The Protestant Church and the Negro*. New York: Association Press, 1948.

5) 흑인 공동체와 백인 공동체를 위한 분리 교회가 전적으로 통합을 꺼리는 백인의 태도 때문이라고 생각해서는 안 된다. 특히 북부 주의 많은 사회에서 백인 교회는 흑인을 진심으로 환영하곤 했다. 하지만 때때로 흑인은 그들만의 모임을 선호했다. 흑인끼리 있을 때 더 마음이 편하다는 이유도 있었지만, 교육을 받은 흑인 목사에게 일자리를 주고 싶었기 때문이기도 했다. 백인 신자나 혼혈 신자가 자격 있는 흑인 목사를 더 자주 채용했더라면 아마도 교회의 흑인 차별은 더 빨리 사라졌을 것이다.

6) 다음 조사들에서 이 다의성을 즉시 확인할 수 있다. A. Rose. *Studies in Reduction of Prejudice*. Chicago: American Council on Race Relations, 1949 (등사본); H. J. Parry. Protestants, Catholics, and prejudice. *International Journal of Opinion and Attitude Research*, 1949, 3, 205-213.

7) Dorothy T. Spoerl. Some aspects of prejudice as affected by religion and education. *Journal of Social Psychology*, 1951, 33, 69-76.

8) G. W. Allport and B. M. Kramer. Some roots of prejudice. *Journal of Psychology*, 1946, 22, 9-39, 27.

9) Ibid., 25

10) Else Grenkel-Brunswik and R. N. Sanford. The anti-Semitic personality: a research report. In E. Simmel (Ed.), *Anti-Semitism: A Social Disease*. New York: International Universities Press, 1948, 96-124.

11) *The Act of the Apostles*, Chapters 10 and 11.

12) 한 연구에 따르면 역사적 종교에 관한 이 불만은 대학생들이 자신들의 빈번한 배교를 옹호하기 위해 제시하는 주된 이유 중 하나이다. 특히 수 세기에 걸쳐 종교의 이름으로 가해진 박해 탓에 매우 민감한 유대인 학생들이 그렇다. 다음을 참조하라. G. W. Allport, J. M. Gillespie, and Jacqueline Young. The religion of the post-war college student. *Journal of Psychology*, 1948, 25, 3-33. 비유대인에 관한 초창기 유대인 기독교도의 편견이나 현대 기독교인의 유대인에 관한 편견이 유대주의나 기독교의 보편적 가르침에 근본적인 영향을 끼치지 않는다고 여기려면 관대한 시각이 필요하다.

13) 다음을 참조하라. G. W. Allport. *The Individual and His Religion*. New York: Macmillan, 1950. 특히 3장을 보라.

14) B. Bettelheim and M. Janowitz. Ethnic tolerance: a function of social and personal control. *American Journal of Sociology*, 1949, 55, 137-145.

29장 법의 역할

1) President's Committee on Civil Rights (C. E. Wilson, Chairman). *To secure these rights*. Washington: U. S. Government Printing Office, 1947.

2) 다음 문헌에 이에 관한 더 충분한 설명이 제시되어 있다. *Report on civil rights legislation in the States*. Chicago: American Council on Race Relations, March 1949, 4, No. 3; 또한 다음을 보라. J. H. Burma. Race relations and anti-discriminatory legislation. *American Journal of Sociology*, 1951, 56, 416-423. 특히 다음 연구는 유익하다. W. Maslow and J. B. Robison, Civil rights legislation and the fight for equality, 1862-1952. *University of Chicago Law Review*, 1953, 20, 363-413.

3) 다음 문헌에 이 세 가지 입법 유형에 관한 더 충분한 논의가 제시되어 있다. W. Maslow. The Law and race relations. *The Annals of the American Academy of Political and Social Science*, 1946, 244, 75-81.

4) 여론 조사에 응한 대부분의 사람들이 공정고용실행위원회에 우호적인 것으로 밝혀졌다. 이 조사 결과는 다음 문헌에 정리되어 있다. Maslow and Robison, Op. cit., 396.

5) *Business Week*, February 25, 1950, 114-117. 마찬가지로 공정고용실행위원회 법 시행에 관한 다른 평가도 우호적이다. 다음을 보라. M. Ross. *All Manner of Man*. New York: Harcourt, Brace, 1948.

6) G. Saenger. *The Social Psychology of Prejudice: Achieving Intercultural Understanding and Cooperation in a Democracy*. New York: Harper, 1953, Chapter 15.

7) G. Myrdal. *An American Dilemma*. New York: Harper, Vol.1, 60 ff.

8) Ibid., 17.

9) W. Maslow and J. B. Robison. Op. cit., 365.

10) T. I. Emerson. Segregation and the law. *The Nation*, 1950, 170, 269-271.

11) 소수 집단을 보호하기 위해 법적 조치를 택한 단체 중 잘 알려진 곳은 다음과 같다. the National Association for Advancement of Colored People, the American Civil Liberties Union, the Commission for Law and Social Action (of the American Jewish Congress). 이런 단체들의 활동이 점점 늘고 있는데, 이에 관해서는 다음 익명의 기고문에 실려 있다. Private attorneys-general: group action in the fight for civil liberties. *Yale Law Journal*. 1949, 58, 574-598.

12) *Henderson vs. The United States of America, Interstate Commerce Commission and Southern Railway Company*. 여기서 제시한 이 사건의 개요는 다음 글에서 가져와 수정했다. T. S. Kendler, Contributions of the psychologist to constitutional law. *American Psychologist*, 1950, 5, 505-510.

13) 다음 문헌에 보고되어 있다. M. Deutscher and I. Chein. The psychological effects of enforced segregation: a survey of social science opinion. *Journal of Psychology*, 1948, 26, 259-287.

1) 이어지는 논의의 일부는 다음 문헌에서 가져온 것이다. G. W. Allport, *The resolution of intergroup tensions*. New York: National Conference of Christians and Jews, 1953; L. A. Cook (Ed.) *College Programs in Intergroup Relations*. Chicago: American Council on Education, 1950; P. A. Sorokin (Ed.) *Forms and Techniques of Altruistic and Spiritual Growth*. Boston: Beacon Press, 1954, Ch. 24.
2) 편견적 태도 측정에 관한 전문적 논의는 다음을 참조하라. Marie Jahoda, M. Deutsch, and S. W. Cook, *Research Methods in Social Relations: With Special Reference to Prejudice*. New York: Dryden Press, 1951; 또한 다음을 참조하라. Susan Deri, Dorothy Dinnerstein, J. Harding, and A. D. Pepitone. Techniques for the diagnosis and measurement of intergroup attitudes and behavior. *Psychological Bulletin*, 1948, 45, 248-271.
3) L. A. Cook (Ed.). Op. cit.
4) 다음 문헌에서 이 평가 연구에 관한 조사를 보고한다. O. Klineberg. *Tensions affecting international understanding: a survey of research*. New York: Social Science Research Council, 1950, Bulletin 62, Chapter 4; R. M. Williams, Jr. *The reduction of intergroup tensions: a survey of research on problems of ethnic, racial, and religious group relations*. New York: Social Science Research Council, 1947, Bulletin 57; A. M. Rose. *Studies in the reduction of prejudice*. (등사본) Chicago: American Council on Race Relations, 1947.
5) R. Bierstedt. Information and attitudes. In R. M. MacIver (Ed.) *The More Perfect Union*. New York: Macmillan, 1948, Appendix 5.
6) Dorothy T. Spoerl. Some aspects of prejudice as affected by religion and education. *Journal of Social Psychology*, 1951, 33, 69-76.
7) J. W. Wise. *The Springfield Plan*. New York: Viking, 1945.
8) 앞의 주석 1번을 보라.
9) H. E. Kagan. *Changing the Attitudes of Christian toward Jew*. New York: Columbia Univ. Press, 1952.
10) K. Lewin. Research on minority problems. *Technology Review*, 1946, 48, 163-164, 182-190.
11) Rachel D. Du Bois. *Neighbors in Action*. New York: Harper, 1950.
12) Helen G. Trager and Marian R, Yarrow. *They Learn What They Live*. New York: Harper, 1952.
13) 다음 책에 집단 역동에 관한 기초 설명이 제시되어 있다. S. Chase. *Roads to Agreement*. New York: Harper, 1951, Chapter 9.
14) R. Lippitt. *Training in Community Relations*. New York: Harper, 1949.
15) M. H. Wormser and C. Selltiz. *How to Conduct a Community Self-survey of Civil Rights*. New York: Association Press, 1951.

16) A. F. Citron, I. Chein and J. Harding. Anti-minority remarks: a problem for action research. *Journal of Abnormal and Social Psychology*, 1950, 45, 99-126.
17) G. Shaftel and R. F. Shaftel. Report on the use of "practice action level" in the Stanford University project for American ideals. *Sociatry*, 1948, 2, 243-253.
18) Virginia M. Axline. Play therapy and race conflict in young children. *Journal of Abnormal and Social Psychology*, 1948, 43, 279-286.
19) 다음 논문에 연구의 참고문헌 목록이 실려 있다. J. T. Klapper. *The Effects of Mass Media*. New York: Columbia University Bureau of Applied Social Research, 1950. (등사본)
20) C. I. Hovland, et al. *Experiments on Mass Communication*. Princeton: Princeton Univ. Press, 1949.
21) B. Bettelheim and M. Janowitz. Reactions to fascist propaganda: a pilot study. *Public Opinion Quarterly*, 1950, 14, 53-60.
22) N. W. Ackerman and Marie Jahoda. *Anti-Semitism and Emotional Disorder*. New York: Harper, 1950; R. M. Lowenstein. *Christians and Jews: A Psychological Study*. New York: International Universities Press, 1950; E. Simmel (Ed.). *Anti-Semitism: A Social Disease*. New York: International Universities Press, 1948.
23) 다음 문헌에 이 사례에 관한 더 충분한 설명이 제시되어 있다. G. W. Allport, Catharsis and the reduction of prejudice. *Journal of Social Issues*, 1945, 1, 3-10.

31장 변화의 시작

1) 다음 문헌에 실행 방안들에 관한 보충 설명이 제시되어 있다. G. Saenger, *The Social Psychology of Prejudice: Achieving Intercultural Understanding and Cooperation in a Democracy*. New York: Harper, 1953, Chapters 11-16.
2) 다음은 최근 이 분야의 평가 연구를 대표한다. H. W. Riecken, The Volunteer Workcamp: *A Psychological Evaluation*. Cambridge: Addison-Wesley, 1952; E. Powers and Helen Witmer. *An Experiment in the Prevention of Delinquency*. New York: Columbia Univ. Press, 1951: L. G. Wispe. Evaluating section teaching methods in the introductory course. *Journal of Educational Research*, 1951, 45, 161-186.
3) 많은 지역사회를 대상으로 설문 조사를 수행한 어느 조사자는 문제 자체를 부인하는 태도를 거의 모든 곳에서 만났다고 보고한다. G. Watson. *Action for Unity*. New York: Harper, 1947.
4) *The Role of the American Council on Race Relations*. Chicago: American Council on Race Relations, Report, 1950, 5, 1-4.
5) 다음을 참조하라. T. R. Vallance. Methodology in propaganda research. *Psychological Bulletin*, 1951, 48, 32-61.
6) T. M. Newcomb. *Social Psychology*. New York: Dryden Press, 1950, 233.
7) 다음을 참조하라. G. W. Allport and B. M. Kramer. Some roots of prejudice. *Journal*

of Psychology, 1946, 22, 9–39.

8) C. I. Hovland, et al. *Experiments in Mass Communication*. Princeton: Princeton Univ. Press, 1949, 46–50.

9) E. Cooper and Marie Jahoda. The evasion of propaganda: how prejudiced people respond to anti-prejudice propaganda. *Journal of Psychology*, 1947, 23, 15–25.

10) 다음 책에서 인용했다. P. R. Frothingham. *Edward Everett, Orator and Statesman*. Boston: Houghton Mifflin, 1952, 299.

11) T. Brameld. *Minority Problems in the Public Schools*. New York: Harper, 1946.

| 찾아보기 |

인명

용어

ㅈ

ㅊ

옮긴이 _ **석기용**
서강대학교 철학과를 졸업하고 같은 대학원에서 언어철학을 전공하여 박사 학위를 받았다. 여러 대학에서 강의하였고 현재는 인하대학교에서 철학을 가르치고 있다. 다수의 전문 철학서와 교양 인문서를 번역했다. 옮긴 책으로 《좌절의 기술》《난파된 정신》《그리고 나는 스토아주의자가 되었다》《비트겐슈타인과 정신분석》《과학의 미래》《철학으로 읽는 괴테 니체 바그너》《비트겐슈타인과 세기말 빈》《삶의 품격에 대하여》《스피노자는 왜 라이프니츠를 몰래 만났나》 등이 있다.

편견 – 사회심리학으로 본 편견의 뿌리

2020년 5월 15일 초판 1쇄 발행
2024년 7월 1일 초판 5쇄 발행

- 지은이 —— 고든 올포트
- 옮긴이 —— 석기용
- 펴낸이 —— 한예원
- 편집 —— 이승희, 윤슬기, 양경아, 김지희
- 본문 조판 —— 성인기획
- 펴낸곳 교양인
  우 04015 서울 마포구 망원로6길 57 3층
  전화 : 02)2266-2776 팩스 : 02)2266-2771
  e-mail : gyoyangin@naver.com

ISBN 979-11-87064-51-0 03180

이 도서의 국립중앙도서관 출판예정도서목록(CIP)은 서지정보유통지원시스템 홈페이지(http://seoji.nl.go.kr)와 국가자료종합목록시스템(http://www.nl.go.kr/kolisnet)에서 이용하실 수 있습니다.(CIP제어번호: CIP2020016128)